创新思维法学教材

Legal Textbooks of Creative Thinking

经济法学

Economic Law

第三版

主　编▸漆多俊　冯　果

副主编▸宁立志　熊　伟　卞祥平

撰稿人（以姓氏笔画为序）

卞祥平　宁立志　冯　果

孙　晋　陈　风　张荣芳

喻术红　熊　伟　漆多俊

WUHAN UNIVERSITY PRESS

武汉大学出版社

第三版前言

自本书 2004 年再版以来，至今已过去 6 年多的时间。在此期间，恰值中国经济法进入快速发展时期，无论是立法还是理论都取得了重大进展。《反垄断法》、《企业国有资产管理法》等重要的经济立法纷纷颁布实施，《企业所得税法》等也都作了重大修改。这些新修订或颁布的经济法立法，为我国市场经济体制的完善和社会经济的发展提供了重要的制度支持。与此同时，我国经济法理论也日臻成熟。在立法与理论都有较大变化的背景下，本书再次启动了修订工作。经武汉大学出版社推荐及教育部组织专家评审，本教材被纳入教育部“普通高等教育‘十一五’国家级规划教材”。本教材本次修订出版工作的完成，得益于武汉大学出版社及郭园园编辑的鼎力支持，在此表示衷心的感谢。

本次修订保持原版的基本观点和思路，力求理论联系实际，融经济法理论与经济法法治实践于一体，全面、系统地阐释经济法学的基本原理、经济法的基本制度、经济法治变革的基本脉络及发展趋势，着力反映最新研究成果，引导读者深入思考和评判现今经济法治实践中存在和亟待解决的现实问题。第三版与前版相比，有以下几个方面的变化：

一是对篇幅章节进行了适当调整。为了更加适应本科教学的需要，我们对全书的篇幅作了适当精简和压缩，并对原有章节进行了调整，取消原教材中的第五编“涉外经济法”编，将涉外经济法的有关内容放在相关章节予以介绍，并将计划法和产业政策法以及国有企业法与国有资产管理法原本四章的内容分别加以整合，整编为现在的两章；第四编“国家宏观调控法”更名为“国家宏观引导调控法”。

二是力图反映最新的立法进展。本版教材增加了大量新法内容，并对原教材做实质性的增删。修订后的税法及反垄断法、食品安全法、企业国有资产法等最新立法有关内容都在本版教材中得以明晰的反映和阐明。

三是突出经济法教材的实用性和趣味性。在教材修订中，我们通过在教材中穿插生动的案例，将抽象的法律知识与司法实践相结合，以提高读者的实践分析能力；与此同时，增加了不少具有拓展读者视野和启迪读者思维功能的延伸阅读材料，在更加简明地反映经济法的学科体系和原理制度的前提下，激发并引导读者探寻法律的奥秘。

本版教材共分4编19章。修订及撰写分工如下：漆多俊（第1、2、3、4、5、6、14章）；冯果（第11、12、13章）；宁立志（第7、8章）；熊伟（16、17章）；张荣芳（第9章）；喻术红（第10章）；孙晋（第15、19章）；卞祥平、陈风（第18章）。全书修订由主编策划和统稿。副主编协助参与策划和统稿。

编　者

2011年1月

再版前言

本书发行已6年。着手再修订也有一段时间了，因种种原因拖至今日才完成。修订版保持原版的基本思想观点和结构体系，只是根据国内外学术研究和国家立法的新发展，在书的内容上作了一些更新和删补。

修订分工如下：

漆多俊——第一编第1、2、3、4、5章，其余各编之首章即第6、11章及第13章之第1节；

王　健——第7、18章；

王艳林——第8、10、12章；

宁立志——第9章；

冯　果——第13、14、15章；

李　刚——第17章；

熊　伟——第19章；

樊启荣——第20章；

卜祥平——第16、23章；

刘大洪——第22章；

卢炯星——第24、26章；

汪　鑫——第21、25章。

全书修订工作由主编策划和统稿。副主编协助参与策划和统稿工作。

编　者

2004年4月

第一版前言

经济法学科在中国的兴起，至今将近二十年。虽然一开始就在全国范围形成学习、研究的热潮，但在过去一段时间内，人们对于经济法许多基本理论问题的把握不够准确。总的来说，“大经济法”观点较为盛行。经过十余年蹒跚学步，90年代初期以后，中国的经济法基础理论研究取得了突破性进展，学科理论观点和体系日趋成熟，学者们的意见也逐渐接近和趋同。但综合性经济法学教材仍多因袭着过去一些陈旧的观点，保持着较庞杂的体系，需要改革和更新。应广大读者的要求，在武汉大学出版社的支持下，我们组织编写了这部经济法学教材。

本教材力求反映国内外经济法学研究的最新成果，准确揭示经济法的本质属性和基本特征，鲜明体现经济法不同于民商法和行政法等部门法而为其特有的内容和体系，使本学科以崭新面貌独立于法学诸学科之林。

本书在总揽世界各国经济法的立法与实施及法学研究的经验基础上，重点论述中国经济法的一系列问题。既依据现行立法，又摆脱注释法学窠臼，重在阐析经济法的基本范畴、基本原理、基本法律制度及主要法律规定，并揭示同市场经济相适应的经济法的各种发展趋势。希望本书的出版能够有助于推进我国经济法学教材建设，对经济法学的教学和研究产生有益的影响。

全书共分5编28章。第1编为总论，论述经济法的概念和法律渊源、沿革和地位、基本原则和调整方法、法律关系等基本理论问题。其余4编为分论。第2、3、4编分别论述经济法的三个基本方面的法律，即：市场障碍排除法（含反垄断法、反不正当竞争法等）；国家投资经营法（含国有资产管理、投资和国有企业法等）；国家宏观调控法（含计划法、经济政策法及各种调节手段运用的法律）。第5编为涉外经济法，论述在涉外投资、涉外金融和外贸等领域的国家调节法律问题。分论4编的每编首章均为概论，提挈该编各章共同的原理和特征，揭示各编相对独立的体系。

本书由武汉大学、兰州大学、厦门大学、河南大学、海南大学、中南政法学院、西北政法学院的经济法学者合作编写。撰稿人及撰写章节是：漆多俊

（第1、2、3、4、5、10、17、24章及第13章之第1节）；王艳林（第7、8章及第11章之第4节）；宁立志（第9、18章）；韩长印（第11章之第1、2、3节，第16章之部分）；冯果（第12、14、15章）；刘大洪（第23章及第13章之第2节）；周林彬（第19章）；王全兴（第20、22章）；樊启荣（第21章）；傅瑜（第22、26章）；卢炯星（第25、27章）；刘云亮（第28章）；此外，第6章由王健、欧阳建荣、游钰撰写；第16章之部分由肖保国撰写。全书由漆多俊统稿，王全兴对部分章节作了修改。

由于多所高校合作编写的组织工作存在一些客观困难，加之作者对有些问题的研究深度不够，本书一定还存在许多缺点和错误。敬请各方专家、学者及广大读者批评指正，以便再版时订正。

漆多俊

1998年4月

目　　录

第一编　总　论

第三编　国家投资经营法

第一编　总　论

第一章 经济法的概念和调整对象

第一节 经济法的概念

一、经济法的定义和本质

经济法是19世纪末20世纪初以后出现的一个新法律部门。它的出现，引起传统法律体系的重大变革和社会生活的重大变化，也引起社会各界人士，特别是法学家们的密切关注和研究热情。由于是新事物，人们对其认识需要有一个逐步深化的过程；加上各国的经济、政治制度和法律文化传统等存在着差异，所以人们对经济法的认识，包括对其本质属性和基本特征的把握，并不完全一致。但经济法毕竟是一种客观存在，中外学者的看法也总有许多基本共同点和相似处。并且随着各国经济法的不断发展和在现实生活中作用的彰显，人们的认识会进一步趋于深刻和准确。

对事物本质属性的研究有多种方法，其中，探本溯源不失为有效方法之一。在人类社会发展史上，原有法的体系中并没有经济法，为什么后来出现了，它调整何种特殊社会关系而为原有法律（如民商法、行政法等）所不能调整呢，它有着怎样特殊的价值、功能和使命，等等，这些问题弄清楚了，则经济法的本质属性便会一目了然。

本书依据的理论，是在通过对经济法产生和发展社会根源作深入分析，考察近代以来市场、经济调节机制、国家职能与法律的同步演变关系，特别是近一百年来的史实的基础上，揭示经济法的本质和各种基本特性，构建了经济法学科理论体系。

从世界范围来看，经济法乃是在19世纪各主要资本主义国家相继完成产业革命，实现生产社会化之后才出现的。生产社会化使得社会经济的调节机制出现二元化，即原来一元化的市场机制不足以有效调节，而需要新的调节机制即国家调节出现加以辅助和配合。国家经济调节既是一种新的经济调节机制，同时也是一种新的国家职能。国家调节活动需要有相应的法律依据、法律保障和对于这种权力的法律规制。这种专门规范国家经济调节活动之法便是经济法。原有法的体系中其他部门法（包括民商法和行政法）不能担当此种调整任务，经济法是一种新的法律。

对于认识经济法来说，生产社会化和经济调节机制由一元化进入二元化，市场调节机制的“失灵”和国家调节的出现，是个十分关键的因素。“国家调节”是认识经济法本质的中心环节。抓住了这个关键和中心环节，经济法的本质属性和各种特征都可以由此引申出来。例如：

法律是一种行为规范。经济法是国家经济调节中有关人们的行为规范，包括各调节主体实施经济调节行为和各被调节主体有关的经济行为和经济管理行为的规范。

经济法通过对国家调节社会经济过程中人们行为的规范，调整在国家调节中有关人们之间的社会关系，即国家经济调节关系，确立国家经济调节中有关主体间的权利义务关系，形成国家经济调节法律关系。

国家调节经济的作用和目的是通过国家必要的职能活动，调整、影响社会经济的结构和运行，以使之实现国家所预期的目标。这决定了经济法的基本任务、作用和宗旨。

国家调节经济是国家意志的体现。并且就应然性而言，国家经济调节作为国家的一项新的职能，它实际上是在履行一种社会公共职能，因此，国家调节的意志既是国家意志，也代表着全社会民众的意志，是社会意志的体现。从法律的意志性方面说，经济法是国家意志的体现，并且也应当是社会意志的体现。

对于经济法的本质属性和特征还可以从其他许多方面来分析，而它们都同“国家调节”密切相关。综合以上对经济法各种属性和特征的表述，经济法概念可作如下定义：

经济法是调整在国家调节社会经济过程中发生的各种社会关系，促进社会经济实现国家意志预期目标的法律规范的总称。

上述定义中“在国家调节社会经济过程中发生的各种社会关系”，即为“国家经济调节关系”，所以，定义也可以简要表述为：经济法是调整国家经济调节关系，实现国家经济调节意志的法律规范的总称。

这一定义有如下特点：

第一，定义由两部分构成：前面揭示经济法的调整对象，后面揭示其任务与作用。定义揭示经济法的调整对象，是在国家调节社会经济过程中发生的各种社会关系，即国家经济调节关系。这同其他部门法的调整对象明显不同，因而使经济法同其他部门法相区别。定义揭示经济法的基本任务与作用，是确保国家调节依法作用于社会经济，影响经济结构和运行，使其实现国家意志所预期的目标。

上述所谓社会经济结构，是指经济体系中的各方面，再生产的各环节之间的比例关系，包括产业结构、行业结构、产品结构、地区结构等。经济运行是指经济的总体性运动和发展变化，是动态的、纵向的。在一般情况下，或者说国家调节按其本来的使命，是希望维护和促进社会经济的结构和运行能够协调、稳定和发展。所谓协调，主要指社会经济内部各种结构和比例关系的大致均衡；所谓稳定，主要是指避免经济停滞、过速增长或大起大落；所谓发展，是指经济在质和量上的提高和增长。社会经济协调、稳定和发展，是一个健康的社会经济体的内在要求，也是经济法的应有宗旨。

当然，这里讲的是应然性，历史和现实中往往存在有时候某些国家调节，其国家意志发生偏离的情形，即那种国家调节的目的并非真正为了社会经济的协调、稳定和发展，而是为了使经济服从国家统治者某种政治的、军事的目的和需要。在这种情况下，国家调节往往搅乱社会经济正常的结构和运行，使之畸形发展。因此需要具体分析各国、各时期的各种国家调节活动的真实意图及其经济法立法所真实体现的目的和宗旨。

第二，这是经济法最一般性、较为宽泛的定义，它只揭示经济法最基本的属性，适用于各个国家各个不同发展阶段的经济法。也就是说，一方面，凡具备该定义上述基本规定性的，便属于经济法范畴；否则不能算作经济法。另一方面，由于各国各发展阶段情况不尽相同，其经济法的各种特性有明显差异，需要具体分析，甚至可以作出不尽相同的经济法定义。

首先，在法的调整对象方面，各国各发展阶段的国家调节职能活动的发达程度、任务、范围、基本方式等是不尽相同的，经济法调整对象虽然必定是国家经济调节关系，但这种调整对象的种类、性质等有所不同。例如，有的国家开始时只是市场规制（特别是反垄断）关系发达，而宏观引导调控关系尚不发达，因此便有人认为经济法只是或主要就是反垄断法；有的国家对经济生活重在运用行政的甚至政治性、军事性方式进行指令性管制，国家调节带有浓厚的行政管制色彩，因此便有人认为经济法就是国家对经济的管理法或管制法。

其次，在法的任务和作用方面，各国各阶段制定的经济法也有所不同。如前所述，有的主要在于通过国家调节以影响、改变社会经济的结构和运行，使社会经济协调、稳定和发展，并进而解决其他社会问题；有的则是通过影响经济结构和运行以达到其他（如政治、军事等）目的。这些都影响到各国经济法的性质，并可以引起定义上的差异。但即使这样，“调整国家经济调节关系”和“实现国家经济调节意志”这两个基本任务和作用，是不管哪个国家、哪个时期的经济法都具备的。

再次，法有应然法与实然法之分，经济法也是如此。如前所述，经济法按其产生和发展的社会根源和历史使命，它是规范国家经济调节的，通过调整国家经济调节关系，影响社会经济结构和运行，实现维护和促进社会经济协调、稳定和发展的目标。但现实中的经济法却存在同上述目的和宗旨并不一致的情形。按照国家的经济调节职能和经济法的应有属性，这里的国家调节应当代表社会意志，实际上应当是一种“社会调节”。这里的“国家”应当已经是“社会性国家”，而并非过去那种纯政治性国家了。因此，经济法应当是社会全体民众意志的体现，是社会性法。但是，现实中经济法所体现的有时却并非社会意志，而只是某些政治统治者们狭隘的阶级、集团利益和意志而已。鉴于上述情况，如果分别按照经济法的应然性和实然性来下定义，两者可以有所不同。但是，本书的上述定义由于是最一般性和宽泛性定义，应然与实然两者都可以涵盖。由于各国的实然法从发展趋势看是应当和必然向着应然法趋近的，本定义可以容纳各国实然法的发展进化过程。

二、国内外关于经济法概念诸说

据迄今史料所载，“经济法”一词最早是法国空想共产主义者摩莱里在1755年出版的《自然法典》中提出的。在该书第四篇，作者拟制了“合乎自然意图的法制蓝本”，其第二部分标题为“分配法或经济法”，共12条。从所含条文内容上看，所谓“分配法或经济法”，是指在作者所设想的未来理想的公有制社会（作者“遗憾”地认为“现在确实几乎无法建立这样的共和国”），用以“调整自然产品或人工产品的分配”的法律规定。在这里，“经济法”自然还不是以现实生活为基础的科学概念，而只是一种唯理论①的对于未来的主观构想。

1842年，法国空想共产主义者德萨米出版《公有法典》，其第三章标题为

① 唯理论是唯物主义社会哲学的一个派别，它的特征是把理性制度同非理性制度对立起来，认为现存制度是非理性的，是人类理性愚昧和错误的结果，应当使理性的光芒驱散无知的黑暗，以建立合乎自然和理性的制度。包括摩莱里在内的空想社会主义者的思想中都有这种唯理论观点的因素。

“分配法和经济法”，其含义与摩莱里的大致相同。德萨米在分配问题上接受了摩莱里的思想，但德萨米的“经济法”概念包括的内容比摩莱里的更广，涉及各种经济法律制度。实际上他的所谓“经济法”是泛指各种经济方面的法律，而不是今天人们所特指的调整某一定社会经济关系的经济法。因为在德萨米看来，社会各种经济关系都应当是由一个公共权力部门统管的。

1865年，法国小资产阶级激进派蒲鲁东在其《工人阶级的政治能力》一书中也提到“经济法”，并认为“经济法是政治法和民法的补充和必然产物”。尽管蒲鲁东所谓的“经济法”仍不脱离空想的窠臼，但其含义显然大大前进了一步，他似乎已经模糊地触及经济法概念的一些本质属性。

1906年创刊的《世界经济年鉴》中，德国学者莱特（Ritter）使用“经济法”一词，表示有关世界经济的各种法规。

现代经济法概念的形成，始于第一次世界大战前后的德国。当时德国颁布了一系列国家干预经济的法规，有些法规直接以“经济法”命名，如1919年颁布的《煤炭经济法》、《碳酸钾经济法》等。这些法规有一个共同的显著特征，即国家对于社会经济的干预。按其规定，国家以自己为一方主体同其他社会主体发生权利义务关系，它突破了历来自由主义经济的自由放任原则，与确保个体自由的民法显著不同。同时，它也不同于传统的行政法，它重在影响和调节社会经济的结构和运行，促进社会经济的协调、稳定和发展。这引起了德国法学界的注意，并对此开展研究和讨论。开始，有些学者认为这种法律现象同战争有关，因而将其称为“战时经济统制法”；以后，大家认识到，这类法规的出现并不只同当时的战争相关联，而有着更为深刻的社会经济根源，即使战争结束以后，国家对经济的许多干预措施仍不可缺少，于是许多学者把这类法规统一称为“经济法”。20世纪20年代，德国学者撰写了大量经济法论著，对经济法的概念和其他理论问题进行了广泛的探讨。经济法概念就这样首先在德国流行开来，以后并陆续传播到国外，被越来越多的人接受和使用，终于成为世界各国通用的新的法律概念。

经济法概念从其形成时候起，人们就有不同的理解。德国继“战时经济统制法”之后，又陆续出现多种不同的学说，有所谓集成说、对象说、机能说、世界观说和方法论说等。①

德国的经济法学说不久便传入日本。在第二次世界大战结束前，日本的经

① 德国和日本的各种经济法学说的主要观点，详见漆多俊著：《经济法基础理论》，武汉大学出版社1993年版。

济法研究受德国学说影响很大，基本上是照搬德国的经济法概念。这种情况与两国当时实行的经济体制和所奉行的基本政策相近似有关。战前日本的对象说主要受基尔德斯密特的对象说影响，并兼具机能说特点，认为经济法是独立的法律分支，而与公法、私法三分鼎立。日本的"否定说"否认经济法的独立存在，认为它只是分属于历来的公法、私法等法律领域的各种经济法令的汇集综合名称而已。

此外，有的学者主张避免使用引起争论的"经济法"一词，而以"经济统制法"表示有关经济统制的实体法的汇集。

第二次世界大战以后，日本的经济体制发生重大变化，根据美国旨意制定了一系列经济民主化的法律，如财阀解散法、垄断禁止法等。以后日本的自由经济体制就是以此为起点建立起来的，这种情况对日本的经济法学说产生重要影响。这一时期日本的经济法学说，主要有金泽说、今村说、高田说、丹宗说、正田说等。①

日本的经济法学说主要围绕国家统制经济和反垄断以揭示经济法中心概念。有的学说认为经济法主要就是指反垄断法，如丹宗说、正田说；有的学说则认为，反垄断法虽然属于经济法的重要内容，但经济法不限于反垄断法，金泽说、今村说、高田说属之。

> 金泽良雄认为，经济法是"适应经济性即社会协调性要求的法，也就是主要为了以社会调节的方式解决有关经济循环中所产生的矛盾和困难（市民法自动调节作用的局限）的法。换句话说，经济法也就是在资本主义社会，为了以'国家之手'（代替'无形之手'）来满足各种经济性的，即社会协调性要求而制定的法"。经济法"是为了弥补民法调整所不及的法律空白状况，即其中包含的与市民社会私人方面相对的公共（社会）方面的法"。经济性即社会协调性的要求，由于时代和社会的不同而有各种不同表现，有时表现为卡特尔助长法，有时则表现为竞争秩序维持法。②
>
> 丹宗昭信认为，经济法是"国家规制市场支配之法"。所谓"市场支配"，即指垄断和限制自由竞争。认为国家为了维持竞争秩序而介入市场的法，就是本来意义的经济法，它以"市场支配"这一独立的社会经济

① 详见漆多俊著：《经济法基础理论》，武汉大学出版社 1993 年版。

② 金泽良雄著：《经济法概论》，甘肃人民出版社 1985 年版，第 24～29 页。

生活事实为其规制对象，从而与民商法、劳动法、行政法等法律部门相区别。①

英、美国家有较为发达的经济法，并且出现较早。它们颁布了较完备的反垄断法，制定了大量干预、参与和指导、促进社会经济活动的法律、法规。美国于19世纪末20世纪初颁布的反垄断法，是现代经济法最初的典型的表现形式；而20世纪30年代罗斯福新政所颁布和实施的大量关于国家调节社会经济的法律，则更标志着美国经济法体系的完备。但是，在迄今的长时期内，这些国家不流行“经济法”这一概念，不仅立法中不使用它，而且学术界也很少使用这一概念。但学者们一般都知道，所谓经济法在他们那里主要就是指反垄断法等法律。

前苏联的经济法研究早在20世纪20年代就开始了。30年代后期遭到批判，沉寂了一段时间。50年代末，经济法学重新兴起。在长期研究过程中，苏联法学界先后出现多种经济法学派，主要有两成分法说、战前经济法说、战后经济法说、综合部门说、经济-行政法说等。② 其中最重要、影响较大的当属战后经济法说。它由B·B·拉普捷夫等人在50年代末60年代初提出。认为“经济法调整社会主义组织及其内部单位之间在领导经济活动和进行经济活动时形成的关系”，包括纵向经济关系（即经济管理关系）、横向经济关系和内部经济关系，并认为纵向经济关系与横向经济关系及它们所反映的计划关系（或组织关系）与财产关系是统一的，这是“经济法作为部门法的理论基础”。③

经济法概念流传到中国的时间较晚。20世纪70年代末，中国法学界开始进行经济法研究，并逐步形成自己的各种经济法概念。1979年6月，在全国人大五届二次会议上，中央领导人提出：随着经济建设的发展，我们需要制定各种经济法。④ 随后，在国家和中共中央许多正式文件中越来越多地使用经济法概念。1980年代，中国经济法学界形成了许多学派理论观点，关于经济法

① 参见丹宗昭信等编：《现代经济法入门》，群众出版社1985年中文版，第5～7页。

② 参见莫斯科大学、斯维德洛夫法学院合编：《经济法》，中国人民大学出版社1980年版，第22页。

③ 参见B·B·拉普捷夫主编：《经济法》，群众出版社1987年版，第4～15页。

④ 彭真：《关于七个法律草案的说明》（1979年7月在第五届全国人民代表大会第二次会议上的报告）。

概念，众说纷纭，莫衷一是。80 年代初，主要有纵横经济关系说、纵横统一说、综合说、经济-行政法说、学科经济法说和国家经济管理关系说等。1989 年以后，出现密切联系说或管理协作说。1992 年国家决定建立社会主义市场经济体制以后，人们又分别提出了经济协调关系说、需要干预经济关系说、经济管理与市场运行关系说、宏观调控说、行政隶属关系说等。

鉴于中国的经济法概念之争基本上围绕着经济法调整对象问题进行，因此，关于经济法概念诸说的内容及本书作者对它们的评论，拟在后面章节详细论述。

统观上述各国学者对于经济法概念涵义的理解和表述，可以发现有以下一些较为明显的特点：

首先，西方各资本主义国家的经济法概念的含义较实行公有制和计划经济体制的国家普遍地狭小，而后者的经济法概念的含义远为广大。在西方国家，经济法概念大多突出或围绕国家对社会经济的"统制"、"规制"、组织或约束，即国家对经济的干预、调节和组织管理这一中心，有的甚至将经济法概念进一步限定在"国家对垄断和市场的统制"（如日本的丹宗昭信等学者）。他们的经济法概念一般都不同民法相混杂。而前苏联、东欧国家及我国的情况则不同。自 20 世纪 30 年代前苏联的"战前经济法"开始，人们扩大了经济法调整对象的范围，把"各社会主义组织之间的关系以及公民之间的关系"（E·B·帕舒卡尼斯）或"社会主义组织及其内部单位之间在领导经济活动和进行经济活动时形成的关系"，即纵向经济关系、横向经济关系和内部经济关系（B·B·拉普捷夫）都纳入经济法范围。他们把应归民法调整的平等主体的公民和法人之间的经济关系也视为经济法的调整对象。这是一种"大经济法"观点。在中国，这种大经济法观点也曾十分盛行。1992 年以后，许多学者纷纷改变了观点，提出了一些新的主张，但仍在不同程度上保留着一些"大经济法"观点的痕迹。两种社会制度的国家在经济法概念上出现这样的明显差异，不是偶然的，其原因同这两种类型的国家所实行的经济体制和国家经济管理体制，以及这些国家在经济法兴起以前的立法背景相关。

其次，我们发现中国特别是在 20 世纪 80 年代的许多关于经济法概念的主张，同前苏联的一些观点十分相似，有些如出一辙。例如中国的"纵横说"或"纵横统一说"，简直就是中国版的拉普捷夫观点。其后的"密切联系说"或"管理协作说"也基本上不脱离其窠臼。这种现象也是可以理解的。70 年代末 80 年代初，我国经济法兴起的时候，由于当时的苏联、东欧国家的政治、经济制度同我国基本相同，我国的法学思想理论和立法长期受前苏联影响，所以，人们最容易接受前苏联的学术观点，无需作大的修改即可拿来运用。中国经济法研究前期之模仿前苏联，同日本“二战”以前之仿效德国，情况是十分相似的。当初日本的经济法概念和其他理论主张基本上是引进德国的研究成果；至“二战”后，由于社会情况发生变化，法学家们需要独立思考，对经济法有关问题进行再认识，形成了新的经济法概念和理论。中国1992年经济体制改革进一步深化，且此前苏联、东欧国家先后发生了剧变，原来仿效苏联的一些经济法观点已站不住脚，逐渐为越来越多的人反对，有关的经济法学家也纷纷改变观点。

此外，就中国国内的各种经济法概念及其发展演变而言，我们发现，它同国家经济体制改革的各个发展阶段密切相关。改革初期，同计划经济体制和高度集中统一的国家经济管理体制相适应，“大经济法”观点流行。随着改革的不断深入，国家实行“有计划的商品经济”，人们对于经济法的概念的理解逐渐缩小其范围。到了1992年国家决定建立社会主义市场经济以后，“大经济法”观点在我国经济法学界的主流地位才彻底动摇。

当然，早在20世纪80年代初，我国也有学者持同“大经济法”观点完全不同的意见，一开始就突出了经济法的国家经济干预、调节和管理这一本质。① 但这种意见长时间内未受到足够重视，至90年代初开始被越来越多的学者所注意，对于动摇“大经济法”观点在中国长达十余年的主导地位和推动我国经济法理论研究，发挥了重要作用。

第二节　经济法的调整对象

一、经济法调整对象的特定性

经济法是规范国家经济调节之法，其调整对象是在国家调节社会经济过程中发生的有关主体之间的社会关系，即国家经济调节关系。

法律总是调整社会关系的，作为经济法调整对象的国家经济调节关系，也是一种社会关系，即人与人之间的关系，但是，它同其他法律调整的社会关系比较有不同特点，它是一种特定的社会关系：（1）这种社会关系发生在国家调节经济过程中，是由国家调节引起的社会关系。例如在反垄断过程中发生的以代表国家的反垄断主管部门同垄断企业之间的关系；在国家实行财政税收或

① 漆多俊：《国民经济的法律调整》，河南人民出版社1986年版，第1～47页。

金融调控过程中发生的国家机关同企事业单位和个人之间的关系等。如果不是发生在国家调节经济过程中，不是由国家调节引发的社会关系，例如是在普通的国家行政管理过程中由行政管理引发的国家行政管理关系，或者是在一般商品交换中发生的商品交换关系，则不由经济法调整，而由行政法或民商法调整。(2）这种社会关系的主体即当事人有一方为国家或代表国家的机关，他们担负着国家经济调节职能，是一种调节、管理主体；而相对方则为被调节被管理主体，有接受国家调节的义务。因而主体双方地位是调节（管理）与被调节（被管理）关系，具有不平等性。这同民商法所调整的平等主体之间的社会关系是不同的；同行政法所调整的属于普通行政管理与被管理关系也有区别。(3）这种社会关系因而也不是当事人之间完全自愿协商的关系，而具有一定强制性；国家调节主体有时也需要运用协商机制，并尽量让被调节主体自觉自愿，但并不以协商和自愿为原则。而民商法主体之间是以自愿协商为原则；行政法一般并不依靠经济政策和经济杠杆对当事人进行引导和约束。(4）这种社会关系具有经济性内容，因为国家经济调节涉及社会经济的结构和运行，必触及有关当事人经济利益，但不是一般平等主体之间商品交换那样的经济关系。

下面进一步论述国家经济调节关系同民商法、行政法等部门法所调整的社会关系有着明显的联系和区别，以论证经济法调整对象具有特殊质的规定性。

（一）国家经济调节关系与民间社会经济关系——经济法与民商法

国家经济调节引起的社会关系是涉及经济领域并具有经济性内容的一种社会关系。经济领域或涉及经济领域并具有经济性内容的社会关系，有各种不同情况，可分为不同类型。首先，可分为民间社会经济关系与国家经济管理关系两大类；其次，国家经济管理又可分为一般性行政管理与国家为调节经济的目的而实行的国家调节。国家调节也是一种管理，可称之为国家经济调节管理。在国家经济调节中发生的以国家为一方主体的社会关系，是一种国家经济调节管理关系。

所谓民间社会经济关系，是指民间社会的自然人和法人从事经济活动，相互之间发生的经济关系。此即我国通常所称的“平等主体间经济关系”。这类经济关系的基本特征是：(1)（在主体身份上）当事人以平等身份参与经济交换活动，任何一方均不以国家管理者身份出现，二者间不是管理与被管理关系；(2)（在经济关系内容上）是互利、有偿和等价关系；(3)（在经济关系形式上）是自愿、协商关系。当然在阶级社会，生产力诸要素被少数剥削阶级垄断，剥削阶级同被剥削阶级在生产、分配领域，实际上是不平等、不等价、不自愿的，但往往采取平等、等价、自愿的形式，法律为其披上“公正”的外衣。在商品经济社会，这类民间经济关系主要表现为商品货币关系。

民间经济关系的特性决定，用以调整它们的法，其基本任务是保障民间主体在平等经济交往中的正当权益，维护正常的（自由主义的）经济秩序；其立法主旨以个体权利为本位；其基本调整原则是平等、自愿、公平、诚实；其基本调整方法是以采取任意性规范为主，辅之以强行性规范，对于法律后果则主要采取等价补偿方式。这类性质的法，后来从法的体系中分离，形成一个独立部门，这便是民法。民间经济关系是民法调整对象的主要内容。

国家经济调节关系同民间经济关系无论在主体身份和地位、社会关系的内容、形式和处理原则等，都有着显著不同。社会关系性质和类别不同，决定用以调整它们的法有所不同。民商法调整民间社会经济关系，而不能调整国家经济调节关系；经济法调整国家经济调节关系，而不能调整民间社会经济关系。把一些民间经济关系当做经济法调整对象来看待，夸大经济法调整对象的范围，这是不妥的，是一种“大经济法”观点。① 相反，把应属经济法调整的国家调节关系纳入民法范畴，否认经济法是一个独立部门法，认为经济法没有存在必要，这同样是错误的，曾被人们称之为“大民法”观点。

经济法同民法在调整对象上也存在着密切联系和某些交叉，这特别表现在国家直接投资经营这一领域。当国家投资开办和经营国有企业时，国家既是经济调节主体，又是投资主体和企业经营管理主体。从其基本性质上说这是国家经济调节的一种基本方式和活动，所发生的是一种国家经济调节关系，原则上属于经济法调整对象范畴；但从投资经营活动来说，国家又以一种同其他民间经济主体平等的身份出现，所发生的社会关系具有与一般民间社会经济关系同样的性质。例如民法关于物权、债权、合同等的规定，对于国家投资和国有企业来说，也基本适用。特别是当国有企业实行租赁、公司制等民营方式时，不仅在国家同企业经营者之间适用民商法有关规定，而且对于该种企业的内部关系，国家基本上放开由企业自主处理，基本上适用民商法或劳动法等有关规定。此外，当国家发行政府债券时，一方面，它作为国家调节经济的一种必要措施，发生的是国家经济调节关系，属于经济法范畴；但同时这也是一种民事行为，国家是债务人，同作为债权人的债券认购人之间发生债权债务关系。这种债的关系虽然具有特殊性，对其特殊性需由经济法加以规定，但基本上适用

① 在我国有些学者把经济法调整对象笼统地称为“经济关系”，没有区分是民间平等主体间经济关系还是国家经济调节关系，这是“大经济法观点”的表现。

民法债的规定。即使在国家运用计划和经济政策对社会实行促导和调控时，国家也不免采取民事方式，例如为落实某些计划指标而采取订货合同形式，同社会各方发生合同关系。在诸如以上国家各种经济调节活动中，本为调节管理主体的国家，却以一种特殊民事主体身份出现，同社会有关各方发生一种特殊民事关系。这种关系基本上适用民法，经济法只对其中具有特殊性的方面作出特别规定。

（二）国家经济调节关系与国家行政管理关系——经济法与行政法

经济法同行政法在调整对象及与其相关其他方面的关系，是一个较经济法同民法的关系更为复杂和难以区分的问题。经济法作为一个部门法或作为一门学科，从其出现开始就主要面临两个方面（两条理论战线）的争论：一是同民法的关系问题；一是同行政法的关系问题。在中国（前苏联、东欧国家亦同），经济法兴起前期，主要是经济法同民法的争论，而经济法同行政法之争这条战线却远为冷清，但这方面的争论一直在进行。当经济法同民法关系基本明朗以后，同行政法的关系问题就突出起来。

如前所述，经济法所调整的国家经济调节关系也是一种国家经济管理关系。行政法所调整的是国家行政管理关系。国家行政管理中一部分涉及经济领域，并具有经济性内容，因此这也是一种国家经济管理，其所发生的社会关系也是一种经济管理关系。但这种经济管理关系同经济法所调整的国家经济调节关系有所不同，它们是不同性质和类别的两种经济管理关系。前者作为国家行政管理，是国家为了维护社会、治安或政治秩序，保障国家行政管理职能实现，而对于社会经济活动以及对国家机关自身的经济活动和经济管理活动实施的日常性管理；后者则是国家为了调节社会经济的结构和运行，促进社会经济协调、稳定和发展，对于社会经济的总体或同总体密切相关的部位或方面实行某种强制、直接参与或促导。这两种国家管理及由其产生的管理关系在管理目的、管理方式、原则、内容和深度、侧重角度、主体等方面均有所区别。

1. 管理的目的、任务不同。一般行政管理在于保障国家各级行政机关的行政活动正常进行，以维护政治、治安及其他社会秩序。国家经济调节，则通过国家对社会经济生活的干预、参与或促导，影响社会经济的结构和运行，保障和促进社会经济按照国家意志发展。国家经济调节的最终目的，可能有两种情况：一是最终目的为经济性的，即为了社会经济健康、有效地运行和发展；二是最终目的为非经济性的，例如为政治、战争、治安等目的而采取重大经济措施，而该经济措施影响到社会经济的结构和运行。在后一种情况下，国家的最终目的是通过首先影响社会经济来实现的，影响经济的结构和运行是国家经济调节活动的直接目的（或说第一目的），这当然也是国家经济调节活动。这时，它同一般行政管理的区别，还需要从所采用的干预方式和手段、它对社会经济影响的深度和广度等方面加以认定。①

2. 管理方式和手段不同。一般行政管理主要采取行政命令式直接管理。国家经济调节则需要从总体和宏观上掌握国民经济运行状况和变化趋势，遵循客观经济规律，运用强制方式排除对价值规律和市场调节机制作用的障碍；或者由国家直接参与经济活动；或者运用计划、经济政策和经济杠杆对经济进行宏观调控，以促导经济运行。国家经济调节虽然也需要对市场和企业进行各种必要的指令性直接管理，但这种指令性直接管理的目的，是为了实现国家对社会经济的宏观管理总目标，它必须服从这一总目标。而这同一般行政管理是不同的。

3. 管理原则不同。一般行政管理贯彻命令与服从原则，近代各民主国家实行不同形式的民主集中制原则。国家经济调节，则特别强调兼顾各方经济利益，注重社会经济总体效益。而一般行政管理不以兼顾经济利益和注重经济效益为其基本原则。

4. 管理内容与深度不同。一般行政管理涉及政治、治安、文教、卫生等非经济领域，此外也包括一些经济领域。国家经济调节则只涉及经济领域。对于两者均涉及的经济领域，其所涉及的程度与内容也不相同。国家经济调节，需要涉及生产、流通、分配、消费等国民经济的各方面和社会再生产的各环节，有时要深入个别生产过程之中。它要分析研究国民经济的各种总量关系和变化、各种结构关系和变化，要制定计划、经济政策并运用各种调节手段，直接影响国民经济的结构和运行。而属于行政管理范畴的经济管理，则不涉及深层次的经济问题。它“只限于……关于经济管理机构的建立，它们活动的原则等一般问题，而未深入到……经济领域中的关系”，“常常在它刚刚要真正展开时就中断了”，因而形成行政管理（和行政法）不能深入触及的“某些死角”。② 而这些“死角”，只有靠国家经济调节

---

① 金泽良雄把国家对经济的干预，分为经济性目的、经济性干预和非经济性目的、非经济性干预。并认为，有些非经济性干预“表面上，虽属于一种公安、卫生上的干预，但实质上往往是推行某种经济政策的干预”，这些也应视为经济法调整范畴。见其所著《经济法概论》，甘肃人民出版社 1995 年版，第 26～28 页。

② 莫斯科大学、斯维德洛夫学院合编：《经济法》，中国人民大学出版社 1980 年版，第 15 页。

(和经济法)来调整。

5. 侧重的角度不同。国家经济调节主要是从国民经济的总体和宏观角度来规划和调节其总体结构和总体运行，重在掌握和影响各种经济总量指标的变化。通过国家计划、经济政策和经济法规的制定和实施，将各种经济总量指标分解和落实。当然国家的各种具体经济调节措施的落实要涉及市场和企业这些微观领域的管理。而作为一般国家行政管理，则主要是微观管理，如财政、税务、工商、物价等国家机关日常从事的对于市场和企业等的管理，大量和主要属于微观直接管理。它们当然也需要作宏观上的规划和决策，但它们作为国家一般行政机关，其宏观管理是执行其行政管理职能的行为。在微观经济管理领域，如上所述，发生了国家经济调节同行政管理的交叉。当这些国家行政机关执行其职务时，从完成其维护社会治安、政治秩序方面说，是在执行行政管理，发生行政管理关系，受行政法调整；而从落实国家经济调节任务方面说，他们的行为同时又具有经济法性质。

6. 管理主体不同。行政管理主体为国家行政管理机关，其中包括担负国家有关经济管理职能的行政机关。国家经济调节主体由于经济调节的宏观性，它不限于国家行政机关，还包括国家权力机关，例如它的宏观经济决策和对决策实施的监督检查；还包括司法机关，例如它对于垄断和不正当竞争行为的管辖；还包括一些特别设立的专门执行机构，如许多国家的反垄断、兼并和不正当竞争的专门局和委员会。国家经济调节主体也包括许多担负经济管理职能的国家行政机关，如财政、税务、工商、物价等行政管理机关。当它们执行管理职能时往往兼具双重身份，即当它们依照行政法行使一般行政管理时，是行政法主体；当它们贯彻某些经济政策，执行国家经济调节使命时，又具有经济法主体身份。

国家行政管理同国家经济调节上述种种不同，决定了由其发生的国家行政管理关系同国家经济调节关系的不同。前者由行政法调整，后者由经济法调整。行政法不调整由国家经济调节引起的社会关系，同样，经济法也不调整一般国家行政管理关系。

但是，国家经济调节关系和经济法，同国家行政管理关系和行政法的密切联系，也确实是非常明显的。国家调节与行政管理在最终目的和任务上有共性，特别是如前所述有些经济调节措施虽直接影响经济结构和运行，但其最终目的却是政治性、社会性甚至军事性的。国家调节的主管机关，大量和主要的是国家有关行政机关。国家调节所采取的方式有许多类似甚至同时就是行政管理方式，特别是为了保障宏观调节措施和目标最后落实和实现，而在微观经济领域所实施的管理活动，它们往往同时就是行政管理活动。

在国家经济调节职能和经济法的出现初期，特别是在有着以行政权力为中心的传统的一些国家，国家调节同行政管理措施结合尤其紧密，经济法的行政法色彩更浓，或简直难以区分。以后，国家调节职能进一步发达，调节方式更多、更有特色，也更自成体系，经济法于是逐渐剔除其行政法因素，性质日趋纯一。但即使如此，经济法同行政法的联系仍然是非常密切的，特别是在微观经济领域，这两个部门法的交叉和融合，是必需和不可避免的。当前和今后都会如此。

有人会提出这样的问题：既然国家经济调节也是一种国家管理，在历史上，国家对经济的管理关系原来一直同国家行政管理关系交错在一起，并都由行政法规范调整；即使经济法出现以后，特别在其初期，它仍同行政法联系紧密，那么，国家经济调节关系为什么不能由行政法统一调整，而还需要一个新的部门法即经济法呢？或者如有些学者所说，诚然，如今现实生活中的确存在行政法“未深入到”的经济领域，因而形成“某些死角”，但这些“死角”不是可以通过建立行政法的亚部门法即“经济—行政法”来予以解决吗？①

对于上述问题，我们需要从两个方面来思考。首先，要认识前面已论述过的经济法同行政法在调整对象等方面的区别；有区别，才有划分这两个部门法的可能性。其次，还要看这两个部门法区分的必要性。国家对社会经济（全局或局部）进行某些调节，古已有之，但不够发达，因此不需要有单独的部门法来调整。而有了国家便有大量行政管理活动，行政管理关系较为发达，需要有相应的行政法规范予以调整。但早期立法是诸法合体，行政法也未能独立。到资产阶级革命成功后实行“三权分立”，加之当时民法、刑法分离，行政法才独立出来。行政法独立后，国家经济调节职能仍不发达，并且当时国家许多类似于经济调节的活动也往往采取同一般行政管理无所区别的做法，因此仍可以主要由行政法统一加以调整，经济法不需要成为新的部门法。但是，19世纪末20世纪初以后，情况有了很大变化。生产社会化和垄断的形成，使市场失灵，国家调节机制和国家经济调节职能发达起来，国家经济调节关系发达起来。它涉及社会经济的全局和总体，涵盖各关键部位，自身形成为一个统一的体系。调整国家经济调节关系的法律规范因而十分发达，量多、涵盖面广，

① 《关于国民经济管理的法律问题研究》中的话，见莫斯科大学、斯维德洛夫法学院合编：《经济法》，中国人民大学出版社1980年版，第15页。

且自成体系。经济法于是形成一个发达的独立法律部门。人类社会法的体系的演变和新的部门法的形成，主要取决于社会生活和社会关系的发展和发达程度，是为了满足法调整社会关系的需要。一种如此发达和自成体系的社会关系——国家经济调节关系，一个如此庞大而自成体系的法律规范群体——经济法群体，怎么能勉强附于其他部门法之中，或作为其一个分支呢？这不是“地位”之争，而是法调整社会关系的实际需要。只有经济法成为独立部门法，才能按照它特有的原则和方法有效地调整现代社会如此发达和重要的国家经济调节关系。

二、经济法调整对象的范围和分类

经济法所调整的国家经济调节关系既然有其特殊质的规定性，其外延也就具有确定性，不能随意把别的社会关系也视为国家经济调节关系而由经济法调整。但是，国家经济调节关系本身在不同国家、不同时期其发达程度是不同的。这主要同国民经济运行状况和国家实行的经济体制和经济管理体制相关。如果在某个时期国民经济运行特别需要国家加强调节措施，而国家也确实加强了这种调节，则这时国家经济调节关系较为发达，涵盖的范围较为广大；否则，发达程度稍次，涉及范围稍窄。如果国家实行计划经济体制和高度集中统一的经济管理体制，则国家调节和管理范围极广，否则稍窄。中国原来对于国民经济，国家管理既严格又广泛，使整个国民经济都置于国家直接控制之下。经济体制改革后，逐步引入市场调节机制，国家对经济干预管理的方式、程度和范围发生了一些变化。如今国家经济体制正在向市场经济过渡，国家的干预管理将进一步控制在必要范围，以满足国家对经济的必要调节为限。因此，我国的国家经济调节关系的内容和涉及范围发生了变化。

尽管各国各个时期的国家经济调节关系的发达程度和涉及范围有所不同，但现代国家都十分重视和加强对社会经济的国家调节。现代社会国民经济是社会经济各部门、各环节、各地区密切关联的有机整体，牵一发而动全身。国家调节重在从国民经济总体和全局角度着眼，并需将各种调节措施落实到微观领域，因此，必然涉及国民经济的各个方面和环节。只是并非对它的各个方面和环节的所有问题事无巨细一律都管，而只是关心其中同国民经济总体和全局（结构和运行）相关需要国家调节和管理的一些问题。后者才是经济法的调整对象，而国民经济中其他方面的问题，则由其他部门法如民法、行政法等去解决。

作为经济法调整对象的国家经济调节关系，按照不同标准，可划分为不同的种类：

（一）按照国家调节经济的基本方式，可分为市场障碍排除关系（或称国家对市场规制关系）、国家投资经营关系和宏观引导调控关系

市场障碍排除关系，是国家运用强制干预性调节方式反对市场垄断和不正当竞争所发生的一种国家经济调节关系。国家以自己（它的代表机关）为一方主体，另一方主体主要是实施或可能实施垄断和不正当竞争行为的经营者。它们在关于垄断和不正当竞争行为的调查、处理和制裁等方面发生的社会关系，由市场障碍排除法（主要是反垄断法和反不正当竞争法）调整。

国家投资经营关系，是国家参与经济活动，直接投资经营国有企业或从事其他商业或金融活动过程中发生的各种社会关系。它包括国家投资决策和实行过程中各有关国家机关之间、国家机关同社会组织之间发生的关系；在国有企业设立、组织与经营管理活动中国家主管部门相互之间、主管部门同企业之间和企业内部（这主要是指在实行"国营"情况下）等方面的关系。

宏观引导调控关系，是国家运用以促导为主的经济调节方式所发生的社会关系。在国家对社会经济引导、促进和调控中所发生的社会关系主要包括国家计划的制定和实施过程中各国家机关、国家机关同企业、事业单位和其他社会组织之间的关系；国家各项经济政策制定和实施中有关各方之间的关系；国家在运用各种经济调节手段和政策工具（例如税率、利率、汇率等经济杠杆）过程中有关各方面之间的关系。

（二）按照国家调节经济目标和任务所主要侧重的方面，可分为经济运行调节关系与经济结构调节关系

调节宏观经济运行，主要是控制国民经济各种总量增长变化的规模和速度，保障社会总供给与总需求的平衡，防止和克服国民经济停滞、过速增长或大起大落。控制各种经济总量需要将各种总量指标进行分解，落实到各经济部门、行业、地区和有关企业、事业等社会单位。在这个过程中发生国家机关之间、国家机关同企业事业等社会单位之间的各种社会关系。

调节宏观经济结构主要是协调各产业、各行业、各地区等之间的发展比例关系。在这方面发生国家机关之间和它们同社会各方的社会关系。

（三）按照社会经济的宏观与微观、总体与局部关系，国家各种经济调节措施引发的社会关系，可以分为宏观经济调节关系与微观经济管理关系

宏观经济调节，是指国家对国民经济总体发展及其经济总量变化进行全局性和综合性的规划、组织、引导、控制和监督；微观经济管理，本书在这里是指国家对各个具体的市场和企业等基本经济活动单位实行的管理。

国家经济调节从本质上说是宏观性的，但是，微观经济单位是国民经济的基本细胞，是国民经济活动的基础。微观经济单位的生机与活力，最终决定着整个国民经济发展的效益和成果。宏观经济调节必须落实到微观经济单位的经济活动上。国家宏观经济调节是否卓有成效，不仅取决于其本身的正确、得当，更取决于微观经济单位对于宏观调节措施是否作出积极、恰当的反应。因此，国家经济调节必须包括微观管理。宏观调节与微观管理，是国家经济调节两个相辅相成的方面，两者既有矛盾，又是统一的。正确的方针应是宏观管好与微观搞活相结合。国家在微观经济管理过程中同有关方面发生的经济管理关系，除一般来说多属于国家行政管理范畴外，也具有某种经济法性质。在这里发生经济法同行政法调整对象的交叉。

(四) 按照国家经济调节实施过程各环节，可分为经济决策管理关系、组织实施管理关系、对国家经济调节过程的监督和对于纠纷与违法的调处关系

国家经济决策，是指国家机关对于国家未来经济发展目标及实现目标的措施、步骤等所作的选择和决定。经济决策管理，是指国家对有关国家机关和人员经济决策权限与责任的划分和监督，它包括经济信息管理、预测管理、目标管理与计划管理等。其主要形式是编制经济计划，制定经济政策，确定经济项目，拟订重要措施。近代以来，各国重大经济决策权掌握在国家权力机关手中，行政机关在宪法和法律规定权限范围内也享有较广泛的经济决策权，如制定经济方面的政策性文件和行政法规、编制经济计划和国家预算等。地方权力机关和地方政府依据国家法律和中央政府授权，享有在本辖区内的经济决策权。各级国家机关应该严格按照经济决策权限分工进行决策，不得超越规定权限，不得滥用或随意放弃决策权，不得因渎职、懈怠而造成决策失误，否则，应承担相应责任。另一方面，对于国家各项经济决策，各有关单位和人员必须遵照执行。可以提出意见或建议，但不得违反，否则，也应承担责任。这就是因经济决策而发生的经济决策管理关系。

国家的经济决策确定以后，大量的工作是组织实施，它涉及各级政府、政府各部门及其工作人员，以及企事业单位、公民等社会各主体，涉及社会经济生活的各个方面，围绕国家的各种经济调节管理活动，发生各种调节与被调节、管理与被管理关系。

对于国家的经济决策，特别是其组织实施过程，国家的权力机关、行政机关，特别是司法机关，要实行检查监督，并对其中发生的争议与违法行为进行调解、仲裁和诉讼。肯定和奖励模范遵守执行者，否定和制裁其违反者。在以上过程中，有关各方之间发生的关系，也是国家经济调节关系的内容，属于经

济法调整对象范畴。

（五）按照经济成分，国家经济调节可分为国家对国有经济的调节管理和对非国有经济的调节管理

对于非国有经济，国家以政权体现者身份实施调节管理。管理方式主要是要求它们遵守国家政策法律，照章纳税；完善市场体系，维护竞争秩序，反对垄断和不正当竞争行为，排除市场障碍；通过国家指导性计划、经济政策和各种经济杠杆等宏观调控手段，对其经济活动进行引导、鼓励或限制。此外，也通过建立各种社会保障体系、发展各种公共事业等，为其创造良好的外部环境和提供服务。国家对非国有经济一般不下达指令性计划，不干预其内部生产经营、劳动人事、工资分配等事务。

对于国有经济，国家以政权和财产所有权人双重身份实施调节管理。除以政权身份实施管理同对非国有经济相同以外，作为财产所有人，首先，需要确定国有资产的投资方向、规模和经营形式；其次，它的主管机关应清查、考核国有企业财产保值、增值情况，按照所实行的不同经营形式，确定国家与企业之间的收益分配方式、比例或定额，拟订企业财务会计制度，并对企业财务进行审查和审计监督，决定或批准企业的设立、合并、分立、终止、拍卖，批准企业兼并和破产申请，对于采取股份制经营形式的公司，国家有关主管机关需委派代表行使股东权。

在上述对国有经济和对非国有经济的调节管理过程中，国家机关之间及其同各经济单位之间发生的社会关系，属于经济法调整对象。

（六）国家经济调节关系可分为国内经济调节关系与涉外经济调节关系

涉外经济是国民经济的一个重要的有机组成部分。对涉外经济的调节是国家对整个国民经济调节的一个重要领域。国家对涉外经济和国内经济调节管理中所发生的社会关系，都是属于经济法调整对象范围。

此外，国家经济调节关系还可作其他多种分类，如：按照国家调节所涉及国民经济的各职能方面（如计划、财政、税收、金融等）和各行业部门（如工业、农业、商贸、运输、通讯等），可分为各种相应的国家调节关系。按照国家政治、经济和其他社会形势，可分为平常时期国家调节关系与特定（非常）时期国家调节关系；后者如作为战争、经济危机、大自然灾害等的对策所实行的国家调节及其中发生的社会关系。

三、关于经济法调整对象各种主要观点评介

关于经济法调整对象，国内外众说纷纭。国外诸学说的观点，本章第一节

关于经济法概念部分已经涉及，这里只对中国法学界在经济法调整对象问题上的各种观点进行评介。

中国的经济法研究起步虽晚，但一开始就非常热烈，特别是在经济法调整对象问题上，争论尤为激烈。人们提出了各种各样的观点和主张，并陆续形成诸如“纵横经济关系说”、“密切联系说”、“管理-协作说”、“经济管理关系说”、“综合说”、“学科说”等较为系统、有一定影响的学说。各家在经济法调整对象的种类、性质和范围上意见各不相同。为了简明起见，我们可以按照所主张的调整对象的范围大小，将这些观点分为全、大、小、无四类，分别介绍。

所谓“全”，是指主张经济法调整一切经济关系。例如：有人认为，“经济法是国家为调整经济关系而制定的法律规范”，“是调整经济关系的法规的总称”。①

有人说，“经济法是调整社会经济关系的法，它调整的是经济关系，包括国内经济关系和对外经济关系”。有人说，“经济法是调整国民经济关系的法律规范的总称”。

鉴于民法也调整一定的经济关系，上述主张经济法调整一切经济关系的人，如何看待经济法与民法的关系呢？基本上有两种态度：一是“取消论”，即认为，既然经济法调整各种经济关系，民法的调整对象便只剩下婚姻家庭关系和与婚姻家庭关系密切相关的一些财产关系。“那么，民法的传统体系就被打破了，民法的本来涵义改变，因此，再使用‘民法’一词就没有必要了”，可以“建立我国的婚姻家庭法”。二是“归并论”，即主张把民法归并于经济法之中，成为经济法的一个核心部分或作为经济法的基本法。这可表示为

经济法=民法+各种部门（或单项）经济法规

例如有人认为，“在民法之外，相应地制定一系列单行的经济法规——与民法彼此配合，相互补充。只有各种经济法规与民法结合起来，才能构成一个完整的调整经济关系的法律体系”。至于民法被归并于经济法之中以后，民法的地位怎样，又有两种意见：一是认为民法不再为宪法下面的一级独立部门法，而只是属于经济法之中“调整基本经济关系”、“相当于经济法总则”的

① 以下所引的各种观点有些流传不广，学者们后来改变了看法，故本书不再注明其出处与作者姓名。读者可参见漆多俊著：《经济法基础理论》，武汉大学出版社 1996 年修订版的有关注释。

一个部分；二是认为民法仍然为独立部门法。不过，后种观点实际上是否认经济法为独立部门法，只把经济法作为民法的一个别称（把其中的“经济法规”作为民法这个基本法的特别法）而已。

由于这些人主张的经济法调整对象范围十分广泛，包括一切经济关系，所以谓之“全”。这类观点流行于20世纪80年代初期，即中国经济法研究起步阶段。接受这种观点的人不多，影响不大。以后，很少有人再坚持这种观点了。

所谓“大”，指主张经济法所调整的经济关系范围过大，把应由别的部门法，特别是民法调整的范围也视为经济法调整对象。按其划分经济法调整对象标准的侧重点和范围大小程度，又有多种情况：有的按照经济关系所属领域，认为经济法调整生产领域的经济关系，民法调整消费领域的经济关系；有的按照经济关系主体类型，认为经济法调整社会组织（或仅指“经济组织”，或仅指“社会主义”的组织或经济组织，或还包括国家机关，等等）之间的经济关系（或还包括上述组织与公民之间的经济关系），民法则调整公民之间（或还包括公民与社会组织之间）的经济关系；有的将上述两种标准（即领域与主体）结合起来，认为经济法调整的是社会组织之间在生产领域中的经济关系，民法则调整公民之间在消费领域的经济关系；有的除了依据主体标准外，还提出了“经济管理”和“经济活动”标准，认为经济法调整国民经济管理和各种经济组织在经济活动中发生的经济关系；有的则不分主体，主张经济法调整国民经济管理和生产经营活动中发生的经济关系；有的则把经济关系区分为“纵向性”与“横向性”（此外还有“内部性”），认为经济法调整纵向、横向另加内部经济关系，此即所谓“纵横说”；有的则在“横向”经济关系中分出“与纵向关系密切联系的横向关系”，或者“与纵向关系（或经济管理关系）密切联系的协作关系”来，此即所谓“密切联系论”或者“管理-协作论”，等等。

上述各种观点和主张，其经济法调整对象的范围都过大，但按其大的程度，又可分为两类：一是以“纵横说”为代表，其范围更大一些；二是“密切联系论”和“管理-协作论”为代表，其范围有所缩小，但仍偏大。“纵横说”出现于20世纪80年代初期，当时影响较大。“密切联系论”和“管理-协作论”则是80年代中期以后（1986年中国《民法通则》颁布以后）提出的，出现以后，立即取代了“纵横说”的主导地位，而被中国经济法学多数人所接受，并在其后一段时间居于主流地位。

“密切联系说”同原来“纵横说”最大的区别，在于放弃了经济法“调整社会组织之间在经济活动中所发生的社会关系——横向经济关系”的主张，而改为主张经济法只调整上述经济关系中的一部分，即与经济管理关系（或说纵向经济关系）“密切联系”的那一部分，或者把横向经济关系改为“经济协作关系”。其实，所谓与纵向关系“密切联系”的横向关系，毕竟是一种横向关系，即平等主体之间的关系；所谓与经济管理关系“密切联系”的经济协作关系，毕竟是一种协作关系，协作关系也是一种横向关系，它们与其他横向经济关系在基本性质上是一致的，因此应归民法调整。有些人把“经济协作”与“组织经济协作”这两个不同的概念混淆了。经济协作，是平等主体之间的关系，必须贯彻平等、协商、有偿和等价原则，适用民法的调整方法。组织经济协作，则是国家主管机关同下属的地区、部门或单位之间的关系。国家为了实现对国民经济的宏观调控职能，需要组织、协调各有关地区、部门和单位进行经济协作，因而发生以国家（它的代表者）为一方主体同有关各方的组织经济协作关系。组织经济协作关系属于国家经济调节管理关系，它由经济法调整。例如，国家主管机关依据国家计划，组织甲、乙进行经济协作，国家与甲和国家与乙之间是组织协作关系，归经济法调整；而甲与乙之间是协作关系，应归民法调整。总之，“密切联系说”和“管理-协作论”，仍然夸大了经济法调整对象的范围，仍然属于一种“大经济法”观点。

所谓“小”，这里主要是指主张经济法调整对象同各种经济管理关系相关的各种观点。有三种代表性意见：一种意见认为经济法调整“经济管理关系”，包括宏观经济管理关系和微观经济管理关系（经济组织内部管理关系）。它排除各种横向经济关系于经济法调整对象之外，却未能区分国家对经济的管理（国家经济管理）与非国家（非政府）的属于企业内部或行业协会内部的管理，后者乃是一种企业或行业协会的自律性管理，这一般属于民商法范畴，不是经济法的调整对象。

另一种意见认为经济法调整政府经济管理关系。它进一步把社会组织自身进行的自律性管理排除在经济法之外，但未能很好地界定经济法同行政法的关系，把大量的国家行政管理（特别是一些经济领域的行政管理）纳入了经济法范畴。

此外的一种意见认为，经济法调整同国家调节社会经济相关的国家经济管理关系，或者称之为国家经济调节关系，或国家经济调节管理关系。这种意见早在20世纪80年代初期就被学者提出，但当时并未受到学术界重视，直至90年代特别是国家决定实行社会主义市场经济以后，才被越来越多的学者所注意和接受。①

所谓“无”，是指认为经济法并无特有的调整对象，人们所谓经济法调整对象，其实都是其他部门法的调整对象。例如，横向经济关系是民法调整的，纵向经济关系应归行政法调整，因而他们认为，经济法不是一个独立的基本部门法。但他们中许多人同意使用“经济法”这一概念，对于这一概念的涵义，有的认为它是分属于其他各部门法的调整各种经济关系的法律规范的综合概念，此即“综合经济法说”；有的则认为它只是一门法律学科，这门学科的任务是“研究经济法规运用各个基本法手段和原则对经济关系进行综合调整的法律”，此即“学科经济法论”。也有人不同意使用“经济法”这一概念，认为人们所谓经济法的调整对象，应部分或全部地属于行政法的调整范围。对于这一部分经济关系，或归行政法调整，或在行政法之下设立一个新的行政法分支，即“经济行政法”。后种主张被称为“经济行政法论”。

中国法学界20世纪80年代关于经济法调整对象的各种观点，人们统称之为“经济法诸论”。1992年下半年，国家决定实行社会主义市场经济体制。搞市场经济，需要以市场调节作为社会经济结构和运行的基本调节机制，政府应减少对社会各经济主体的直接指令性干预。平等主体间经济关系将更加发达，需要民法加以调整。“密切联系说”等“大经济法”观点受到严重挑战，人们再次深深陷入困惑之中。许多人纷纷重新修正和更新原有的经济观念，提出了各种新的主张。择其要者，有“经济协调关系说”、“国家干预经济关系说”、“经济管理与市场运行关系说”、“间接调控说”，此外，还有“行政隶属经济关系说”等。

“经济协调关系说”认为，“经济法是调整在国家协调经济运行过程中发生的经济关系的法律规范的总称”。并认为，所谓经济协调关系，包括四个方面内容：（1）企业组织管理关系；（2）市场管理关系；（3）宏观经济调控关系；（4）社会经济保障关系。②

“国家干预经济关系说”认为，“经济法是国家为了克服市场调节的

① 参见漆多俊著：《国民经济的法律调整》，河南人民出版社1986年版；漆多俊著：《经济法基础理论》，武汉大学出版社1993年版及1996年、2000年修订版。

② 关于“经济协调关系说”的各种论点，参见杨紫煊、徐杰主编：《经济法学》，北京大学出版社1994年版，第21章及其他有关章节；还可参见杨紫煊主编：《经济法》，北京大学出版社、高等教育出版社1999年版，第27～32页。

盲目性和局限性而制定的调整需要由国家干预的具有全局性和社会公共性的经济关系的法律规范的总称”。或者简言之，“经济法是调整需要由国家干预的经济关系的法律规范的总称”。认为经济法调整的对象分为下述四个部分：（1）微观经济调控关系，其中又包括国家对经济组织的调控关系及经济组织内部的调控关系；（2）市场调控关系；（3）宏观经济调控关系；（4）社会分配关系。①

“经济管理与市场运行关系说”认为，“经济法是国家为了保证社会主义市场经济的协调发展而制定的有关调整经济管理关系和市场运行关系的法律规范的统一体系”。他们将经济法的调整对象具体界定为四类：（1）国家经济管理关系；（2）市场运行关系；（3）组织内部经济关系；（4）涉外经济关系。并认为前两类关系是经济法调整对象的基本内容。②

有的学者鉴于曾在我国广为流传的“大经济法”观点的不合理性，提出了“行政隶属性关系说”。认为，经济法是“政府管理经济的法律”，“经济法调整行政隶属性经济关系”，“经济法是调整政府在调控社会经济运行、管理社会经济活动中而形成的经济关系的法律”。③

有的学者力图从“宏观经济”与“微观经济”角度来区分经济法与民法的调整对象和任务。例如有的主张：“‘加强宏观经济管理’，正是经济法的任务，而‘规范微观经济行为’则是民法的任务”；④ 有的提出：“我国经济法是国家对国民经济进行宏观间接调控的部门法。”⑤

以上这些20世纪90年代以后提出的各种观点，人们称之为中国经济法“新诸论”，以与80年代的“老诸论”相区别。这些“新诸论”有着如下一些

---

① 关于“国家干预经济关系说”的各种论点，参见李昌麒：《经济法——国家干预经济的基本法律形式》，四川人民出版社1995年版；李昌麒：《论社会主义市场经济与法制观念的更新》，载《现代法学》1994年第1期；李昌麒主编：《经济法学》，中国政法大学出版社1994年版，第2章及其他相关章节。

② 关于“经济管理与市场运行关系说”，参见刘文华主编：《新编经济法学》，高等教育出版社1993年版，第1章第2节及其他相关章节。

③ 关于此说具体内容，详见李中圣：《经济法：政府管理经济的法律》，载《吉林大学社会科学学报》1994年第1期。

④ 谢怀栻：《论建立适应社会主义市场经济的民法经济法体系》，载《法学研究》1993年第1期。

⑤ 王希仁：《经济法概念新论》，载《河北法学》1994年第2期。

共同的特征，即：人们正在大力抛弃在计划经济体制和高度集中的国家经济管理体制影响下形成的“大经济法”观点和其他偏见，日益趋向于更加准确地把握经济法的本质属性。他们把经济法明确定义为同国家协调、干预、管理或调控社会经济相关，尽管提法不同，却都在突出经济法的国家调节和管理社会经济这一基本属性。这些反映了我国经济法理论研究的进步。总的看来，当前我国经济法学界的各种理论主张是逐渐接近和趋同了；但也还存在着一些分歧。有些意见虽然看来改变了提法，但毕竟缺乏深刻和系统的研究和论证，在论述具体问题（例如关于经济法调整对象所应包含的基本方面）时，时常显露出“大经济法”观点和其他偏见的痕迹。这些需要我们大家作进一步研究和探索。

复习思考题

1. 试述经济法的定义和基本特征；为什么说“国家调节”是理解经济法各种基本属性的关键?

2. 经济法的调整对象是什么？它的调整对象同民商法、行政法的调整对象比较有哪些联系和区别?

3. 简述国内外法学界在经济法调整对象上有哪些主要观点？你对这些观点有何评论?

第二章　经济法的产生和发展

第一节　经济法产生的社会根源

一、生产社会化与“市场失灵”

前章已经指出，为了彻底弄清楚经济法的本质和特征，需要探本溯源，从深入研究经济法产生和发展的社会根源入手。

经济法产生和形成为独立部门法最深刻的社会根源，在于生产高度社会化引起的经济调节机制和现代国家职能的变化，即国家经济调节机制和国家经济职能的形成和发达。由此产生对于规范国家经济调节的法律部门的需要，经济法于是应运而生。

人类社会经济形态经过了漫长的自然经济阶段，于近代进入资本主义商品经济社会。商品交换关系和作为其载体的市场于是迅速地发达起来。在商品经济社会，市场成为人们各种经济活动的枢纽环节，连接着从生产到消费的社会再生产全过程。用以交换的商品种类不断增多，不仅原已存在的消费品和生产资料这些传统商品市场更加繁荣，还陆续出现了资本市场、劳动力市场、技术市场、信息市场等各种生产要素市场。并且，这各类市场互相关联，有机结合。从地域来说，在一国（或一大地区）范围内，打破了割裂封闭状态，各地方市场互相沟通交流，逐渐形成统一的全国（或大地区）大市场体系。各地方、各行业的生产经营者和消费者，可以自由出入这个统一的市场，进行各种商品交换，并开展自由竞争。这就是市场所具有的统一性和开放性。

在统一和开放的市场中，广大生产经营者自由而充分地竞争，使价值规律充分发挥作用，不仅从微观上调节各生产经营者间的利益关系，而且在社会经济的宏观和总体上调节资源的配置和资本的流向，调节社会经济的结构和运行。价值规律的这种调节作用，是通过市场实现的，因此又称为市场调节。市场调节是社会经济本身具有的内在机制。在一国范围内，社会经济何以能够维持大致协调的各种结构比例关系，并能从总体上维持比较稳定的运行？原来正是市场调节这只“无形之手”在悄悄地发挥作用。资本主义社会初期，国家一般不介入经济生活，国家经济职能不发达，社会经济基本上全靠市场这一种调节机制。

由于市场在商品经济社会中的极端重要性，以及市场机制对社会经济的充分调节功能，人们把这时的社会经济又称为市场经济。所谓市场经济，其实就是指发达的即上升为社会经济主导地位的商品经济，亦即商品经济社会的商品经济。商品经济相对于自然经济和“产品经济”而言，主要是从生产目的是否为了交换以及交换是否按价值尺度进行这一角度划分的。市场经济相对于计划经济而言，主要是从社会经济驱动和调节的机制模式即经济体制角度划分的。我们说，商品经济社会建立于封建社会末期，而资产阶级政治革命的成功使之从政治和法律上得以确立，这同时也是市场经济体制的形成和确立。市场经济最基本的特征是以市场调节为基础性调节机制。特别是在市场经济刚刚建立及其发展的第一个阶段，市场调节简直可以说是唯一的调节机制。此即调节机制的一元化。在市场经济第一个发展阶段，市场调节的作用是充分有效的。

当然，市场调节机制其实也并非万能，有其局限性，此即市场缺陷。市场调节要充分发挥作用，必须具备一定条件。在一定条件下，市场缺陷不显露，不造成严重后果；但若条件不具备，或条件发生了变化，则市场缺陷立即显露，并造成严重后果，表明市场的作用不再充分有效，这时人们称之为“市场失灵”。

市场缺陷可以从多方面来分析和归纳，从造成市场失灵的原因分析，市场缺陷可以主要归纳为下列三种：一是市场障碍，即在自由竞争的市场上总会存在着一些阻碍市场机制发挥作用的因素，使得有些经济领域，市场机制不能进入施展其作用；二是由于市场机制具有唯利性，因而它是一种非理性的调节，有些经济领域民间投资不愿进入，市场机制也不能发挥调节作用；三是市场调节具有被动性和滞后性，它是一种事后调节，往往造成资源严重浪费和经济社会动荡衰退之后它才慢慢地发挥作用，使经济逐渐恢复正常。①

所谓市场障碍，即市场调节机制实际发挥作用的障碍。也就是说如果市场

---

① 国内外经济学界、法学界关于市场缺陷有多种分析表述，常见的有诸如垄断、外部性、公共产品、信息不对称等。这些提法所指的内容都可以分别归并到本书的“三缺陷”之中。“三缺陷”是从造成市场失灵的原因和为什么还需要国家调节这一角度来分析的，具有逻辑性和周延性，特别是它符合近一百多年来各国市场和社会经济的实际情况。

机制能够正常发挥作用的话，有些问题就不会出现；可是市场机制常常会遇到障碍，使它不能正常发挥作用，因此才引起经济及其相关其他社会问题。市场可能遭遇的障碍有多种多样，例如有市场本身固有的障碍和非市场本身的障碍。后者如国家公共权力、社会和国际因素设置的障碍，它们也会阻挠市场机制正常发挥作用。我们这里主要分析市场本身固有的障碍，它又可能包括两类情形：一是市场本身发育不完备、不健全，使市场机制不能顺畅地发挥作用（本书后面要分析一些体制转型国家的市场就一度存在此种情形）；二是即使在统一市场体系建立和完善的情况下，由于竞争秩序和不正当交易行为问题也产生障碍，妨害市场机制发挥作用。竞争本是市场不可缺少的因素，它同市场相伴生，是市场机制发生作用的前提和基础。没有竞争就没有动力，资源配置和资本流动就会呆滞，价值规律和市场机制便不能启动。但市场竞争不可避免地存在两种不良倾向：一是限制竞争，二是不正当竞争。限制他人竞争使自己谋取和维持对商品价格和市场的操纵地位，便能赚得超额利润，其他经营者则大批亏损。进行不正当竞争和采取其他不正当交易行为，也使他们获取非法利润。这些无序竞争和交易行为的结果，使得商品价格严重偏离价值，价值规律被扭曲。从微观上说，造成各经营者和消费者个体间利益关系不公平；从宏观经济角度看，在上述现象普遍和严重时，妨碍着市场机制对整个社会经济调节作用的发挥，引起社会经济各种结构失衡，运行阻滞，并引发社会不公平和其他各种社会矛盾。限制竞争、不正当竞争和其他不公平交易行为成为市场机制正常发挥作用的障碍。

能限制他人竞争，自己支配市场，获取超额利润，这是许多经营者梦寐以求的。但实现这一点谈何容易！除非拥有特权或凭仗强力（包括国家权力和社会强力）等非市场因素，否则就只有靠自己拥有雄厚的经济实力和庞大的生产经营规模，在竞争中把别人挤垮或撵走。在资本主义初期，生产力水平和生产社会化程度不高，经营者规模较小，中小业主居多，谁也不足以达到市场支配地位，无法凭借经济实力限制他人竞争。而当时妨害竞争的封建特权和其他政治因素已被资产阶级革命予以清除，新建立的资产阶级政府奉行不干预经济的原则。不正当竞争和其他不公平交易行为虽然存在，由于经营者规模不大和数量众多，也并不产生严重后果。这些都保障着当时的市场能够实现较为充分和公平的竞争，价格能够反映价值并随着供求变化而上下波动，市场机制能够有效地调节社会经济的结构和运行，而未曾引起严重的经济和社会后果。也就是说那时市场的这一缺陷及其后果当时尚未显现。

市场机制的唯利性，是指投资经营者所关注的是经济利益，并往往重视眼前可实现的利益。对于眼前盈利低、无利可图甚至亏本，或者投资周期长、风险大的行业部门和产品，他们往往不愿投资。而这些领域中有些如公用和公益事业、新技术和新产品开发，及其他同国计民生关系密切，或可能制约国民经济长远发展和总体效益的行业，即使不能盈利或者亏损，也必须进行适度投资。国家尽管通过鼓励、引导方式往往仍不能让民间投资进入，因而难以指望市场机制发挥调节作用。也就是说，社会经济中存在着一些市场机制难以进入（不愿进入）的领域。这是市场的第二种缺陷。

在市场经济初级阶段，市场机制的上述缺陷也不产生严重后果。因为在当时生产力水平和社会化程度并不很高的条件下，需要长期投资研制开发的产品不多，为社会所必需的高风险行业不多，公用和公益事业所需投资也很有限，所以市场唯利性这一缺陷也不会造成严重后果。相反，正是由于广大投资者对于眼前利益的追逐和相互展开的竞争，促进着经济的繁荣和发展，并从总体上调节着社会经济的结构和运行。

市场机制作用之所以具有被动性和滞后性，它之所以是一种事后调节，是因为从投资、生产运营到市场价格形成和信息反馈，需要经过一段时间。各企业和个人掌握的信息不足和滞后，不能适时调整其投资经营决策，投资难免带有盲目性，往往等到市场供求严重失调、产品大量滞销过剩时才作出反应。市场的这一缺陷原来主要影响各投资经营者个体效益，造成许多个体亏损和破产。但当时经营者规模都较小，他们的亏损和破产并不影响社会全局。一批人破产了，另一批经营者又起来了，正所谓“病树前头万木春”。可见市场的这一缺陷虽然可能给某些经营者个体的经济效益和利益造成损害，但并不妨害社会经济总体，反而使社会经济不断更新，从总体上始终保持生机活力。

市场调节的上述三种缺陷后来终于显露并引发了严重后果。这种情况在资本主义国家大致出现在19世纪末期，引发原因是18世纪60年代首先发生于英国，19世纪末在法、德、美等国也相继完成的产业革命。产业革命使资本主义工场手工业过渡到机器大工业，推动了生产社会化进程。企业规模迅速扩大，新的生产部门不断涌现，社会分工和协作日益扩大，各个经济部门相互依赖和联系日益加强，市场更加融为一体。产业革命对社会各方面的影响是十分广泛而深远的，这里我们仅分析它如何使市场调节的缺陷暴露，并引起经济调节机制的变化。

首先，由于生产社会化，经营者通过资本积聚和集中使企业规模不断扩大，少数大企业具有雄厚经济实力并取得市场支配地位。这些企业独自或同其他企业结盟垄断市场，操纵价格，限制、排斥其他经营者进入市场参与竞争。

如果说过去经营者凭借自己的经济力以限制他人竞争还只是一种愿望，如今生产社会化和垄断组织的形成，使愿望变成现实。由于垄断和限制竞争日益严重，加上各种不正当竞争和其他不公平交易行为也更加猖獗，动摇了价值规律和市场调节作用的基础，价值规律被扭曲，市场调节遇到障碍而不能有效发挥作用。这是市场机制第一个固有缺陷的显露和它所造成的严重后果。

其次，产业革命以后，科技和生产力快速发展，经济部门、行业和产品不断新旧更替。许多行业所需投资规模大、周期长，有些需要进行较长时间的前期研究开发，短期内无盈利，甚至有失败和赔本的风险，私人投资者望而却步。而如果不作投资或投资不足，则那些未来很有发展前景并制约其他行业甚至整个经济发展的行业就不能及时成长，对经济的全局和未来发展不利。随着经济发展和社会进步，要求公共设施和公用、公益事业投资不断有所扩大，私人投资对这些领域也往往不愿涉足。私人投资者对眼前经济利益的追逐，往往很少顾及社会经济的可持续发展和其他社会效益，使自然资源和人类共同生活的环境遭到破坏，而且不愿为保护环境资源和治理污染进行投资。如此等等，说明市场机制的唯利性如今也日益暴露出其缺陷和严重后果，有许多领域无法指望它进行调节。这是市场机制第二个缺陷的显露。

再次，产业革命引起生产高度社会化和垄断企业形成以后，市场的第三个缺陷即市场调节的被动性和滞后性的后果也十分严重了。经营者的市场信息不足和滞后，首先直接影响经营者个体经济效益和利益。过去由于经营规模不大，一些经营者亏损和破产无关社会经济大局；如今企业规模扩大，垄断企业形成，他们对于超额垄断利润追逐的心理，往往使之忽视市场需求而不断扩大投资，以致造成生产过剩和产品大量积压。其后果不仅直接造成这些企业的亏损和破产，而且由于这些大企业的亏损和破产又直接影响市场的供求关系，引起其他企业和经济部门的连锁反应，甚至引发经济危机和社会动荡。生产过剩还造成资源的极大浪费，影响社会经济的持续发展。此外，在某些行业投资膨胀的同时，另一些行业往往投资不足，因而常常发生结构性危机。由于上述原因，19 世纪自英国开始在各资本主义国家爆发了一次又一次的周期性经济危机。19 世纪末以后经济危机进一步加剧。每次危机发生后，虽然由于市场机制的作用，经济又会慢慢复苏和再次繁荣，但新一轮危机又在潜伏着。这给经济造成巨大伤害，使社会动荡不安。

综上所述，说明曾被人们认为是万能的市场调节，在 19 世纪末生产社会化和垄断形成以后，不再像从前那样充分有效了，“市场失灵”了。市场缺陷及其引起的市场失灵在造成经济上严重后果的同时，也引发一系列其他社会问题，包括失业率上升、收入分配不公、贫富差别加剧、社会矛盾激化和各种群体性运动频发等，这些问题导致社会动荡和影响政局的稳定。这种情况迫使人们思考对策，寻求补救办法，企盼能有另外的某种力量和机制，以克服或弥补市场的各种缺陷，让社会经济的结构和运行保持协调、稳定和不断发展，并让整个社会得以安定和进步。

二、国家调节机制与国家经济职能的出现

生产社会化本来是符合社会发展规律的，是社会的进步，但引起了原来社会关系和社会秩序的改变，打破了原来的平衡，引发一系列经济和社会问题。这些问题，特别是垄断、经济危机、社会不公平、阶级矛盾激化等，引起了社会各界人士的严重关切。人们都在分析其中的原因、发展趋势和后果，并纷纷提出各自的应对措施。其中主要的，对当时和后来意识形态与社会制度实际演变发生了至关重要影响的，有如下三种人：空想社会主义者、马克思主义者及资产阶级改良派。这三种人有如下基本共同点：他们都较敏感地察觉到当时正在出现和发展的生产社会化及其引发的经济和各种社会问题；都对当时存在和日益严重的经济和社会不公平、不合理现象不满和进行抨击；都分别提出了应对方案。他们的应对方案也有一个基本共同点，这就是不能让经济和社会放任自流，必须通过人们（首先是其中先知先觉的先进分子）的主观能动性，并凭借某个特定的公共权力机构，自觉和主动地对经济和社会予以调整或彻底改变（改良或革命）。

空想社会主义思潮早在16、17世纪就曾出现，19世纪发展到顶峰阶段。以圣西门、傅立叶、欧文为代表，他们批判矛头直指资本主义制度，抨击经济、政治和社会各种不合理现象及其根源，提出了构建未来理想社会的蓝图。空想社会主义者并未找到通向其理想社会的途径，未指出解决当时经济和社会问题的切实可行的办法；他们寄希望于统治阶级基于道德情感或理性自愿推行“乌托邦”计划，实现所谓理想社会蓝图。他们的这种方案严重脱离实际，是根本实现不了的，所以被称为空想社会主义。这种方案对当时和后来社会变革实际作用不大，但其许多思想观点却有着一定的积极意义，对后来社会变革实践也有某种间接影响。①

马克思主义是马克思、恩格斯于19世纪40年代以《共产党宣言》问世

① 马克思在《共产党宣言》中把19世纪圣西门、傅立叶、欧文等人的思想体系称之为“批判的空想社会主义”。

为标志创立的学说。马克思主义创始人敏锐地看到了生产社会化给资本主义社会带来的各种矛盾和冲突，深刻地分析了其中根源。指出当时资本主义社会已经出现的周期性的商业危机和生产过剩的瘟疫，社会不公平及其他各种社会问题，使“社会突然发现自己回到了一时的野蛮状态”。其根本原因在于资本主义社会存在一个基本矛盾，这就是生产社会化同生产资料私人占有的矛盾。这个基本矛盾资本主义社会本身不能解决。根本解决办法只能是“废除资产阶级所有制”，“消灭私有制”，进行社会主义革命和无产阶级专政。① 进入20世纪后，列宁、毛泽东等革命家正是基本依照马克思主义创始人的上述思想，在各自国家发动了轰轰烈烈的社会主义革命，推翻了旧政权，建立了一批社会主义国家，进行了无产阶级革命和社会主义建设实践。对于各社会主义国家的经济职能和经济法情况，本书后面再专节论述。下面先来说说资产阶级改良派的方案及其实践。

19世纪末20世纪初，资产阶级及其国家统治者、思想家们，曾为当时社会化引发的经济和社会问题十分焦虑。他们当然地拒绝空想社会主义和马克思主义那样的两种方案。② 可是日益严重和尖锐的经济和社会问题迫使他们必须立即拿出对策。他们提出的具体应对方案虽然各有差异，但其中一个基本思想由朦胧到越来越清晰：当时各资本主义国家存在的各种现实问题都集中地表明，过去（自由资本主义阶段）那种自由放任的传统观念和制度，不能再死抱着不放；必须借助国家力量自觉和主动地对经济、社会进行干预、调节。自由放任原则表现在经济和社会生活各个方面（当然首先和最重要的是关于经济生活——它是整个人类社会的基础），因此国家需要介入的领域也应当包括经济社会生活多个方面，例如包括对经济的调节，对劳动和社会保障的调节（20世纪中期以后开始的对污染和环境问题的调节）等。其中首先和最重要的是对经济的调节。所谓对经济的调节，就是在经济自身调节机制即市场调节的基础上，再加上一种新的调节力量和机制即国家调节，使其调节机制“二元化”。不能像原来那样放任“无形之手”自发调节，而运用“国家之手”配

---

① 马克思：《共产党宣言》，载《马克思恩格斯全集》第4卷，人民出版社1956年版，第471～489页。

② 马克思主义的传播引起了资产阶级高度警觉，在抵制和围剿的同时，也有人在思考其中的某些合理性。特别是后来社会矛盾更加尖锐化时刻，一些资产阶级学者和统治集团内部人士甚至也在思考是否真的需要走“苏联道路”和实行共产主义；他们“也变得有些粉红色了”。本书后面在论及美国罗斯福新政改革时要提到这些。

合、辅助“无形之手”。这里的国家调节首先是指一种经济调节机制；但同时它也就成了国家的一项新的职能。国家调节（无论作为一种调节机制还是国家职能）需要宪法和法律授权，需要法律保障，需要法律规制。于是一种新的法律便应运而生——这就是经济法的出现。

在市场失灵并由此引起经济和社会其他方面严重后果的情况下，为了改变经济方面的自由放任主义，能够指望什么力量和机制出来发挥作用以弥补市场机制的不足呢？这只有国家。国家作为全社会的最高代表，它最有权威，最有力量，只有它堪当此任。虽然资产阶级国家此前是不怎么干预经济的，可如今为了国家和社会总体利益（这也是资产阶级的根本和长远利益），人们（甚至包括那些垄断企业在内）希望国家介入社会经济，国家也不能不出面介入经济。

国家介入经济是为了对社会经济进行某种调节，以维护和促进经济结构和运行的协调、稳定和发展，并维护社会公平和稳定。这就是国家调节。国家介入社会经济怎样着手进行调节呢？由于国家调节乃是针对市场缺陷引起的市场失灵而采取的救济措施，如前面所述，市场缺陷包括市场障碍、市场唯利性及市场调节的被动性和滞后性三个方面，所以国家调节的基本方式和做法便主要是如下三种：

第一，由于市场上存在着种种限制竞争、不正当竞争和其他不公平交易行为，使市场机制不能充分发挥作用，妨害经济结构和运行，并引起其他社会问题，国家介入经济进行调节，就必须对市场进行干预，以国家强制力反对垄断和限制竞争，反对不正当竞争和其他不公平交易，以排除市场障碍，让市场机制恢复其应有调节机能。这是国家调节的第一种基本方式，即国家对市场强行干预规制方式。它主要包括：反垄断和限制竞争；反不正当竞争；规制其他不公平交易行为等。为此，国家需要明确哪些行为和情况是应当加以反对的；怎样防止和处置——通过怎样的方式和程序，适用哪些措施等。

第二，由于市场机制的唯利性，对有些经济领域，民间投资不愿进入，市场机制也发挥不了调节作用。针对这种情况，国家介入经济以后，在采取鼓励引导方式仍不能见效的情况下，便只能以国家拥有和可支配的资产参与直接投资经营，以促进那些对于国计民生和国民经济总体利益与长远发展关系重大，而民间投资不愿进入的行业、产品或地区的经济发展，借此以调节社会经济的结构和运行。这是国家调节的第二种基本方式，即国家参与直接投资经营的方式。为此，国家需要在了解整个社会经济的各种结构状况和运行态势的基础上，确定国家投资的方向、规模和重点，选取适当的投资方式和投资经营组织形式，选取适当的经营管理方式。由于国家投资经营领域主要接受国家调节，一方面，国家在进行国家投资时应当尽量考虑市场因素，尽可能引入市场机制的作用；另一方面，国家应当根据情况变化适时调整国家投资的规模、方向和重点。国家投资规模过大，或结构不合理，或某些行业、产品可以不必再由国家控制时，国家应及时缩减投资，或调整投资结构，或将某些企业交由民间经营。总之，当某些领域民间投资不愿进入而必须由国家投资时，国家投资便及时和适度进入；而当某些领域不再需要国家投资时，国家投资便适时退出，当国家投资的规模方向和重点需要调整变动时，国家便及时作出调整改革。进入与退出、调整这两个方面是国家参与投资经营这一调节方式的相辅相成的两个方面，该二者需要有机结合加以运用。

第三，由于市场调节作用的被动性和滞后性，它不能预见和防止经济结构失衡、经济运行波动和经济危机的发生，不能避免周期性出现的经济和社会严重后果。针对这一情况，国家调节的任务是需要随时调查了解全社会及各部门、各行业、各地区的经济和市场情况，掌握各种经济数据和信息，作出科学分析和预测；或进而制订一定时期的经济和社会发展规划或计划，制定和实施各种经济政策，运用财政、税收、金融等方面的经济杠杆和政策工具，引导或约束社会投资和其他经济活动；国家还可以给企业和其他经营者提供必要的基础设施和条件以及其他各种帮助和服务。这是国家调节经济的又一种基本方式，我们可以统称之为国家对社会经济的引导调控方式。这种引导调控方式，自 20 世纪中期特别是 80 年代以后迅速发达，形成了以“国家计划——经济政策——调节工具”为轴线的宏观引导调控体系。

上述国家调节三种基本方式的论述主要还是一种理性分析，但它确实也是现代各国的国家调节职能活动的实际情况。统观近代特别是 19 世纪末以来的社会经济发展史和各国的实际经验，可以发现，现代国家调节机制正是这样应运而生的，而国家调节经济的做法，也正是大致运用了这样的三种基本方式；只是各国国家调节方式发达和完备的程度和时间先后有所不同而已。

国家调节机制的形成及其作用，是对市场缺陷和市场失灵的救济。市场经济的调节机制仍然以市场调节为基础，国家调节应当同市场调节密切配合。国家调节可以发挥导向作用，特别是在经济危机、战争、经济改革或其他非常时期，尤其是这样，但任何时候都不能排斥市场机制的基础性作用。各国所实行的市场经济体制在特点和类型上有所不同，有的国家调节范围和力度稍大，有的稍小，但现代社会无论哪国，只要是实行市场经济体制，便会同时存在上述两种调节机制，并一般都以市场调节为基础。

国家调节的出现及其与市场调节并存，这是社会经济调节机制的二元化。调节机制二元化，标志着市场经济自其形成以来进入了第二个发展阶段，即“社会市场经济”阶段。第一个阶段（即“自由市场经济”）在调节机制上的特征是市场调节为唯一调节机制，即一元化；调节机制二元化是市场经济第二个发展阶段的显著特征。①

国家调节机制的形成和发达，意味着国家职能的演进。因为国家调节社会经济，即为国家的一种职能活动。调节机制是从经济方面说的，国家职能属于政治范畴，它们是同一事物所具有的两重属性。国家调节机制与国家调节职能都是由生产社会化引起并在19世纪末开始形成和逐渐发达起来的。国家调节职能活动也主要包括对市场规制、国家直接投资经营、对社会经济引导调控这样三种基本方式。

国家担负起调节社会经济的职能，是国家职能的重大转变，也是国家性质的一种进化。其实质是国家职能的逐渐“社会公共职能化”：国家由原来主要关注统治阶级及其政治集团的政治统治利益，向着为体现更多民众意志的社会利益服务方向转变。也可以说，这是“政治国家”向“社会性国家”演化的重要一步。国家调节社会经济，是社会利益之所在，实际上是国家担负的一种社会性职能。在资本主义社会，国家调节社会经济首先仍主要是维护资产阶级，特别是那些垄断资本家的利益，但国家不能迁就所有资本家个体，而要维护资产阶级整体利益。当某些资本家个体利益同社会利益发生矛盾冲突时，国家进行的调节对某些资本家个体可能不利，但有利于社会经济总体和长远发展，这是符合资产阶级整体利益的。国家调节管理社会经济的方式主要由国家（它的主管机关）实施；但这种管理既然符合社会利益，国家便也可以将部分管理事务和职权授权某些社团组织，由社会进行自律性管理。这也是国家经济调节职能社会性的一种表现。

国家经济调节职能的发生和发达，是具有时代性和普遍性的客观事实，也是现代国家的一个显著特征，无论社会主义国家或现代资本主义国家，概莫例外。原来在社会主义国家流行一种理论，认为只有社会主义国家才负有组织管

① 自20世纪中期特别是80年代以来，市场国际化趋势加快（进入“国际化市场经济”阶段），国际市场需要新的调节机制，出现了“国际调节”，调节机制体系正在三元化。参见漆多俊：《市场、调节机制与法律的同步演变》，载漆多俊主编：《经济法论丛》第1卷，中国方正出版社1999年版；漆多俊：《市场国际化、国际调节及相关法律问题》，载漆多俊主编：《经济法论丛》第9卷，中国方正出版社2004年版。

理经济的职能，它被称作“国家第三职能”，不承认其他类型（包括现代资本主义）国家具有经济管理（调节）职能，认为它只有对内镇压、对外侵略或抵御侵略两种职能。这显然是片面的，不符合事实。试看当今欧洲、美洲及日本等各资本主义国家，哪国政府不是把对经济的调节管理当做头等大事贯穿于政府工作的始终；如果它们忽视这种职能或者工作无成效，该政府工作便被认为是失败的，这足以导致政府的倒台。

当然，社会主义国家的经济管理职能确实是史无前例和异常发达的，并且，它在性质以及管理范围、程度和方式上同资本主义国家的经济调节管理职能也确实有明显不同之处。资本主义国家的经济管理主要是一种国家调节，但调节毕竟也是一种经济管理。而社会主义国家的经济职能远远超过“调节”的本义，这将在本书后节详细加以论述。

三、法律体系的因变与经济法的产生

在西方资本主义国家，国家经济调节的产生是传统国家职能的重大转变，是国家权力的扩张，这必须有法律依据和授权，为此需要突破原有法律体系框架，颁布新的法律。①

另一方面，国家调节也需要相关法律予以规制和保障。虽然社会经济迫切需要国家调节，但是，由于国家长期远离社会经济生活，情况不熟，国家调节是一种新的职能活动，对于如何有效调节缺乏经验，容易发生违背客观经济规律，把社会经济结构和运行搅乱的结局。同时，国家乃是权力中心，权力如不加制约，容易随意扩张。特别是权力与经济的结合，容易产生腐败和侵犯民众正当经济权益的情形。权力部门中有些人除为了经济利益外，还为了满足自己虚荣，显示辉煌政绩，利于自己官场升迁，往往贪大喜功，滥用权力干预经济；或虚报浮夸，提供和发布虚假的经济信息。这些也都会给社会经济正常运行造成损害，甚至可以引发灾难性后果。可见，国家调节也有种种风险，调节不当也会发生失灵现象。这即人们所谓的“政府失灵”。有鉴于此，所以必须对国家调节活动加以约束和规范。当然，国家调节必然涉及被调节者的服从和接受问题，如垄断财阀们对于国家反垄断措施往往持抵触的态度，要顺利有效

① 例如德国1919年的《魏玛宪法》确立了政府干预经济的原则，授权政府可以采取调节管制经济措施。当时颁布了一系列相关法律。美国罗斯福新政期间采取的调节管制经济的改革措施和所颁布的法律，还曾被联邦法院判决为“违宪”（即被认为违反了美国宪法的自由放任传统精神）。

地实施国家调节，需要法律予以保障。

事实上，从19世纪末20世纪初以后，国家调节（机制和职能）在西方资本主义国家出现和逐渐发达的同时，关于国家调节的法律也开始出现和逐渐完备起来。

按照前面的论述，针对市场机制存在三种缺陷，国家调节采取了三种基本方式（即三种基本类型的国家调节活动），而这三种调节活动都需要制定法律，所以关于国家调节的法律也便主要包括以下三个方面的构成：

第一，为规制和保障国家所采取的第一种调节方式，即国家对市场的干预规制，国家需要制定市场规制法。它主要包括反垄断（限制竞争）法；反不正当竞争法；其他不公平交易规制法（如消费者权益保护法、产品责任法）。这类法律需要规定其规制对象的标准和种类、主管机关的职权、处罚方式、实施程序等问题。

第二，为规制和保障国家调节的第二种方式，即国家直接参与投资经营活动，国家需要制定国家投资经营法。它主要包括国家投资法和国有企业法，其中包括国家投资和国有企业调整和改革的法律。此外还包括国家为调节市场而直接参与其他市场经营活动的法律。

第三，为规制和保障国家调节的第三种方式，即国家对经济的引导调控，国家需要制定经济引导调控法。

以上三个方面的法律有着许多共同的特点：它们所规范的都是国家经济调节活动。其应然目的和作用在于规制和保障国家调节，以维护和促进社会经济的结构和运行协调、稳定和发展，并进而维护和促进整个社会的稳定和进步。它们所调整的是在国家调节社会经济过程中所发生的社会关系，它们直接涉及社会经济领域，具有经济性内容。但是，它们同以往调整民间社会（私人）经济关系的法律有明显不同：以往的那些法律所规范的是民间社会的经济行为，调整民间社会各主体（自然人、法人）之间的平等经济关系，在商品经济社会主要是一般商品货币关系；法律调整原则是平等、自愿、等价和诚实信用等。当时国家制定这种法律主要让社会各主体遵行，国家一般不直接参加该种法律关系，不以自己为一方权利义务主体。这类法律即为民商法。而如今关于国家经济调节的法律，它们所调整的则是一种国家直接参与发生的社会关系，这种关系以国家（它的代表者）为一方主体，是有关国家经济调节与被调节、管理与被管理的关系；法律适用的原则也同民商法不同，例如它并不以平等、自愿、等价为必须遵行的准则。此外，在其他诸如调整方法、责任制度和制裁方式等方面也有许多不同。

另一方面，这些关于国家经济调节的法律虽然涉及国家管理活动——因为国家经济调节也是一种国家管理，其所调整的社会关系必以国家（它的代表者）为一方主体；但是，这些法律所规范和调整的，不是一般的国家行政管理，而是经济调节，这只涉及经济调节性管理，它涉及经济领域深层次的问题，即有关社会经济总体结构和运行问题。另外，在其他如法律的价值、功能和任务、调整原则和方法等方面，都同行政法有所不同。①

总之，这些法律是具有许多明显特征的新性质、新类型的法律。19世纪20世纪之交，这类法律在一些国家开始大量出现，人们称之为“经济法”。经济法这一新的法律部门于是产生。而上述三个方面的法律便是经济法体系的三个基本构成。②

经济法的出现使原有法律体系发生重大变革。法律体系是随社会关系的变化而演变的。在人类历史上，社会关系是不断发展的，由简单到复杂；法律体系也由单一到逐渐分立出多种部门。早期社会，法律体系中虽然也已包含调整多种社会关系的多种法律规范，但并未、也不需要分立各种法律部门，在很长时期内是所谓“诸法合体”以刑（法）为主。封建社会末期，商品经济发达起来，市场经济体制开始形成，资产阶级政治革命成功后，各国立即大量制定和完善民商法律并编纂民商法典，民商法正式作为独立部门从浑然一体的法律体系中分立出来；与之同时，刑法也得以确立自己单一的体系。资产阶级国家实行立法、行政和司法三权分立，重视依法行政，制定了许多规范政府行政行为的法律，行政法也发达起来。到了19世纪末20世纪初以后，由于生产社会化引起社会关系和法律体系结构变革，即当国家需要从社会整体利益考量出发而对经济社会进行调节，因而国家调节职能发达起来时，经济法便产生并成为新的法律部门，这是完全可以理解的，是符合社会关系和法律体系演变规律的。

法律是人制定的。人们为什么要制定和实施法律乃直接受其立法理念支配。就经济领域的立法而言，经济法同原来法体系中早已存在的民商法都是关于经济的法律，人们为什么在有了甚为发达的民商法之后，还需要制定经济法呢？从人们的法律思想理念上来看，生产社会化以后它发生了重大转变。

---

① 关于经济法同民商法、行政法的区别和联系，本书后面各章还将详细论述。

② 总览本章第1、2、3节的论述，鲜明地体现这样一条逻辑线索，即·市场缺陷——国家调节——经济法。由于市场有三缺陷，所以国家调节采取三方式，所以经济法体系有三构成。在我国学界，人们将这种学说理论称之为“三三理论”或“国家调节说”。

在自由资本主义和自由市场经济阶段，资产阶级早期一些著名革命家和思想家的学说主张，如“天赋人权论”、“社会契约论”、“自由放任主义”经济理论、自然法学派等，直接影响着国家的立法理念，并构成当时民商法立法的主要思想理论基础。①

民商法从其萌芽产生的时候起（例如还在古罗马的市民法与万民法时代），它就适应着商品经济的需要，调整个体（私人）之间的财产关系，重在维护个体权益。在后来的发展中，逐渐进一步确立了以个体权利为本位的立法思想。民商法虽然以个体权利为本位，重在维护个体权益，但在资本主义社会初期的自由市场经济阶段，它通过对个体经济自由等权益的维护，不仅有利于促进微观领域的公平和效率，而且由于它维持了市场的公平自由竞争秩序，使价值规律和市场机制能够充分发挥作用，因而能使社会经济在宏观和总体上得到调节，同宏观经济领域的公平和效率也并不抵触。提倡个人自由和个性解放，强调保护个体权益，从微观领域来说，有利于发挥广大民众生产经营积极性，搞活经济；从宏观上说，也有利于整个社会经济的繁荣和发展。因为对于一个有机体，如果体内众多单个细胞被激活，则整个肌体必充满生机活力，得以健康成长。正是基于这种理念，使得当时各资本主义国家十分重视民商法立法和实施，使这个法律部门迅速发达起来，建立了被认为是一种完整、和谐的以民商法为主，较为单一的经济法律秩序。

但是，19世纪末以后，民商法的自由主义精神和个体权利本位倾向遇到了挑战。生产社会化和垄断的出现，使得个体同社会的矛盾突出起来。少数垄断组织的自由往往限制和剥夺广大中小经营者和消费者的自由，它们权利的行使往往侵犯他人的权利。特别是大企业独家或以契约、投资等办法同其他企业联合起来，对市场进行垄断，限制竞争，或者从事其他不正当竞争，使价值规

① 按“天赋人权”和“社会契约”等学说，认为人与生俱来就是平等的，享有各种自由和权利，包括经济自由和财产权利。人们通过契约组成国家，放弃了人固有的一些自然权利而取得约定的权利，因此仍是自由和平等的。“自由放任主义”的经济理论则认为，放任各人追求个人利益，便能达到社会的最大利益；听任资本主义自发力量发挥作用，便能使社会经济得到调节，维持均衡。而在17、18世纪盛行的古典自然法学派，同在当时盛行的“天赋人权”、“社会契约”等理论互相呼应，认为人们本来就受体现人的理性的“自然法”的支配，国家制定的“实在法”应当同“自然法”精神相一致。荷兰的格劳秀斯和洛克，法国的孟德斯鸠和卢梭等，都是古典自然法学派的代表人物。这种思想理论对资产阶级国家的政治和立法影响极大，美国独立战争以及法国大革命时期的许多政治活动家，都信奉这种学说。

律和市场调节机制失灵。垄断组织实施的限制一般并非采取特权、暴力等方式，而是按照当时法律为合法的方式，垄断同盟和其他限制性契约的订立正是利用了民法"契约自由"的原则；垄断价格的制定也符合价格自由的规定，这使民法感到困惑。其次，随着生产社会化、科技发展和整个社会的文明进步，新技术、新产品的研制开发需要进行长期投资和风险投资，社会公共和公益事业需要扩大投资。而这些领域的投资盈利率低、风险大，民间投资者往往不愿涉足；而投资自由又是无可非议的法律原则。此外，经营者唯利是图也是当时法律无可指责的。垄断组织对超额垄断利润的追逐，它们内部的组织性和计划性同整个社会的无政府、无计划状态的矛盾，引发的生产过剩、社会投资结构失调和周期性经济危机，民商法对此尤其无能为力。总之，自 19 世纪末以后，社会更加发达和融为一体，社会公共利益显得越来越重要，它同社会各界、各个体（包括垄断企业在内）利益直接相关，这迫使人们对于传统的民商法理念和立法原则发生动摇，也对整个自由资本主义时期立法的自由主义倾向和个体权利本位思想发生了动摇。①

在资本主义国家的法律改革中，首当其冲的便是民商法。民商法首先自己作出反应，进行自我调整和完善，使之适应时代的变化和社会化要求，这就是民商法的社会化和现代化。1896 年德国颁布了《德意志帝国民法典》（1900 年实施）。以后如墨西哥（1932 年）、秘鲁（1932 年）、意大利（1942 年）等国陆续颁布了新民法典。其他多数国家虽然仍适用过去颁布的民法典，但也纷纷通过对原法典的修订，或者制定有关新的单行法，或通过发布判例和司法解释等途径，校正原来的民法原则和立法思想，注入新的法律精神和立法理念。民商法社会化的基本精神，是对自由主义和个体权利本位的绝对化倾向作出修正；社会化的核心内容，是调整财产所有权绝对性、契约自由和过错责任这些支撑传统资产阶级民法的三大基本原则（基本法律制度）。调整、修正后的民商法对个人权利和意志自由作了适当限制，强调了个人义务和对社会的责任。

民商法的社会化是对社会性和时代发展演进的积极回应，但仅靠民商法的改革并不能解决因生产社会化和整个社会发展而引起的个体同社会之间的全部矛盾，不能满足社会和时代发展对法律的全部要求。民商法由其本身固有特性决定，它是调整自然人、法人这些个体间的财产（以及人身）关系的，个体

① 例如 19 世纪末德国法学家耶林认为，法律应重视社会利益，个人原则与社会原则应求得平衡。稍后的社会学法学派代表、美国的庞德更认为，20 世纪的法应是"社会化的法"，一方面促进人的主动精神；另一方面实现社会合作。

权利和意志自由不能不成为它关注的基点——立法的基本出发点和立足点。虽然如今它需要同时考虑和维护社会利益，但也是首先从注重维护个体正当权益出发的，是从个体这一角度和侧面来兼顾社会总体和全局的。从这个意义上，我们可以说，即使现代民商法按其固有的价值取向也仍然是以个体为本位。只是在现实立法中不能再片面强调个体权利，而应同时注重个体的义务，特别是个体对社会的义务。这一点民商法（私法）同各种公法和经济法是不同的。后者虽然也不能忽视和侵犯个体权益，但毕竟首先是从社会利益出发的，立法的着眼点和立足点（关注的角度和侧面）有所不同。后者我们完全可以说是以社会为本位的。就经济领域的立法而言，这正是经济法不同于民商法的显著特征，也是19世纪末以来民商法尽管也社会化了而仍嫌不足，需要经济法问世，而经济法果然应运而生的原因所在。

经济法出现以后，它同民商法配合，分别从个体、微观与社会总体、宏观两个不同的角度和侧面，共同协调个体同社会的矛盾，保障社会经济生活的繁荣和发展，建立和维护一种新的社会经济法律秩序。同自由市场经济阶段那种较单一民商法秩序不同，在社会市场经济阶段，这是一种主要由民商法和经济法相结合而构成的新的经济法律秩序。

19世纪末20世纪初以来，由生产社会化引起的法律体系的变化还表现在其他许多部门法的许多方面。经济法的出现和成为新独立法律部门，正是在整个法的体系变化的大格局中发生的，是这个时期法的体系变化中最重大的事件之一。

综合本章所述，我们论证了经济法产生的社会根源，包括其社会经济根源、政治根源、法律根源和思想理论根源。所有这些，都表明经济法的出现是符合社会发展各种客观规律的，是一种历史的必然。

第二节 经济法产生和发展的经过

一、早期社会的国家经济管理与立法

国家自其出现，作为社会最高代表和权力拥有者，它在对社会实行全面统治和进行各种管理活动过程中，必然也对社会经济进行一定的管理。尽管在很长历史时期内，国家经济管理职能不发达，但任何时候它总是在进行着这样或那样的一些管理活动。

早期社会，国家对社会经济的管理按其适用的法律手段主要是民事、行政

和刑事的管理；按其目的主要是政治性、财政性和社会性管理。为调节社会经济的结构和运行的经济调节性管理则很少实行，它尚未成为一种经常运用的独立的经济管理方式。当时的国家主要是“政治性国家”，国家职能主要是政治性的，经济管理尚未成为国家的一种独立职能。

但是，考察中外历史，发现过去的国家在其进行的各种经济管理活动中，也确实存在着许多类似现代国家调节的管理活动。这些管理的目的在于影响社会经济总体性结构和运行；其方式也有别于一般民事、行政或刑事管理方式，包括对市场的规制、国家参与经营和对民间社会经济进行某些指导、鼓励和提供帮助，以引导经济发展。可以说，本书前面指出的现代国家调节经济的三种基本方式，以及经济法体系的三个基本构成，在过去历史上都可以找到其潜在的基因，即它们的萌芽和雏形。不过，那些也仅为萌芽而已。在过去的市场和社会经济条件下，国家不需要也不可能对经济进行全面和经常性的调节。某些“调节”措施多针对某些当时较突出的问题而采行，并具有间断性。一般是在一些非常时期如战争、灾荒发生时或之后，作为对策而实施的；特别是在历史上的一些重大社会变革中，政治家们推行革命或改良，经济调节性管理措施及其立法往往大量出现，其方式也较单一，未形成各种调节方式综合运用的系统工程。其目的最终还是重在维护政治统治。手段多采用革命暴力、行政命令或刑事制裁。有关经济调节性管理的立法，多系刑法和行政法性质的法律规范。这些立法虽然具有同现代经济法相近的许多特点，或者可以说它们已具有某种经济法性质，但还不是现代意义上的经济法，更不是一个独立的法律部门。现代意义上的经济法即作为独立法律部门的经济法，只能出现在生产社会化以后的19世纪与20世纪之交。①

二、资本主义国家经济法的产生和发展

经济法以独立法律部门的面貌出现，始于19世纪末20世纪初。当时欧美各主要资本主义国家都相继完成了产业革命，生产社会化程度大大提高。俄国十月革命后建立了苏维埃社会主义国家，其生产和社会生活也社会化了（这是社会化另一种形式）。社会化引起社会经济关系及其他各种结构关系的调整和变动，引起了各种经济社会问题，促使各国经济法的产生。

各国（包括东、西方国家在内）的经济法其产生和发展有着基本的普遍

① 早期国家经济管理及其立法史实，可参见漆多俊：《经济法基础理论》，武汉大学出版社1993年、1996年或2000年版。

规律和共同点，但又有各自不同的特点。其中某些国家相互之间更接近一些，形成各种经济法类型（模式或板块）。最为显著的是中国及前苏联、东欧国家等实行或曾经实行社会主义制度，后来又都进行改革和体制转轨转型的一些国家，它们的经济法同西方国家分属于不同模块——我们可以把这些国家的经济法称为“转型国家经济法”模块。即使同属西方国家也并不一体雷同。例如美国同德国、日本的经济法就有着明显差异，呈现不同的模块特色。但是，所有各模块和各国的经济法并不是互相孤立的，它们都遵循着经济法的普遍规律和一般原理，并且是互相关联、互相影响的。正是所有各国和各模块的经济法运动，才组成世界经济法总潮流巨大、丰富和活生生的动态景观。① 为行文方便，本书拟将东、西方国家经济法的产生和发展情况分别论述。本节先说西方资本主义国家，并且以其中最具代表性的美国和德、日等国的经济法为主，按照各国所共处的时代的特征和阶段性，作总体和概览性论述。

以美国和德、日等国经济法为代表，一个世纪以来，它们的发展历程大致可分为如下几个阶段：

（一）19 世纪末至第一次世界大战后

这是现代经济法的出现阶段。美国 1890 年颁布的《谢尔曼法》（《反对不法限制和垄断，保护交易和通商的法律》）及 1914 年颁布的《克莱顿法》和《联邦贸易委员会法》等一批反垄断法，是经济法独立的先声，是现代经济法最早的法律表现形式。

美国自独立战争和南北战争后，全国统一市场逐渐形成，此后市场基本上按照自身发展规律演变。19 世纪后期产业革命的完成推动生产社会化迅速发展，其市场由自由竞争阶段进入社会化市场阶段。社会化使得企业迅速集中，规模扩大，市场内部联系更加紧密。这本来是好事，但垄断组织和垄断行为也由此滋生。1879 年美国出现了第一家托拉斯——美孚石油公司。不久全国掀起企业合并浪潮。至 20 世纪初，各重要工业部门都被几个大托拉斯所垄断。它们通过纵向、横向联合将全国相关市场结合成一个整体，控制在自己手中，从而把持着国民经济命脉。它们垄断市场，操纵价格，排斥其他经营者特别是广大中小经营者，并肆意损害广大消费者正当权益。这破坏了美国传统的自由竞争秩序。垄断资本家不仅凭借雄厚经济实力实施垄断，还豢养政客，贿赂官员，操纵立法，渗入政治领域。这给美国传统民主政治造成威胁。工业化和城

① 漆多俊：《时代潮流与模块互动——“国家调节说”对经济法理论问题的破译》，载漆多俊主编：《经济法论丛》第 13 卷，中国方正出版社 2007 年版，第 1 ~ 42 页。

市化本来会引起社会经济结构调整和社会分化，加上托拉斯组织的横行，更加深了各种社会矛盾，社会不公平现象十分突出。许多中小企业倒闭破产，失业率急剧上升，贫富差距拉大，赤贫人口增多，企业劳资关系紧张。这些情况引起社会各界关注和不安，各地不断爆发大规模的反对托拉斯群众性运动。1890年国会通过由上议院议员谢尔曼提出的反托拉斯法案——《反对不法限制和垄断，保护交易和通商的法律》，此即《谢尔曼法》。这是美国最早的一部反垄断法，它连同后来于1914年美国国会通过的《联邦贸易委员会法》和《克莱顿反托拉斯法案》等一起，构成了美国反垄断法的主干。

美国是资本主义国家中奉行自由放任经济政策最典型的国家之一。美国法律授权国家介入社会经济生活反垄断，标志着对于过去传统的重大改变——国家调节作为一种新的经济调节机制和一种新的国家职能开始出现了。而《谢尔曼法》等反垄断法的颁布，则标志着一种新的性质的法律即经济法的诞生。人们也许有点奇怪：既然美国是最重视自由放任的，为什么美国民众却最早同意国家出面干预"私人经济"呢？这看似一个悖论，其实正是美国长期的自由放任经济传统使人们对于垄断和限制自由竞争最为敏感，他们只有通过"国家之手"反对限制竞争来谋求自由竞争。这是民众赞同国家改变自由放任传统而干预经济生活的重要原因。当然，从另一方面说，也正是由于美国的自由放任主义传统，在国家开始介入之初，国家调节的力度和方式都非常有限，当初主要就限于反垄断，因而其经济法体系中也基本上限于反垄断法。并且，在当时较长一段时间内，国家的反垄断是不力的，法律并未得到很好实施。这种情况直至后来罗斯福新政改革以后才有明显改变。

在美国最早出现的经济法，由于当时基本上仅限于反垄断法；加上美国人并不注重从法理上对法的体系构成加以区分，所以对于经济法在其他国家的传播和影响当时并不突出，对经济法在世界范围内的传播和发展影响最大的要算第一次世界大战时期的德国。

德国（还有后面我们将要论及的日本）的经济法是不同于美国的另一个特色鲜明的模块。在这里，国家权力一开始就较顺畅地介入经济进行多方面的干预，而无自由放任的传统拘束；其经济法一开始就涉及较广泛的内容。

德国是后起的资本主义国家，1870年普法战争前完成工业革命，战后实现统一，建立德意志帝国，全国市场开始形成。为了抵御英国等发达国家商品入侵，并迅速崛起以同发达国家平起平坐，人们希望借助国家力量干预经济。当时德国经济学家李斯特提出"国家干涉主义"，主张采取贸易保护主义政策，反对自由贸易。德国资本主义经济的发展一开始就同国家干预相关。① 20世纪初至“一战”前后，德国利用国家力量统制经济，使国民经济服从于发动战争和战后恢复重建。正是在这种背景下，德国政府大量介入社会经济生活对经济实行统制，颁布了大量政府管制经济的法律。同美国的情况不同，德国干预经济方式的特点，一是涉及的领域广，并采取了多种措施对社会经济进行较全面的干预，不仅仅局限于垄断这一个领域；二是就对待垄断的态度而言，德国政府当时主要不是予以禁止和限制，而是鼓励、扶助，甚至国家参与某些垄断，只是在战后也采取过一些限制卡特尔的措施。与之相适应，这个时期德国的经济法立法的特点，一是量多，经济法性质的法律法规成批涌现；二是面广，不限于垄断和竞争领域的立法；三是出现许多促进、扶助垄断和国家垄断的立法；四是强行性立法多，许多经济法规带有浓厚的行政法色彩，或简直与行政法难以区分；最后，由于当时所有立法几乎都同战争相关，其经济法的非经济性色彩十分强烈。②

这个时期德国颁布的经济法主要有：1915年颁布的《关于限制契约最高价格的通知》，1916年颁布的《确保战时国民粮食措施令》，1919年颁布了著名的《魏玛宪法》和一系列“社会化法”如《卡特尔规章法》、《煤炭经济法》、《钾素经济法》等。特别是《魏玛宪法》在奉行“经济自由”、“契约自由”的同时，确立“社会化”原则，规定对私有经济实行限制的许多措施，包括对某些私人企业实行社会公有的各种形式的规定。该宪法授权政府对全国经济生活进行直接干预和管制。

① 德国的国家主义思潮甚至可以追溯到17世纪的“开明君主专制”，统治者借口“公共福利”可以干预民众私生活事务。

② 在美国和德国分别出现的经济法，虽然其产生的基本原因都是生产社会化和市场缺陷，使国家干预经济成为必要，但国家干预经济的方式不同：在美国是反垄断，以维护自由公平竞争；在德国则是实行较全面的经济统制，这实为限制自由竞争。前者，国家干预措施是被动的、消极的；后者是政府的主动、积极介入。两国的上述特点，不仅在经济法出现之初如此，而且以后长时期内仍然基本保持着。有鉴于此，有些学者把以美国为代表的经济法称为“保障实质的契约与营业自由之经济法”，而把德国（还有日本）为代表的经济法称为“经济统制实施手段之经济法”。并认为这正体现了现代经济法的两项“基本性格”。参见台湾学者黄铭杰1996年在淡江大学主办的“两岸财经法律制度研讨会”上的论文：《经济法基本性格论》，载台湾《政大法学评论》第58期，1997年12月。

《魏玛宪法》及上述各种法律，突破了传统的“公法”、“私法”的界限及其所涉及的内容和范围，确认了国家对社会经济的直接干预管理。这引起了德国法学界的注意，学者们积极开展研究，认为这是不同于以往法律的一个新部门法，他们称之为“经济法”。德国的经济法立法及法学界的研究，后来传播到其他国家，影响其他国家的立法和学术研究。对于经济法成为一个独立法律部门和成为一个独立学科，其地位在世界范围内的形成和确立，当年的德国起了十分重要的推动作用。

（二）1929—1933年经济危机至第二次世界大战后

这是经济法在世界范围内迅速发展的阶段。

“一战”以后，各国政府对经济的干预曾一度稍有放松。但是几年以后，资本主义世界爆发了1929—1933年的经济危机。危机暴露了资本主义社会的生产社会化同无政府主义的矛盾。资本主义国家对国民经济必须进行更为全面和强有力的总体性调节。这一阶段，国家对社会经济干预管理的特点，主要表现在两个方面：一是实行资本主义国有化，国家垄断资本主义出现并得到发展。国家不仅以政权身份对私人经济进行干预，而且开始以资本所有者身份直接参与生产经营领域的活动。二是国家经济职能全面强化，运用包括财政分配和经济计划在内的多种手段，对经济进行全面、综合性和经常性的调节。主张国家干预经济的凯恩斯主义也正是在这个时期产生，并被各主要资本主义国家政府相继采纳，奉为指导原则。这个时候，经济法的立法在各国都呈现迅速发展的局面。

美国虽然于19、20世纪之交开始采取了反垄断等国家干预措施，但基本上仍维持着自由放任方针。而工业革命和社会化进程引发的经济和各种社会问题越来越严重，社会动荡不安，人们思想混乱。1929年10月终于爆发了由证券市场崩溃开始的美国历史上最严重的经济危机。经济危机把美国资本主义制度推到了崩溃边沿，美国面临向何处去的抉择：是继续自由放任，还是改革，还是革命？就是在这种背景下，1932年富兰克林·罗斯福在大选中战胜了仍不肯放弃自由放任主义的原任总统胡佛，当选为美国总统。他上任伊始即开始了轰轰烈烈的改革。1933年国会授予总统“紧急全权”，推行新的经济调节政策，此即罗斯福新政改革。

罗斯福新政可分为两个阶段：第一次新政的主要立法是在1933年3月9日至6月16日内完成（又称“百日新政”）；第二次新政为1935年至1939年。第一次新政侧重于解决当务之急，即遏制萧条，挽救业已崩

溃的金融体系和濒于崩溃的农业危机，复兴工业，消除普遍的失业和饥饿。第二次新政则注重于具有长远意义的立法，确立现代银行体系，建立相对公正的税收和福利制度等。①

整个新政期间共颁布了700多部法律。其中第一次新政期间颁布的法律主要涉及：关于银行、货币和证券市场的立法，如《紧急银行法》、《证券交易法》、《格拉斯-斯蒂格高尔银行法》等；关于重建工农业之间的平衡的立法，如《农业调整法》、《土壤保持和作物调配法》等；关于对工业实行约束和调节的立法，如《全国工业复兴法》；② 关于社会救济和安置贫民的立法，如《联邦紧急救济法》、《紧急救济拨款法》等；③ 关于国营公司的立法，主要的是《田纳西河流域管理局法案》④

第二次新政期间颁布的法律主要包括：关于政、企、劳工关系的《瓦格纳法》；关于加强对经济宏观调控，确立美国现代银行体系的1935年《银行法》；关于标志美国同极端个人主义传统决裂、普遍福利制度开端的《社会保障法》；关于取缔和管制公用事业控股公司的《公用事业控股公司法》；关于通过税收进行财富再分配，抑制财富集中和贫富两极分化的《财产税法》；⑤ 此外还通过了《新农业调整法》和《公平劳动标准法》(即《工资工时法》)。

罗斯福新政彻底改变了过去自由放任全凭市场自发作用的局面，在危急关头国家充分担负起经济和社会调节职能。由于美国是法治国家，国家调节职能活动必须有法律依据，得到法律的保障，并受到法律的约束（规制），所以颁

① 陈明等：《相信进步——罗斯福与新政》，南京大学出版社2001年版，第75页。

② 该法规定成立国家复兴局，负责组织监督各行业制定适用于本行业的法规；规定禁止雇用童工，保证劳工合理工时和最低工资；规定了“劳工条款”（该法第7条第1款），规定劳工有权组织工会和资方进行集体谈判；还规定设立公共工程局，政府拨款兴办公共工程；规定征收超额利润税，资助公共工程局。

③ 其中包括政府投资兴办公共工程、组织民间自然资源保护队等，安置大批人员就业。

④ 田纳西河流域管理局是兼具政府与企业职能于一身，独立经营的国有企业。它从事该流域开发建设，包括防洪、发电、造林、教育等，这是那些纯粹以赢利为目的的私营企业所不愿投资的。

⑤ 1935年《财产税法》规定提高财产税，并将个人收入所得税累进税率最高额从59%提高到75%；征收公司纯收入累进所得税；增设股本税和超额利润税。

布了大量相关法律。这些法律所规范的是国家调节，调整因国家调节而发生的社会关系，从性质上说显然不同于民商法或一般行政法，而属于经济法范畴。只是由于英美法系传统，人们不重视从理论上划分部门法，没有将这些立法统称之为“经济法”罢了。

罗斯福新政期间颁布的经济法无论从立法的数量、内容和体系或其实施的社会效果和影响等各方面看，都标志着它作为事实上的一个独立部门法的成熟。它的产生及其立法上的许多特质，集中地体现了经济法这个部门法的本质属性和一般规律。作为各国经济法之中的一个模块，美国经济法是最为典型的一个范式。

德国在那次世界性经济危机期间，希特勒纳粹集团于1933年夺取了政权，开始了法西斯独裁统治。他们先用紧急命令宣布《魏玛宪法》中的关于民众权利的条款停止生效；继而颁布《消除国民与国家危机的法律》（《授权法》），规定政府可以自行制定同宪法相抵触的法律。这个时候先后颁布不少有关政府管制经济的法律，其中包括1930年、1932年、1933年几次修改《防止滥用经济力法令》，加强卡特尔。1933年制定《强制卡特尔法》，扶助和强制卡特尔的建立，利用卡特尔来统制市场。1934年还颁布了《经济有机结构条例》等。这个时期德国颁布的许多法律虽然从广义上说也具有某种经济法性质，但更多的是属于行政法或军事法性质。这种情况一直维持到“二战”结束。

日本的国家权力干预社会经济的传统也源远流长。1868年明治维新是统治者自上而下发动的资产阶级革命。当时明治政府采取的政策和颁布的许多法律，就属于国家干预，例如政府出钱兴建大批工厂，修建铁路，发展邮政、电信事业，扶持私营企业等。明治维新使日本摆脱沦为半殖民地命运，使资本主义迅速发展，成为东亚强国；这反过来又勾起了日本向周围邻国侵略扩张的野心。从19世纪末开始由它挑起的战争接连不断，直至第二次世界大战结束。可以说整个这段时间，日本的经济都在国家“统制”之下服从于侵略扩张政策。他们颁布了大量国家统制经济和社会的法律，这些法律具有明显的“战争对策”性质。①

1929—1933年世界性经济危机过后，在英、美等议会民主制国家，对经济的干预势头有所减弱，但在德、日、意等法西斯国家，为准备发动新的战

---

① 日本这一时期的经济法立法，详见漆多俊：《经济法基础理论》，法律出版社2008年版，第36～46页。

争，进一步强化了国家对经济的统制。德国纳粹政权积极推行扶助卡特尔的政策，实行官民一体的经济统制。1936 年德国制定 1936—1940 年的“四年计划”，这是资本主义世界第一个较为正规的全国经济计划。为实施计划，设立了“德国经济总委员会”和“执行四年计划全权机关”，从而转入以战争为基础的经济总体调节体制。

日本自 20 世纪 30 年代后半期开始，国家对经济的干预及经济法便具有经济危机对策和战时经济对策双重性；再往后，便完全转入战时经济统制。国家对生产、物资、价格实行全面管制，整编企业体制，并最后直接掌握军需企业。1938 年制定了《国家总动员法》，并以此为中心，制定了《企业整顿令》（1942 年）、《工商组合法》（1943 年）、《军需公司法》（1943 年）等，把国民经济完全置于战时国家直接统制之下。

第二次世界大战结束以后，各国为恢复战后经济，始终未放弃运用法律手段调节和组织经济。法国和其他西欧国家于战后建立了一批国营公司，并对战争时期同纳粹政权合作的企业实行惩罚性国有化。

“二战”结束后的德国被分割为两个国家。在美、英、法占领区的前联邦德国，根据占领军的指令，颁布了《德国经济力过度集中排除令》（通称为《反卡特尔法》），禁止卡特尔和康采恩，并对大企业实行分割。

日本战败和接受波茨坦公告后，进入被占领期，经济体制发生重大变革，实行经济非军事化，确立和平经济和民主化经济。经济法立法也围绕这些变革进行。1947 年颁布《经济力过度集中排除法》，它和其他一些解散财阀的法令，使大批垄断企业解体。1947 年又颁布了《禁止私人垄断及确保公正交易的法律》（简称《禁止私人垄断法》），旨在防止将来垄断组织的复活。这是日本反垄断的基本法律。1948 年颁布《事业者团体法》，解散战时统制团体，禁止垄断行为。1949 年颁布《中小企业等协同组合法》，排除大企业对中小企业的支配。

自 30 年代初资本主义世界经济危机至“二战”结束后一段时间，各国经济法立法的特点是：由于各国政府综合运用各种手段全面调节管制经济，所以立法内容和领域大大扩展。政府除大量采用行政和军事强制手段外，还大量直接参与生产经营活动，国家垄断资本主义极度膨胀；政府还运用计划组织和引导经济发展；战后反垄断措施也受到重视。现代经济法体系所包含的各个基本方面的内容都已具备。但另一方面，立法多同危机和战争相关，具有很强的危机和战争对策性质。其非经济性因素和行政法、军事法色彩十分浓烈。

（三）20世纪50年代至80年代

这是经济法从其立法中逐渐剔除非经济性因素，立法体系趋于完备的阶段。这一阶段经济法发展的主要特点在于：(1) 各国经济经过“二战”后的恢复、重建而进入和平发展时期，各国政府把经济发展放在头等重要地位，国家经济调节管理职能进一步发达，经济法的立法进一步加强并日益完善其体系。(2) 经济法立法的非经济性因素减弱，经济调节性因素突出。(3) 国家调节经济的各种基本方式综合运用，作为经济法体系三个基本构成的市场规制法、国家投资经营法以及以计划法和各种经济政策法为核心的宏观调控法，都不断发展和完善。

日本于1952年《旧金山和约》生效后，被占领状态结束。垄断资本主义经济逐步发展和完善，经济进入20年高速成长期。这个阶段的日本经济法由逐步缓和对垄断的禁止到促进垄断，并保障国家对经济生活越来越全面的调节、管理。日本经济法立法活动日益活跃，经济法日益发达并形成十分完备的体系。

1952年被占领状态结束后不久，日本即制定了禁止垄断法的适用除外规定，缓和对垄断的禁止。1953年通过修改垄断禁止法，放宽了对企业结合的规定。这时还废止了《事业者团体法》。在缓和对垄断的禁止的同时，采取了促进企业合理化措施。1952年制定《企业合理化促进法》。

1955年日本经济开始高速增长。加上当时的国际环境和日本被纳入以美国为轴心的战后国际经济秩序，日本转入开放和自由化的经济体制，在对外经济中放宽了国家限制。在国内，提倡企业自主性。这个时期，国家制定了以基本法为主的国民经济各部门法规和企业法，对经济结构和组织体制进行规范。其中重要的如：1963年制定《中小企业基本法》，1966年修正颁布《中小企业现代化资金促进法》，1963年制定《中小企业现代化促进法》和《中小企业指导法》，1967年制定《中小企业振兴事业团法》，1961年制定《农业基本法》、《农业现代化资金促进法》，1962年制定《石油业法》，1963年制定《沿海渔业振兴法》，1964年制定《林业基本法》。在对外经济方面，这个时期修改了《海外经济协作基金法》(1965年)、《外国汇兑管理法》(1970年)，制定了《石油开发公团法》(1969年)等。1968年还颁布了《消费者保护基本法》。

在日本经济高速成长期，政府十分重视运用经济计划从宏观上对经济进行调控，制定了一系列经济计划，颁布了许多计划法规。

1970年以后，日本经济出现了几个不景气的阶段，但总的来说是处于比较稳定的发展期。其经济政策的特点，是在前一阶段开放和自由经济原则下加强了国家管理。1975 年以前，国家制定了对付美元危机和石油危机的一些经济法规。1976 年修改禁止垄断法，同 50 年代初修改的意向相反，这次是加强了对垄断的限制。但在对外经济上，1979 年修改的《外汇外贸管理法》则更趋向于自由。

联邦德国于占领期结束后，制定了《德意志联邦共和国基本法》，实行“社会市场经济”。所谓社会市场经济，就是在基本的市场经济基础上，比较重视国家对经济的总体调节。前联邦德国各届执政党认为，国家的经济管理应尽可能地维护和促进自由竞争和市场机制的作用，只是在必要和不得已的情况下国家才直接介入。他们运用经济计划和各项政策指导调控经济运行，先后推行了“景气政策”、“繁荣政策”及“结构政策”等。围绕国家对经济的规划和各项基本政策，制定了大量经济法。

1967 年颁布《促进经济稳定与增长的法律》，它是关于国家基本经济政策和国家对经济实行宏观调控的一部总体性、综合性法律。在竞争法方面，联邦德国于 1957 年通过《反限制竞争法》，原则上禁止一切卡特尔，并对价格契约和支配市场等限制竞争的垄断行为予以禁止。该法后来作了多次修改（1966 年、1973 年、1976 年、1980 年、1990 年、1998 年、2005 年），主要趋向是进一步加强对垄断的限制，维护和促进自由竞争。《反限制竞争法》迄今仍在德国的经济法体系中占据重要地位。

法国于 20 世纪以来，国家对于经济的调节及经济法的立法有过三次高涨期。30 年代为摆脱经济危机，法国同其他资本主义国家一样，运用凯恩斯主义大力干预经济。“二战”以后，国家加强了对国民经济的综合性调节和管理，对于法国战后经济重建发挥了重要作用。1981 年以社会党为主的法国左派执政后，进一步加快了在各个领域国家对经济的干预管理。法国的国家经济管理涉及面较广，特别是十分重视对企业竞争、银行和货币、价格和工资等方面的管理。在国有化方面，法国在西方国家中甚为突出。早在第一次世界大战期间，法国就把军火制造业、运输业、保险业和粮食贸易控制在国家手中。“一战”后，政府把原属于德国人所有的阿尔萨斯-洛林地区的重要企业收归国有。这是法国国有化的发端。1936 年至 1937 年人民阵线时期、1945 年至 1946 年戴高乐临时政府时期、1981 年社会党的密特朗出任总统后推行“法国式社会主义”时期，进行了三次大规模的国有化运动。法国的国有化程度跃居西欧各国之首。法国重视制定和实施经济计划。1945年成立综合计划委员会，制定了旨在恢复战后经济的蒙内特计划。从1947年起到1992年，连续制定11个经济计划。① 自“二战”以来，法国经济基本上按照计划预定的总目标发展。法国经济的计划性对其他资本主义国家产生很大影响。英国、日本等国也仿效法国做法，重视运用计划手段调节经济。为适应国家对经济总体调节和管理的需要，法国一方面大量修改民商法条款，强调了国家和社会利益对私人权利的限制；同时制定了许多经济法规范，对农业、工商业、外贸等实行国家调节和控制。

（四）20世纪80年代至今

这是经济法体系趋于更加完善和日益国际趋同化的阶段。

进入80年代，从撒切尔夫人执政的英国保守党政府开始，在全球范围内掀起了私有化浪潮。这股私有化浪潮对于经济法的影响和意义，在于它表明：作为国家调节经济的一种方式和手段的国家投资举办国有企业，不能无节制地运用，否则反而妨害国民经济的正常运行和效益。其主要原因是国家参与或干预过多制约了市场调节机制的作用。在市场经济社会，市场调节本来应是其基础性调节机制，排斥它的作用难免使经济运行偏离正常轨道。“二战”结束后又经过了几十年经济和平发展，制约经济的许多非经济性因素逐渐减少。80年代末90年代初世界冷战局面基本结束，经济更加需要按其自身规律运行。西方经济学界出现对凯恩斯国家干预学说修正和批判的各种流派，它们对各国政府的经济政策发生一定影响，其中有些学说被当政者采纳作为制定经济政策的基本理论基础（例如，英国撒切尔夫人1979年执政后全面实施“货币主义”的政策主张。美国前总统里根则推崇“供给学派”，使之成为当时政府经济政策的理论根据。而“新古典综合派”的许多经济学家曾在美国政府担任过要职，对制定经济政策起了重要作用）。当代社会经济仍需要国家调节，但应将其控制在必要的范围内，并选取更加合适的方式。这引起各国经济法立法在内容和体系上发生某些明显变化。

另一方面，由于现代高科技领域突飞猛进，国内、国际经济联系日益紧密，生产更加社会化和国际化，更加需要各国政府从全国乃至世界范围的宏观

① 1982年法国开始改革计划体制，弱化数量指标，强化经济预测；弱化国家计划，强化国家-大区计划合同。此后逐渐放弃了计划的制定，而代之以经济发展展望（包括经济政策评估）和国家-大区计划合同。参见中国贸易促进网，2002年9月19日文章。

高度，来规划经济发展战略和策略，协调各种经济关系，指导和促进本国经济发展。在调节方式上需要综合运用各种手段，特别是运用计划、各种经济政策和经济杠杆，建立科学的宏观调控体系，以引导调控方式为主。要改变过去政府过多直接参与和干预的做法。对于某些国内大型企业，特别是大型跨国公司来说，政府过多的直接指令，不仅是不合适的，也往往是行不通的，它们不一定就那么臣服听命。合适的做法是政府为它们提供国内外有关情报信息和各种社会服务，并给予政策性引导。对于国际间的经济交往，需要遵循国际准则和国际惯例，需要各国协商，各国政府行为也需要受到一定约束，更不能动辄使用强制做法。这些都是导致当代国家的经济调节方式改进的因素。加上许多年来各国在宏观调控方面已积累了丰富的经验，现在能够建立一套较为完整和科学的体系，并使之成为当前各国调节经济的主要手段。由于这些原因，这一时期各国加强了对经济宏观调控方面的立法，逐步完善其内部体系，并使这方面的立法在经济法立法体系中的地位上升，使之逐渐成为经济法体系中最主要的、起主导作用的构成部分。经济法体系中的其他方面的立法，甚至包括反垄断法和国家投资经营法，也往往被纳入宏观调控体系，予以统筹规划。这是80年代以来经济法立法内容和体系上又一个明显的变化趋势。

20世纪末和进入21世纪以后，各国的经济法发展的另一个趋势，是它日益国际趋同化。经济法国际趋同化有两层含义：一方面，人类社会发展本来有着许多基本共同点，遵循着一些基本的共同规律。当前各国、各民族地区虽仍然实行着各种不同的政治制度和社会制度，但总的来说都在朝着更加文明、进步的方向发展。特别是在基本经济体制方面，越来越多的国家都在先后实行各种不同类型的市场经济，都在充分发挥市场调节作用的基础上实行一定的国家调节，而且国家调节的基本做法也相同或相近。这些都决定着各国经济法在许多制度和规定上有许多共同点，并不断互相吸收、借鉴。另一方面，当前各国市场和经济正在日益国际化和全球化，各国对于经济的国家调节及其经济法必须日益重视考虑其他相关国家和国际的各种因素和影响。

市场国际化现象由来已久，第二次世界大战以后，特别是20世纪末期，这一进程加快，趋势进一步加强。市场国际化和全球化，要求有与之相适应的调节机制。在国际市场上，其基础性调节机制仍然是市场调节（这是国际市场调节）。同时，各国的国家调节也发挥着重要作用。但仅凭这两种机制尚不足以确保有效调节，还需要一种新的调节机制，即国际调节。所谓国际调节，是指两个以上国家、区域性或全球性的组织机构，通过协商或以国际条约形式或借助国际惯例，对国际市场经济的结构和运行实行调节，以维护和促进国际经济总体上的协调、稳定和发展。它是同市场调节和国家调节不同的第三种调节机制。国际市场经济同时需要上述三种调节机制，它们互相配合，形成调节机制体系，综合发挥调节功能。

国际调节需要法律加以规范和保障，这就是国际经济法。国际性市场调节的法律是国际民商法。此外，还有规范各国的国家调节的经济法。当市场国际化和全球化、市场经济进入第三个发展阶段即国际市场经济以后，各国经济法的立法和实施需要越来越多地考虑国际因素，需要同国际经济法和国际民商法相协调和接轨。这一点在各国的涉外经济领域表现尤为突出。各国的涉外经济领域同时也就是国际经济，可以说，国际经济就是由所有各国的涉外经济构成的。各国对其涉外经济领域的国家调节及经济法对涉外经济的适用，显然是不能不考虑相关各国的政策法律、特别是国际性立法和惯例的。这就是当前各国经济法发展的又一个明显的特点和趋势。①

三、发展中国家的经济法

这里简要提及亚洲、非洲、拉丁美洲一些发展中国家的经济法情况。各个发展中国家的具体情况差别甚大：有些曾一度实行它们所宣称的社会主义制度，其经济体制、国家职能及法律状况，更多地接近社会主义国家；有些实行资本主义制度，更多地向一些发达资本主义国家看齐。但总的情况是不同程度地介于两类社会制度的做法之间。多数国家有较为发达的市场，市场机制发挥着重要作用，但国家政府也对经济实行着较为严格的控制和管理，政府在经济运行中往往发挥关键性作用。学者们一般认为，经济愈落后，国家干预作用愈大，而且所采方式愈带强制性。市场机制同国家干预结合愈好，经济起飞就愈快。在这些国家，国家干预的重要性在于：(1) 由于市场机制不完善，市场失灵现象较严重更需要国家调节作用来弥补；(2) 市场的发育成长需要国家的扶持和引导；(3) 加快资本积累并将有限资源集中用于某些急需发展的领域，也需要依靠国家的力量。一些发展中国家二三十年走过了欧洲发达国家一二百年才走完的路，新加坡等亚洲国家的经济腾飞，都同强有力的国家干预、调控的强有力分不开，是国家干预同市场机制较好结合的结果。

同上述情况相适应，这些发展中国家关于国家干预和调节经济的立法也较发达，经济法事实上发挥着重要作用。其中有些国家的经济法更为健全，经济

---

① 漆多俊：《市场国际化、国际调节及其相关法律问题》，载漆多俊主编：《经济法论丛》第9卷，中国方正出版社2004年版。

法体系中的各个基本构成，包括市场竞争规制法、国家投资经营法、国家经济指导促进和宏观调控法等都已具备，或较完善。但是它们的经济法往往带行政法色彩，或同行政法难以区别；并且，许多国家无论在立法还是学术研究上，也不重视去作这种区分。

第三节 社会主义国家的经济法

一、社会主义国家经济法产生和发展的背景与途径

20 世纪先后出现了一批社会主义国家，这些国家也有经济法。经济法作为国家调节社会经济之法，无论在资本主义国家还是社会主义国家，其产生和发展的基本原因具有一致性，这就是生产社会化和国家调节管理经济职能的出现和发达；只有如此，才需要有规范和保障国家调节管理经济这种职能活动的法律。但是，在两种类型的国家，生产社会化的原因、途径、内容和程度等是很不相同的；国家经济职能活动的性质、方式、范围和程度等也是很不相同的。这些都决定了两种类型国家经济法产生和发展的背景、途径及立法理念、价值取向、立法内容和体系等，有着明显的差异。

本书前面谈到，19 世纪及其稍后一段时间的思想家和政治家们针对社会化引起的经济社会问题，分别提出了各自不同的拯救方案，在思想理论体系上和在社会实践中产生了分野。按照马克思主义和稍后出现的列宁主义理论，首先在俄国、20 世纪中期又在东欧、东亚许多国家发生了社会主义革命，建立了一批社会主义国家。建国以后继续以该理论为基本指导思想从事革命和建设，进行各种国家管理，包括经济管理活动。各社会主义国家在革命前，无论俄国还是旧中国等，生产社会化程度本来不高；但政治革命成功后要“重新组建”社会主义经济基础，要实现生产资料社会主义公有制，因此生产社会化迅速发展起来。这里的生产社会化，主要不是由于生产力逐步发展、商品经济逐步发展引起的，不完全是社会经济领域自身矛盾运动的自发要求和必然结果，而主要是基于革命理念由国家政权力量促成的，受意识形态、政治制度等上层建筑支配。例如，各社会主义国家往往采用剥夺和改造等革命措施，消灭封建的和资本主义的私人经济，并把广大的城乡个体经济组织为公有制经济；此外国家还大量投资新建国有经济。这里特别重视生产关系的社会化——生产资料所有制的公有化和不断升级、过渡。虽然在理论上也承认生产关系变革要适应生产力发展的要求，但实践中往往忽视后者，使生产关系社会化大框架严

重超越、脱离生产力发展水平。社会主义国家长期实行统一的计划经济体制和中央集权式的国家经济管理体制，排斥市场机制的作用，因此这里的生产社会化是整个国民经济都被置于国家计划和政府的严密管辖控制之下，受国家统一意志支配，企业和地方缺乏经济自主性的"全国一盘棋"式的社会化模式。

社会主义国家的经济职能异常发达，但它同资本主义国家19世纪末以后所开始担负的经济职能也有明显区别。首先，两者发生的原因不同。资本主义国家的经济职能是在市场经济条件下，为弥补市场调节机制的缺陷而发生的；而社会主义国家的经济职能不是为了弥补市场的缺陷，而是根据马克思列宁主义理论，在通过政治革命建立社会主义国家后，国家"重新组建"自己新的经济基础，并在其后实行全面管制使之不断发展社会主义经济基础。其次，该两种经济职能的性质也有所不同。在资本主义国家，它是一种调节机制，即国家调节。国家调节应同市场调节相配合，国家调节不能取代市场调节基础性地位。而在社会主义国家，其经济职能主要不是作为一种经济调节机制，而是对社会经济全面的组建、组织、管理和控制。所谓调节，一般是指对既存的社会经济施加的作用，以影响和改变其总体结构和运行。社会主义国家的经济职能远超过调节的含义。准确的说法是对社会经济的全面组织管理。传统马克思主义政治教科书，也是把社会主义国家经济职能称做"组织经济文化建设"职能。当然有时人们也把它称为国家调节或计划调节。因为社会主义国家对经济的组织管理往往都纳入统一的国家计划，实行计划经济体制，所以国家调节又被称为计划调节。但在过去很长时期内，这种国家调节或计划调节乃是社会经济几乎唯一的调节机制，基本上排斥了市场调节的作用。因此，即使称为国家调节，它同市场经济国家的国家调节，也是不同的。再者，同上述区别相联系，两类型国家的经济职能的范围、程序和行使方式也明显不同。在市场经济条件下，市场机制是基础性调节因素，国家调节被控制在十分必要的有限范围内，国家经济职能的行使受到严格限制。国家调节所采取的方式，最基本的是对市场竞争的规制、国家参与投资经营和对社会经济予以宏观引导调控。社会主义国家经济职能的范围则广泛得多，国家几乎把整个社会经济都置于自己严格控制之下，管得既宽又细又死，简直到了无以复加的地步。国家组织管理经济的方式，主要依靠革命措施、执政党和国家的文件、领袖及各级党政领导人的权威和指示以及大量的政府行政命令，实行直接的指令性管理。例如中国过去几十年中，实行农业合作化、人民公社化、大跃进、大办钢铁、工业学大庆、农业学大寨等，都是以中央号召发动，大搞群众运动的方式进行的；即使平时对生产和经济的管理，也常常采取类军事化的行政命令方式。某些时候，

甚至连各地农村种植什么作物、何时割麦、插秧这些具体事情，也要凭上级指示和命令，统一进行。那时候，同计划经济体制相适应，在经济管理体制上所实行的是高度集中统一的中央集权制。

社会主义国家实现组织管理社会经济的职能，也需要制定一些有关法律。由于国家对社会经济的组织管理直接制约社会经济的结构和运行，从广义上说这也可视为一种国家调节，所以，关于国家组织管理经济的法律具有经济法性质。一般地说，国家经济调节职能发达，为规范和保障这种国家调节的法律即经济法便也发达。各社会主义国家从其建立起，经济职能便十分发达，这是否意味着经济法也十分发达呢？事实并非如此。首先，如前所述，社会主义国家组织管理社会经济的方式，主要依靠执政党和国家及各级领导人的权威、指示、决议、政策文件和行政命令等，总的来说并不重视运用法律调整，法制不健全。其次，即使在某些方面制定了一些法律，但这些法律在内容和性质上也具有浓厚的行政性色彩，并且在实施中还常常受到党政机关及其各级负责人的肆意干预，有法不依，形同虚设。总之，实际上这些社会主义国家，在过去长时期内，法制并不健全、发达。此后，这些社会主义国家先后进行了各种改革。20 世纪 80 年代末 90 年代初，前苏联、东欧国家的社会制度纷纷发生剧变，在经济体制上改行市场经济。国家经济职能随之转变，经济法也发生了重大变化。中国在 70 年代末开始进行经济体制改革，逐渐引入市场调节机制，并在 90 年代初期决定实行社会主义市场经济体制。这期间，国家经济职能的行使方式发生了变化，直接干预在逐步被控制和减少，对社会经济结构和运行实行调节的意识逐步增强。同时逐步引进市场机制，使国家调节同市场调节相配合。另一方面，国家越来越重视法制建设，颁布了许多关于国家组织、管理和调节经济的法律法规。这些立法逐步同行政法相区别，而且日益增强了经济法的性质和特征。因此经济法逐渐发达起来。

当前中国仍处于经济体制转轨时期，市场经济体制处于迅速发育之中而尚未完全建立和健全，市场机制在许多领域尚未成为基础性调节机制，其作用仍受到制度和历史因素制约，政府干预仍然严重，国家经济职能行使方式和范围仍有待继续转变。另一方面，国家法制建设和人们的法治观念仍有待加强。在这种情况下，我国经济法的立法和实施也正处于转变时期。有些重要立法律尚需制定，许多立法在内容上尚需进一步剔除计划经济体制因素，并使之同行政法相区别，淡化其行政法色彩。尤其重要的是需要大力加强经济法的实施机制，切实保障实施。经济法立法的完善和切实施行，将有力促进我国市场经济体制的发育和建立。只有市场经济充分发育，我国的经济法才会更加完善。

我们在论述西方市场经济国家经济法产生的根源及其立法体系时曾指出：由于生产社会化和垄断的形成，引起市场固有的三个缺陷的显露和市场失灵；国家调节机制和国家经济调节职能因而得以出现和发达，并相应地采取三种基本调节方式；为规范和保障国家调节，经济法应运而生，其体系构成包含三个基本方面的法律。我们看到，各社会主义国家经济法产生和发展的路径及体系构成等，同西方国家有所不同：这里的社会化是革命政党和社会主义国家组织实施的，不是社会经济自身运行发展的结果。这里的国家经济职能是国家组织实施的社会化的需要（二者是一回事），而不是为了弥补市场机制的缺陷和失灵才需要国家调节。这里的经济法虽然也必定是规范国家调节活动的，但其功能主要侧重于“保障”国家的管理（即所谓“管理工具论”），其价值取向重在秩序与效率，而不像西方国家经济法那样更加重视“规制”国家调节权力，注重维护公平和正义；经济法内容体系十分广泛、全面、多强行性规范，而不是（起码在实行计划经济体制时期不是）按照“市场三缺陷——国家调节三方式——经济法体系三构成”模式形成的。社会主义国家过去市场长期不发达，市场机制基本上被排斥，不能发挥作用。但是，当这些社会主义国家一旦实行市场经济体制，市场机制成为基础性调节因素后，国家经济管理职能活动范围和方式会发生重大变化，市场的缺陷便会显露，防范和化解这些缺陷造成的严重后果，便会显得十分重要。那时，国家经济职能便会由全面统管转变为国家调节，重在针对市场缺陷采取对策，经济法的内容和体系便会相应发生变化，逐渐围绕“三构成”建立和完善自己的体系。

统观两种不同社会制度国家经济法的产生和发展历程，我们看到了两条不同的运动轨迹：一条是，由国家放任市场作用到逐渐加强国家调节；由较单一的民商法秩序到经济法产生和逐渐发达，确立由民商法和经济法等部门法共同组成的新的经济法律秩序。另一条是，由国家包揽经济，市场几为空白，到逐渐“引入”市场因素，转变国家职能，并最终使市场机制成为基础；经济法由同党政指令相伴生、同行政法为一体，并且它们共同排斥民商法作用，到经济法逐渐剔除异己因素而性质日趋纯正，内容体系也基本围绕“三构成”，最后同西方国家基本趋同，完全适应市场经济的要求。这两条道路最终殊途同归：在新时代的市场经济条件下，世界各国的经济调节机制、国家经济职能和经济法（其他法律部门亦同）的情况，会日益趋同，大同小异。

二、社会主义国家经济法立法概况

（一）前苏联、东欧国家的经济法

前苏联的经济法大致可以分为以下几个时期：1917 年至 1925 年国民经济恢复时期；1926 年至 1936 年工业化建设时期；卫国战争时期；50 年代中期至 80 年代末经济体制改革时期；90 年代初以后苏联解体和社会制度根本性变革时期。

俄国十月革命胜利后，为了建立社会主义经济基础，立即颁布了《土地法令》，宣布土地国有。1918 年颁布工业国有化法令，将一切大型企业完全收归国有（在以后的实行中，实际上中、小型企业、商店也都被国有化）。1922 年在颁布民法典的同时，制定了《集体农庄法》和《劳动法》。1921 年开始实行新经济政策，利用商品货币关系恢复和发展经济，允许私营经济存在，并以租让、租借形式发展国家资本主义。1925 年完成了国民经济恢复工作。

1926 年进入工业化建设时期以后，前苏联的经济法以规范国营企业为核心。早在 1923 年便制定了第一个托拉斯条例，1927 年又制定新的《国营工业托拉斯条例》，强调了计划原则。这是直至 60 年代中期国营企业的基本法。此外，这个时期还制定了《农业劳动组合章程》等重要立法。

20 世纪 50 年代中期开始，前苏联陆续改革其经济管理体制，在继续加强国家控制和计划经济的同时，逐步引入市场调节机制。与此同时，也重视法制建设。这个时期颁布了大量经济法，其中重要的有：1957 年颁布《关于进一步改进工业和建筑业管理组织法令》和《苏联各经济行政区国民经济委员会条例》，1965 年颁布《关于改进工业管理系统和改革某些管理机构》的决议、《社会主义国营生产企业条例》、《苏联各工业部条例》、《关于完善工业生产计划和加强经济刺激条例》，1973 年颁布《关于进一步完善工业管理的若干措施》，1973 年至 1979 年还先后颁布《全苏共和国联合公司总条例》、《生产联合公司条例》、《生产技术用产品供应条例》、《日常消费品供应条例》等重要法规。

80 年代中期以后，前苏联经济体制改革进入一个新阶段。为推进改革，颁布了一系列经济法规，如：1986 年颁布的《关于进一步完善国家农工综合体经营管理经济机制的决定》、《关于完善国营商业和消费合作社的计划、经济刺激与管理的决定》、《关于完善对外经济联系管理措施的决定》、《苏联个体劳动法》，1987 年颁布的《关于在苏联境内建立苏联和经互会其他成员国的合资企业、国际联合公司和组织及其活动的制度的决定》、《关于在苏联境内建立由苏联组织和资本主义国家及发展中国家的公司参加的合资企业及其活动的制度的决定》、《根本改革经济管理的基本原则》、《苏联国营企业（联合公司）法》等。

1969年前苏联科学院社会科学部委托部分学者起草了一部《经济法典》，在学术界进行讨论。1985年苏联科学院又对以拉普捷夫为首的委员会草拟的《苏联经济法典（草案）》进行讨论，并于1987年将修改后的草案予以公布，扩大了讨论范围。但结果一直未能提交立法机关审议。

1991年前苏联解体。解体后的俄罗斯及其他共和国全面实行市场经济和私有化，并出现严重经济危机。这时它们颁布的大量经济法规，其宗旨主要在于保障向市场经济和私有化过渡，并为反危机制定各种具体措施。

东欧国家的经济法状况，同前苏联大同小异。80年代末以前，它们的经济法以维护国家对国民经济的全面管理特别是计划管理和公有制经济为其主要任务。企业法特别是国营企业法构成经济法的中心环节。这些国家的经济法数量多，体系比较完备，内容涉及计划、财政、税收、金融、信贷、价格、投资及工业、农业、建筑业、交通运输、商业、外贸等国民经济各个方面和行业部门。特别值得提到的是，前捷克斯洛伐克还于1964年颁布了《经济法典》，这是迄今为止世界上唯一的一部经济法典。这些国家发生剧变以后，其经济法立法围绕经济体制的彻底转变而彻底变革。

（二）中国经济法立法概况

自中华人民共和国成立至今，经济法立法大体分为四个阶段：1978年中国共产党十一届三中全会以前，可以说基本上没有经济法，虽然其间也曾颁布过一些具有某种经济法性质的法；其后至90年代初，国家进行经济体制改革，颁布了大量经济法，这是我国经济法基本确立阶段；1992年决定实行市场经济体制，经济法体系框架渐趋完备；20世纪与21世纪之交及其以后，随着加入WTO和国家民主法治建设的深入发展，我国经济法在性质、内容和体系上又有了新的发展。

在1949年至1978年阶段，除中华人民共和国成立初期国家曾一度颁布了一些经济法规外，总的情况是法制未受足够重视，经济法的立法数量不多，性质同党政文件或行政法区别不大。

1949年至1953年，是国民经济恢复时期。这一阶段的经济法重点是：（1）废除旧的生产关系，改革所有制，建立新的经济基础。为此，颁布了《土地改革法》、《管制美国在华财产冻结美国在华存款命令》及其他有关没收帝、官、封资本实行国有化的法令。（2）恢复和发展经济。为此，颁布了

《关于国营、公营工厂建立工厂管理委员会的指示》、《关于在生产厂矿建立责任制的指示》、《私营企业暂行条例》及其实施办法、《对外贸易管理暂行条例》、《国营企业、合作社签订合同契约暂行办法》、《预算决算暂行条例》、《关于统一财政经济工作的决定》、《基本建设工作暂行办法》、《矿业暂行条例》、《国民经济计划编制暂行办法》等法规。

1954 年召开第一届全国人民代表大会，颁布第一部宪法。宪法确定了实行社会主义工业化和社会主义改造，建立社会主义社会的基本方针。为此，颁布了《农业生产合作社示范章程草案》、《高级农业生产合作社示范章程》、《关于对手工业的社会主义改造工作进行全面规划的通知》、《关于对目前私营工商业和手工业的社会主义改造中若干事项的决定》、《公私合营工业企业暂行条例》、《关于发展国民经济的第一个五年计划的决议》、《基本建设工程设计和预算文件审核批准暂行办法》等。这些法规的贯彻执行，对于社会主义改造的顺利完成和建设事业的初步发展，起了重要保障作用。

1956 年社会主义改造完成以后，中共第八次代表大会决定，国家主要任务由解放生产力转为保护和发展生产力，同时强调要加强法制。但是，从 1957 年开始，“左”倾思潮泛滥，经济工作严重违背客观规律，基本法制原则被当做资产阶级的东西加以批判否定，经济法受到严重削弱。1960 年开始，全国处于严重经济困难时期，中央提出了“调整、巩固、充实、提高”方针。为贯彻这一“八字方针”，党和国家发布了一些规范性文件，其中重要的有 1961 年颁布的《国营工业企业工作条例（草案）》、《农村人民公社工作条例（草案）》等。

1966 年开始十年“文化大革命”，国家法制完全被践踏，经济立法工作停滞，原有法律也事实上停止施行。

1978 年 12 月，中共召开十二届三中全会。会议确定全党、全国的工作重点转移到以经济建设为中心的社会主义现代化建设上来，健全社会主义民主，加强社会主义法制。从 1979 年开始，实行经济体制改革和对外开放。我国的经济法立法迅速增多，部门法地位基本确立。1979 年以后中国经济法的发展具有以下特点：

(1) 数量急剧增多，覆盖面广。十余年中，由全国人大及其常委会、国务院制定的经济法律、法规达 600 多个。每年都要颁布不少重要经济法规。此外，各省、直辖市、自治区及经济特区等地方权力机关和行政机关，也制定大量地方性经济法规。这些立法涉及企业管理、国有资产和自然资源管理、计划、财政、金融、价格、市场及工业、农业、建筑、交通运输、商业、科技、邮电、服务等各个方面。在以上国民经济各基本方面和部门中，大多数已制定综合性法规，而且在这些综合性法规之下，又有许多单项法规，形成了互相关联的庞大经济法规群体。

(2) 立法紧紧围绕经济体制改革和对外开放进行。经济法的立法总结改革经验，指导改革，为改革服务，并随着改革的不断深化而不断“废、改、立”。这不仅是这一时期经济法内容上的显著特点，也是立法形式和程序上的特点。经济法立法工作根据改革需要，采取“成熟一个，制定一个”的做法。并且，许多法规先以试行法或暂行规定形式颁布。国务院及其各部委和地方政府颁发的行政法规占有很大数量。这一方面保证了改革、开放对于经济立法的急切需要，使立法充分发挥其对于改革、开放的保障和促进作用；而另一方面，立法文件十分庞杂，许多规范重复、矛盾，需要不断进行法规清理。

(3) 立法反映计划经济与市场调节相结合的经济体制。1979 年以后，国家逐步重视发挥价值规律和市场机制对于国民经济运行的作用，并将其引入国家经济管理活动之中。80 年代中期，市场调节因素逐渐加大。1989 年转入三年“治理、整顿”，市场机制又受到较严格限制。1979 年至 1992 年，总的来说，国家改变了过去高度集中的计划经济体制，实行的是计划经济与市场调节相结合的体制。国家经济管理模式也发生了明显变化，指令性计划范围逐步缩小，加强了指导性计划，扩大了市场调节。国家对企业的管理方式发生变化，逐步减少直接干预，重视并逐步建立宏观调控体系。以上情况反映到经济法立法上，有了以下变化：第一，减少了国家对企业内部生产经营管理和企业对外经济活动进行参与或干预的直接规定，而将这些领域让出由民法、劳动法等部门法调整。经济法对这些方面不作规定或只规定对于民法、劳动法等的适用条款。与此同时，加强了民事立法，其中最重要的是 1986 年颁布了《民法通则》。第二，加强了国家宏观调控方面的立法，制定、修改计划、财政、税收、金融、信贷、价格等方面的法规，逐步建立宏观调控体系，发挥各种经济杠杆和经济计划、价格政策的调节作用。第三，加强了组建和培育市场的立法，制定和逐步完善生产资料市场、消费品市场、资金证券市场、技术市场、劳务市场、企业产权转让市场、房地产市场、信息市场等方面的管理法规，建立和逐步完善市场体系，发挥市场在国家对国民经济管理中的中枢环节作用。第四，加强了为企业及其职工提供社会保障和社会服务的立法，制定了一些有关各种保险和职工培训、就业等方面的管理法规。

(4) 国有企业改革是经济体制改革的中心环节，也是这一时期经济法的中心内容。在整个经济立法中，关于企业的立法无论在数量还是重要性上，都占据十分突出的地位。80 年代前期，企业立法围绕“让利、放权”展开。中期以后，主要改革其经营制度，立法集中在承包制、租赁制方面。1992 年，企业改革开始步入新阶段，形成包括两个基本方面的改革格局：一方面，对国家独资的国有企业采取新措施，大力转换其经营机制；另一方面，改组或新建股份制企业。当年 7 月，国务院发布《全民所有制工业企业转换经营机制条例》；当年 5 月起，国家经济体制改革委员会等单位联合制定《股份制企业试点办法》、《股份有限公司规范意见》、《有限责任公司规范意见》等关于股份制企业试点的 15 个全套政策法规。

1992 年春，邓小平发表视察南方时的重要谈话，提出要进一步解放思想，加快改革步伐。接着，党中央和国务院作出加快改革开放和经济发展的一系列决定，其中包括加快国有企业改革，把企业推向市场。10 月，召开中共第十四次全国代表大会，正式提出建立和发展社会主义市场经济体制，并把这作为国家经济体制改革的目标。1993 年 3 月全国八届人大一次会议通过宪法修正案，规定“国家实行社会主义市场经济”。国家经济体制的重大转变必然引起中国经济法的重大变革，中国经济法进入了一个新的发展时期。

1993 年以后，国家围绕推进改革和建立社会主义市场经济法律体系框架颁布了大量法律、法规。其中许多同完善经济法立法体系相关，是一些基本性法律。

在产业政策方面，1994 年国务院制定了《90 年代国家产业政策纲要》，1993 年国务院制定了《90 年代中国农业发展纲要》，同年全国人大常委会制定了《农业法》和《农业技术推广法》，1993 年国务院颁发《全国第三产业发展规划基本思路》，1995 年国家计委等三个部门发布《指导外商投资方向暂行规定》，1997 年 12 月国家计委等部门分别发布《当前国家重点鼓励发展的产业、产品和技术目录》和修改后的《外商投资产业目录》。在国家投资和国有企业改革方面，继 1992 年颁布国有企业改组股份制一系列法规之后，又颁布不少法规，特别是在关于国有资产的管理、运营、评估、考核、监督方面，已形成较完整的体系。1993 年底颁布了《公司法》，它是国家投资公司适用的一般法。在财政法方面，1994 年颁布了《预算法》、《审计法》，1993 年颁布《会计法》。税收方面，自 1994 年元月起实行新税制，颁布了各个税种条例，并于 1995 年修改颁布《税收征收管理法》。金融方面，1995 年颁布了《中国人民银行法》和《商业银行法》，1998 年底颁布了《证券法》。在市场竞争方面，

1993年颁布《反不正当竞争法》、《消费者权益保护法》、《产品质量法》，1995年发布《制止牟取暴利的暂行规定》。1997年3月国务院发布《反倾销和反补贴条例》。

进入20世纪与21世纪之交及其以后，我国经济法又有了新的发展。迄今主要是三件大事的影响：一是我国加入WTO；二是执政党和国家于20世纪末提出治国方略要实现由人治向法治转型，建设社会主义法治国家；三是党和国家关于科学发展观和建设和谐社会的重大决定和措施。

20世纪末我国加入WTO的谈判进入实质性阶段，并于2001年底正式成为WTO成员。在市场国际化背景下，国际市场需要三种主要的调节机制，即除国际市场的市场调节机制、各主权国家各自的国家调节机制之外，还需要"国际调节"。国际调节在当前主要是对各国国家调节的再调节。各国的国家调节政策和措施（特别是在其有关涉外经济领域）需要同有关国家的和国际的调节政策和措施尽量协调一致，遵守国际调节规定。中国在加入WTO以后，需要履行在加入时中国政府作出的承诺。因此，在加入WTO前后对有关法律作了一系列的重大调整，修订了原来的立法，制定了新的法规。立法内容涉及关税和国内税制改革、外商投资政策立法、外贸政策法、涉外金融政策和国内金融改革、对知识产权的保护和对其中不正当竞争的规制、本国市场培育和对市场竞争的规制的立法等各个方面。① 除了直接属于经济法范畴的立法以外，还有其他许多领域的改革和立法，例如关于行政改革、司法改革等方面，也同我国经济法的发展完善密切相关。加入WTO是推进我国经济法发展的一次重要机遇。

20世纪末执政党和国家提出"依法治国，建设社会主义法治国家"的任务，确定了治国方略要由人治向法治转型的目标。这对我国法律变革的影响无疑是重大和深远的。过去我国曾长期奉行"法律虚无主义"和"法律工具主义"，法制不健全，无权威，实施不力；颁布的法律也被当做"统治工具"，重视保障国家权力的运行，强调民众服从遵守的义务，而不够重视维护民众的权利。其中经济法（同其他法律一样）也就被当然地认为是"管理法"和"维权（力）法"；而不是"维权（利）法"和"控权（力）法"。而其实，法治最本质的特性乃"良法之治"，良法和法治的核心是维护最广大民众的权

① 漆多俊：《WTO与国际调节下的中国涉外经济法》，载日本独协大学《国际交流年报》2005年18号。

利。在社会划分为国家公权力部门与普通民众两个部分的情况下，要能有效维护民众权利，必须恰当控制公权力，即为了维权（利），必须控权（力）。控权（力）是良法和法治的关键。① 经济法作为规范国家调节之法，按照其产生和发展的社会根源和历史使命，它是国家介入社会经济生活行使调节权的依据，它当然有保障国家调节的作用，但同时也是规制国家调节权力，防止其滥用的，其最终目的在于维护广大民众和社会的根本的、总体和长远的利益。也就是说经济法最本质的宗旨和使命是"维权（利）"的，是"维权（利）法"。经济法的立法和实施只有符合这一基本要求，它才具备良法和法治的特征。因此我们需要更新观念，按照良法和法治的要求重新审视过去的法律，并指导今后的立法和实施。从国家提出建设法治国家任务以来，经济法和其他部门法的改革正在朝着民主法治方向前进。当然这是一个较长的转型过程，不能指望一蹴而就。

21世纪之初，党和国家又提出"科学发展观"和"建设和谐社会"。科学发展观是全面建设小康社会和推进社会主义现代化建设始终要坚持的重要指导思想，构建社会主义和谐社会是全面建设小康社会的重要内容。要求在新的历史时期，坚持以科学发展观为指导，不断提高构建社会主义和谐社会的能力，实现全面建设小康社会的奋斗目标。党和国家的这些方针路线必然深刻影响我国的法律，特别对于经济法而言，它直接构成经济法立法和实施的基本指导思想：经济法需要确保国家调节"以人为本"，促进"经济社会全面、协调、可持续发展，促进经济社会和人的全面发展"，实现"构建和谐社会"的目标。②

这一期间，国家又陆续制定了一些重要法律，包括2007年颁布的《中华人民共和国反垄断法》。我国的经济法立法体系日趋完备。总的说来，自上世纪70年代末改革开放以后，我国经济法就逐渐以一个崭新独立部门法面貌，立于各部门法之林，在保障和规制国家调节，促进经济协调、稳定和发展，维护社会公平方面，发挥着其他部门法不可替代的重要作用。今后，随着经济法的进一步完善，也随着人们对经济法的本质属性和它的固有价值、功能的认识

① 漆多俊：《控权：通向法治之路的关键》，载《经济与社会体制比较研究》2006年第6期；《权力经济向法治经济的转变——兼论转型时期法律的控权使命》，载《经济法论丛》第11卷，中国方正出版社2005年版，第1～21页。

② 漆多俊、漆丹：《科学发展观：当代中国经济法良法观之核心》，载《法学评论》2006年第6期。

和在立法与实施中准确把握，经济法对于推进改革和转型，促进经济发展和社会进步，必将发挥更加重要的作用。

复习思考题

1. 试论经济法产生的社会根源。
2. 试论市场、调节机制与法律的同步演变规律。
3. 试论“国家调节说”的经济学和法哲学基础。
4. 试比较美国同德、日等国经济法发展两种模式的基本共同点和区别。
5. 试论述社会主义国家经济法产生发展的背景和途径的特殊性。

第三章　经济法的价值、理念和基本原则

第一节　经济法的价值、功能和理念

一、经济法的价值

法的价值，在国外是个古老的话题。美国法学家庞德（R. Pound）说："在法律史的各个经典时期，无论在古代或近代世界里，对价值准则的论证、批判或合乎逻辑的适用，都曾是法学家们的主要活动。"① 在中国它却是上世纪80年代末才开始引起人们的注意和讨论。而经济法的价值问题，则无论在国内或国外，都是一个新问题。

如同商品和其他许多事物对人来说具有价值一样，法也有价值。不同事物因其客观存在的固有属性不同，而具有不同的价值。价值是事物客观上具有的一种属性，是可供人们利用的性能和功效。经济法价值是指经济法在客观上所具有的能供人们利用的某种性能和功效。

研究事物的价值，首先要认识该事物有什么价值（价值是什么）；其次要弄清（在事物具有多项价值时）该事物各项价值之间的关系，其中哪些是它主要的价值；此外还要弄清按照该事物价值的特性，它适合人们怎样去发挥和利用（即价值实现方式）。此外，现实生活中人们出于不同的需要，对于事物内在的各种价值往往有所侧重和取舍。例如对于法的价值，有时人们侧重于其秩序或效率价值，有时侧重于其公平、正义等；并且，在利用这些价值时，也各有不同取向，如所希望实现的是什么样的秩序、什么样的效率和怎样的公平等，也是各不相同的。此即所谓人们"价值取向"。经济法固有的价值是什么或有哪些，各国立法者的价值取向是什么——想主要发挥和利用经济法的什么价值，实现怎样的价值目标，怎样通过立法的制度设计有效地发挥该种价值以

---

① 庞德：《通过法律的社会控制——法律的任务》，商务印书馆1984年版，第55页。

实现他们预期的价值目标，这些便是经济法价值研究所需要解决的问题。

经济法作为法体系中的一个部门法，其价值同其他部门法价值、一般法的价值有着共性，但又有特殊性。经济法的价值也包含着诸如自由、安全、秩序、效率、公平、正义等方面，但其具体内涵有所不同。

经济法价值的特殊性是由经济法在法体系中的特殊本质属性决定的。经济法按其在法体系中同其他部门法在调整任务上的分工，它主要涉及经济领域和经济生活，其内容主要是经济性的，因此经济法的价值亦主要重在经济性；它与民商法不同，它关注的主要是社会经济的宏观和总体结构和运行。从时代发展看，进入现代社会后，凡法（不管是什么法，民商法亦不例外）都在其力所能及范围内适应社会性要求而不同程度地出现社会化趋向。经济法是在19世纪末生产和其他方面社会化的背景下产生的新法律部门，是社会化的产物，社会性之法，所以经济法的价值重在社会性。一个经济性，一个社会性，此二者是经济法的显著特点，也是认识经济法价值特点的关键。经济法价值体系中各项价值都鲜明地体现着这样的特点。例如：

经济法价值中的秩序：这是关于经济领域和经济生活的秩序；这是重在维护社会经济总体结构和运行的秩序。在这种经济法秩序下，个体虽然仍是自由的，享有充分的权利，但不得妨害和损害他人和其他公众的自由和权利，不得损害社会经济的运行和发展。个体自由和权利的行使受到社会必要限制。要协调个体与团体、与社会之间的矛盾冲突，社会尊重个体，个体服从社会。并且，经济法是侧重于从社会整体角度来协调和处理个体与社会的关系的，即以社会为本位。经济法秩序不同于民商法秩序，它们关注的重点（本位）不同；经济法秩序也不同于行政法秩序（特别是早期“国家主义”的专制秩序），它应是超越统治者“国家利益”，而关注真正社会利益的秩序。

经济法价值中的效率：经济法中的效率主要是指经济效率（经济效益），包括劳动生产效率、经营效率、资源利用效率、利润率等；并且这主要是指社会总体经济效率。社会总体经济效率虽然由个体和团体经济效率构成，为了总体效率，必须重视各个体和团体效率；但某些个体和团体效率也会妨害社会总体效率，因此为了总体效率，有时需要限制、牺牲某些个体和团体效率。社会总体既指静态，也含动态。社会总体效率包括社会经济总体的长远效率。长远始于眼前，为了长远效率，必须重视眼前效率，从眼前效率抓起；但两者也有矛盾冲突，有些眼前效率会妨害长远效率。这需要协调平衡，需要统筹兼顾，把眼前利益同长远利益乃至未来子孙后代的利益通盘考虑，重视社会经济长期可持续增长。当然，这里需要明确的是，所谓“社会总体效率（利益）”和

"长远效率（利益）"应当是经过严格认定的、真实的；要防止人们以此为借口而侵害民众利益，把民众的正当利益随意宣布为"狭隘的个人主义"或"本位主义"。此外，经济法的效率虽然主要和直接是指经济效率，但它不仅指经济量的增长，也应重视经济质的提高。经济的质不局限于经济性指标，还包括如对环境、社会公平正义和人的思想精神等方面的影响；后者即人们所谓同经济效益相对应的社会效益。

经济法价值中的公平：这里首先是指经济生活的公平；并且所注重的是社会总体的经济公平。社会总体公平要求绝大多数个体和团体间必需公平，但不要求所有个体和团体间都绝对公平。为了总体公平，有时需要允许某些个体和团体间存在某种"不公平"。经济法虽然并不笼统地反对"形式公平"，但它注重的是一种"实质公平"，是符合社会正义的公平。公平是相对的，也是变动的。绝对公平是不存在的，静止的公平意味着停滞和落后。从动态（再生产过程各环节）来说，经济法首先也重视机会公平，但要顾及各主体的不同情况和不同起点，还要正视结果上存在的实际差异。否则，虽说是机会公平，而在实际上却往往是很不公平的。

在经济法价值链中，虽然各项价值都很重要，但其中的效率和公平尤其应当予以重视，要通过经济法的立法和实施有效地维护社会总体效率，实现社会公平。有了效率和公平，所谓秩序、自由、安全等才有意义；一个既无效率、又无公平的社会，广大民众是无自由和安全可言的，那样的秩序是民众所不需要的。

至于效率与公平这两者之间是什么关系，或者说哪个更为重要，首先当然应当承认这两者都重要，不可或缺。无效率的公平或无公平的效率都是无意义和有害的。其次应当认识到，效率与公平这两者是相关的，虽有矛盾，但并不绝对排斥；特别是对于经济法的社会总体效率与社会（实质）公平而言尤其如此。因为既然是讲社会总体效率，而不是只强调个体和局部性效率，这其中就包含（社会）公平之义。此外，如果从"法尚公平"角度，则可以说公平更应为法的首要价值。这对经济法而言也不例外。考察经济法最初产生的社会根源（典型的如美国），正是由于放任市场自发作用引发经济和社会问题，特别是社会不公平问题，社会才呼吁国家出面调节和颁布经济法。

当然以上对经济法价值的分析是从应然法角度说的，现实中各国立法者出于对经济法价值的认识和动机目的的不同，会赋予其制定法各不相同的价值取向。例如通过经济法实施要实现怎样的秩序，怎样的自由、安全、效率、公平，可能差异甚大。在对待效率与公平的关系上也如此，有的可能更重视效率，有的更重视公平。一般地说，民主法治程度高的国家都会非常注重公平，集权专制国家则会把维护其统治效率、统治秩序放在首位。历史上德、日等国在战争时期实行的国家经济管制政策和法律，其价值取向便是为了实现他们军国主义统治的秩序和效率。对于经济社会处于发展中或正在进行体制改革和转型的一些国家来说，开始时由于急于发展经济而往往更加重视效率、特别是经济效率；有了初步发展后，经济和社会不公平问题凸显出来，法的公平价值便会逐步引起人们重视。中国上世纪末体制改革初期提出的口号便是“效率优先，兼顾公平”。21世纪以来发现原提法欠妥，如今正在改变观念，逐步重视公平，特别是社会公平。① 经济法固有的社会公平价值将会得到越来越充分的发挥。②

二、经济法的功能

法律价值是怎样释放和实现的呢？为什么通过法律的实施就能使法的价值释放，并达到预定的秩序、自由、安全、效率和公平正义等价值目标呢？这就涉及法的功能问题。③

法律是规范人们行为，调整一定社会关系的，但法律这样做的终极目的却是确认和调整社会上人们之间的利益关系的。人们都说法律“定分止争”，其实人们之间的“分”和“争”，说到底全都是为了利益（这里包括物质利益和精神利益）。因此可以说，“法律是社会利益资源和权利的分配书”。④ 一个国家的宪法其实就是该国的利益资源和权利的总分配书、总合同，各部门法则是各个方面和领域的利益和权利的分配书，是宪法总合同下面的各有关方面和领域的分合同。由于法律具有这种利益和权利分配功能，所以通过法律的实施才能实现法律内在价值，实现人们预定的那种秩序、自由、安全、效率和公平等

---

① 漆多俊、漆丹：《科学发展观：经济法良法观之核心》，载《法学评论》2006年第6期。

② 遗憾的是，由于迄今许多中国人包括国家机关许多负责人，由于种种原因，对经济法的本质属性缺乏正确理解，对经济法应有价值、功能与作用把握不准，因此尚不能自觉地运用经济法去解决现实存在的诸如收人和分配不公平等许多经济社会问题。

③ 价值与功能仔细辨析是有差别的：价值所强调的是功效、效用、效果；功能所强调的则是能量（物理学上所说的做功的能，如电能、原子能等）。某事物只有当它具有一定功能，才可以使该事物内在价值释放，以致于达到人们所预期的理念目标。

④ 漆多俊：《权力经济向法治经济的转变——兼论转型时期法律的控权使命》，载《经济法论丛》第11卷，中国方正出版社2005年版，第1~21页。

相结合的价值目标，即理念目标。而所谓理想的价值目标或理念目标，其实不过就是人们所希望和满意的一种社会性利益安排局面而已。

经济法也是一种利益和权利的分配书。不过，同民商法等法律部门比较，经济法的分配功能特点在于它应当充分尊重民商法等法律对于利益和权利的分配，并以后者为基础。也就是说，经济法只是在民商法等法律所做的权利分配的基础上，对原有权利安排作出适当调整（应当主要是一种“微调”）和再分配，而不应当是一律否定和推倒重来。所以，经济法的功能其实是对利益和权利的一种再分配，经济法是利益资源和权利的一种再分配法。

从社会经济生活领域来说，民商法依据宪法所确立的基本原则，在调整自然人和法人之间的财产和经济关系时，贯彻各自然人、法人个体自由、平等原则，维护各个体间公平。这种利益和权利分配安排是社会平等、公平的基础。一个国家和社会如果不充分尊重各个体的自由和平等权利，所谓社会公平只能是一句空话和假话。为什么在有了民商法等法律对权利的分配安排后，还需要经济法（还有其他一些社会性法律）来对既有权利秩序作出调整和再分配呢？其原因在于仅凭民商法的“个体权利本位”难以避免和解决某些社会不公平问题。个体公平有时会妨害社会公平，形式公平往往并不就意味着实质公平，宣扬机会公平其实并未解决起点公平、过程公平和结果公平问题。特别是到了19世纪末出现生产社会化和垄断以后，问题更加突出了。所以需要“国家之手”出面干预。从经济调节机制方面说，放任市场调节引发经济结构和运行出现问题，并导致包括经济在内的整个社会生活的许多问题。社会经济需要新的调节机制即国家调节。规范国家调节之法经济法于是出现。经济法规范着国家调节，让“国家之手”对经济领域的利益资源和权利的原有民商法分配安排，作出适当调整，进行某种再分配。也正由于经济法具有利益和权利再分配功能，才能够弥补市场机制的不足和民商法的局限，使经济法具有的特殊价值——社会总体性效率、社会（实质）公平、符合正义要求的秩序、自由等——得以实现，使经济法的价值目标和理念目标得以实现。例如：

对于经济上的垄断、不正当竞争及其他不公平交易行为，当市场本身和民商法不能很好解决时，经济法通过规范，让国家调节采取市场规制方式反垄断、反不正当竞争及为广大消费者提供其他特殊保护，在垄断企业、其他经营者、广大消费者等之间调整利益和权利关系，以实现社会效率、社会公平正义等价值目标，实现经济法理念。

对于经济部门、行业、地区等之间的投资和经济发展不平衡，或对于公共产品供给不足等情形，在市场机制和民商法（主张投资自愿、自由）不能很好解决，并且国家采用相关政策引导也难奏效的情况下，经济法规范国家调节采取国家直接投资经营方式；而当民间投资乐于进入上述领域投资时，国家投资适时退出。这也是经济法调整其间各方利益关系的一种方式。通过这种方式实现社会效率、社会公平正义等经济法的价值目标和理念目标。

对于因市场盲目性和滞后性而造成的经济结构和运行问题，市场本身不好解决，在民商法秩序下也无法解决（如信息滞后和不对称，经济和社会发展的计划性等问题），经济法通过规范国家调节，运用计划和财政、税收、金融等经济政策及政策工具，从宏观上引导和约束经济运行，对有关各方利益关系进行调整，以实现经济法的价值和理念目标。

当然，经济法的再分配功能要正确恰当地发挥和利用，才能收到好的效果，否则，经济法应有的价值目标和理念目标便不能实现。这里关键是处理好经济法再分配同民法等法律原来作出的权利分配（基础性分配）的关系。

历史上也确实发生过为了克服放任市场调节和资产阶级的个人主义而民法所未能解决的经济和社会问题，而“矫枉过正”的情形，即完全否定市场作用和民商法所维护的个体自由和权利平等，否定民商法对于利益和权利的那种基础性分配，主张由国家对全社会直接进行分配安排。空想社会主义者们如18世纪的摩莱里等，就是这样的主张。摩莱里在其《自然法典》中，主张由“经济法”来直接对社会利益资源和权利作出分配，并把他的经济法叫做“分配法”。①

20世纪出现的一批社会主义国家所实行的计划经济体制，实际上就是否定市场作用，否定民法对个体正当权利和自由的尊重，否定民法等法律对利益和权利的基础性分配。当时这些国家所制定的经济法，同摩莱里的设想基本相同，属于国家的“分配法”，而不只是一种“再分配法”。后来这些国家发生体制转型或社会制度根本性变革以后，其经济法的功能才发生变化——国家调节尊重市场机制的作用并以它为基础；经济法尊重民商法的权利安排，它只是在民商法权利分配的基础上进行某些调整和再分配。

经济法的再分配是基于对社会总体和实质意义上效率和公平正义等目标的考量和追求，实践中对于哪样才符合“社会总体”和“实质”性要求，也就是说什么才是真正的社会总体（或公共）利益、长远利益和根本利益，只有在哪种的情况下才能要求个体服从总体，局部服从全局，眼前服从长远等，是

① 摩莱里：《自然法典》，商务印书馆1982年版。

需要认真论证的（还应当经过必要的法定程序确认）。要防止某些当权者用冠冕堂皇的借口肆意进行“再分配”，侵犯普通民众正当利益和权利。

三、经济法的理念

所谓理念，含理想与信念之义，指的是人们对于某种理想的目标模式及其实现的基本途径和方式的一种信仰、期待和追求。它包括对于理想目标的憧憬和对于通过某种基本途径和方式实现理想目标的信念两层含义。

人们凡欲主动从事某项重大事业，必先有某种理念形成于脑中。制定和实施法律是件大事，故预先必有某种理念，是为立法理念或法律理念。法律理念是人们对于通过制定和实施法律以实现某特定理想目标的一种信念。经济法理念是人们对于通过经济法的制定和实施以实现人们预想的经济和社会理想目标的信念。

法律理念也包括理想的法律目标模式与该目标模式实现途径和方式两方面含义。经济法理念所包含的理想目标模式，是国家调节的预定目的——这一般是影响社会经济的结构和运行，实现社会经济协调、稳定和发展；有时也不排除当权者藉以达到其他政治、军事目的。其实现途径便是通过经济法的制定和实施，规范国家调节活动。

法律理念与法律价值既有区别，也密切联系。它们是不同的两个概念：事物的价值是由事物固有属性决定的，具有客观性；人们的理念则是主观的。事物的价值需要人们去实际利用才能实际释放，此前只是该事物的一种属性、可能性，但它是客观存在的；理念则必须由人们借助某些事物的价值和功能，使之由主观的变为客观的，此前它只是一种观念，仅存在于人的头脑之中。在这里，我们同时也可以看出理念与价值的联系：法律理念中的理想目标模式的实现，需要凭借法律固有价值的释放和实现；假如法律无该种价值，或人们不能在实际上使该价值释放，则法律理念中的理想目标便不可能实现。另一方面，理念中的理想目标模式必须同所借助事物的价值目标（该种价值所能达到的目标）是一致的，或者说，法律理念的目标应当同法的价值目标尽量保持一致。如果不一致，是不能指望通过该事物实现理念中的目标的。当然，理念也可以反作用于事物的价值。理念也可以说是人们对于某种事物固有价值的判断。价值判断正确，付诸实行，事物价值就能充分、有效地释放，最终能够达到该种价值的总目标；价值判断不准或错误，则付诸实行后该种价值便不能很好或完全不能释放，价值目标便不能顺利实现。此时，人们的理念也便会部分或全部落空。

法律理念直接同立法宗旨相关。首先，由于人们相信某种法律具有某种价值和功能，通过其价值和功能的释放和发挥能够实现人们某特定的理想目标模式，才决定进行该种立法；其次，由于人们对该种法律内部固有的某种特定的价值和功能的认识，才会围绕着如何有效释放和发挥该种特定价值和功能，从立法技术上去作出恰当安排，规定合适的法律规范。

以上说到了经济法的价值、功能和理念，这三者的关系是：人们（立法者）需要正确认识和把握经济法的固有价值（它的体系和特点），在经济法的应有价值体系基础上形成立法者关于经济法的价值取向（立法者头脑中的价值目标模式）；这同时也就形成了立法者的经济法理念（中的理想目标模式）；藉助于经济法的再分配功能，调整有关人们间的利益和权利关系，使经济法应有价值释放，实现人们关于经济法价值目标和理念目标，从而最终实现经济法理念。

第二节　经济法的基本原则

一、经济法原则的基本特征和确立依据

经济法作为一个独立部门法，应当有其特有的调整原则。由于经济法是一个新独立的部门法，对于其调整原则是什么人们众说纷纭，提出了这样那样许多“原则”，颇为混乱。我们需要在正确把握法的原则一般特点的基础上，根据经济法的特质来探寻经济法的原则。

法的原则是法的要素之一，是由法所确立的在其调整一定社会关系时，在一定范围内普遍适用的基本准则。经济法的原则，是指由经济法所确立，在其调整特定的社会关系时所遵循的准则。它是由经济法确立和规定的，具有法律约束力，是规范国家经济调节活动中各有关主体行为的准则，在经济法全部或一定范围内具有普遍适用性。但是，它只适用于经济法范围，不适用于其他部门法。它不同于经济法的各具体行为规范，而只是为人们行为指示基本方向和模式，因而带有一定的抽象性。但它毕竟具有对行为的指导性，即具有一定的可操作性。经济法调整原则具有稳定性，即使国家的经济形势和某些经济政策发生变化，经济法的基本原则并不因此而改变。

经济法原则应为经济法所特有，它不适用于其他部门法；反之，其他部门法原则也不适用于经济法。不能将其他部门法原则作为经济法原则，更不能将其他一些根本不是法的原则，不具有法的原则基本特征的东西，作为经济法的

原则。这是经济法原则的特定性。

法的调整原则有各种不同的类型。按照法的体系来区分，有一般法的原则与宪法和其他部门法原则、法的基本原则与局部性原则；按照所适用的各历史类型、各不同国家、不同历史时期来区分，有普遍性原则（或一般原则）与特有原则；等等。经济法的原则，也有基本原则与局部性原则、普遍性原则与特有原则之分。经济法的基本原则涵盖整个经济法部门，是该部门所有法律规范及从其制定到实施全过程都需贯彻的；经济法的局部性原则，则仅贯彻于该部门法中某个或某些种类（经济法的分支）的法律规范。不能将经济法某个局部性原则，当做经济法的基本原则，例如"综合利用"是自然资源法原则，不是经济法的基本原则；反之，也不能将经济法基本原则替代经济法中的某局部性原则。各国和不同历史时期的经济法原则有其共性，是为普遍性原则；但各国和不同时期经济法原则也有不同特点，形成各种特有原则，例如当代中国经济法原则、某外国经济法原则等。

法的原则还有公理性原则与政策性原则之分。公理性原则同法律的基本属性相关并是后者的必然要求；政策性原则同各国各时期所实行的体制和基本政策相关。经济法的公理性原则对于各国来说应当是基本一致的；而政策性原则却可能有较大差异，因为各国所实行的经济体制和经济政策有所不同。对于某个具体的国家来说，其法律原则（包括其经济法原则和宪法原则）往往是公理性原则与该国政策性原则的结合。它们虽然总会在一定程度上反映公理性原则一些基本要求，但往往更加突出其政策性原则特点。本节着重讨论的是经济法基本原则，亦即各国经济法共同适用的经济法的普遍性原则，公理性原则。

法律原则作为一种重要法律要素，其功能在于通过指导各种具体法律规范的制定和实施，能够恰当和有效地发挥法律的功能，释放其价值，实现人们（立法者）法律理念。所以，法律原则的确立同法律的价值、功能和理念密切相关，它应当是后者的必然要求。如果人们对于法的应有价值和功能能够准确把握，在此基础上确立法的原则，则这些原则便是恰当的，必能正确指导法律的制定和实施，使法的应有价值和功能充分释放和发挥，最终实现预定的法律理念（这时立法者的理念也趋近于法律理念的应然要求）。但是，如果人们未能准确把握法律的应有价值和功能，则在此基础上确立的法律原则必然不甚恰当，在实践中不能很好指导法律的制定和实施，使法的应有价值和功能不能充分释放和发挥，妨害应有的法律理念的实现。可见经济法原则的确立既受到经济法的应有价值、功能及对于经济法的应有理念的制约，也受到现实中人们（立法者）对于经济法价值、功能的把握及人们实际形成的理念等的影响。

当然，经济法作为部门法，其原则的确立还要受到国家宪法和宪法原则的制约。部门法原则不能同该国宪法原则相冲突，而应当是宪法原则的一种具体体现。

二、经济法基本原则的内容和要求

从前面各章节所论及的经济法的本质及它的价值、功能、理念的内容和特点可知，经济法是一种社会性法律，它重在从社会总体角度维护和促进社会总体效率和社会公平（以及建立在此基础上的秩序、自由、安全和社会正义）。经济法是关于国家经济调节之法，国家调节虽然影响社会生活的各个方面，但首先和主要涉及的毕竟是经济领域。经济法是一种经济性法律，它的价值、功能和理念首先和主要是为了经济效率、经济公平（还有经济秩序、自由、安全，经济方面的正义等）。综合起来说，经济法价值、功能和理念的特点在于社会经济效率和社会经济公平（以及建立在此基础上的社会经济秩序和社会经济正义等）。这一特点决定了经济法的基本原则的基本内容是：

维护和促进社会经济总体效率和社会公平。

由于效率归根结底是关于利益（物质利益和精神利益）获取的效率，公平也主要是利益上的公平，其他如自由、安全、秩序等价值都可以归结为利益，因此，维护和促进社会经济利益和社会经济公平，也可以说是维护和促进社会经济利益——社会公共和总体经济利益。

由于社会经济总体乃由全部经济个体（企业和个人）构成，维护社会总体经济效率必须注重维护而不是妨害广大个体效率；否则，维护社会总体效率便只是一句空话。但是社会总体效率同个体效率毕竟存在着矛盾冲突，例如垄断企业由于超额垄断利润形成的“效率”就妨碍着广大中小经营者和消费者的效率。社会公平必须以广大个体间的公平为基础，实质公平也总要通过形式公平体现；但是它们间显然也并非完全一致。因此，维护社会经济总体效率和社会经济公平的关键问题在于在社会同个体之间作出平衡，尽量找到最佳的界限、度或叫平衡点。从这个角度说，经济法的基本原则乃是一种“衡平（equity)”原则，要在社会总体经济效率同个体经济效率、社会公平同个体间公平之间进行衡平。国家经济如何调节，经济法的再分配功能如何再分配，主要就是要在社会与个体之间进行衡平——效率和公平等方面的衡平，或者说到底是利益的衡平。①

那么，究竟应当怎样恰当维护社会经济总体效率和社会公平，在对社会与个体进行衡平时应当依据怎样的标准呢？这涉及对经济法基本原则内涵和要求的进一步分析和理解。这里确定如下两个层次的问题来进行考量看来是必要的：

第一，应当充分尊重和维护各个体（企业、个人）的经济权利和自由，维护各个体的经济效率和公平；国家调节及经济法不得随意侵害各个体正当的经济效率和他们间的公平。

第二，经济法所规范的国家调节只是在下列情况下才可以、也应当对有关个体的经济效率和有关个体间的"公平"（例如基于民法上的如所有权、契约自由等方面的平等权利）进行必要规制和调整：某些个体经济效率妨害或可能妨害社会公众、社会总体经济效率，个体间公平（形式公平）妨害或可能妨害社会实质公平；并且，上述该种妨害和冲突单靠市场和民间社会自身无法排除和解决，必须由国家予以调节。

但下面紧接着的问题是，究竟怎样具体判定哪些（哪样的）个体经济行为妨害或可能妨害社会经济效率和社会公平（社会公共和总体经济利益），而必需国家调节和必需经济法调整呢？一方面，法律原则毕竟不是具体法律规则，不可能对现实生活中各种具体情形一一作出具体答案；但有了上述原则确实使各具体问题的解决有了明确的方向和路径，因而有了一定的可操作性。例如，在国家征地拆迁中，如果切实贯彻上述原则，第一，就要充分尊重民间土地和房屋的原所有权，不能随意要求改变其所有权；第二，只有当国家和社会公共利益真实需要，而别无其他途径解决时，才可以依照法定程序改变该原来所有权，由国家征地拆迁，并给予合理补偿。在这个过程中，改变原来所有权关系必须理由正当，不能为了"国家和社会公共利益"以外的其他目的（如商业目的）；不能打着"国家和社会公共利益"的幌子；既然是所有权的改变（这是对原来法律关系即民法上的权利安排的一种调整，亦即"权利再分配"），就必须履行法定程序，并给予合理补偿，而不能简单粗暴行事。显然，

① 请注意：这里的"衡平"显然不是在英国衡平法（equity）或古罗马衡平法本来意义上使用的。但从经济法所规范的国家调节（为什么需要国家调节和应当怎样调节）以及经济法的再分配功能（为什么需要再分配和应当怎样再分配）等来看，其基本精神同衡平法是一致的，例如英国衡平法所崇尚的自然正义准则和正当性准则，它的"不容许存在无救济的损害"、"注重实质而非形式"等格言，同经济法有许多"神似"之处。

如果认真贯彻上述原则要求，就可以避免滥征土地，避免和减少纠纷，使征地拆迁符合正义和法治要求。

又如按照上述经济法基本原则的两个层次要求对待垄断行业和企业，则很显然：第一，各种企业（甚至包括垄断性企业）的生产经营自主权和正当收益应当得到充分尊重和维护，经济法不滥加干预。第二，对于某些企业实施限制竞争行为，对于垄断市场，因超额垄断利润而形成的收入分配严重不公平现象，经济法则应当规定通过国家调节予以规制。这样，就维护和促进了社会经济效率和社会公平，贯彻了经济法基本原则。

经济法基本原则是经济法体系中全部法律规范——市场规制法、国家投资经营法、宏观引导调控法（经济法体系“三构成”）都必须贯彻的。也是所有经济法规范从创制到实施全过程所必须遵循的。此外，它既然是这个部门法的基本原则、公理性原则，所以无论哪个国家的经济法的基本原则都应当如此。当然这里讲的仍然只是一种应然性，现实中某个国家所制定和实施的经济法是否确立和很好贯彻“社会经济效率和社会公平（或社会经济利益）”原则，要具体分析。例如，某些国家某个时期也可能借口“社会公共利益”而要求人们服从于其并非正义的政治统治和侵略战争的效率和秩序。不过从他们也需以“社会公共利益”作为借口来看，起码他们在口头上也是承认而不敢公然反对经济法的“社会经济效率和社会公平”这一基本原则的。

综上所述，贯彻经济法基本原则的核心问题，在于恰当处理个体经济（效率、公平等）同社会经济（效率、公平等）的关系，在以上二者间进行衡平。不过经济法毕竟是以“社会本位”为视角的，其基本原则所强调的是维护和促进社会经济效率和社会公平，也就是促进和维护社会经济利益。

复习思考题

1. 试述经济法价值的主要特点。
2. 何谓经济法理念？经济法理念同经济法价值之间是什么关系？
3. 如何理解经济法的权利再分配功能。
4. 经济法应有的基本原则是什么？贯彻经济法基本原则需要注意什么问题？

第四章 经济法的调整方法和实施机制

第一节 经济法的调整方法和责任制度

一、经济法调整方法的基本特点

法调整一定社会关系。法在调整社会关系时所采取的基本方式和手段，即为法的调整方法。法必须有适当的调整方法，否则，法便不能履行其调整社会关系的使命。

法作为一种行为规范，同其他如道德规范、纪律规范等一样，所采取的基本方法是：规定人们行为准则（模式），并规定人们违反或遵守准则所导致的后果。但法的调整方法同其他方法也有所不同，其显著特征在于：这种调整方法是国家制定或认可的，并由国家强制力保证实施。

法对于人们行为准则的规定，采取的做法包括：在什么条件下，法命令或禁止人们为或不为某种行为，此为强行性规范；在什么条件下，法允许人们为或不为某种行为，此为任意性规范；此外，法还规定在什么条件下，鼓励、提倡人们为或不为某种行为，此可称为“提倡性规范”。①

法对于后果（即法律后果）的规定，是确定人们违反法律所规定的行为准则时所应承担的责任（法律责任）和以何种方式使之实际履行其责任，以及在人们遵守行为准则时法律所持的态度和需要采取的措施。法律后果包括否定式与肯定式两种。

当人们行为违反强行性规范时，导致否定式法律后果。否定式后果是人们

---

① 本书作者于1991年发表《论经济法调整方法》（载《法律科学》1991年第5期、《经济与法》1991年第10期、中国人民大学复印报刊资料《经济法》1992年第2期）、《论奖励》（载《法律与社会》1991年第5期），首先提出了“提倡性规范”这一概念，并对“提倡性规范”和“奖励”作了系统论述。

对其行为应承担的相应法律责任，并由有关国家机关采取相应措施以强制其实现所应承担的责任。后者即为法律制裁。法律制裁是否定式法律后果的具体实现形式。法律也规定了对于违反强行性规范免予制裁或不予制裁的情形，这时，法律后果是一般性否定式。当人们遵守强行性规范时，法律后果是肯定式的，但通常只是一般性肯定，即不需要另外采取某种具体肯定形式。

当人们违反或遵守任意性规范时，法律后果分别是否定式和肯定式的，但通常为一般性否定和一般性肯定，法律不需要另外规定其他具体的否定或肯定形式。

当人们违反提倡性规范时，法律后果是否定式的，但不需要规定法律责任，因而也不需要采取制裁这种具体否定形式。当人们遵守，特别是模范地、成绩显著地遵守提倡性规范时，则可以导致奖励这种具体形式的肯定式法律后果。奖励只同提倡性规范相联系，只包含在提倡性规范之中。

法律一方面运用强行性、任意性或提倡性规范方式规定人们的行为准则，同时又规定法律责任和法律制裁或奖励等形式的法律后果。法就是采取这种基本方法来调整社会关系，以实现其任务的。

各个不同部门法的调整方法有着基本共同点，但是又有着各自不同的特点，形成各个部门法各自特有的调整方法。各部门法特有的调整方法，表现在它们所采取的行为规范方式和法律后果形式上的差异性上。

经济法调整方法，是指经济法在调整国家经济调节关系时所采取的行为规范方式和法律后果形式。经济法调整方法的特点是：既采取强行性规范方式，又有许多任意性规范，尤其注重采取大量提倡性规范方式，实行提倡性规范与必要的强行性规范相结合；既规定经济法责任和经济法制裁等否定式法律后果，又注重采用奖励这种肯定式法律后果形式，实行制裁与奖励相结合。

经济法调整方法的特点，是由经济法的任务和它的调整对象的性质和特点决定的。经济法的任务是保障国家经济调节，促进社会经济协调、稳定和发展或国家预定的其他目标的实现。经济法所调整的是国家经济调节关系。国家经济调节除运用必要的强制方式外，大量的是运用计划、经济政策和经济杠杆，对社会各种经济活动主体进行引导、促进或约束，此外，国家还直接参与一些经济活动。这些情况决定经济法在履行其调整使命时，既需采取必要的禁止、命令等强行性规范方式，以保障国家调节，又需要采取任意性规范方式，还采取大量提倡性规范方式，以鼓励、引导各社会经济主体的经济行为，促进社会经济总体上健康运行；既采取制裁措施以保证实施强行性规范，又规定奖励措施，以加强鼓励和提倡的效果。

经济法调整方法以上基本特点，在各国是一致的，具有共性。但各国，特别是实行不同的经济体制和国家经济管理体制的国家，在具体内容和做法上，又有所不同。在实行市场经济体制条件下，国家对于经济的调节和管理，往往被控制在十分必要的范围内，即国家认为必须进行某种干预、管理，否则，社会经济便不能正常、有效运行时，才以“国家之手”予以适当调节。他们进行调节、管理的方式和手段，也主要是运用经济政策和经济杠杆的手段。在这种情况下，经济法调整方法更多地采取提倡性规范和奖励后果形式。在实行计划经济体制或以计划经济为主的经济体制条件下，国家对经济管理范围广泛得多，所采取的管理方式和手段，也更多的是直接指令性管理。在这种情况下，经济法调整方法则更多地采用强行性规范和制裁后果形式。

人们对于经济法调整方法认识极为混乱。首先，由于他们把法的调整方法等同于制裁方法，所以把经济法调整方法简单归结为诸如民事、刑事、行政等制裁方法。其次，他们看不出经济法调整方法同别的部门法调整方法的区别。过去，人们几乎认为经济法没有其特有的调整方法，反对经济法为独立部门法的人如是说，并以此作为其反对的一个重要论据。赞成经济法为独立部门法的人也如是说，他们不无遗憾地承认：经济法只是综合运用民法、行政法、刑法等部门法的调整方法。但他们同时又声明：有无独特的调整方法，不是一个独立部门法成立的必要条件；经济法所以能成为独立部门法，主要是因为它有特定调整对象，而不在于有无独特调整方法。还有些人十分勉强地说：经济法有独特的调整方法，其“独特性”就在于它的“综合性”，即它既然综合运用多种部门法的调整方法，便是它与别的部门法不同的调整方法。

经济法由于其任务和调整对象同其他部门法有着关联性，所以，它们的调整方法也有着密切联系。这表现在经济法同其他相关部门法在调整方法上的互相衔接、互相交叉和互相适用等方面。例如，违反经济法的强行性规范，导致制裁；而如果是严重违反，则可能因触犯刑律而导致刑事制裁，这便是经济法的法律后果同刑法法律后果的轻重衔接。经济法采取强行性规范和提倡性规范方式，其他部门法也采取这些规范方式；经济法法律后果形式有制裁和奖励，其他一些部门法也有制裁和奖励；经济法的制裁措施有罚款、没收等，其他部门法中也有；经济法的奖励措施包括物质奖和精神奖，其他部门法中也有；如此等等，这便是它们在调整方法上的某些交叉。在国家经济调节中，由于国家机关的不恰当干预而给企业等被管理主体造成损害时，也可适用返还、赔偿等民事制裁方式。经济法在调整国家经济调节关系时，有时需要适用民法的某些规范，例如调整国有财产关系时，适用民法关于所有权的一般规定；调整国家与实行承包、租赁经营或股份制的国有企业的关系时，适用民商法关于合同、公司等方面的一般规定。特别在实行市场经济体制条件下，国家对社会经济的调节往往更多地采取民法的方法，以国家这种特殊民事主体身份同社会上的有关主体发生经济关系。当经济法适用民法某些规范时，在其调整方法上也便适用民法的某些规范方式和法律后果形式。这些便是在调整方法上的互相参用和适用。

经济法同其他部门法在调整方法的某些做法上的互相衔接、交叉、参用或适用，并不妨害它们在各自调整方法的总体体系上的特定性。经济法调整方法有着明显区别于其他部门法的特点，并且，即使就互相交叉、参用或适用而言，表面上看，某些做法相同或类似，其实它们的性质和适用方式也是有所不同的。例如，经济法中的罚款、没收等法律后果形式，行政法、刑法等部门法中也有，但行政法中的属于行政性罚款和行政性没收，是因违反行政法的强行性规范而导致的后果形式，其适用主体为国家行政机关，其目的在于维护行政管理秩序、治安秩序或其他社会秩序；刑法中的罚金和没收，属于刑罚措施，因而是不同的。又如经济法和行政法的调整方法中，都规定有吊销营业执照或许可证之类的后果形式，但它们分别属于违反经济法或行政法所导致的后果，其适用目的等也各不相同。总之，不能因为经济法调整方法在某些做法上同别的部门法有相同或类似之处，而从总体上否认经济法调整方法的特定性。

还有一种情况是引起人们对经济法调整方法产生误解的一个原因，即：立法中存在同一个法律文件同时规定经济的、行政的和刑事的几种制裁方式的现象。其实，这是因为在现实立法中，往往在同一个法律文件中同时包含分属于几个不同部门法的法律规范；而有些行为又往往同时触犯几个不同部门法规范，因此，在同一个法律文件中必须规定分属于不同部门法的几种法律后果形式，并且有时出现对同一行为同时规定几种不同的法律后果。当法律文件中规定行为人除应接受经济法的制裁形式外，还要受到行政处罚或刑事制裁时，那是因为该行为同时违反了经济法和行政法或刑法的规定，并不说明经济法“综合”运用了多种部门法的调整方法。中国和其他许多国家在以经济法规范为主的法律文件中，对于严重违反国家经济管理规定而构成犯罪的行为，往往只规定对刑法某些条款的适用，而不另作具体规定，这正说明这两个部门法在调整方法上的轻重衔接，而不是经济法“综合”运用了刑法的调整方法。

二、经济法责任制度

法律责任是指人们违反法律规定的义务所应付出的代价。在法律规定的人

们行为模式中，有些规定人们可以为或不为某一定行为，这是法律赋予的权利；有些则规定人们必须为或不为一定行为或者禁止为或不为一定行为，这是法律规定的义务。违反法律主要就是指违反法律规定的义务。

法律规范中还包含对法律后果的规定。法律后果包括肯定式后果和否定式后果。否定式后果有一般否定式和有具体否定形式的否定。违法行为一般导致有具体否定形式的否定，这种否定式后果的构成包括两个相关联的环节，即法律责任与法律制裁。法律责任是行为人违反法律规定的义务所应付出的代价；法律制裁则是由国家机关强制违法行为人履行其应负的法律责任，即强制其付出代价。法律义务、法律后果、法律责任、法律制裁等概念之间的联系和区别，可以作如下集中表述：

违反法律义务，导致法律后果；这种法律后果即行为人应负法律责任，并需强制其履行法律责任；强制其履行法律责任，即为法律制裁。

违反不同部门法所规定的各种法律义务，需承担不同部门法所规定的各种法律后果，行为人应负不同的法律责任，要受到不同的法律制裁。违反经济法所规定的法律义务，需承担经济法所规定的法律后果，行为人应负经济法责任，要受到经济法制裁。

经济法责任，是指人们违反经济法规定的义务所应付出的代价。不同部门法规定的法律义务性质不同，因此法律责任的性质也不相同。例如，刑法规定的义务是人们不得为严重危害社会的行为，其法律责任是义务违反人应当为其严重危害社会的行为付出的代价，这种代价的性质也是严重的，需要以其财产、人身自由甚至生命作为代价。民法规定的义务是人们不得侵害法律所规定和保护的各平等主体之间的财产关系和人身关系，不得侵害其他公民和法人的财产权利和人身权利，其法律责任是义务违反人应当对被侵害的公民和法人进行财产或人身方面的补偿。经济法规定的义务，是各种经济法主体（包括国家经济调节主体和被调节主体）在国家经济调节中必须依法正确实施调节，以及服从和执行调节，违反这些义务，即给国家经济调节和国家、社会或者具体的社会组织与公民的经济利益造成危害。所以，经济法规定的法律责任，便是弥补给国家经济调节和给国家、社会或其他被侵害者的经济利益造成的损害，消除上述方面已经造成和将会造成的不利影响。

经济法责任既然是经济法义务人应当为其行为给国家经济调节和国家与社会经济利益所造成的危害付出的代价，所以，这种代价应当同国家经济调节和国家、社会或其他被侵害者的经济利益相关，并与行为人在这方面所造成的危害的性质、后果和程度相当。它或者是对被侵害者的财产和经济利益进行补偿，或者是消除侵害行为可能继续产生的危害和影响，或者是限制或剥夺侵害人此后可能继续进行危害的资格和手段。因此，经济法责任的种类即责任形式主要包括财产和其他经济利益方面的责任、经济行为方面的责任、经济信誉方面的责任、经济管理行为方面的责任等。

（一）财产和其他经济利益方面的责任，或者简称财产责任或经济责任

这是经济法义务违反人因其行为给国家、社会或特定的社会组织与公民造成财产和其他经济利益损害，而应当以属于自己的财产和其他经济利益给被损害者以补偿的承担责任的方式。承担这种责任的条件，必须是违法行为已经造成财产和其他经济利益的损失，责任范围一般应是等价补偿。这两点同民法规定的民事责任中的财产责任是相同的，它们不同的地方在于：两种责任发生原因不同。经济法的财产责任，发生在国家经济调节活动中，是行为人在执行国家经济调节公务过程中因主观过错而给被调节管理主体造成损害，或者是被调节主体因不服从调节、不履行接受调节的义务而给国家、社会或其他组织与个人造成损害所应承担的责任；民法中的财产责任，发生在社会上各平等主体之间的经济交往过程中，是行为人对其他社会组织或个人造成损害所应承担的责任。两种责任可能实现的程度不同。社会组织或公民个人对国家和社会造成的经济危害，当其数额十分巨大时，仅以其所有的财产往往不能充分补偿，这时还须采取其他责任形式予以弥补；国家经济管理机关或其工作人员在执行经济调节公务时给被调节主体造成的财产和其他经济损害，基本上无法以其所有的财产进行补偿，因为国家机关占有的财产的所有权是国家的，不能擅自用国家财产来为其违反经济法的行为承担补偿责任，这时也只能采取其他责任形式。国家机关负责人和直接责任人员虽可采取财产责任形式，但这种责任形式通常不足以补偿其所造成的损失，可见经济法中的财产责任形式的采用范围是非常有限的，而民法中的财产责任形式的采用却是极为普遍的。

（二）经济行为方面的责任，或简称经济行为责任

这是经济法义务违反人以其经济行为受到某种限制作为代价承担责任的方式。经济行为受到限制，是指限制或剥夺从事某种经济活动的资格和手段，限制其某些经济行为方式。这是为了防止他们在以后的该种经济活动中继续作出危害行为，同时也是为了清除其危害行为造成的不良社会影响。在采取这种责任形式时，对于责任人经济行为的限制，必须是与其危害行为相关的那些经济活动领域或相类似的经济行为；应受限制的经济活动领域和经济行为种类不宜过广。经济行为责任形式是经济法责任中普遍适用的一种责任形式，其适用对象为国家经济管理中的被管理主体。

（三）经济信誉责任

这是经济法义务违反人以其经济信誉受到损失为代价承担责任的方式。所谓经济信誉，是指在经济活动中同他人经济交往方面的信用和声誉。经济活动是社会活动，是人与人之间的一种社会关系。有良好信誉，他人才会放心和愿意同其进行经济交往。特别对于企业和其他经营者来说，经济信誉是其从事经济活动的生命，至关重要。以经济信誉受到损失为代价承担责任，对于违法行为人能起到有力地惩戒作用，防止危害继续发生；同时也能教育、警戒社会上的其他人，消除不良影响。经济信誉责任形式的适用对象主要是企业及其他生产经营者。他们承担这种责任的程度和范围，应与其社会危害的大小和范围相当。也就是说，使其经济信誉受到损失的方式、时间、社会范围，应恰当掌握。

（四）经济管理行为责任，或简称经济管理责任

这种责任形式适用于国家经济调节主体，即各种国家经济管理机关及其工作人员。所谓经济管理行为责任，是指违反经济法所规定的经济调节管理义务的国家经济管理机关及其工作人员，以其经济管理行为受到某种限制为代价承担责任的方式。所谓经济管理行为受到某种限制，包括限制或剥夺其经济管理资格（经济管理职权），纠正、调整其经济管理行为。实行这种责任形式，可以终止其继续危害，减轻、补救其危害行为造成的损害，防止危害行为继续发生的可能性，消除其违法行为造成的社会影响，因此，这是一种十分必要和有效的责任形式。但在许多国家的经济法中，这种责任形式尚未很好确立。按中国迄今的做法，国家经济管理机关因过失导致违反管理义务，很难追究其责任，最多只是对其负责人和“直接责任人员”依据行政法追究行政责任，或者使他们承担诸如扣发工资奖金的所谓“经济责任”。所谓“经济责任”，也主要是一种行政法的责任形式，并且，这种责任形式同行为人因违反义务而造成的损害，两者很不相称，不能补偿其所造成的损失。被管理主体违反义务有相应的责任形式，而对管理主体违反义务的情况，如不建立相应的责任制度，是不公平、不合理的。

有人把经济法责任称做“经济责任”，这很不妥当。“经济责任”的含义指什么，人们有不同理解：有的将其作为财产责任的另一种称谓，而认为是一种民事责任形式；有的将其泛指一切与经济有关的责任形式，而作为各种经济法责任形式的总称；有的则认为这种责任形式适用于各种法律部门（认为刑事责任中也有财产责任形式）。按照本书观点，认为经济责任（即财产责任）是经济法责任中的一种形式，它同民事责任中的财产责任有所不同；它不是经

济法责任的唯一形式，不能以其替代经济法责任的概念，更不是各种部门法通用的一种责任形式。

国家机关强制法律义务违反人履行其应当承担的法律责任，即为法律制裁。经济法的制裁就是国家机关强制经济法义务违反人对其所造成的危害付出代价，以履行其经济法责任。

违法行为人应当承担的责任有各种形式，国家机关应当按照其应承担的责任形式，采取相应的措施强制其履行。国家机关强制其履行应承担的法律责任的措施，即为法律制裁方式。法律制裁以被制裁者应当承担的法律责任为前提，是法律责任的强制实现。法律制裁方式必须与法律责任形式相适应，是法律责任形式强制实施的具体表现。法律制裁方式如果同法律责任形式不相适应，就会发生制裁不当、过重或过轻的现象。经济法制裁方式同经济法责任形式的关系也是如此。

经济法责任形式中的经济责任（或财产责任），是经济法义务违反人以其财产或其他经济利益受到一定损失的方式承担的责任。为了强制实现这种责任形式，国家机关采取的制裁方式便是罚款、罚交滞纳金、罚息、收缴应上交收入、没收非法所得等货币制裁，或者征购、征用、没收财产等财产制裁。

经济法责任形式中的经济行为责任，是经济法义务违反人以其经济行为受到某种限制为代价承担责任。国家机关适用的制裁方式通常为强制整顿、强制停业、吊销生产许可证或营业执照、强制解散、限制从事某些经济活动的资格等。

经济法责任形式中的经济信誉责任，是使责任人的经济信誉受到损失。国家机关适用的制裁方式通常包括通报批评、撤销荣誉称号等。

经济管理责任形式是以国家经济管理机关及其工作人员从事经济管理的资格和经济管理行为受到某种限制的方式承担责任。与此相适应的制裁方式通常包括责令修改、调整原所下达的计划指标，责令减、免被管理主体原来规定上交的利润和收费，撤销摊派，停止、纠正或撤销不恰当的管理行为，撤销或调整其有关经济管理职权等。

经济法的各种责任形式和制裁方式应当互相关联，轻重衔接，组成一个有机体系，就像刑法的刑罚体系、民法的民事制裁体系那样。由于经济法的后果形式还包括奖励这种肯定式后果，所以经济法的法律后果体系应当包括制裁和奖励这两个方面。

根据中国现行经济法的各种法律、法规中对于各种法律后果形式的规定，可以将中国经济法法律后果体系作如下初步整理：

（一）关于经济法责任和经济法制裁

1. 企业、事业单位、个体经营者和其他公民等基本经济活动主体（基本被管理主体）的法律后果

（1）经济（财产）责任和经济制裁

A 货币制裁，包括：罚款，交滞纳金，罚息，追回被侵占挪用的资金，收缴应上交收入，没收非法所得等。

B 实物制裁，包括：强制转移财产所有权，如征购、征用、减少或停止计划物资供应、没收等；强制转移使用权，如强制许可使用等。

（2）经济行为责任和经济行为制裁

其制裁方式包括：强制整顿，强制停业，吊销生产许可证，吊销营业执照，强制解散等。

（3）经济信誉责任和经济信誉制裁

其制裁方式包括：通报批评，撤销荣誉称号，取消或限制从事某些经济活动资格①等。

2. 国家经济管理机关（经济管理主体）的法律后果

这主要是经济调节管理行为责任和经济调节管理行为制裁。其制裁方式包括：责令调整原所下达的计划指标；责令减、免被管理主体原来规定需上交的利润和收费；撤销摊派；停止、纠正或撤销错误或不当干预、管理行为；限制或剥夺经济管理资格（经济管理职权）等。

此外，也可令其承担一定经济（财产）责任，给予经济（财产）制裁，其制裁方式如赔偿损失等。由于国家经济管理机关并无归其所有的独立财产，其财产所有权属于国家，国家经济管理机关的负责人和直接责任人员的个人财产有限，往往不能凭此完全承担其责任，因此，此种责任形式和制裁方式不能普遍适用，并往往不能独立适用，还需令其承担经济管理行为责任，接受经济管理行为制裁。

国家经济管理机关工作人员，在经济管理活动中如果同时还违反有关行政法规范，还应承担相应的行政法责任和受到行政法规定的制裁。

（二）关于经济法奖励措施

1. 对基本经济活动主体的奖励

（1）物质奖励，包括：减、免或部分返还应上缴的税收、利润，信贷优惠，价格优惠，物资供应优惠，财政补贴，颁发奖金等。

① 限制经济活动资格，也是一种经济行为制裁方式。

(2) 精神奖励，包括：通令嘉奖，授予单位、个人或产品荣誉称号等。

2. 对国家经济管理机关的奖励

(1) 物质奖励，如颁发奖金或奖品等。

(2) 精神奖励，如通令嘉奖、授予荣誉称号等。

国家经济管理机关工作人员，还可根据行政法规定，适用其他奖励办法。

第二节　经济法实施机制

一、经济法的实施体制

法的实施，即法律规范在社会生活中的贯彻和实现。它既指法在实际上调整一定社会关系并产生一定社会效果的过程，也指国家有关法律实施的各种制度。法律实施不是国家放任自流，让其自发进行的过程，而是在国家严格控制之下的，国家建立一系列制度保障该过程的实现。法律实施制度属于国家法制范畴而为整个法制运动的一个重要环节。法律实施制度包括有关立法中确立的诸如实施机关、实施程序等规定，还包括在立法以外国家采取的其他各种措施，如法制宣传教育、道德、纪律措施等。

法律实施包括法律的遵守和法律的适用两个方面。遵守法律是法律实施的基础，是其最基本的一个方面。国家需要采取各种措施，教育、鼓励它的各级机关及其工作人员和广大人民群众自觉遵守法律。这些措施包括：广泛进行法制宣传教育，增强人们的法律意识和遵守法律的自觉性，树立“守法光荣”的道德标准；制定各种规章制度（包括乡规民约），把自觉守法纳入各种纪律规范，引导人们遵纪守法；建立各种奖励制度，表彰遵纪守法的人和事。

上述奖励制度包括两种性质的奖励：一是对模范地遵守纪律的奖励，二是作为模范地、成绩显著地遵守提倡性法律规范的一种法律后果形式的奖励。这两种奖励都是鼓励人们自觉遵守法律的重要手段，但它们有着许多不同特征。例如，奖励适用依据不同：前者依据各机关、团体、企事业单位制订的纪律、规则，后者依据国家制定的法律规范；奖励适用主体和程序不同：前者适用主体通常为制订纪律性规范的单位，并按该单位规定的程序和办法施行，后者适用主体为执法机关，施行办法和程序一般由法律作了规定；奖励适用对象不同：前者为模范地遵守纪律规范者，后者为模范地遵守法律规范者，后者适用对象的范围较前者更具普遍性。此外，两种奖励在奖励形式、效力等方面，也各有不同。虽然对于遵守纪律的奖励，其本身不属于法律规范结构的一个要素，但它对于保障法律的实施有重要作用，因此也属于法律实施体制的一项内容。

经济法是国家调节经济之法，而现代国家调节社会经济重在采取引导和间接调控的方式，教育和鼓励人们遵守法律显得尤其重要。这方面的各种制度是经济法实施体制的一个十分重要的内容。

法律实施体制还包括法律适用制度，即对于违反法律的确认和处理方面的制度和做法。它是法律实施体制的一项核心内容。法律适用，是指有关国家机关依据法律（实体法）规定的人们行为规则及法律后果，并按照法律（程序法）规定的程序，对当事人具体行为遵守或违反法律以及遵守或违反的情节进行认定，并决定行为人是否和怎样承担具体的法律后果形式的活动；或指上述活动中的各项制度。

法律适用包括对某具体行为是否违法及违法情节进行认定，并决定行为人是否和怎样承担法律责任、是否和怎样受到法律制裁；还包括对某具体行为是否遵守及遵守情况进行认定，并决定行为人是否和怎样接受肯定式法律后果、是否和怎样受到奖励。这后面一种，也是法律适用。但由于历来法律侧重于强行性规范和法律制裁，提倡性规范和奖励未引起足够重视，也未建立相应的制度，所以，迄今人们所谓法律适用，是单指前一种情况，即对于行为违法的认定和处理。

法律适用还因适用机关与适用程序等的不同，而分为行政执法与司法两种：司法特指国家专门司法机关处理案件的活动；行政执法则指国家行政机关及国家授权的其他机关依照法定职权和程序适用法律的活动。

经济法所调整的是在国家调节经济过程中的国家经济调节关系。它是在各国家机关之间、国家机关同有关被管理主体之间发生的一种调节管理与被调节被管理关系。经济法所调整的这种社会关系同行政法所调整的行政管理关系，性质上有所交叉。所以，经济法的适用机关和适用程序，常常同行政法的适用机关和程序有所相似或相同。在国家调节管理经济的过程中，常常出现属于民事性质的损害赔偿问题，并常常发生一些民事关系或具有民事关系性质的社会关系，这在国家以特殊民事主体身份实施管理时尤其如此。所以，经济法的适用机关和适用程序有时同民法相同。在国家调节管理经济中发生刑事犯罪时，经济法的适用则同刑法的适用相同。但是，经济法由其特殊性决定，在法的适用上毕竟有着许多自身特点。

二、经济法的适用机关

由于经济法是有关国家经济调节之法，国家经济调节乃现代国家一项重要职能，担负这一职能的必然涉及几乎所有国家机关，包括国家权力机关、行政机关和司法机关，从这个意义上可以说，上述所有各种国家机关都有适用经济法的职权，都属于（广义的）经济法适用机关范畴。但由于职权分工不同，它们所担负的法律适用任务有所不同。其中大量的法律适用任务是由各有关行政机关和司法机关担任的。国家权力机关、特别是国家最高权力机关在国家经济调节方面的主要任务是负责重大决策，制定法律，决定经济和社会发展计划及各项重大经济政策；它们也需要对计划、政策和法律的实施、执行情况进行检查、监督，特别是对各行政机关及其工作人员在实施政策和法律中的情况检查监督。如果发现他们有违反法律义务情形，国家权力机关可以对其进行弹劾、罢免，或责成有关行政机关、司法机关处理，或另行设立专门机构审理。这时国家权力机关便是在适用法律。

国家各级行政机关是国家经济调节任务的执行机关，也是经济法适用的主要机关——行政执法机关。行政机关及其工作人员在组织实施国家调节任务过程中，对于违反经济法规定义务的单位和个人，需要在作出认定基础上依法给予处理和法律制裁。这就是行政执法。例如，在竞争法的适用上各国都规定有关行政机关参与，如英国的国务大臣，德国、法国的经济部长等。在国家投资经营法和宏观引导调控法的实施中，对于违反法律义务和发生有关纠纷的，更主要是由有关各行政机关负责处理，给予行政制裁。许多行政机关并设有专门行政执法机构负责对于经济法实施中的纠纷和违法案例进行查处。后者如中国在县以上地方各级人民政府设立的行政复议机关，受理公民、法人和其他组织对《行政复议法》所规定的不服具体行政行为而申请复议的案件。

国家各级司法机关是各国负责法律适用的专门机关，也是经济法适用的重要机关。在依照经济法实施的国家经济调节活动中，对于违反法律义务和所发生的纠纷，有关当事人可以向司法机关请求通过诉讼程序解决。对于虽然已经通过行政机关适用法律，而当事人不服行政执法处理的，也可诉诸司法程序解决。负责经济法适用的司法机关，包括普通司法机关与特别设立专司经济法适用（或还管辖其他有关案件）的司法机关。例如，有些国家设有专门管辖竞争法案件的司法机关，如英国的“限制行为法院”及其以后的“竞争上诉法院”、德国的“卡特尔法庭”等。除竞争法以外，许多国家还设有其他一些专门法院或法庭，以适用包括某些经济法案件在内的特定范围的案件，如美国的关税和专利上诉法院，德国的财政法院、劳工法院、社会法院、行政法院，法国的行政法院、商事法院、劳资仲裁法庭。各国的普通司法机关也担负大量的经济法案件的审理。例如美国的司法部、联邦上诉法院和其他法院，德国的联邦上诉法院和其他法院，欧共体的欧洲法院等，在适用竞争法方面发挥着重要作用。

在经济法适用机关方面，各国还有一种特别做法，即在普通行政机关与司法机关之外，还特别设立一种专司经济法实施的机构。这主要表现在各国反垄断法实施主管机关的设置上。美国根据1914年《联邦贸易委员会法》规定设立联邦贸易委员会，作为反垄断法实施的专门机关。此后各国的竞争法实施大多仿效这种做法，如英国设立的公平贸易局和竞争委员会，德国的联邦卡特尔局、日本的公正交易委员会、法国的联合与支配地位委员会等。各国的这些专门机构拥有广泛的权力，有些还被赋予“准司法权”、“准立法权”。它们不同于普通国家行政机关。

概括地说，各国的经济法适用机关主要有国家行政机关、司法机关和特设专门机关。这些机关在经济法适用上既有分工，又互相衔接配合。这三种机关的作用和地位在不同国家也有所不同，有些国家更重视行政机关的行政执法，有些国家则更重视司法机关的司法机制。但多数国家都规定案件最终可以“接近司法”,① 进入司法审理程序。即使对于反垄断案件，除普遍重视专门机关的作用外，也有所谓“行政主导型”或“司法主导型”之分。

三、经济法的适用程序

经济法的适用程序也大致有三种情况：一是经济法特有的适用程序；二是普通行政执法程序；三是普通司法程序。目前各国对于反垄断法的适用，多规定了特别程序，对其他经济法规范的适用，则基本上按照普通行政执法程序和普通司法程序。

各国的反垄断法在规定实体性权利义务的同时，往往同时规定程序法。例如各国立法中都较详细地规定了对于各种垄断和限制竞争行为进行调查、登记、报告、扣押或没收财产或发布其他禁令、起诉、审理、处罚等程序，规定了各执法机关和司法机关在查处案件中的分工、衔接和配合。欧共体还规定了由欧共体执行和由各成员国国家机关执行的分工与衔接。美国1962年制定了《反托拉斯民事程序法》，规定了授权司法部强制企业在反托拉斯民事调查中

① 漆多俊、王新红：《经济法纠纷的司法解决》，载《检察日报》2003年1月1日。

提供有关资料和其他方面的程序；1974 年通过《反托拉斯诉讼程序和惩罚法》。这些都是专门的经济法适用程序法。

各国大都规定了各种行政执法程序。例如中国《行政复议法》，详细规定了申请复议范围、复议管辖、复议机构、复议参加人、申请与受理、审理与决定、期间与送达等行政复议程序。在国家调节管理经济中的许多争议也适用普通行政执法程序。

普通司法程序规定在各国的民事诉讼法、行政诉讼法或刑事诉讼法之中。许多经济法性质的案件，除经济法中另有特别规定以外，也分别适用这些普通司法程序的规定。

在经济法适用程序问题上，中国经济法学界曾经存在两种较极端的观点：有的认为，经济法作为一个独立部门法，在适用程序上也是“独立”的，要在传统“三大诉讼”之外，另建立一套被他们称之为“经济司法”的特有的经济法诉讼程序；有的则完全否认经济法适用程序的特殊性，认为完全可以适用既存的民事诉讼程序、刑事诉讼程序和行政诉讼程序。这两种意见都是不可取的。作为一个独立部门法，主要在于它有其特殊的调整对象和任务，不在于必须建立另外一套法律适用程序。社会关系越来越复杂，法律体系中分立出的部门法越来越多，不可能每一个部门法都建立一套自己的程序法。传统三大诉讼程序已经基本适应各种部门法的诉讼需要，另搞一套既无必要，也是不可能的。但另一方面，经济法及其他一些部门法由于所调整的社会关系的一些特殊性，在诉讼程序上确实也总会有这样那样一些特点，未必能完全适用传统三大诉讼程序。但这可以在基本适用三大诉讼程序基础上，仅就其特殊性制定某些特别的程序规定，例如反垄断案件的处理就是这样做的。除司法程序外，在行政执法中，许多经济法案件的处理程序也是有着许多特点的，可以根据具体情况作出适当规定。

复习思考题

1. 什么是法的调整方法？经济法的调整方法有什么特点？
2. 举例说明经济法法律规范结构体系中的提倡性规范和奖励。
3. 简述经济法责任制度的特点及责任形式体系。
4. 经济法法律适用机关和适用程序有哪些特点？

第五章 经济法的体系

第一节 经济法法律规范的分类和结构

一、经济法立法内容上的分类和结构

经济法的内容，是指经济法的各种制度和规定，是为经济法所规定的人们各种行为规范。经济法调整国家经济调节关系，如本书第一章所述，作为经济法调整对象的国家经济调节关系有着丰富的内容，并依不同标准可以划分为不同的种类。这些决定着经济法的内容及其分类。

1. 现代国家调节经济分别采取市场障碍排除（市场规制）、国家直接参与投资经营和对社会经济引导调控等三种基本方式。在以上活动中分别发生国家对市场规制关系、国家投资经营关系、国家引导调控关系。因此，规范以上国家经济调节活动，调整以上国家经济调节关系的经济法，便包括以下三个方面的法律：(1) 市场障碍排除法（市场规制法），主要含反垄断法、反不正当竞争法、消费者权益保护法和产品责任法；(2) 国家投资经营法，主要含国家投资法，国有企业法；(3) 国家引导调控法，主要含计划法、各种经济政策法及关于各种调节手段运用的法律规定。

2. 按照国家调节的目标和任务所主要侧重的方面，国家调节可分为对经济运行的调节与对经济结构的调节，发生经济运行调节关系与经济结构调节关系。因此，经济法的立法内容包含经济运行调节法（如经济稳定增长法）与经济结构调节法（如产业结构政策法）。

3. 国家经济调节重在宏观和总体性，但各种宏观调节措施都要通过加强微观管理来保障其落实。从这个意义上说，国家经济调节关系可分为宏观经济调节关系与微观经济管理关系两方面。因此，经济法的立法内容也便包含关于宏观经济调节的法律规范与同其相关的微观经济管理的法律规范。

4. 按照国家经济调节实施过程各环节，可分为经济调节的决策、组织实

施、监督与纠纷和违法的调处等方面。国家经济调节关系包含以上各方面社会关系。因此，经济法的内容便包含关于经济调节的决策、组织实施、监督与纠纷和违法调处等方面立法。

5. 国家经济调节涉及国民经济的计划、投资、财政、税收、金融、市场等各主要职能方面和工业、农业、商业、运输、通信等各行业部门。国家经济调节关系也包括在以上各方面发生的社会关系。因此，经济法内容也可分为在以上各方面的法律规定，即包括关于国民经济各职能方面的经济法与关于各行业部门的经济法。

6. 按照经济成分，国家经济调节可分为国家对国有经济调节管理与对非国有经济调节管理。在以上两方面发生国家经济调节管理关系。因此，经济法内容可分为关于国有经济的经济法规范（主要为国家投资经营法，也包括对国有经济的市场竞争规制和对它们的引导调控的法律规定）与关于非国有经济的经济法规范（主要是对非国有经济的市场竞争规制与引导调控法律）。

7. 国家经济调节包括国家对国内经济领域与对涉外经济领域的调节。它们分别发生国内经济调节关系与涉外经济调节关系。经济法内容因此可分为关于国内经济的经济法规范与关于涉外经济的经济法规范。

8. 国家经济调节包括平常时期与非常时期的调节，经济法因此又分为平常时期经济法规范与非常时期经济法规范。

9. 经济法的内容除上述各方面具体法律制度和法律规定外，还有体现和贯彻于各具体制度和规定之中而为所有这些法律规定所共同遵循的总的指导思想、法律原则和基本制度。后者一般包括：关于国家调节社会经济这一国家职能在法律上的确立；国家所实行的基本经济体制；与经济体制相关的国家调节同市场调节的关系，即国家调节的范围、程度及如何同市场调节相配合问题；国家的经济管理体制，主要是中央与地方之间、各国家机关之间的经济调节管理权力的统分关系；国家调节的基本方式和基本手段；各种国家调节主管机关及其权利义务，以及企业等被调节（被管理）主体的权利义务；经济法的基本原则，除公理性原则外，还有需要确立的政策性原则等。上述这些立法内容，从法律形式上说属于经济法“总则”范畴。而前面关于各方面具体制度和规定，则为经济法“分则”的内容。

综上所述，经济法就是这样由各个方面、各个层次和环节的法律规范所构成，各种法律规范互相关联，互相衔接，并且有着贯彻于全部经济法具体规范的基本指导思想、原则和法律制度，它们统率着各种经济法的具体规定。上述各种经济法规范有机结合，形成一个完整的体系。这就是经济法体系内容的构成。

二、经济法在形式上的分类和结构

经济法的形式，是指经济法内容在立法上的表现形态，亦即各种经济法法律规范组织结构的外部表现。经济法形式也可按不同标准做多种分类，主要有：按照法律效力来源，可以分为制定法、判例法及习惯等，其中制定法又包括宪法（其中同经济法相关的法律规范）、法律、行政法规等；按照同一规范性文件组合内容的综合性或单一性，可分为综合性法律与单项立法；如果制定出经济法法典，则按其内容的普遍性与特殊性，可划分为总则与分则两个部分。下面着重说说经济法的效力渊源。

经济法的效力渊源可作如下分类：

（一）宪法

宪法与经济法是根本法与普通法的关系。宪法作为经济法渊源之一，是指经济法立法最根本的法律依据是宪法，经济法总的指导思想、基本原则和基本法律制度，直接源于宪法中的有关规定，经济法的全部规定都必须同宪法相一致而不得抵触。经济法作为现代国家调节社会经济之法，它首先要确认国家有权介入社会经济生活进行调节管理，同时要确定国家实行的基本经济体制和经济管理体制，确定国家调节同市场机制的关系，国家调节的范围、程度和方式，并确定国家调节的基本原则和基本制度。所有这些内容，都是关于国家基本职能和基本制度的重大问题，必须由宪法首先加以明确规定，或作出原则性规定。也就是说，经济法的上述那些内容直接源于宪法有关条款或其原则性规定。

例如《中华人民共和国宪法》（2004 年修订）中，同经济法直接相关、作为经济法立法根本依据并构成其渊源的，主要包括下列规定：宪法序言第 7 自然段关于社会主义现代化建设和改革开放的规定；宪法总纲第 1 条关于国体和社会主义制度的规定；第 2 条、第 3 条关于政体和国家机构的规定；第 4 条关于帮助各少数民族地区发展经济的规定；第 5 条关于建设社会主义法治国家的规定；第 6 条至第 11 条关于国家基本经济制度和关于国有经济、集体经济、个体经济和私营经济的规定；第 12 条和第 13 条关于保护公共财产和公民合法财产的规定；第 14 条关于完善经济管理体制和企业经营管理制度的规定，及关于合理安排积累与消费、生产与生活，兼顾国家、集体和个人利益的规定；第 15 条关于国家经济体制、完善宏观调控的规定；第16条至第18条关于国有企业、集体经济组织和外商投资的权利义务和经营管理的规定，等等。

（二）法律

这里是指拥有立法权的国家立法机关制定的法律。法律是经济法的基本法律渊源。其内容关系到国家调节社会经济的各基本方面的重要问题。例如各国的反垄断法和反不正当竞争法，关于国家投资和国有企业的法律，关于国家计划、产业政策、财政税收政策、金融政策等方面的法律等，都是经济法的基本法律，是经济法渊源中的基本和重要的构成部分。

在中国，法律由全国人民代表大会及其常务委员会制定。按照宪法规定，全国人大负责制定和修改基本法律；全国人大常委会则制定和修改应由全国人大制定的法律以外的其他法律。但在全国人大闭会期间，常委会有权对全国人大制定的法律在不同该法律基本原则相抵触的条件下进行部分补充和修改。在中国的立法实践中，大部分法律都是由全国人大常委会审议通过的，即使是由全国人大审议通过，也先由常委会审议后再送全国人大审议。

（三）行政法规

这里主要是指由国家最高行政机关制定的属于经济法性质的法律规范性文件。在中国，行政法规主要由国务院制定，它所发布的决定、命令，凡属于规范性的，也属于法的渊源之列。对全国人大及常委会颁布的法律，其全国性的实施细则也由国务院制定。此外，国务院所属各部、各委员会在各自权限内发布的具有规范性的命令、指示和规章，也属于法的渊源，其地位和效力低于国务院行政法规。

自20世纪以来，许多国家开始实行授权立法或委任立法，即国家立法机关授权行政机关或其他机关、组织在规定的条件下制定某些法律规范性文件。授权立法在经济法立法中尤其被大量采用。这是由经济法作为国家调节经济之法这一本质属性决定的，也是经济法立法的一个显著特点。中国从70年代末实行改革开放以后，也逐渐采用授权立法的做法，由全国人大授权国务院制定某些暂行规定或条例。这些当然也是重要的法律渊源之一。

（四）地方性法规

这主要是指各地方权力机关根据宪法和法律的规定所制定的效力及于所管辖地区的法规。此外，地方行政机关颁布的决定、命令、决议，凡具有规范性的，也属于法的渊源之列。在中国，地方性法规按其内容包括：为全国性的法律及行政法规所发布的实施细则；为实施国家政策而结合本地区情况制定的规范性文件；就本地区特殊情况和特殊需要而发布的规范性文件。

中国实行民族区域自治制度。民族自治地方的人民代表大会根据当地特点制定的自治条例和单行条例，属于法的渊源之一。

我国设立了一些经济特区，这些特区和特区所在省级人大及其常委会依法有权制定的法规和规章，是我国法的渊源之一。

此外，我国根据“一国两制”方针设立特别行政区。根据宪法和特别行政区基本法，特别行政区享有立法权。它们制定的法律、法规，同前述内地各地方、各民族自治区域所颁布的地方性法规有所区别。

（五）国际条约

这里是指本国同外国或国际组织缔结的双边、多边、区域性和全球性的条约、协定等。现代国家对本国经济的调节管理，必须考虑国际性因素，一国的经济法广泛地涉及许多国际性立法，因此，有关的国际性立法也是构成本国经济法法律渊源的重要部分。

经济法的效力渊源除上述各种制定法外，还包括判例法和习惯等。在英美等普通法系国家，判例法是它们经济法的重要渊源。中国虽不属判例法国家，迄今并不实行判例法制度，但判例在司法实践中的作用已逐渐受到人们重视。各国大都在不同程度上确认某些习惯的法律效力。有些国家法律还明文规定，凡无法律规定时，可依习惯。中国立法也承认某些习惯，包括应当遵守的某些国际惯例。凡为法律所承认的同经济法相关的习惯，也为经济法的渊源。

经济法的立法形式除按其效力渊源分类外，还有综合性立法与单项立法之分。前者是指就国家调节管理经济某个重要部门或领域制定的，内容较全面地涉及其中各个方面的法律，它们往往是经济法的一些基本法律。这些综合性基本法虽然内容较全面，但毕竟不能过于具体、详尽，加之综合性基本法要求稳定性较强，因此还需要在这些综合性法律之外另行制定一些单项法规，就某些方面的问题单独作出一些具体规定，对综合性法律加以补充或具体化，同综合性法律相配套。这就在各个综合性基本法律周围分别形成一个个经济法法规群体。而整个经济法体系就由所有这些法律、法规群体，按照一定层次组合成统一的有机整体。

此外，关于经济法的立法形式还有法典制定问题。目前各国现行立法中都还没有经济法法典。如果将来出现经济法法典这种法律形式，则在法典中必有总则与分则的划分。

综上所述，经济法各种法律表现形式互相关联、衔接，组成有机体系，这就是经济法体系在法律形式上的构成。

第二节 经济法体系中的基本法律

一、经济法基本法律的认定

经济法包括哪些法律，经济法体系由哪些基本法律构成，这是国内外法学界众说纷纭的一个问题。在中国，许多人曾经把民商法或行政法的许多法律规范，纳入经济法体系，这是“大经济法观点”构成的“大经济法体系”。一些反对者又将这些法律规范或规范性文件一一排除。那么，究竟哪些法律真正属于经济法呢?

经济法的法律体系包括哪些法律规范，是一个十分重要的问题。这个问题不明确，所谓经济法及其各种基本理论问题便是空谈，无的放矢。而如果明确了经济法的法律体系，便可以依据其各种具体法律规范，分析研究其特性——包括同其他部门法规范的联系和特质，从而概括出它们作为一个新部门法的各种本质属性和共同规律。这是我们研究经济法基础理论一个最基本和可靠的方法。第一次世界大战前后的德国法学界，正是在分析当时德国政府颁布的许多经济法规范性文件的基础上，发现和归纳经济法的本质和特征的。

从分析研究经济法各具体法律规范入手把握经济法的本质属性；而把握了经济法的本质属性，又能更加全面和精确地识别经济法的法律体系。我们说，经济法是国家调节社会经济之法，国家调节是认识经济法的本质和各种基本特征的关键，对于鉴别经济法的法律表现形式和探明经济法体系的构成，同样如此，即应当从最能集中体现经济法本质属性的“国家调节”入手，以此为其引发点。

对于经济法基本法律的认定和鉴别，可以采用两种方法，即实证分析和理性分析（或叫“规范分析”）。

实证分析，是指我们需要综合考察自19世纪末20世纪初国家调节出现和逐渐发达以来，各国实际上大致运用了哪些基本调节方式（即进行了哪些国家调节活动），对于这些国家调节方式和活动，国家实际上制定了哪些法律。本书运用这种方法，“统观历史、特别是19世纪末20世纪初以来的经验，国家调节经济大致运用了三种基本方式，或者说‘国家之手’有三种基本动作”,① 即：1. 强制干预，排除市场障碍（即国家对市场进行规制）；2. 直接

① 漆多俊：《经济法基础理论》（修订版），武汉大学出版社1996年版，第29页。

参与，即国家直接从事投资经营活动；3. 引导调控，即国家从宏观上对社会经济活动进行指导、鼓励、帮助和提供各种适宜条件及必要服务，或进行必要约束控制。以上国家调节方式和活动需要法律加以规范和保障，因此经济法体系便有三个基本构成，即三个基本方面的法律，即：1. 市场障碍排除法（市场规制法）；2. 国家投资经营法；3. 国家引导调控法。

理性分析，是指透过事物的现象探求其本质和规律性。实证分析得出的结论虽然也是可靠、可信的，但它毕竟只是一种实然性，即指出了“是这样”；而理性分析则能进一步阐明“为什么是这样”，即它的必然性。两相结合，便可以使结论建立在科学基础之上，因而更具雄辩性。本书在论述经济法体系的法律构成时，在实证分析的同时注重了理性分析。这集中反映在本书第一章“经济法产生的社会根源”的论述之中。按本书有关论述，首先分析了社会经济和市场演变情况，指出了市场固有的三个缺陷；其次论述了19世纪末开始出现的生产社会化和垄断，如何使市场固有缺陷显露并造成严重后果，引起“市场失灵”，由此导致国家调节机制和国家经济职能的发生和发达；由于国家调节是为了弥补市场缺陷才应运而生的，所以国家调节的做法和措施必然针对市场三缺陷，而采取三种基本方式；最后，国家调节的各种方式和活动都需要有法律依据，需要法律加以规制和保障，这就决定了作为国家调节之法的经济法，其体系必然包含三个方面的基本法律。简言之，上述理性分析的基本思路为：市场三缺陷——国家调节三方式——经济法体系三构成。这个“三缺陷——三方式——三构成”理论，阐明了经济法体系的基本法律构成的必然性，同时它也是贯穿本书始终的一条思维主线。

综上所述，本书对于经济法体系三个基本方面的法律构成，就是这样通过实证分析和理性分析作出认定的。

上述三方面法律是否属于经济法性质，它们同本书所论述的经济法本质属性和各种特征是否相符，这从本书前面章节论述已可看出。这三个方面法律的基本性质是一致的，它们都是国家调节社会经济之法，所调整的对象都是属于国家经济调节过程中发生的社会关系——是一种以国家（它的主管机关）为一方主体的国家经济调节关系；它们的基本任务和作用都是保障国家调节影响社会经济结构和运行，以实现国家的预期目标（一般是为了促进社会经济协调、稳定和发展）；它们有着共同的基本价值、理念，贯彻着共同的基本原则；等等。当然，这三方面法律同其他部门法，如民商法、行政法等，也有着密切联系；特别是其中国家投资经营法中的国有企业法同民商法，宏观引导调控法中的财政、税收、金融等各种经济政策法同行政法等，更密切关联，并有许多交叉或互相适用的情形。

这里我们需要再分析在上述三方面法律之外的一些法律是否属于经济法范畴的问题。中国20世纪80年代“大经济法”流行时的情况，这里不必再提，如“经济合同法”等法律的部门法属性问题，如今已无大的争论。中国至90年代甚至今日仍然分歧较大的，是如何看待公司法、企业法及社会保障法等法律的部门法属性。

许多学者认为企业法、公司法应为经济法。本书认为这些法律基本属于民商法，但也要作具体分析。

首先，企业、公司分为国有的企业、公司与非国有的企业、公司。国有企业和国有公司因为是国家直接投资的组织形式，属于国家参与投资经营这种国家调节方式，所以，国有企业法和国有公司法的基本性质属于经济法。只是由于国有企业和国有公司毕竟也是企业和公司，在许多一般性问题上适用民商法规定。非国有的企业和公司属于民间社会投资经营的组织形式，它们主要接受市场调节，其立法所调整的乃是民间社会平等主体间的社会关系，主要受民商法等私法调整，因此基本上属于民商法范畴。各国通常都制定适用于各种公司的一般公司法。而对于国有公司的许多特殊性，国家还制定许多特别规定。国有公司法与一般公司法是特别法与一般法的关系。

其次，企业法、公司法按照立法内容，可分为关于企业、公司的组织法和活动法，以及关于国家对企业、公司的政策法。前者主要规定企业、公司的设立，权利义务，组织机构，资本、财务、分配制度及分立、合并、解散、清算等问题，基本属于民商法；后者则主要规定国家对各类企业、公司的有关政策，如计划指导，产业政策，财政、税收、信贷、外汇、进出口、价格等政策，及有关市场竞争政策等，主要属于经济法。在经济法体系中它们分别属于国家投资经营法、宏观引导调控法或市场规制法范畴。

非国有的企业、公司立法，特别是关于企业、公司的一般性组织法和活动法，之所以不能将其视为经济法，不仅因为这些法律的调整对象、功能和任务等同经济法的性质和特征有明显区别，而且这些立法出现的历史背景也与经济法不同。企业、公司立法是在商品经济日趋发达条件下，早在封建社会末期和西方自由资本主义时期就出现和日益发达；而经济法则是在19世纪末20世纪初以后，为适应由于生产社会化和垄断形成而出现的国家调节机制和国家经济职能的需要，才产生和形成独立法律部门的。把企业、公司法作为经济法，这同各国立法史实和法律体系演变规律不相符合。并且从现实情况看，当前各国都有较为发达的商事法律（有些国家有商法典，即使实行民商合一的国家实际上也有许多属商法性质的法律），企业、公司法是其中主要法律之一。包括我国学者在内，人们一般都不否认企业、公司法的商法性质。如果把这些法律又视为经济法，那么经济法同商法就不好区分。至于有人主张商法属于经济法，或主张经济法就是商法，这些意见之不可取，是较显然的，此处不多作论述。

有些学者说：企业、公司是经济法的基本主体，企业、公司法是经济法主体法（有的称之为"市场主体法"），不把它们纳入经济法体系，经济法岂不缺了主体？——这是误解，也是概念上的混淆。的确，各种企业、公司都属于经济法主体范畴，它们都可能参加经济法法律关系，但也只有当它们实际上参加这种法律关系时才成为经济法主体。而当它们参加民商法、行政法或刑法等法律关系时，它们又分别成了相关的其他部门法的主体。企业、公司（特别是非国有的企业、公司）更多和更经常参加的是民商事法律关系，因此它们更多、更经常地成为民商法主体。不能因为企业、公司作为经济法主体，就认为凡关于企业、公司的立法统属于经济法。某种法律关系主体，同某种特定情况下充当该种法律关系主体的该对象（个人、组织）是不同概念；关于某种法律关系主体的法律规定（如该主体在该种法律关系中的地位与权利义务等），同关于该对象（个人、组织）的立法，也是不同的概念。作为经济法主体的企业、公司，经济法肯定要对其作出许多规定；但关于企业、公司的其他方面立法，则不能统统当做经济法。

在中国，人们把企业法、公司法统统视为经济法，还有一个原因，即过去长时期内中国的企业主要为国有企业，改革以后出现的公司也主要为国有控股公司。这些企业、公司主要接受国家调节而非市场调节，其立法主要为经济法性质。但随着改革继续发展，非国有的企业、公司日益发展壮大，原国有企业也发生了重大变化。国家对企业的管理方式与过去已明显不同，市场机制作用日益增大。因此，关于企业的立法、特别是非国有企业立法，主要是为它们制定有关组织和活动规则，让其遵行，国家不再处处介入以自己为一方主体同这些企业直接发生法律关系。这些立法的性质从部门法属性看，主要为民商法，而不是经济法了。按我国现行立法，除公司法外，还有私营企业暂行条例、合伙企业法、股份合作制企业规定、独资企业法等，这些主要属于民商法性质。当然，对于上述各种企业（此外还有境外投资企业）有关国家经济调节管理政策（如竞争政策、产业政策、财政税收政策、金融政策等）的法律规范，则属于经济法性质。

除企业法、公司法外，我国有些学者认为社会保障法也应为经济法体系中一个重要方面的法律。社会保障是个十分重要的问题，它涉及人民基本生活保障、社会安定、经济发展乃至政治稳定等各个方面。当前在中国改革时期，其重要性尤为突出。因此社会保障立法是现代国家立法的一个重要领域。在这个领域中，法律需要调整的社会关系的类别较多，包括：国家社会保障体制和体系的建立和管理关系；社会保障所需资金的社会筹措和管理；各种社会保障组织和机构内部、外部经营管理关系；企业、事业单位同职工的劳动关系；社会保障机构同个人的关系；国家对就业、失业和劳动力资源的调节关系，对工农、城乡、地区贫富等差别的调节（为此国家往往需要运用国家投资及财政、税收、金融等政策法律实现调节）等。因此，关于社会保障的法律规范也就区分为多种不同性质和类别。其中有些属于行政法性质，大量的属于民商法或劳动法范畴，也有一些属于经济法规范。社会保障这一领域需要多种部门法综合调整，把社会保障法不加区别而统统纳入经济法体系之中，并不恰当。

二、经济法三个基本法律构成的关系

经济法体系作为一个有机整体，它所包含的各方面和各层次、各环节的法律规范，都是互相关联、衔接和配合的。经济法体系中的上述三个基本方面的法律也是密切关联的。

这三个方面法律，都是国家调节社会经济之法，是国家三种调节方式（调节活动）的法律规范。它们通过对各自领域的国家经济调节关系的调整，共同实现经济法的功能和任务。

这三个方面法律，在其调整领域和所担当的任务上分工有所不同。市场规制法，是保障国家以强制干预方式排除垄断和不正当竞争行为对于自由竞争的妨害，排除其他不公平交易行为对广大消费者的侵害，促进社会经济本身固有的调节机制即市场调节充分发挥作用。国家投资经营法，是在国家参与直接投资经营领域，保障国家以财力直接投入运营，以调节社会经济结构和运行。国家宏观引导调控法，涉及社会经济的宏观和总体，是在其宏观和总体的某些关键和必要部位，国家实行引导控制，以调节经济结构和运行的法律。

国家强制干预、直接参与和引导调控这三种调节方式的关系，用一种形象的说法就是，当国家分别采用这三种调节方式时，国家对于社会经济所处的方位不同：强制干预时，国家居于社会经济之上；直接参与则国家跻身其中；引导调控乃处于其外，在其前面引，后面促，旁边左右约束或帮助。即是说这三个方面法律分工和作用点有所不同，但都是在规范和保障国家调节。

这三个方面法律，是互相配合、综合运用的。国家经济调节需要综合运用多种方式，绝大多数国家都颁布实施了上述三个方面法律，使之相辅相成。它们在立法内容上有所交叉。例如，在反垄断法中涉及某些国有企业垄断问题，应当予以禁止或限制，或者规定实行某种国家垄断。这就同时属于国家投资经营领域。无论在反垄断领域或者在国家投资经营领域，又都涉及国家计划、经济政策和各种经济杠杆及其他调节手段的运用，即涉及国家宏观引导调控问题。宏观引导调控也必然涉及其他两个领域，并往往把其他两个领域纳入其统一计划和视野予以统筹规划。

这三个方面法律，在不同国家的不同时期，立法状况和发达程度不同，在经济法立法体系中所处的地位不同。反垄断法是现代经济法最早出现的法律，在西方国家长期居于各国经济法体系的核心地位。而在社会主义国家，最为发达并长期处于核心和主导地位的则是国家投资经营法。后来，上述情况逐渐发生变化。如今无论在西方国家或在中国，国家对经济的宏观引导调控体系正在日趋发达和完善；宏观引导调控方面的法律正逐渐上升为各国经济法体系的核心和主导地位。

所谓经济法的核心，通常是指经济法体系的核心，即在一定国家一定历史时期经济法立法体系中，何种法律处于最重要和主导的地位问题。由于经济法是国家调节社会经济之法，所以经济法的核心所涉及的是国家调节的主要方式和重点问题，是在社会经济运行的全局中起关键作用因而最需要国家予以调节的领域，这方面的法律便是经济法的核心。①

当19世纪末出现垄断并严重妨害自由竞争以后，因市场调节机制再不能像从前那样充分有效地发挥作用，使社会经济的结构和运行发生危机。由国家出面反对垄断便成了关系社会经济全局的关键和首要问题。反垄断法于是成了最早的经济法；并且在美国，当初它也几乎是唯一的经济法，即经济法体系的唯一的构成。在其他国家和后来的美国，国家调节经济职能逐渐发达，调节的方式不限于反垄断。如德国、日本等国，国家干预经济一开始就较全面地实行经济统制，包括进行国家投资经营，实行国家垄断，并运用经济政策和各种政策工具引导和制约经济的发展运行，有的还较早就制订了经济计划。与美国不同，德、日等国开始一段时间并不重视反垄断，而是扶助垄断和加强国家垄断。真正的反垄断法律制度建立较晚，德、日两国的反垄断法都是“二战”后制定的。但当这些国家后来转而实行市场经济体制以后，反垄断法的作用和地位立即受到高度重视，在这些国家经济法体系中的地位提高。在西方资本主

① 漆多俊：《经济法基础理论》，武汉大学出版社1993年版，第121～126页。

义国家，人们把反垄断法称为“市场经济的大宪章”、“经济的基石”或“经济宪法”。日本法学界不仅普遍承认反垄断法是经济法的核心，而且有的学者甚至将经济法视为仅反垄断法而已。①

反垄断法之所以在西方资本主义国家最早和长期成为经济法的核心，主要是由它们所实行的市场经济体制和生产资料私有制决定的。在原来自由市场经济阶段，社会经济全凭市场调节，国家不干预经济是一贯传统。当后来垄断发生而开始需要国家干预时，国家所要作的也仅为反垄断而已，国家不允许、也不需要、不习惯作更多的干预。美国的情况最能说明这点。美国是最典型的奉行自由放任经济政策的国家，为什么恰恰在这里最早发生国家干预、最早颁布反垄断法而开了经济法独立的先河？这一方面固然是当时美国经济发展，生产社会化和垄断形成的过程较早；另一方面也正是由于自由放任的经济传统，使人们对于垄断限制自由竞争特别敏感，促使国家出面干预。但美国的自由经济传统同时又限制国家除采取反垄断这种做法外，不再过多干预。这便是美国的经济法不仅在当时（罗斯福新政之前），而且在以后很长时间内反垄断法都是最重要的法律的原因所在。

另一方面，私有制的经济基础也不允许国家过多干预经济。反对垄断是不得已而为之，并符合私有经济的根本利益。而国家的其他干预措施，不到十分必要，往往遭到各私有者的坚决抵制。后来在特定历史背景下（如经济危机、战争等），许多西方国家发展了国家投资和国有企业，一些国家并几度掀起“国有化”高潮。但其规模和在整个国民经济中的地位始终有限。国家投资经营法始终未能成为各国经济法的核心。至于国家运用计划、经济政策和调节手段对社会经济实行的各种宏观引导控制措施，在私有制条件下，也举步维艰，长期难以发达。宏观引导调控法长期不能上升为经济法的核心，这也是反垄断法能够长期居于经济法核心地位的重要原因。

社会主义国家的情况则不同。从政权建立时候起，就实行公有制和计划经济体制。传统理论认为，社会主义经济基础要靠政权建立后重新组织和建设。因此，国家大量、全面介入经济生活。社会经济的结构和运行全凭“国家之手”调节（实为“组建”、“统制”），几乎完全排除市场调节机制的作用。国家组织和建设自己的经济基础最主要的途径和措施，是搞国有化，大量发展国家投资和国有企业。国有经济在整个国民经济中长期占据绝对优势，不仅是其

① ［日］金泽良雄：《经济法概论》，甘肃人民出版社 1985 年版；及丹宗昭信等：《现代经济法入门》，群众出版社 1985 年版。

主导力量，而且是其主体部分。与之相适应，这些国家颁布了大量国家投资和国有企业立法。这方面立法的数量和重要性不仅在经济法体系中，而且在国家的整个经济立法中，远居首位，为其核心。国家的其他经济调节方式和其他经济法立法，都主要围绕国家投资和国有企业进行。例如国家计划、经济政策和各种调节手段，首先和最主要的是针对国有经济和从有利于国有经济发展出发的。由于实行计划经济，本来就不提倡自由竞争，虽然不能说不存在垄断现象，但无论是否因垄断引起的限制竞争问题，并不被人们重视。因此反垄断法长期缺位，国家投资经营法在经济法体系中的核心地位长期未遇到挑战。这种情况在前苏联、东欧国家一直延续到八九十年代之交国家制度变革。中国 70 年代末开始进行经济体制改革。改革的中心环节是国有企业改革。这期间关于国有企业的立法（包括关于改革的各种立法）仍占据着经济法的核心地位。1992 年以后，国家加快改革步伐，决定实行社会主义市场经济，国有企业在国民经济中的比重和地位正在发生变化，国家投资经营法在经济法体系中的核心地位也正在逐渐让位给宏观引导调控法。

经济法体系的核心是发展变化的。历史条件变化，特别是国家经济体制变化和国家调节经济的重点和方式变化，必然引起各有关立法的相互关系和地位的变化。无论在西方资本主义国家或在中国，近一二十年来这种变化逐渐明显。各自经济法的核心正在发生转移，宏观引导调控法在经济法体系中的地位正在上升。① 这是两股相向的变化趋势：在西方资本主义国家，其经济法体系的核心正在由反垄断法移向宏观引导调控法；在中国，则由国家投资经营法逐渐让位于宏观引导调控法。宏观引导调控法正在成为各国经济法的核心。这是 20 世纪与 21 世纪之交世界范围内经济法体系发展变化最显著的特征之一。

在将来各国宏观引导调控法进一步发达并稳居经济法核心地位以后，市场规制法和国家投资经营法由于作用的领域及方式的特定性，仍不失为国家调节和经济法体系中相对独立的构成部分而继续存在，继续发挥其特有的作用；这两个方面的立法仍将是经济法体系的基本构成之一。

复习思考题

1. 简述经济法立法内容上的体系构成。
2. 简述经济法规范形式上的体系构成。

---

① 关于宏观引导调控法日益成为东西方各国经济法体系核心的缘由，读者可详见本书第四编第 16 章“宏观引导调控法概论”。

3. 试从理性分析与实证分析两个方面论证经济法体系的三个基本法律构成。

4. 举例分析我国学界当前在经济法内容和体系构成上仍然存在的一些分歧。

第二编　市场障碍排除法

第六章　市场障碍排除法概论

第一节　市场障碍排除法的性质和地位

一、市场障碍排除法的部门法属性

市场障碍排除法，是国家通过反对垄断、不正当竞争及其他不公平交易行为，排除市场机制作用的障碍，让市场机制恢复其固有的调节机能，以维护和促进社会经济协调、稳定和发展的法律规范的总称。由于市场障碍及其排除都同市场竞争相关，排除障碍的目的在于维护和促进充分和公平竞争，以使市场机制充分发挥调节作用，所以，本书所谓市场障碍排除法，即为人们通常所称"市场规制法"，或称之为"竞争法"。

国内外学者所谓竞争法，通常是指反垄断法和反不正当竞争法这两种立法，它们都是关于国家对市场竞争的规制，从所规制的主体看主要是有关经营者。在这两种法律之外，还有消费者权益保护法和产品责任法。这后两种法的立法主旨则主要是为了保护广大普通消费者，同前面两种法律有些不同；但却同时都属于"市场规制法"。不过，后面这两种法律既然也对经营者经营行为进行规制，便也同市场竞争相关，所以有些学者把后两种法律也统称为"竞争法"，而不去区分竞争法或市场规制法。本书称之为市场障碍排除法，所侧重的是法在经济调节方面的功能和作用方式，即表明国家制定和实施这种法律是为了排除市场障碍，让市场机制充分发挥其固有的调节经济的作用。国家以这种调节方式来达到最后调节社会经济的目的。

国家出面排除市场障碍既然是国家调节社会经济的一种基本方式，市场障碍排除法就是经济法性质的法律。国家调节有三种基本方式，经济法体系有三个基本构成即三个基本法律渊源，市场障碍排除法是经济法的重要组成部分之一。

市场障碍排除法调整在国家出面排除市场障碍——即反垄断、反不正当竞争及反其他不公平交易行为过程中发生的社会关系。这是以国家为一方主体的国家调节、管理与被调节、被管理的关系，其目的是保障国家排除市场障碍这种国家调节方式依法实施，以便最终促进社会经济的协调、稳定和发展。市场障碍排除法的调整对象、功能和任务，同本书前编所论述的经济法的调整对象、功能和任务是完全一致的。

在市场障碍排除法中，反垄断法的经济法属性最为明显。这是因为垄断行为的危害后果从其开始就显露出宏观性，直接妨害社会经济的总体结构和运行，因此立法的任务和宗旨也主要在于排除市场障碍，从宏观和总体上保障市场机制充分有效地发挥对经济的调节作用。反垄断的任务只有国家才有足够的权威和力量担任，其中发生的必然是以国家为一方主体的调节管理与被调节被管理关系。这种社会关系是民商法所不能调整的，同传统行政法调整的行政管理关系也有明显不同。这是一种新的社会关系，必须由一种新的部门法来调整，这就是经济法性质的法律。事实上，现代经济法立法正是从反垄断法开始的，反垄断法是现代经济法最早的法律渊源。

反垄断法从其立法到实施的全过程，它的各种法律规范，都贯彻着维护和促进社会经济总体效率和社会公平的原则，并在此前提下衡平和兼顾各方利益。它不以维护个体效益和个体利益为主要出发点。社会总体是由众多的个体构成的，维护社会总体利益，也符合绝大多数个体的利益。但个体与总体也会发生矛盾和冲突，这时，反垄断法毫不犹豫地站在社会总体的立场上，对该个体行为予以制止和纠正，要求其服从社会总体。垄断对于实施垄断行为的企业来说，会带来超额利润，但它们却妨害了价值规律和市场调节的作用，也损害了其他经营者和消费者的利益，所以必须加以反对。垄断行为中许多本是符合传统民法的自由竞争、契约自由原则的，甚至可以说垄断和限制性行为人正是利用了民法的这种自由原则才得以“自由”地签订限制性协议，结成垄断同盟，因此民法对于垄断和限制性行为是无能为力的。反垄断法出现以后，突破了民法原则的框架，而高高树起维护社会总体经济效率和社会公平的旗帜。这是新出现的部门法——经济法的基本调整原则。

反垄断法主要采用国家强制干预方法，大量的是强行性法律规范，否则，这种市场障碍就难以排除。但企业等经营者仍然享有广泛的自主和自由，某些垄断和限制性行为只要对社会经济无大的危害，法律也允许或予以豁免，因此法律中也有许多任意性规范。国家在反垄断时，也采用引导和鼓励的方法，让企业自觉地调整自己的经济行为，纳入国家产业政策和其他经济政策的轨道。国家鼓励和扶助中小企业发展，帮助它们增强抵御大企业的排斥和歧视的能力，反垄断法中因此而设有许多提倡性规范。反垄断法规定的法律后果主要是制裁，包括经济（财产）制裁、经济行为制裁、经济信誉制裁等，其中对企业的经济行为制裁尤其重要。对于国家经济调节管理主体，主要是经济调节管理行为方面的制裁。各国反垄断法规定，对于情节严重可以构成犯罪（通称“垄断犯罪”）的，需要给予刑事制裁。以上情况表明反垄断法采用的调整方法，同民法和行政法有所区别，这是经济法调整方法所具有的特点。

反垄断法的法律关系上的特点，也表现了它作为经济法同其他部门法的区别。例如在反垄断法律关系主体方面，国家管理机关始终为一方主体，这同民法不同。反垄断的国家管理主体同行政法律关系的管理主体也不同。反垄断法的管理主体执行国家经济调节管理职能，而行政法管理主体则执行行政管理职能。在主管机关设置的种类上，除反垄断法授权其同时负责主管反垄断事务的原国家行政机关外，各国往往设立专门的反垄断主管机关，除赋予它一般行政权外，还让其拥有准立法权和准司法权。此外，还指定或新设某些司法机关主管反垄断法的实施，这些同行政法主体都是不同的。

总之，反垄断法的经济法性质是十分显然的，如果说对于其他法律是否为经济法，国内外学者尚有争论，那么在反垄断法的部门法属性上，意见要一致得多。反不正当竞争法的部门法属性要复杂一些，因为各单个的不正当竞争现象多涉及微观经济领域，只有当它们泛滥和肆虐时，才危害社会经济的总体运行。不正当竞争现象，任何时候总会有的，过去它仅违背公平和诚实信用等原则，损害各个体权益，并危害社会管理秩序，所以立法基本上属于民商法或行政法范畴。现代社会一则由于生产高度社会化和企业的大规模化，大企业（包括垄断企业）实施不正当竞争行为会直接导致危害宏观经济的后果；二则由于现代科技的发达，不正当竞争手段更加繁多，危害后果更严重。所以现代国家从担负调节经济职能开始，便不能不将此纳入直接干预范围，将其作为妨害市场机制运行的障碍之一而加以排除。反不正当竞争法因此具有了经济法性质。

尽管如此，反不正当竞争法如今仍然担负着维护各个体权益和社会交易秩序的任务，贯彻着平等、互利、公平和诚实信用等民法原则。它也是供民间各平等主体各自遵循的竞争规则，因此具有民商法性质。由于反不正当竞争法担负着维护社会交易秩序的任务，在它所调整的国家调节管理关系中同一般行政管理关系十分密切，许多方面同时也属于行政管理范畴，因此它也具有一定的行政法性质。应当承认，在这里发生着经济法同其他部门法的交叉。

消费者权益保护法与产品责任法也属于国家干预和规制市场秩序的法律。

反垄断法与反不正当竞争法主要和直接规制经营者之间的竞争行为，但也因而维护着消费者的合法权益；而消费者权益保护法则侧重于直接保护消费者权益，但由于造成损害消费者的原因主要同经营者的垄断和不正当竞争行为相关，所以它也是规制经营者的。经营者损害消费者的行为，实际上即为不正当和不公平的竞争行为。

现代社会，生产经营者提供的产品在品种、规格、质量、性能、用途、使用方法等方面越来越复杂，消费者不可能完全了解，也难以追究对自己造成损害的具体责任者；并且相对于大企业和垄断公司而言，分散的单个消费者总是处于弱势地位，所以需要国家出面进行干预，采取必要的一些特别保护措施，以维护社会公平。这种法律突破了传统民法的当事人意思自治原则，而具有经济法性质。为了规范经营者的竞争行为，保护消费者权益，规制市场秩序，各国还专门制定产品质量法和产品责任法。它们在产品质量管理、产品缺陷界定、归责原则、举证责任、责任人范围等方面突破了传统民法的规定，也属于经济法性质的立法。

二、市场障碍排除法在经济法体系中的地位

市场障碍排除法是经济法体系中三个基本构成之一，它是最早出现的经济法法律，经济法作为独立法律部门是从它的出现开始的。19世纪末，由于垄断的形成和发展，自由竞争受到严重妨害，市场机制运行受阻，国家才一反过去不直接干预经济的传统，出面介入经济生活，对垄断和限制竞争行为进行干预，以排除市场障碍，维护社会经济的合理结构和正常运行，这就是现代国家经济调节职能的产生。国家调节是从反垄断开始的，这是国家出面调节经济的第一种基本动作和方式。为此国家制定反垄断法，这便开了经济法独立的先河。

有的国家，例如美国，反垄断法不仅是其最早出现的经济法，而且在后来一段时间里它基本上也是唯一的经济法，即它是当时经济法体系的唯一构成。后来，美、英等国虽然出现了其他种类的经济法规范，但至今基本上不使用经济法这一概念，学者们也谈论经济法这一概念，但其含义多半仅指反垄断法而已。

在其他国家和罗斯福新政以后的美国，国家调节经济的方式不限于反垄断，如德国、日本等国，国家干预经济一开始就运用了国家投资参与生产经营这种方式。后来许多国家的国有企业十分发达，它们也重视运用计划、经济政策和经济杠杆引导经济发展。因此这些国家的经济法不限于反垄断法。但是，

在所有这些西方国家的很长时期内，反垄断毕竟居于国家经济调节的首要地位，这方面的法律一直是其经济法体系的核心，人们把这些法律称为“现代企业制度的大宪章”、“市场经济的基石”。日本法学界不仅普遍承认反垄断法是经济法的核心，有的学者还将经济法视为仅反垄断法而已。

反垄断法之所以在西方资本主义国家最早出现和长期成为经济法的核心，主要是由他们所实行的市场经济体制和生产资料私有制决定的。在原来自由市场经济阶段，社会经济全凭市场调节，国家不干预经济是一贯传统。当后来垄断发生而开始需要国家干预时，国家所要做的也仅为反垄断而已，国家不需要、不习惯、也不为社会所允许对经济作更多的干预，美国的情况最能说明这点。美国是最典型的奉行自由放任经济政策的国家，为什么恰恰在这里最早发生国家干预、最早颁布反垄断法而开了经济法独立的先河？这一方面固然是因为当时美国经济高度发展，生产社会化高度垄断形成的过程较早；另一方面也正是由于自由放任的经济传统，使人们对于垄断限制自由竞争特别敏感，促使国家出面干预。但美国的自由经济传统同时又使得国家除采取反垄断这种做法外，不再过多干预。这便是美国的经济法在当初很长一段时间内均以反垄断法为主的原因所在。

另一方面，私有制的经济基础也不允许国家过多干预经济，反垄断是不得已而为之，并符合私有经济的根本利益。而国家的其他干预措施，不到十分必要，往往遭到各私有者的坚决抵制。后来在特定历史背景下（如经济危机、战争等），许多西方国家发展了国家投资和国有企业，一些国家并几度掀起“国有化”高潮，但其规模和在整个国民经济中的比重始终有限，国家投资经营法始终未能成为各国经济法的核心；至于国家运用计划、经济政策和调节手段对社会经济实行的各种宏观引导调控措施，在私有制条件下，也举步维艰，长期难以发展，宏观引导调控法长期不能上升为经济法的核心。这也是反垄断法能够长期居于经济法核心地位的重要原因。

反垄断法在社会主义国家的地位却显著不同。例如在中国就长期缺位，直至2007年才通过《中华人民共和国反垄断法》。社会主义国家长期实行公有制和计划经济体制，这里市场不发达，不提倡甚至不允许自由竞争，不存在市场经济国家里的那种垄断和限制竞争。这里也有垄断和限制竞争现象，从某种意义上它比市场经济国家更为严重，但那主要是国家政策的垄断、国有企业的垄断和各种行政性垄断，这种垄断和限制根本谈不上所谓“构成市场障碍”，因为这里的市场本已萎缩，市场机制本来就被严格限制和禁锢，国家自然不需要制定一部反垄断和限制竞争法来排除市场障碍。

后来各社会主义国家发生了重大变革，先后改行市场经济体制。市场经济要以市场机制为基本调节机制，被视为市场经济的宪章和基石的反垄断法是不可或缺的。前苏联、东欧国家社会制度剧变后纷纷制定了反垄断和反不正当竞争方面的法律。

中国自20世纪70年代末开始经济体制改革以后，逐渐重视引入市场机制，开始提倡竞争，逐步在一些行业打破国有企业一统天下的局面。80年代发布了一些关于开展和保护社会主义竞争的法规。1992年国家明确提出要建立社会主义市场经济，1993年颁布了《反不正当竞争法》，它揭开了我国竞争法（市场障碍排除法）立法的序幕。现在我国的反垄断法业已颁布，使我国经济法体系完备起来。虽然这些法律不可能成为我国经济法体系中的核心，但作为我国经济法体系的一个基本构成，同其他两个方面的基本构成，即国家投资经营法和国家宏观引导调控法，将互相配合，共同发挥规范国家调节的作用。

第二节 市场障碍排除法的沿革和制度体系

一、市场障碍排除法的沿革

国家对市场进行某种干预、管制，并为此而制定一些法律规范的情况，在早期社会即有之，但作为国家调节经济的一种基本方式的现代意义上的市场障碍排除法（市场规制法或竞争法）的出现，则是19世纪与20世纪之交及其以后。

早期国家就有反限制竞争的立法，例如英国1602年法院对于“戴西诉爱伦”一案（扑克牌事件）的判例，1642年《垄断法》的通过，1689年的《权利法案》和后来关于贸易限制的许多判例，都可视为反垄断和限制竞争立法的萌芽。但是，封建社会末期的反垄断，主要是反对封建王室的特权对于自由贸易的限制，促进资本主义经济的发展。资本主义制度建立以后的自由竞争阶段，之所以也有反贸易限制的法规，是因为契约自由本身隐含着贸易限制主义，人们可以运用自由订立契约的权利来限制他们之间的自由贸易的权利。①但在当时生产社会化程度不很高、真正的垄断企业尚未形成的条件下，对贸易的限制情形尚未对社会经济构成严重威胁，而只是产生某些局部影响，所以这

① ［英］约翰·亚格纽著：《竞争法》，南京大学出版社1992年版，第4页。

种立法并不发达。

现代反垄断法律制度的确定当首推美国。南北战争前后，美国发生了产业革命，大企业不断出现，竞争非常激烈。1873 年开始发生经济危机，大企业之间进行“卡脖子式竞争”。为了竞争，在钢铁、煤炭、烟草、缫丝、威士忌酒等行业，出现以价格协定为中心的卡特尔，以后又形成托拉斯等垄断组织形式。垄断组织控制市场，操纵价格，排挤中小业主，引起公众不满，在全国范围内掀起了反托拉斯运动。上议院议员谢尔曼提出反托拉斯法案，1890 年议会通过《反对不法限制和垄断，保护交易和通商的法律》，此即所谓谢尔曼法。后来鉴于该法规定较为概括，适用范围较窄，1914 年联邦议会又通过《克莱顿法》和《联邦贸易委员会法》。不仅将限制贸易或产生实际垄断后果，而且将旨在垄断（并未实际造成垄断后果）的限制竞争的行为也宣布为非法；并设立专门执法机构，同司法部分别负责《克莱顿法》和《谢尔曼法》的执行；确立了调查、颁布禁令或起诉的专门程序。

除上述三个法律外，美国还于 1934 年通过了《鲁滨逊—帕特曼法案》（该法案较全面地规定了价格歧视）；1937 年通过了《米勒—泰丁法案》；1938 年通过了《惠勒—李法案》；1950 年通过了《塞勒—凯浮尔法案》（这一法案旨在堵塞《克莱顿法》只禁止收买股票而排除禁止收买资产的漏洞）；1962 年国会又通过了《反托拉斯民事程序法》；1974 年通过了《反托拉斯诉讼程序和惩罚法》；1980 年又通过了《反托拉斯诉讼程序改进法》，等等。这些都是美国主要的反垄断法。

德国于 19 世纪 70 年代初统一以后，经济迅速发展，卡特尔组织大量形成，并影响到社会经济生活。政府开始对卡特尔进行调查，社会上出现了“卡特尔之友”与“卡特尔之敌”两派观点的争论。1910 年德国颁布《钾矿业法》，它针对由于卡特尔的垄断使未加入卡特尔的同业者因竞争力不强而倒闭这一情况，采取国家扶助卡特尔的办法来抑制企业的新增设。这可算是德国最早的国家干预垄断的法律。

第一次世界大战期间，德国于 1915 年颁布了《设立强制卡特尔法》，1919 年颁布了《卡特尔规章法》，其主要内容不是反垄断，而是通过银行贷款或各邦当局行使权力以促进和强化垄断。1923 年颁布了《防止滥用经济力法令》，它是直接针对当时社会上日益高涨的反卡特尔呼声而作出的对于垄断和不正当竞争行为的某些限制，其目的是削弱卡特尔组织对市场的支配力。1934年德国还颁布了《卡特尔变更法》。自“一战”前后到“二战”结束，德国的反垄断法立法总的倾向是对垄断加以宽容和维护，在扶助私人垄断的同时，国家也大量参与垄断，积极发展国家垄断资本主义。这种情况是同德国资本主义工业发展起步较晚和当时统治集团急于迅速增强国力，向外扩张和发动战争密切相关的。因为经济的垄断和高度集中是政治上的垄断和实现军国主义的基础。“二战”结束以后，情况发生了很大变化。伴随着法西斯军国主义的覆灭，经济上的自由主义倾向日益加强。当时在美、英、法占领区，根据一系列特别指令，施行反卡特尔法令和经济力过度集中排除法令，禁止卡特尔和康采恩，并对煤炭、钢铁、化学、银行、电影等部门的大企业实行分割。

1957年，当时的联邦德国颁布了《反限制竞争法》（又称《反卡特尔法》），后又经过了多次修正（1966年、1973年、1976年、1980年、1990年、2005年等）。现行的德国反垄断和限制竞争法，被认为是当前世界上最严厉的竞争政策之一，也是欧洲最为综合和运用最广的竞争政策。

日本反垄断立法的倾向和阶段性，同德国的情况基本相似，这是因为两国近代以来在社会经济和政治背景上有许多共同特点所致。

日本于1868年明治维新后，资本主义经济发展初期，在确定民法秩序的同时，国家对金融等部门的一些特殊企业和某些产业实行保护和促进政策。“一战”时期，国家实行战时经济统制。“一战”后为对付经济危机，在国家各项政策中，促进垄断是重要的一个方面。1925年的《出口组合法》和《重要出口物品工业组合法》是规制未加入卡特尔的组织使之从属于卡特尔的强制卡特尔法。1931年的《重要产业统制法》、1932年的《工业组合法》等，都是促进卡特尔的法律。这一时期，在促进私人垄断的同时，国家还直接参与垄断，建立国有公司。国家对垄断的扶助和参与以及其他各种国家干预，在1937年侵华战争爆发后及第二次世界大战期间，发展到了登峰造极的地步。“二战”结束后，情势变化。美军占领时期实行经济非军事化、民主化，颁布了《公司解散限制等事宜》(1945年)、《经济力量过度集中排除法》等法令，强令财阀解体。为防止将来垄断组织复活，1947年制定了《禁止私人垄断法》。1952年和平条约生效，日本又转而缓和、放宽对垄断的限制，并采取促进垄断的政策。1952 年制定了两个《禁止私人垄断法》的适用除外的法规，即《关于稳定特定中小企业临时措施法》和《出口交易法》。这“反映了从占领期总司令部反垄断政策中的解放感”①。

以后，关于适用除外规定的范围逐步扩大（上述两个法规也分别发展为 1953 年的《中小企业稳定法》、1957 年的《中小企业团体组织法》和 1957 年的《进出口交易法》）。而《禁止私人垄断法》自身也于 1953 年作了大幅度的缓和性修改，明确承认“不景气卡特尔”和“合理化卡特尔”。日本的《禁止私人垄断法》于 1977 年又作了修改，其特点是禁止垄断和限制竞争的政策趋于加强。但 1997 年的修改主旨则是放松限制，允许设立控股公司，以增强日本企业在国际市场的竞争力。②

英国第一部现代竞争法是 1948 年颁布的《垄断与限制性行为（调查与控制）法》。根据这一法律成立了“垄断与限制性行为委员会”，即后来的“垄断与兼并委员会”，负责对垄断行为进行调查。1948 年的法律对卡特尔协议和其他限制竞争的协议没有任何规定，所以于 1956 年制定了《限制性贸易行为法》，此法于 1976 年作了修正。1973 年颁布了《公平贸易法》，设立了公平贸易局总局长这一职务，作为监督竞争政策的主要角色。1976 年颁布《零售价格法》，弥补了《限制性贸易行为法》对于维持最低零售价格的限制的不足。1980 年颁布《竞争法》，它是《公平贸易法》具体实施的法规。1998 年又颁布了新的《竞争法》。2002 年颁布《企业法》，对企业合并作了规定，并对竞争法实施主管机关作了调整。以上英国的竞争法可以分为三大类：一是对单个企业的垄断和市场支配地位的控制；二是对兼并行为的控制；三是与限制性贸易协议有关的法律，它们构成英国竞争法的完整体系。

加拿大 1985 年制定了《竞争法》（1993 年作了修正）。其后又颁布《交易公示规则》。1985 年还制定了《竞争法庭法》，并于 1990 年颁布《竞争法庭规则》。法国 1953 年颁布竞争法（1977 年修正）。除发达国家外，许多发展中

---

① ［日］金泽良雄著：《经济法概论》，甘肃人民出版社 1985 年版，第 104 页。

② 1997 年日本执政党提出的修正案规定：总资产在3 000亿日元以下的控股公司的设立实行完全自由化，不需申报；超过3 000亿日元的控股公司事后须向公正交易委员会报告，以后每年报告一次，如公正委员会认为有问题，可命令公司采取减少股份等措施，以防止垄断；一般情况下，控股公司总资产不得超过 15 亿日元，否则将对其进行严格审查，如发现已成为像战前那样的垄断财团，则强行解散（资料引自《经济参考报》1997 年 3 月 11 日报道）。

国家如韩国、印度等，也制定了反垄断和限制竞争法律。

前苏联、东欧国家如匈牙利、南斯拉夫等也曾颁布过反垄断和限制竞争法，但总的来说，这方面的法律制度不够健全。在后来这些国家的社会制度发生变革以后，有些也重新制定了它们的垄断和竞争政策，如俄罗斯 1991 年颁布了《关于在商品市场上竞争和限制垄断的法律》，该法被视为向市场经济体制过渡的奠基石。

除各国制定了反垄断法以外，一些国际性组织和地区性组织也制定了有关这方面的规定。1948 年的《国际贸易组织宪章》（哈瓦那宪章》）出现了禁止垄断条款。1980 年联合国第 35 届大会通过了《关于控制限制性商业做法的多边协议的公平原则和规则》。这里需要特别提到的是 1957 年西欧国家在罗马签订的《欧洲经济共同体条约》。数十年来，该条约中有关垄断和竞争的条款，得到了很好的实施，发挥了重要的作用。其第 3 条所确立的欧共体的宗旨中包括了“各成员国保证在共同市场的竞争不受扭曲”。其第 85 条规定的是关于限制性贸易协定。第 86 条是关于滥用支配地位的规定。第 87 条是为使条约原则得以实施而规定对有关文件的适用。此外，第 90 条还规定国有化工业部门应服从共同市场竞争规则，它们被视为同私营企业处于同等竞争地位，但“受托从事公共经济利益服务经营的企业，或具有依靠财政收入设立的一般性质的企业”可以除外。

反垄断立法自第二次世界大战后出现了明显的国际化趋势。除表现在国际性和区域性条约的出现和国际间协调行动的加强外，各国的国内立法在反垄断和限制竞争的标准和其他许多做法上也更加趋同。

我国 1949 年以后，基本上不存在私人企业的垄断；1956 年以后甚至连各种私营经济也已基本消失。这时实行社会主义公有制，国有经济长期控制着除农业以外的国民经济各部门和行业，实行高度集中的计划经济体制，社会经济运行主要是靠指令性计划调节而不是靠市场机制。排斥和扭曲价值规律的，与其说是国有经济的垄断，不如说是国家计划使然，因此，当时人们完全没有反垄断的意识。20 世纪 70 年代末开始了经济体制改革，逐渐缩小指令性计划调节的范围，重视恢复和加强价值规律和市场调节机制的作用，在一定范围和程度上允许或鼓励竞争。某些行业中国有企业的垄断及其产生的种种弊端开始显露。国家采取了鼓励多种经济成分发展并允许非国有经济成分参与某些领域竞争的政策。其明显的例证是在商业流通领域、服务行业、建筑业、城市公共交通等方面，开始打破国有企业一统天下的局面。但在中国，即使就国有企业而言，其生产社会化程度也并不高。由于改革促进了经济发展，企业普遍产生扩大经营规模、发展各种形式的经济联合的要求。早在 60 年代中期我国就曾试办过一批工业托拉斯公司。80 年代，国家颁布了许多促进经济联合的法规，如 1980 年国务院发布的《关于推动横向经济联合的暂行规定》，1984 年中共中央《关于经济体制改革的决定》中关于经济联合的规定，1986 年国务院发布的《关于进一步推动横向联合若干问题的规定》等。国家对于企业的政策倾向主要不是反垄断，而是鼓励和扶助规模经济的发展。这种政策倾向即使在后来一段时间仍不会有大的改变。但是，随着市场经济的发育，国有企业在许多行业的垄断及由此而产生的对于自由公平竞争的妨害逐渐显露；民间经济的垄断也逐渐出现。

在我国进入国际市场后，国际上通行的反垄断规则必然对我国发生制约和影响，这些情况促使国家逐渐重视制定这方面的法律。90 年代初，国家已开始酝酿起草我国的反垄断法。1993 年颁布的《反不正当竞争法》中，第 6 条（公用企业垄断）、第 7 条（行政性垄断）、第 11 条（低价销售）、第 15 条（串通投标）的规定属于反垄断内容。2007 年 8 月全国人大常委会终于通过了《中华人民共和国反垄断法》，并于 2008 年 8 月 1 日起正式实施。

反不正当竞争法律制度的形成，可追溯到 1850 年的法国。当时法国法院在法国民法典包含的一般性条款（第 1382 条）的基础上，制定了此种制度，实施不正当竞争行为人应当承担损害赔偿责任。对各国反不正当竞争立法影响最大的是《保护工业产权巴黎公约》。1900 年在修订该公约时，增加了反不正当竞争条款（第 10 条之 2），它规定："本公约的所有国民在本联盟的所有成员国内，应享有授予其国民反对不正当竞争的权利。"后来的修订则进一步明确规定："凡在工商业活动中违背诚实惯例的竞争行为，即构成不正当竞争。"巴黎公约的规定为其 100 多个成员国确立反不正当竞争制度提供了依据，推动了各国的国内立法。①

各国反不正当竞争的国内立法形式，有些依据的主要是民法的侵权行为法，此外也颁布其他一些调整某种不正当竞争行为的单项法。如前面提到的法国，其民法典中的条款至今仍是其反不正当竞争的主要法律基础。

德国早在 1896 年就制定了《反不正当竞争法》，并于 1909 年颁布新的《反不正当竞争法》。

希腊于 1913 年制定《反不正当竞争法》。1923 年奥地利制定了《联邦不

---

① 按该公约第 10 条之 2 第 1 款规定，"本联盟成员国有义务对各该国国民保证给予制止不正当竞争的有效保护"。

正当竞争法》。1926年波兰制定了《制止不正当竞争法》（波兰现行《制止不正当竞争法》是1993年制定的）。1931年瑞典制定了《不正当竞争法》。1934年日本制定了《不正当竞争防止法》。韩国1986年制定了《不公平竞争防止法》。瑞士1986年制定了《联邦反不公平竞争法》。

由于反垄断法与反不正当竞争法既有区别，又有联系，有些法律规范在性质上有所交叉，所以在各国立法实践中，存在三种立法体例：在采取法典化的国家中，有采取将反垄断法与反不正当竞争法分别立法的，有采合并立法的；在不采取法典化的国家，它们的竞争立法由多部法律规范性文件组成。日本和德国是分别立法的典型代表。日本于1934年施行《不正当竞争防止法》，1947年又颁布《禁止私人垄断法》。德国1909年施行了《反不正当竞争法》，1957年又另颁布《反限制竞争法》。采合并立法的典型代表是匈牙利的《禁止不正当竞争法》，该法共8章，其中第1、2章属反不正当竞争规范，第3、4、5章属反垄断法规范。

在不采取法典化而分别颁布多部单行法的国家，有些法律主要属于反垄断法规范，有些法律则主要为反不正当竞争法律规范。例如，在美国主要的一些反托拉斯法中，除多数属于反垄断法外，其《联邦贸易委员会法》等法律中就有许多反不正当竞争的法律规范。该法第5条规定：商业中或影响商业的不公平的竞争方法是非法的；商业中影响商业的不公平或欺骗性行为及惯例是非法的。英国的竞争法也由多部法律组成，其中主要属于反垄断法，但也有些法律主要属于反不正当竞争法规范的性质，如1973年的《公平贸易法》。

二、市场障碍排除法的制度体系

市场障碍排除法主要包括反垄断法和反不正当竞争法。此外还有消费者权益保护法、产品责任法。在有些国家，由于市场不够发达，国家还担负着组织、培育市场体系的任务，并为此制定许多有关完善市场体系的各种基础性规则。市场基础性规则许多属于民商法性质或行政法性质，但也有些具有经济法性质，例如产品质量法，它从产品质量标准、质量认证、生产许可证、产品质量责任等方面，为市场交易和竞争提供基础性规则，也属于市场规制法体系。下面主要简单介绍反垄断法与反不正当竞争法的制度体系。

（一）反垄断法律制度

反垄断法律制度是市场障碍排除法的核心，也是整个经济法体系中重要和最早形成的法律制度。自从19世纪与20世纪之交美国颁行反托拉斯法以来，如今绝大多数国家建立和不断完善了这种法律制度。

国家反对垄断，必须明确法律应予规制的对象，即要反对哪些垄断和限制性行为，哪些可以不予反对，即法律适用除外或者豁免，其中的标准和界限应如何确定；应由哪些机关负责和主管反垄断工作，它们的职权和责任怎样，如何分工和配合；对法律应予规制的行为如何处理，法律后果和责任形式怎样；反垄断法实施程序怎样，等等。反垄断法对上述问题必须一一作出规定，这是各国反垄断法的基本内容，形成反垄断法的基本制度体系。

反垄断法律制度主要包括下列基本方面的规定：1. 反垄断法规制对象；2. 适用除外制度和豁免制度；3. 主管机关；4. 实施程序；5. 处罚；6. 域外适用等。

（二）反不正当竞争法律制度

现代反不正当竞争法律制度是在传统民法的普通侵权法和工业产权制度基础上发展起来的。现代社会的市场竞争日益激烈，不正当竞争手段日益多样化，仅依靠传统法律制度难以有效处理。例如误导广告、侵犯商业秘密，便不好适用传统工业产权法。反不正当竞争法提供了新的更加完备的保护，确定了新的法律制度。

反不正当竞争法律制度主要包括下列基本方面的规定：1. 关于不正当竞争行为的标准和类别；2. 主管机关；3. 实施程序；4. 处罚。

各国除制定反不正当竞争法以外，在其他法律中也有一些反不正当竞争的条款，后者如知识产权法、产品质量法和产品责任法、消费者权益保护法等。这些法律中有关反不正当竞争的规定，也属于反不正当竞争法律制度体系范畴。

复习思考题

1. 试述市场障碍排除法（市场规制法）的经济法属性。
2. 试述市场障碍排除法（市场规制法）在经济法体系中的地位。
3. 简述反垄断法的制度体系。
4. 简述反不正当竞争法的制度体系。

第七章 反垄断法

第一节 反垄断法概述

一、反垄断法的概念和特征

（一）反垄断法的概念

垄断（Monopoly）是指单独的卖者，意味着没有其他人能够生产或销售他的产品或替代品。① 垄断只是一个或少数几个公司独占某种商品或服务的一种市场结构，其本身是一个中性概念，并不涉及价值判断。经济学者更注重分析垄断的事实状态以及对市场效率的影响。与垄断相应的概念是"竞争"。在经济学看来，竞争也是一种市场结构，有完全竞争和不完全竞争之分。而微观经济学的一个基本观点就是竞争优于垄断，因为竞争往往会导致资源配置更有效率。在不完全竞争市场结构中，市场竞争经常会受到排除和限制。而为了恢复和维持有效竞争，保障市场的可竞争性，国家会制定并实施反垄断法（Antimonopoly law）。

一般认为，反垄断法是反对限制、排除竞争，维护自由竞争和公平竞争，以保障经济活力的法律规范的总称。反垄断法作为市场经济体制国家的基本法律制度，在市场经济国家法律法规体系中占有十分重要的位置。反垄断法作为市场经济国家调整市场结构，规范市场行为，促进竞争的一项基本法律制度，几乎涉及所有经济领域和所有经济活动，它为经济的各个部门和各个方面的立法提供了一般性的依据，又以其原则规定弥补了各个部门和各个方面立法可能存在的不足，特别是它从根本上维持了整个国家的市场结构和市场秩序，使竞

---

① ［美］保罗．A. 萨缪尔森、威廉·D. 诺德豪斯：《经济学》，高鸿业译，中国发展出版社 1992 年版。

争机制的作用得以有效发挥，促使社会经济健康发展。①

基于历史、传统等因素影响，反垄断法立法体例在各国有不同的表达形式。主要有三：一是松散式的立法体例，美国是其代表。在美国，反垄断法基本框架主要有《谢尔曼法》、《克莱顿法》、《联邦贸易委员会法》以及部分法案、司法部与联邦贸易委员会联合颁布的具有指导意义和说明意义的指南构成。而在此基础之上是一百年来司法实践所累积的无数判例。可见，美国反垄断法是以数个制定法和一些法案为主轴，周围是无数的判例群的大体系。二是反垄断单独立法，即反垄断与反不正当竞争分别立法。德国早在1909年就制定了针对欺诈广告、商业贿赂、诋毁等不正当竞争行为的《反不正当竞争法》，后于1957年又制定《反对限制竞争法》（即《卡特尔法》），其实体内容包括垄断协议、滥用市场支配地位和经营者集中等内容，这是德国反垄断法的主要构成部分。日本、韩国等国也是类似立法体例。三是反垄断与反不正当竞争合并立法。南斯拉夫于1974年制定的《防止不正当竞争和反垄断协议法》开创了反垄断与反不正当竞争合并立法的先河，合并立法已经成为当今世界范围内竞争立法的主流趋势。② 具体代表有加拿大1985年制定的《竞争法》，法国1986年制定的《公平交易法》，俄罗斯1990年制定的《关于在商品市场中竞争和限制垄断活动的法律》等。

反垄断法在各个国家和地区的称谓并不一致。美国一般称为“反托拉斯法”，德国一般称为“卡特尔法”，日本称为“禁止垄断法”，法国称为“公平交易法”，加拿大、瑞典等国称为“竞争法”，而我国立法则直接称为“反垄断法”。

（二）反垄断法的特征

1. 政策性。反垄断具有强烈的政策性，以至于反垄断法被称为反垄断政策。这可以从世界各国反垄断法的立法指导思想看出。我国《反垄断法》第4条规定：“国家制定和实施与社会主义市场经济相适应的竞争规则，完善宏观调控，健全统一、开放、竞争、有序的市场体系。”这表明我国反垄断法的重要任务就是要以健全统一、开放、竞争、有序的市场体系为目标，恰当地处理

① 吴汉洪：《垄断经济学》，经济日报出版社2008年版。

② 王艳林：《再论中国竞争法立法体例之选择》，载《贵州警官职业学院学报》2004年第2期。

好竞争政策与产业政策等宏观调控政策的关系。有学者认为竞争法或反托拉斯法“是与经济政策紧密相关的法律领域，因而并不是特别适合于司法推理”。①

2. 程序依赖性。反垄断法发展到现代的重要特征之一，就是在实体规则之外另立详尽的行政执法和司法程序，反垄断法的实施活动对规则的依赖性逐渐由实体转向程序。这主要体现在实体规则的简化与程序规则的完善，执法程序日益具体细化并具有了相对的独立性以及对执法者的程序性约束成为现代反垄断法的重要内容。②

3. 国际趋同性。反垄断法首先是在美国、西欧等市场经济比较发达的国家和地区确立和发展起来的。经过一百多年的发展，反垄断法已从个别国家走向了全世界，目前全世界已有一百多个国家和地区制定了反垄断法。作为市场经济的基本法，反垄断法直接反映、体现着市场竞争的客观规律，世界各国反垄断法在立法理念、总体框架、主要规范等方面大体上是一致的，表现出较强的国际趋同性。与此同时，反垄断法的国际协调与合作也在不断加强。

4. 理论性、专业性和技术性。总的来讲，反垄断法与经济学具有非常密切的联系。可以说，相关的经济学理论是反垄断法的重要理论支撑和反垄断法实施的重要分析工具。经济学在反垄断法中的应用不是一种时尚，它是区分市场中正常的竞争行为和反竞争行为的必不可少的鉴别工具。③ 另一方面，不同产业领域的产品结构、市场结构和发展模式等方面都有相当大的差异，所以对不同产业领域竞争状况的评估和垄断价值的判断就必须紧密依靠各行业的专业知识和技术工具。

二、反垄断法的主要内容

世界各国反垄断法的主要内容和基本框架存在一致性，实体制度基本上都包括垄断协议、滥用市场支配地位和经营者集中三个方面。这三个方面内容被称为反垄断法的三大支柱或者三大基石。

1. 垄断协议是指排除、限制竞争的协议、决定或者其他协同行为。垄断

---

① ［英］约翰·亚格纽：《竞争法》，徐海等译，南京大学出版社 1992 年版，第 18 页。

② 焦海涛：《论现代反垄断法的程序依赖性》，载《现代法学》2008 年第 1 期。

③ ［美］J.E. 克伍卡，L.J. 怀特：《反托拉斯革命——经济学、竞争与政策》，林平、臧旭恒译，经济科学出版社 2007 年版，第 3 页。

协议包括横向垄断协议和纵向垄断协议，前者如分割销售市场或者原材料采购市场，后者如限定向第三人转售商品的最低价格。垄断协议具有排除、限制竞争的影响，因而成为反垄断法规制的对象。

2. 滥用市场支配地位是指拥有在相关市场内具有能够控制商品价格、数量或者其他交易条件，或者能够阻碍、影响其他经营者进入相关市场能力的市场地位的经营者实施排除、限制竞争的行为。如搭售、差别待遇等。滥用市场支配地位具有排除、限制竞争的影响，因而成为反垄断法规制的对象。

3. 经营者集中是指经营者合并、经营者通过取得其他经营者的股份、资产以及通过合同等方式取得对其他经营者的控制权，或者能够对其他经营者施加决定性影响的情形。经营者集中，会直接导致相关市场上竞争主体减少、竞争资源重新组合和市场份额重新分配。这一市场结构的变化，会产生或强化市场支配地位，使滥用市场支配地位成为可能，进而威胁到有效的市场竞争。因此，建立对经营者集中控制制度成为各国反垄断法的重要内容。

我国《反垄断法》与世界各国反垄断立法保持一致，在第3条规定本法规定的垄断行为包括：经营者达成垄断协议；经营者滥用市场支配地位；具有或者可能具有排除、限制竞争效果的经营者集中。另外，我国反垄断法在规定上述三种典型的垄断行为的同时，还规定了行政垄断行为。第8条规定："行政机关和法律、法规授权的具有管理公共事务职能的组织不得滥用行政权力，排除、限制竞争。"并在第五章对滥用行政权力，排除、限制竞争行为做了进一步的规定。因此，滥用行政权力，排除、限制竞争行为也是我国反垄断法规制的对象。

虽然反垄断法中的实体制度是非常重要的，但是它并不是反垄断法的全部内容。反垄断法法律制度的完整内容由实体制度和反垄断法的实施制度两个部分构成。这里所说的实施制度是指上述反垄断法实体制度以外的其他制度，主要包括反垄断法的实施机制、反垄断法的程序规则与责任规则以及反垄断法的适用除外制度与域外适用制度等内容。我国《反垄断法》在实施制度方面的规定比较简单，尤其是反垄断法程序规则和责任规则方面的规定非常笼统。这对于我国《反垄断法》实体制度的实施将会产生不利影响，亟需加以完善。

三、反垄断法的产生与发展

（一）反垄断法的产生

反垄断思想古已有之，《唐律疏议·杂律》（总第421条）规定："诸卖买不和，而较固者取，及更出开闭，共限一价。若参市而规自入者，仗八十。已得赃重者，计利，准盗论。”就是说如果一方强迫另外一方买或者卖，商贩们串通一气，哄抬物价或压低买价以获非法所得，也要按此规定惩处。① 古罗马时期的《粮食买卖法》也有限制粮行密谋提价的规定。近代以来，17 世纪初英国判例就形成了“因限制贸易而获得的利益不受保护”的普通法原则，该原则被用来禁止对贸易实施限制的行为。② 到 18 世纪以后，大陆法系各国民法典、商法典以及单行法中都能找到有关反垄断和反不正当竞争的法律规定。如法国 1791 年颁布的《沙彼利耶法》就有关于“反对组成卡特尔和其他限制竞争措施”的规定。《意大利民法典》第 2598 条至第 2601 条对不正当竞争的制止做了相应规定，其中不正当竞争行为包括混淆、诋毁以及虚假陈述等。③ 另外，法国民法典、德国民法典也有类似规定。

1890 年美国《保护贸易和商业不受非法限制与垄断侵害法》（即《谢尔曼法》）标志着现代意义上反垄断法的产生。在美国，随着内战的结束，国内统一市场逐步形成，经济迅速发展。与此同时，市场的扩大也推动了托拉斯组织的产生。到 19 世纪七八十年代，托拉斯组织已经控制了美国许多经济领域。如 1879 年成立的美孚石油公司就是美国石油业第一个托拉斯。产业过度集中不仅导致了产品质量低下而价格高昂，还使得市场竞争失去活力，从而威胁到资本主义存在的基础——自由竞争市场体制。于是，19 世纪 80 年代开始美国就爆发了抵制托拉斯的大规模群众运动，最终导致了 1890 年《谢尔曼法》的产生。但是，《谢尔曼法》本身仅确立了反垄断的几个基本理念和框架，后来美国于 1914 年又制定了《克莱顿法》和《联邦贸易委员会法》以弥补《谢尔曼法》的不足，对垄断行为作出较为明确的规定，并确立联邦贸易委员会为反垄断专门行政执法机构。这三部成文法构成了美国反垄断法的核心。

随着“二战”的结束，全球经济恢复发展，市场经济体制也在全球范围内兴起。由于市场经济体制本质上对自由竞争和公平竞争的要求，加之美国反垄断立法的影响，资本主义发达国家掀起了反垄断立法的高潮。日本于 1947 年制定了《禁止私人垄断及确保公正贸易法》，并接着于同年和 1948 年制定了《经济力量过度集中排除法》和《财阀同族支配力量排除法》。英国于 1948 年制定了《独占及限制行为调查管制法》，并于 1956 年制定《限制性贸易措施法》。德国于 1957 年制定《反对限制竞争法》，即《卡特尔法》。西班

① 钱大群：《唐律研究》，法律出版社 2000 年版。

② 曹士兵：《反垄断法研究》，法律出版社 1996 年版，第 34 页。

③ 何勤华等：《意大利法律发达史》，法律出版社 2006 年版，第 267 页。

牙、瑞士、荷兰、比利时、丹麦等欧洲国家也纷纷于20世纪五六十年代制定了反垄断法。

20世纪下半叶以来，不仅发达国家有强化反垄断法趋势，发展中国家也开始注重反垄断政策与反垄断法。俄罗斯、乌克兰、捷克、匈牙利等中东欧国家于20世纪90年代初都纷纷制定了反垄断法。亚洲的韩国于1980年制定了《限制垄断及公平交易法》，我国台湾地区也于1991年制定了“公平交易法”。印度、墨西哥等国也对反垄断法进行修订，以更好地维护市场竞争。如今，反垄断法已在世界范围得到确认。据统计，至2008年全世界已经有100余个国家制定了反垄断法。

（二）反垄断法的发展趋势

20世纪下半叶以来，市场经济体制在全球范围得到普遍承认并逐步确立，经济区域化和经济全球化趋势明显，众多新经济现象不断出现。与此同时，反垄断法也得到长足发展以适应新的经济形势。当今，反垄断法体现出以下发展趋势：

1. 反垄断法从幕后走到前台

反垄断法被称为“达摩克利斯之剑”，主要是指反垄断法的威慑作用。其实，整体观察世界各国反垄断立法，在反垄断法制定初始，反垄断法确实只是发挥了威慑作用。而随着市场经济体制的不断完善和政府管制政策方向的转变，反垄断法已从幕后走到了前台。这在日本和美国表现得十分明显。纵观日本竞争政策演化的过程，其前期软弱的竞争政策适应了日本经济当时掺有大量非市场因素的社会背景，是经济复兴和赶超发达国家的需要；后来强化的竞争政策则适应了日本已相当成熟完善的市场经济体制和市场经济全球化的要求，为日本经济可持续健康发展提供了保障。在美国，反垄断法初始也没有发挥太大的作用，而当进入20世纪后托拉斯垄断组织严重阻碍市场竞争机制时，反垄断法开始得到重视，并得到有效实施。

2. 反垄断法从个别国家走向全世界

反垄断法初始是在市场经济发达的国家和地区确立和发展起来的。一百年来，随着市场经济的全球化，反垄断法已经在世界范围内得到确立。“二战”前后，各主要资本主义国家基本都制定了较为完善的反垄断法。20世纪下半叶以来，新兴经济体国家和发展中国家纷纷制定反垄断法。据统计，至2008年全世界已经有一百多个国家和地区制定了反垄断法。反垄断法从个别国家走向全世界是市场经济体制在全球范围内得到普遍确立的必然结果。

3. 反垄断法的区域化和国际化

随着市场经济的区域化和国际化，反垄断法也表现出区域化和国际化趋向。

反垄断法区域化的典型代表是欧盟。欧盟反垄断法的基本依据是1957年的《罗马条约》，即《建立欧洲共同体的条约》。《罗马条约》第3条要求建立一套以保证共同市场内竞争不受歪曲的制度，以建立单一的共同体市场，实现商品、资本、劳务等生产要素在共同市场的自由流通。该条约第81条是关于限制性协议的规则。第82条是禁止一个或多个企业在经济共同体的实质部分滥用市场优势地位的规则。欧盟理事会于1989年制定的《欧洲经济共同体企业合并控制法》对经营者集中问题作了详细规定。至此，欧盟反垄断法的实体性规范的基本内容确立下来。另外，欧盟理事会确立欧盟委员会竞争局为欧盟反垄断法的执法机构，并对执法权限、法律救济以及执行程序等问题作了详细规定。半个多世纪以来，欧盟竞争主管机构不断出台相关的实体性和程序性规定、指南，经过不断地丰富与发展，欧盟反垄断法律制度已经形成一个庞大而完善的体系。

反垄断法在国际领域的合作最早可追溯到1883年《保护工业产权的巴黎公约》。而1948年的《国际贸易组织宪章》（即《哈瓦那宪章》）被认为是在世界范围内规制垄断行为的第一次尝试。联合国与经济合作组织（OECD）也一直为反垄断法的国际协调努力。1984年联合国贸易与发展委员会制定了《消除或控制限制性商业惯例法律范本》，经济合作组织（OECD）下设了“竞争法及竞争政策委员会”来专门负责成员国之间反垄断法协调问题，并制定了《竞争法的基本框架》。世界贸易组织（WTO）为反垄断法的国际合作开创了新局面，虽然谈判多次受阻，但在WTO框架内各成员国就反垄断法的国际合作取得长足进展，是可以期待的。① 还有，从诸如国际竞争网络（ICN）②等专门探讨、协调国际反垄断法的非政府组织的出现即可看出反垄断法强劲的

① 刘宁元等：《国际反垄断法》，上海人民出版社2009年版，第37页。

② 国际竞争网络（International Competition Network，简称ICN）是于2001年10月来自14个国家和地区的高官共同发起成立的非正式组织，目的是解决反垄断执法和政策问题，促进反垄断政策在世界范围内更为有效地运行，保护消费者和经营者的利益。ICN每年召开年会，各成员国竞争主管机关就其面临的问题进行交流并就竞争执法的国际合作问题进行对话。ICN目前已有77个成员国，86个成员方。国际竞争网络下设合并、资金、成员、能力建设与竞争政策、垄断行业中的反垄断、运作框架等六个工作组。此外，ICN与OECD、WTO、UNCTAD等国际组织、反垄断经济和法律事务工作者、消费者协会以及学界保持密切联系。

国际化趋势。

4. 新经济形态给反垄断法注入了新的活力

随着知识经济规模的不断壮大，知识产权越来越受到立法重视。与此同时，滥用市场支配地位、垄断协议乃至非法集中等垄断行为也多通过滥用知识产权途径而实现。目前，世界各国反垄断法都对滥用知识产权排除、限制竞争行为作了规定。另一方面，随着生产与服务的规模化，标准已经成为市场竞争的有力工具。然而，滥用标准实施排除、限制竞争的行为也不断出现，特别是滥用事实标准和私营标准排除、限制竞争行为已经受到发达国家和地区反垄断法的关注。因此，知识产权和标准对反垄断法提出了新的挑战，这也将促进反垄断法相关规则和制度的改进与完善。

第二节 反垄断法的实体制度

一、垄断协议

（一）垄断协议的概念和特征

垄断协议是指以排除、限制竞争为目的，或者具有排除、限制竞争内容或后果的明示或默示的协议、决定或者其他协同行为。① 可见，垄断协议的内涵包括两个因素，一是在行为方式上是两个或两个以上的经营者共同实施，二是在行为结果上对相关市场竞争产生了排除、限制的影响。

垄断协议有以下四个特征：

1. 垄断协议实施的主体是多元的，即有两个或者两个以上的经营者。
2. 垄断协议是通过协议、决定或者其他方式达成的。
3. 垄断协议表现为经营者共同实施的行为。
4. 垄断协议具有排除、限制竞争的效果。

须说明的是，垄断协议在产业组织理论中被称为“合谋”或“卡特尔”，而在各国反垄断立法中，垄断协议有不同的称谓。如在美国称为“竞争者合谋”，在德国称为“卡特尔”，在日本称为“不当交易限制”，等。我国《反垄断法》第13条第2款规定：“本法所称垄断协议，是指排除、限制竞争的协议、决定或者其他协同行为。”

① 种明钊：《竞争法》，法律出版社2008年版。

（二）垄断协议的类型

依据企业所处的生产或销售环节来划分，垄断协议包括横向垄断协议和纵向垄断协议。

1. 横向垄断协议

横向垄断协议是指在生产或销售过程中处于同一阶段的企业之间订立的关于购买、销售特定商品或服务的限制竞争协议。① 经济理论表明，横向垄断协议对市场竞争的危害程度通常远远高于纵向垄断协议，因此其成为各国反垄断立法关注的重点。我国《反垄断法》第13条第1款规定禁止具有竞争关系的经营者达成相关的垄断协议。横向垄断协议表现形式有以下情形：

（1）横向限制价格行为，即价格卡特尔。横向限制价格行为是指具有竞争关系的经营者联合固定或变更商品价格的行为。一般认为，横向限制价格行为对竞争危害最大，因为它歪曲了调节市场资源配置的基本工具——价格机制。

（2）横向限制产量行为，即产量卡特尔。横向限制产量行为是指具有竞争关系的两个以上的经营者合谋限定商品的生产数量或销售数量。

（3）横向分割市场行为，即分割市场卡特尔。横向分割市场行为是指具有竞争关系的两个以上的经营者共谋划分产品销售市场或者原材料采购市场。分割市场包括分割交易地区和分割交易对象。

（4）联合抵制交易行为，即集体拒绝交易行为。联合抵制交易行为是指竞争者之间联合起来不与其他竞争对手、供应商或者客户交易的行为。

（5）串通招投标行为。串通招投标行为是指在招标、投标活动中，投标人之间或招标人和投标人之间恶意串通，以不正当的手段排挤、限制竞争，危害其他招投标活动参与人利益的行为。

（6）限制技术进步行为。限制技术进步行为是指具有竞争关系的经营者共谋限制购买新技术、新设备或限制开发新技术、新产品。滥用知识产权而排除、限制竞争并因此限制技术进步的行为也毫无例外地适用反垄断法予以禁止。②

2. 纵向垄断协议

① 于立、吴绪亮：《产业组织理论与反垄断法》，东北财经大学出版社2008年版，第30页。

② 种明钊：《竞争法》，法律出版社2008年版。

纵向垄断协议指处于不同生产或销售阶段的企业之间订立的关于购买、销售特定商品或服务的限制竞争协议。纵向垄断协议包括纵向价格垄断协议和纵向非价格垄断协议。我国《反垄断法》第14条规定禁止经营者与交易相对人达成相关的垄断协议。

(1) 纵向价格垄断协议是指经营者与交易相对人达成协议，固定或者限定交易相对人向第三人转售商品的价格。纵向价格垄断协议一般有以下几种形式：固定转售价格，限定最低转售价格，限定最高转售价格，限定转售价格区间，限定交易相对人的定价权，默示限定转售价格等。

(2) 纵向非价格垄断协议是指所有不涉及价格成分的其他纵向垄断协议。如排他性交易行为、选择性交易行为。

3. 行业协会垄断协议

行业协会是由同一行业的经营者组成，以保护和增进全体成员的共同利益为目的的一种社会组织。行业协会具有自治性、利益性和非营利等特征，一方面行业协会对市场竞争有积极促进作用，但同时又可能被利用作为限制或排除竞争的工具。行业协会垄断是指行业协会以协会决定、章程、活动、共同行为等为手段，旨在排除、限制会员之间的竞争、会员与交易相对人之间的竞争、会员与同行非会员之间的竞争，或者实际达到了排除、限制竞争后果的行为。从实际情况来看，行业协会实施的排除、限制竞争行为，主要是组织本行业的经营者实施达成垄断协议，特别是固定或者变更价格、划分市场等横向垄断协议，这是由行业协会的特点和功能决定的。因此，世界各国反垄断立法一般都将行业协会反竞争行为的重点集中在垄断协议上。

《欧共体条约》第81条规定，影响成员国间贸易，并以限制、阻碍、扭曲竞争为目的或有此效果的"企业间的协议、企业协会的决议、一致行动"，均与共同市场不相容而被禁止。在美国，1914年的硬木公司诉美国政府案①中，原告木材零售商协会发布一个决议规定，如果木材批发商从事零售业务，则将会被列入"黑名单"，全体协会成员均不得从它那里购买木材。联邦最高法院认定该行为意在阻止批发商在零售环节与协会成员进行竞争，违反了《谢尔曼法》规定。我国《反垄断法》第16条规定行业协会不得组织本行业的经营者订立具有排除、限制相关市场竞争效果

① See Eastern States Retail Lumber Dealers Ass'n v. United States, 234 U. S. 600 (1914).

的垄断协议。

另外，垄断协议依据不同的标准有不同的种类。依据参与垄断协议的意思表达形式划分有明示型垄断协议和默示型垄断协议；依据垄断协议主体是否具有营利性划分有营利性组织实施的垄断协议和非营利性组织实施的垄断协议，等等。

（三）垄断协议的反垄断法规制

1. 垄断协议适用的原则

在美国，在长期的反垄断司法实践中逐步形成了本身违法原则和合理原则，这两个原则是判断垄断协议是否违法的基本原则。本身违法原则是指只要经营者实施了特定垄断协议，无须再考虑该协议可能存在的其他因素，而直接认定该协议具有违法性。本身违法原则一般主要适用于对市场竞争产生严重影响，且难以对社会和经济发展产生任何积极价值的垄断协议。本身违法原则一方面简化了反垄断执法与司法的程序，节约了社会成本，提高了认定经营者行为违法性的效率；另一方面由于过于绝对，一定程度上忽略了经济生活的复杂性和多样性，可能会损害反垄断执法的公平与正义。合理原则是指判断经营者实施的垄断协议行为，要在具体分析经营者行为的目的、行为方式以及行为后果的基础上，作出经营者行为是否违法的判断。相对来讲，适用合理原则对经营者达成垄断协议的违法性进行判断，更为准确和公正。但由于反垄断执法机构和司法机关的自由裁量权过大，也容易导致反垄断执法和司法的不公。

从反垄断法发展的历史和趋势来看，合理原则越来越广泛地得到认可，适用范围越来越大。随着反垄断经济理论的发展与完善，反垄断法更加注重经济分析方法的运用，经营者达成垄断协议的行为可能具有多方面的经济效果，需要对经营者达成的垄断协议进行具体分析，才能最终确定其是否具有违法性。

2. 垄断协议的豁免

垄断协议的豁免是指经营者之间的协议、决议或者其他协同行为在某些方面的有益作用大于其所造成的限制竞争的后果，允许以特定程序使其免受反垄断法制裁的法律制度。垄断协议的豁免制度为多数国家反垄断立法所确立，其中豁免的形式有类型豁免和个案豁免。通常能够得到豁免的垄断协议包括：合理化卡特尔、标准化卡特尔、专业化卡特尔、公共利益卡特尔、中小企业卡特尔、结构危机卡特尔、进出口卡特尔等。

我国《反垄断法》对垄断协议并没有明确规定适用本身违法原则还是合理原则，而是采取了类型豁免的方式。《反垄断法》第 15 条第 1 款规定经营者能够证明所达成的协议属于特定情形之一的，不适用《反垄断法》第 13 条、第 14 条的相关规定。这些特定情形包括：为改进技术、研究开发新产品的；为提高产品质量、降低成本、增进效率，统一产品规格、标准或者实行专业化分工的；为提高中小经营者经营效率，增强中小经营者竞争力的；为实现节约能源、保护环境、救灾救助等社会公共利益的；因经济不景气，为缓解销售量严重下降或者生产明显过剩的；为保障对外贸易和对外经济合作中的正当利益的以及法律和国务院规定的其他情形。同时，还对经营者的举证责任问题作了规定。《反垄断法》第 15 条第 2 款规定：属于前款第一项至第五项情形，不适用本法第 13 条、第 14 条规定的，经营者还应当证明所达成的协议不会严重限制相关市场的竞争，并且能够使消费者分享由此产生的利益。

3. 垄断协议的法律责任

对被判定违法的垄断协议，反垄断执法机构或司法机关会根据垄断协议限制竞争的程度以及其所带来的效益，在衡量不同利益的基础上适用不同的制裁办法。制裁措施除了一般的民事责任、行政责任以外，美国、日本、英国、加拿大以及我国台湾地区的反垄断法还规定了刑事责任。我国台湾地区“公平交易法”对垄断协议规定了有期徒刑、拘役、单处或并处罚金等形式的刑事责任。

我国《反垄断法》第 46 条第 1 款规定了经营者实施垄断协议的行政法律责任，即经营者违反本法规定，达成并实施垄断协议的，由反垄断执法机构责令停止违法行为，没收违法所得，并处上一年度销售额 1% 以上 10% 以下的罚款；尚未实施所达成的垄断协议的，可以处 50 万元以下的罚款。第 2 款规定了责任的宽恕问题，即经营者主动向反垄断执法机构报告达成垄断协议的有关情况并提供重要证据的，反垄断执法机构可以酌情减轻或者免除对该经营者的处罚。第 3 款规定了行业协会的法律责任，即行业协会违反本法规定，组织本行业的经营者达成垄断协议的，反垄断执法机构可以处 50 万元以下的罚款；情节严重的，社会团体登记管理机关可以依法撤销登记。

二、滥用市场支配地位

（一）相关市场和市场支配地位

1. 相关市场

如何界定相关市场是至关重要的。相关市场是认定经营者的市场地位，进而判定经营者市场行为性质的基础与前提。相关市场理论是由美国反托拉斯法的判例发展起来的，随后在各国的反垄断实践中不断得到发展与完善。一般认为要从产品、地域和时间等三个方面来界定相关市场的内涵。

相关产品市场是指同类产品或具有替代关系的产品的范围。判定数个产品之间是否属于同一产品市场的关键是分析产品之间的可替代性。这需要考量以下因素：产品的用途和功能、产品的价格、产品的交叉需求弹性以及消费者对产品的依赖程度等。相关地理市场是指同类产品或者替代关系很强的产品之间相互竞争的地理范围。如果同类产品在不同的地理市场进行生产与销售，那么由于地理空间因素的阻碍，它们之间便不存在直接的竞争关系。在反垄断法上，相关地理市场一般被界定为一个国家的全部或者部分领域。需要指出的是，随着经济全球化趋势日益加强，越来越多产品的相关市场的界定要考虑更多的国际因素。判定相关地理市场主要考量两个因素：一是产品的运输费用，这是决定相关地理市场范围大小的重要因素；二是不同区域之间的差异，包括产品价格差异、产品进入壁垒差异、消费者偏好差异等。相关时间市场是指相同或者具有较强可替代性的产品在同一地域范围内相互竞争的时间范围。相关时间市场并不是界定相关市场的决定性因素，但是时间的变化可能会导致相关产品市场和相关地理市场的变化。

我国《反垄断法》第 12 条规定的相关市场是指经营者在一定时期内就特定商品或者服务（以下统称商品）进行竞争的商品范围和地域范围。另外，2009 年 5 月国务院反垄断委员会制定的《关于相关市场界定的指南》对界定相关市场的作用、相关市场的含义、界定相关市场的基本依据、界定相关市场的一般方法等问题作了规定，并对关于假定垄断者测试分析思路作了相应的说明。

2. 市场支配地位及其认定

市场支配地位是指企业或者企业联合在相关市场上处于强势状态，具有控制市场价格、产量或者排除、限制市场有效竞争的能力。市场支配地位可以通过法律授权、经营者的成功经营以及经营者集中等方式获得。我国《反垄断法》第 17 条第 2 款把市场支配地位界定为经营者在相关市场内具有能够控制商品价格、数量或者其他交易条件，或者能够阻碍、影响其他经营者进入相关市场能力的市场地位。

在竞争法发展的历史进程中，关于支配地位的认定曾经有过市场结构标准、市场行为标准和市场绩效标准。市场结构标准认为判定经营者是否具有市场支配地位的关键是分析该相关市场的市场结构，也就是不同的市场竞争者在相关市场所占的市场份额比例。市场行为标准是根据经营者实

施某一市场行为时是否可以不受竞争者市场行为的影响来判定其是否具有市场支配地位，适用这一标准的前提是同一市场上的企业行为应当具有同一性。市场绩效标准是要依据经营者在相关市场的实际成果和绩效来判定。纵观世界各国反垄断法，关于认定市场支配地位的规定有两种情形：一是在反垄断法中直接规定认定市场支配地位应当考量的因素。如日本《禁止私人垄断及确保公正交易法》、德国《反对限制竞争法》以及韩国《限制垄断及公平交易法》等都对认定市场支配地位所应考量的因素作了详细规定。二是仅在反垄断法中对市场支配地位做出概念性描述，没有具体规定认定市场支配地位所应考虑的因素。但是在反垄断司法实践中，总结、归纳出相应的认定标准，并通过司法判例和反垄断法的配套指南、规定体现出来。美国、欧盟就属于这一种情形。我国《反垄断法》第 18 条对认定市场支配地位所应考虑的诸多因素作了规定。主要包括以下因素：该经营者在相关市场的市场份额，以及相关市场的竞争状况；该经营者控制销售市场或者原材料采购市场的能力；该经营者的财力和技术条件；其他经营者对该经营者在交易上的依赖程度；其他经营者进入相关市场的难易程度；与认定该经营者市场支配地位有关的其他因素。

世界各国反垄断立法中一般都有关于市场支配地位推定制度的规定。德国《反对限制竞争法》第 19 条规定，一个企业至少占有 1/3 的市场份额的，推定其具有市场优势地位。日本《禁止私人垄断及确保公平交易法》第 2 条规定，在一年内，一个事业者的市场占有率超过 1/2，或者两个事业者各自的市场占有率超过 3/4 的，则认为事业者处于垄断状态。有的国家也在反垄断司法实践中确立了推定占有较大市场份额的经营者具有市场支配地位的规则。欧盟在竞争政策报告中指出，市场占有率在 40% 及 45% 以上的经营者，容易被认定为具有优势地位。建立适当的市场支配地位推定制度可以提高执法效率，节约执法成本，而随着市场支配地位确定化，这也有利于促使经营者加强自律。我国《反垄断法》第 19 条第 1 款规定了可以推定经营者具有市场支配地位的具体情形，包括：一个经营者在相关市场的市场份额达到 1/2 的；两个经营者在相关市场的市场份额合计达到 2/3 的；三个经营者在相关市场的市场份额合计达到 3/4 的。另外，第 19 条第 2 款还规定了除外规则，即有前款第二项、第三项规定的情形，其中有的经营者市场份额不足 1/10 的，不应当推定该经营者具有市场支配地位。第 19 条第 3 款赋予了经营者举证推翻认定的权利，即被推定具有市场支配地位的经营者，有证据证明不具有市场支配地位的，不应当认定其具有市场支配地位。

（二）滥用市场支配地位行为

滥用市场支配地位行为的构成要件有三：一是主体要件，即滥用行为主体必须在相关市场上具有支配性地位。二是行为要件，即具有相关市场支配地位的企业实施了滥用行为。三是损害要件，即违法者实施的滥用行为造成了严重不良后果，产生了排除、限制相关市场竞争的效果。这三个要件是反垄断执法机构和司法机关判定某一行为是否构成反垄断法上的滥用市场支配地位行为所必须考虑的。

我国《反垄断法》第17条第1款对滥用市场支配地位行为作了例举性规定。常见的滥用市场支配地位的行为有以下几种：

1. 高卖低买，即以不公平的高价销售商品或者以不公平的低价购买商品，这属于剥削性滥用行为。这一行为在世界各国反垄断立法中受到普遍的关注。《欧共体条约》第82条（a）规定，如果占据市场支配地位的企业直接或者间接地实施不公平的购买或者销售价格或者其他不公平的交易条件，就构成了滥用市场支配地位。德国《反对限制竞争法》第19条第4款规定，如果占据市场支配地位的企业作为某种商品或者服务的供货商或者买方，提出在有效竞争条件下不可能有的报酬或者其他交易条件的，就是滥用市场支配地位行为。

2. 掠夺性定价，即没有正当理由，以低于成本的价格销售商品。这种行为的目的往往是为了排挤竞争对手，进而更有效地控制市场，谋求垄断利益。掠夺性定价虽然是世界各国反垄断法规制的主要对象，但这一行为的构成要件相当严格。掠夺性定价行为的认定一般要考虑以下构成要件，一是低于成本的定价，二是排挤竞争对手的可能性，三是获取垄断利润的可能性，四是缺乏相应的合理理由。

3. 拒绝交易，即没有正当理由，拒绝与交易相对人进行交易。选择交易对象本是经营者的基本权利，但具有市场支配地位的经营者拒绝交易行为就会对相关市场竞争产生不利影响。所以，反垄断法不能允许拥有市场支配地位的经营者将拒绝交易作为其实施销售策略的工具，而应当对其予以严格管制，以维护有效的市场竞争。典型的拒绝交易行为就是拒绝供货。拒绝供货对相关市场竞争的影响主要表现在以下几个方面，一是限制价格竞争，二是封闭销售网络，三是限制消费者购买渠道，四是限制上下游经营者的自由经营活动。

4. 搭售，即没有正当理由搭配销售商品，或者在交易时附加其他不合理的交易条件。如果搭售行为是由具有市场支配地位的经营者实施的，则被认定为是滥用市场支配地位行为。搭售并不一定具有不合理性，判定搭售是否具有合理性一般需要考虑的因素有以下几点：产品的交易习惯、搭售商品与被搭售商品的关联性、实施搭售行为经营者的市场地位以及搭售行为对相关市场竞争状况产生的影响等。

5. 差别待遇，即没有正当理由，对条件相同的交易相对人在交易价格等交易条件上实行差别待遇。差别待遇是普遍存在的一种市场营销方式，判定差别待遇行为是否合法的关键是分析交易相对人是否有选择自由。价格歧视是最普遍、危害最大的差别待遇行为，实施价格歧视的经营者对购买相同等级、相同质量产品的购买者要求支付不同的价格，或者经营者对于提供相同等级、相同质量产品的供货者支付不同的价格。

（三）滥用市场支配地位的反垄断法规制

1. 滥用市场支配地位行为的控制模式

对市场支配地位的控制模式有结构主义控制模式和行为主义控制模式。

（1）结构主义模式是从规制相关市场结构的角度出发，通过对经营者具有市场支配地位本身进行否定性评价和反垄断规制，以维护有效的市场竞争。结构主义控制模式反映出反垄断法的目标在于维护竞争性的市场结构。结构主义控制模式一般辅之以结构性的制裁措施，例如拆分具有支配性地位的大企业。结构主义控制模式遵循的是“本身为法原则”。

（2）行为主义模式并不禁止市场支配地位本身，而是禁止经营者利用市场支配地位实施排除、限制竞争的行为。行为主义模式反映出反垄断法的目标在于制裁滥用市场支配地位排除、限制竞争的行为，并不是为了维护竞争性市场结构。行为主义控制模式遵循的是“合理原则”。目前，行为主义控制模式已经成为世界各国反垄断立法的主流。

我国《反垄断法》第 6 条原则性规定具有市场支配地位的经营者，不得滥用市场支配地位，排除、限制竞争。这一规定表明，我国反垄断法对市场支配地位的控制模式采取了行为主义控制模式。

2. 滥用市场支配地位行为的法律责任

当某一行为被反垄断执法机构或者司法机关认定为是滥用市场支配地位行为时，实施这一行为的企业就会承担相应的法律责任。滥用市场支配地位行为的法律责任包括民事责任、行政责任和刑事责任。美国《谢尔曼法》第 7 条和《克莱顿法》第 4 条规定的滥用市场支配地位行为的三倍损害赔偿制度就是典型的民事责任。各国反垄断法基本都确立了滥用市场支配地位行为的行政责任，我国《反垄断法》第 47 条对滥用市场支配地位行为的行政法律责任作了规定，即经营者违反本法规定，滥用市场支配地位的，由反垄断执法机构责令停止违法行为，没收违法所得，并处上1年度销售额1%以上10%以下的罚款。有的国家反垄断法通过刑事制裁措施来制裁滥用市场支配地位行为者，根据欧盟理事会1962年第17号条例（即《17/62号条例》）第15条第2款规定，对故意或过失违反《欧共体条约》第85条第1款和第86条①的企业或企业集团处以1000欧元至100万欧元的罚金。

三、经营者集中

（一）经营者集中的概念和类型

经营者集中是指经营者合并、经营者通过取得其他经营者的股份、资产以及通过合同等方式取得对其他经营者的控制权，或者能够对其他经营者施加决定性影响的情形。② 一般来讲，经营者集中主要包括以下几种方式：狭义上的企业合并，包括吸收合并和新设合并；取得财产，即一个企业通过购买或者以其他方式取得另一企业的全部或者主要部分财产，进而达到控制该企业的行为；取得股份，即一个企业通过持有或者取得另一企业的一定数量的股份进而达到控制该企业的目的的行为；建立合营企业；订立合作合同；人事合作，即通过直接或者间接控制主要干部的人事任免可达到控制其他企业目的的行为。

根据参与集中的企业在经济中的相互关系，可以将经营者集中划分为横向集中、纵向集中和混合集中三种类型。

1. 横向集中，即生产或者销售具有可替代性产品或者服务，并且彼此处于相互直接竞争关系中的企业之间的集中。横向集中是一种最重要的集中方式，始终是世界各国反垄断法所重点关注和规制的对象。由于任何横向集中都将会减少提供产品或者服务的独立竞争者的数量，因而它已经成为大企业谋求垄断地位进而达到排除、限制竞争目的的最间接和最有效的方式。

2. 纵向集中，即同一产业中处于不同经济阶段，彼此之间不存在直接性竞争关系，但存在买卖关系的企业之间的集中。根据集中在产业链中的不同方向，纵向集中可分为向前集中和向后集中。向前集中是向其产品的下游生产链方向的集中，向后集中是向其产品的上游生产链方向的集中。纵向集中可以使未参与集中的企业处于不利的竞争地位，也可以提高进入相关市场的门槛，还

---

① 1997年的《阿姆斯特丹条约》将《欧共体条约》第85条、第86条和第87条改为第81条、第82条和第83条。

② 曹康泰：《中华人民共和国反垄断法解读——理念、制度、机制、措施》，中国法制出版社2007年版，第108页。

可能会导致价格歧视的发生。因而，纵向集中也是世界各国反垄断法的规制对象。

3. 混合集中，即生产经营的产品或者服务彼此之间没有关联的企业之间的集中，参与集中的企业处于不同的生产或者经营领域，彼此之间既没有直接的竞争关系，也没有买卖关系。混合集中有产品扩张型混合集中、市场扩张型混合集中以及纯粹混合集中。各国反垄断法对混合集中一般不予以干预，只有在有确切证据和理由认为混合集中会导致产生或者加强市场支配地位，进而严重损害相关市场竞争而又不存在豁免理由时，反垄断当局才会对其予以干预。

（二）经营者集中的申报与审查

经营者集中会直接导致相关市场上竞争主体的减少，竞争资源的重新组合和市场份额的重新分配。这一市场结构的变化会产生或强化市场支配地位，使滥用市场支配地位成为可能，也便利了卡特尔协议的形成，进而威胁到自由有效的市场竞争。因此，经营者集中控制制度成为几乎所有市场经济国家反垄断法的核心制度。经营者集中控制制度可以从申报和审查两方面来理解。

1. 经营者集中的申报

(1) 经营者集中的申报主要有两种制度：一是事前申报制度，一是事后申报制度。目前世界上大多数国家对经营者集中采取的都是事前申报制度，即要求参与集中的经营者在实施集中前向反垄断当局申报法定事项。我国采取的也是事前申报制度。我国《反垄断法》第 21 条规定经营者集中达到国务院规定的申报标准的，经营者应当事先向国务院反垄断执法机构申报，未申报的不得实施集中。

(2) 为了提高申报效率，很多国家的反垄断法确立了经营者集中申报的例外制度，即那些基本不会对相关市场竞争产生负面影响的经营者集中可以不向反垄断当局进行申报。我国反垄断法对经营者集中申报制度也作了例外规定。《反垄断法》第 22 条规定经营者集中有下列情形之一的，可以不向国务院反垄断执法机构申报：参与集中的一个经营者拥有其他每个经营者 50% 以上有表决权的股份或者资产的；参与集中的每个经营者 50% 以上有表决权的股份或者资产被同一个未参与集中的经营者拥有的。

(3) 从世界各国反垄断法规定来看，经营者集中申报标准主要有以下几种类型：第一，销售额标准。这一标准要求参与集中的企业的销售额达到一定数额，在实施集中前申报义务人须向反垄断当局申报法定事项，欧盟和德国就采用了这一标准。第二，市场份额标准。这一标准要求参与集中的企业或集中后的企业在相关市场上的市场占有率达到一定标准，在实施集中前申报义务人须向反垄断当局申报法定事项。第三，资产额标准。这一标准要求参与集中的企业的资产总额达到一定数额，在实施集中前申报义务人须向反垄断当局申报法定事项。第四，交易规模标准。这一标准要求集中的交易规模只要达到法定数额，在实施集中前申报义务人须向反垄断当局申报法定事项。第五，综合标准。这一标准不单独以销售额、资产额或市场份额的某一项为标准指标，而是综合考量其中的两项或多项指标。采用复合性指标已经成为大多数国家和地区反垄断法律制度的选择，数个标准的综合运用可以有效地弥补适用单一标准的不足。

我国在2003年原国家对外经济贸易部、国家工商行政管理总局等部门联合制定的《外国投资者并购境内企业暂行规定》对外资并购境内企业的控制问题作了规定，这也是我国第一个具有反垄断意义的控制经营者集中的法律规范。2008年实施的《反垄断法》第四章对经营者集中定义、申报文件与内容、审查期限与标准以及决定与救济、相关法律责任等问题作了规定，至此我国正式建立了经营者集中控制法律制度。2008年8月国务院颁布的《关于经营者集中申报标准的规定》对经营者集中具体的申报标准问题作了规定。我国经营者集中申报标准主要有以下特点：第一，仅采用营业额标准，排除了市场份额标准和交易规模标准。第二，对全球市场和境内市场设置了不同的营业额标准。第三，要求参与集中的企业至少有两个企业在中国市场上有一定影响力，即上一会计年度在中国境内的营业额均超过4亿元人民币。第四，对特殊行业领域的营业额计算作了例外规定。第五，设置了兜底性条款，即经营者集中虽未达到规定的申报标准，但反垄断执法机构也可在法定情形下进行调查。

2. 经营者集中的审查

（1）在确定是否对申报的经营者集中加以禁止的问题上，美国和欧盟形成了两种思路。一是美国的“实质性减少竞争”标准，这一标准是指如果竞争当局通过审查认为经营者集中行为可能对相关市场竞争造成实质性损害，则会禁止该集中行为。在多年实践的基础上，美国竞争当局设计出了五步分析法。第一步，在界定相关市场的基础上，分析并购是否显著地增加市场集中度并导致集中化的市场。第二步，根据市场集中度及有关事实，分析并购是否会引起潜在的反竞争效果。第三步，评估是否可能存在新的市场进入，以能及时、可能、充分地抵销并购的反竞争效果。第四步，分析并购是否产生当事人不能通过其他途径实现的效率。第五步，评估在没有并购的情形下，并购当事人是否会破产而退出市场。通过对市场集中、潜在的反竞争效果、市场进入、效率和破产等因素进行五大步骤的详细分析，主管机关可以得出一项并购是否严重减少竞争。① 二是欧盟的“支配地位”标准。这一标准是指如果企业已在共同体市场居于支配性地位，且通过并购使市场竞争受到限制，加强自己的支配性地位的，构成支配性地位的滥用，应受条约第 86 条的管辖与规制。但是，欧盟 2004 年合并条例又确立了“严重妨碍有效竞争”标准，即如果一项集中因其产生或增强企业的支配性地位而严重妨碍共同体市场或其相当部分地域的有效竞争的，则应宣布该集中行为与共同体市场不相容，并予以阻止，相反则不应阻止。可见，欧美反垄断法律制度在这一问题上趋于一致。

我国《反垄断法》第 28 条规定经营者集中具有或者可能具有排除、限制竞争效果的，国务院反垄断执法机构应当作出禁止经营者集中的决定。但是，经营者能够证明该集中对竞争产生的有利影响明显大于不利影响，或者符合社会公共利益的，国务院反垄断执法机构可以作出对经营者集中不予禁止的决定。可见，我国《反垄断法》在经营者集中审查上采用实质性减少竞争标准。

（2）反垄断当局在依法定程序和标准对申报的经营者集中进行审查后，需要在法定的期限内作出审查结论。一般而言，反垄断当局的审查结论有三种形式，包括批准、禁止和附条件批准。我国《反垄断法》第 28 条、第 29 条和第 30 条对这一问题做了相应规定。经营者集中具有或者可能具有排除、限制竞争效果的，国务院反垄断执法机构应当作出禁止经营者集中的决定。但是，经营者能够证明该集中对竞争产生的有利影响明显大于不利影响，或者符合社会公共利益的，国务院反垄断执法机构可以作出对经营者集中不予禁止的决定。对不予禁止的经营者集中，国务院反垄断执法机构可以决定附加减少集中对竞争产生不利影响的限制性条件。同时，国务院反垄断执法机构应当将禁止经营者集中的决定或者对经营者集中附加限制性条件的决定，及时向社会公布。

（3）经济安全是当今国家安全的重要内容。出于国家安全的需要，多数国家在对外资并购境内企业的安全审查方面都建立起了一套专门的制度体系，这一制度体系与反垄断法的经营者集中审查制度互为补充。我国反垄断法对经营者集中审查与外资并购境内企业的安全审查做了衔接性规定。我国《反垄断法》第 31 条规定对外资并购境内企业或者以其他方式参与经营者集中，涉及国家安全的，除依照本法规定进行经营者集中审查外，还应当按照国家有关规定进行国家安全审查。

① 刘和平：《欧美并购控制法实体标准比较研究》，载《法律科学》2005 年第 1 期。

(三) 经营者非法集中的反垄断法规制

1. 经营者非法集中的事后救济

反垄断法对经营者集中的规制主要是事前控制，但是如果相关经营者违反了反垄断法关于经营者集中的规定，仍然要得到相应的事后救济。一般而言，事后救济方式包括结构性的救济措施和行为性的救济措施。

(1) 结构性的救济措施旨在恢复相关市场竞争结构的一次性救济。资产剥离是典型的结构性救济措施。资产剥离要求实施非法集中的经营者将特定业务或资产出售给非竞争者，使其进入市场，增加竞争者的数量，或者出售给相关市场内的竞争者，增强其与自己竞争的能力，以抑制集中导致的竞争损害，保护竞争结构。

(2) 行为性救济措施则是指竞争执法机构通过限制经营者集中相关方的竞争行为，控制集中反竞争影响的救济。行为性的救济措施旨在修正或限制参与集中的经营者的某些行为，从而保持或恢复有效竞争的持续性救济，例如许可其他经营者使用关键技术。

2. 经营者非法集中的法律责任

在对非法集中进行事后救济的同时，非法集中的当事人还会承担相应的法律责任。如韩国《规制垄断与公平交易法》第69条规定在规定的期限内没有进行经营者集中申报或者虚假申报的，对事业者或者事业者团体处以1亿韩元以下的罚款；对高级管理人员、从业人员或者其他利害关系人，处以1000万韩元以下的罚款。我国《反垄断法》第48条规定经营者违反本法规定实施集中的，由国务院反垄断执法机构责令停止实施集中、限期处分股份或者资产、限期转让营业以及采取其他必要措施恢复到集中前的状态，可以处50万元以下的罚款。

四、行政垄断

(一) 行政垄断的概念和表现形式

行政垄断是相对于经济垄断而言的。根据我国《反垄断法》的相关规定，行政垄断可界定为行政机关和法律、法规授权的具有管理公共事务职能的组织滥用行政权力，排除、限制竞争的违法行为。行政垄断主体是行政机关和法律、法规授权的组织，行政垄断的行为是滥用行政权力的违法行为，行政垄断的效果是排除、限制了竞争。

我国《反垄断法》第8条对行政垄断行为作了概括性规定，即行政机关和法律、法规授权的具有管理公共事务职能的组织不得滥用行政权力，排除、限制竞争。《反垄断法》第五章对行政垄断行为进行了类型化规定，具体主要包括以下几种类型：

1. 指定交易。行政机关和法律、法规授权的具有管理公共事务职能的组织不得滥用行政权力，限定或者变相限定单位或者个人经营、购买、使用其指定的经营者提供的商品。

2. 地区封锁和地方保护。行政机关和法律、法规授权的具有管理公共事务职能的组织不得滥用行政权力，通过实施对外地商品设定歧视性收费项目、实行歧视性收费标准，或者规定歧视性价格；对外地商品规定与本地同类商品不同的技术要求、检验标准，或者对外地商品采取重复检验、重复认证等歧视性技术措施，限制外地商品进入本地市场；采取专门针对外地商品的行政许可，限制外地商品进入本地市场；设置关卡或者采取其他手段，阻碍外地商品进入或者本地商品运出；以设定歧视性资质要求、评审标准或者不依法发布信息等方式，排斥或者限制外地经营者参加本地的招标投标活动；采取与本地经营者不平等待遇等方式，排斥或者限制外地经营者在本地投资或者设立分支机构等行为妨碍商品在地区之间的自由流通。

3. 强制经营者从事垄断行为。我国《反垄断法》第 36 条规定，行政机关和法律、法规授权的具有管理公共事务职能的组织不得滥用行政权力，强制经营者从事本法规定的垄断行为。

4. 制定具有排除、限制竞争内容的规定。我国《反垄断法》第 37 条规定，行政机关不得滥用行政权力，制定含有排除、限制竞争内容的规定。

（二）行政垄断立法

行政垄断问题并非我国独有的现象，不少国家和地区的反垄断立法也对行政垄断问题作了相应的规定。在美国，传统上反托拉斯法仅适用于私人企业。然而，反托拉斯法并不是不能适用于政府的限制竞争行为。美国联邦最高法院于 1943 年的帕克诉布朗案①判决中提出的“国家行为论”（State Action Doctrine）就是将反托拉斯法适用于地方政府限制竞争的一个重要学说。② 在 1980 年的 California Retail Liquor Dealers Association v. Midcal Aluminum Inc 案③判决中，法院认为州政府的下属机构不能因为有着政府实体的地位，其行为就可以

① See Parker v. Brown, 317 U. S. 341, 350-51 (1943).

② 王晓晔：《竞争法学》，社会科学文献出版社 2007 年版，第 366 页。

③ See California retail Liquor Dealers' Ass'n v. Midcal Aluminum, Inc., 445 U. S. 97 (1980).

自动得到联邦反垄断法的豁免。在欧盟，共同体条约除了对私人限制竞争的行为作了规定，还对成员国及其政府的跨国限制竞争措施问题作了规定。第10条禁止成员国采取任何与欧共体不协调的措施。第86条禁止成员国对国有企业采取任何损害竞争的措施。第87条禁止成员国采取不合理的国家补贴政策。在转型国家，匈牙利1990年制定的《禁止不正当竞争法》第63条第1款规定，如国家行政机构的决议损害了竞争的自由，竞争监督机构可作为一方当事人请求法律救济，对国家行政机构限制竞争的决议行为进行监管。保加利亚1999年制定的《保护竞争法》第2条规定，执法机关和地方自治政府的明显地或潜在地妨碍、限制、破坏或者可能妨碍、限制、破坏国内竞争的行为受本法的约束。波兰2000年制定的《竞争与消费者权益保护法》也授权竞争主管机关监督国家援助或者以国家资源给予的援助。越南2003年制定的《竞争法》第6条规定禁止国家行政机关从事差别待遇、强买强卖以及其他阻碍经营者合法经营的活动。俄罗斯2005年制定的《关于商品市场竞争和限制垄断活动的俄罗斯联邦第948-1号法》第7条规定联邦行政机构、联邦各部门的行政权力机关、各市政当局、其他被授予行使上述机构职能或权力的机构或组织，决定授予一个或若干个经济实体的特权草案，必须经过反垄断当局的批准。而且上述机构或组织不得授予从事导致或者可能导致限制竞争活动的权力。

在我国反垄断立法过程中，对于行政垄断问题一直存在不同的意见。第一种观点是体制改革论。这种观点认为，行政垄断现象从根本上讲是由于我国经济体制和行政管理体制改革不到位造成的。因而，解决这一问题的关键就是进一步深化经济体制改革，进一步发挥市场在资源配置中的基础性作用，使企业真正成为独立自主的市场主体。还要进一步深化行政管理体制改革，进一步转变政府职能，规范行政权力运行。并认为，法律制度作为一种明确的、刚性的行为规范，并不是一种合适的解决问题的手段，也很难发挥实质性作用。第二种观点是立法控制论。这一观点主张通过进一步完善立法，对行政垄断行为进行控制。其中又有两个不同观点，一是主张通过行政立法来控制。一是主张由反垄断法来规制行政垄断行为。第三种观点是综合治理论。这一观点认为治理行政垄断是一个系统工程，需要综合采取多方面的措施。既需要深化经济体制和行政管理体制改革，也需要进一步完善相关法律制度。①

---

① 曹康泰：《中华人民共和国反垄断法解读——理念制度机制措施》，中国法制出版社2007年版，第151～152页。

早在1980年国务院制定的《关于开展和保护社会主义竞争的暂行规定》就有关于打破地区封锁和部门分割的规定。1993年颁布实施的《反不正当竞争法》承担起了反行政垄断的重任。《反不正当竞争法》第7条规定了行政垄断行为的方式，如地方保护、指定交易等。第30条规定了罚则，如上级机关责令改正、给予直接责任人员行政处分等。2008年颁布实施的《反垄断法》第五章对行政垄断作了系统性规定。

（三）行政垄断的反垄断法规制

行政垄断的反垄断法规制一直是学界争议的焦点问题。从《反垄断法》第51条可以看出，我国立法者没有把行政垄断的管辖权交给反垄断行政执法机关。然而，与1993年颁布的《反不正当竞争法》第30条相比，《反垄断法》第51条增加了一个规定："反垄断执法机构可以向有关上级机关提出依法处理的建议"。可以从以下三个方面对我国《反垄断法》关于行政垄断的管制措施加以认识：

1. 责令改正行为和处分直接责任人的罚则。行政机关和法律、法规授权的具有管理公共事务职能的组织滥用行政权力，实施排除、限制竞争行为的，由上级机关责令改正；对直接负责的主管人员和其他直接责任人员依法给予处分。

2. 反垄断执法机构的建议权。反垄断执法机构可以向有关上级机关提出依法处理相关行政垄断行为的建议。

3. 反垄断法并非唯一适用的规则。法律、行政法规对行政机关和法律、法规授权的具有管理公共事务职能的组织滥用行政权力实施排除、限制竞争行为的处理另有规定的，依照其规定。

第三节　反垄断法的实施

一、反垄断法的实施机制

依据反垄断法实施的不同程序，可以将反垄断法的实施机制分为反垄断法行政实施机制和反垄断法司法实施机制。

（一）反垄断法行政实施机制

行政实施机制是相对于司法实施机制而言的。但是，世界各国建立的行政实施是不完全一致的，存在这样或那样的差异。在机构设置的方式上，有的通过反垄断法或相关法律直接设立新的执法机构；有的则是通过反垄断法指定现有的行政机关为反垄断法的执法机构。在机构设置的数量上，有的由一个机关作为反垄断法的执法机构；有的则由两个或者两个以上的机关作为反垄断法的执法机构。在与反不正当竞争法执法机构的关系上，有的实行反垄断法与反不正当竞争法执法机构合一；有的则实行反垄断法执法机构与反不正当竞争法执法机构的分立，或者有反垄断法执法机构而没有专门的反不正当竞争法执法机构。①

从执法机构的性质及其权限来看，有的具有司法权限的行政实施机关负责反垄断法的实施，可以称为准司法实施体例；有的则是纯粹的行政机关负责反垄断法的实施，这一机关不具有司法机关的性质，可以称为纯粹行政实施体例。

1. 准司法实施体例

美国联邦贸易委员会（Federal Trade Commission）和日本的公正交易委员会（Fare Trading Commission）是具有准司法性质的反垄断执法机构。准司法机关负责反垄断法的实施是美国和日本两国反垄断法实施机制的特色。

> 美国联邦贸易委员会是1914年依据《联邦贸易委员会法》成立的机构，这一机构直接受众议院和参议院的监督。委员会下设竞争局（Bureau of Competition）、消费者保护局（Bureau of Consumer Protection）和经济局（Bureau of Economics）三部门。联邦贸易委员会在全国有数个派出机构，其中部分机构也负责反垄断的执行。联邦贸易委员会可以自由进行案件裁判，裁判的程序大体相当于法院司法程序。委员会所属的行政法官负责有关案件的审判，并做出相应的裁决。对于裁决，当事人可以向委员会提起上诉，然后再由委员会做出撤销案件或者停止违法行为的命令。对案件的审理和裁判由委员会独立进行，任何违反委员会已经生效的命令的，经司法部提起诉讼，法院可以对当事人处以10000美元以下的民事处罚。而对于委员会作出的命令，当事人可以在60日内向巡回法院提起上诉。另外，联邦贸易委员会拥有依据《联邦贸易委员会法》提起诉讼的专属权，而司法部反托拉斯局则不具有这一权力。
>
> 日本公正交易委员会是以美国联邦贸易委员会为模式，于1947年依据《禁止私人垄断及确保公平交易法》创设的。公正交易委员会为内阁府的直属局，独立行使职权，公正交易委员会负责实施《禁止私人垄断

① 王先林：《竞争法学》，中国人民大学出版社2009年版，第229～231页。

及确保公平交易法》及相关补充法。公正交易委员会拥有的行政权力包括依据反垄断法及其附属法从事认可事务、受理申报、按照其他法令执行与其他行政机关的磋商、协议等。准司法权利包括通过准司法程序对违反反垄断法及其附属法的行为进行裁判，并采取相应的措施。准立法权利包括制定委员会内部规则、有关事件处理程序及呈报、认可或承认的申请和其他有关事项的必要程序的规则。另外，公正交易委员会拥有专属检举权、特别损害赔偿责任认定等权力，而撤销公正交易委员会决定的管辖权专属于东京高等法院。

2. 纯粹行政实施体例

纯粹行政实施体例在欧洲国家比较盛行。纯粹行政实施体例有两种情形，一是委员会制，如法国的竞争审议委员会，二是普通的行政机关，如德国联邦卡特尔局。

联邦卡特尔局是德国反垄断主管当局。原来卡特尔局的权限主要集中在对结构危机卡特尔、专门化卡特尔、中小企业的协作便利、出口卡特尔、进口卡特尔等反竞争行为的监管上，而当限制竞争、歧视行为或竞争规则对市场影响的作用超过一个州的领域时也由联邦卡特尔局负责监管。后来，2005 年德国竞争法进行了欧洲化的改革。2005 年的《反对限制竞争法》规定卡特尔局有权力要求企业、企业联合组织终止违反《反对限制竞争法》或者《欧共体条约》第 81 条或第 82 条的行为，并可以采取相应的必要措施以有效制止反竞争行为。同时，卡特尔局还享有非法收益收缴权、调查取证权以及采取临时措施的权力等。

（二）反垄断法司法实施机制

无论在英美法系还是在大陆法系，司法始终是反垄断法实施的最后机制。反垄断法的司法实施机制主要包括民事诉讼、行政诉讼和刑事诉讼三个方面。

（1）民事诉讼。反垄断私人执行机制被认为是反垄断法实施重要方式。在美国，《谢尔曼法》第 7 条规定任何因反托拉斯法所禁止的事项而遭受财产或营业损害的人，可在被告居住的、被发现或有代理机构的区向美国区法院提起诉讼。据统计，全世界约有 30 多个国家和地区的反垄断法确立了私人执行机制。20 世纪末以来，日本、欧盟、英国、德国等国家和地区都加强了反垄断私人执行机制。私人诉讼机制在反垄断法实施中起着重要作用，经济合作组织（OECD）制定的《竞争法基本框架》认为反垄断私人诉讼机制有两个重要作用：一是补充或增强了竞争法领域的政府执法；二是使得竞争主管当局免予承担为民间当事人的利益寻求法律调整的责任。

（2）行政诉讼。当事人对反垄断执法机构作出的禁止违法行为的裁决、行政处罚的决定以及采取的其他强制措施不服的，可以向法院提起行政诉讼。美国、日本、德国的反垄断法都有关于反垄断行政诉讼的规定。我国反垄断法也对行政诉讼作了规定，《反垄断法》第53条规定对反垄断执法机构依据本法第28条、第29条作出的决定不服的，可以先依法申请行政复议；对行政复议决定不服的，可以依法提起行政诉讼。对反垄断执法机构作出的前款规定以外的决定不服的，可以依法申请行政复议或者提起行政诉讼。

（3）刑事诉讼。反垄断法的刑事诉讼机制并不是普遍现象，因为并不是所有国家的反垄断法都确立了反垄断的刑事责任。美国、日本、法国等国家的反垄断立法对刑事诉讼机制作了较为明确的规定。在美国，《谢尔曼法》较为全面地规定了反垄断刑事诉讼机制，因而有“联邦反垄断刑事法律”之称。另外，《克莱顿法》、《联邦贸易委员会法》以及《罗宾逊—帕特曼法》等法的相关条款对反垄断刑事诉讼机制都作了规定。在具体实践中，美国司法部较少使用刑事诉讼手段，只有在特定的严重故意违反反垄断法的情况下才提起反垄断刑事诉讼。反垄断刑事诉讼的具体程序与一般的刑事诉讼程序没有太大差异。

值得注意的是不少国家在司法机关内部设置了专门负责审理反垄断案件的竞争法庭。澳大利亚于1965年的《贸易行为法》中就已经设立了贸易行为法庭，到1995年在《竞争政策改革法案》中改名为竞争法庭，在保留原有职能的前提下，又增加了新的权力。竞争法庭为了给当事人提供明确的指引，至今已发布了七项《澳大利亚竞争法庭诉讼指南》，对于程序事项进行具体明确的规定。加拿大于1985年的《竞争法庭法案》中设立了竞争法庭。竞争法庭为明确各类案件的诉讼程序，颁布了《竞争法庭规则》供当事人遵守。加拿大的《竞争法庭法案》和《竞争法庭规则》对竞争法庭的程序规则规定得相当详细，仅《竞争法庭规则》就有140个条文。南非1998年的《竞争法》在竞争法实施方面的重大特色就是在反竞争行为的诉讼程序中设立了三个分工明确的机构：竞争委员会作为调查和公诉机构，竞争法庭作为审判机构，竞争上诉法院作为上诉机构。这种具有高度独立和权威的竞争法实施机制保证了竞争案件的及时处理，有利于维护正常的经济运行秩序。竞争法庭和竞争上诉法院分别发布了《竞争法庭诉讼行为规则》和《竞争上诉法院诉讼行为规则》，清晰明了的诉讼程序规则对当事人起到很好的指示作用。

（三）我国反垄断法的实施机制

我国《反垄断法》第10条规定，国务院规定的承担反垄断执法职责的机构（以下统称国务院反垄断执法机构）依照本法规定，负责反垄断执法工作。并规定国务院反垄断执法机构根据工作需要，可以授权省、自治区、直辖市人民政府相应的机构，依照本法规定负责有关反垄断执法工作。可见，我国《反垄断法》并没有清晰地指出反垄断法实施机构问题。在实际操作过程中，我国《反垄断法》是分头执法的。其中，国家发展改革委员会负责价格垄断协议以及与价格相关的滥用市场支配地位行为的管制，具体是由发展改革委员会的价格检查监督司负责。国家商务部负责经营者集中问题的监管，具体是由2008年最新成立的商务部反垄断局负责。一般的滥用市场支配地位和行政垄断的监管则由国家工商行政管理总局的反垄断与反不正当竞争局来负责。

另外，依据《反垄断法》规定，国务院成立反垄断委员会来负责组织、协调、指导反垄断工作。反垄断委员会的具体职责有：研究拟订有关竞争政策；组织调查、评估市场总体竞争状况，发布评估报告；制定、发布反垄断指南；协调反垄断行政执法工作；国务院规定的其他职责。

依据《民事案件案由规定》和最高人民法院《关于认真学习和贯彻〈中华人民共和国反垄断法〉的通知》的相关规定，垄断纠纷与各种不正当竞争纠纷属于知识产权纠纷范围。当事人因垄断行为提起民事诉讼的，只要符合民事诉讼法第108条和反垄断法规定的受理条件，人民法院应当依法受理，并依法审判。各级人民法院负责知识产权案件审判业务的审判庭，要依法履行好审判职责，切实审理好涉及滥用知识产权的反垄断民事案件以及其他各类反垄断民事案件。反垄断执法机构依据反垄断法作出的具体行政行为，公民、法人或者其他组织不服提起行政诉讼的，应根据行政诉讼法和反垄断法第53条的规定，确定是否需要经过行政复议。对于应由人民法院受理的案件，只要符合行政诉讼法规定的起诉条件的，人民法院应当依法受理，并依法审判。

二、反垄断法的程序规则与责任规则

（一）反垄断法的程序规则

世界各国反垄断法实施的具体行政程序是不同的，但是一般来讲都要经过立案、调查、审理、裁决和结案等几个程序。

1. 立案程序。立案是启动反垄断行政实施机制的首要程序。一般来讲，立案程序的启动主要通过两个途径：一是反垄断主管当局依职权积极主动获得信息而立案。二是反垄断当局依据消费者或经营者的申请或投诉而立案。我国《反垄断法》第38条第2款规定，对涉嫌垄断行为，任何单位和个人有权向反垄断执法机构举报。

2. 调查程序。调查程序是反垄断执法机关发现垄断违法行为，查明事实真相而对涉嫌非法垄断行为展开的一系列调查取证等活动。我国《反垄断法》对调查程序中的问题作了初步规定，其中第39条对调查所采取的具体措施作了规定，具体措施包括进入被调查的经营者的营业场所或者其他有关场所进行检查；询问被调查的经营者、利害关系人或者其他有关单位或者个人，要求其说明有关情况；查阅、复制被调查的经营者、利害关系人或者其他有关单位或者个人的有关单证、协议、会计账簿、业务函电、电子数据等文件、资料；查封、扣押相关证据；查询经营者的银行账户。另外还规定，反垄断执法机构调查涉嫌垄断行为，执法人员不得少于2人，并应当出示执法证件。执法人员进行询问和调查，应当制作笔录，并由被询问人或者被调查人签字。

3. 审理程序。审理程序是反垄断执法机关为了确保依据调查取证结果对涉嫌非法垄断行为作出行政处罚的公正性，同时也是为了保障当事人的诉讼权的一项特别程序，这一特别程序类似于司法审理程序。审理程序开始前一般也有送达起诉状副本，并通知审理地点、期限及相关权利事项等程序。审理活动通常是在反垄断执法机构内部进行的，并且原则上要以公开的方式进行。美国、日本以及欧盟的反垄断法都规定了相当完善的审理程序。

4. 结案程序。结案程序是反垄断执法机关经过审理最后作出行政裁判的程序，是反垄断行政实施机制的一般程序的最后一个环节。一般都要求裁判结果向社会公开，并送达当事人。我国《反垄断法》第44条规定，反垄断执法机构对涉嫌垄断行为调查核实后，认为构成垄断行为的，应当依法作出处理决定，并可以向社会公布。

另外，不少国家反垄断法确立了协商和解程序。作为一种非正式的结案方式，协商和解程序是以经营者主动承认垄断行为并采取措施消除垄断行为后果，由反垄断执法机构决定减轻或者免除对经营者处罚的反垄断案件处理方式。这一程序在实践中得到广泛应用。我国反垄断法也在这一制度上作了初步规定，《反垄断法》第46条第2款规定，经营者主动向反垄断执法机构报告达成垄断协议的有关情况并提供重要证据的，反垄断执法机构可以酌情减轻或者免除对该经营者的处罚。

（二）反垄断法的责任规则

为了保证反垄断法的实施，各国《反垄断法》都对违反反垄断法行为的法律责任做了详细规定。可以从民事责任、行政责任和刑事责任来理解反垄断法的责任规则。

1. 民事责任

违反反垄断法的行为不仅排除、限制和妨碍了市场竞争，损害了社会公共利益，而且也会直接性地损害相关经营者和消费者的合法权益。世界各国反垄断立法一般都有民事损害赔偿责任的规定。

在美国，《克莱顿法》第 4 条规定，任何人，如由于他人违反反托拉斯法的行为而遭受业务或财产损害时，不论争议数额多少，均可向被告居住地、所在地，或其代理人所在地的任何合众国地区法院起诉，由被告赔偿原告所受实际损失的 3 倍，承担诉讼费用及合理的律师费。德国《反对限制竞争法》第 33 条第 1 款和第 3 款对民事损害赔偿责任作了规定，即违反《反对限制竞争法》、违反欧共体条约第 81 条和第 82 条或者违反卡特尔局决定的当事人，对受害者负有停止实施违法行为的义务；行为人在上述活动中存在故意或者过失的，负有赔偿因违法行为所造成损害的义务。日本《禁止私人垄断及确保公平交易法》第 24 条规定受垄断妨碍的事业者可以请求垄断行为实施者停止侵权，第 25 条规定实施私人垄断及不合理的交易限制、特定的国际协定或国际协议、不公正的交易方法等垄断行为的实施者对受害人应当承担损害赔偿的责任。并规定行为人即使无故意或者过失的，也不能够免除这一责任。

我国《反垄断法》也规定了民事责任。《反垄断法》第 50 条规定，经营者实施垄断行为，给他人造成损失的，依法承担民事责任。当然，对这一条款还需要进一步作出司法解释，以明确民事责任承担方式、民事责任数额的确定等细节性问题。

2. 行政责任

行政责任为世界多数国家反垄断立法所规定。行政责任的形式多种多样，主要有宣布限制竞争协议无效、禁止实施限制竞争行为以及行政处罚等。

欧盟《关于实施欧共体条约第 81 条和第 82 条竞争规则的欧共体第 1/2003 号理事会条例》第 23 条第 2 款规定，如果企业或企业协会有意地或疏忽地从事了违反了条约第 81 条和第 82 条、违背了根据第 8 条所做的采取临时措施的决定等行为时，委员会可以通过决定对企业或企业协会处以罚款。并规定对于每一个参与违法的企业或企业协会，对其处以的罚款额不应超过其前一营业年度总营业额的10%。当某企业协会的违法与其成员的活动有关时，所处的罚款不应超过在受该协会的违法行为影响的市场上活动的每一个成员的总营业额之和的10%。德国《反对限制竞争法》第32条规定，联邦卡特尔局可以制止企业或者企业联合组织违反反对限制竞争法或者违反欧共体条约第81条、第82条的行为。

我国《反垄断法》对不同的垄断行为均规定了不同的行政责任。对垄断协议，由反垄断执法机构责令停止违法行为，没收违法所得，并处上一年度销售额1%以上10%以下的罚款；尚未实施所达成的垄断协议的，可以处50万元以下的罚款。而且规定行业协会违反反垄断法规定，组织本行业的经营者达成垄断协议的，反垄断执法机构可以处50万元以下的罚款；情节严重的，社会团体登记管理机关可以依法撤销登记。对滥用市场支配地位，由反垄断执法机构责令停止违法行为，没收违法所得，并处上一年度销售额1%以上10%以下的罚款。对经营者非法集中的，由国务院反垄断执法机构责令停止实施集中、限期处分股份或者资产、限期转让营业以及采取其他必要措施恢复到集中前的状态，可以处50万元以下的罚款。

另外，对行政垄断的法律责任也作了初步规定，主要有责令改正行为和处分直接责任人员的方式。《反垄断法》第51条规定，行政机关和法律、法规授权的具有管理公共事务职能的组织滥用行政权力，实施排除、限制竞争行为的，由上级机关责令改正；对直接负责的主管人员和其他直接责任人员依法给予处分。反垄断执法机构可以向有关上级机关提出依法处理的建议。

3. 刑事责任

部分国家的反垄断法规定了违反《反垄断法》的刑事责任，如美国、欧盟、日本的反垄断法都规定了垄断行为的刑事责任。虽然不少国家在反垄断法中确立了刑事责任，但在具体实践中一般都奉行“反垄断法慎刑原则”。在我国反垄断立法过程中，对是否设置刑事责任问题一直存在争议，2008年颁布实施的《反垄断法》没有规定刑事责任。

美国《谢尔曼法》第1条规定，任何契约，以托拉斯形式或其他形式的联合、共谋，用来限制州际间或与外国之间的贸易或商业，是非法的。任何人签订上述契约或从事上述联合或共谋，是严重犯罪。如果参与人是公司，将处以不超过100万美元的罚款；如果参与人是个人，将处以

10 万美元以下罚款，或 3 年以下监禁。或由法院酌情并用两种处罚。《克莱顿法》第 14 条规定，一旦一家公司违反反托拉斯法的刑罚条款，该违法事件也应包括授权、命令或实施全部或部分地构成该违法事件的行为的公司董事、高级职员或代理人。该违法行为应视为轻罪，且应由法院视该董事、高级职员或代理人违法的情节轻重，处以 5000 美元以下罚金，或 1 年以下监禁，或两者并处。《联邦贸易委员会法》也有关于反垄断刑事责任的规定。日本《禁止私人垄断及确保公平交易法》第 89 条至第 94 条列举了共 8 项罪名，私人垄断、不合理交易限制罪，违反国际协定、确定审决罪，违反公司取得、持有股份、干部兼任、合并等限制罪，违反呈报等相关规定罪，虚伪陈述或鉴定罪，违反保密义务罪，妨碍检查罪以及违反为展开调查的强制处分罪等。其中，对前四项罪名根据情节并处徒刑和罚金。对法人代表、代理人以及雇用人员实施特定垄断行为的确立了两罚规则，既对行为人进行处罚，也对该法人或自然人处以罚金。①

三、反垄断法的适用除外与域外适用

（一）反垄断法的适用除外

反垄断法的适用除外（Exception）是指特定行业领域不适用反垄断法规定，即由于特定行业的特殊性或出于特定目的，即使表面上符合垄断行为的构成要件，也不适用反垄断法规定的制度。

世界各国反垄断法适用除外主要在以下范围：

1. 特定行业。一是自然垄断行业。自然垄断行业由于规模经济效应显著，因而一般具有获得市场支配地位的必要性、社会公共利益性和消费者选择的不可替代性等特征。获得反垄断法适用除外的自然垄断行业有电信、电力、铁路、邮政等。二是政策性垄断行业。政策性垄断行业是国家根据行业自身的特殊性而使其获得反垄断法的适用除外，以促进这些行业的发展。获得反垄断法适用除外的政策性垄断行业有银行、保险等金融业、农林业以及国家垄断经营的行业。

2. 正当行使知识产权。合法垄断是知识产权存在的法理基础，世界各国反垄断立法一般都会将知识产权的正当行使作为适用除外的对象。但是，很多

---

① ［日］村上政博：《日本禁止垄断法》，姜姗译，法律出版社 2008 年版，第 214～216 页。

垄断行为是通过知识产权滥用来实现的，所以各国在确立知识产权正当行使获得反垄断法适用除外的同时，也禁止知识产权滥用行为。

3. 特定人员或组织。由于特定人员工作性质和特定组织职能的特殊性，他们的行为能够获得反垄断法的适用除外。这些特定人员包括律师、会计师等自由职业者，因为这些职业者的工作具有一定的社会公益性质，他们的职业活动不以片面地追求经济效益为目标，竞争不符合这些职业的道德要求。相反，竞争导致这些职业者的道德沦丧而损害社会公共利益。这些特定组织包括消费者组织、工会、中小企业联合组织等代表弱势群体的组织。根据各国惯例，这些组织在实现自己合法目的的同时，如果违反了反垄断法的规定可以不受法律的追究。例如美国1932年的《诺里斯—拉瓜迪亚法》（Norris-LaGuardia Act）和1935年的《国家劳工关系法》规定工会免受反托拉斯法的约束。①

反垄断法的适用除外制度为世界多数国家反垄断立法确立，但是具体的立法表现形式不同。

一是在反垄断法中直接规定适用除外情况，这是多数成文法国家的选择。如日本《禁止私人垄断及确保公平交易法》第六章专门针对知识产权的行使、一定的商会行为等作了适用除外的规定。德国《反对限制竞争法》第28条、第29条、第30条和第31条分别规定了农业、信贷和保险业、著作权行使以及体育的适用除外问题。

二是通过制定单行法确立反垄断法的适用除外制度。这种立法形式以美国的反垄断法为代表。如1922年的《凯普—伏斯蒂德法》（Capper-Volstead Act）规定了农业方面的大部分合作形式不适用反托拉斯法；1945年的《麦克卡兰—费古森法》（McCarran-Ferguson Act）规定保险业的垄断经营行为除外适用反托拉斯法；1970年的《报业保护法》规定报纸出版社可以享受合作便利，不适用反托拉斯法。

适用除外制度是对反垄断法基本原则和基本制度的修正，无论是哪一种形式的适用除外制度，其核心内容都是基于对特殊利益和整体利益的关注，而对原来属于违反反垄断法的行为予以宽容。我国反垄断法也确立了适用除外制度，除外适用的包括知识产权正当行使行为和与农业生产相关的行为。《反垄断法》第55条规定，经营者依照有关知识产权的法律、行政法规规定行使知识产权的行为，不适用反垄断法。第56条规定农业生产者及农村经济组织在

① ［美］博尔曼（Herbert M. Bohlman），邓达斯（Mary Jane Bundas）：《商法：企业的法律、道德和国际环境》，张丹译，清华大学出版社2004年版，第784页。

农产品生产、加工、销售、运输、储存等经营活动中实施的联合或者协同行为，不适用反垄断法。

（二）反垄断法的域外适用

反垄断法的域外适用是指在本国领域外发生的垄断行为，只要该行为直接或间接地影响了国内相关市场的竞争，不论行为人的国籍如何，本国反垄断主管机关和司法机构都可以依据本国的反垄断法对其行使管辖权和处罚权。反垄断法的域外适用是对属地管辖原则的否定，是经济全球化和世界经济一体化的必然要求。同世界上不少国家一样，我国反垄断法也确立了域外管辖规则，《反垄断法》第 2 条规定，中华人民共和国境外的垄断行为，对境内市场竞争产生排除、限制影响的，适用反垄断法。

反垄断法域外适用的主要依据有三个原则：

1. 行为归属原则。该原则认为国内子公司的垄断行为是受域外母公司的指示而进行的情况下，可以承认受害国有域外管辖权。其主要针对的情形是，公司分别位于境内外的具有控制关系的两个独立实体在国内进行的垄断行为。

2. 部分行为原则，这一原则源于属地主义。该原则认为只要发生在域外的整个垄断行为的部分行为在境内实施，那么就可以对该垄断行为实施管辖权。

3. 效果原则。该原则认为只要发生在国外的垄断行为对国内市场竞争产生了影响，那么就可以对该垄断行为实施管辖权。

反垄断法的域外适用规则最早发端于美国。1945 年，美国联邦最高法院在审理美国司法部诉美铝公司案①时，抛弃了此前一直沿用的属地管辖原则，而改用效果原则，开创了反垄断法域外适用的先河。该案中加拿大铝公司因参加了一个主要由欧洲企业组成的限制美国出口铝锭数量的卡特尔协议，被法院宣布违反《谢尔曼法》第 1 条，构成限制交易行为。最终裁判指出，案中的卡特尔合同虽然签订于美国境外，但它们试图影响美国的出口贸易，并实际上造成了影响，因而，这种合同应受美国法院及美国的反垄断法管辖。也就是说，只要限制竞争的行为在美国国内市场产生影响效果，不管这种行为是在什么地方发生的，都可以适用美国的《谢尔曼法》。美国以判例法的形式率先确立了反垄断法域外适用制度。1995 年 4 月，修订的《国际交易反托拉斯执行指南》规定如果第三国企

① See U. S . v, Aluminum Co. of America l148 F. 2d416 (1945) .

业间的合并对美国国内、对美国的出口贸易或者对美国企业的出口机会有着直接的、实质性的且可以合理预见的后果，得依据《克莱顿法》第7条决定是否批准合并。欧盟《关于控制企业之间合并行为的4064/89号法规》确立了凡是具有共同体影响的并购等企业集中行为，欧盟委员会均有权行使反垄断管辖权的规则。欧盟反垄断法域外适用的一个典型案例是1997年美国的波音与麦道公司合并案。波音公司和麦道公司分别是全球第一大和第三大飞机制造商，合并本身在美国境内进行，对合并享有主要管辖权的美国联邦贸易委员会已经无条件批准了该合并。但是，欧盟委员会依据《关于控制企业之间合并行为的4064/89号法规》对此项并购交易行使了反垄断管辖权。英国、加拿大和澳大利亚等国家在修订本国反垄断法时也增加了域外适用的规定。如德国《反对限制竞争法》第130条第2款的规定，适用于所有的在本法适用范围内产生影响的限制竞争行为，即使限制竞争的影响系本法适用范围以外的原因所致。英国1998年《竞争法》第2条就明确指出其禁止性规定适用于一切可能对联合王国内的贸易产生影响，而且限制或扭曲竞争的行为。波兰1991年《反垄断法》第1条规定，本法旨在确立制止在波兰境内造成影响的经营者或者经营者联合体的垄断行为的基本原则和基本程序。

经济合作组织（OECD）制定的《竞争法基本框架》指出，竞争法应适用于所有在国内产生实质性影响的事件，包括境外发生而在境内产生了后果的事件。反垄断法的域外适用已经成为许多国家反垄断法的普遍做法。迄今为止，已有40多个国家和地区确立了反垄断法的域外适用制度。该制度在规制跨国公司的国际垄断行为方面发挥了重要作用。

复习思考题

1. 反垄断法产生的历史根源和发展趋势是什么？
2. 如何完善我国行政垄断规制措施？
3. 如何完善我国反垄断法的法律责任规则？

第八章　反不正当竞争法

第一节　反不正当竞争法概述

一、反不正当竞争法的概念和原则

（一）反不正当竞争法的概念

反不正当竞争法可以从形式意义和实质意义两个方面来理解。形式意义上的反不正当竞争法是指以“反不正当竞争法”或者类似名称命名的成文法文本。如德国1896年的《反不正当竞争法》、希腊1913年的《反不正当竞争法》、奥地利1923年的《联邦反不正当竞争法》、波兰1926年的《制止不正当竞争法》、日本1934年的《不正当竞争防止法》以及韩国1961年的《防止不正当竞争法》（1998年更名为《防止不正当竞争及保护营业秘密法》）等。并非世界所有国家都制定有形式意义上的反不正当竞争法。实质意义上的反不正当竞争法是指与反不正当竞争有关的法律、法规、规章和其他规范性文件的总称。随着市场经济体制在全球范围内的确立和发展，世界各国都十分重视反不正当竞争的立法，只不过立法形式有所不同而已。有的国家并不制定形式意义上的反不正当竞争法，而是将反不正当竞争行为的内容统一规定在综合性的竞争法律体系中，如美国、英国。有的则是制定一部统一的竞争法典来管制垄断、限制竞争和不正当竞争行为，如匈牙利等。还有的是在民法典中制定相应的规范来管制不正当竞争行为，如法国。可见，反不正当竞争法的表现形式多种多样。

我国反不正当竞争法从形式意义上来理解就是指1993年制定的《反不正当竞争法》。

早在1824年，英国的司法判例就认定仿冒行为（Passing-Off）为一种独立的侵权行为，并由此对受到侵权损害的经营者提供相应的救济措施。随后，英国衡平法院逐步形成了一系列反仿冒的不正当竞争判例。到19世纪中期，法国法院在适用《法国民法典》中有关侵权行为的条款过程中逐步形成了依靠民事侵权法规范不正当竞争行为的惯例，并提出了“不正当竞争”概念。1896年德国制定的《反不正当竞争法》被认为是世界上第一部正式的反不正当竞争成文法典，随后其成为世界各国反不正当竞争立法效仿的典范。与此同时，1900年在布鲁塞尔修订的《保护知识产权巴黎公约》对反不正当竞争制度作了专门性规定，并由此成为世界上第一个规范不正当竞争行为的国际条约。

在我国，反不正当竞争法律思想古已有之。据史料记载，自秦汉以来，我国在古代法律制度上就对维护市场公平竞争作出了一些规定，如设立市场管理和盐铁管理机构，限制投机商业行为，制裁不合格手工业品交易，核校度量衡，管理物价及税收等。我国现代意义上的反不正当竞争法始于20世纪80年代，1980年国务院制定的《关于开展和保护社会主义竞争的暂行规定》是我国规范竞争行为的最早立法。随后，国务院及各部委又发布了一些关于取缔虚假广告，关于打击假冒伪劣产品，关于惩治假冒注册商标的行政法规和部门规章。如1982年的《广告管理条例》，1983年的《国营工业企业暂行条例》，1987年的《价格管理条例》和《关于组建和发展企业集团的几点意见》等。与此同时，反不正当竞争的地方立法也逐步展开。如1985年武汉市的《制止不正当竞争行为试行办法》是我国第一部反不正当竞争的地方立法，接着上海、江西等地相继制定了制止不正当竞争的规定。20世纪80年代的部门规章和地方性法规是我国反不正当竞争全国统一立法的过渡，为我国的反不正当竞争法律制度的建设积累了经验。1991年反不正当竞争立法被正式纳入了全国人大常委会立法规划中，1993年9月3日全国人大常委会第三次会议审议通过了《中华人民共和国反不正当竞争法》，并于同年12月1日起生效施行。

（二）反不正当竞争法的基本原则

反不正当竞争法的基本原则是指经营者在市场公平竞争活动中必须遵循的基本准则。我国《反不正当竞争法》第2条第1款规定：“经营者在市场交易中，应当遵循自愿、平等、公平、诚实信用的原则，遵守公认的商业道德。”这一条款界定了反不正当竞争法的基本原则。一般来讲，反不正当竞争法有以下四项基本原则：

1. 自愿原则

自愿是指经营者能够根据自己内心的真实意愿来参与特定的市场交易活动，设立、变更和终止特定的法律关系。自愿原则有三层含义：一是经营者可以自主决定是否参与某一市场交易活动。二是经营者可以自主选择交易对象、交易内容和交易条件；三是经营者之间的交易关系反映了双方真实的意思表示。因此，以胁迫、强制手段进行交易，或者利用自己的优势地位强迫对方接受不合理的条件，都违背了自愿原则。自愿原则是市场交易活动的基本前提，任何违背自愿原则而限制经营者的交易自由的行为，必然导致不公平竞争或排除、限制竞争的结果。

2. 平等与公平原则

平等与公平原则是指任何参与市场交易活动的经营者的法律地位平等，任何一方都不得将自己的意志强加给对方，双方的权利义务不能有失偏颇。平等与公平原则是经营者主体性的体现，这就要求市场竞争规则在所有经营者面前是一律平等适用的，不能因经营者性质、经营规模、所处地域位置不同而有所差异。基于这一基本原则，那些在市场交易中滥用经济优势或依法具有的独占经济地位而实施排挤其他竞争者的行为，那些地方政府或所属部门滥用行政权力进行市场分割和地方保护、强制交易等限制商品自由流通的做法，都是与平等原则相背离的。

3. 诚实信用原则

诚实信用原则即诚信原则，既是现代市场经济中公认的商业道德，也是道德规范立法的表现。诚实信用原则是我国民法中规定的一项民事活动的基本原则。我国《反不正当竞争法》把诚实信用确立为基本原则，并在具体条款中也作了规定。在市场交易活动中，诚实信用原则要求经营者应以善意、诚实的态度与他人进行交易。反对欺诈性交易行为，如假冒他人注册商标，擅自使用知名企业的名称、字号以及对商品的各项要素作虚假宣传或说明等。

4. 遵守公认的商业道德

公认的商业道德是指在长期的市场交易活动中形成的，为社会所普遍承认和遵守的商业行为准则。公认的商业道德是以公平和诚实信用等观念为基础而发展起来的商业惯例。反不正当竞争立法吸收了一些重要的商业惯例和习惯，使之成为法律规范。但有限的法律条文不可能涵盖商业道德的全部内容，社会生活随着时间的变迁而变化无穷，复杂的商业道德也在不断被“公认”而确立。因此，确立“遵守公认的商业道德”这一原则，对于发挥市场自身的调节功能，弥补制定法的不足，具有重要意义。一般来讲，社会公认的商业道德，是指忠于职守、诚信无欺、公平竞争、文明经商、礼貌待客等。

二、反不正当竞争法的一般条款

（一）一般条款立法概述

反不正当竞争法一般条款（General Clause；Generalklausel），亦称概括条款，属于规范性法律概念，是在法律具体列举的不正当竞争行为以外认定其他不正当竞争行为要件的抽象规范。① 一般条款存在的必要是因人类在规范的设计上尚有力不从心之处。他们尚不能完全知道哪些是应加以规范的，以及对已认为应加以规范者，应如何才能清楚地加以规范。于是，乃乞灵于开放性的概念，期能弹性地、演变地对生活事实加以规范，而不至于挂一漏万。立法者通过灵活的、开放的一般条款去预见性地规范尚不能在认知范围的人类行为和社会关系，不失为上策。一般条款具有极强的抽象性和概括性，但其内涵是相当丰富的，作为引致性规范，它旨在向社会宣示一种价值取向和行为标准。因此，一般条款在很大程度上更是一个价值取向的指令。②

我国《反不正当竞争法》第2条第2款规定："本法所称的不正当竞争，是指经营者违反本法规定，损害其他经营者的合法权益，扰乱社会经济秩序的行为。"这一规定中的违反"本法"规定，不仅指违反第二章规定的各项禁止性规定，而且还应包括违反《反不正当竞争法》的其他规定，特别是自愿、平等、公平、诚实信用的原则以及公认的商业道德。因此，这一规定被认为是整个《反不正当竞争法》的一般条款。

通过一般条款对各类不正当竞争行为进行概括已成为世界各国反不正当竞争立法的通常做法，德国、瑞士、希腊、匈牙利等国的反不正当竞争立法中都有一般条款的规定。德国《反不正当竞争法》第1条之一规定："对于在经营过程中为竞争目的而实施违反善良风俗行为的任何人，可以请求停止行为和承担赔偿责任。"这一规定便是德国《反不正当竞争法》的一般条款，它在德国反不正当竞争法司法实践中发挥了巨大的作用，成为德国整个反不正当竞争法的帝王条款。瑞士1986年的《反不正当竞争

① 郑友德、范长军：《反不正当竞争法一般条款具体化研究》，载《法商研究》2005年第5期。

② 于连超：《反垄断法的一般条款解读——中国反垄断法第4条释义》，载《黑龙江省政法管理干部学院学报》2009年第2期。

法》第 2 条规定："具有欺骗性或者以各种方式违反诚实信用原则，并影响竞争者之间或者供应商与客户之间关系的所有行为或者商业做法，是不公平的和非法的。"希腊 1997 年的《垄断与竞争法》第 1 条规定，竞争过程中违反善良风俗的任何行为均予禁止。瑞典 1998 年的《竞争法》第 2 条规定："企业在销售商品或者服务中做广告或者采取其他任何行为，违反善良的商业准则或者严重损害消费者或者其他经营者的，法院可以禁止其继续实施该行为或者其他类似行为。"匈牙利 1996 年的《禁止不公平市场行为和限制竞争法》第 2 条规定："禁止事实上不公平的经济活动，特别是以侵害或者危及竞争者或消费者利益的方式，或者以悖于商业公平的要求方式的经济活动。"反不正当竞争国际立法中也有一般条款的规定，1883 年的《保护知识产权巴黎公约》第 10 条之二规定："凡在工商业活动中违反诚实经营的竞争行为即构成不正当竞争行为。"世界知识产权组织（WIPO）《反不正当竞争示范条款》第 1 条第 1 款对不正当竞争行为进行了总概括："凡在工商业活动中违反诚实的习惯做法的行为或做法构成不正当竞争行为。"

（二）一般条款的司法适用

反不正当竞争法的一般条款具有高度概括性和抽象性，内容具有丰富的商业道德因素，在司法实践中具有兜底规范的作用。所以，反不正当竞争法的一般条款是立法机关向司法机关和行政执法机关授权的规范。正因为一般条款的抽象性、概括性，具体条款所规范的行为和关系得适用于一般条款。从此意义上讲，具体条款与一般条款总是竞合的。在这一方面，一般条款适用时须注意两个问题：一是"禁止向一般条款逃避"，即在适用具体条款和一般条款均能获得同一结论时，不得舍弃具体条款而寻求适用一般条款。向一般条款逃避容易导致判决理由的暧昧，也有架空法律之嫌。在处理反不正当竞争案件时，应遵循特别法优于一般法，具体条款优于一般条款的原则。二是应发挥一般条款对具体条款之"妥当性"的监督能力。一般条款承载着一部法律的最高价值取向，是法律适用的最高指针。当适用具体条款可能导致实质不正义而悖于法之价值追求时，则引用一般条款。

反不正当竞争法一般条款的判断标准具有抽象的商业伦理道德性，法院适用一般条款只有在特定个案中才能够实现具体化。我国《反不正当竞争法》的一般条款在司法实践中得到广泛适用。如在南京雪中彩影诉上海雪中彩影及其分公司商标侵权、不正当竞争纠纷案①中，行为人出于“搭便车”无偿占有他人商业信誉的侵权故意，将他人注册商标登记为自己的商业字号使用。而且行为人在从事与注册商标所有人相同或类似的服务中使用这一企业字号时又不存在与注册商标文字相同或类似、突出使用等情节，故此并不构成商标侵权。但由于违反公认的商业道德和诚实信用原则，产生了使消费者混淆市场主体以及服务来源的后果，故构成了不正当竞争。审判法院最终认定，将他人注册商标登记为自己的企业字号而使用，虽然没有违反《商标法》的相关规定，但通过主客观情况的分析，其行为却构成了不正当竞争行为，便援引《反不正当竞争法》第2条的相关规定作出判决。

三、反不正当竞争法与相邻法的关系

（一）反不正当竞争法与反垄断法的关系

反不正当竞争法与反垄断法都属于竞争法范畴，因此二者有许多相似之处。但二者又存在差异。

1. 反不正当竞争法与反垄断法互为补充，共同维护市场竞争秩序。反不正当竞争法与反垄断法的价值取向是一致的，都是为了推动和保护竞争，确保市场竞争的有序进行，从而有着相同的经济政策目标，即都是禁止市场主体以不合理的手段谋取利益，损害其他经营者和消费者的合法权益。反不正当竞争法通过迫使经营者遵守基本的法律准则和公认的商业道德，维护市场竞争的公平性。反垄断法通过制止限制贸易行为和滥用支配力量行为，维护市场竞争的自由性。正是因为反不正当竞争法与反垄断法有着共同的价值追求，世界上不少国家和地区把反不正当竞争法与反垄断法合并立法，如匈牙利的《禁止垄断和禁止不正当竞争行为法》、我国台湾地区的“公平交易法”。

反不正当竞争法与反垄断法互为补充主要体现在：一方面，反垄断法为反不正当竞争法的执行提供了保障。制定和实施反不正当竞争法的前提条件是存在着自由竞争。如果没有自由竞争，经营者就不存在自由订立合同的可能性，也不会出现不正当竞争行为。因此，以预防和制止垄断，保障市场自由竞争为目标的反垄断法为反不正当竞争法的制定和实施提供了必要前提。另一方面，反垄断法也需要反不正当竞争法的补充。如果只反垄断，而不反对不正当竞争行为，经营者就会滥用自由竞争权利，实施不正当竞争行为而随意侵犯其他企业的正当权益，或者侵犯消费者的利益，结果是导致市场竞争秩序的混乱。因

① 见《最高人民法院公报》2006年第5期。

此，在市场经济条件下，反垄断和反不正当竞争是同等重要的。只有反不正当竞争法与反垄断法相互配合才能够切实维护好市场竞争秩序。

2. 反不正当竞争法与反垄断法在具体调整方法上存在不同。虽然反不正当竞争法与反垄断法在最终的价值追求上是一致的，但在具体调整方法上存在不同。反不正当竞争法实施过程中虽然也采取了公权力干预的措施，包括执法机关的主动查处权和不正当竞争行为的行政责任，但总的来看还是主要依赖于民事救济手段。正因为如此，在法国、意大利等大陆法系国家，反不正当竞争法被归属于民事法律范畴。反垄断法则具有强烈的公法色彩，首先是反垄断法一般设有独立的执法机构，执法机构拥有查处、禁止、罚款乃至宣布无效和强行解散等公权力，有的国家的反垄断执法机构还具有准立法权和准司法权。而且反垄断法在程序规则和证据规则上更具有自己的特性，如反垄断和解程序。整体来讲，反垄断法的调整方式体现出十分明显的国家干预性。

3. 反不正当竞争法与反垄断法在一定程度上还有交叉关系，这在世界各国的立法中多有表现。如德国《反不正当竞争法》第 1 条规定，行为人在商业交易中以竞争为目的而违背善良风俗的行为是不正当竞争行为。《反对限制竞争法》第 20 条第 1 款规定，拥有市场支配地位的企业或企业联合组织，不得在同类企业通常均可参加的商业交易中，直接或者间接地不公平地阻碍另一个企业，或在无实质上合理理由的情况下直接或者间接给予另一个企业不同于同类企业的待遇。上述两个规定均具有相对的抽象性，此时的《反对限制竞争法》第 20 条中的限制竞争行为可以适用反不正当竞争法的第 1 条，即可被视为是违背善良风俗的行为，从而是不正当的竞争行为。又如我国《反不正当竞争法》第 11 条规定："经营者不得以排挤竞争对手为目的，以低于成本的价格销售商品。"这一行为之所以被视为不正当竞争行为，是因为它违背了公认的商业道德而不具有合理性。但另一方面，当行为人拥有市场支配地位，进而达到损害市场竞争的程度，那么，这一行为即可以被认定为限制竞争行为，受反垄断法管制。

（二）反不正当竞争法与知识产权法的关系

反对不正当竞争行为与保护知识产权的关系十分密切，1900 年在布鲁塞尔修改的《保护知识产权巴黎公约》首次将反不正当竞争作为保护知识产权措施的一部分，增加的第 10 条之二规定了部分不正当竞争行为，包括仿冒行为、商业诋毁行为和虚假宣传行为。学界一般也将反不正当竞争法归属于知识产权法的范畴，将反不正当竞争法作为保护知识产权的法律部门。而在司法实践中，司法者也把不正当竞争纠纷案件归属于知识产权纠纷案件之中。可见，反不正当竞争法与知识产权法特殊的关系。对于反不正当竞争法与著作权法、专利法和商标法等主要的知识产权特别法的关系有一个形象的比喻，即著作权法、专利法和商标法好比是漂浮在海面上的三座冰山，而反不正当竞争法则是托着冰山的海水。这也就是说，著作权法、专利法和商标法等知识产权法未能够给予保护的领域，都由反不正当竞争法来给予兜底性保护。在具体的法律适用上，反不正当竞争法与著作权法、专利法和商标法等知识产权特别法经常存在内容上的交叉，此时知识产权特别法要优先适用。这些知识产权特别法没有规定的领域，则一般由反不正当竞争法进行规范。如我国《反不正当竞争法》第5条第1款规定假冒他人注册商标的行为是不正当竞争行为，而国家工商行政管理总局制定的《关于禁止仿冒知名商品特有的名称、包装、装潢的不正当竞争行为的若干规定》第3条第3款规定："本规定所称知名商品特有的名称，是指知名商品独有的与通用名称有显著区别的商品名称。但该名称已经作为商标注册的除外。"可见，商品的名称已经注册为商标的，就应当按照注册商标进行保护。没有注册为商标的知名商品特有的名称则适用反不正当竞争法进行保护。

我国司法政策对反不正当竞争法与知识产权法的关系曾经做过概括：一方面侵犯知识产权的行为在许多情况下同时属于不正当竞争行为，与反不正当竞争法所调整的法律关系经常存在竞合现象，但是各种专门知识产权法对知识产权已经提供了特殊保护；另一方面，反不正当竞争法是规范市场竞争关系、保护公平交易的一项基本法律，它还可以在知识产权法提供的特殊保护之外为知识产权提供附加性或兜底性保护。因此，在通常情况下，凡是知识产权已经规范的侵权行为，应当直接适用知识产权法的规定，只有对那些缺乏特别法规范的不正当竞争行为，才需要依据反不正当竞争法作出裁判。① 正因为如此，反不正当竞争法不涉及排他性权利，而是指向市场交易活动中违背诚实信用等公认商业道德的不正当竞争行为。所以，反不正当竞争法具有相当的灵活性，不受诸如登记注册之类的任何形式的约束。特别需要指出的是，反不正当竞争法必须具有适应各类新兴市场竞争行为形式的能力，这样才能够实现兜底性保护功能。

（三）反不正当竞争法与民法的关系

反不正当竞争法与民法有着密切的关系。在我国制定反不正当竞争法之

---

① 曹建明：《加大知识产权司法保护力度依法规范市场竞争秩序》，载《知识产权审判指导与参考》，法律出版社2005年版，第12页。

前，不正当竞争行为的规范一般是借助于《民法通则》的基本规定。如在上海新亚医用橡胶厂诉武进医疗用品厂损害法人名誉权纠纷案①的判决中法院认为，被告武进医疗用品厂故意捏造事实，以“公告”的形式对原告厂生产的妇用卫生杯进行诽谤的行为违反了《民法通则》第101条规定，损害了法人名誉权。并依据《民法通则》第120条的规定判处被告承担公开登报消除影响、恢复名誉、赔礼道歉、赔偿损失责任。

反不正当竞争法和民法一样，都是调整平等主体之间的关系。不正当竞争行为多是侵权行为，特别是侵犯他人知识产权的行为，因此，不正当竞争行为除了可以适用反不正当竞争法，也可以适用民法中的侵权行为法，特别是那些反不正当竞争法没有作出明确规定的行为。从这一意义上来讲，民法是基本法，反不正当竞争法是特别法。在具体法律适用中，反不正当竞争法有明确规定的，优先适用反不正当竞争法；反不正当竞争法没有规定的，则可以适用民法。我国《反不正当竞争法》第20条规定：“经营者违反本法规定，给被侵害的经营者造成损害的，应当承担损害赔偿责任，被侵害的经营者的损失难以计算的，赔偿额为侵权人在侵权期间因侵权所获得的利润；并应当承担被侵害的经营者因调查该经营者侵害其合法权益的不正当竞争行为所支付的合理费用。”这只就赔偿范围和赔偿方法作了规定，而除了这一条之外，便没有关于民事责任的规定。在这种情况下，我国关于不正当竞争行为的民事责任多依据《民法通则》的相应规定。例如，《反不正当竞争法》没有规定诉讼时效问题，那么依据反不正当竞争法向法院请求保护民事权利的诉讼时效就准用《民法通则》规定的2年诉讼时效。

第二节　反不正当竞争法的调整对象

一、不正当竞争行为的构成要件

我国《反不正当竞争法》第2条第2款规定，不正当竞争是指经营者违反本法规定，损害其他经营者的合法权益，扰乱社会经济秩序的行为。一般来讲，不正当竞争行为的构成要件包括以下四个方面：

（一）主体方面

在市场经济条件下，不正当竞争行为的实施者是以营利为目的的，参与市

① 见《最高人民法院公报》1988年第1期。

场交易活动并能够依法承担相应法律责任的经营者。经营者是指从事商品经营或者营利性服务的法人、其他经济组织和个人。从此可以看出，反不正当竞争法的主体包括法人、其他组织和个人三大类。需要指出的是，随着商品经济的高度发达，市场主体的组织形态也日益多样化和复杂化，经营者再也难以局限于那些直接从事商品生产经营和提供服务的企业或个人。经营者内涵逐步扩大，这主要表现在以下方面：

1. 从事行政管理的有关行政机关和授权组织可视为“经营者”。《上海市反不正当竞争条例》第 2 条规定：“凡在本市从事商品生产、销售或者营利性服务（以下所称商品包括服务）的法人、其他经济组织和个人（以下统称经营者)，以及从事行政管理的有关行政机关和授权组织，必须遵守本条例。”可见，政府及其所属部门可以成为反不正当竞争法上的主体。

2. 从事经营活动的事业单位是反不正当竞争法上的经营者。在履行国家职能的机关法人和以营利为目的的企业法人之间存在着一些具有一定社会管理和服务职能的事业单位法人，这些事业单位并非以营利为目的。但在我国现有的法律框架内，它们可以从事营利性行为。而这一些营利性行为往往是通过其设置附属企业来实现的，如校办企业。这在司法实践中已经得到确认，在中国药科大学诉福瑞科技不正当竞争纠纷案①中，法院认为原告中国药科大学通过附属企业的经营活动间接从市场上获利已构成了其经费来源，因而，对中国药科大学的经营者资格应予确认。

3. 文化市场中的作家具有经营者主体资格。随着市场经济的深入发展，除了传统的商品流通市场外，还形成了文化市场、技术市场等各种各样的新兴市场。在诸如此类的新兴市场中，竞争仍是调整市场主体关系的基本方式。因此这些新兴市场中的竞争秩序，应当适用反不正当竞争法来加以规范。作者通过出售作品的出版发行权而从文化市场中获取经济利益，这时的作品已经成为文化市场中流通的商品。应当认为《反不正当竞争法》第 2 条第 3 款并没有将“经营者”限定在传统市场中的商品经营者或者营利性服务提供者。作者符合《反不正当竞争法》对“经营者”的要求，是文化市场中的商品经营者，具有竞争法上“经营者”的主体资格。

（二）客体方面

不正当竞争行为的客体是指经营者通过实施不正当竞争行为所侵犯的其他经营者的合法权益、消费者的合法权益以及良好竞争秩序。不正当竞争行为的

---

① 见《最高人民法院公报》2005 年第 6 期。

客体通常并不是单一的，而是上述三个方面中的双重或多重的。既侵犯了其他经营者的合法权益，又侵犯了消费者的合法权益，还破坏了良好竞争秩序。需要指出的是不正当竞争的客体不同于不正当竞争的对象，不正当竞争行为的对象是指不正当竞争行为所指向的竞争对手、消费者或者是有关财物等。

1. 其他经营者的合法权益。具有竞争关系的不同经营者在同一市场上进行竞争，竞争主要是围绕交易对象、交易份额和交易机会等而展开的。任何不正当竞争行为都是对竞争对手公平地获得交易机会的破坏，因此，其他经营者的合法权益体现为通过公平竞争而获得交易机会的权利。

2. 消费者合法权益。不正当竞争行为不仅侵犯了竞争对手的合法权益，同时会侵犯消费者的合法权益。消费者的合法权益是不正当竞争行为侵犯的重要客体。需要指出的是并不是所有的不正当竞争行为都必然损害消费者的合法权益。

3. 良好竞争秩序。良好的市场竞争秩序是市场经济健康发展的必然要求，任何不正当竞争行为都必然会对宏观的市场竞争秩序产生影响。有的直接地表现出来，有的需要经过长时间才能显现出来。如低价排挤竞争对手的行为可能引起的市场结构的变化对竞争秩序的破坏影响就是深远的。

（三）主观方面

不正当竞争行为的主观方面是指经营者实施不正当竞争行为时的主观心理状态。主观心理状态一般包括故意和过失。不正当竞争行为的认定要以经营者的主观过错为要件，包括故意或者过失。实施不正当竞争行为经营者的主观过错主要体现在以下几个方面：①

1. 是否具有排挤或损害竞争对手的目的或动机。

2. 是否具有谋取利益的目的或动机。

3. 是否知道或者应当知道会损害客户利益。

4. 是否违反合同、社会组织章程或公认的商业道德。

一般来讲，对损害竞争对手权益不正当竞争行为多是故意的，而对于损害消费者权益则可能是故意的，也可能是过失的。

（四）客观方面

不正当竞争行为的客观方面表现为行为人实施了与诚实信用原则或者其他公认的商业道德相悖的行为。

不正当竞争行为的客观方面要求须有采取不正当手段进行竞争的客观行

① 丁邦开：《竞争法律制度》，东南大学出版社2003年版。

为。这是构成不正当行为的客观要件。按照这一要求，不正当竞争行为的实施者，必须是具有竞争目的并使用了不公正、不诚实、不道德的竞争手段，即违反了诚实信用原则而为的竞争行为。另外，需要指出两点：一是不正当竞争行为的构成不以给他人造成已然损害结果为必备要件，这是不正当竞争行为与一般民事侵权行为在构成要件上的一大区别。不正当竞争行为的结果，可能已给其他竞争者造成了损害，也可能只是对其他竞争者的合法权益具有潜在威胁。二是不正当竞争行为的构成不强调行为与损害之间的因果关系。一般而言不正当竞争行为的结果将给其他竞争者带来损害后果，但由于该损害后果在表现形式上有的是直接的、有形的、可数的，也有的是间接的、潜在的、不可数的。根据不正当竞争行为损害结果的这一特殊性，因而在其构成要件上不以实际直接损害结果的发生为要件。既然对不正当竞争行为不强调发生直接损害后果为其必备要件，自然也就不强调行为与损害之间的因果关系。这也与一般民事侵权行为的构成要件不同。①

二、市场混淆

（一）市场混淆的概念

市场混淆又称仿冒行为，是指经营者使用与他人相同或相似的商业标识，致使自己的商品或服务与他人的商品或服务产生混淆，造成购买者误认误购，减损他人商业标识的市场价值的行为。

我国《反不正当竞争法》第5条规定，经营者不得采用下列不正当手段从事市场交易，损害竞争对手。这些手段包括：假冒他人的注册商标；擅自使用知名商品特有的名称、包装、装潢，或者使用与知名商品近似的名称、包装、装潢，造成和他人的知名商品相混淆，使购买者误认为是该知名商品；擅自使用他人的企业名称或者姓名，引人误认为是他人的商品；在商品上伪造或者冒用认证标志、名优标志等质量标志，伪造产地，对商品质量作引人误解的虚假表示等。经营者在市场上采取假冒或模仿的手段，其目的就是要搭他人商业标识上的商业信誉或商品信誉的便车，为自己谋取不正当利益。这种行为造成了市场上的混淆、误认，不仅损害消费者和经营者的合法权益，还严重危害市场竞争秩序，因而应受到反不正当竞争法的管制。

① 孔德然：《试论不正当竞争行为》，载《法律适用》1993年第10期。

（二）市场混淆的特征

1. 主观方面

市场混淆的目的是开展竞争，市场混淆人具有主观过错。市场混淆人为了扩大自己的销售量，拓宽自己的市场，获得竞争优势，常常以一些知名度高、具有较高商业价值的特定市场经营者及其所经营商品或服务的商业标识为仿冒对象，其目的在于使交易对方对其提供的商品或服务产生混淆或误解，误认为是特定经营者的产品或服务来扩大自己的销售量。市场混淆一般都是对知名度高、经济利益大的商品进行仿冒，市场混淆的实质就是掠夺他人的商业信誉等无形资产，因此，市场混淆是一种行为人具有主观故意的不正当竞争行为。也就是说，市场混淆是经营者主观故意地不正当地变他人竞争优势为自己竞争优势的一种手段，是一种不正当竞争行为。但是，若是不具有竞争目的或与市场竞争无关的混淆，不属于反不正当竞争法所规制的范围。

2. 对象方面

商业标识是市场混淆的客体或者对象。世界知识产权组织（WIPO）把商业标识界定为："标识可以是向消费者传递市场上的一种商品或者服务来自特定的商业来源的信息的任何牌子、象征或者图案，即使不知道该来源的名称。因此，标识可以包括两维的或者三维的牌子、标签、标语、包装、颜色或者色调，但不限于此。"① 根据TRIPs协议第15条规定，任何标记或标记的组合，只要能区分一企业和其他企业的货物或服务，就应可构成一个商标。这些标记，特别是单词，包括个人名字、字母、数字、图形和颜色的组合以及任何这些标记的组合，应有资格作为商标进行注册。如果标记没有固有的区分有关商品或服务的特征，各成员可依据有关标记在使用后获得的区分性决定是否予以注册。另规定成员可以将在视觉上感觉得到作为注册商标的条件。可见，"商标"是可以区分商品或者服务的任何标识，其含义是很广泛的，它可以是经过登记注册的商标还可以是未经过注册登记的未注册商标，我国《反不正当竞争法》第5条第（2）项规定的知名商品特有的名称、包装、装潢就属于未注册商标的范畴。

世界知识产权组织（WIPO）《反不正当竞争保护示范条款》第2条具体列举了产生混淆的典型的商业标识，这些典型商业标识包括：（1）商标，它是商品生产者使自己的产品区别于他人产品的标志。其作用是将一个企业提供

① "Protection against unfair competition", presented by International Bureau of WIPO.

的商品或服务与其他企业提供的商品或服务区别开来。(2) 商号，即“商人的姓名”，是商人在商业交易中用以从事活动、签字以及起诉和应诉的姓名，其作用是识别企业及其商业活动，将其与其他企业及其经营活动区别开来。(3) 特殊标记，它是“商业企业或企业的特殊商业标记”的简称，是指商标、商号以外的商业标识，诸如在工商业活动中传递有关企业或企业生产的商品或提供的服务风格的商业象征、徽章、标志、标语等均属特殊标记范畴。(4) 商品外观，它包括商品的包装、形状、颜色或者其他非功能性的、独有的特征。如果经营者使用的商品外观在很大程度上使消费者与他人特定的商品来源或者出处联系起来，可能对商品的来源产生混淆，极易构成不正当竞争行为。(5) 商品或服务的标示。(6) 知名人士或者众所周知的虚构形象。由于市场混淆是对竞争对手经营优势的掠夺，因此，市场混淆对象总是集中在具有市场竞争优势的经营者身上及其特定的商品上。仿冒者精心模仿这些特定商品的商标、包装、企业名称，使消费者发生混淆和误认。

3. 内容方面

市场混淆在行为特征上表现为使用与他人商业标识相同或者近似的商业标识。市场混淆从具体的行为方式来看包括两类：一是冒用行为，即未经权利人许可而擅自使用他人的商业标识，也就是将他人的商业标识在自己所经营的商品或服务上做相同的使用。二是仿用行为，即模仿或比照他人的商业标识，在不影响该商业标识实质性特征的情况下对其稍作改变进行使用，也就是将他人的商业标识在自己所经营的产品或服务上做相似的使用。在冒用的情况下，市场混淆人往往将自己商品或服务的商业标识所涉及的文字、图形、色彩及其组合设计得与被授权人的商业标识完全一样，如果不借助仪器检查或特殊手段，很难发现其虚假性，极易导致购买者误认。在仿用的情况下，市场混淆人所使用的商业标识往往与被侵权人的商业标识在主要部分相似和整体印象上相近似，一般消费者施以普遍的注意力即会发生误认或混淆。

4. 后果方面

市场混淆的后果是市场混淆或淡化他人商业标识。市场混淆一般会产生三个方面的危害后果：一是可能导致他人将此商品误认为彼商品而引起商品来源的混淆；二是可能导致对商品的生产经营者及服务的提供者的关联关系以及担保关系的混淆；三是虽未引起商品或服务的来源的混淆，但搭乘了他人的便车或者淡化了他人商业标识的区别性。这种混淆与淡化的危害后果不仅是反不正当竞争法规制市场混淆的重要依据，而且，在许多国家的法律中，它还是市场混淆本身的构成要件。

（三）市场混淆的表现形式

随着经济生活和生产技术的发展，市场混淆也在不断变化。根据我国《反不正当竞争法》的具体规定，市场混淆行为大体可概括为三种形式，即假冒他人合法商业标志行为、仿冒知名商品其他标志的行为和仿冒他人的企业名称或姓名。

1. 假冒他人合法商业标志行为

假冒他人合法商业标志行为是指不经任何授权，擅自使用其他经营者的合法商业标志的行为。所谓企业的合法商业标志是指经过注册登记的商标、商号、企业名称、服务标记等具有识别意义的标志。这些标志是经营者享有的由法律明文规定加以保护的专用权利。仿冒他人合法商业标志的行为是一种直接侵害他人权利的侵权行为。假冒他人合法商业标志行为是一种典型的违背诚实信用商业道德，扰乱市场竞争秩序的不正当竞争行为。

2. 仿冒知名商品其他标志的行为

仿冒知名商品其他标志的行为是指擅自使用知名商品特有的名称、包装、装潢，或者使用与知名商品近似的名称、包装、装潢，造成和他人的知名商品相混淆，使购买者误认为是该知名商品。知名商品特有的名称、包装、装潢不但起到区别商品制造者作用，同时也是经营者用做创造商品形象，促销商品、开拓市场的一种竞争的手段，是经营者的无形财富。而对这些反映经营者商业信誉和商品声誉标志的仿冒属于破坏竞争秩序，搭知名品牌便车的不正当竞争行为。

从《反不正当竞争法》第 5 条第 2 款的规定看，构成仿冒知名商品特有的名称、包装、装潢的构成要件是：第一，被仿冒的商品必须为“知名商品”。知名商品是指在中国境内具有一定的市场知名度，为相关公众所知悉的商品。认定知名商品应当考虑该商品的销售时间、销售区域、销售额和销售对象，进行任何宣传的持续时间、程度和地域范围，作为知名商品受保护的情况等因素，进行综合判断。第二，被仿冒的商品名称、包装、装潢必须为知名商品所“特有”。“特有的名称、包装、装潢”是指具有区别商品来源的显著特征的商品的名称、包装、装潢。此外，最高人民法院《关于审理不正当竞争民事案件应用法律若干问题的解释》对不认定为知名商品特有的名称、包装、装潢的情形做了规定，包括：商品的通用名称、图形、型号；仅仅直接表示商品的质量、主要原料、功能、用途、重量、数量及其他特点的商品名称；仅由商品自身的性质产生的形状，为获得技术效果而需有的商品形状以及使商品具有实质性价值的形状；其他缺乏显著特征的商品名称、包装、装潢。第三，足以造成或已经造成和他人的知名商品相混淆，使购买者误认为是该知名商品。足以使相关公众对商品的来源产生误认，包括误认为与知名商品的经营者具有许可使用、关联企业关系等特定联系的。同时，在相同商品上使用相同或者视觉上基本无差别的商品名称、包装、装潢，应当视为足以造成和他人知名商品相混淆。

需要指出的是，由经营者营业场所的装饰、营业用具的式样、营业人员的服饰等构成的具有独特风格的整体营业形象，可以认定为反不正当竞争法第5条第2项规定的“装潢”。

3. 仿冒他人的企业名称或者姓名

企业名称或姓名是区别企业及其商品的重要标识，它们是经营者或服务活动的外在特征，体现了商业信誉和商品声誉。构成擅自使用他人企业名称或姓名的行为的基本要件是：第一，未经名称或姓名专有权人的许可，擅自使用他人的企业名称或者姓名。第二，被仿冒的企业名称或姓名，一般具有良好的信誉、声誉。第三，混淆行为的目的是引人误认、误购。最高人民法院《关于审理不正当竞争民事案件应用法律若干问题的解释》规定，在商品经营中使用的自然人的姓名，应当认定为反不正当竞争法第5条第3项规定的“姓名”。具有一定的市场知名度、为相关公众所知悉的自然人的笔名、艺名等，可以认定为反不正当竞争法第5条第3项规定的“姓名”。

三、商业诋毁

（一）商业诋毁的概念

商业诋毁行为，又称为商业诽谤行为，是指经营者自己或利用他人，通过捏造、散布虚伪事实等不正当手段，对竞争对手的商业信誉、商品声誉进行恶意的诋毁、贬低，以削弱其市场竞争能力，并为自己谋取不正当利益的行为。①

商业诋毁是经营者为了谋取竞争优势和相应的经济利益而捏造、散布虚假事实，损害竞争对手的商业信誉和商品声誉的行为，是一种典型的不正当竞争行为。这一行为首先损害了竞争对手的合法权益，给竞争对手造成经济上的损失，还直接欺骗了广大消费者群体，使消费者无法了解事实真相，发生困惑乃至上当受骗，最终造成市场竞争秩序的扭曲。所以，这一行为应当受到反不正

① 世界知识产权组织国际局研究报告：《世界反不公平竞争法的新进展》，载漆多俊主编：《经济法论丛》（第1卷），中国方正出版社1999年版。

当竞争法的管制。为此，我国《反不正当竞争法》第14条规定：“经营者不得捏造、散布虚伪事实，损害竞争对手的商业信誉、商品声誉。”

> 目前，世界多数国家和地区反不正当竞争立法都对商业诋毁作了规定。世界知识产权组织（WIPO）《反不正当竞争示范条款》第5条规定：在工业或商业活动中，对他人企业或其活动，特别是对该企业提供的产品或服务诋毁或可能诋毁的任何虚假或不合理陈述，构成不正当竞争行为。该条款进一步对诋毁的对象作了规定，包括：产品的制造方法；产品或服务对特定目的的适用性；产品或服务的质量、数量或其他特性；产品或服务的地理来源；产品或服务的提供或供给条件以及产品或服务的价格或其计算方法等。《保护知识产权巴黎公约》第10条之二第3款第2项规定，在经营活动中损害竞争者的营业所、商品或者工商业活动的信誉的虚假陈述属于三项特别予以禁止的不正当竞争行为之一。德国《反不正当竞争法》第4条规定，贬低或者诋毁其他竞争者的标志、商品、服务、活动或个人关系或商业关系的是不正当竞争行为。第6条规定，比较贬低或者诋毁其他竞争者的标志、商品、服务、活动或个人关系或商业关系的是不正当竞争行为。我国台湾地区“公平交易法”第22条规定，事业不得为竞争之目的，而陈述或散布足以损害他人营业信誉之不实情事。

（二）商业诋毁的构成要件

1. 商业诋毁行为的主体是从事市场交易活动的经营者。在认定商业诋毁行为的主体时有两点应该加以明确：一是商业诋毁行为的主体只以经营者为限，除此之外的其他主体所实施的诋毁行为不能构成商业诋毁行为，而只能构成一般的民事侵权行为或犯罪行为，行为人应按我国《民法通则》或刑法的规定承担相应的法律责任。二是在许多情况下，经营者往往不是自己亲自实施商业诋毁行为，而是利用他人实施此种行为。所谓他人，既可以是其他同业经营者，也可以是非同业经营者和非经营者的社会组织或个人。

2. 商业诋毁行为的主观方面是故意，而不是过失。行为人实施商业诋毁行为在主观上是故意的，而且具有明确的目的性，即旨在削弱竞争对手的市场竞争能力，并为自己谋求市场竞争的优势和其他不正当利益。经营者也可能因过失造成对竞争对手商业信誉和商品声誉的损害，并要承担相应的法律责任，但这种行为并不构成商业诋毁，其性质不属于不正当竞争。

3. 商业诋毁行为侵犯的客体是特定经营者即作为行为人竞争对手的经营

者的商业信誉和商品声誉。所谓商业信誉是社会从商业角度对特定经营者的一种积极评价，包括经营者的信用、资产、经营能力等方面。商品声誉则是社会对特定商品的评价，包括质量、性能、效用、价格等方面。商业信誉和商品声誉是经营者通过参与市场竞争的连续性活动逐渐形成的，需要其投入大量的人力、物力和财力等才能建立起来。而经营者一旦建立起了良好的商业信誉和商品声誉，就会给他带来巨大的经济利益，带来市场竞争中的优势，并成为其重要的无形财富。经营者的商业信誉和商品声誉，属于民法中规定的公民或法人的名誉权和荣誉权，它们共同构成经营者的人格权，是受法律严格保护的。如果经营者只是对竞争对手个人名誉进行攻击，不涉及商誉，则属于一般的人身权侵害；诋毁与自己毫无关系的非同行业竞争者的商誉，也不属于诋毁商誉行为。

4. 商业诋毁行为的客观方面表现为捏造、散布虚伪事实，对竞争对手的商业信誉和商品声誉进行诋毁和贬低，给其造成或可能造成一定的损害后果。捏造虚伪事实，是指故意编造对竞争对手不利的，与其商业信誉和商品声誉真实情况不相符合的事情。这里的捏造可以是全部捏造，也可以是部分捏造，可以是无中生有的编造，也可以是对事实真象的歪曲。散布虚伪事实，是指将捏造的虚伪事实加以散布或传播，以各种形式使他人知悉其所捏造的虚伪事实。对经营者商业信誉和商品声誉的任何诋毁或贬低，都可能给该经营者的正常经营活动造成消极的影响，甚至可能使其遭受严重的经济损失。应该注意的是，捏造、散布虚伪事实，意图损害竞争对手的商业信誉和商品声誉，但尚未造成损害后果的，也应视为不正当竞争行为而予以处罚，因为它存在着造成损害后果的可能性。如果经营者散布对竞争对手不利的事实，但非无中生有或故意歪曲，而是客观事实，则不构成诋毁商誉行为。

四、虚假宣传

（一）虚假宣传的概念

虚假宣传，是指经营者利用广告或其他方法，对商品或服务作与事实情况不符的表示，并引起或足以引起消费者误认的行为。我国《反不正当竞争法》第 5 条规定，虚假表示行为是指在商品上伪造或者冒用认证标志、名优标志等质量标志，伪造产地，对商品质量作引人误解的虚假表示。第 9 条规定，虚假宣传行为是指经营者不得利用广告或者其他方法，对商品的质量、制作成分、性能、用途、生产者、有效期限、产地等作引人误解的虚假宣传。

（二）虚假宣传的特征

虚假宣传行为的特征主要表现在以下几个方面：

1. 虚假宣传的主体是进行商品或服务宣传的经营者，包括商品或服务经营者、广告经营者和除广告之外的其他宣传形式的经营者。

2. 虚假宣传的主观方面必须出于故意，即行为主体想要通过虚假宣传达到使消费者产生误认，从而不正当地获取交易机会，攫取交易利润。但是根据《反不正当竞争法》第9条的规定，在虚假广告中，广告的经营者的过失也可能构成虚假宣传行为。即广告的经营者不得在明知或者应知的情况下，代理、设计、制作、发布虚假广告。

3. 虚假表示及宣传的内容涉及认证标志、名优标志等质量标志、产地、质量、制作成分、性能、用途、生产者、有效期限等因素。

4. 虚假表示及宣传行为的方式主要有三种，即"在商品上"、利用广告和其他方法。

（三）虚假宣传的表现形式

1. 引人误解的虚假宣传

从字面含义理解，引人误解的虚假宣传指能够引人误解的并且虚假的宣传，并不包括不引人误解的虚假宣传和引人误解的真实宣传。那么对于这两类行为，是否应该给予反不正当竞争法的管制？有学者认为，从本法的立法目的出发，不论是虚假宣传还是真实宣传，只要产生引人误解的后果，就应该予以同等对待，而不以损害有竞争关系的其他经营者为必要。因此，对于未引人误解的虚假宣传，法律无需加以干预，而对于引人误解的真实宣传，则应该受到法律的制约。① 2006年最高人民法院《关于审理不正当竞争民事案件应用法律若干问题的解释》第8条第3项规定："以明显的夸张方式宣传商品，不足以造成相关公众误解的，不属于引人误解的虚假宣传行为。"此外，还规定人民法院应当根据日常生活经验、相关公众一般注意力、发生误解的事实和被宣传对象的实际情况等因素，对引人误解的虚假宣传行为进行认定。

2. 虚假广告

虚假广告是以欺骗方式进行不真实的广告宣传。1993年国家工商行政管理局制定的《关于认定处理虚假广告问题的批复》中明确虚假广告的认定标准有二：一是广告所宣传的产品和服务本身是否客观、真实；二是广告所宣传的产品和服务的主要内容（包括产品和服务所能达到的标准、效用、所使用

① 孔祥俊：《反不正当竞争法原理》，知识产权出版社2005年版，第300页。

的注册商标，获奖情况，以及产品生产企业和服务提供单位等）是否真实。凡利用广告捏造事实，以并不存在的产品和服务进行欺诈宣传，或广告所宣传的产品和服务的主要内容与事实不符的，均应认定为虚假广告。

3. 荐证广告

所谓荐证广告是指由名人、专家、消费者信赖的组织等，通过推荐、证明书、感谢信等方式，说服、刺激潜在的消费者购买商品。例如名人广告、形象代言广告都是荐证广告的主要表现形式。

我国目前尚无专门针对荐证广告的法律法规，因此，对荐证广告的规制一般适用《广告法》的相关规定，如该法第 38 条第 3 项规定的“社会团体或者其他组织，在虚假广告中向消费者推荐商品或者服务，使消费者的合法权益受到损害的，应当依法承担连带责任。”第 14 条第 4 项规定的药品、医疗器械广告不得“利用医药科研单位、学术机构、医疗机构或者专家、医生、患者的名义和形象作证明”。此外，在一些部门规章和地方规范性文件中对荐证广告也有零散的规定。如 1993 年国家工商行政管理局颁布的《广告审查标准（试行）》第 17 条规定：“不得滥用公众对名人的信任感。聘用名人做广告宣传商品的使用效果，必须与其本人的真实使用情况相一致。”第 70 条第 1 项规定，医疗器械广告不得“使用专家、医生、患者、未成年人或医疗科研、学术机构、医疗单位的名义进行广告宣传”。第 80 条第 5 项规定，医疗广告不得“利用患者或医学权威机构、人员和医生的名义、形象或使用其推荐语进行宣传”。

《广告法》只规定了广告的责任者即广告主、广告经营者与广告发布者，而对广告片中的演员并没有规定是否要承担法律责任。我国在荐证广告方面的立法缺失，使得学界对荐证人责任的追究存在不同认识，主要有否定说和肯定说。否定说认为，荐证人在广告中只是演员，在发生虚假广告纠纷时，除非荐证人事先明知，否则不能追究其相应责任。肯定说认为，权利和义务应当对等，荐证人特别是一些名人、专家在从事荐证行为获取高额报酬的同时，理应为其行为承担责任。

4. 对比广告中的虚假宣传行为

对比广告是利用各种媒介对所宣传的企业或企业的产品或服务与其他相关的企业或企业的产品或服务进行比较的广告。真实的对比广告能够反映产品或服务的真实情况，既符合经营者言论自由的权利，也更好地实现了消费者的知情权。但是，内容虚假的对比广告违背诚实信用原则，是一种典型的不正当竞争行为，通常表现为虚假宣传和商业诋毁。

2006 年最高人民法院《关于审理不正当竞争民事案件应用法律若干问题的解释》第 8 条第 1 款规定了可以认定为反不正当竞争法第 9 条第 1 款规定的引人误解的虚假宣传行为包括：对商品作片面的宣传或者对比的；将科学上未定论的观点、现象等当作定论的事实用于商品宣传的；以歧义性语言或者其他引人误解的方式进行商品宣传的。

5. 其他虚假宣传行为

反不正当竞争法并未对“其他方法”作出明确规定，也无法穷尽“其他方法”的范围，但是各地方法规都作了较为明确的规定。

例如《北京市反不正当竞争条例》第 15 条第 2 款规定其他虚假宣传行为包括：(1) 雇佣他人进行欺骗性的诱导；(2) 作引人误解的虚假的现场演示和说明；(3) 张贴、散发、邮寄引人误解的虚假的产品说明书和其他宣传材料；(4) 在经营场所内对商品作引人误解的虚假的文字标注、说明或者解释；(5) 利用新闻媒体作引人误解的虚假的宣传报道等。

五、商业贿赂

(一) 商业贿赂的概念

我国《反不正当竞争法》第 8 条规定，经营者不得采用财物或者其他手段进行贿赂以销售或者购买商品。在账外暗中给予对方单位或者个人回扣的，以行贿论处；对方单位或者个人在账外暗中收受回扣的，以受贿论处。经营者销售或者购买商品，可以以明示方式给对方折扣，可以给中间人佣金。经营者给对方折扣、给中间人佣金的，必须如实入账。接受折扣、佣金的经营者必须如实入账。但是并未对商业贿赂的内涵作出界定。1996 年国家工商行政管理局制定的《关于禁止商业贿赂行为的暂行规定》将商业贿赂定义为“经营者为销售或者购买商品而采用财物或者其他手段贿赂对方单位或者个人的行为”。

商业贿赂行为破坏了市场竞争秩序，造成了竞争的不公平，损害了社会公共利益，因而世界各国立法都把商业贿赂行为作为一种不正当竞争行为加以管制。美国《克莱顿法》第2条规定，任何从事商业活动者，在经营过程中，如支付、给予，或收取、接受任何有价值的物品，作为佣金、经纪费、其他补偿、津贴、折扣的替代物，都属于违法行为。在德国，以前商业贿赂行为一直是作为一种独立的不正当竞争行为依据《反不正当竞争法》予以管制。后于1997年，德国专门制定了《反腐败法》对商业贿赂行为予以管制。

（二）商业贿赂的特征

商业贿赂行为的特征主要体现在以下几个方面：

1. 商业贿赂的主体分为行贿主体和受贿主体。商业行贿的主体只能是经营者，即经营商品或提供服务的法人、其他经济组织和个人。《关于禁止商业贿赂行为的暂行规定》第3条规定："经营者的职工采用商业贿赂手段为经营者销售或者购买商品的行为，应当认定为经营者的行为。"商业受贿的主体则不限于经营者，"对方单位或者个人"既包括收受贿赂的交易对方单位或其负责人、代理人、采购人员，也包括交易行为以外对交易行为有直接影响的单位或个人，如行政机关工作人员或交易相对人的母公司的负责人等，但不含促成交易的独立经纪人。

2. 商业贿赂行为人的主观是出于故意，即以争取交易机会和取得竞争优势为目的。但是，如果不是为了获得交易机会而是为了在交易市场中得到有利于己的结果的行为，同样应被视为商业贿赂。

3. 客观上表现为采用财物或其他手段实施贿赂的行为。根据《关于禁止商业贿赂行为的暂行规定》的相关规定，可将财物定义为现金和实物，包括经营者为销售或者购买商品，假借促销费、宣传费、赞助费、科研费、劳务费、咨询费、佣金等名义，或者以报销各种费用等方式，给付对方单位或者个人的财物。其他手段是指提供国内外各种名义的旅游、考察等给付财物以外的其他利益的手段。如今，商业贿赂手段的隐蔽性特别强，表现形式多种多样。除了前述所讲的直接给予物质性财物以外，还有通过安排升迁、安排工作与上学以及性贿赂等手段来达到其既定目的。

商业贿赂与相关概念的区别

1. 商业贿赂与回扣

商业贿赂和回扣都是不正当的竞争行为，都会对市场、竞争者和消费者造成损失。由法律规定可知，回扣是商业贿赂最重要的一种表现形式，但不能将其与商业贿赂相提并论。

首先，主体不同。商业贿赂的主体是经营者，既可能是买方，也可能是卖方，没有特别限定。一般情况下，回扣的主体只能是商品或服务的销售方。只有在商品紧俏、购买者难以购得商品的情况下，消费者才可能向销售方提供贿赂。

其次，贿赂的内容不同。商业贿赂中的财物涵义较为广泛，泛指现金和实物，包括经营者为销售或者购买商品，假借促销费、宣传费、赞助费、科研费、劳务费、咨询费、佣金等名义，或者以报销各种费用等方式，给付对方单位或者个人的财物。也包括供国内外各种名义的旅游、考察等给付财物以外的其他利益的手段。而回扣只能是从买方所付的款项中提出一部分返回给对方。

再次，表现形式不同。商业贿赂不以“账外暗中”为必要，而回扣则必须满足这一限定条件。“账外暗中”虽然是对回扣的限定，但“暗中”主要是指不在合同、发票等中明确表示。

2. 商业贿赂与折扣

《关于禁止商业贿赂行为的暂行规定》第6条规定：“经营者销售商品，可以以明示方式给予对方折扣。经营者给予对方折扣的，必须如实入账；经营者或者其他单位接受折扣的，必须如实入账。”该条还对折扣作了定义，弥补了反不正当竞争法的不足，即商品购销中的让利，是指经营者在销售商品时，以明示并如实入账的方式给予对方的价格优惠，包括支付价款时对价款总额按一定比例即时予以扣除和支付价款总额后再按一定比例予以退还两种形式。可见，商业贿赂和折扣在性质上存有根本的差异：

首先，主体不同。折扣只能由出卖人给予买受人。这即是说，给付折扣的主体一定是销售商品或提供服务的经营者，而收受折扣的主体一定是购买商品或享受服务的买受人，折扣只能由出卖人流向买受人。商业贿赂的主体既可以是商品或服务的提供者，也可以是商品或服务的买受人。

其次，折扣本质上是一种价格优惠，是合法的让利行为。既可以是在商品交易活动中从明码标价中减去的数额，也可以是因时令商品降价或处理有效期限将到期的商品或者其他积压的商品。商业贿赂则是通过不正当的手段来获得销售或者购买商品或服务的机会。

再次，表现形式不同。折扣必须以明示方式作出，且如实入账，即根据合同约定的金额和支付方式，在依法设立的反映其生产经营活动或者行政事业经费收支的财务账上按照财务会计制度规定明确如实记载。而商业贿赂一般情况下是通过“暗中”来实现的。

3. 商业贿赂与佣金

《关于禁止商业贿赂行为的暂行规定》第7条规定："经营者销售或者购买商品，可以以明示方式给中间人佣金。经营者给中间人佣金的，必须如实入账；中间人接受佣金的，必须如实入账。"并将佣金定义为经营者在市场交易中给予为其提供服务的具有合法经营资格的中间人的劳务报酬。与折扣相同，给付佣金也是一种合法行为，不受反不正当竞争法的制约，与商业贿赂具有本质的区别：

首先，主体不同。佣金是由双方当事人或任意一方当事人给付具有独立地位的中间人。

其次，表现形式不同。佣金的给付也必须以明示方式作出，并如实入账。

再次，给付的缘由不同。给予商业贿赂，双方都是出于牟取不正当利益的目的，而给付佣金则是出于买卖成交的需要。

4. 商业贿赂与附赠

附赠是指经营者在正常的交易活动中附带性地为交易对方无偿提供一定数量的现金或实物的行为。附赠作为一种市场营销方式是普遍存在的，其原则上也是合法的。但是，附赠如果不加控制也会扰乱市场竞争秩序，影响经营者之间的公平竞争。我国《反不正当竞争法》并没有对附赠问题作出相应规定，但《关于禁止商业贿赂行为的暂行规定》第8条将违法附赠规定为，经营者在商品交易中不得向对方单位或者其个人附赠现金或者物品。但按照商业惯例赠送小额广告礼品的除外。

附赠的特征如下：第一，从属性。在存在附赠的交易行为中，存在商品交易关系与赠与关系两种民事法律关系。交易关系是主关系，赠与关系是从关系。第二，形式多样性。既可以表现为现金附赠，也可以表现为物品附赠。第三，对方的不特定性。经营者提供附赠品的对象是不特定的，即不管交易对方是谁，只要与其发生交易，就提供赠品，而且同等条件的交易得到的赠品性质与数量没有差别。第四，公开进行。附赠是公开进行的，这不同于"账外暗中"的回扣。

六、侵犯商业秘密

（一）商业秘密的概念

一般而言，商业秘密是指某种具有商业价值、处于秘密状态下的技术诀窍、技能、经验或信息。商业秘密是随着市场经济的发展和竞争的展开而逐渐形成的一个法律术语，从国际范围来看，尽管学理及立法上对商业秘密概念的界定不尽一致，但其中所含的共性还是很明显的。如《布莱克法律词典》把商业秘密解释为用于商业的配方、模型、设计或信息的汇集，而这种信息能使人相对于其他的不知或不使用的竞争者有更多获得利益的机会。美国《统一商业秘密法》第1条对商业秘密概念的界定是："商业秘密是指包括配方、模型、编辑、计划、设计、方法、技术、程序的信息，必须，（1）因并不为公众所知、无法由他人通过正当方法轻易获知、其泄露或者使用能够使他人获得经济利益，而具有现实的或潜在的独立价值；（2）根据具体情况采取了合理的努力，以维持其秘密性"。日本《不正当竞争防止法》规定："本法所称的商业秘密，是指在商业活动中使用的制造方法、销售方法或者其他任何技术或者经营信息，该信息作为秘密进行保持，且不为公众所知悉。"

简言之，商业秘密就是一种不为公众所知的商业信息。然而在商品经济时代，并非所有的商业信息都受到法律的保护，法律所保护的商业秘密具有特定的范围。我国《反不正当竞争法》第10条规定，商业秘密是指不为公众所知悉，能为权利人带来经济利益、具有实用性并经权利人采取保密措施的技术信息和经营信息。国家工商行政管理总局1995年制定的《关于禁止违反商业秘密行为的若干规定》，解释了有关商业秘密概念的具体内涵，其中"不为公众所知"的信息是指不能从公开渠道直接获取的信息；"具有经济价值"是指该信息具有确定的实用性或价值性，能为权利人带来现实的或潜在的经济利益或者竞争优势；"已经采取保密措施"，是指权利人事实上已经建立了保密制度、订立了保密协议以及其他合理的保密措施。我国《反不正当竞争法》将商业秘密的内涵定义为一种秘密的技术信息和经营信息，而国家工商行政管理总局对此概念以列举外延的方式规定，这种概括和列举相结合的方式是一种比较完整的表述。后来，2007年最高人民法院《关于审理不正当竞争民事案件应用法律若干问题的解释》也对商业秘密内涵的司法认定标准做了详细规定。同时，该司法解释还规定通过自行开发研制或者反向工程等方式获得的商业秘密，不认定为反不正当竞争法第10条规定的侵犯商业秘密行为。

（二）侵犯商业秘密的构成要件

1. 主体要件。侵犯商业秘密的主体不限于经营者，一般认为商业秘密侵权的主体包括：第一，依据合同负有保密义务的人。这一类侵权人主要是那些合法掌握他人商业秘密的人，包括权利人的相关的技术人员和管理人员以及与权利人有业务关系的单位和个人。侵权人违反保密约定或规定，或者向他人披露、扩散权利人的商业秘密；或者擅自使用权利人的商业秘密；或者允许他人使用权利人的商业秘密。第二，侵权第三人。这一类侵权人主要是那些明知或应知侵权人的侵犯商业秘密行为，却仍然接受、获取商业秘密，加以使用或者披露、扩散。这里的第三人侵权方式为间接形式。

商业秘密权利人也不限于经营者。《关于禁止侵犯商业秘密行为的若干规定》第2条第6项规定："本规定所称权利人，是指依法对商业秘密享有所有权或者使用权的公民、法人或者其它组织。"《刑法》第219条第4款规定："本条所称权利人，是指商业秘密的所有人和经商业秘密所有人许可的商业秘密使用人。"域外立法有的称商业秘密权利人为"合法持有人"，例如：世界知识产权组织（WIPO）《反不正当竞争示范条款》第6条规定，未经合法持有人同意，任何以违反诚实商业习惯的方式，导致该信息的披露、获取或使用的行为或做法，均构成不正当竞争行为。商业秘密的权利人应当从广泛意义上来理解，《关于审理不正当竞争民事案件应用法律若干问题的解释》规定，商业秘密独占使用许可合同的被许可人、排他使用许可合同的被许可人以及普通使用许可合同的被许可人都有起诉侵犯商业秘密的权利。

2. 主观要件。商业秘密侵权人主观上应存在故意或者过失，即应有主观过错。如果行为人主观上根本不知道所使用的技术是权利人的商业秘密，应不负侵权责任。

3. 行为要件。侵犯商业秘密行为在客观上表现为行为人实施了违反法律禁止性规定或合同约定的条款或内容，即行为人以不正当手段获取、使用、披露他人拥有合法权利的商业秘密。

（三）侵犯商业秘密的表现形式

因为商业秘密可以给企业带来竞争优势，侵犯商业秘密就成为某些不法企业从事不正当竞争的重要手段。根据我国《反不正当竞争法》第10条以及《关于禁止违反商业秘密行为的若干规定》第3条的规定，侵犯商业秘密行为主要有以下几种类型。

1. 以不正当手段获取商业秘密

这里是指经营者以盗窃、利诱、胁迫以及其他不正当的手段获取权利人的商业秘密的行为。所谓盗窃手段，是指运用秘密窃取的方法获得并占有权利人的商业秘密。秘密窃取的表现形式有多种多样，既可以是将载有商业秘密的文件窃取，也可以是将原件复制，还可以是将商业秘密的内容以其他方式记录下来。无论采取什么样的方式，只要行为人实施了秘密窃取他人商业秘密的行为，都构成盗窃商业秘密。所谓利诱手段，是指行为人通过向掌握商业秘密的有关人员提供物质利益或者其他好处的手段，从而获取他人商业秘密的行为。利诱手段强调获得商业秘密这一结果，仅仅以贿赂方式提出获取商业秘密的表示，并不视为竞争法上的利诱方式的不正当获得。胁迫手段与利诱手段最大的不同之处，就在于胁迫手段是指行为人以损害他人财产、人身、名誉等相要挟，迫使他人违反其真实意愿而告知商业秘密的行为。其他不正当手段，主要是指除了盗窃、利诱、胁迫以外的所有的非法手段。这一规定具有兜底作用，将一些缺乏典型性的“不正当手段”纳入规范之中，但在实践中，判断具体行为是否属于“其他不正当手段”时，应当慎重把握。

2. 披露或者使用不当获取的商业秘密

我国《反不正当竞争法》第 10 条第 1 款第 2 项规定，经营者不得披露、使用或者允许他人使用以盗窃、利诱、胁迫或者其他不正当手段获取的权利人的商业秘密。其中披露行为，是指商业秘密的获取人将商业秘密向他人扩散，从而使商业秘密公开。向他人扩散包括向特定人泄露，以及向不特定人泄露。使用则是指采取不正当手段获得商业秘密的侵权人将商业秘密运用于自己的生产经营。允许他人使用商业秘密是指采用不正当手段获得商业秘密的侵权人以有偿或无偿的方式将商业秘密转给第三人使用。

3. 违反约定或者违反权利人的要求披露、使用或允许他人使用商业秘密

行为人可以通过正当手段获得商业秘密，如通过合作合同等。此时，行为人对商业秘密的权利人即负有相应的保密、不得擅自使用等义务，这些义务可以是明示的，也可以是默示的。行为人如果违反这些义务，擅自披露、使用或允许他人使用该商业秘密，就应被认定为不正当竞争行为。我国《反不正当竞争法》禁止违反约定或者违反权利人的有关保守商业秘密的要求，披露、使用或者允许他人使用其所掌握的商业秘密的行为。

4. 第三人侵犯商业秘密

这一行为是指第三人侵权是明知或者应知他人以不正当手段获得的商业秘密，仍从那里获取、使用或者披露权利人商业秘密的行为。其中，第三人是指直接获得权利人商业秘密的行为人以外的其他人。需要指出的是，第三人必须为恶意，主观上应满足对违法行为“明知或应知”。我国《反不正当竞争法》第 10 条第 2 款将第三人侵犯商业秘密称为“视为侵犯商业秘密的行为”。

七、不正当有奖销售

（一）不正当有奖销售的概念

有奖销售，是指经营者销售商品或者提供服务，附带性地向购买者提供物

品、金钱或者其他经济上的利益的行为。包括：奖励所有购买者的附赠式有奖销售和奖励部分购买者的抽奖式有奖销售。有奖销售成为商家在竞争中取得优势的一种手段，其根本目的是为了促销产品，因此本质上并不违法，但有奖销售如果超过了一定的限度，则会扰乱市场竞争秩序。

世界多数国家竞争法都对有奖销售行为予以管制。德国1932年《附赠法》第1条规定，在商业交易中禁止在一种商品或服务之外，提供、预告或给付赠品（商品或劳务）。2004年德国《反不正当竞争法》规定了11种不正当竞争行为，其中的三项与有奖销售有关。日本1962年的《不当赠品及不当表示防止法》第1条规定："为防止通过采用与一定商品和服务交易相联系的不正当的赠品和表示来引诱顾客，以确保公平竞争，保护普通消费者的利益，特制定本法。"第3条进一步规定："公平交易委员会为防止不正当地引诱顾客而认为有必要时，可以对赠品类的最高价额或总额、种类或提供赠品之方法，以及其他提供赠品类的事项进行限制，或者直接禁止提供赠品类。"我国《反不正当竞争法》第13条规定，经营者不得从事下列有奖销售：采用谎称有奖或者故意让内定人员中奖的欺骗方式进行有奖销售；利用有奖销售的手段推销质次价高的商品；抽奖式的有奖销售，最高奖的金额超过5000元。

（二）不正当有奖销售的特征

1. 不正当有奖销售的主体是经营者。有奖销售行为的主体是经营者和与其交易的对方。提供有奖销售的是经营者，与其交易的对方包括购买商品的单位、个人或代表、代理单位实施交易行为的代表人、代理人。

2. 不正当有奖销售的内容可以是物品、金钱，也可以是其他经济上的利益，如无息贷款等。其中，物品不仅包括与所购物品完全相同的物品也包括同种类的物品或不相关的物品。

3. 不正当有奖销售的目的是为了招揽顾客。有奖销售，不管它表现为何种形式，其根本目的都是为招揽顾客，取得更多的利润。

4. 不正当有奖销售具有公开性。有奖销售是经营者不加区别地向所有购买者进行的，只要购买者按照规定购买一定的商品，不论购买者为何人或何种组织，都将一视同仁。并且经营者提供赠品时，都是以某种方式，如告示、广告等方式公开告知购买者的。

5. 不正当有奖销售具有从属性。有奖销售行为是商品交易行为的从行为，具有从属性。赠与是手段，促销才是目的。正因为有奖销售是一种市场营销模式和竞争策略，那么，不正当有奖销售则可能成为排挤竞争对手的不正当竞争行为；对消费者而言则可能基于此种赠与而决定购买经营者的商品或服务，但有奖销售活动中的获奖并非无偿而是有偿的。

（三）不正当有奖销售的表现形式

不正当有奖销售的行为主要有以下四种类型。

1. 欺骗性有奖销售行为

欺骗性有奖销售是指经营者隐瞒事实真相或者发布有奖的虚假信息，引诱消费者与其交易，但消费者实际不会得到经营者所称“奖励”的活动。经营者从事欺骗性有奖销售是违背诚信原则的行为，它破坏了市场正常的竞争秩序，因此而被反不正当竞争法所规制。我国法律规定的欺骗性有奖销售行为包括以下几种：

第一，实际无奖而谎称有奖的销售或者对所设奖的种类，中奖概率，最高奖金额，总金额，奖品种类、数量、质量、提供方法等作虚假不实的表示。这类欺骗行为的主要特点是经营者对外宣称有奖，而事实上并不存在奖品，或者中奖几率低而谎称中奖几率高以及对中奖金额作夸大描述等。

第二，采取不正当的手段故意让内定人员中奖。这种有奖销售的行为适用于抽奖式有奖销售，形式相对比较隐蔽。通常经营者通过采取一定的手段促使内定人员中奖。表面上看，经营者通过设置奖项让利于消费者，但实际上由于经营者操纵了抽奖过程，其他消费者根本就没有中奖的机会，其结果就是对消费者构成了欺骗。

第三，故意将设有中奖标志的商品、奖券不投放市场或者不与商品、奖券同时投放市场；故意将带有不同奖金金额或者奖品标志的商品、奖券按不同时间投放市场。这种有奖销售的行为同样使消费者得不到奖励，从而成为欺骗消费者的行为。

2. 以有奖销售手段推销质次价高的商品

经营者不得利用有奖销售手段推销质次价高的商品。利用有奖销售推销质次价高的商品，实际上也是对消费者的欺诈，是欺骗性销售行为。这类欺诈行为涉及有奖销售活动中顾客所购买的主商品或者服务，即经营者利用有奖销售活动，推销价高质次的商品，从而构成了对用户或者消费者的欺诈。

3. 超过5000元的抽奖式销售

我国允许小额的抽奖式销售，限制高额的有奖销售。《反不正当竞争法》第13条规定，抽奖式销售的最高奖额度不得超过5000元。实践中，最高奖额度超过5000元的有奖销售属于巨奖销售范畴。巨奖销售是一种相对于人们的现实收入、购买力水平、市场结构而言奖励过高的有奖销售方式。巨奖销售的不正当性主要体现在对市场竞争秩序的损害和对消费者利益的侵害两方面。作为一种市场竞争手段，巨奖销售并不是通过商品的质量、价格以及售后服务等条件来吸引顾客，而是利用消费者的投机心理推销商品，以占领相关市场。一般来讲，能够实施巨奖销售的经营者多是实力雄厚的大企业，大量中小企业没有相应的实力。因此，这一竞争手段是不公平的，会损害中小企业的利益，造成对整个市场竞争秩序的破坏。这对整个社会的经济发展，对满足社会消费者的多层次需求也是不利的。因此，域外立法一般对巨奖销售都有相应的法律规定。例如：日本《不当赠品及不当表示防止法》授权公正交易委员会可以认定、限制、禁止巨奖销售行为。

4. 视为欺骗性有奖销售的行为

《关于禁止有奖销售活动中不正当竞争行为的若干规定》对视为欺骗性有奖销售行为做了详细规定，即经营者举办有奖销售，应当向购买者明示其所设奖的种类、中奖概率、奖金金额或者奖品种类、兑奖时间、方式等事项。属于非现场即时开奖的抽奖式有奖销售，告知事项还应当包括开奖的时间、地点、方式和通知中奖者的时间、方式。经营者对已经向公众明示的前款事项不得变更。在销售现场即时开奖的有奖销售活动，对超过500元以上奖的兑奖情况，经营者应当随时向购买者明示。经营者违反这一规定，隐瞒事实真相的，视为欺骗性有奖销售，由工商行政管理机关依照《反不正当竞争法》第26条的规定处罚。

第三节　反不正当竞争法的实施

一、反不正当竞争法的实施机制

（一）行政执法机构实施

《反不正当竞争法》第3条第2款规定："县级以上人民政府工商行政管理部门对不正当竞争行为进行监督检查；法律、行政法规规定由其他部门监督检查的，依照其规定。"可见，县级以上各级政府工商行政管理部门负责不正当竞争行为的查处，但是法律、行政法规另外规定了其他监督检查部门的，则由该部门负责监督检查。依据行政权力法定原则，工商行政管理机关对不正当竞争行为的监督检查必须有法律明文规定的职权依据。《反不正当竞争法》规

定了六类不正当竞争行为，其中商业贿赂、虚假宣传、市场混淆、不正当有奖销售以及侵犯商业秘密等五类不正当竞争行为主要由工商行政管理部门负责监督检查。商业诋毁行为没有规定相应的行政责任。

目前，由于我国专利法、商标法、著作权法等知识产权法以及产品质量法、食品安全法、计量法、标准化法、药品管理法和证券法、对外贸易法等诸多法律法规中都包含有不正当竞争行为的内容。因此，国家知识产权局、卫生部、国家质量监督检验检疫总局、商务部等许多行政管理部门也都有查处涉及相关领域的不正当竞争行为的权力。

《反不正当竞争法》第 17 条规定了监督检查部门监督检查不正当竞争行为的职权，主要包括：

1. 调查询问权。监督检查部门有权按照规定程序询问被检查的经营者、利害关系人、证明人，并要求提供证明材料或者与不正当竞争行为有关的其他材料。

2. 查询、复制权。监督检查部门有权查询、复制与不正当竞争行为有关的协议、账册、单据、文件、记录、业务函电和其他资料。

3. 检查处置权。监督检查机关在检查与假冒标识的不正当竞争行为有关的财物时，有权责令被检查的经营者说明该商品的来源、数量，暂停销售，听候检查，不得转移、隐匿、销毁该财物。

4. 处罚权。监督检查机关对查证属实，定性为实施了不正当竞争的经营者，有权根据具体情况作出罚款、没收违法所得、责令停止违法行为、消除影响等处罚决定。

监督检查机构在执法时必须遵守法定程序，如《反不正当竞争法》第 18 条规定："监督检查部门工作人员监督检查不正当竞争行为时，应当出示检查证件。"《反不正当竞争法》还规定了当事人的配合义务，例如：第 19 条规定："监督检查部门在监督检查不正当竞争行为时，被检查的经营者、利害关系人和证明人应当如实提供有关资料或者情况。"

（二）司法机关实施

司法机关实施反不正当竞争法主要表现在以下三个方面：

1. 处理有关不正当竞争的民事纠纷。《反不正当竞争法》第 20 条第 2 款规定，被侵害的经营者的合法权益受到不正当竞争行为损害的，可以向人民法院提起诉讼，请求行为人承担损害赔偿、赔礼道歉等民事责任。

2. 处理不正当竞争行为人不服执法机关处罚决定的行政诉讼。《反不正当竞争法》第 29 条规定，当事人对监督检查部门作出的处罚决定不服的，可以自收到处罚决定之日起15日内向上一级主管机关申请复议；对复议决定不服的，可以自收到复议决定书之日起15日内向人民法院提起诉讼。当事人也可以直接向人民法院提起诉讼。

3. 依照相关法律追究不正当竞争行为人的刑事责任。对严重破坏市场竞争秩序，给权利人造成重大损失，构成犯罪的不正当竞争行为要依法追究刑事责任。诸多不正当竞争行为的刑事责任在刑法中都有相应规定。

二、不正当竞争行为的法律责任

不正当竞争行为是一种侵权行为，受害人可以请求不正当竞争行为人承担赔偿损失、赔礼道歉等民事责任。同时，不正当竞争行为还是破坏市场公平竞争秩序和损害社会公共利益的行为，依据不正当竞争行为社会危害性的大小，行为人还需承担相应的行政责任和刑事责任。

（一）民事责任

反不正当竞争法对受害人的保护是通过使不正当竞争行为人承担相应的民事责任来实现的。民事责任的形式包括责令停止侵害、损害赔偿、赔礼道歉等。

《反不正当竞争法》第20条第1款规定，经营者违反本法规定，给被侵害的经营者造成损害的，应当承担损害赔偿责任，被侵害的经营者的损失难以计算的，赔偿额为侵权人在侵权期间因侵权所获得的利润，并应当承担被侵害的经营者因调查该经营者侵害其合法权益的不正当竞争行为所支付的合理费用。《反不正当竞争法》关于不正当竞争行为民事责任的规定是不完善的。由于不正当竞争行为的损害赔偿数额常常难以确定，司法实践中已经形成了相应的法定赔偿额。1998年最高人民法院《关于全国部分法院知识产权审判工作座谈会纪要》指出，对于已查明被告构成侵权并造成原告损害，但原告损失额与被告获得额等均不能确认的案件，可以采用定额赔偿的办法来确定损害赔偿额。定额赔偿的幅度，可掌握在5000元至30万元之间，具体数额，由人民法院根据被侵害的知识产权的类型、评估价值、侵权持续的时间、权利因侵权所受到的商誉损害等因素在定额赔偿幅度内确定。在爱特福药业公司诉北京地坛医院等不正当竞争纠纷上诉案①中，法院关于损害赔偿额的认定就是依据《关于全国部分法

① 见《最高人民法院公报》2003年第5期。

院知识产权审判工作座谈会纪要》的相关规定，并考虑案件的具体细节情况确定的。

2007年最高人民法院《关于审理不正当竞争民事案件应用法律若干问题的解释》第17条规定，确定侵犯商业秘密行为的损害赔偿额，可以参照确定侵犯专利权的损害赔偿额的方法进行；确定仿冒、诋毁、虚假宣传等不正当竞争行为的损害赔偿额，可以参照确定侵犯注册商标专用权的损害赔偿额的方法进行。而关于侵犯专利权的损害赔偿额的方法和侵犯注册商标专用权的损害赔偿额的方法已经在相关法律或司法解释①中得到确立，这样我国通过司法解释确立了不正当竞争行为案件法定赔偿制度。

（二）行政责任

《反不正当竞争法》对多数不正当竞争行为规定了相应的行政责任，行政责任在反不正当竞争法中占有重要地位。不正当竞争行为行政责任的形式有责令停止违法行为、没收违法所得、罚款、责令停业整顿以及吊销营业执照等。

1. 对假冒他人的注册商标，擅自使用他人的企业名称或者姓名，伪造或者冒用认证标志、名优标志等质量标志，伪造产地，对商品质量作引人误解的虚假表示行为，《反不正当竞争法》规定依照《商标法》、《产品质量法》的规定处罚。

2. 对擅自使用知名商品特有的名称、包装、装潢，或者使用与知名商品近似的名称、包装、装潢，造成和他人的知名商品相混淆，使购买者误认为是该知名商品的行为，监督检查部门应当责令停止违法行为，没收违法所得，可以根据情节处以违法所得1倍以上3倍以下的罚款；情节严重的可以吊销营业执照。

3. 对采用财物或者其他手段进行贿赂以销售或者购买商品，不构成犯罪的，监督检查部门可以根据情节处以1万元以上20万元以下的罚款，有违法所得的，予以没收。

4. 对利用广告或者其他方法，对商品作引人误解的虚假宣传的，监督检查部门应当责令停止违法行为，消除影响，可以根据情节处以1万元以上20万元以下的罚款。

---

① 见《专利法》、《商标法》以及最高人民法院《关于审理侵犯专利权纠纷案件应用法律若干问题的解释》、《关于审理商标民事纠纷案件适用法律若干问题的解释》的相关规定。

5. 对广告的经营者，在明知或者应知的情况下，代理、设计、制作、发布虚假广告的，监督检查部门应当责令停止违法行为，没收违法所得，并依法处以罚款。

6. 对侵犯商业秘密的，监督检查部门应当责令停止违法行为，可以根据情节处以1万元以上20万元以下的罚款。

7. 对非法有奖销售的，监督检查部门应当责令停止违法行为，可以根据情节处以1万元以上10万元以下的罚款。

另外，经营者有违反被责令暂停销售，不得转移、隐匿、销毁与不正当竞争行为有关的财物的行为的，监督检查部门可以根据情节处以被销售、转移、隐匿、销毁财物的价款的1倍以上3倍以下的罚款。当事人对监督检查部门作出的处罚决定不服的，可以自收到处罚决定之日起15日内向上一级主管机关申请复议；对复议决定不服的，可以自收到复议决定书之日起15日内向人民法院提起诉讼；也可以直接向人民法院提起诉讼。

（三）刑事责任

对于情节严重，已经构成犯罪的不正当竞争行为，必须追究不正当竞争行为人的刑事责任。我国《反不正当竞争法》第21条第2款规定对仿冒行为中销售伪劣商品，构成犯罪的，要依法追究刑事责任。第22条规定经营者采用财物或者其他手段进行贿赂以销售或者购买商品，构成犯罪的，要依法追究刑事责任。反不正当竞争法并没有对其他不正当竞争行为规定可以实施刑事制裁。

1997年修订的《刑法》对大多数不正当竞争行为可以实施刑事制裁作了规定。如第221条规定："捏造并散布虚伪事实，损害他人的商业信誉、商品声誉，给他人造成重大损失或者有其他严重情节的，处2年以下有期徒刑或者拘役，并处或者单处罚金。"第222条规定："广告主、广告经营者、广告发布者违反国家规定，利用广告对商品或者服务作虚假宣传，情节严重的，处2年以下有期徒刑或者拘役，并处或者单处罚金。"另外，第163条、第164条规定了商业贿赂行为的刑罚，第213条、第214条规定了侵犯注册商标行为的刑罚，第216条规定了侵犯著作权行为的刑罚，第219条规定了侵犯商业秘密行为的刑罚。

不正当竞争行为的刑事制裁措施在司法实践中已得到普遍适用。例如在上海市人民检察院第二分院诉周德隆、陈伟明等人侵犯商业秘密案①

① 见《最高人民法院公报》2005年第3期。

中，被告人周德隆以违反与原单位保守商业秘密约定之形式，伙同陈伟明利用原单位商业秘密生产与原单位相同的产品，致使原单位重大经济损失，法院判决被告人周德隆构成侵犯商业秘密罪。而另一被告人陈伟明，因明知他人以不正当手段获取商业秘密，仍伙同周德隆利用其掌握的商业秘密生产与他人原单位相同产品，并致使他人原单位重大经济损失，故法院判决被告人陈伟明亦构成侵犯商业秘密罪。

复习思考题

1. 试析反不正当竞争法与反垄断法的关系。
2. 试述不正当竞争行为的构成要件及其主要表现形式。
3. 简述我国反不正当竞争法的实施机制。

第九章　消费者权益保护法律制度

第一节　消费者权益保护法概述

一、消费者的概念

消费者的概念我国现行法律并未明确，《消费者权益保护法》第 2 条规定该法的适用范围为：消费者为生活消费需要而购买、使用商品或者接受服务，其权利受本法保护；本法未作规定的，受其他有关法律、法规保护。一般认为，消费者是指为了满足个人生活消费需要而购买、使用商品或者接受服务的自然人。① 消费者具有以下法律特征：

（1）消费者的主体只能是自然人，单位不属于消费者的范围。

（2）消费者是在市场上购买商品或者接受服务以及实际使用商品的人。消费者不只是商品的买受人和服务的接受者；还包括非商品买受人，即使用或者消费他人购买商品的个人。

（3）消费者消费的客体包括产品和服务。

"知假买假"是否属于消费者行为。《消费者权益保护法》实施初期，当王海在北京依法购假索赔时，一些商家拒绝赔偿他的理由就是知假买假。司法实践对该问题的处理可说是此一时彼一时，此一地彼一地；学界对此也是莫衷一是。这是深圳法院最近的一起判决。

因为销售价值 7.4 元一包的保健食品被职业打假人告上法庭，要求退一赔一。此案一审以知假买假未受欺诈为由判决打假者败诉。日前，深圳市中级人民法院作出终审判决，认定未有证据证明职业打假人未受欺诈，改判沃尔玛商场给予打假者"退一赔一"14.8 元。

---

① 参见张守文主编：《经济法学》，北京大学出版社 2006 年版，第 356 页。

据悉，这是全国首起职业打假人索赔获法院终审支持的案件。今年3月，来自湖北的职业打假人冯志波，在深圳沃尔玛商场的蛇口分店，购买了一包价值7.4元的早康牌枸杞王，该食品上有绿色食品认证标志。作为职业打假人，冯志波买回家后并没有食用。同一天，冯志波还在深圳沃尔玛商场一口气买下5种商品，在华润万家购买8种商品，以其冒用绿色标志、涉嫌欺诈消费者为由告上法院，要求退一赔一，赔礼道歉。

法院审理查明，中国绿色食品发展中心曾给早康牌枸杞颁发绿色食品证书，但没有给早康牌枸杞王颁发过此证书。法院还查明，冯志波与人合办有一网站，是职业打假人士。冯志波对此并不否认，称自己从1997年起开始个人打假生涯，目前的打假重点指向“绿色食品”。

一审判决：冯志波知假买假未受欺诈商场不赔。

在冯志波起诉的13宗案件中，除2宗调解结案外，其余11宗案件均败诉。一审法院虽然认定了被告销售的商品冒用绿色标志、广告用语违法的事实，但法院认为职业打假者知假买假，专挑被告销售的滥用“绿色食品”标志的商品，借机提出赔偿，其行为并没有受到被告的欺诈，不能认定是受害者，因此，不能适用消费者权益保护法的规定。

此系列案件一审判决下达后，在社会上再度引起对职业打假合法性的热烈讨论。一审主审法官在接受央视采访时明确表示，不支持职业打假者的个人打假行为。

深圳市中级人民法院经过审理，最终推翻一审判决，首次作出给予职业打假者赔偿的判决。二审法院认为，沃尔玛商场销售早康牌枸杞王属于滥用食品标志的行为，依法应给予赔偿。没有证据证明职业打假者在购买涉案商品时就知道该商品冒用了绿色食品标志，故原判认定其购买该商品时没有受到欺诈，依据不足。为此，法院判决商场向职业打假者退一赔一。①

二、消费者权益保护法

消费者权益保护法是与反垄断法、反不正当竞争法相并列的又一市场规制法。它对市场的规制是通过消费者权益保护来实现的。它综合了民事法律中的有关合同法、侵权行为法，以及行政法、诉讼法的相关规定。我国1993年10

① 资料来源：http：//www.gongshang.gov.cn/info/detail/32-1141.html。

月31日经第八届全国人民代表大会第四次会议通过《中华人民共和国消费者权益保护法》(以下简称《消费者权益保护法》,共8章55条,包括总则、消费者的权利、经营者的义务、国家对消费者合法权益的保护、消费者组织、争议的解决、法律责任、附则。

《消费者权益保护法》的适用范围。我国消费者权益保护法的适用范围主要是指该法的效力所及的范围。该法于1994年1月1日起施行,其保护范围为个人生活消费,即消费者为生活消费需要而购买、使用商品或者接受服务,其权利受本法保护。因此本法的适用范围是生活消费。生活消费与生产消费相对,是指人们为了满足个人生活需要而消费物质产品和精神产品;生产消费是指生产经营过程中的物质消费和劳动力消费。这里排除经营者为了生产经营的需要购买、使用商品或者接受服务。对于"生活消费"的商品、服务范围的判断,主要依据个人购买、使用商品或者接受服务的目的,因为某一商品往往既可以用作生产消费,也可以用作生活消费。

汽车、商品房等高档消费品属于生活消费的范围。《最高人民法院关于审理商品房买卖合同纠纷案件适用法律若干问题的解释》中明确规定,对房地产开发企业严重违反诚实信用原则、损害购房人利益的恶意欺诈等情形,买受人可以请求出卖人承担不超过已付购房款一倍的赔偿责任。

在判断《消费者权益保护法》的适用范围时应当明确其调整范围是消费者与经营者之间的关系。该法第3条规定,经营者为消费者提供其生产、销售的商品或者提供服务,应当遵守本法;本法未作规定的,应当遵守其他有关法律、法规。对于患者与医疗机构之间的关系,该法不适用。因为医院是公益性事业单位,以病人为中心,以治疗疾病为目的,公立医院实现政府补助机制,在医疗法的修订中,明确排除了消费者权益保护法在医疗行为中的适用,卫生部在一份文件中也明确排除了《消费者权益保护法》在医疗行为中的适用。①

另外,该法第54条规定,农民购买、使用直接用于农业生产的生产资料,参照本法执行。因为我国农业生产力不发达,农民的经济能力处于弱势,经常出现的劣质农业生产资料严重危害了农民的经济利益,所以本法将农民购买、使用直接用于农业生产的生产资料纳入本法的保护范围。

2007年2月28日,张女士从合力华通公司以138000元的价格购买了某名牌轿车一辆,双方签有汽车销售合同。合同签订当日张女士交付了车

① 林文著:《消费维权操作实务与诉讼指引》,法律出版社2009年版,第7页。

款，同时支付了车辆购置税12400元、一条龙服务费500元、保险费6060元。同年5月13日，张女士对车辆进行保养时，发现该车曾于2007年1月17日进行过维修。合力华通公司亦表示该车曾因在运输途中划伤进行过维修。为此，张女士以合力华通公司故意隐瞒瑕疵、构成欺诈为由提起诉讼，要求退车还款，并按已支付款项双倍索赔。

合力华通公司在法庭上辩称，所销售的车辆只是在新车运输过程中造成车辆表面划伤，并已作了修复处理，在销售该车时，已如实向张女士说明了情况，并且在车辆定价的基础上对张女士进行了较大幅度的优惠，还赠送了部分装饰。此外，汽车是奢侈消费品，并非《消费者权益保护法》中所规定的与生活紧密相关的日常生活消费品，汽车买卖不受《消费者权益保护法》调整，只能按一般买卖合同适用《合同法》处理，不同意张女士要求其双倍赔偿的诉讼请求。

该案一审法院以合力华通公司欺诈为由，依据《消费者权益保护法》判决退车还款，合力华通公司加倍赔偿张女士购车款。

合力华通公司不服一审判决，持原诉理由上诉至北京市二中院。

北京市二中院经审理认为，根据双方签订的汽车销售合同，合力华通公司交付张女士的车辆应为无瑕疵的新车，现有证据表明，该车存在瑕疵，车辆销售价格的降低或优惠以及赠送汽车装饰是常用的销售策略，也是双方当事人协商的结果，因此，生产厂家的指导价与销售商的销售价格不同，不能由此推断出合力华通公司在张女士明知车辆存在瑕疵的基础上进行了优惠和降价。合力华通公司提交的有张女士签名的车辆交接验收单，因系合力华通公司单方保存，且备注一栏内容由该公司不同人员书写，加之张女士对此不予认可，该验收单不能证明张女士对车辆瑕疵有所了解，故应认定合力华通公司在售车时隐瞒了车辆存在的瑕疵，已构成欺诈。张女士购买车辆系生活需要自用，合力华通公司没有证据证明张女士购买该车用于经营或其他非生活消费，故张女士购买车辆的行为属生活消费，应适用《消费者权益保护法》。据此，北京市二中院作出了维持原判的终审判决。①

① 《销售汽车有欺诈被判双倍赔偿》，资料来源：http：//auto. qq. com/a/20090203/000059. htm。

第二节　消费者权利与经营者义务

一、消费者权利

世界上最早明确提出消费者权利概念的是美国总统约翰·肯尼迪。1962年3月15日，肯尼迪向美国国会发表了“关于保护消费者利益的总统特别咨文”，首次提出了消费者四项权利：（1）获得商品安全保障的权利；（2）获得正确的商品信息资料的权利；（3）对商品有自由选择的权利；（4）有提出消费者意见的权利。这四项权利后来逐渐为世界各国立法及国际消费者组织所公认。国际消费者组织联盟于1983年作出决定，将每年3月15日定为“国际消费者权益日”。

我国《消费者权益保护法》专章规定了消费者的权利，包括以下九个方面。

（一）安全权

消费者的安全权是指消费者在购买、使用商品和接受服务时其人身和财产不受侵害的权利。安全权包括人身安全权和财产安全权两部分。人身安全权指消费者的生命不受危害和身体健康状况不受损害的权利；财产安全权指消费者的财产不受损失的权利。

消费者的安全权要求：（1）经营者提供的商品必须具有合理的安全性，不得提供有可能对消费者人身及财产造成损害的不安全、不卫生的产品；（2）经营者向消费者提供的服务必须有可靠的安全保障；（3）经营者提供的消费场所应具有必要的安全保障，使消费者能在安全的环境中选购商品和接受服务。

为了保护消费者的生命健康，国家在不同的法律中分别对一些产品质量作了规定。有国家标准、行业标准的，消费者有权要求商品与服务符合标准；没有国家标准和行业标准的，消费者有权要求具有人身与财产安全的保障。

传统意义上的消费安全权一般指商品、服务本身符合安全标准。目前将安全权已经扩展到消费场所的安全性，如果消费者在消费场所受到来自第三人或者其他因素的损害，经营者应当承担相应的责任。《最高人民法院关于审理人身损害赔偿案件适用法律若干问题的解释》第6条明确规定，从事住宿、餐饮、娱乐等经营活动或者其他社会活动的自然人、法人、其他组织，未尽合理限度范围内的安全保障义务致使他人遭受人身损害，赔偿权利人请求其承担相应赔偿责任的，人民法院应予支持。因第三人侵权导致损害结果发生的，由实施侵权行为的第三人承担赔偿责任。安全保障义务人有过错的，应当在其能够防止或者制止损害的范围内承担相应的补充赔偿责任。安全保障义务人承担责任后，可以向第三人追偿。赔偿权利人起诉安全保障义务人的，应当将第三人作为共同被告，但第三人不能确定的除外。

2002年8月1日晚，中央电视台《夕阳红》栏目的女主持人沈旭华和朋友们相约在安贞桥旁边的浙江大厦张生记餐饮有限公司吃饭。沈旭华亲自订了12号包间，该房间在二楼，邻近消防通道。当大家落座正要点菜之际，沈旭华的手机响起，沈即边接电话边走出包间，来到了包间斜对门三四米处的木制消防通道门旁，后不见踪影。经寻找，发现沈旭华坠落楼下，经抢救无效身亡。经北京市公安局鉴定为高坠死亡。原告沈旭华家属起诉至北京市朝阳区人民法院，认为沈旭华坠楼身亡是由被告张生记餐饮有限公司和被告北京市京浙宾馆使用不合规范的工程且没有在危险地段设置警示标志而造成的。两者的违法行为严重损害了消费者的权益，主观上具有明显过错，因此负有不可推卸的责任。请求法院判令被告赔偿交通费、抚养费和精神损失费等246万元。一审法院经审理认为被告张生记公司作为餐饮行业的经营者，应向消费者提供符合保障人身安全的服务，但该公司未尽安全保障义务；被告京浙宾馆的过错行为与沈旭华坠楼身亡事件存在因果关系。因此，二被告对沈旭华坠楼身亡的损害后果应承担赔偿责任。一审法院依据《消费者权益保护法》和《民法通则》的规定，判决二被告赔偿原告沈旭华家属法医鉴定费、丧葬费、交通费、民航机场管理建设费共计68439元，以及精神损害抚慰金18万元、赡养费72000元、抚育费67200元。①

（二）知情权

消费者的知情权是指消费者享有了解与其购买、使用的商品或者接受的服务有关的真实情况的权利。消费者的知情权有两个方面的基本内涵：（1）消费者有了解商品或者服务真实情况的权利。为保障消费者全面了解情况，经营者应提供相应的便利。（2）消费者有充分了解有关商品或者服务信息的权利。该信息一般包括商品的价格、产地、商品的生产者、商品的用途、商品的性

① 资料来源：http：//www. Lawyee. net/Case/Case Hot Display. asp？RID＝127883。

能、商品的规格等级、商品的制作成分、使用方法、售后服务，以及服务的内容、范围、费用、时间等影响消费者选择和消费活动的信息。归纳起来是指以下三个方面的内容：一是有关商品或者服务的基本情况；二是有关商品状况的表示；三是有关商品销售的状况。

侵犯消费者知情权的行为表现：对消费者的提问不予回答，对商品或者服务作虚假夸大的宣传，故意隐瞒商品或者服务的瑕疵、危险性、副作用，对应当在商品或者包装上披露的信息未做披露，等等。

2004年1月26日，刘雪娟在南京某商场购买由乐金公司生产的海皙蓝02时光嫩肤液一瓶，外包装盒底部标示“限用日期：记载于底部或侧面”，内置玻璃容器底部标明：“限用合格2007.11.21”。2004年3月8日，刘雪娟诉至法院，以化妆品的使用期限不能等同于开瓶后的使用期限等为由，要求乐金公司和某商场标明开瓶使用期限，并提供相应的检测报告；说明和标明正确使用商品或接受服务的方法。

一审法院驳回原告刘雪娟的诉讼请求。刘雪娟不服，上诉至南京中院。二审期间，法院就本案的相关问题向国家质量监督检验检疫总局进行咨询，国家质量监督检验检疫总局于2005年1月4日回函答复：1. 国家标准所规定的保质期不包括化妆品拆封状态下的保质期或限期使用日期；2. 乐金公司的企业标准规定产品保质期为4年，限期使用日期指产品在适当贮存条件和未启封状态下的期限。二审审理认为，海皙蓝02时光嫩肤液上的“限用日期”的标注虽符合国家标准的规定，但如不说明该标注日期系未开瓶状态下的保质期，或另标明开瓶后的使用期限，消费者的知情权便受到了侵害。乐金公司和商场应当确定产品的安全使用期限，并以明确无误的方式告知消费者，确保消费者真正安全地使用其生产销售的化妆品。据此，南京市中级人民法院撤销一审判决，判令乐金化妆品公司和南京销售商于3个月内告知刘雪娟购买化妆品的“开瓶使用期限”。①

（三）消费者的选择权

消费者的选择权是指消费者根据自己的意愿自主选择其购买的商品或者服务的权利。

① 资料来源：http://www.lawyee.net/Case/Case_Hot_Display.asp?RID=129963&KeyWord。

消费者的选择权具有以下内容：（1）消费者有权根据自己的意愿和需要选择商品或者服务，其他人不得干涉；（2）消费者有权自主选择作为其交易对象的经营者，购买其商品或者服务，任何经营者不得强迫消费者接受其提供的商品或者服务；（3）消费者对经营者提供的商品或者服务有权决定是否接受。

随着消费者权利意识的觉醒，消费者选择权诉讼也日渐增多，消费者的选择权应当得到尊重和维护。如四大国有商业银行与交通银行相继宣布，从2006年6月1日起，对银行卡ATM跨行查询，收取0.3元手续费。这消息一出，引起了公众的强烈反响。上海市民邓某前往上海市徐汇区人民法院递送诉状，状告交通银行、工商银行、建设银行和中国银联，认为银行卡跨行查询收费侵犯了她的合法财产权益，请求法院判令4家单位取消跨行查询收费，并返还1.5元已收费用。法院已受理此案。储户王某认为工商银行收取跨行查询手续费的行为违法，将工行总行和工行北京分行诉至法院，要求返还查询费并赔偿2分钱精神损失费。王某认为，他办卡时，申请表并没有跨行查询的收费项目和标准，起诉工行要求返还0.6元钱，赔偿2分钱精神损失费，并公开书面道歉。一中院经审理认为，跨行查询费属于实行市场调节价的服务项目，工商银行有权自行定价，并且工行对跨行查询收费已经进行公示。一中院驳回了王某的诉讼请求。但2007年4月20日，中国银行业协会要求各会员银行于20日之前，停止向持卡人收取人民币银行卡境内ATM跨行查询费用。收取了10个多月的银行卡跨行查询费被叫停。①

（四）公平交易权

消费者的公平交易权是指消费者在与经营者进行交易的过程中所享有的获得公平交易条件的权利。

公平交易，就一般意义而言，是指交易各方在交易过程中获得的利益相当。在消费性交易中，公平交易是指消费者获得的商品或者服务与其交付的价款相当。公平交易权首先表现为消费者有权要求商品具备公众普遍认为其应当具备的功能，即商品具有适销性；其次，消费者有权要求商品或者服务的定价合理；再次，消费者有权要求商品的计量正确，没有克扣、短斤少两；最后，

---

① 资料来源：http：//www.100jrxx. com/HP/20100721/DetaiLD1270519 shtml。

交易必须在自愿的基础上发生，强制交易是违反公平交易规则的行为。

沈阳消费者王某2008年3月17日16时，通过北京艺龙信息技术有限公司预订了北京广安门铁路宾馆的2403房间，房价是每天148元人民币，到次日14时王先生退房结账时，该宾馆要求王先生多支付半天的房费。王先生认为，一天是24小时，从他3月17日16时到退房的次日14时，一共是22个小时，不但不满一天半，连24个小时都不到，宾馆收取消费者一天半的房费显然不合理。在与宾馆交涉中，宾馆坚持称其一直都是这么收费。无奈之下，王先生只好按照一天半支付了房费。王先生认为，被告宾馆的一贯做法并没有法律依据，违背了公平交易原则。王先生请求法院判令被告宾馆退还其多收的半日房费74元，向其赔礼道歉，承担其为维权支付的交通费、住宿费、餐饮费、误工费等共计6000元。

宣武法院认为12点前退房的规定并未损害国家、集体和第三人利益，不在法律干预范围之内。王聪的诉讼请求被驳回。但此案在民间引发了较大争议。①

(五) 索赔权

索赔权，也称求偿权，是指消费者对其在购买、使用或者接受服务过程中受到的人身或者财产损害，所享有的依法获得赔偿的权利。

消费者在购买商品、使用商品或者接受服务的过程中，人身及财产遭受损害时，其损害来源于经营者，因而，经营者应当承担损害赔偿责任；同时，根据利益衡量原则，经营者从销售商品、提供服务中获利，所以，经营者应当承担消费者的损害赔偿责任。

消费者的索赔权范围包括人身损害和财产损害。索赔权的主体是受害人，具体包括：(1) 商品购买者；(2) 商品使用者；(3) 服务接受者；(4) 第三人，这里指除商品购买者、商品使用者、服务接受者之外的，因商品或者服务消费而受到损害的人。

(六) 结社权

消费者的结社权，是指消费者为了维护自身的合法权益而依法组织社会团体的权利。我国宪法明确规定，公民享有结社的权利。消费者依法成立维护自

---

① 《侵犯消费者公平交易权12点结账酒店被诉违法》，资料来源：http://house.focus.cn/news/2008-03-26/447425.html。

身合法权益的社会团体是公民结社权在消费者权益保护法中的具体体现。消费者依法定程序自发结社，政府不得对此加以限制。

> 赋予消费者结社权，使消费者组织起来，并通过自己的组织维护自身的利益，是保护消费者利益的组织保障。自1982年我国成立第一个消费者团体以来，全国各消费者团体在维护消费者权益方面作了大量工作。他们积极参与有关部门对各种商品或者服务的监督检查，受理消费者投诉，支持消费者起诉，及时向消费者提供各种消费信息和咨询服务，就有关消费者问题向有关政府部门反映情况并提供建议，对侵犯消费者权益的行为进行披露，等等。

(七) 受教育权

消费者受教育权又称获得知识的权利，是指消费者享有的获得有关消费和消费者权益保护方面知识的权利。消费者受教育权作为一种权利，首先指消费者有权通过适当的方式获得有关商业服务消费知识和消费者保护知识；其次，作为一种权利，它还意味着政府、社会应当努力保证消费者能够接受这种教育。

消费教育的内容主要包括两个方面：一是消费知识教育，包括如何正确选购商品、公平交易、合理使用商品和接受服务等；二是有关消费者保护方面的知识，主要是指消费者如何保护自己的相关法律知识。

(八) 受尊重权

消费者的受尊重权，是指消费者在购买、使用商品或者接受服务时其人格尊严、民族风俗习惯受到尊重的权利。该项权利包括两个方面：(1) 消费者人格尊严受到尊重。人格尊严是消费者人身权的重要组成部分，包括姓名权、名誉权、荣誉权和肖像权等。(2) 民族风俗习惯受到尊重。消费者在消费时其民族风俗习惯不受歧视、不受侵犯。

> 2003年2月26日晚，宜兴市民冯某来到宜兴最大的一家超市（下称A超市），当他从四楼返回走到二楼下电梯时，有一位穿制服的保安到他面前，同时有一位女工作人员命令他把上衣口袋里的东西拿出。抵达底楼时，又有数名保安挡住了他的去路。随后，他被迫跟随这位女工作人员回楼上办公室。在办公室，该女工作人员又要求他把上衣口袋的东西拿出来。事后，A超市虽感不妥，口头表示过歉意，但仍未消除对他的不良影

响，超市的行为已严重侵犯了他的合法权益和人格尊严，冯某请求法院判令A超市在《宜兴日报》等公开场合对他赔礼道歉、消除影响、恢复名誉，并承担精神损害赔偿金人民币18000元。

法院认为，超市的员工虽然没有以明示的语言指认冯某窃取商品，但在数名防损员围住冯某盘问的情形下，无论是采用“把东西拿出来”还是采用“你是否有商品没有付款”的语言，其中隐含的语意是常人都可以体会出来的，而且超市员工当众将冯某带到保安值班室处理，这些言行足以导致不明真相的其他顾客对冯某评价的降低，已经侵犯了冯某的名誉权。公民有权基于对自己社会地位和自身价值的认识而保持良好的自我感觉，超市员工因为怀疑冯某窃取商品而当众拦住冯某盘问，并将冯某带回保安值班室处理，使冯某产生了强烈的受不到起码尊重的感觉，超市的行为侵犯了冯某的人格尊严。超市对其侵权行为应承担民事责任。鉴于超市于事发当日已向冯某赔礼道歉，并在庭审中再次表示道歉，对冯某要求超市赔礼道歉的诉讼请求，法院不再支持。冯某要求超市在《宜兴日报》等公开场合为其消除影响、恢复名誉，因侵权行为发生在超市，给冯某造成的不良影响也在超市，消除影响、恢复名誉的范围应当与侵权行为造成不良影响的范围相当。因此超市应当在营业场所内为冯某恢复名誉、消除影响。被告超市提出，其没有谩骂、搜身等行为，也未给冯某造成严重后果，不应给予冯某精神损害赔偿。法院认为，精神损害作为受害人的一种心理现象，其后果是否严重，受害人的主观感受是一个重要的衡量因素。从冯某遭遇该事件后一系列主观感受和外在行为表明，冯某的精神痛苦是较大的，精神损害后果是严重的，冯某有权请求精神损害赔偿，但精神损害抚慰金数额的确定，应综合考虑侵权人的过错程度、侵权行为的具体情节、侵权行为所造成的后果等各种因素，超市员工是出于防止公司合法财产损失的目的而盘问冯某，并非故意毁损冯某的名誉、侵犯冯某的人格尊严，主观过错较轻，而且在整个过程中并未使用过激的言辞和采取过激的行为，侵权情节较轻，在确认冯某未携带未付款商品后，也立即向冯某赔礼道歉，其行为造成的后果并不十分严重。因此，冯某主张精神损害抚慰金18000元，数额明显过高，法院不能全部支持。

法院判决：1. 超市以书面形式在中心营业场所为冯某恢复名誉、消除影响，其内容须经法院审核；2. 超市给付冯某精神损害抚慰金人民币

1500元；3. 驳回冯某的其他诉讼请求。①

(九) 监督权

监督权，是指消费者对于商品和服务以及消费者权益保护工作进行监察、督导、批评的权利。社会监督是依法保护消费者权益的重要手段。

消费者监督权的主要内容：消费者对商品和服务进行监督；消费者对消费者保护工作进行监督，主要对国家机关及其工作人员在消费者权益保护工作中的违法失职行为进行监督。

二、经营者的义务

在消费者保护法中，经营者是与消费者相对应的主体，指通过市场为消费者提供消费资料和消费服务的人。在经营者与消费者的关系中，经营者的义务主要有两类：一是法律直接规定的义务，二是合同约定的义务。在两类义务中，一方面约定义务不得与强制性的法定义务相抵触；另一方面，消费者与经营者可以约定经营者承担比法律规定更严格的义务。根据我国《消费者权益保护法》的规定，经营者的义务主要有如下几种。

(一) 依法或者约定提供商品或者服务的义务

经营者向消费者提供商品或者服务，除了遵守《消费者权益保护法》之外，还应当遵守其他相关法律，履行相关法律规定的义务，如《产品质量法》、《食品卫生法》、《药品管理法》、《食品安全法》、《反不正当竞争法》等。除了这些法律规定的义务外，如果经营者与消费者之间还有其他约定，经营者还需依约定提供产品或者服务。

(二) 接受监督的义务

接受消费者监督的义务与前述关于消费者的监督权相对应，是指经营者应当听取消费者对其商品或者服务的意见，接受消费者的监督。接受消费者的监督是经营者获得更多消费者信任、获得更大利润的重要方式；也是经营者提高和改善商品品质和服务质量的重要方式。

经营者接受消费者监督的途径一般有：(1) 经营者自动征询和接受消费者的意见和建议；(2) 在消费者投诉和反映问题时，经营者如果不接受或者采纳，消费者可以向有关消费者权益保护部门投诉和反映。

---

① 资料来源：http://www.lawyee.net/Case/Case_Hot_Display.asp?RID=99236&KeyWord=。

（三）安全保障义务

消费者的安全权实现条件是经营者承担安全保障义务，提供具有人们合理期待安全性的商品或者服务。

经营者的安全保障义务主要包括以下四个方面的内容：（1）经营者提供的商品和服务，要确保消费者人身和财产方面的安全。经营者所提供的商品和服务如果有国家标准、行业标准的，应当符合相关标准；如果没有国家标准和行业标准的，应当“不存在不合理的危险”。（2）经营者应当对商品或者服务作出充分合理的说明和警示。经营者提供的商品或者服务，可能由于技术、使用不当等因素存在一定的危险，在此种情形下，经营者应当对相关危险作出必要的说明和警示，将危险降低到最低限度。（3）经营者应当尽合理注意义务，保证经营商品或者提供服务场所的环境安全。（4）经营者在发现经营的商品或者提供的服务存在损害消费者权益的情形时，应当采取积极有效的补救措施。

《消费者权益保护法》第 18 条：经营者应当保证其提供的商品或者服务符合保障人身、财产安全的要求。对可能危及人身、财产安全的商品和服务，应当向消费者作出真实的说明和明确的警示，并说明和标明正确使用商品或者接受服务的方法以及防止危害发生的方法。经营者发现其提供的商品或者服务存在严重缺陷，即使正确使用商品或者接受服务仍然可能对人身、财产安全造成危害的，应当立即向有关行政部门报告和告知消费者，并采取防止危害发生的措施。

2006 年 12 月 3 日早 8 时，马先生到家乐福公司方圆店购物时，被蜂拥的人群挤倒摔伤在店内，后送至人民医院，15 天后出院。出院后双方就赔偿事宜进行协商共 9 个月，一直没有解决。随后，马先生诉至北京市海淀区人民法院。请求家乐福公司赔偿医疗费、误工费、护理费等共计 6.8 万余元，赔偿精神损害抚慰金 1 万元。

在庭审中，家乐福公司辩称，马先生在超市内摔倒，是其他顾客的过失，并非被告的过错，马先生本身有外伤在身。此外，被告在入口处有服务人员给予适当的保障及保安在维待秩序。在马先生摔倒后，被告立即派人将其送到医院就诊，被告履行了适当的义务。马先生作为成年人也应承担一定的责任，并不能将全部的损失都向被告追究。

北京市海淀区人民法院审理后认为，从事经营活动的法人，未尽合理限度范围内的安全保障义务致使他人遭受人身损害，赔偿权利人可以请求其承担相应赔偿责任，因第三人侵权导致损害结果发生的，由实施侵权行为的第三人承担赔偿责任，安全保障义务人有过错的，应当在其能够防止或者制止的范围内承担相应的补充赔偿责任，赔偿权利人起诉安全保障义务人的，应当将第三人作为共同被告，但第三人不能确定的除外。在本案中，家乐福公司对于经营场所的安全负有保障义务，家乐福公司未举证证明其在商场的出口处设置了相关安全保障措施，或组织专门人员维护现场秩序，因此家乐福公司存在过错，应当在能够防止或者制止马先生人身损害发生的范围内承担相应的补充赔偿责任。现挤倒马先生的人不能确定，故判定家乐福公司应承担相应补充赔偿责任。法院最终确定家乐福公司在其未尽安全保障义务范围内承担70%的赔偿责任。最后，法院判决家乐福公司向马先生赔偿医疗费、误工费、护理费、精神损害抚慰金等共计5万余元。①

(四) 提供真实信息的义务

与消费者的知情权相对应，经营者应当承担提供真实信息的义务，即经营者必须真实、全面提供可能影响消费者购买、使用商品或者接受服务的相关信息。

经营者提供真实信息义务主要包括四个方面：(1) 经营者不得提供引人误解的信息。(2) 经营者应当真实、明确地答复消费者的询问。(3) 经营者应当明码标价。(4) 经营者应当以适当方式向消费者提供相关信息。

2003年1月29日，杨小姐通过订票电话向上海民惠航空服务有限公司订购了一张直飞厦门的机票，航班号为CZ349，起飞时间是30日下午4时10分，该机票上注明的登机地点为“PVG”。她心想，国内航线的登机地点大多在虹桥机场，所以就毫不犹豫地直赴该机场准备办理登机手续。久等无消息后，她向机场人员询问有关CZ349航班的情况。得到的回答竟然是CZ349航班此时正停在浦东国际机场内，她的登机地点是在浦东国际机场。此时，她才第一次知道原来机票上出发地一栏上的“PVG”就表示应在浦东机场登机，而虹桥机场的代表字母是“SHA”。浦东国际机场离虹桥机场有几十公里远，在这么短的时间赶到浦东机场显然已经是

① 《消费者购物摔伤　家乐福给予赔偿》，资料来源：http：//www. lawyee. net/Case/Case_ Hot_ Display. asp？RID=197595&Key Word=。

不可能了。无计可施的杨小姐马上到南方航空公司机场办事处要求办理签转手续，但是被对方告知“由于票面金额打了九折，所以不能签转”。杨小姐无奈之下只能向南航机场办申请退票。后来，杨小姐又不得不以全价购买了当天晚上9时到厦门的机票。经过一番折腾，不仅导致杨小姐在机场滞留长达6小时之久，浪费了时间和精力，还损失了一张价值人民币700元的九折机票。同时，也害得朋友在厦门白等了她好几个小时。她首先要求南航方面全额退款，南航方则称自从上海有了两个机场后，就明确要求代理销售商在机票上标明机场名称。如果没有标示机场名称应是代理销售商的过错，故让杨女士到购票地点退票，而且只能退还票面价格的80%。同时，南航方指出机票上出发地一栏上的“PVG”就表示应在浦东机场登机，而虹桥机场的代表字母是“SHA”，因此，此事他们没有责任。于是，杨小姐根据南航的指点到购票地点民惠航空服务有限公司要求全额退票，但民惠公司认为，机票上已用英文作了明确标示，杨小姐应自己承担造成飞机误点的相应责任，并且根据民惠公司的有关规定，乘客应在飞机起飞两小时前退票，且只能退还票面金额的80%，其余20%为南航的手续费。于是，杨小姐一纸诉状将中国南方航空股份有限公司和上海民惠航空服务有限公司告上了法庭。

法院审理后认为，客票是客运合同成立的凭据，应当载明出发地点和目的地、航次等内容。上海有虹桥、浦东两机场，然而专用机场代号“SHA”、“PVG”并非一般旅客都能知道其所代表的机场。作为承运人的南航及南航销售商的民惠公司，应当使用我国通用的文字，清晰明白地在机票上标明机场名称，或以其他方式作明确说明。杨小姐所持的机票仅以“上海PVG”标识出发地，致使杨小姐跑错机场，对此南航应承担疏忽告知的过错责任，全额退票，并对尽快安排旅客抵达目的地所增加的支出负责赔偿。

2003年4月10日，上海市徐汇区法院对此案作出一审判决：中国南方航空股份有限公司全额退还杨小姐机票款770元，赔偿80元。①

（五）真实标明身份的义务

真实标明身份是指经营者在提供商品或者服务时，应当明确表明自己的真

① 《机票无中文标识侵犯了消费者的知情权》，资料来源：http://www.lawyee.net/Case/Case_Hot_Display.asp?RID=165037&KeyWord=。

实身份、使用自己的商业标识。经营者的名称、服务标记等商业标识往往与商品的质量和服务的品质相关，在经营产品或者提供服务时，经营者应在醒目的位置标出；当租赁他人的柜台和场所从事经营行为时，经营者应当标明其真实身份。

（六）出具凭据的义务

出具凭据义务即经营者应当按照消费者购买商品或者接受服务的情况向消费者出具购货凭证或者购买凭证和服务单据。购货凭证或者服务单据一般表现为发票、收据、购买小票、保修单、信誉卡等形式，这些凭证是消费者与经营者进行交易活动的基本依据，是消费者与经营者之间的消费合同形式，一旦发生纠纷，这些也是消费者起诉经营者侵权的书证，还是消费者享受“三包”的依据。

《消费者权益保护法》第21条：经营者提供商品或者服务，应当按照国家有关规定或者商业惯例向消费者出具购货凭证或者服务单据；消费者索要购货凭证或者服务单据的，经营者必须出具。

（七）品质保证义务

经营者品质保证义务来源于传统民法中的物之瑕疵担保义务。瑕疵担保包括两种：一是权利瑕疵担保，即出卖人应向买受人担保标的物不存在权利上的瑕疵，不会因第三人主张权利而使买受人利益受到损害；二是物之瑕疵担保，即出卖人担保其出卖之物具有该物通常具有的或出卖人所保证的品质，当其不具有这种品质时，出卖人即违反瑕疵担保义务。消费者权益保护法中的经营者的品质保证义务包括商品和服务，比传统民法规定的品质担保义务的范围宽泛。

经营者的品质担保义务包括法定义务和约定义务。对于商品或者服务品质，法律有明确规定的，经营者应当履行法定义务；法律没有规定但经营者作出了明确的承诺的，经营者应当在承诺范围内承担品质担保义务。经营者的品质担保义务有两个例外，一是消费者在使用商品和接受服务时，因自己使用中的重大错误而导致商品或者服务品质下降，此时消费者承担由此导致的损害后果；二是消费者购买商品或者接受服务前，已经知道该商品或者服务存在瑕疵，仍然购买，这种情形意味着消费者对于该瑕疵造成的风险自愿承担。

《消费者权益保护法》第22条：经营者应当保证在正常使用商品或者接受服务的情况下其提供的商品或者服务应当具有的质量、性能、用途和有效期限；但消费者在购买该商品或者接受该服务前已经知道其存在瑕疵的除外。经营者以广告、产品说明、实物样品或者其他方式表明商品或者服务的质量状况的，应当保证其提供的商品或者服务的实际质量与表明的质量状况相符。

2006年3月3日，景先生与一家房产开发商签订了商品房买卖合同一份。合同约定，景先生向开发商购买其浒新商业城第6幢116号商品房一套，该商品房的用途为非住宅（商业营业用房），层高为1层4.2米，2—3层3.6米，建筑面积为217.08平方米，商品房总价为1165720元；交付房屋的期限为2006年8月31日前。2007年8月26日，开发商将上述房屋交付景先生，景先生在《住房验收交接表》上签名确认。但是他在收房后发现上述房屋的三楼屋顶部分为斜面，最高处是3.6米，最低处只有2.65米，层高与双方签订的合同不符，遂诉至法院，要求法院判令开发商赔偿其因交付的房屋楼层高度不符合合同约定而导致的空间损失69943.2元，并承担诉讼费用。

法院经过审理后认为，双方签订的商品房买卖合同合法有效，双方均应当按约履行。当事人一方履行合同义务不符合约定的，应当承担继续履行、采取补救措施或者赔偿损失等违约责任。虽然房屋的层高符合国家关于计算房屋建筑面积的标准，但该房屋三层顶楼的层高根据设计图纸仅部分达到合同约定的层高3.6米，部分为3.6米至2.65米的斜坡面，部分层高仅为2.65米，与合同中关于二至三楼层高3.6米的约定不符，且开发商对此并无正当理由，也没有对景先生尽告知义务，应认定开发商的履行构成对双方所订立合同的不适当履行。由于目前该大楼已竣工并实际投入使用，无法采取补救措施，现景先生要求开发商赔偿相应损失的诉讼请求，法院予以支持。根据《民用建筑设计通则》的相关规定，当顶层为坡顶时层高的计算应以坡向低处的结构层面与外墙外皮延长线的交点作为计算点，而本案所涉商品房顶层的层高按上述规定并不符合合同中三楼层高3.6米的约定，故开发商关于合同中层高的标注符合相应的技术规范，不存在任何填写失误的抗辩理由不能成立，法院不予采纳。关于赔偿的具体数额应当相当于因违约所造成的损失。景先生要求按照损失空间的比例计算赔偿标准没有法律依据，存在不合理之处，法院对该损失赔偿额的计算方法不予采纳。

法院根据该商品房的性质、价格，并结合开发商的过错程度等，酌情确定开发商应赔偿损失17486元。①

（八）售后服务义务

经营者的售后服务义务首先表现为经营者应当履行法定的售后服务义务。这些义务主要是根据某些商品的复杂性和特殊性规定的“三包”义务，即包修、包换、包退的义务。1980年我国有关主管部门就发布过对有关产品实现“三包”的规定。1986年，国家经贸委等部门联合发布了《部分家用电器“三包”规定》，确立了经营者对某些家用电器的法定“三包”义务。1995年8月，国家经贸委、国家技术监督局、国家工商局、财政部又联合发布了《部分商品修理、更换、退货责任规定》，同时公布了第一批实行“三包”的商品目录，其中包括自行车、彩色电视机、黑白电视机、家用录像机、收音机、家用冰箱、电子琴、钟表、摩托车等18类商品。

经营者的售后服务义务还要求其严格履行与消费者约定的售后服务义务。

《消费者权益保护法》第23条：经营者提供商品或者服务，按照国家规定或者与消费者的约定，承担包修、包换、包退或者其他责任的，应当按照国家规定或者约定履行，不得故意拖延或者无理拒绝。

（九）不得不当免责的义务

经营者不得不当免责的义务具有以下主要内容：（1）经营者提供的一般契约条款应当公平、合理，不得违反法律、损害消费者的利益。（2）经营者不得通过一般契约条款免除其损害消费者利益的责任。（3）不公平、不合理、不当免责的约定无效。

《消费者权益保护法》第24条：经营者不得以格式合同、通知、声明、店堂告示等方式作出对消费者不公平、不合理的规定，或者减轻、免除其损害消费者合法权益应当承担的民事责任。格式合同、通知、声明、店堂告示等含有前款所列内容的，其内容无效。

① 《层高缩水后未低于国家标准，开发商是否构成违约?》，资料来源：http://www.jsfy.gov.cn/cps/site/jsfy/anlipingxi/ms_content_a2008102242194.htm。

(十) 尊重消费者人格的义务

人格权是消费者人身权的基本内容，是指消费者的人身自由、人格尊严不受侵犯的权利。

《消费者权益保护法》第 25 条规定：经营者不得对消费者进行侮辱、诽谤，不得搜查消费者的身体及其携带的物品，不得侵犯消费者的人身自由。

第三节 消费者组织

一、消费者组织的含义和特征

消费者组织是消费者自己组织起来的、以保护自身利益为宗旨的社团法人。其法律特征是：

1. 消费者组织是一种社团法人。社团法人是为一定目的而组成的人的集合体，财团法人是以一定的财产为基础而设立的组织，是特定财产的人格化。我国《民法通则》将法人分为企业法人、机关、事业单位法人、社会团体法人。消费者组织是消费者自己的组织，由消费者组成，是消费者依法行使结社权的结果；消费者组织相对于国家而言，它是非政府组织；相对于企业而言，它是非营利性组织。

2. 消费者组织以消费者利益维护为其活动宗旨。由一定社会成员按照共同的目的依法成立的社会团体，由于追求的目的不同，在表现形式上多种多样，如工会、妇联、青联，以及文艺、学术研究团体。消费者组织以消费者利益维护为其宗旨，并以此区别于其他社会团体。

二、我国的消费者协会

(一) 消费者协会的含义

中国消费者协会和地方各级消费者协会，是由同级人民政府批准，经过民政部门核准登记而设立的，具有社会团体法人资格的、专门从事消费者权益保护的公益型组织。

1984 年 12 月 26 日，经国务院批准，中国消费者协会正式成立。在我国，消费者组织有的称为消费者协会，有的称为消费者权益保护委员会。我国的消

费者协会基本上是按行政区划设置的，即在全国设立中国消费者协会，各省、自治区、直辖市设立省、自治区、直辖市消费者协会，其下各行署或者地级市、县、乡、街道设立相应的消费者协会。

中国消费者协会内设理事会，作为其最高决策机构，理事会由下列各方代表组成：工商行政管理、质量监督、商检、物价、卫生、政法机关等国家机关的领导人员，工会、妇联、共青团等群众团体的代表，相关新闻传媒单位的代表以及工人、农民等各方面的群众代表。理事会全体会议每年举行一次。理事会闭会期间由常务理事会行使理事会职权。理事会选举会长一人、副会长若干人、秘书长一人、副秘书长若干人。协会的日常工作由日常办事机构承担。中国消费者协会与各地方消费者协会之间是业务上的指导关系，而非行政隶属关系。

1984 年设立“消协”时挂靠在同级工商行政管理局，名誉会长一般由同级人大常委会或政府的领导同志担任，会长一般由同级工商行政管理局领导同志兼任，在理事会下设立办事机构，其编制、经费、人员及办公设施等主要由同级工商行政管理机关解决。2007 年后，中国消费者协会成为财政全额拨款的单位。

（二）消费者协会的性质

“消费者协会和其他消费者组织是依法成立的、对商品和服务进行社会监督的、保护消费者合法权益的社会团体。”从字面上看，“消协”属于社会团体，它们不是国家机关，不具有国家行政性质。消费者协会的性质虽然是社会团体，但它不同于一般的社会团体，与其他社会团体相比较，具有鲜明的特点：1. 依据法律赋予的职能，在法律赋予权力的基础上开展工作；2. 由政府部门发起，经国务院和地方各级人民政府批准成立；3. 消费者协会没有会员，保护的是中华人民共和国境内消费的所有人士的合法权益；4. 实行单位理事制，理事代表的是单位而不是个人。所以，中国消费者协会是具有法定名称、法定性质、法定职能、官办的社会团体。

（三）消费者协会的职能

消费者协会的任务有两项，一是对商品和服务进行社会监督，二是保护消费者权益。为了完成其任务，法律赋予消费者协会下列职能：

1. 向消费者提供消费信息和咨询服务。

消费者协会提供的信息主要包括两个方面：一是有关消费信息，二是消费者保护方面的法律知识。

消费者协会向消费者提供信息和服务，不得以营利为目的。消费者协会不得以营利为目的，接受经营者的委托对某产品或者服务进行宣传、推荐；消费者协会在向消费者提供信息和咨询服务的过程中，不得以营利为目的向消费者收取费用。

2006年的央视3·15晚会报料：号称行销全球80多个国家，源自德国，著名品牌地板德国欧典总部其实根本不存在。欧典这个品牌也是2000年才在北京注册的。欧典的宣传册上所写的："德国欧典创建于1903年，在欧洲拥有1个研发中心、5个生产基地，产品行销全球80多个国家。欧典在德国巴伐利亚州罗森海姆市拥有占地超过50万平方米的办公和生产厂区。"

据央视记者调查，欧典地板是位于通州的吉林森工厂生产的，欧典在北京门头沟工业区某厂、大兴某小厂以及湖北、杭州等地多处均有过生产，除部分产品包装上标注生产基地为欧典（中国）生产基地外，其他大部分都没有标注生产厂家和地址。欧典企业总裁闫培金也终于承认欧典地板德国血统的显赫身世不过是一个国际玩笑，曾经在宣传手册中出现的两名"德国总部"负责人也是冒牌货。

然而，欧典连续三次获得消协授予的3·15标志。据称，中国消费者协会对申请3·15标志认证的产品，有着严格的审核程序与审核标准。迄今为止，全国仅有海尔、联想等十几家知名企业的产品通过了3·15标志认证。欧典地板是木地板行业第一家，也是目前唯一一家获准使用3·15标志认证的产品。

按照中消协的初衷，企业挂上"3·15"标志，既是对优质商品或服务的一种认可和证明，更是使企业履行做出的承诺。该标志集"社会监督"、"消费维权"、"信誉证明"、"消费引导"四大功能于一身。而实际上"3·15标志"在运行中却变成了一个商业化甚至商品化的符号。

2006年7月31日，中消协有关负责人对外表示：由于监督力度上尚存在不足，中消协决定不再办理"3·15标志"的许可使用。

2. 参与有关行政部门对商品和服务进行监督、检查活动。

有关行政部门在对商品和服务进行进行监督、检查时，应当吸收消费者协会参加。消费者协会也可以依照法律规定主动要求参加。

3. 就消费者合法权益问题，向有关行政部门反映、查询，提出建议。

4. 受理消费者投诉，并对投诉事项进行调查、调解。

消费者在购买、使用商品或者接受服务时认为自己的合法权益受到侵害时，可以向消费者协会反映情况，并要求其进行相关处理。消费者与经营者发生消费权益争议时，消费者协会可以作为中间人对双方进行调解。但调解协议不具有强制性，当事人双方不愿调解或者调解协议达成后不履行协议的，调解协议无效。

5. 对投诉事项中涉及的商品和服务质量问题提请鉴定部门鉴定。

6. 就损害消费者合法权益的行为，支持受害的消费者提起诉讼。

7. 对损害消费者合法权益的行为，通过大众传播媒介予以揭露、批评。

以上七项职能是消费者权益保护法规定的消费者协会的一般职能。除此之外，消费者协会还可以在法律规定的范围内从事其章程规定的其他活动。

为了保证消费者协会更好地履行上述职能，消费者权益保护法规定，各级人民政府对消费者协会履行职能应当予以支持。

第四节　消费争议及其解决

一、消费争议

消费争议，是指消费者与经营者之间发生的与消费者权益有关的争议。该争议的一方当事人是消费者，另一方是经营者；该争议是有关消费者权益的争议，即消费者在购买、使用商品或者接受服务时，由于消费者的合法权益受到了侵害，或者消费者与经营者之间就消费者权益有关问题具有不同的认识而发生的争执。消费争议具有民事争议的性质。

从争议性质看，消费争议可以分为合同争议和侵权争议。

二、消费争议解决的途径

消费者与经营者发生消费权益争议，可以通过协商和解，调解，向有关行政部门申诉、仲裁和诉讼等方式解决。

（一）协商和解

消费者与经营者发生消费争议后，双方就与争议有关的问题进行协商，在自愿的基础上，达成和解协议。

（二）调解

消费者权益保护法规定，消费者争议可以通过消费者协会调解解决。

（三）申诉

申诉一般是在协商、调解无效的情形下使用的措施。消费者决定申诉，应当依照商品和服务的性质向具有相关消费者权益保护职能的行政部门提出。申诉一般应采用书面形式。依据《工商行政管理机关受理消费者申诉暂行办法》，消费者申诉案件，由经营者所在地工商行政管理机关管辖。县、市工商行政管理机关管辖本辖区内发生的消费者申诉案件。工商行政管理机关发现消费者申诉的案件不属于自己管辖时，应当及时告知消费者向有管辖权的机关申诉。工商行政管理机关应当自收到申诉书之日起 5 日内作出以下处理：（1）对符合条件的申诉予以受理，并书面通知申诉人；（2）申诉不符合规定的，应当书面通知申诉人，并告知不予受理的理由。

（四）消费仲裁

消费仲裁，是指仲裁机构根据当事人的自愿申请，就纠纷当事人之间的消费争议进行裁决的活动。

受理消费者权益争议的仲裁机构有两种：一是社会团体仲裁机构，如各地消费者协会或者当地仲裁委员会；二是国家行政机关仲裁机构，如技术监督部门设立的产品质量仲裁机构。前者对消费争议的仲裁必须消费者已和经营者达成了仲裁协议，如果没有仲裁协议，或者虽有仲裁协议但一方当事人向法院起诉，另一方应诉，仲裁机构对仲裁申请将不予受理。技术监督部门设立的产品质量仲裁机构对案件的管辖不需仲裁协议。

（五）消费诉讼

消费者因合法权益受到侵害而提起的消费诉讼属于民事诉讼范畴，应当符合民事诉讼起诉的条件。

三、经营者的民事责任

消费者权益保护法中经营者的民事责任，包括经营者违反消费者权益保护法，损害消费者合法权益应当承担的法律后果，和经营者违反与消费者的约定应承担的后果。消费者权益保护法中经营者的民事责任，基于消费者的特殊保护而确立，除具有补偿性外，还具有惩罚性。

（一）经营者民事责任的类型及责任形式

从责任发生的基础看，消费者保护法中经营者的民事责任包括侵权责任、合同责任、拒绝承担责任的责任以及欺诈行为的惩罚性赔偿责任。

1. 经营者的侵权责任

经营者违反法律规定的义务，侵犯消费者的人身、财产权利，依法应当承担侵权责任。经营者的侵权责任一般有两种：一是商品、服务侵权责任，二是直接侵犯消费者人身权、财产权的责任。

《消费者权益保护法》中的商品包含了《产品质量法》中的“产品”。产品侵权责任适用产品质量法的有关规定。

消费者权益保护法中的商品范围与产品质量法中“产品”范围不同。《产品质量法》第2条规定，本法所称产品是指经过加工、制作，用于销售的产品。建设工程不适用本法规定；但是，建设工程使用的建筑材料、建筑构配件和设备，属于前款规定的产品范围的，适用本法规定。产品侵权责任即产品责任，是指缺陷产品对消费者的人身、财产造成损害时，经营者应当承担的赔偿责任。产品侵权责任具有下列特点：(1)产品侵权发生在产品的流通领域；(2)产品侵权责任是指产品存在缺陷从而造成消费者的人身或者缺陷产品以外的财产损害；(3)产品侵权责任属于严格责任；(4)在承担责任的主体方面，消费者可以选择生产者、销售者承担责任，也可以要求产品的储存者、运输者等承担责任。

其他商品侵权责任。产品质量法调整之外的其他商品的侵权责任，依《民法通则》的有关规定承担。即除了法定的适用特殊侵权规则的商品外，一般按过错责任原则追究经营者的侵权责任。

服务侵权责任，是指经营者在提供服务时因服务方式不当、服务设施不齐全、服务环境恶劣或者用于服务的商品存在缺陷等而致消费者人身或者财产损害，依法应当承担的法律后果。服务侵权责任的构成要件：(1)经营者的服务行为造成了消费者人身或者财产损害。(2)损害是在营业过程中造成的。(3)经营者对服务侵害行为存在过错。(4)损害行为与损害后果之间存在因果关系。

服务侵权的责任形式。经营者服务侵权责任的形式与产品侵权的责任形式相同。即因服务造成消费者或者其他受害人人身伤害的，应当支付医疗费、治疗期间的护理费、因误工减少的收入等费用，造成残疾的，还应当支付残疾者生活自助具费、生活补助费、残疾赔偿金以及由其扶养的人所必需的生活费等费用；服务造成消费者或者其他受害人死亡的，应当支付丧葬费、死亡赔偿金以及由死者生前扶养的人所必需的生活费等费用。

经营者侵权责任的另一种形态是直接侵害消费者人身、财产权的责任。它是指经营者在向消费者提供商品或者服务过程中，侵害消费者人格尊严、人身自由和财产权而应承担的民事责任。与服务侵权中服务本身对消费者权益的侵害不同，直接侵害是经营者在服务范围之外对消费者造成的损害。直接侵害应按民法的一般侵权规则处理。

《消费者权益保护法》第43条：经营者违反本法第25条规定，侵害消费者的人格尊严或者侵犯消费者人身自由的，应当停止侵害、恢复名誉、消除影响、赔礼道歉，并赔偿损失。

2. 经营者的合同责任

经营者的合同责任主要包括两种：一为违反品质担保的责任，二为一般违约责任。①

经营者的品质担保责任，是指经营者提供的商品不符合法律规定或者其所担保的质量时应承担的责任。品质担保有两种：一是法定担保，是指法律直接为经营者设定的担保义务；二是经营者自己通过一定方式对商品的品质作出的承诺。

法定担保义务有：（1）经营者提供的商品应当具有同类商品通常应当具备的质量。一般认为应当根据市场上同类商品的一般质量水平进行判断。（2）经营者提供的商品应当具有同类商品通常具备的性能，即满足其设计要求的程度。（3）经营者提供的商品应当具备人们合理期待的用途。（4）经营者提供的商品应当具有合理的有效期。

经营者对商品质量作出承诺后，其提供的商品应当符合承诺的质量。这种承诺的方式有两种：一是以合同的形式对商品质量作出的约定；二是由经营者单方面作出的承诺。合同对商品的质量有约定的，经营者提供商品的质量应当符合合同的约定，否则应承担违约责任；经营者单方面通过广告、产品说明书、实物样品或者其他形式对商品的品质作出承诺的，经营者提供的商品不符合该承诺时，也应当承担违约责任。

我国法律规定的品质担保责任形式主要有：瑕疵消除、更换无瑕疵商品、解除合同、赔偿损失等。

经营者的一般违约责任，是指经营者违反其与消费者签订的合同而应承担的民事责任。经营者发生违约行为，应该按民法有关规定承担违约责任，其责

① 李昌麒、许明月编著：《消费者保护法》（第二版），法律出版社2005年版，第281页。

任形式有赔偿损失、支付违约金和继续履行合同，同时，还可以根据对方当事人请求或者主动采取修理、重作、更换等方式承担责任。

除此之外，消费者权益保护法还就某些特殊合同的违约责任作了明确规定。其内容包括：(1) 经营者提供的服务内容和费用违反约定，造成消费者财产损失的，应当退还服务费用，并赔偿损失。(2) 销售的商品数量不足，应当补充数量或赔偿损失。(3) 经营者以邮购的方式提供商品，应当按约提供；未按约提供的，应当按照消费者的要求履行约定或者退回货款，并承担消费者必须支付的合理费用。(4) 以预付款方式提供商品或者服务的，应当按照约定提供；未按约定提供的，应当按照消费者的要求履行约定或者退回预付款，承担预付款的利息及消费者必须支付的合理费用。(5) 经营者提供的商品被有关行政部门认定不合格，消费者要求退货的，经营者应当负责退货。

3. 经营者拖延及拒绝承担责任的责任

经营者拖延、拒绝承担责任的民事责任，主要包括赔偿消费者因其拖延而造成的损失。

4. 欺诈行为的惩罚性赔偿责任

惩罚性赔偿，也称示范性的赔偿或者报复性的赔偿，是指由法庭所作出的赔偿数额超过实际的损害数额赔偿。它具有补偿受害人遭受的损失、惩罚和遏制不法行为等多种功能。① 消费者权益保护法突破传统民事赔偿责任补偿性的限制，规定了经营者的惩罚性赔偿责任。其功能主要表现为：第一，可以对当事人损失进行充分补偿，鼓励消费者积极追究经营者不诚实经营的责任；第二，惩罚性赔偿对不法经营者的制裁功能，有助于惩戒、遏制不法经营行为；第三，可以降低政府的执法成本，提高法律的威慑力。

惩罚性赔偿责任的适用应符合以下条件：(1) 经营者提供商品、服务有欺诈行为存在。欺诈一般包括故意隐瞒真相或者捏造事实的行为。消费交易中常见的欺诈行为有：直接出售假冒商品，故意短斤少两，消费加工承揽中偷工减料、偷换原料，修理服务中偷换零件、虚列修理项目、增报修理费，等等。(2) 消费者受到损害。(3) 消费者要求经营者承担惩罚性赔偿责任。经营者除向消费者退还商品价款或者服务收费外，还应当增加赔偿消费者所受损害或者接受服务费用的1倍。

《消费者权益保护法》第49条：经营者提供商品或者服务有欺诈行

---

① 王利明：《惩罚性赔偿研究》，载《中国社会科学》2000年第4期。

为的，应当按照消费者的要求增加赔偿其受到的损失，增加赔偿的金额为消费者购买商品的价款或者接受服务的费用的1倍。

2009年10月，毕女士在某大药房购买了某知名超能纳米活性水杯两个，一个498元，另一个100元。毕某说，该产品宣称为“至尊极品杯”系列，并标示有“中国优质品牌产品”等荣誉称号。其说明中称：“对心脑血管病、痛风、三高症、前列腺疾病等人群，可起到辅助改善治疗的作用。对长期吸烟、喝酒的人群，可有效解除烟毒、酒毒，同时更能帮助内分泌失调、便秘、神经衰弱、心慌、胸闷、精神不振等人群，彻底告别亚健康状态。”但是她经上网查询得知，早在2005年，国家卫生部门就宣布任何功能水杯不得宣传具有治疗疾病的效果。她又查询了该产品的专利证书，发现该产品专利中只字未提具备医疗效果。再有，该产品的“至尊极品杯”系列的宣传，违反了我国广告法规，所用绝对化宣传用语“至尊”和“极品”均属误导性词语。另外，该产品所称授予“中国优质品牌产品”的国家权威部门某委员会，根本就是子虚乌有。毕女士起诉要求被告药房和“监制生产”的公司给其退货，返还货款598元，并赔偿598元。

天津市和平区人民法院经过审理认为，被告某大药房销售给原告的超能纳米活性水杯，既非药品，也不属于医疗器械。但其违法虚假宣传具备医疗功效，能够治病、防病及利用绝对化宣传用语等。被告药房销售给原告上述产品，具有误导消费者的欺诈情形，现原告要求被告药房退回货款598元、赔偿598元，法院应予支持，被告某公司应当承担连带责任。据此，法院判令药房退一赔一，厂家承担连带责任。①

惩罚性赔偿在商品房买卖中的适用。商品房消费者惩罚性赔偿请求权的发生必须具有以下条件：（1）存在商品房消费合同关系，即在商品房交易关系中，一方属于商品房经营者，另一方属于商品房消费者；（2）经营者有欺诈行为；（3）商品房惩罚性赔偿责任的适用仅限于《最高人民法院关于审理商品房买卖合同纠纷案件适用法律若干问题的解释》（2003年）列举的范围，除此之外商品房交易中发生的欺诈行为概不适用。

《最高人民法院关于审理商品房买卖合同纠纷案件适用法律若干问题的解

---

① 《超能纳米水杯不具宣传功效消费者诉退一赔一获支持》，资料来源：http://www.lawyee.net/Case/Case_Hot_Display.asp?RID=201284&KeyWord=。

释》第8条：具有下列情形之一的，导致商品房买卖合同目的不能实现的，无法取得房屋的买受人可以请求解除合同、返还已付购房款及利息、赔偿损失，并可以请求出卖人承担不超过已付购房款一倍的赔偿责任：1. 商品房买卖合同订立后，出卖人未告知买受人又将该房屋抵押给第三人；2. 商品房买卖合同订立后，出卖人又将该房屋出卖给第三人。第9条：出卖人订立商品房买卖合同时，具有下列情形之一，导致合同无效或者被撤销、解除的，买受人可以请求返还已付购房款及利息、赔偿损失，并可以请求出卖人承担不超过已付购房款1倍的赔偿责任：1. 故意隐瞒没有取得商品房预售许可证明的事实或者提供虚假商品房预售许可证明；2. 故意隐瞒所售房屋已经抵押的事实；3. 故意隐瞒所售房屋已经出卖给第三人或者为拆迁补偿安置房屋的事实。

2003年10月23日，于××与青岛千和源集团有限公司（原青岛千智广场房地产开发有限公司）签订了千智广场B幢一层25甲号房的《商品房买卖合同》，合同约定该商品房用途为商业网点，总金额为280387元。于××依约履行了付款义务，并于此后对买到的房屋进行了装修。2003年12月，开发区消防大队检查发现，千智广场B—25甲号房为疏散通道，私自出售给业户形成袋形通道，影响消防安全疏散，当月15日向千智广场房地产开发有限公司下达了《责令限期改正通知书》，要求其在2003年12月25日前整改完毕。2004年6月18日，在开发区消防大队工作人员的监督下，青岛千智园物业管理有限公司将此处封堵的消防通道进行了拆除。随后，得知买到“假房”的于××向黄岛区人民法院提起诉讼，要求出卖人承担因购房合同无效造成的房屋装修损失并赔偿其购房款1倍的损失280387元。

2004年，黄岛区人民法院经审理作出一审判决认定：原被告签订的《商品房买卖合同》违反了消防法规，为无效合同，作为被告的开发商对合同无效负有全部过错，应返还于××280387元的购房款及利息并赔偿其装修损失8700元。但一审认为，于××提出的购房款1倍的赔偿要求无法律依据，驳回了该诉讼请求。

一审宣判后，于××向市中级人民法院提起上诉。市中院审理认为，开发商出卖千智广场B幢一层25甲号房的行为属于明显的欺诈行为，于××提出的购房款1倍的赔偿要求虽不属于最高人民法院司法解释中列举的出卖人承担已购房款1倍赔偿责任的5种情形之一，但开发商出卖消防通道的情形恶意要重于列举的5种情况。中院终审判决认为，黄岛区人民法院一审驳回上诉人要求购房款1倍赔偿不妥，因此，市中院除认定合同无效、开发商赔偿原告装修损失外，对于××提出的购房款1倍的赔偿金280387元也予以了支持。①

复习思考题

1. 消费者的概念。
2. 《消费者权益保护法》的适用范围。
3. 惩罚性赔偿责任的适用条件。
4. 我国消费者权益保护组织的性质。

① 《青岛一市民买到商品房竟然是假房子获赔28万》，资料来源：http://www.51fdc.com/html/2005-04-18/00003943.htm。

第十章　产品质量法

第一节　产品质量法概述

一、产品

产品是产品质量法、产品责任法的基础，决定了产品质量法、产品责任法的适用范围。各国对产品的范围认识不太统一，主要区别在产品是否经过“加工”、是否包括“不动产”上。

美国《统一产品责任示范法》第102条C款规定：“产品是指具有真正价值的、为进入市场而生产的、能够作为组装整件或者作为部件、零件交付的物品，但人体组织、器官、血液组成成分除外。”

1977年欧洲理事会关于人身伤害与死亡的产品责任《斯特拉斯堡公约》第2条规定：“为本公约之目的：‘产品’一词指所有动产，包括天然动产或工业动产，无论是未加工的还是加工过的，即使是组装在另外的动产内或组装在不动产内。”①

1985年《欧共体关于对有缺陷的产品的责任指令》第2条明确地把“产品”定义为动产，规定：“产品是指初级农产品和狩猎物以外的所有动产，包括组装到另一动产或组装到不动产中的动产。初级农产品是指种植业、畜牧业和水产业的产品，但经过加工的该类产品除外。产品包括电力。”

《日本制造物责任法》第2条第1款规定：“本法所称制造物，指经制造或加工的动产，而‘制造’指的是将原料制成新的物品；‘加工’不

① 李胜利：《论产品责任法中的产品》，载《法商研究》2000年第6期（总第80期），第87～93页。

仅指保有该动产的本质，而附加其新的属性，而且增加其价值，亦称谓‘准制造’。”①

1973年10月2日海牙国际私法会议通过的《产品责任法律适用公约》，对产品的定义最为广泛，其第2条规定：“‘产品’一词应包括天然产品和工业产品，而不论是未加工还是加工过的，是动产还是不动产。”

“产品”一词，从广义上来讲，是指经过人类劳动获得的具有一定使用价值的物品，既包括直接从自然界获取的各种农产品、矿产品，也包括手工业、加工工业的各种产品。从法律上讲，要求生产者、销售者对产品质量承担责任的产品，应当是生产者、销售者能够对其质量加以控制的产品，即经过“加工、制作”的产品，而不包括内在质量主要取决于自然因素的产品。基于此，《中华人民共和国产品质量法》（以下简称《产品质量法》）第2条对“产品”定义是：“本法所称产品是指经过加工、制作，用于销售的产品。建设工程不适用本法规定；但是，建设工程使用的建筑材料、建筑构配件和设备，属于前款规定的产品范围的，适用本法规定。”由此可知，产品必须具备：

1. 经过加工、制作并且用于销售

各种直接取之于自然界，没有经过加工的天然农产品、矿产品如籽棉、稻、麦、蔬菜、饲养的鱼虾等种植业、养殖业的初级产品，采矿业的原油、原煤等直接开采出来未经炼制、洗选加工的原矿产品等，均不是产品责任法中的产品，不适用《产品质量法》的规定。“加工”可以理解为通过工业方法或手工制作改变原材料或半成品的形状、性质、状态，使之符合规定要求。

产品必须用于销售，即不作为商品的产品，如自己制作自己使用或自己制作后用于馈赠他人的产品，不属于国家进行质量监督管理的范围，也不能对其制作者适用《产品质量法》关于产品责任的严格规定。这是区分产品质量法上的产品与其他物品的重要特征。

2. 产品不包括建设工程，但建设工程使用的经加工、制作用于销售的建材、建筑构配件和设备属于产品

对于何谓建设工程、建筑材料，《产品质量法》并未加以规定。《建设工程质量管理条例》中规定：“建设工程是指土木工程、建设工程、线路管道和设备安装工程及装修工程。”建设工程，包括房屋、公路、桥梁、隧道等工

① 希强：《论日本〈产品责任法〉的特点》，载《外国经济与管理》1996年第5期，第41～43页。

程。由于建设工程的质量问题与一般加工、制作的产品有较大的不同，对建设工程的质量问题，应当适用建筑法等法律的规定。一些国家也将建筑物等不动产排除出产品责任法的适用范围。但是，用于建设工程的各种建筑材料和建筑构配件、设备等，属于《产品质量法》第 2 条第 2 款定义的“产品”范围内的，适用该法规定。

二、产品质量

所谓“产品质量”，通常是指产品满足人们日常需要的适用性、安全性、可靠性、耐用性、可维修性、经济性等特征和特性的总和。按照国际标准化组织制定的国际标准《质量管理和质量保证——术语》（ISO8402—1994，该标准已为我国国家标准 GB/T6583—1994 等同采用）中的定义，产品质量是指产品“反映实体满足明确和隐含需要的能力和特性的总和”。不同质量水平或质量等级的产品，反映了该产品在满足适用性、安全性、可靠性等方面的不同程度。质量低劣的产品，基本不能甚至完全不能满足使用者对该产品在适用性、安全性和可靠性等方面的合理需求。

《产品质量法》第 26 条对产品质量作了具体规定。产品质量应当符合下列要求：（一）不存在危及人身、财产安全的不合理的危险，有保障人体健康和人身、财产安全的国家标准、行业标准的，应当符合该标准；（二）具备产品应当具备的使用性能，但是，对产品存在使用性能的瑕疵作出说明的除外；（三）符合在产品或者其包装上注明采用的产品标准，符合以产品说明、实物样品等方式表明的质量状况。

第 26 条实际上确立了产品质量安全性、适用性和担保性三项基本要求。

三、产品质量法

产品质量法是产品质量监督管理制度与产品责任制度的总和，是调整产品质量关系的法律。所谓产品质量关系，指产品生产、流通、消费过程中发生的产品质量关系，既包括产品质量监督管理关系，又包括产品责任关系。前者指国家产品质量监督管理机构与经营者在产品质量的监督与管理的过程中发生的社会关系；后者指经营者与消费者在产品消费过程中发生的社会关系。

产品质量法有广义与狭义之分。广义指一切调整产品质量关系的法律规范，既包括《中华人民共和国产品质量法》，又包括其他调整产品质量关系的法律，如《食品安全法》、《药品管理法》、《农产品质量安全法》等；狭义仅指《中华人民共和国产品质量法》。

第二节 产品质量监督制度

产品质量监督，依据国家标准 GB6583·1—86 对质量监督的定义，是指为保证质量合乎要求，由用户或者第三方对程序、方法、条件、产品、过程和服务进行连续评价，并按照规定标准或合同要求对记录进行分析。我国产品质量监督有三种形式：企业自我监督、社会监督和国家监督。

产品质量监督管理体制。依据《产品质量法》及相关法律规定，国务院产品质量监督部门主管全国产品质量监督工作。县级以上地方产品质量监督部门主管本行政区域内的产品质量监督工作。县级以上地方人民政府有关部门在各自的职责范围内负责产品质量监督工作。法律对产品质量的监督部门另有规定的，依照有关法律的规定。如《食品安全法》第 4 条、《药品管理法》第 5 条，分别规定了食品安全监督主管机构和药品管理主管机构。

产品质量监督制度具体包括：产品质量检验制度、企业质量体系认证制度、产品质量认证制度、产品质量监督检查制度。

一、产品质量检验制度

产品进入流通领域之前，必须符合产品质量标准要求。产品质量标准有国际标准、国家标准、行业标准、企业标准。

产品质量检验，指检验机构依据产品质量标准对产品的品质进行检验测试，判定其合格与否的活动。产品质量检验根据检验主体不同可以分为生产经营者自我检验、第三方检验两种。产品质量检验制度是关于产品质量检验的方法、程序、要求和法律性质等内容的法律规定。

《产品质量法》第 12 条规定：产品质量应当检验合格，不得以不合格产品冒充合格产品。“产品质量应当检验合格”，是指产品出厂时应当经过检验，质量应当符合相应要求。“不合格产品”指产品质量不符合《产品质量法》第 26 条要求的产品，包括处理品和劣质品。所谓处理品是指产品不存在危及人体健康、人身、财产安全的危险，仍有使用价值，只是不符合《产品质量法》第 26 条第 2、3 项规定的要求的产品。所谓劣质品是指产品存在危及人体健康、人身、财产安全的危险或者失去原有使用性能的产品。

产品出厂时除生产者自行检验外，还可以委托其他有关产品质量检验机构进行产品品质检验。销售者进货时应当检查验收，验明产品合格证明和其他标示。这是从源头上把握产品质量关的重要步骤。

二、企业质量体系认证制度和产品质量认证制度

（一）企业质量体系认证制度

企业质量体系认证是指由国家有关部门认可的认证机构，依据认证标准，按照规定程序，对企业的质量保证体系，包括企业的质量管理制度、企业的生产、技术条件等保证产品质量的诸因素进行全面的评审，对符合条件要求的，通过颁发认证证明书的形式，证明企业的质量符合相应标准要求的活动。

企业质量体系认证制度设立之目的主要在于：加强企业质量管理工作，提升企业质量管理水平，增强企业市场竞争力；为企业在贸易中提供信誉和产品质量担保。

> 《产品质量法》第14条第1款规定：国家根据国际通用的质量管理标准，推行企业质量体系认证制度。企业根据自愿原则可以向国务院产品质量监督部门认可的或者国务院产品质量监督部门授权的部门认可的认证机构申请企业质量体系认证。经认证合格的，由认证机构颁发企业质量体系认证证书。

（二）产品质量认证制度

产品质量认证是指参照国际先进的产品标准和技术标准，由专门的认证机构对申请认证的产品进行检验，对符合要求的产品颁发认证证书和标志的确认、证明活动。目前，我国的产品质量认证有两种形式：安全认证和合格认证。安全认证是指依据安全标准和技术要求对产品的安全性能进行的确认。合格认证是对产品的全部性能、要求，依据标准和有关技术要求进行的确认。

产品质量认证实行自愿原则。产品一经认证获得质量证书的，企业就可以在其认证的产品或其包装上使用质量认证标志，提高产品的公信力。

> 《产品质量法》第14条第2款：国家参照国际先进的产品标准和技术要求，推行产品质量认证制度。企业根据自愿原则可以向国务院产品质量监督部门认可的或者国务院产品质量监督部门授权的部门认可的认证机构申请产品质量认证。经认证合格的，由认证机构颁发产品质量认证证书，准许企业在产品或者其包装上使用产品质量认证标志。

三、产品质量监督检查制度

产品质量监督检查制度是指国家质量监督部门对可能危及人体健康和人身、财产安全的产品、影响国计民生的重要工业产品以及消费者、有关组织反映存在质量问题的产品进行检查的制度。

产品质量监督检查以抽查为主。监督检查的重点为三类产品：（1）可能危及人体健康和人身、财产安全的产品，如食品、药品等；（2）影响国计民生的重要工业产品，如石油制品、钢铁等；（3）消费者、有关组织反映存在质量问题的产品。

抽查的样品应当在市场上或者企业成品仓库内的待销产品中随机抽取。

由于产品监督抽查是一种强制性的行政行为，具有非常大的影响，必须由国务院产品质量监督部门统一规划和组织。不得重复抽查、不得向被检查人收取检验费用。国务院和省、自治区、直辖市人民政府的产品质量监督部门应当定期发布其监督抽查的产品的质量状况公告。

> 《产品质量法》第15条规定：国家对产品质量实行以抽查为主要方式的监督检查制度，对可能危及人体健康和人身、财产安全的产品，影响国计民生的重要工业产品以及消费者、有关组织反映有质量问题的产品进行抽查。抽查的样品应当在市场上或者企业成品仓库内的待销产品中随机抽取。监督抽查工作由国务院产品质量监督部门规划和组织。县级以上地方产品质量监督部门在本行政区域内也可以组织监督抽查。法律对产品质量的监督检查另有规定的，依照有关法律的规定执行。
>
> 国家监督抽查的产品，地方不得另行重复抽查；上级监督抽查的产品，下级不得另行重复抽查。
>
> 根据监督抽查的需要，可以对产品进行检验。检验抽取样品的数量不得超过检验的合理需要，并不得向被检查人收取检验费用。监督抽查所需检验费用按照国务院规定列支。
>
> 生产者、销售者对抽查检验的结果有异议的，可以自收到检验结果之日起15日内向实施监督抽查的产品质量监督部门或者其上级产品质量监督部门申请复检，由受理复检的产品质量监督部门作出复检结论。
>
> 国家产品质量监督管理部门定期或不定期对产品质量进行抽样检查，是加强产品质量监督，保障消费者权益的一项行之有效的措施。下面以北京市为例加以佐证。

北京市质量技术监督局2009年3季度依法对北京市生产领域学生校服开展了产品质量监督抽查工作。①

此次抽查依据GB 5296.4—1998《消费品使用说明 纺织品和服装使用说明》、GB 18401—2003《国家纺织产品基本安全技术规范》、FZ/T 81003—2003《儿童服装、学生服》、FZ/T 73021—2004《针织学生服》和产品明示标准以及经备案现行有效的企业标准。检验项目包括产品标签、纤维成分及含量、甲醛含量、pH值、耐水色牢度、耐汗渍色牢度(酸碱)、耐干摩擦色牢度、可分解芳香胺染料、耐洗(皂洗)色牢度。此次共抽查北京市11家企业的11批次产品，合格9批次，1批次产品可分解芳香胺染料、耐洗(皂洗)色牢度不合格，1批次产品pH值不合格。

可分解芳香胺染料是一种对人体有毒有害的染料，在与人体的长期接触中，染料如果被皮肤吸收，会在人体内扩散，引起人体病变和诱发癌症。

纺织品pH值过高或过低，会对皮肤产生刺激，也可能使皮肤受到病菌的感染。

色牢度是指纺织品的颜色对在加工和使用过程中各种作用的抵抗力，色牢度差的产品在使用过程中易褪色。

第三节 生产者、销售者的产品质量义务

《产品质量法》第三章规定了生产者、销售者的产品质量责任和义务。

一、生产者的产品质量义务

生产者是产品的加工、制作者，是确保产品质量的关键，因此，必须对生产者苛以严格的质量保障义务。根据《产品质量法》规定，生产者的产品质量义务具体包括作为义务和不作为的义务。

(一) 生产者的作为义务

生产者的作为义务是指生产者在生产产品时必须符合法律规定的质量标

① 2009年3季度学生校服产品质量监督抽查结果，2009-12-09，北京市质量技术监督局，http://www.bjtsb.gov.cn/，2010年7月1日访问。

准，包括产品内在质量要求、产品标志以及特殊产品包装等必须符合法律强制性规定。根据《产品质量法》第26～28条规定，生产者的作为义务为：

1. 产品内在质量符合法定标准。即产品应当不存在危及人身、财产安全的不合理的危险，有保障人体健康和人身、财产安全的国家标准、行业标准的，应当符合该标准；具备产品应当具备的使用性能；符合在产品或者其包装上注明采用的产品标准，符合以产品说明、实物样品等方式表明的质量状况。①

2. 产品标示符合法律规定。即有产品质量检验合格证明；有中文标明的产品名称、生产厂厂名和厂址；根据产品的特点和使用要求，需要标明产品规格、等级、所含主要成分的名称和含量的，用中文相应予以标明；需要事先让消费者知晓的，应当在外包装上标明，或者预先向消费者提供有关资料；限期使用的产品，应当在显著位置清晰地标明生产日期和安全使用期或者失效日期；使用不当，容易造成产品本身损坏或者可能危及人身、财产安全的产品，应当有警示标志或者中文警示说明。②

> 某机电设备供应公司与某电机厂签订了总经销该厂新产品——某牌号新型电机合同。该电机质量好，通过了有关权威机构的技术鉴定。但是，当首批150台电机交货时却被对方某机电设备供应公司拒收。双方争执不下，电机厂以机电设备公司违约为由诉至法院。供应公司辩称，争执的焦点不是机电质量，而是电机上的铭牌。该铭牌上打着“中国制造”字样，却未标明电机厂的厂名和厂址，不合乎有关法律规定。在厂方整改之前，机电设备供应公司不能接受货物并支付货款。后在法官调解下，双方同意和解。电机厂撤诉，并立即制造了合乎标准的铭牌安装在电机上。供应公司收货并支付了货款。

3. 特殊产品包装质量必须符合相应要求。即对于易碎、易燃、易爆、有毒、有腐蚀性、有放射性等危险物品以及储运中不能倒置和其他有特殊要求的产品，其包装质量必须符合相应要求，依照国家有关规定作出警示标志或者中文警示说明，标明储运注意事项。③

---

① 见《产品质量法》第26条。

② 见《产品质量法》第27条。

③ 见《产品质量法》第28条。

产品标示：指用于识别产品或其特征、特性所做的各种表示的统称。产品标示可以用文字、符号、标志、标记、数字、图案等表示。产品标示由生产者提供，其主要作用是表明产品的有关信息，帮助消费者了解产品的质量状况，说明产品的正确使用、保养方法，指导消费者。

产品包装，是指为产品的运输、储存、销售等流通过程中保护产品，促进销售，按照一定技术要求采用的容器、材料和附着物并在包装物上附加有关标示而进行的操作活动的总称。

包装质量必须符合相应要求，指产品包装必须符合国家法律、法规、规章、合同、标准以及规范性文件规定的包装要求，保证人身、财产安全，防止产品损坏并且应当在产品包装上标注相应的产品标示。

（二）生产者的不作为义务

生产者的不作为义务，是指生产者生产产品时不得从事法律明令禁止的行为，即不得违反《产品质量法》中的禁止性规定。具体来说，生产者不得从事下列行为：

（1）禁止生产国家明令淘汰产品；（2）不得伪造产地、厂名、厂址；（3）不得伪造或者冒用认证标志等质量标志；（4）不得掺杂、掺假；（5）不得以假充真、以次充好；（6）不得以不合格产品冒充合格产品。《产品质量法》第29—32条对此做了规定。

所谓国家明令淘汰产品，指国家行政机关按照一定程序，采用行政措施，对涉及高污染、高能耗、技术落后、危及人体健康等因素，宣布不得继续生产、销售、使用的产品。

所谓伪造产地，指在甲地生产的产品，标注上乙地地名的欺诈行为。

所谓伪造厂名、厂址，指生产者捏造、编造不真实的生产厂的厂名和厂址。

冒用他人的厂名、厂址，指生产者非法使用他人的厂名、厂址。

所谓质量标志，是指有关主管部门或者社会组织按照规定的程序颁发给生产者，用来表明该企业生产的产品质量达到相应水平的证明标志。

所谓掺杂、掺假，是指行为人在产品中掺入杂质或者造假，致使产品有关物质的成分或含量达不到国家相关法律、法规、标准规定要求的欺骗行为。

二、销售者的产品质量义务

销售者是直接将产品出售给消费者、用户的人，应当对其销售的产品质量负责。销售者的产品质量义务，也包括作为义务和不作为义务。具体来说，其义务主要有进货检验义务；保持产品质量义务；禁止销售失效产品义务；产品标示义务；不得伪造产地、厂址、厂名义务；禁止伪造、冒用认证标志等质量标志义务；禁止掺杂、掺假，以假充真，以次充好；禁止以不合格产品冒充合格产品。《产品质量法》第33—39条对之作了详细规定。

所谓进货检查验收制度，是指销售者应当根据国家有关规定，以及与生产者或者其他供应商之间签订的合同的约定，对采购的产品质量进行检验，符合合同约定的才予以验收的制度。进货检查验收包括产品标示检查、产品感观检查和必要的产品内在质量检查。

所谓采取措施，是指销售者应当根据产品的不同特性，采取必要的防潮、防晒、防虫、防霉、通风、分类等方式，对某些特殊产品采取特殊保管手段，如控制温度等，以保持进货时的质量状况，尤其是食品和药品等。采取措施还包括配置必要的设备和设施。

所谓保持销售产品的质量，是指销售者通过采取必要的保管措施，使其销售的产品质量基本上保持产品进货时的质量状况。

2004年7月15日，某省质量监督管理部门接到消费者投诉，称某商场销售的18K金镶嵌黄晶宝石戒指含有杂质。质量监督管理部门随即进行调查。该商场负责人介绍，此18K金镶嵌黄晶宝石戒指是某省星星实业有限公司从永发饰品厂购进，共38枚；星星公司告诉商场原先购货时商品附有产品检验合格证书，只是在运输途中丢失了。商场信以为真，以每枚850元价格销售，已卖出8枚。

质量监督管理部门将剩下的30枚戒指送国家某地矿部门宝石监测中心进行技术鉴定。结论为：该黄晶的折射率不合格，中间掺杂有玻璃杂质；该戒指属不合格产品。

质量监督管理部门又对进货方星星公司和永发饰品厂进行调查。永发饰品厂承认该批戒指的黄晶系用碎黄晶和碎玻璃合成加工而成，并以回扣方式将戒指批发给星星公司。星星公司则向商场谎称有产品检验合格证。

质量监督管理部门责令商场对进货不合格戒指按次等品出售，并没收已销售戒指所得收入；对星星公司处以罚款4000元；对永发饰品厂罚款15000元，并没收尚未出厂的戒指和已销售戒指所得。

第四节　产品责任制度

一、产品责任与产品质量责任

所谓产品责任是指因产品缺陷致人损害时，产品的生产者或者销售者应当承担的一种特殊的民事侵权责任。

产品质量责任，则是指产品的生产者、销售者以及其他负有产品质量义务的主体因不履行《产品质量法》规定的保证产品质量的义务，所应当承担的法律后果。产品质量责任不同于产品责任，它是一种综合责任，既有民事责任，也有行政责任，还包括刑事责任。既是事前责任，也是事后责任。产品责任作为一种特殊的民事侵权责任，仅是产品质量责任中的一种民事责任，而且仅在产品致人实际损害时才发生，是事后责任。

产品质量责任既包括因产品缺陷给消费者、使用者造成人身财产损失时，由生产者、销售者依法应承担的责任，还包括违反标准化法、计量法以及规范产品质量的其他法律规范应承担的责任。

产品质量责任的主体，既包括产品的生产者、销售者，还可能是产品的运输者、仓储保管人，① 也可能涉及其他对产品质量负有监督管理义务的人，如质检机构及其工作人员、认证机构及其工作人员②和社会团体、社会中介机构等。③ 而产品责任的承担者一般指生产者、销售者，若产品缺陷是由产品的设计者、修理者、装配者、零部件的生产者、仓储者或者运输者造成的，那么这些人最终也会承担产品责任。④

二、产品缺陷

（一）产品缺陷的概念

产品缺陷是承担产品责任的基础。所谓产品缺陷是指产品存在危及人身或

① 见《产品质量法》第61条。

② 见《产品质量法》第57条。

③ 《产品质量法》第58条。

④ 李昌麒：《经济法学》（第二版），法律出版社2008年版，第370页。

者财产安全的不合理危险。除此之外，《产品质量法》还将产品不符合保障人体健康和人身、财产安全的国家标准、行业标准的，也视为存在缺陷。① 产品缺陷是产品质量法上的概念，不同于合同法上的产品瑕疵。所谓“产品瑕疵”，指产品质量不符合法律规定或者合同约定的质量标准，但是不存在危及人身、财产安全的不合理危险。产品存在瑕疵，是生产者或者销售者承担产品瑕疵担保责任的基础。所谓产品瑕疵担保责任，是指在产品销售过程中，产品的生产者或者销售者向对方当事人承诺和保证，一旦发生产品瑕疵问题，将承担由此而引起的法律后果。产品瑕疵担保责任是一种无过错民事责任。

（二）产品缺陷分类

我国学者一般将产品缺陷分为：

1. 设计缺陷，指产品在设计之时即存在着不合理的危险性，导致产品潜在危险的根本因素。

> 针对不同产品，在设计上有不同的标准。如同样是衣服，针对婴幼儿的服装与成人的服装在设计上，除式样、面料、颜色、款式不同之外，往往针对婴幼儿的服装在设计上有更多的更高的安全性要求，如一般不能设计带纽扣的服装，以免婴幼儿吞食而发生安全事故；还有童车的设计上也是不同于一般自行车的。如果不考虑这些因素导致产品致人损害的，就可能属于设计上的缺陷。

2. 制造缺陷，指产品在生产制造过程中产生的不安全因素。

> 它与设计上的缺陷区别在于，制造上的缺陷一般是产品在生产、加工过程中产生的不安全因素，并非由于设计不合理而造成。可能是由于未严格按照设计要求生产、加工产品所导致；也可能是生产、制作产品的原料或材料达不到设计要求；还可能是产品生产、加工的环境达不到规定的标准等。

3. 指示缺陷，指产品的提供者对产品的危险性没有做出必要的说明、警

---

① 《产品质量法》第 16 条．本法所称缺陷，是指产品存在危及人身、他人财产安全的不合理的危险；产品有保障人体健康和人身、财产安全的国家标准、行业标准的，是指不符合该标准。

告或指导而对使用者构成的不合理危险。

> 手机是人们日常生活中使用非常广泛的工具。它给人们生活带来便捷的同时也存在不少隐患。作为手机生产厂家一般会在使用说明中提醒用户使用时注意事项或者说安全须知，如不能在加油站拨打手机、在雷雨天气不能在室外拨打手机等。如果缺乏安全注意事项的说明，即意味着存在指示上的缺陷。

4. 发展缺陷，指产品投入流通时的科技水平尚不能发现的而后又被证明确实存在的缺陷。①

前三种缺陷是承担产品责任的基础，后一种缺陷是免责的事由，我国《产品质量法》第41条对此作了明确规定。

> 《产品质量法》第41条规定：因产品存在缺陷造成人身、缺陷产品以外的其他财产（以下简称他人财产）损害的，生产者应当承担赔偿责任。
>
> 生产者能够证明有下列情形之一的，不承担赔偿责任：
>
> （1）未将产品投入流通的；
>
> （2）产品投入流通时，引起损害的缺陷尚不存在的；
>
> （3）将产品投入流通时的科学技术水平尚不能发现缺陷的存在的。

三、产品责任的归责原则

产品责任归责原则大致经历了疏忽责任、违反担保责任和严格责任三个阶段。② 也有学者认为产品责任归责原则有一个从合同责任、过失侵权责任到严格责任的发展过程。③ 至于什么是严格责任，法律上尚无明确界定，学者对此理解不一。李昌麒教授认为，严格责任（也称无过失责任），是指只要产品有缺陷，对消费者或使用人具有不合理的危险，造成人身伤害或财产损失的，该

---

① 李婉丽：《关于我国建立缺陷产品召回制度的法律思考》，载《经济与法》2003年第5期，第54页。

② 李昌麒：《经济法学》（第二版），法律出版社2008年版，第370页。

③ 单飞跃：《经济法教程》，法律出版社2006年版，第117页。

产品产销中的各个环节的人都应负赔偿责任。原告无须指出被告有疏忽，也无需证明存在默示或明示的担保以及被告违反担保行为。消费者只要证明产品存在危险或处于不合理的状态，产品的缺陷在投入市场之前就已存在，因该产品的缺陷导致了损害即可。被告在诉讼中能提出抗辩的理由有限。① 漆多俊教授主编的《经济法学》则认为，严格责任不同于无过失责任，理由在于：严格责任并非绝对责任而无过失责任近似于绝对责任；无过失责任基于如何合理分配损害，实现分配正义，补偿是其唯一的责任方式；严格责任则既保持了法律责任的惩罚与教育功能，又具有弥补受害人损失的作用；严格责任条件下充分赔偿受害人的损失而无过失责任条件下对受害人的损失只能合理分担；无过失责任一般以责任保险为基础，严格责任则不考虑当事人是否投保。②

我国《产品质量法》基于生产者和销售者所处不同地位，课以不同的产品质量义务，在产品责任的承担上适用不同的归责原则。对于生产者而言，应当承担严格责任；对销售者而言，则承担的是过错责任。

《产品质量法》第42条　由于销售者的过错使产品存在缺陷，造成人身、他人财产损害的，销售者应当承担赔偿责任。

销售者不能指明缺陷产品的生产者也不能指明缺陷产品的供货者的，销售者应当承担赔偿责任。

四、产品责任的构成要件

生产者或者销售者承担产品责任，必须具备：第一，产品存在缺陷；第二，有损害事实存在；第三，产品缺陷与损害事实之间存在因果关系。对销售者而言，除具备上述三个条件外，还需有过错存在。

对生产者而言，要想免除责任，就必须证明：（1）未将产品投入流通的；（2）产品投入流通时，引起损害的缺陷尚不存在的；（3）将产品投入流通时的科学技术水平尚不能发现缺陷的存在的。

对销售者而言如何免责，主要从两方面来抗辩：销售者或者能够证明自己无过错，或者指明缺陷产品的生产者或供货者。

---

① 李昌麒：《经济法学》（第二版），法律出版社2008年版，第372页。

② 漆多俊：《经济法学》（修订版），武汉大学出版社2004年版，第223页。

五、产品责任的范围及诉讼时效

（一）产品责任的范围

确立了产品责任的承担者以后，就该确立如何赔偿问题。产品责任的范围就是指产品的生产者、销售者应该对哪些损害进行赔偿。一般来说，既然产品缺陷是指产品存在危及人身、他人财产安全的不合理的危险，那么，缺陷产品造成的损害主要为人身损害、财产损失。我国《产品质量法》第44条对赔偿的范围及具体内容作了明确规定。

《产品质量法》第44条　因产品存在缺陷造成受害人人身伤害的，侵害人应当赔偿医疗费、治疗期间的护理费、因误工减少的收入等费用；造成残疾的，还应当支付残疾者生活自助具费、生活补助费、残疾赔偿金以及由其扶养的人所必需的生活费等费用；造成受害人死亡的，应当支付丧葬费、死亡赔偿金以及由死者生前扶养的人所必需的生活费等费用。

因产品存在缺陷造成受害人财产损失的，侵害人应当恢复原状或者折价赔偿。受害人因此遭受其他重大损失的，侵害人应当赔偿损失。

（二）产品责任诉讼时效

产品责任作为一种特殊的民事侵权责任，《产品质量法》明确规定了其诉讼时效期间为2年，自当事人知道或者应当知道其权益受损时计算。《民法通则》第136条规定：下列诉讼时效期间为1年：（1）身体受到伤害要求赔偿的；（2）出售不合格的商品未声明的；（3）延付或者拒付租金的；（4）寄存财物被丢失或者损毁的。《产品质量法》作为专门调整产品关系的法律规范，当其与《民法通则》规定不一致时，适用《产品质量法》的规定。

《产品质量法》第45条　因产品存在缺陷造成损害要求赔偿的诉讼时效期间为2年，自当事人知道或者应当知道其权益受到损害时起计算。

因产品存在缺陷造成损害要求赔偿的请求权，在造成损害的缺陷产品交付最初消费者满10年丧失；但是，尚未超过明示的安全使用期的除外。

注意理解的是，该条第1款规定了诉讼时效期间为2年；超过2年诉讼时效期间的，受害人便丧失了诉权。第2款规定了产品侵权损害要求赔偿的请求权期间为10年，自造成损害的缺陷产品交给第一个用户或者消费者之日起计算，满10年便丧失请求赔偿权。产品明示的安全试用期超过10年的，请求权期间适用明示的安全使用期。

第五节 食品安全法律制度

“国以民为本，民以食为天”，食品安全关系到社会的稳定和发展，关系到人民群众的生命安全与健康。在近些年来重大食品安全问题屡屡发生的情况下，如何保护公众的身体健康和生命安全，已是中国政府的当务之急。2009年2月28日第十一届全国人民代表大会常务委员会第七次会议通过了《中华人民共和国食品安全法》，并于2009年6月1日起施行。《中华人民共和国食品卫生法》同时废止。2009年7月20日国务院颁布了《中华人民共和国食品安全法实施条例》。食品安全法的颁布施行，对规范食品生产经营活动，预防食品安全事故，加强食品安全监督管理，提高我国食品安全整体水平，具有重要意义。

一、食品安全的界定

（一）食品

关于食品，从不同的角度有不同的解释。《现代汉语词典》的解释是：食品是商店出售的经过一定加工制作的食物。食物是可以充饥的东西。① 这里将食品限定为“流通”、“加工制作”，将初级农产品和满足自我生活需要的食物排除在外。

国际食品法典委员会（CAC）指出，食品，指用于人食用或者饮用的经过加工、半加工或者未经加工的物质，并包括饮料、口香糖和已经用于制造、制备或处理食品的物质，但不包括化妆品、烟草或者只作为药品使用的物质。②

1995年的《食品卫生法》将“食品”定义为：“各种供人食用或者饮用的成品和原料以及按照传统既是食品又是药品的物品，但是不包括以治疗为目的的物品。”《食品安全法》继续沿用了《食品卫生法》中关于“食品”的定义。这里的“食品”，既包括加工制作的，也包括未经加工制作的原料。

---

① 《现代汉语词典》，商务印书馆2007年版，第1147页。

② 李拨：《〈中华人民共和国食品安全法〉解读与适用》，人民出版社2009年版，第256页。

现实生活中食品种类繁多，人们因为文化、地域、风俗习惯等因素的不同对食品的理解也不一样。但是，食品作为人类生存的一种必须的物质基础，必须具备：第一，营养成分与营养价值；第二，正常摄食条件下不应对人体产生有害影响；第三，具有良好的感官性状，即色、香、味、外形及硬度等符合人们长期形成的对食品的概念。①

（二）食品安全

"食品安全"一词是由联合国粮农组织在1974年提出的，其主要含义包括：(1) 从食品安全性角度讲，要求食品应当"无毒、无害"，即指正常人在正常食用情况下不会造成对人体的危害。但无毒无害不是绝对的，允许少量含有，但不得超过国家限量标准。(2) 符合应当有营养的要求。(3) 对人体健康不造成任何危害，包括急性、亚急性或者慢性危害。②

食品安全是随着人们生活水平的不断提高而变化着的一个动态发展的概念。人们对食品安全的理解，经历了一个从绝对安全到相对安全的过程。世界卫生组织对"食品安全"的理解是："食物中有毒、有害物质对人体健康影响的公共卫生问题。"食品安全要求食品对人体健康造成的急性或慢性损害的所有危险都不存在。③ 后来，人们逐渐认识到绝对安全很难做到，食品安全应当是一个相对的、广义的概念。④ 因为任何一种食品即使其成分对人体是有益的，或者其毒性甚微，但如果食用过量或食用条件不恰当，依然可能会对身体健康带来毒害或损害；另一方面，有些食品的安全性则是因人而异的，这就要求评价一种食品或其成分是否安全，不能仅仅依据其内在的"有毒、有害物质"，更重要的是看它是否引起实际危害。

目前在食品安全概念的理解上，国际社会已基本达成共识，即食品的种植、养殖、加工、包装、储藏、运输、销售、消费等活动符合国家强制标准和要求，不存在可能损害或者威胁人体健康的有毒、有害物质致消费者病亡或者

---

① 高光亮：《食品安全法律保护制度研究》，安徽大学2006届硕士学位论文，转引自张敬礼：《中华人民共和国食品安全法及实施条例讲座》，中国法制出版社2009年版，第5页。

② 李援：《〈中华人民共和国食品安全法〉解读与适用》，人民出版社2009年版，第257页。

③ 李援：《〈中华人民共和国食品安全法〉解读与适用》，人民出版社2009年版，第1页。

④ 张敬礼：《中华人民共和国食品安全法及实施条例讲座》，中国法制出版社2009年版，第6页。

危及消费者及其后代的隐患。①

我国立法将“食品安全”界定为“无毒、无害，符合应当有的营养要求，对人体健康不造成任何急性、亚急性或者慢性危害。”②

（三）食品安全与食品卫生

食品安全与食品卫生，是一对既有联系又有区别的概念。世界卫生组织在《加强国家级食品安全计划指南》中将“食品安全”与“食品卫生”区别使用。世界卫生组织对“食品安全”的解释是：“对食品按其原定用途进行制作和食用时不会使消费者受害的一种担保”。而对“食品卫生”的解释是：“为确保食品安全性和适合性在食物链的所有阶段必须采取的一切条件和措施。”

我国1995年的《食品卫生法》第二章“食品卫生”第6条对“食品卫生”的要求是：食品应当无毒、无害，符合应当有的营养要求，具有相应的色、香、味等感官性状。即：（1）食品应当无毒无害，不能对人体造成任何危害；（2）食品应当具有相应的营养，以满足人体维持正常生理功能的需要；（3）食品应当具有相应的色、香、味等感官性状。

《食品安全法》对食品安全的要求是：“无毒、无害，符合应当有的营养要求，对人体健康不造成任何急性、亚急性或者慢性危害。”这是从食品的内在品质上作出的基本要求，对食品色、香、味等感官性状没有明确规定。

从食品卫生法到食品安全法反映了立法者立法理念的变化。食品卫生虽然是一个比较宽泛的概念，但与食品安全相比，食品卫生无法涵盖食品源头的农产品种植、养殖等环节。从过程和结果上划分，食品卫生侧重的是过程安全，食品安全则更全面。③

二、食品安全法

食品安全法是调整食品安全风险监测和评估、食品安全标准、食品生产经营、食品检验、食品进出口、食品安全事故处置及监督管理过程中发生的社会关系的法律规范的总称。有广义与狭义之分。广义的食品安全法泛指一切调整

① 参见李援：《〈中华人民共和国食品安全法〉解读与适用》，人民出版社2009年版，第2页；张敬礼：《中华人民共和国食品安全法及实施条例讲座》，中国法制出版社2009年版，第6~7页。

② 《食品安全法》第99条第2款。

③ 参见李援：《〈中华人民共和国食品安全法〉解读与适用》，人民出版社2009年版，第2页。

食品安全监督管理过程中发生的社会关系的法律规范。狭义则指 2009 年颁布实施的《中华人民共和国食品安全法》。

三、食品安全具体法律制度

（一）食品安全风险监测和评估制度

食品安全风险，是指食源性疾病、食品污染以及食品中的有害因素或者食品添加剂、食品包装等足以对食品安全造成威胁，从而对人体健康造成任何急性、亚急性或者慢性危害。①

食品安全风险监测是指为了掌握和了解食品安全状况，对食品安全水平进行检测、分析、评价和公告的活动。② 针对某种食品的安全性进行的评价、预警和监测，是对食品安全风险进行评估的基础和前提，也是风险评估阶段的数据来源。③ 国家建立食品安全风险监测制度，主要对食源性疾病、食品污染、食品中的有害因素进行监测。食品安全风险监测工作由省级以上人民政府卫生行政部门会同同级质量监督、工商行政管理、食品药品监督管理等部门确定的技术机构承担。

食品安全风险评估，指对食品、食品添加剂中生物性、化学性和物理性危害对人体健康可能造成的不良影响所进行的科学评估，包括危害识别、危害特征描述、暴露评估、风险特征描述等。④ 食品安全风险评估是对食品安全风险监测数据进行评价分析，最终得出某种食品是否存在安全风险，是否危害人体健康的结论。《食品安全法》第 11 ~ 17 条对食品安全风险监测和评估制度作了详细规定。

有下列情形之一的，国务院卫生行政部门应当组织食品安全风险评估工作：⑤

（1）为制定或修订食品安全国家标准提供科学依据需要进行风险评估的；

（2）为确定监督管理的重点领域、重点品种需要进行风险评估的；

---

① 张敬礼：《中华人民共和国食品安全法及实施条例讲座》，中国法制出版社 2009 年版，第 80 页。

② 李援：《〈中华人民共和国食品安全法〉解读与适用》，人民出版社 2009 年版，第 28 页。

③ 张敬礼：《中华人民共和国食品安全法及实施条例讲座》，中国法制出版社 2009 年版，第 83 页。

④ 《中华人民共和国食品安全法实施条例》第 62 条第 1 款。

⑤ 《中华人民共和国食品安全法实施条例》第 12 条。

(3) 发现新的可能危害食品安全的因素的；

(4) 需要判断某一因素是否构成食品安全隐患的；

(5) 国务院卫生行政部门认为需要进行风险评估的其他情形。

(二) 食品安全标准法律规定

食品安全标准，是指基于保证食品安全，保障公众身体健康的目的，对食品生产经营过程中影响食品安全的各种要素以及相关环节所制定的具有强制性的统一技术要求。食品安全标准的特点是：第一，以保障公众身体健康为宗旨；第二，食品安全标准须科学合理、安全可靠；第三，食品安全国家标准由国务院卫生行政部门负责制定、公布。其他有关部门不得再制定其他食品强制性标准。第四，食品安全标准具有强制性。食品生产经营者、检验机构以及监督管理部门必须严格执行。

食品安全标准分为：食品安全国家标准、食品安全地方标准、食品安全企业标准。它们的关系是，有食品安全国家标准的，执行国家标准；无国家标准的，制定地方标准；既无国家标准，也无地方标准的，应当制定企业标准。国家鼓励食品生产企业制定严于食品安全国家标准或者地方标准的企业标准。

食品安全标准应当具有以下内容：

(1) 食品、食品相关产品中的致病性微生物、农药残留、兽药残留、重金属、污染物质以及其他危害人体健康物质的限量规定；

(2) 食品添加剂的品种、使用范围、用量；

(3) 专供婴幼儿和其他特定人群的主辅食品的营养成分要求；

(4) 对与食品安全、营养有关的标签、标识、说明书的要求；

(5) 食品生产经营过程的卫生要求；

(6) 与食品安全有关的质量要求；

(7) 食品检验方法与规程；

(8) 其他需要制定为食品安全标准的内容。

《食品安全法》第 18 ~ 26 条对食品安全标准作了具体规定。

(三) 食品生产经营法律规定

食品生产经营是保证食品安全的关键环节。法律要求食品生产经营应当符合食品安全标准，这是最基本、最核心的要求。此外，法律还要求从事食品生产经营的企业履行如下义务：

1. 食品生产中的卫生要求：① (1) 食品生产经营中的环境卫生要求；(2)

① 《食品安全法》第 27 条。

生产经营设备或设施卫生要求；（3）食品生产经营专业技术人员、管理人员和保证食品安全的规章制度要求；（4）设备布局和工艺流程卫生要求；（5）餐具等的消毒、清洁要求；（6）食品贮存、运输和装卸中的卫生要求；（7）食品包装卫生要求；（8）食品生产经营人员卫生要求；（9）食品用水卫生要求；（10）洗涤剂和消毒剂的卫生要求等。

2. 禁止生产经营下列食品：①（1）用非食品原料生产的食品或者添加食品添加剂以外的化学物质和其他可能危害人体健康物质的食品，或者用回收食品作为原料生产的食品；（2）致病性微生物、农药残留、兽药残留、重金属、污染物质以及其他危害人体健康的物质含量超过食品安全标准限量的食品；（3）营养成分不符合食品安全标准的专供婴幼儿和其他特定人群的主辅食品；（4）腐败变质、油脂酸败、霉变生虫、污秽不洁、混有异物、掺假掺杂或者感官性状异常的食品；（5）病死、毒死或者死因不明的禽、畜、兽、水产动物肉类及其制品；（6）未经动物卫生监督机构检疫或者检疫不合格的肉类，或者未经检验或者检验不合格的肉类制品；（7）被包装材料、容器、运输工具等污染的食品；（8）超过保质期的食品；（9）无标签的预包装食品；（10）国家为防病等特殊需要明令禁止生产经营的食品；（11）其他不符合食品安全标准或者要求的食品。

所谓腐败变质指食品经过微生物作用使食品中某些成分发生变化，感官性状发生改变而丧失可食性的现象。

所谓油脂酸败，是指油脂和含油脂的食品，在储存过程中经微生物、酶等作用而发生变色变味等变化。

所谓预包装食品，指预先定量包装或者制作在包装材料和容器中的食品。《食品安全法》对预包装食品的包装有严格规定：必须有标签，标签应当标明：名称、规格、净含量、生产日期；成分或者配料表；生产者的名称、地址、联系方式；保质期；产品标准代号；贮存条件；所使用的食品添加剂在国家标准中的通用名称；生产许可证编号等；供婴幼儿和其他特定人群的主辅食品，其标签还应当标明主要营养成分及其含量。②

3. 取得食品生产经营许可证。食品生产许可证、食品流通许可证和餐饮

① 见《食品安全法》第28条。

② 《食品安全法》第42条。

服务许可证有效期为3年。

4. 建立健全本单位的食品安全管理制度，加强自身食品安全管理。具体来说，第一，制定本单位的食品安全管理制度；第二，加强对职工食品安全知识的培训，配备专职或兼职食品安全管理人员；第三，做好对所生产经营食品的检验工作，依法从事食品生产经营活动。法律之所以如此规定，是因为食品生产经营企业的卫生状况是保证食品安全，防止食品污染和食品中毒最关键的因素，必须责任明确，从严管理。

5. 建立并执行从业人员健康管理制度。要求患有痢疾、伤寒、病毒性肝炎等消化道传染病的人员，以及患有活动性肺结核、化脓性或者渗出性皮肤病等有碍食品安全的疾病的人员，不得从事接触直接入口食品的工作。食品生产经营人员每年应当进行健康检查，取得健康证明后方可参加工作。①

6. 农业投入品的使用应当符合食品安全标准和国家有关规定。② 农业投入品是农业生产必不可少的特殊产品，在农业生产中发挥着重要保障和基础作用。农业投入品包括农药、兽药、肥料、饲料添加剂等，它们的质量安全直接关系到农产品的质量安全，因此，关于农药投入品的使用必须符合国家有关规定和食品安全标准。

7. 食品生产企业应当建立进货查验制度和食品出厂检验记录制度。③

8. 食品、食品添加剂和食品相关产品生产者应当对食品检验合格后方可出厂或者销售。

9. 食品经营者采购食品应当查验供货者的许可证和食品合格证明，建立食品进货查验记录制度。④ 对贮存食品定期检查、管理，销售散装食品时依法标注。⑤

10. 食品添加剂的生产、使用必须符合法律规定。具体内容包括：食品添加剂生产的许可证规定；⑥ 食品添加剂的风险评估规定；⑦ 食品添加剂使用的

① 《食品安全法》第34条。

② 《食品安全法》第35条。

③ 《食品安全法》第36、37条。

④ 《食品安全法》第39条。

⑤ 《食品安全法》第40、41条。

⑥ 《食品安全法》第43条。

⑦ 《食品安全法》第45条。

规定;① 食品添加剂标签、说明书和包装规定等。②

11. 食品经营者销售预包装食品的应当遵循相应规定。食品经营者销售预包装食品时，应当遵守食品标签标示的警示标志、警示说明或者注意事项的要求。

12. 食品召回义务。③ 所谓食品召回，是指食品生产者按照规定程序，对由于其生产原因造成的某一批次或类别的不安全食品，通过换货、退货、补充或者修正消费说明等手段，及时消除或者减少食品安全危害的活动。我国在2007年发布的《食品召回管理规定》中确立了食品召回制度。食品召回程序有主动召回与责令召回程序。

对依法被召回的食品，食品生产者应当进行无害化处理或者予以销毁，防止其再次流入市场。对因标签、标识或者说明不符合食品安全标准而被召回的食品，食品生产者在采取补救措施且能保证食品安全的情况下可以继续销售，销售时应当向消费者明示补救措施。

13. 食品广告必须合法，不得欺骗、误导消费者。④

(四) 食品检验法律规定

食品检验是指食品检验机构依据国家有关标准，对食品原料、辅助材料、成品的质量和安全性进行的检验。食品检验是保证食品安全，加强食品安全监管的重要技术基础，是保障食品安全一系列制度中不可或缺的环节。⑤《食品安全法》第五章对食品检验作了基本规定，主要包括三个方面的内容。

1. 食品检验机构及检验人。国家对食品检验机构实行资质认定制度。目前我国食品检验机构资质的取得有三种途径。第一，按照《中华人民共和国认证认可条例》规定取得的认可。⑥ 食品检验机构取得资质的途径之一是取得国务院认证认可监督管理部门确定的认可机构的资质认定。第二，按照《产品质量法》规定考核合格取得资质。⑦ 第三，按照《农产品质量安全法》的

① 《食品安全法》第46条。

② 《食品安全法》第47、48条。

③ 《食品安全法》第53条。

④ 《食品安全法》第54、55条。

⑤ 参见李援:《〈中华人民共和国食品安全法〉解读与适用》，人民出版社2009年版，第144页。

⑥ 《中华人民共和国认证认可条例》第16、38、44条。

⑦ 《产品质量法》第19条。

规定考核合格取得资质。①

2. 食品抽样检验规定。食品安全监督管理部门对食品不得实施免检，应当对食品定期或者不定期进行抽样检验。进行抽样检验时，应当购买抽样样品，不得收取检验费和其他任何费用。

被抽检人对抽检结果不服的，可以向承担复检工作的食品检验机构（复检机构）申请复检，应当说明理由。复检机构由复检申请人从复检机构名录中自行选择。复检机构名录由国务院认证认可监督管理、卫生行政、农业行政等部门共同公布。复检机构出具的复检结论为最终检验结论。

3. 食品生产经营企业对其生产的食品的检验途径有二：自行检验和委托食品检验机构检验。

（五）食品进出口法律规定

具体内容包括进口食品安全标准、国家出入境检验检疫部门食品安全职责及进口预包装食品中文标签、中文说明的规定、食品进口和销售记录制度的建立。

1. 进口食品的安全标准。从境外进口的食品、食品添加剂以及食品相关产品应当符合我国食品安全国家标准。这是国际通行做法，也是保障进口食品安全的关键。进口食品尚无国家安全标准的，或者首次进口食品添加剂新品种、食品相关产品新品种，进口商应当向国务院卫生行政部门提出申请并提交相关的安全性评估材料。国务院卫生行政部门依照《食品安全法》第44条的规定作出是否准予许可的决定，并及时制定相应的食品安全国家标准。

所谓食品添加剂新品种，指我国食品安全国家标准规定的食品添加剂品种以外的食品添加剂。

所谓食品相关产品，是指用于食品的包装材料、容器、洗涤剂、消毒剂以及用于食品生产经营的工具、设备。

2. 国家出入境检验检疫部门关于食品安全的职责。（1）对境外发生的食品安全事故可能对我国境内造成影响的，或者在进口食品中发现严重食品安全问题的，国家出入境检验检疫部门应当及时采取风险预警或者控制措施，并向国务院有关部门及时通报。（2）定期公布已经备案的向我国境内出口食品的出口商、代理商和已经注册的境外食品生产企业名单。备案和注册制度建立的

① 《农产品质量安全法》第35条第2款。

目的在于建立对进口食品的追溯制度。一旦发现进口食品出现不安全问题，国家出入境检验检疫部门可以通知相关的进口商或进口食品生产企业召回其产品，如果拒不召回的，可以责令其召回，以确保进口食品的安全。（3）对出口食品进行监督、抽查，签发通关证明；接受出口食品生产企业和出口食品原料种植、养殖场的备案。（4）收集、汇总进出口食品安全信息，并及时通报相关部门、机构和企业；建立进出口食品进口商、出口商和出口食品生产企业的信誉记录，并予公布。

3. 进口预包装食品中文标签、中文说明的规定。① 进口的预包装食品应当有中文标签、中文说明书。标签、说明书应当符合本法以及我国其他有关法律、行政法规的规定和食品安全国家标准的要求，载明食品的原产地以及境内代理商的名称、地址、联系方式。预包装食品没有中文标签、中文说明书或者标签、说明书不符合本条规定的，不得进口。

4. 建立食品进口和销售记录制度。② 进口商应当建立食品进口和销售记录制度，如实记录食品的名称、规格、数量、生产日期、生产或者进口批号、保质期、出口商和购货者名称及联系方式、交货日期等内容。食品进口和销售记录应当真实，保存期限不得少于2年。

（六）食品安全事故处置制度

食品安全事故是指食物中毒、食源性疾病、食品污染等源于食品，对人体健康有危害或者可能有危害的事故。食源性疾病，是指食品中致病因素进入人体引起的感染性、中毒性等疾病。

食品安全事故处置制度具体内容包括：

1. 食品安全事故应急预案和处置方案

所谓食品安全事故应急预案，指经过一定程序制定的开展食品安全事故应急处理工作的事先指导方案。目的在于建立健全应对食品安全事故的救助体系和运行机制，规范和指导应急处理工作，是一项确保一旦发生食品安全事故，能够有效组织、快速反应，及时控制食品安全事故，高效开展应急救援工作，最大限度减少食品安全事故的危害，保障人民群众身体健康与生命安全，维护正常社会秩序的重要制度。③ 2003年《突发公共卫生事件应急条例》确立了

① 《食品安全法》第66条。

② 《食品安全法》第67条。

③ 参见李援：《〈中华人民共和国食品安全法〉解读与适用》，人民出版社2009年版，第172页。

突发事件应急预案制度。目前，国务院已经制定了国家安全事故应急预案，按照食品安全事故的性质、危害程度和涉及范围，将食品安全事故分为特别重大食品安全事故（Ⅰ级）、重大食品安全事故（Ⅱ级）、较大食品安全事故（Ⅲ级）和一般食品安全事故（Ⅳ级）四个级别，并对适用范围、工作原则、应急处理指挥机构、监测预警报告、重大食品安全事故应急响应、后期处置及应急保障作了规定。

食品安全事故应急预案和处置方案，包括国务院组织制定食品安全事故应急预案。县级以上人民政府应当制定本行政区域内的食品安全事故应急预案；食品生产企业应当制定适用于本企业的食品安全事故处置方案。

所谓食品安全事故处置方案，指食品生产企业依据有关法律、法规和本企业实际情况，针对本企业食品生产经营中可能发生的安全事故的性质、特点以及可能造成的社会危害，具体确定应急处置工作的组织指挥、预防与处置措施等内容的预案。

2. 发生食品安全事故后的处置、报告、通报

食品安全事故发生以后，要最大限度减少损失，必须采取最有效的处理措施：一是事故发生单位在第一时间内采取应急措施，防止危害扩散；二是及时报告和通报，以便及时启动相应级别的食品安全事故应急预案。

（1）食品安全事故发生单位的应急处置。应急处置措施一般包括：第一，立即停止可能导致食品安全事故的食品及原料的食用和使用；第二，密切注意已食用可能导致食品安全事故的食品的人员，一旦发现不适症状的，立即送医院救治；第三，保护食品安全事故发生的现场，控制和保存可能导致食品安全事故的食品及其原料流失，以便相关部门采集、分析。

（2）报告制度。报告的义务主体为：①事故发生单位和接收病人进行治疗的单位。他们应当及时向事故发生地县级卫生行政部门报告。发生食品安全事故的单位自事故发生之时起2小时内向所在地县级人民政府卫生行政部门报告。②接到报告的县级卫生行政部门和县级及以上人民政府。发生重大食品安全事故的，接到报告的县级卫生行政部门应当按照规定向本级人民政府和上级人民政府卫生行政部门报告。县级人民政府和上级人民政府卫生行政部门应当按照规定上报。

（3）通报。通报的义务主体是农业行政、质量监督、工商行政管理、食品药品监督管理部门。在日常监督管理中他们如果发现食品安全事故，或者接到有关食品安全事故的举报，应当立即向卫生行政部门通报。

任何单位或者个人不得对食品安全事故隐瞒、谎报、缓报，不得毁灭有关

证据。否则，将承担相关法律责任。①

3. 食品安全事故发生后的有关行政措施。

根据事故的性质、范围、危害可采取不同的应急处理措施。（1）开展应急救援工作，对因食品安全事故导致人身伤害的人员，卫生行政部门应当立即组织救治；（2）封存可能导致食品安全事故的食品及其原料，并立即进行检验；对确认属于被污染的食品及其原料，责令食品生产经营者依照《食品安全法》第53条的规定予以召回、停止经营并销毁；（3）封存被污染的食品用工具及用具，并责令进行清洗消毒；（4）做好信息发布工作，依法对食品安全事故及其处理情况进行发布，并对可能产生的危害加以解释、说明。②

4. 重大食品安全事故责任调查。这里涉及调查的主体和调查时间。发生重大食品安全事故，设区的市级以上人民政府卫生行政部门应当立即会同有关部门进行事故责任调查，督促有关部门履行职责，向本级人民政府提出事故责任调查处理报告。重大食品安全事故涉及两个以上省、自治区、直辖市的，由国务院卫生行政部门依照前款规定组织事故责任调查。至于调查时间，考虑到被污染食品、原料、食品用工具、用具不易保存，事故责任调查与事故应急处理应同步进行，一旦发生重大食品安全事故，应当立即组织人员进行事故责任调查。

5. 食品安全事故责任追究。调查食品安全事故，除了查明事故单位的责任，还应当查明负有监督管理和认证职责的监督管理部门、认证机构的工作人员失职、渎职情况。即食品安全事故既可能是事故单位的责任，还可能是监督管理部门、认证机构及其工作人员的责任。在分清责任的基础上，依法分别追究各自的责任。

（七）监督检查法律规定

严格的监督管理是食品安全法律得以有效实施的保障。县级以上地方人民政府组织本级卫生行政、农业行政、质量监督、工商行政管理、食品药品监督管理部门应当做好以下监督管理工作：

1. 制定食品安全年度监督管理计划。食品安全年度监督管理计划应当包含食品抽样检验的内容，对专供婴幼儿、老年人、病人等特定人群的主辅食品，应当重点加强抽样检验。

2. 采取具体的监督管理措施：（1）进入生产经营场所实施现场检查；

---

① 《食品安全法》第88条。

② 《食品安全法》第72条。

(2) 对生产经营的食品进行抽样检验；(3) 查阅、复制有关合同、票据、账簿以及其他有关资料；(4) 查封、扣押有证据证明不符合食品安全标准的食品，违法使用的食品原料、食品添加剂、食品相关产品，以及用于违法生产经营或者被污染的工具、设备；(5) 查封违法从事食品生产经营活动的场所。

3. 应当记录监督检查的情况和处理结果。监督检查记录经监督检查人员和食品生产经营者签字后归档。

4. 建立食品生产经营者食品安全信用档案。食品安全信用档案的内容有：许可颁发、日常监督检查结果、违法行为查处等情况。目的在于根据信用等级，对食品生产经营者实行分类监管。

5. 国家建立食品安全信息统一公布制度。食品安全监督管理部门公布信息，应当做到准确、及时、客观。

(1) 国务院卫生行政部门统一公布信息有：国家食品安全总体情况；食品安全风险评估信息和食品安全风险警示信息；重大食品安全事故及其处理信息；其他重要的食品安全信息和国务院确定的需要统一公布的信息。

(2) 可以由有关省、自治区、直辖市人民政府卫生行政部门公布的信息为：食品安全风险评估信息和食品安全风险警示信息；重大食品安全事故及其处理信息。

(3) 县级以上农业行政、质量监督、工商行政管理、食品药品监督管理部门依据各自职责公布食品安全日常监督管理信息。

(八) 违反食品安全法律制度的责任

违反食品安全法的责任，既包括生产经营者的责任，也包括监督管理机构、认证机构等相关部门的责任，还有医疗机构的责任；是一种综合责任，既有民事责任，也有行政责任和刑事责任。《食品安全法》第九章第84条至第98条作了专门规定。

2009年11月24日，海南省海口市工商局发布消费警示：包括农夫山泉30%混合果蔬、农夫山泉水溶C100西柚汁饮料、统一蜜桃多汁等饮料在内的9种食品总砷或二氧化硫超标，不能食用。砷是毒性非常强的污染物，它的氧化物即人们常说的砒霜，对环境和人体的危害要比铜和锌大得多。慢性砷中毒潜伏期可长达几年甚至几十年，此外砷还有致癌作用，能引起皮肤癌。因此，调查结果一经公布，就在全国市场掀起轩然大波。

事件发生后，农夫山泉高调公关，积极维权。一方面指责海口工商局程序违法，样品虚假，并要求权威部门复检；另一方面，指责砒霜门事件存在幕后黑手，很可能是竞争对手策划了一系列事件。

虽然复检结果最终表明农夫山泉两大系列产品完全合格，不存在砷超标，但事件带来的影响逐渐开始显现。而相对于前两次公关危机（“水源门”和“捐款门”事件），这次的影响或许更甚。①

纵观整个农夫山泉砒霜门事件，依据《食品安全法》、《食品安全法实施条例》、国家工商总局2009年9月公布的《流通环节食品安全监督管理办法》，海口市工商局存在抽检、复检程序违法，发布消费警示行为越权问题。理由如下：

①根据国家工商总局2009年9月刚刚公布的《流通环节食品安全监督管理办法》等相关法律法规的规定，检验抽样时必须由工商部门、被检单位、负责检验的机构三家在场，共同确认；被检验者对检验结论有异议，可以说明理由申请复检，复检机构由复检申请人自行选择。抽检结果出来后应当及时将抽检结果告知被抽检人，海口市工商局并没有及时告知。

②海口市工商局自行把样品送到有关机构复检，违反上述法律规定。因为对检验结论有异议，被检验者可以说明理由申请复检，复检机构由复检申请人自行选择。

③海口市工商局在初检结果出来后，直接以消费警示的形式向多家有影响力的媒体披露了被检产品砷含量超标的消息的做法违反了《食品安全法》规定。发布食品安全风险警示信息至少属于省级卫生行政部门的职权，海口市工商局发布食品安全风险预警信息属于越权行为。②

复习思考题

1. 如何理解产品质量法上的产品？
2. 什么是产品缺陷？
3. 生产者的产品质量义务与责任有哪些？
4. 产品责任的归责原则是什么？
5. 比较产品责任与产品质量责任。

---

① 资料来源：http：//zhidao. baidu. com/question/128683803. html?，2010年1月4日访问。

② 《食品安全法》第82条。

6. 什么是食品安全？我国关于食品安全的法律制度包括哪些内容？

【社会热点问题】请结合学习内容分析现实社会中的热点事件："红心鸭蛋事件"、"多宝鱼事件"、"问题奶粉事件"等。

【案例分析】

1. "秋千椅"断裂致人骨折①

陈××退休在家，为了休闲于2004年2月7日到自由市场花费230元购买了一把秋千椅回家，2004年3月19日中饭后，陈××带着孙女坐在秋千椅上自然摇动，突然其中一根支撑的木料断裂，陈××摔在地上致使右手骨折，经医院治疗共花去医药费1100元。

陈××治愈后立即去自由市场找销售人，但发现销售人已不在原处，一时无法找到，后发现秋千椅上刻着鸿达木竹制品厂生产的字样，通过打听在城郊找到了该厂，陈××即要求该厂承担其一切损失，而厂方认为陈××应先向销售者索赔。协商无果的情况下，陈××便向法院提起民事诉讼，对被告鸿达木竹制品厂提出以下诉讼请求：

(1) 要求被告赔偿秋千椅的损失230元；

(2) 要求被告赔偿医药费1100元。

本案在审理过程中，针对鸿达木竹制品厂是否应赔偿人、椅的损失，存在以下两种意见：

第一种意见认为，鸿达木竹制品厂对陈××购椅的损失和所花的医药费均应赔偿。理由是根据《产品质量法》第43条规定，"因产品存在缺陷造成人身、他人财产损害的，受害人可以向产品的生产者要求赔偿，也可向产品的销售商要求赔偿"。同时第26条规定，"生产者应当对其生产的产品质量负责"。因此，鸿达木竹制品厂作为生产厂家对陈××的人身损害及秋千椅的损失均应承担赔偿责任，如果该产品质量缺陷属于销售者责任的，该厂有权向销售者再追偿。

第二种意见认为，鸿达木竹制品厂只赔偿原告医药费，对原告购椅的损失不予赔偿。理由是根据《产品质量法》第46条的规定，因产品质量存在缺陷造成人身损害的，受害人可以向产品生产者要求赔偿，也可以向

① 资料来源：http://www.law24.cn/a/anli28/6663.html，2009年12月23日访问。

产品的销售者要求赔偿，因此陈××在找不到产品销售者的情况下，可以直接向产品的生产者鸿达木竹制品厂要求赔偿其医药费。

关于被告是否要承担原告因购买秋千椅造成的损失问题，根据《产品质量法》第43条规定，因产品质量存在缺陷造成他人财产损害的，受害人可以向产品生产者要求赔偿，也可向产品销售者要求赔偿，但并未规定缺陷产品自身的损赔可以直接向生产者追索，因此原告只能根据《产品质量法》第40条的规定向直接销售给其产品的销售者进行索赔，而无权直接向生产者追索，故法院对陈××要求生产厂家直接赔偿其购椅损失的诉请不予支持。

请结合案情谈谈你对此案的处理意见。

2. 该案应该谁来承担损害赔偿责任①

案情：

1997年5月8日，原告杨某和徐某（两人为夫妻关系）从被告A公司购买了一台由被告B公司生产的"安吉尔"牌饮水机。该品牌的饮水机是被告A公司从被告B公司指定的产品经销单位C公司处购进的。

1999年12月1日14时许，原告家里发生火灾。海口市公安消防局在将火扑灭后，确定系原告家里使用的"饮水机发生故障，引燃机内可燃物造成火灾"，并核定这起火灾给原告造成的经济损失为109600元。原告遂将A公司和B公司诉至法院，并要求赔偿经济损失398355元。

审理：

一审法院海口市秀英区人民法院经审理认为：由于被告B公司系致害饮水机之生产者，被告A公司为销售者，故两被告依法应承担因生产、销售存在缺陷商品造成他人损害的民事赔偿责任。原告经核定的经济损失为109600元，两被告应予赔偿。并依据《消费者权益保护法》第11条、第35条，《产品质量法》第29条第1款、第31条，《民法通则》第122条之规定，判令被告B公司于判决发生法律效力后一个月内赔偿原告经济损失109600元，被告A公司负赔偿的连带责任。

二审法院海南省海口市中级人民法院在审理此案中，委托海南省产品质量监督检验所对饮水机残骸进行鉴定，但该所以目前技术有限，无力进行鉴定为

---

① 资料来源：http://www.law24.cn/a/anli28/6663.html，2009年12月23日访问。

由退回委托。因此，二审法院海南省海口市中级人民法院经审理认为：

（1）被上诉人杨某和徐某使用的引发火灾的饮水机是由A公司销售的。根据有关法律规定，消费者在购买使用商品时受到人身、财产损害的，可以向销售者要求赔偿。现被上诉人向A公司主张赔偿经济损失，理由成立。A公司应对因饮水机引起的火灾造成被上诉人的损失承担赔偿责任，并按公安消防局核定的损失数额如数赔偿给被上诉人，原审法院判令A公司对被上诉人的损失承担赔偿的连带责任不妥，应予以纠正。

（2）发生火灾的原因虽由饮水机引起但从本案现存的证据还不足以认定引起火灾的饮水机就是上诉人B公司生产的“安吉尔”牌饮水机。

被上诉人以引发火灾的饮水机是上诉人生产的“安吉尔”牌饮水机而要求上诉人赔偿其经济损失，证据不足，不予支持，原审法院判令上诉人B公司对被上诉人的经济损失承担赔偿责任不妥，予以纠正。上诉人的上诉理由成立，法院予以支持。依据《民事诉讼法》第153条第1款第3项的规定，判决：一、撤消海口市秀英区人民法院（2000）秀民初字第68号民事判决书；二、原审被告A公司于本判决发生法律效力之日起一个月内赔偿被上诉人杨某、徐某经济损失109600元。三、驳回被上诉人杨某、徐某及上诉人B公司的诉讼请求。

请结合《产品质量法》关于生产者、销售者责任的规定分析两审法院判决的合理性问题。

第三编　国家投资经营法

第十一章　国家投资经营法概论

第一节　国家投资经营法的性质和地位

一、国家投资经营法的概念和性质

国家投资经营法，是规范国家投资经营行为，调整在国家投资经营过程中有关各方主体间社会关系的法律规范的总称。

国家投资经营，是指国家以其所拥有的资产投资参与生产经营活动。国家参与投资经营活动的方式主要包括：（1）国家直接投资开办企业，此即国有企业；（2）国家临时性参与某些重要商品的购销或外贸活动；（3）国家从事某些金融业务活动，如发放国家贷款或发行国家债券，参与债权债务关系。其中前二者属于国家直接投资经营。20世纪以来，国家直接投资经营最重要的方式是国家投资开办国有企业。

在国家投资经营活动中发生的各种社会关系，按照投资经营全过程的环节来区分，主要包括：投资决策过程中的社会关系；投资决策及投资项目的组织实施中的社会关系；国家投资企业的设立、组织与经营管理过程中的社会关系。按照主体划分，主要包括：（1）国家同其各有关机关，各级、各部门国家机关及其工作人员相互之间，在投资决策及其组织实施中，以及在对投资项目和国家投资企业的管理中，所发生的管理职责关系；（2）国家及其各级和各部门国家机关与工作人员，同各投资项目和企业之间的管理与被管理关系；（3）国家投资项目和企业的内部管理关系。①

上述国家投资经营活动及其中各主体间发生的各种社会关系，国家需要制

① 国家投资项目和国有企业可以采取某些民营的做法和组织形式，如承包、租赁、公司制等。在这种情况下，其内部管理关系适用民法、公司法等的一般规定。国家投资经营法只对其中一些特别问题作出特别规定。

定法律加以规范和调整。这些法律规范属于国家投资经营法。

国家投资经营法是经济法性质的法律规范，是经济法体系中的一个重要的基本构成。它的这种部门法属性，是由这种法律的功能和任务、它的调整对象特性以及它所适用的调整原则和调整方法等决定的。

现代国家（无论资本主义国家或社会主义国家）以国有资产直接投资开办国有企业或从事其他经营活动，其主要目的是（应当是）借以调节社会经济的结构和运行，促进社会经济协调、稳定和发展。① 它是国家调节社会经济的一种基本方式。它具有经济调节功能，担负着国家调节的任务。国家制定和实施这种法律的目的和意义，在于保障国家运用这种调节方式以促进国家调节任务的实现。这同经济法的基本功能和任务是完全一致的。

国家投资经营法所调整的是在国家投资经营过程中发生的社会关系。这种社会关系是以国家（或其代表者）为一方主体同其他主体间的社会关系；它们是一种国家调节、管理与被调节、被管理的关系。这些同本书前面所论述的经济法调整对象的性质是一致的。

国家投资经营既然主要是一种国家调节社会经济的方式，那么，国家投资经营活动的全过程，包括投资的规模、方向、重点和各个投资项目的确定，投资组织形式的选取，经营管理活动，都应服从于国家经济调节的总任务和目的，促进社会经济总体上的协调、稳定和发展，即始终注意维护社会经济的总体效益，侧重点不在于个别投资经营活动的经济效益。除了国家投资经营活动外，还存在大量的非国家的即民间社会的投资经营活动。在安排和实行国家投资经营活动中，应当衡平和兼顾国家、集体和个人的各个方面的利益，促进各种投资经营活动、各种所有制经济形态共同发展。国家投资经营法应当贯彻“维护社会经济总体效率和社会公平”这一经济法的基本原则。

国家投资经营活动具有较强的国家意志性，国家需要作出一些强行性规定，也需要有一定的任意性。国家更多采取的是指导、鼓励和帮助的方法，促进国家投资经营活动健康发展。国家投资经营法的调整方法，实行强行性规范、任意性规范与提倡性规范相结合，在法律后果上因而采取制裁与奖励相结合的做法。这同经济法的调整方法也是一致的。

综上所述，说明国家投资经营法的性质属于经济法范畴。但是，这并不是说国家投资经营法同经济法以外的其他部门法毫不相干。正如经济法同其他部

① 参见漆多俊：《对国有企业几个基本问题的再认识》，载《经济学家》1996 年第 2 期。

门法具有密切关联性一样，国家投资经营法同其他部门法，特别是同民商法和行政法，也有着密切联系，并发生许多交叉。

国家投资经营法主要分为国家投资法与国有企业法两个部分。国家投资法包括投资决策与投资程序等方面。国家投资决策及其组织实施的主体通常是国家的有关行政机关；其行为规范方式以及对于其中发生的纠纷和违法的处理方式，也采取某些行政法或与此类似的做法。这里发生着经济法同行政法的交叉。同一机关参加两种以上法律关系而成为多种法律关系主体，不同部门法采取某些相同的规范和处理方式，是常见的、正常的现象，不能因此认为国家投资经营法属于行政法。如果说中国过去对待国家投资经营采用了较多的行政管理方式，那么在经济体制改革以后，特别是在市场经济条件下，行政方式则大大减少了。

国家投资作为一种投资活动，它同一般的民间社会投资活动也有许多共同点，也适用或参照民商法上有关投资活动的一般规则。但国家投资毕竟是一种特殊的投资活动，立法上需要作出一系列的特别规定。

国有企业毕竟也是一种企业，其设立、组织和活动也自然要适用或参照民商法关于一般企业的一些规则。但是，国有企业乃是一种特殊企业，它们不但担负着执行国家计划和政策的特殊使命，往往不以营利为其唯一目的；在投资主体、管理体制等方面也有许多固有特点。国有企业作为法人，也是一种特殊的法人。因此，对于其设立、组织和活动，必须制定特别规定。国有企业法是企业立法中的一种特别法，或叫特种企业法。

国有企业除少数采取国营（即国家主管机关委派代表负责经营）外，大量的宜实行公司制或租赁、承包等经营方式。在后面这种情况下，企业内部关系便应适用公司法或民商法上关于租赁或承包等民营方式的一般原理和规定。即便如此，在公司中有关国家股权的代表和行使，特别是国家控股问题，在租赁或承包经营中的代表国家的出租方或发包方的权利义务、国有资产的增值、保值等问题，也有许多特殊性，需作特别规定。在国有企业立法中的处理方式，重点是详细规定国有企业的各种特殊性问题，对于可适用民商法中有关规定的，可只作原则性规定，或者只规定对其某些条款的适用。由此可见，在国有企业立法的这一领域，发生着经济法同民商法的诸多交叉，但国有企业法的基本性质属于经济法则是十分显然的。

二、国家投资经营法在经济法中的地位

国家投资经营法是经济法的重要组成部分，是经济法体系三个基本构成之

一。这是由于国家投资经营是现代国家调节社会经济所采取的一种重要的基本方式。作为一种国家经济调节方式，同其他方式比较，它更具有直接性和见效快的特点。当国家从宏观高度洞悉国民经济的各部门、行业、地区等方面的结构比例关系及各种总量变化情况后，按照国家经济调节意图，运用自己拥有的资产，直接投入到某些经济领域和再生产的某个环节，并参与经营活动，这对于调节经济结构及运行的作用和效果是十分显然的。过去，这种国家调节方式无论在社会主义国家或在资本主义国家，都曾发挥过十分重要的作用，因而被广泛采用。

我国经济法学界有许多人不赞成国家投资经营法是经济法体系的一个相对独立的重要构成，认为在全球出现私有化和中国国企改革以后，无论作为一种国家调节方式或经济法体系的组成部分都不那么重要了；或者认为可以把它并入国家宏观调控和宏观调控法之中。这些意见之所以不能苟同，是因为不管从理性还是从现实来看都并非如此。首先，现代国家经济调节（经济机制或国家职能）乃是针对“市场三缺陷”而分别采取了“国家调节三方式”，其中国家投资经营方式乃是一种国家“参与式”，与其他两种方式——市场规制的“干预式”和宏观引导调控的“引导式”（含指导、约束）有着明显不同；对它们的法律规范方式也不相同。其次，虽然20世纪末期各国刮起了私有化旋风，中国进行国有企业改革，但是，无论在哪种类型的国家，都不会完全取消国家投资和国有企业，它们作为国家调节经济的一种基本方式和手段，过去、现在、将来总是需要的。问题是要根据各国、各个时期的具体情况，根据国家调节的实际需要，恰当地运用这种方式和手段。国家投资经营法也总是需要的，过去、现在、将来它都构成经济法体系中的一个重要的基本法律渊源，但立法的内容可以改进。2008 年以来发生世界性金融危机，各国的“救市”措施中的一个十分重要的做法就是大力加强国家直接投资，收购一些公司的股权，或者开办新的投资项目，并为此颁布有关法律。①

国家投资经营法在中国和其他社会主义国家经济法体系中的地位尤其重要，它长期居于经济法体系的核心地位。这首先是由国家投资经营在社会主义国家国民经济中的地位决定的。这些国家实行生产资料社会主义公有制，国有经济长期居于领导地位，并成为国民经济的主要成分，特别是众多的国有大中型企业掌握了国家的经济命脉，控制了各种重要的生产和流通领域。国家经济

① 参见漆多俊：《当前世界金融危机与经济法理论和应用》，2009 年 11 月全国经济法学研究会学术年会论文，载《政治与法律》2010 年第 3 期。

工作的重点一直放在国家投资和国有企业方面。关于这方面的立法在整个国家经济立法中占据最重要的地位，其数量之多，内容之广，体系之完备，超过了其他任何方面的立法。中国自20世纪70年代末开始经济体制改革，而改革的中心环节一直是国有企业的改革。

为了保障和推进改革，国家不断地颁布和修正大量的关于国有企业改革的法律、法规，使得这方面立法在整个国家经济立法中的地位更加重要。但我国国有企业改革还将经历较长时间，在当前及今后一段时间内，关于国有企业特别是关于它的改革的立法仍将主导着我国的整个经济方面的立法，自然仍将占据经济法的核心地位。但是我们应该看到，随着我国国有企业改革和整个国家经济体制改革的深入发展，我国的国家投资经营立法正在发生着重大变化。除了立法内容方面的变化以外，它在整个经济立法和经济法体系中的地位也在变化着。如今国家新增投资规模受到了控制，原有国有企业实行改革改制；另一方面非国有经济迅速发展壮大，使国有经济在整个国民经济中的比重不断有所下降；与此同时，国家对国民经济的调节和管理方式和手段也逐渐转变。对非国有经济的调节和管理方式本来就不同于国有经济；对国有经济如今也越来越注意宏观引导和调控。此外，搞市场经济要让市场调节机制充分发挥作用，随着市场的发育，垄断以及其他各种不正当竞争逐渐严重，需要国家运用反垄断、反不正当竞争这种强行干预方式，来排除市场障碍，维护社会经济的正常结构和运行。为此，国家加强了宏观引导调控立法，还要加强反垄断、反不正当竞争等方面的立法。这样一来，在我国经济法立法体系中，一方面由于国家投资经营法自身的变化，另一方面由于其他两个基本法律渊源立法的加强，就使得国家投资经营法在经济法体系中长期牢固占据的核心地位开始发生动摇。这种趋势将继续发展。可以预料，在我国国有企业改革任务基本实现，市场经济体制基本建立，国家经济调节方式和手段发达和完善之后，我国的经济法体系将出现重大转变，国家投资经营法在经济法中的核心地位将由宏观引导调控法所取代。

第二节　国家投资经营法的沿革和制度体系

一、国家投资经营法的沿革

国家直接参与某些生产经营活动的情况，古已有之。如中国早从秦、汉时期起，就对盐、铁实行官营。封建社会末期到西方自由资本主义时期，许多国家出现了国有企业或这种企业的雏形。但是现代意义上的国有企业的大量涌现和发展，主要是20世纪的事。19世纪末20世纪初，西方资本主义发展进入垄断阶段以后，国家逐步全面介入经济生活，国家直接投资开办国有企业是国家介入经济、调节经济结构和运行的一个重要和有效的措施和手段。在第一次世界大战前后，特别是在1929年爆发资本主义世界性经济危机以后，迫切需要国家加强对国民经济结构和运行的总体性调节，任何局部性干预措施都显得无能为力。正是在这种情况下，国家直接投资和国有企业迅速地发展起来，在许多资本主义国家掀起了第一次国有化浪潮。第二次世界大战以后，由于各国经济恢复和重建的需要，国际范围内民主主义思想的抬头，以及后来科技飞速发展引起生产进一步社会化，国家调节管理经济的职能进一步发达，许多国家又几度掀起国有化高潮。国家投资在社会经济发展中发挥了重要作用，国有企业普及到国民经济各主要行业部门，并且在国民经济中占了相当大的比重和十分重要的地位。据统计，至20世纪70年代，法国、意大利、英国等资本主义国家，国家投资在社会总投资中的比重达到30%以上，国有企业数占企业总数的10%以上。其中，意大利的国有企业至1978年在全国固定资产投资总值中占有47.1%，就业人数占25.1%。当时的联邦德国及其他一些欧洲国家的国家投资和国有企业，也分别占有20%和10%的比重。美国、加拿大的国家投资比重稍小，分别占6%和10%，国有企业数约占企业总数的3%和5%。①

20世纪80年代初开始，西方资本主义国家的国有企业发生根本性逆转。从撒切尔夫人执政的英国开始的“私有化”浪潮，迅速蔓延，席卷全球，一浪高过一浪，其势头至今仍在继续。

私有化不是要把国家投资和国有企业完全取消，不是对国家参与经济活动这种国家经济调节基本方式的根本否定。当前各国私有化浪潮的出现有着多种原因。如有的西方国家人士分析，各国政府推行私有化的目的是：减轻国家财政负担（甩包袱）；取得更大经济效益（求效益）；得到现金以弥补国库空虚（要现金）。其实最根本的原因还要从这次私有化浪潮以前的国有化进程中去寻找。

以往各国的国有化，对于当时对付战争和经济危机以及其后经济的恢复、重建和振兴，曾发挥重要的作用；但当时国家大量投资和开办国有企业的目的有许多非经济性因素。“二战”结束后又过了一段时间，原来那些非经济性因素消失或逐渐减弱了，作为调节经济的基本方式和手段的国家参与投资经营，

---

① 漆多俊：《经济法基础理论》，武汉大学出版社1996年版，第53页。

便显得过量。而人们对于国家投资开办国有企业的真正应有的目的认识不准，加上政治和意识形态上的动机，还在扩大国家投资经营规模。国有企业由于其固有特性决定，经营效益往往欠佳。这种企业开办过多，必然影响整个国民经济的总体效益。但这还只是问题的一个方面。另一方面，国家投资经营本身是一种国家调节方式，实践中它往往排斥市场调节的自发作用。国有企业太多，必然妨碍市场调节对于整个社会经济的充分作用，并使非国有经济那一部分也受到制约。这样一来，国有企业的问题就不仅仅局限于国有企业，而制约着国民经济的全局。当代国家的私有化就其应有的历史使命来说，是根据各国经济运行的实际情况和需要，恰当地界定国家投资开办国有企业这种国家调节方式运用的范围和程度，把握国家投资的规模、方向和重点，将不必要的过量的国有企业转为民营，而保留或加强对于调节经济十分必要的国家投资和国有企业；并对于必需的国家投资选取恰当的经营形式和经营方式，改善国有企业经营状况。

西方资本主义国家在开办国有企业和进行其他投资经营活动时，国家制定和颁布了大量法律、法规，以规范国家投资经营行为，保障这些活动顺利进行。西方国家的国家投资经营法的法律表现形式，主要可分为以下几类：

(1) 国有化法令。例如法国自20世纪30年代开始，经过“二战”后1945—1946年戴高乐临时政府时期，到1981年密特朗的社会党执政时期，先后进行了三次大规模的国有化运动，每次国有化都颁布了一系列法令。在英国，1945年艾德礼的工党上台执政，制定了国有化纲领，陆续颁布8个重要的国有化法令，其中包括英格兰银行法、煤业国有化法、民用航空法、电报和无线电通信业国有法、国内运输法、电力法、煤气法、钢铁国有化法令。1964年威尔逊工党执政期间，颁布了钢铁工业国有化法案和关于建立国营运输公司的运输法等。

(2) 关于国家投资和国有企业的管理体制方面的法律。例如意大利于1956年颁布的第1589号法律，规定中央政府成立国家参与部，对国有经济实行国家参与制，建立大量国家控股公司。

(3) 关于国有企业的组建和经营管理活动规则方面的法律。各国除了制定一般性的公司法和其他类型的企业法以外，还颁布了各种国有企业在其设立、组织和活动方面的特别规定。如日本在各个历史时期先后颁布的日本制铁股份公司法及燃料、发送电、矿业开发、航空等方面的股份公司法、军需公司法等。

(4) 私有化法令。这是指20世纪80年代以后从英国开始的私有化浪潮中，欧、美及日、澳等各资本主义国家政府先后颁布的有关国有企业改革、改制、改组的计划、步骤和做法的法律规定。

当前西方国家的国有企业改革和国家投资经营法立法的主要倾向，表现为两个方面：一是原有的国有企业的私有化，减少国家投资和国有企业在国民经济中的比重，为此而进行私有化立法；二是改革和改善尚需保留的国有投资和国有企业的管理体制和经营方式以及为此目的而进行的立法。

在中国和其他社会主义国家，从政权建立开始，就建立了强大的国有经济。国家投资和国有企业在社会总投资和整个国民经济中成为最主要成分。与之相适应，这些国家制定了大量关于国家投资和国有企业的立法。尽管有些国家在过去一段时期并不注重运用法律管理经济，而更多由执政党和政府下达指示，实行指令性管理方式，但就立法而言，有关国家投资和国有企业的法律、法规可谓量多面广，是整个经济立法中最主要的部分。

俄国十月革命胜利后，即颁布了工业国有化令，将一切大型企业全部收归国有。1923 年制定了第一个托拉斯条例。1927 年又制定了新的《国营工业托拉斯条例》，这是直至 20 世纪 60 年代中期国营企业的基本法。50 年代中期以后，前苏联对其经济管理体制进行改革，与此同时也重视法制建设，颁布了大量关于改革国家投资管理体制和改进国有企业经营管理的法律，其中包括 1965 年颁布的《社会主义国营生产企业条例》。70 年代又颁布了《全苏共和国联合公司总条例》、《生产联合公司条例》等。80 年代中期以后，经济体制改革有了新发展，围绕国家投资和国有企业又颁布了许多法律，重要的有《苏联国营企业（联合公司）法》等。1991 年前苏联解体，俄罗斯等独联体国家全面推行市场经济和实行私有化。此后的俄罗斯等国在国家投资经营领域立法的主要倾向在于两个方面：一是关于国有企业私有化立法；二是调整和改革尚未私有化的国有企业的管理和经营制度的立法。

在中国，社会主义政权建立以后各个时期所颁布的经济方面的立法中，有关国家投资和国有企业的立法占最重要部分。新中国成立初，颁布了没收帝、官、封资本实行国有化的法令，并颁布了许多关于国营企业管理的规定。1954 年以后围绕社会主义改造和公私合营颁布了一些法令。1961 年颁布《国营工业企业工作条例》（草案）。1978 年 12 月，中共召开十一届三中全会，国家工作重点转移到以经济建设为中心的社会主义现代化建设上来，实行经济体制改革和对外开放，并加强了法制建设，我国经济立法从此进入了蓬勃发展阶段。关于国家投资和国有企业的各个方面的立法大量涌现。1992 年国家决定实行社会主义市场经济体制，国有企业改革方向进一步明确，这方面立法日趋完善。

自20世纪70年代末经济体制改革以来，我国颁布的国家投资经营方面的立法一直围绕着改革这条主线，体现着改革精神，反映了改革不断深化的进程。其内容主要包括以下方面：（1）关于国家投资政策、投资体制和管理制度的立法；（2）关于国有资产管理的立法；（3）关于国有企业经营管理制度的立法；（4）关于国有公司的立法；（5）关于国有企业的联合、兼并和建立企业集团的立法；（6）关于国有企业破产的立法；（7）其他有关国家投资和国有企业问题的立法。

当前我国的国家投资和国有企业的改革任务仍十分繁重和艰巨，为推进和保障改革，这方面的立法尚需进一步加强和完善。

二、国家投资经营法的基本内容和制度体系

国家投资经营法是各种有关国家投资经营法律规范的总称，它包含多种法律、法规。按照国家投资经营活动全过程的基本环节划分，国家投资经营法主要包括国家投资法和国有企业法两大类。

国家投资法，是关于国家投资的决策和实行的法律。它又分为两种：一是国家投资政策法；二是国家投资管理体制和投资程序法。

国家投资政策法规定国家投资政策的实体性内容。投资政策包括投资规模政策和投资结构政策。前者通过控制投资总体规模以调节社会供给与需求的总量平衡关系；后者通过控制投资在国民经济各组成部分的分配比例，以调节社会供给与需求的结构矛盾。国家对于其自身投资的政策，核心问题是国家投资的规模、方向和重点的确定。国家投资政策法的法律表现形式，有单行法律、法规，大量的却体现在其他有关规范性文件之中。

国家投资管理体制和程序法规定国家投资的步骤、做法和国家投资管理体制。

国家投资经营需要采取一定的组织形式，长期性的投资经营需要组建企业，此即国家投资经营企业。凡国家全资或由国家控股的企业通称为国有企业。关于国有企业的组织和经营管理的法律，即为国有企业法。国有企业法按照国家出资情况和企业组织形式，可分为国有独资企业法与国有控股公司法；国有控股公司按照公司种类又分为有限责任公司与股份有限公司，其法律规定有所不同。

国有企业法的表现形式，通常分为关于某种形态企业的综合性的法律和关于某些方面内容的单项法律、法规，此外还有规定于其他法律、法规之中的有

关规定。国家控股公司也适用公司法，公司法是国有控股公司的一般法，但国有控股公司因为国家控股而具有许多特殊性（如国家股权的代表与行使、公司负有执行国家计划和政策的使命等），国家还需制定一些特别法律规定。这后者属于国有企业法范畴。国家投资经营还有一种形式即国家一般性持股（而非控股）。国家持股公司基本上适用一般公司法，需要特别规定的情况不多。

国家投资经营作为现代国家调节社会经济的一个基本方式和基本活动，它包括两个作用方向：当社会投资总体规模不足，或投资结构失衡，某些经济领域民间投资不愿进入，迫切需要国家投资；或因国防和其他政策性原因而必须由国家垄断某些行业和产品的生产经营时，国家直接参与投资经营，包括开办国有企业，发展国有经济。相反，当国家投资经营规模过大，或投资方向、重点和结构掌握不当，或因形势变化，需要对国家投资经营的规模、方向、结构和重点进行改革和调整时，应及时作出改革和调整。因此，在国家投资经营法体系中，包括了关于国家投资经营调整改革的法律。国家投资经营调整改革法，同前述国家投资法和国有企业法不是并列的，它有关调整改革的规定乃分别涉及国家投资和国有企业领域，但它只规定有关调整改革问题。

国家投资经营法律制度体系主要包括以下方面的规定：

（1）国家投资法律制度。含国家投资政策法律规定和制度，国家投资管理体制和投资程序的规定和各种法律制度等。

（2）国有企业法律制度。含国有企业管理体制、国有企业经营制度等。

（3）国家投资及国有企业的调整改革法律制度。含国有化制度、民营化（私有化）制度、国有企业经营管理改革法律制度等。

复习思考题

1. 试述国家投资经营法的部门法属性。
2. 试述国家投资经营法在我国经济法体系中地位的演变。
3. 简述国家投资经营法的内容和制度体系。

第十二章 国家投资法

第一节 国家投资法概述

一、国家投资法的概念

国家投资法是规范国家直接投资行为，调整国家投资关系的法律规范的总称。

所谓投资，通常是指经济主体为了获取某种预期的经济利益，而投入货币或其他资源，进而转化为实物资产或者金融资产的活动。

按照资金投放方式及投资对象的不同，投资有直接投资和间接投资之分。直接投资，也称实物投资，是指投资者直接投资建造或购置固定资产和与之相联系的流动资产，是资金的实际资产化的过程，其无需借助金融中介，是社会积累的直接实现者；间接投资，也称金融投资或者证券投资，是指投资者以获取未来收益为目的，用资金去购买有价证券等金融产品投资行为，是间接实现社会积累的过程。从社会再生产角度来研究投资，一般都是指实物投资，特别是固定资产投资；加之间接投资离不开金融机构的运作，通常由证券法调整，所以投资法主要调整以固定资产投资为核心的直接投资关系。

国家投资，是相对于民间投资而言的，是指国家或政府通过财政拨款及其他方式所实施的直接投资行为，西方国家又称之为政府投资或公共投资。其中，重点是政府对固定资产的直接投资，它是国家直接参与生产经营活动的重要环节。

与民间投资相比，国家投资在投资主体、资金来源、投资范围及投资目的都具有其特殊性：（1）投资主体是政府，具体是指享有投资决策权并对投资负责的中央政府和地方政府；（2）资金来源是各种财政性资金，包括财政预算内资金、国际金融组织和外国政府贷款的国家主权外债资金、纳入预算管理的各类专项建设基金及其他法律规定的政府财政性资金；（3）投资范围主要是基础性项目和公益性项目（在我国目前还包括部分竞争性项目）；（4）投资的主要目的是为了弥补民间投资的不足，发挥财政对资源配置的积极作用，实现经济社会的稳定、持续和协调发展。

国家投资按照不同的标准，仍然可以做出不同的分类，如固定资产投资与流动资产投资、生产性投资和公益性投资、补偿性投资和积累性投资、中央投资和地方投资、预算内投资和预算外投资等。国家投资法调整的是国家直接投资关系，但并非所有的国家直接投资关系都归其调整，其中主要是固定资产投资，且不同国家其投资的重点也不相同，如西方市场经济发达国家，其投资和规制的重点主要是基础性和公益性的投资项目，我国目前除基础性投资和公益性投资外，还有不少经营性投资。不过随着国家经济战略的不断调整，国有经济的投资重点和投资方向也在不断地发生变化，公益性和基础性投资应该成为国家投资的重点。

国家投资是国家直接参与经济活动，对国民经济结构和运行实行调节的一种基本的国家调节方式。国家投资不仅对本国的投资结构、投资布局的形成和发展有着重大影响，而且对整个国民经济的总体协调和发展也具有至关重要的作用。加之其资金来源的特殊性，因此，现代各国对国家投资都给予高度重视，对国家投资行为进行规范，力求使国家投资决策及投资行为本身规范化和科学化。尽管西方国家的投资主体主要是民间投资，国家投资所占比重有限，但都发挥着补缺、引导和调控的积极作用，成为带动本国经济增长、改善投资结构和经济质量的主要驱动力。为保障政府投资的规范性和有效性，大都制定了相关的立法，以规范政府投资决策及政府资金的有效使用。其立法形式也同样具有分散和多样的特点。如日本颁布的与国家投资有关的法律就有《财政法》、《国有资产法》、《河川法》、《城市计划法》、《国土利用法》等20部之多；美国也相继颁布有《地区再开发法》、《加速公共工程法》、《人力训练与发展法》、《农村发展法》等，并通过中长期经济计划规定了财政投资的总意图，专项计划为财政投资提出了具体要求；德国也制定有《联邦建筑法》、《联邦招标法》、《联邦合同法》等，有关部门还制定了严密的规章制度，形成了较为完备的国家投资监管法律体系。在我国，政府投资始终在国家经济生活中占有十分重要的地位，因此，国家投资法在我国的经济法体系中始终占有十分重要的地位，成为经济法的有机组成部分。

国家投资的分类

（1）按照投资与再生产的关系，分为固定资产投资与流动资产投资。

固定资产投资是指建造或购置固定资产的活动，包括基本建设投资和更新改造投资两部分。基本建设投资是指投入资金，以扩大再生产能力或新增效益为目的而进行的新建、扩建、购置固定资产的活动；更新改造投资是指投入资金，对现有企事业单位的原有设备和设施进行更新和技术改造。流动资产投资是指投入资金用于增加流动资产，以满足生产经营过程中的资金周转需要。流动资产投资往往是固定资产投资的配套条件，因为各种形式的固定资产投资都需要有相应的流动资金来与之配套。国家投资法所调整的投资关系主要是固定资产投资关系。

(2) 按照投资项目的性质，分为基础性项目投资和公益性项目投资。基础性项目是指关系国民经济整体利益和长远利益的物质基础设施，包括基础设施、基础产业和高新技术产业。基础设施主要包括交通运输、通信、水利和城市供水、供气、供电等设施；基础产业主要指农林水产业、能源工业、基本原材料工业等；高新技术产业是指由高新技术的研究、开发、生产、推广、应用等形成的企业群或企业集团。上述基础性项目投资是在物质资料生产过程中的投资，一般又叫生产性投资。公益性项目是指文教、科技、卫生、环保、国家机关、社会团体、国防等领域的投资项目。这些项目具有"公益性"或"非营利性"，在传统认识中，它们一般被划入非生产性投资。但文教科学卫生项目在现代社会经济中正发挥着越来越大的作用，其中有些项目直接用于改进生产要素，在实质上起着生产性投资的作用，是为社会提供无形产品和服务的部门，因此，它们已被列为广义上的基础设施，属于社会基础设施。我国目前财政投资的项目还包括部分竞争性项目，但从市场经济的要求看，竞争性项目应当以企业为投资主体，面向市场融资，财政应当逐步退出经营性和竞争性领域的投资。

(3) 按照投资对象的经济用途，分为补偿性投资与积累性投资。补偿性投资是指用于补偿生产资料耗费的简单再生产投资，这部分投资又叫做重置投资，如挖潜改造投资。积累性投资是指以扩大再生产为目的，主要用于增加固定资产的投资，如基本建设支出、增拨流动资金、科技三项费用以及支援农村生产支出等投资。

(4) 按照投资的管理权限层次，分为中央投资和地方投资。中央投资是以中央政府为投资主体，其投资范围主要是关系国民经济全局的基础产业和基础设施，以及全国性的科学、教育、卫生、通信、广播、外交和国防等公益领域。地方投资是以地方政府为投资主体，其投资范围主要是地方的基础产业、城市公用设施，以及地方的科研、教育、文化、卫生等项目。

（5）按照投资资金的来源，分为预算内投资和预算外投资。预算内投资是指政府利用财政预算内资金进行的基本建设，预算外投资是指利用预算外资金进行的投资。

二、国家投资法的基本内容

规范国家投资行为，是国家投资法的重心所在，而国家投资行为合理与否与国家投资政策、投资体制、投资程序是否科学、合理不无关系。因而，关于国家投资政策、国家投资体制和国家投资程序等方面的规定，便构成国家投资法的基本内容。

投资政策是关于国家投资的基本原则和大政方针，体现着政府对国家投资的宏观指导和管理。它通常包括投资规模政策和投资结构政策两大类。前者通过控制总体规模以调节社会供给与需求的总量平衡关系；后者通过控制投资在国民经济各组成部分的比例分配，以调节社会供给与需求的结构矛盾。国家对于其自身投资的政策，其核心问题是国家投资规模、方向和重点的确定。

投资管理体制是有关投资管理结构的设置、职权划分以及管理方式等有关制度的总称，包括投资计划管理体制、投资资金管理体制、投资项目管理制度等。投资管理体制既涉及国家投资管理机构与国家投资主体之间以及国家投资管理机构相互之间的权利义务关系，具有实体性规范的内容，也包含着具体的管理程序，具有程序法的色彩。

投资程序则是国家进行投资时从项目决策到竣工验收等过程中所应经过的基本环节，属于程序法的范畴，体现着政府对具体项目的微观管理。

三、国家投资法的表现形式

目前，我国并没有关于国家投资的综合性法律规范，有关规定散见于《预算法》、《招标投标法》、《政府采购法》、《农业法》及国务院《关于投资体制改革的决定》、《关于实行建设项目法人责任制的暂行规定》、《国家重点项目管理暂行办法》等有关固定资产投资法的一系列法律和行政法规及部门规章及政府文件之中。

随着经济体制改革和法制建设的发展，我国国家投资立法也逐步得到健全和完善，但与建立完善的国家投资法律体系的目标还有很大的差距。

国家投资法律法规的不健全致使违规成本过低，是国家投资领域问题频出的主要原因之一。其存在的问题，主要表现在以下几点：

1. 缺乏国家投资基本法，致使国家投资法制系统性、科学性不强，法律协调性不够。

2. 立法层次低。我国目前关于国家投资的规定主要集中于国务院的部门规章和北京市、深圳市、贵阳市、武汉市等各级地方政府所颁布的《政府投资项目管理暂行办法》等地方法规。效力等级低、权威性不高。

3. 存在立法空白。目前关于国家投资权限、投资规模、投资范围、投资监督等投资体制问题没有明确的规定，较多采用的是政策调整的方式，法制化程度不高。

四、国家投资法与其他法律部门的关系

（一）国家投资法与国有资产管理法

国有资产管理法是调整国有资产管理关系的法律规范。国有资产管理法包括经营性国有资产、行政事业性国有资产及资源性国有资产的管理，涉及产权管理、收益管理、处分管理等多方面。而国家投资法则是关于国家投资决策和实行的法，其规制的对象是国家投资行为，两者各有侧重，不可替代。当然，国家投资本身即是对国有资产的处分行为，对投资效益也须予以监督和管理，所以二者之间也存在着密不可分的联系。

（二）国家投资法与国有企业法

国家投资的决策和实行与国有企业的组织和经营管理是国家直接参与生产经营活动全过程的两个基本环节。因此，国家投资法和国有企业法同属国家投资经营法体系中的两个基本组成部分，有着十分密切的联系。但前者只调整企业基本建设竣工验收前这段时间所发生的固定资产投资关系；而基本建设竣工投产和企业成立后的组织及经营关系由国有企业法予以调整。

（三）国家投资法与固定资产投资法

固定资产投资法是确认和调整国家机关、企事业单位、社会团体及其他经济组织和个人之间在实施固定资产投资过程中发生的权利义务关系的法律规范的总称。国家投资法的重点也是规范国家的固定资产投资行为，因此，从严格意义上讲，国家投资法可以被看做是固定资产投资法的一个组成部分。但国家投资自身的特殊性，决定着国家投资法与固定资产投资法有着并不完全相同的功能与使命。

(四) 国家投资法与财政法

财政法是调整国家在参与社会产品和国民收入的分配与再分配过程中所形成的财政关系的法律规范的总称，是国家财政资金筹措、分配、使用、管理和监督的法律依据。国家投资的主体是政府的财政性资金投入，既然是财政性资金的使用，自然应该体现公共财政的基本精神，因此，国家投资行为自然也应该受到包括预算法在内的财政法的规范和约束，国家投资法中有一部分规范本身即应属于财政支出法规范的组成部分。易言之，国家投资法和财政法二者在规范投资行为，以降低成本、提高效率、防止腐败功能方面是相同的。不过，财政法的主要功能在于规范财政资金的使用，而国家投资法还担负有解决经济规模不合理、经济结构不平衡等深层次的问题，所以也不能完全等同。

第二节　国家投资政策和投资体制

一、国家投资政策

国家投资政策是指国家对其自身的投资活动所确定的基本方略，其核心是对国家投资的规模、重点和投资布局的确定。

(一) 投资规模与投资比重

投资规模是国家投资活动所需投入资金和已投入资金的多少，可分为宏观投资规模和项目投资规模。国家投资政策所确定的投资规模，是指国家的宏观投资规模，即国家投入资金的总体规模。投资比重是指国家投资在整个社会投资中的比重，国家投资规模的大小不仅决定着国家投资资金的大小，而且直接关系着国家投资与民间投资的比例，因此二者具有高度的关联性。

国家投资规模及比重的确定，同国家赋予投资的目的和使命密切关联。纵观历来各国投资开办国有企业和其他国有经济形式的目的和用意，不外有以下三个方面：(1) 财政性目的，即扩大财源以满足国家机关活动经费和供统治者挥霍的需要；(2) 政治性目的，即为了维护和巩固国家政权，抵御外来侵略，而由国家控制某些经济要害部门；(3) 经济性目的，即通过国家直接投资经营，调节社会经济结构和运行，并通过对关于资产的控制和运营，增加国家调节社会经济的物质力量，以促进社会经济协调、稳定和发展。在自由资本主义及其以前，国家投资兴办国有经济的目的，主要是政治性和财政性目的，国家投资规模十分有限；进入20世纪后，直接干预经济生活，调整国民经济结构和运行，成为国家投资的主要目的，投资规模和投资比重都有大幅度地上升，但民间投资依然是市场化国家的基本模式。

长期以来，由于对于社会主义存在着片面理解，单纯强调“一大二公”，排斥其他经济成分的存在，导致我国投资结构的畸形发展，特别是新中国成立后相当长的一段时间，国家成为唯一的投资主体，几乎包揽了所有的投资领域和投资项目，造成国家投资规模过大、投资比例额过高的不合理格局，严重影响国民经济的发展。改革开放后，我国投资体制进行了相应的变革，多元投资体制初步形成，但政府投资饥渴症并未得到根治，原本由企业或社会投资的投资事宜也多有政府越俎代庖，国家投资规模和比重依然偏高，不仅效率低下，而且对民间投资具有挤出效应。为此，须进一步调整国家投资的规模和比重，确立民间投资的主导地位。

目前关于国家投资的规模和比重，我国并没有法律规定，主要采取的是政策调整模式。2004年7月，国务院颁布《关于投资体制改革的决定》（以下简称《决定》），推出我国改革开放以来投资领域最全面、系统、权威的改革方案。《决定》全面、系统地提出了深化投资体制改革的指导思想、目标和具体措施；明确提出本次改革的总体目标是，最终建立市场引导投资、企业自主决策、银行独立审贷、融资方式多样、中介服务规范、宏观调控有效的新型投资体制，进一步确立了以企业为主体的民间投资的主导地位。

（二）投资结构

投资结构是指投资在国民经济各个行业、部门和再生产的各个方面的分配比例及其相互关系。投资结构，直接关系到资源在各行业、各部门间的分配格局，关系到国民经济能否稳定、协调和持续、高速地发展。

投资结构与投资方向有着密切联系。投资方向是指固定资产再生产资金的投向，投资方向的总和就是投资结构。投资方向科学与否直接决定着投资结构是否合理，所以，明确各类投资主体的投资方向是形成合理投资结构的关键所在。

由于各类投资主体的投资利益与动机不同，投资方向也应该有所不同。按照各类建设项目的经济效益、社会效益和社会需求的不同，建设项目可分为竞争性项目、基础性项目和公益性项目三大类。对于具有竞争性的一般营利性项目应该由民间投资加以解决，国家投资应该集中于基础性项目和公益性项目等关系国家安全和市场不能有效配置资源的经济和社会领域。

所谓基础性项目是指关系国民经济整体利益和长远利益的物质基础设施，包括基础设施、基础产业和高新技术产业。基础设施主要包括交通运输、通信、水利和城市供水、供气、供电等设施；基础产业主要指农林水产业、能源工业、基本原材料工业等；高新技术产业是指由高新技术的研究、开发、生产、推广、应用等形成的企业群或企业集团。上述基础性项目投资是在物质资料生产过程中的投资，一般又叫生产性投资。而公益性项目主要是指具有社会效益但不具有经济效益的建设项目，如国防、文教、科技、卫生、环保、国家机关、社会团体、国防等领域的投资项目。

由于长期受计划经济体制的影响，我国的国家投资过多、过大，存在着投资方向不明、投资重点不清和结构畸形等问题。主要表现在：一方面，国家投资范围过泛，国家投资仍然大量存在于竞争性和盈利性领域；另一方面，对公益设施以及社会发展中的薄弱环节投入不够，制约国民经济的健康和快速发展。为此，《决定》明确规定："政府投资主要用于关系国家安全和市场不能有效配置资源的经济和社会领域，包括加强公益性和公共基础设施建设，保护和改善生态环境，促进欠发达地区的经济和社会发展，推进科技进步和高新技术产业化"，"能够由社会投资建设的项目，尽可能利用社会资金建设"。当然，《决定》仅属于政策层面，缺乏稳定性和可操作性，应尽快上升到立法层面，通过立法的形式确定国家投资的方向及结构。

国家投资担负着调节社会经济结构的任务，具有很强的政策性目的。事实上，不同的政策目的反过来也会进一步影响投资机构，在一定程度上影响着国家投资结构。而国家投资的科学化和民主化，国家投资目的充分实现，需要法制的保障，譬如，为削减2008年全球金融危机带来的经济衰退的影响，我国中央政府提出了"4万亿"经济刺激方案。如此庞大的政府投资计划，究竟如何投？其中大有学问。如拉动内需、带动JDP增长、扩大劳动就业、促进消费等都是国家投资的主要目的。按一般理解，经济增长必然会带动就业，可就前一阵的投资效果来看，经济增长并不必然带来就业同步扩大，甚至可能产生增长与就业目标的矛盾。针对此问题，2009年《人口与劳动绿皮书》提出三个模拟，用投入产出的方法来模拟投资与就业的关系，第一种方案，按照过去的投资方法，重视对固定资产的投资从而进行产业投资分配。"4万亿"投资完成以后，可拉动非农产业就业4482万人，相当于2008年全部非农就业的9.6%。第二种方案，计划分配的方案。按照现在我国发展改革委员会公布的对不同行业的投资结构安排，可拉动非农产业就业5135万人，相当于2008年全部非农就业的11.0%。第三种方案，本着就业优先原则。充分考虑到不同的行业、不同的产业拉动就业的效果之间差别，再进行投资分配。其中给予教育、卫生、社会保障等服务业最高的就业拉动系数，其他产业按照就业拉动系数从大到小排列。可以创造就业7236万人，相当于2008年全部非农就业的15.5%。① 为什么我们没有能够选择最优的投资方案？怎样使我们的投资更为有效？能够更为合理？这是我们需要认真思考的问题。

（三）投资布局

投资布局是指投资资金在各个地区的分配比例及其相互关系。投资布局与投资结构是投资分配的两个重要方面，有着密切联系。投资结构是从纵的方面，从国民经济各个部门、各个行业乃至不同经济成分上，解决建设资金的合理配置问题，它要通过一定的地域分布得以实现。而投资布局则是从横的方面，着重解决建设资金的横向分布问题，其实质就是不同产业和行业积聚形成的地域投资综合体。

投资政策不仅要解决国家投资的方向和重点，还应该确定国家投资的地域分布。安排国家投资布局的重点是，根据不同经济地带和经济区域的生产水平，针对各自的自然条件，围绕全国经济发展的总体目标，确定能够发挥地区优势的产业结构和产业政策，并在此基础上，选择每个时期的地区投资重点，安排好不同时期重点建设地区的转移和衔接；同时确定地区内部不同规模、不同类型经济基地和项目的建设战略，并据以分配投资。

由于种种复杂的原因，我国投资布局决策曾一度失当，导致资金使用分散，沿海、内地投资比例失调。因此，国家投资必须充分考虑我国投资布局的历史和现状，充分发挥区域优势，贯彻效益原则与补偿原则相协调、梯度转移与增长点扩散相结合的原则，发挥国家投资的调节功能，在全国形成合理的生产力布局，带动偏远和欠发达地区的发展。我国的“西部大开发计划”以及“东部振兴”和“中部崛起”战略等，就是国家改善投资结构布局的重要举措。

通过政府投资改变经济发展不平衡问题，并非中国所独创。美国就曾经是一个地区经济发展很不平衡的国家，从18世纪建国起不停顿的西部大开发，对整个美国经济的发展起到了举足轻重的作用，使其由一个地区发展不平衡的农业国一跃而成为地区经济协调发展的世界一流的工业强

① 蔡昉：《调整“4万亿”投资方向，避免无就业复苏》，资料来源：《南方周末》，http：//www.infzm.com/content/34114，2009年9月2日访问。

国。在美国，国会不仅制定了《宅地法》、《育林法》、《荒地法》等法律鼓励向西部移民，而且政府直接参与投资，改善基础设施。自19世纪60年代开始，美国便通过法律，实行政府补贴制度，鼓励私营公司向铁路投资，尤其是政府对修筑西部铁路实行"积极资助、参与管理"的政策，国家赠给铁路公司线路用地、车站用地以及路基两侧10~40英里的土地，允许无偿使用这些土地上的木材和其他建筑材料。同时，采取政府直接投资、吸引外国投资、国内和私人资本集资、发行股票等多种手段积极筹措铁路建设资金，仅1865—1890年，政府就出资达15亿—20亿美元。由于有了政策保证和资金的投入，西部铁路建设突飞猛进发展，先后修成了5条平行的东西大干线。至1890年，美国已拥有了全世界铁路总里程的1/3，铁路线已直接通过和接近全国所有的大小村庄，在美国西部开发中发挥了最重要的大动脉作用。此外，积极建设高速公路系统。美国从20世纪初开始发展公路，50年代中期，颁布了《联邦援助高速公路法》，宣布由联邦政府和州政府出资，建设州际公路和国防公路全国系统，立法后的13年间，美国政府共拨款310亿美元，大力资助发展连接各主要城市间的州际及国防高速公路网。目前共建成高速公路8万多公里，占世界高速公路里程的2/3，还有600多万公里的支线公路。这些公路在全国纵横交错，四通八达，有力地促进了全国统一市场的形成，推动了西部经济的发展。积极资助民航业。仅从1947—1963年初，美国政府就向各地政府提供了7.22亿美元补助，加上地方款项，共修建1763个机场。除交通运输之外，政府还直接出资兴办其他公共基础设施。从1966—1991年，经济开发署通过公共工程和设施建设计划，共对困难地区的8111个公共设施项目提供援助，援助金额高达43.28亿美元。①

二、投资管理体制

国家投资管理体制，主要是指国家投资主体制度、国家投资决策制度、项目建设管理制度、资金管理制度和项目监管制度等各种制度的总称。与民间投资不同，国家投资动用的多为公共财政资金，且涉及社会公众利益，因此，但凡法治化的国家，都建立了规范而健全的国家投资管理体制，对国家投资行为

① 纪伟昕：《借鉴美国经验积极推动我国西部大开发》，资料来源：http：//www.minge.gov.cn/txt/2008-10/15/content_ 2519639.htm，2008年10月15日访问。

进行规范。当然，在不同的经济体制之下，国家投资管理体制也有很大的差异，我国目前正处于经济转型时期，国家投资体制也正在处于不断改革和完善之中。目前国家投资管理体制改革的内容主要是国家投资治理机构的合理分工、决策的科学化和民主化、资金管理的科学统一协调及项目管理的市场化运作和全过程监管等。

（一）国家投资主体及其确定

我国的国家投资目前分为中央和地方两级。中央一级的投资分两个方面：一是中央财政直接投资，其投资范围是预算内非经营性投资；而是国家设立的若干专业性投资公司代表国家进行预算内经营性投资。各专业投资公司是国务院开发和经营固定资产投资并具有法人地位的企业，其宗旨是按照国家发展战略、产业政策和行业规划要求，运用市场机制和竞争机制对固定资产投资开发、经营和管理。地方政府投资是指地方政府在中央有关政策指导下，根据国家产业政策和地区经济发展的目标，用地方财政资金及以财政为担保的贷款资金等所进行的投资，投资范围主要是地区基础产业和基础设施及主要公益事业的发展。由政府成立的专业性投资公司负责预算内经营性投资，可以使国家和政府部门从具体的投资活动中解脱出来，代表着国家投资体制改革的方向，所以，现在越来越多的地方政府也组建了地区性的专业投资公司，代表地方政府行使经营性固定资产的投资开发和经营。

（二）投资决策管理体制

科学的投资决策机制需要有一套严格的决策程序和决策规则，需要有明确的决策权限。我国当前国家投资决策体制尚未完全理顺，存在投资决策权限配置不合理、决策程序不规范、国家投资项目决策透明化和民主化程度低等问题。虽然，早在1984年国务院颁布的《关于改革建筑业和基本建设管理体制若干问题的暂行规定》等文件中，就提出了将可行性论证作为大中型项目建设前期工作的重要内容，但由于文件层级比较低，缺乏决策过失责任追究等相应制度的保障，在实践中并没有真正得以贯彻，可行性论证很多流为敷衍了事的“可批性”论证。为此，2004年7月，国务院颁布《关于投资体制改革的决定》将“合理界定政府投资职能，提高投资决策的科学化、民主化水平，建立投资决策责任追究制度”作为下一步体制改革的目标之一。具体内容包括：进一步完善和坚持科学的决策规则和程序，提高政府投资项目决策的科学化、民主化水平；政府投资项目一般都要经过符合资质要求的咨询中介机构的评估论证，咨询评估要引入竞争机制，并制定合理的竞争规则；特别重大的项目还应实行专家评议制度；逐步实行政府投资项目公示制度，广泛听取各方面的意见和建议。但迄今为止，上述要求仍仅停留于政策层面，尚无进入立法程序。

> 我国当前国家投资存在的问题十分突出。各级政府掌握的投资依然沿用计划经济时期形成的项目确定和投资分配办法，由各地、各部门申报项目，在进行缺乏科学性、缺乏有效监督的可行性论证后，由政府或主管部门拍板决策，致使不少项目成为“钓鱼工程”、“首长工程”、“胡子工程”及“学费工程”。据世界银行估计，“七五”至“九五”期间我国因政府投资决策失误造成的损失约在4000亿—5000亿元，来自国务院发展研究中心的估算显示，因决策失误地方债务至少在1万亿元。决策失败的个案比比皆是：如2002年兴建于南京中山陵园国家级风景区内、总投资3000万元的观景台，由于严重破坏紫荆山自然人文景观被爆破拆除；经济并不发达的阜阳市政府却不惜耗资3.8亿元兴建阜阳机场，于1998年建成后10年却基本闲置。福州长乐国际机场同样是一个典型的决策失误案例，该机场从1997年6月23日通航后，一直严重亏损，4年负债高达30多亿元，经国家审计署对其进行重点审计后，为其定性为“决策失误造成重大国有资产损失”。这一切均暴露出我国国家投资管理体制所存在的决策不科学、缺乏监督管理等不足，急需制度的跟进。①

（三）投资计划管理体制

国家投资计划是对计划内固定资产投资活动作出的总体部署和安排，旨在合理确定全社会固定资产投资规模，提高投资效益，改善投资结构和生产力布局。投资计划管理可以引导和改变投资结构但无法替代市场在资源配置方面的基础性作用。

投资计划管理既包括投资规模、行业布局等的宏观性的总体规划，也包括具体建设项目的审批和落实。在我国，投资项目审批长期以来被视为投资计划管理的重要手段，对于固定资产投资一直实行严格的项目审批制度。这种不分

① 资料来源：新闻记者网：《民意—南京紫金山“观景台”建拆与舆论干预始末》，http：//xwjzl. eastday. com/epublish/gb， paper159/200210/class015900002/hwz583405. htm；胡旭：《“政府决心很大” 阜阳机场将重新“起飞”》，载《新安晚报》2007年10月25日；《福州长乐国际机场决策失误案启示：决策者不能“拍脑袋”》，http：//www. ah. xinhuanet. com/news/2005-03/11/content_ 15919895. htm.

投资主体、不分资金来源、不分项目性质，一律按投资规模大小分别由各级政府及有关部门审批的投资管理办法严重抑制了社会投资，扭曲了市场配置资源的基础性作用。为此，《关于投资体制改革的决定》将改革审批制度、落实企业投资自主权作为改革的一项重要内容，决定对企业不使用政府投资资金的建设项目，一律不再实行审批制，政府只对其中的重大项目和限制类项目进行核准，对其他项目实行备案制。投资计划管理主要集中于政府投资和需要统一规划布局的社会投资领域。

简化和规范政府投资项目审批程序，合理划分审批权限也是当前投资体制改革的主要内容。具体要求就是按照项目性质、资金来源和事权划分，来确定中央政府与地方政府之间、国务院投资主管部门与有关部门之间的项目审批权限。对于政府投资项目，采用直接投资和资本金注入方式的，从投资决策角度只审批项目建议书和可行性研究报告，除特殊情况外不再审批开工报告，同时应严格政府投资项目的初步设计、概算审批工作；采用投资补助、转贷和贷款贴息方式的，只审批资金申请报告。上述改革目标和措施，有待于立法的确认。

（四）国家投资的资金管理体制

1978 年以前，我国实行高度集中的固定资产投资体制，固定资产投资渠道单一，主要靠国家预算内拨款，计划部门拍板定项目，财政部门拨款，银行办理付款和预算。1979 年 8 月，国务院批准基本建设投资逐步由财政拨款改为建设银行贷款的试点，从而一举打破长期以来基本建设由政府财政无偿拨款的计划经济模式，拉开了基本建设由拨款改为贷款的序幕。1980 年 11 月，国务院批转国家计委等部门《关于实行基本建设拨款改贷款的报告》，要求自 1981 年起，凡是实行独立核算、有还款能力的企业，都实行基建拨款改贷款的制度。1984 年 12 月国家计委、财政部和中国人民银行发布了《关于国家预算内基本建设投资全部由拨款改为贷款的暂行规定》，其中对于科研机构、学校、行政单位等没有还款能力的建设项目规定可以豁免本息。至此，国家预算直接安排的基本建设投资分别为国家预算内拨款投资和国家预算内“拨改贷”两部分，用于拨款投资的项目仅限于非经营项目，对于经营项目一律实行贷款制。1992 年以后，随着我国市场经济体制改革目标的确立，我国投资体制市场化改革进程进一步加快，在政府项目投资、建设、运营领域，引入市场竞争机制。为强化资金管理，一系列与政府投资项目管理有关的重要法律、法规和规章相继出台，从而建立和完善了政府投资项目管理的诸多基本制度，如经营性项目资本金制度、建设项目法人责任制度、重大项目稽察特派员制度等，并开始积极探索责任追究、信用监督、失信惩戒等制度的建立。

1. 经营项目法人责任制

项目法人责任制，指经营性建设项目由项目法人对项目的策划、资金筹措、建设实施、生产经营、偿还债务和资产的保值增值实行全过程负责的一种项目管理制度。是为了增强各类投资主体树立自我约束意识，使建设的责任和经营的责任密切结合，克服建设项目管理体制中筹资、建设与生产、经营相脱节的弊端而推出的一种项目管理制度。

我国曾于1992年实行建设项目业主责任制，但责任主体、责任范围、目标和权益、风险承担都不明确。为了改变这种状况，建立投资责任约束机制，规范项目法人的行为，明确其责、权、利，提高投资效益，依照《公司法》，原国家计委于1996年1月20日颁布了《关于实行建设项目法人责任制的暂行规定》。根据这一规定，国有单位经营性基本建设大中型项目在建设阶段必须组建项目法人，实行项目法人责任制。

根据规定，新上项目在项目建议书批准后，应及时组建项目法人筹备组，具体负责项目法人的筹建工作；项目法人筹备组应主要由项目的投资方派代表组成。项目可行性研究报告经批准后，正式成立项目法人，并按有关规定确保资本金按时到位，同时办理公司设立登记。由原有企业负责建设的大中型项目，需新设立子公司的，要重新设立项目法人，并按上述规定的程序办理；只设分公司或分厂的，原企业法人即是项目法人。国有独资公司的项目法人设立董事会，董事会由投资方负责组建；国有控股或参股的有限责任公司、股份有限公司项目法人设立股东会、董事会和监事会，董事会、监事会由各投资方按照公司法的有关规定进行组建。各类建设项目的董事会在建设期间应至少有一名董事常驻现场。董事会应建立例会制度，讨论项目建设中的重大事宜，对资金支出进行严格管理，并以决议形式予以确认。

2. 经营性项目资本金制度

所谓投资项目资本金，是指在投资项目总投资中，由投资者认缴的出资额，对投资项目来说属于非债务性资金，项目法人不承担这部分资金的任何利息和债务。投资者可按其出资的比例依法享有所有者权益，也可转让其出资，但不得以任何方式抽回。

为了确保经营性项目资本金的落实，《国务院关于固定资产投资项目试行资本金制度的通知》（以下简称《通知》）规定，主要用财政预算内资金投资建设的公益性项目不实行资本金制度外，各种经营性固定资产投资项目，包括国有单位的基本建设、技术改造、房地产项目和集体投资项目，都必须首先落实资本金才能进行建设，必须实行资本金制度。

投资项目资本金占总投资的比例，根据不同行业和项目的经济效益等因素确定，具体规定如下：（1）交通运输、煤炭项目，资本金比例为35%及以上；（2）钢铁、邮电、化肥项目，资本金比例为25%及以上；（3）电力、机电、建材、化工、石油加工、有色、轻工、纺织、商贸及其他行业的项目，资本金比例为20%及以上。投资项目资本金的具体比例，由项目审批单位根据投资项目的经济效益以及银行贷款意愿和评估意见等情况，在审批可行性研究报告时核定。经国务院批准，对个别情况特殊的国家重点建设项目，可以适当降低资本金比例。

项目资本金可以用货币出资，也可以用实物、知识产权、土地使用权及其他依法可以评估和转让的财产作价出资。投资者以货币方式缴的资本金，其资金来源有：（1）各级人民政府的财政预算内资金、国家批准的各种专项建设基金、经营性基本建设基金回收的本息、土地批租收入、国有企业产权转让收入、地方人民政府按国家有关规定收取的各种规费及其他预算外资金；（2）国家授权的投资机构及企业法人的所有者权益、企业折旧资金以及投资者按照国家规定从资金市场上筹措的资金；（3）社会个人合法所有的资金；（4）国家规定的其他可以用作投资项目资本金的资金。对某些投资回报率稳定、收益可靠的基础设施、基础产业投资项目，以及经济效益好的竞争性投资项目，经国务院批准，可以试行通过可转换债券或组建股份制公司发行股票方式筹措资本金。为扶持不发达地区的经济发展，国家主要通过在投资项目资本金中适当增加国家投资的比重，在信贷资金中适当增加政策性贷款比重以及适当延长

3. 国家重大项目稽查特派员制度

2000年8月，原国家计划发展委员会发布《国家重大建设项目稽查办法》，规定对国家重点建设项目的监督实行稽查特派员制度，由国家发展计划委员会派出稽查特派员对国家重点建设项目的建设和管理进行稽查，其中包括对资金使用情况的检查。

（五）非经营性项目代建制

自2004年7月国务院发布《关于投资体制改革的决定》及11月建设部出台《建设工程项目管理试行办法》这一规范文件以后，非经营性项目代建制开始逐步在全国推行。所谓代建制，指政府通过招标等方式，选择专业性的项目管理单位（代建单位），负责项目的投资管理和建设实施的组织工作，严格控制项目投资、质量和工期，项目建成后交付使用的制度。

代建制是对我国政府投资公益性建设项目管理模式进行市场改革的主要举

措，明确了政府投资主管部门、代建单位和使用单位三方的关系，各方责任、权利、义务得到明确界定，实现了管理队伍的专业化、建设过程的规范化，使政府从项目的具体实施者，变成真正对项目实施监督的监管者。

代建制，类似于国外的建设管理代理制，该制度起源于美国，距今已有近百年历史。目前国际上广泛运用的建设管理代理制的模式，主要有工程总承包和项目委托管理两大类。

工程总承包是指从事工程总承包的企业受业主委托，按照合同约定对工程项目的勘察、设计、采购、施工、试运行、竣工验收等实行全过程或若干阶段的承包，并对投资、质量、工期向业主负责。主要方式有：设计-建筑总承包、设计-采购-施工总承包、交钥匙总承包。

项目委托管理是指工程项目管理企业受业主委托，按照合同约定，代表业主对工程项目的组织实施进行全过程或者若干阶段的管理服务，项目管理企业不直接参与工程建设，但协助业主进行工程管理。主要方式有：(1) 项目管理服务，即在项目决策阶段为业主编制相关文件，在项目实施阶段为业主提供招标代理、设计、采购、施工、试运行等管理和服务；(2) 项目管理承包，即代表业主对工程全过程、全方位的项目管理，包括总体规划、编制相关文件、工程招标和选择设计、采购、施工承包商等，对设计、采购、施工等全面负责。

在推行代建制之前，我国建设项目管理主要是由建设单位自行管理，其弊端主要表现在以下几个方面：（1）项目建设、管理、使用合一，政府承担投资风险，使用单位充当业主并获得利益，容易受利益驱动，造成投资失控，导致政府投资工程项目出现超投资、超规模、超标准、拖工期的“三超一拖”现象，甚至出现“钓鱼工程”，还会引出挪用资金、拖欠工程款问题；（2）业主不具有相应的项目管理综合知识，与设计商、承包商之间存在明显的信息不对称，代建制可以避免外行业主管理带来的弊端，有助于提高项目管理水平，形成有效的监督机制；（3）在“投、管、建、用”四位一体的情况下，政府投资部门所组织的监管机构多由行政领导担任，不仅难以形成有效的制约机制，而且容易滋生腐败，代建制的推行有助于进一步理顺政府投资部门与项目建设和营运单位之间的关系，减少腐败现象的发生。

(六) 建设项目招投标制度

为了确保建设资金使用效率和建设质量，我国对国家重大投资建设项目实行强制招投标制度。①

招投标是招标和投标的简称。所谓招标 (Invitation to Tender) 是指招标人为某项工程建设或大宗商品买卖，一定范围内公开货物、工程或服务采购的条件和要求，邀请愿意承包或交易的厂商 (投标人) 出价参加投标，并按规定程序从中选择承包商或交易对象的行为。投标 (Submission of Tender) 是与招标相对应的概念，它是指投标人应招标人的邀请或投标人满足招标人最低资质要求而主动申请，按照招标的要求和条件，在规定的时间内向招标人递价，争取中标的行为。

招投标制度具有三个基本特点：(1) 订立方式的竞争性；(2) 采购及信息的公开性；(3) 严格的程序性。同时招投标活动应遵循公开、公平、公正和经济等原则。

招标分为公开招标和邀请招标。公开招标指招标人通过发布招标公告的方式邀请不特定的社会公众参加投标的招标方式；邀请招标则是招标人以投标邀请书邀请特定的法人或者其他组织参加投标的一种招标方式。《招标投标法》第 17 条规定，招标人采用邀请招标方式的，应当向三个以上具备承担招标项目的能力、资信良好的特定的法人或者其他组织发出投标邀请书。为了充分体现招标投标活动的公开性和竞争性，招标投标法原则上鼓励公开招标。

招标组织形式分为自行招标和委托招标两种方式。

第三节 国家投资建设程序

基本建设程序，是指国务院有关部门在规范性文件和有关法律、法规中规

① 1999 年 8 月 30 日九届全国人大常委会第十一次会议审议通过的《招标投标法》，自 2000 年 1 月 1 日起施行。《招标投标法》是我国专门规范招投标活动的基本法律。《招标投标法》的制定和颁布标志着我国招投标事业步入法制化轨道。国务院、相关部委以及地方政府都十分重视《招标投标法》的贯彻和实施，制定了相应的配套法规、管理办法及规范性文件等。国务院和有关部委颁布了数十部配套法规、规章和政策，明确了国务院各有关部门招投标职责分工，界定了依法必须进行招标的工程建设项目的具体范围和规模标准，规范了评标委员会的组成和评标方法，建立了招标公告发布制度和招投标活动投诉处理制度，还分别制定了工程建设项目勘察设计、施工和货物的招投标办法。各省、市、自治区也都发布了《招标投标实施办法》等文件。

定的进行工程建设各项工作的先后次序，反映了基本建设活动的客观规律。基本建设程序一般包括：(1) 项目建议书，主要从宏观上衡量项目建设的必要性，评估其是否符合国家的长远方针和产业政策，同时初步分析建设的可行性；(2) 可行性研究，它是运用多种科学成果和手段，对建设项目在技术、工程、经济、社会和外部协作条件等必要性、可行性、合理性进行全面论证分析，作多方案比选，推荐最佳方案，为决策提供科学依据；(3) 立项审批，投资主管部门根据可行性研究报告和国家经济政策，作立项审批，列入国家固定资产投资计划；(4) 规划审批，在城市规划区内的项目要向规划部门申请定点，核定其用地位置和界限，提供规划设计条件，核发建设用地规划许可证；(5) 勘察，获取拟建项目的水文地质资料；(6) 设计，根据立项审批的设计任务书和勘察结果编制设计文件；(7) 施工，是将投资转化为现实生产力的实施阶段；(8) 验收和交付，全面检查设计和施工质量，及时发现解决问题，保证按设计要求的技术经济指标正常生产，并分析概预算执行情况，考核投资效果各项指标，移交固定资产等。

在以上每一个程序内，又包含若干子程序，如在设计环节，就有方案设计阶段、初步设计阶段、施工图设计阶段、设计审查等；在施工环节，就包含《招标投标法》中规定的招标投标的程序，即从招标、投档、评标、定标到签订合同等，还有《建筑法》中规定的建筑工程开工前，建设单位应当按照国家规定申请领取施工许可证的程序等。这些程序和规则，在进行工程建设的过程中都必须严格遵守。

国家投资建设程序，是指国家投资建设项目从投资决策、建设实施直到竣工验收、交付使用的全过程中应经过的阶段及顺序。根据国家有关文件，现行的固定资产投资建设程序包括项目建议、可行性研究、立项与规划审批、勘察与设计、项目施工、竣工验收等几个阶段。

一、项目建议

提出项目建议是基本建设投资程序的最初阶段，由建设单位根据国家长远规划及部门、地区、行业发展规划的要求，以项目建议书的形式，提出某种项目建设的建议，供投资主管部门选择，并确定是否进行可行性研究工作。

项目建议书是建设单位对准备建设的项目提出的大体轮廓性的设想和建议。其重要内容包括：(1) 建设项目提出的必要性依据；(2) 产品方案、拟建的生产规模、建设地点的初步设想；(3) 资源情况、建设条件、协作关系；(4) 投资估算和资金筹措设想；(5) 项目进度安排；(6) 经济效益和社会效益的初步估计。

二、可行性研究

可行性研究是运用多种科学成果和手段，对建设项目在技术、工程、经济、社会和外部协作条件等必要性、可行性、合理性进行全面论证分析，作多方案比选，推荐最佳方案，为决策提供科学依据。根据国务院有关规定，项目建议书批准后，项目法人或建设单位应委托有相应资质的设计、咨询单位，对拟建项目在技术、工程、经济和外部协作条件等方面的可行性，进行全面分析、论证，进行方案比较，推荐最佳方案。可行性研究报告是项目决策的依据，应按国家规定达到一定的深度和准确性，其投资估算和初步设计概算的出入不得大于10%，否则将对项目进行重新决策。

三、立项与规划审批

长期以来，我国投资体制保留了浓厚的计划经济的烙印，对固定资产投资计划采取严格的审批制，要求不分投资主体、不分资金来源、不分项目性质，一律按投资规模大小分别由各级政府及有关部门审批，① 导致市场配置资源的基础性作用尚未得到充分发挥，为此，国务院《关于投资体制改革的决定》明确提出改革项目审批制度，简化和规范政府审批程序。对于企业不使用政府投资建设的项目，一律不再实行审批制，对于《政府核准的投资项目目录》内的项目，实行核准制，其余项目实行备案制。但各级政府动用财政资金进行直接投资或以资本金注入方式安排的建设项目必须报经有关部门审批。

为了贯彻国务院《关于投资体制改革的决定》的精神，简化审批程序，国家发改委于2005年7月发布了《关于审批地方政府投资项目的有关规定》(暂行)，规定对于需上报审批的地方政府投资项目，只需报批项目建议书。国家发改委主要从发展建设规划、产业政策以及经济安全等方面进行审查。地方政府投资项目申请中央政府投资补助、贴息和转贷的，按照国家发改委发布

① 要求凡总投资在5000万元以上的经营性项目、3000万元以上的非经营性项目，项目建议书及可行性研究报告均须由主管部门初审后报国家计委审批立项。经营性项目总投资在5000万元以下的（不含5000万元），非经营性项目总投资在3000万元以下（不含3000万元）的，可行性研究报告、初步设计，均由行业主管部门审批。对于投资额较小的单项新建或扩建工程，可向主管部门提出建设的必要性的投资估算报告，直接编报项目初步设计，具体投资限额由行业主管部门确定。总投资规模超过2亿元的项目由国家计委报国务院审批。

的有关规定报批资金申请报告，也可在向国家发改委报批项目建议书时，一并提出申请。该规定范围以外的地方政府投资项目，按照地方政府的有关规定审批。

此外，在城市规划区内的项目要向规划部门申请定点，核定其用地位置和界限，提供规划设计条件，核发建设用地规划许可证。

四、勘察与设计

在项目获得立项之后，即进入勘察和设计阶段。勘察，旨在获取拟建项目的水文、地质等重要的基础资料，为项目设计奠定基础。然后根据立项审批的设计任务书和勘察结果编制设计文件。在该阶段，根据建设项目的不同，又可分为方案初步设计、技术设计、施工图设计等不同阶段。

初步设计是根据批准的可行性研究报告和必要的、准确的基础资料，对设计对象进行的通盘研究和总体安排。

技术设计是在初步设计确定的建设方案的基础上，对重点技术问题进一步进行科研试验、设备试制，取得可靠数据和资料，由此完成高阶段的设计工作。

施工图设计是根据初步设计或技术设计进行编制，按照建筑工程、安装工程和标准设备制造需要，进一步将初步设计具体化、明确化，把工程和设备各部构成部分的尺寸、布置和主要施工方法，用图纸和文字形式加以确定，是初步设计的细部补充，是工程据以施工的基本蓝图。

五、项目施工

设计文件获得批准后，可申请将建设项目列入年度基本建设投资计划，领取投资许可证，并进行施工准备工作。完成准备工作后，即可提出开工报告，开工报告批准后即可进行项目施工。根据国家发展计划委员会2000年5月1日发布的《工程建设项目招标范围和规模标准规定》，项目的勘察、设计、施工、监理以及与工程建设有关的重要设备、材料等的采购，达到以下标准的必须进行招标：（1）施工单项合同估算价在200万元人民币以上的；（2）重要设备、材料等货物的采购，单项合同估算在100万元人民币以上的；（3）勘察、设计、监理等服务的采购，单项合同估算价在50万元人民币以上的；（4）单项合同估算低于第（1）、（2）、（3）项规定的标准，但项目总投资额在3000万元人民币以上的，即须履行招投标法所规定的招标、投档、评标、定标等程序。此外，根据《建筑法》规定，自建筑工程开工前，建设单位还应当按照国家规定申请领取施工许可证的程序。

六、竣工验收

根据国家有关规定，建设项目按批准的内容完成后，符合验收标准，须及时组织验收、办理交付使用及资产移交手续。具体而言，工程完工后，建设单位组织规划、建管、设计、施工、监理、消防、环保等部门进行质量、消防等初步验收，建设行政主管部门进行竣工结算审查，财政部门进行竣工决算审查签证，审计部门进行竣工决算审计，工程档案部门进行档案审查等。以上工作完成后向投资主管部门提出申请，由投资主管部门组织有关部门进行全面的竣工验收。

复习思考题

1. 简述国家投资政策包括的内容?

2. 试析我国目前国家投资体制存在的主要问题及完善建议。

3. 辨析项目法人责任制与项目代建制。

4. 简述基本建设的基本程序。

5. 为了加快西部地区发展，解决东、西部地区差距拉大的客观现实，促进中国经济的持续发展，1999 年 9 月，中央召开十五届四中全会，正式决定实施西部大开发战略，同年 11 月中央召开经济工作会议，会议在部署 2000 年经济工作的同时对实施西部大开发战略也作出全面的部署，随着国务院西部地区开发领导小组及其办公室的成立，国务院西部开发办于 2000 年 3 月正式开始工作，实施西部大开发战略从此拉开了序幕。西部开发战略主要措施是着眼于基础设施、生态保护和建设、结构调整、科教与人才培养，其中政府将采取向西部倾斜的政策，加大对西部地区财政投资的力度。

试问：通过政府配置资源而人为地改变全国资金分配的现有格局，是否有违市场经济的规律？经济发展不平衡的问题有无可能通过市场本身来解决？为什么需要国家调节这只有形之手来解决经济发展的问题?

6. 2005 年 9 月，某市决定在该市的中心地段修建占地 500 亩的中央花园，预计投资 2.5 亿元人民币，于 2006 年 8 月前建成，由市城建局负责招标。10 月 7 日市城建局在当地的媒体上发布了招标公告。公告发布后，在截止日前，已有多家单位投标，其中该市园林建筑公司、市第一建筑公司、市第二建筑公司等八家单位经资格审查合格。市城建局成立了以王教授、赵总工程师、李总工程师、马总经济师、朱总经济师五人组成的评标委员会（其中朱总经济师是市第一建筑公司的顾问)。市第一建筑公司为了获取该工程的建筑权，向朱总经济师打听评标委员会的组成人员名单，并送给朱总经济师人民币5000元，朱总经济师欣然接受了市第一建筑公司的送礼，替公司向其他几位评标委员打招呼。在评标的过程中，朱总经济师多次和市第一建筑公司的领导吃饭和娱乐，并多次向市第一建筑公司透露评标的具体情况。在朱总经济师的努力下，市第一建筑公司最终获得了该中央花园的修建权。后该案被市园林建筑公司、市第二建筑公司等单位举报到有关部门，有关部门经过调查取证，证实举报属实。

请问：依照《中华人民共和国招标投标法》的有关规定，朱某应该受到什么样的处罚？

第十三章 国有资产管理法

第一节 国有资产管理法概述

一、国有资产管理法的概念和立法概况

（一）国有资产的概念和分类

国有资产是指国家以各种形式投资及收益、接受馈赠形成的，或者凭借国家权力取得的，或者依据法律认定的各种类型的财产和财产权利。可以从以下几个方面把握这一概念：（1）国有资产是全民所有即国家所有的资产；（2）国有资产不仅包括各种类型的有形财产，还包括由各种财产权利形成的无形财产；（3）国有资产的形成渠道具有多样化的特点。①

国有资产可作不同类型的区分，其中最具代表性的划分是依据国有资产的性质、功能不同，将国有资产划分为经营性资产、行政事业性资产和资源性资产。

所谓经营性国有资产，指从事产品生产、流通、经营服务等领域，以盈利为主要目的，依法经营或使用，其产权属于国家所有的一切资产，具有营利性和增值性的特征。经营性国有资产是我国国有资产中最重要、最活跃的部分，是国有资产收益不断增长的源泉，是国有资产增量不断扩大的基础，也是国有资产管理的重点对象。

行政事业性国有资产是指由行政事业单位占有、使用的、在法律上确认为

---

① 国有资产的形成渠道主要包括：（1）国家以各种形式投资及收益形成的资产，如国家投入国有企业、中外合资合作企业、公司制企业及其他企业用于经营的资本金及其权益和国家对行政事业单位拨入经费形成的资产；（2）国家接受馈赠形成的资产；（3）国家凭借权力取得或依法认定属于国家所有的资产，如依法没收的官僚资本和敌伪财产，依法宣布国有的城镇土地、矿藏、海洋、水流以及大森林、大荒山等；依法赎买的资本主义工商业，依法征用、征收的土地，依法认定和接收的无主财产和无人继承的财产等。

国家所有、能以货币计量的各种经济资源的总和，包括国家拨给行政事业单位的资产，行政事业单位按照国家政策规定运用国有资产组织收入形成的资产，以及接受捐赠和其他法律确认为国家所有的资产。它一般具有配制领域的非生产性、使用目的的服务性及占有、使用的无偿性等特点。

资源性国有资产是指有开发利用价值的国家自然资源，包括土地、矿藏、水流、森林、山岭、草原、滩涂、海洋等。资源性国有资产具有形成的天然性、品种的稀缺性、数量的有限性及分布的失衡性等特点。

（二）国有资产管理法的基本内容和立法概况

国有资产管理法是调整国家管理和利用国有资产过程中所发生的经济关系的法律规范的总称。

我国国有资产管理立法主要是在改革开放以后进行的。在我国改革实践中出现企事业单位产权归属不清、账实不符以及国有资产流失等问题，亟待立法加以规范和解决。为此，有关国有资产管理的立法进程也开始加快。经过30年的努力，我国先后制定了包括《企业国有资产法》等在内的近300件涉及国有资产监督管理的法律、行政法规、部门规章和规范性文件，初步建立起基础性管理和分类管理相结合的国有资产监督、管理的法律体系。

具体讲，我国国有资产管理立法的内容大致包括两个方面：一为基础性管理立法，一为分类管理立法。前者是对管理工作按管理环节和管理内容进行的立法，形成包括国有资产产权界定、国有资产产权登记、国有资产评估管理、国有资产清产核资管理、国有资产产权转让及国有资产流失查处等一系列基础性法律制度；后者主要是按照国有资产的性质和功能不同所进行的分类管理立法，包括经营性国有资产管理立法、行政事业性国有资产管理立法、资源性国有资产管理立法，以及针对其他特殊性质的国有资产，如境外国有资产、金融性国有资产、军队所属国有资产管理、央属经营性国有资产、地方国有资产等的立法。目前，我国经营性国有资产主要由《企业国有资产法》和《企业国有资产监管条例》进行规范，行政事业性的非经营性国有资产主要由《行政单位国有资产管理暂行办法》和《事业单位国有资产管理暂行办法》进行规范，资源性国有资产主要由《土地管理法》、《矿产资源法》、《森林法》等法律进行规范。①

① 我国学者曾主张制定一部适用于所有类型国有资产的国有资产法，但鉴于不同性质国有资产因其目的、功能、特性等方面存在较大差异，监管目标、手段、方式也有很大不同，制定一部统一适用的国有资产管理法比较困难，所以最终我国选择了分类管理的分散立法模式。这是一种比较务实的选择。

二、国有资产管理体制与监管原则

（一）国有资产管理体制

国有资产管理体制，是关于国有资产管理机构设置、管理权限划分和国有资产管理方式等方面的基本制度体系，是国民经济管理体制的有机组成部分，既是国民经济管理过程中产权关系的具体表现形式，也是国家所有制的具体实现形式。

目前，我国确立的是“国家所有、分级代表”的国有资产监管体制。即在坚持国家所有的前提下，由中央政府和地方政府分别代表国家履行出资人职责，享有所有者权益，通过出资人代表制度的落实，实现权利、义务和责任的统一。

1. 国家统一所有。即国有资产属于全体人民，只能由代表全体人民利益的国家统一行使所有权。这是由国家所有权的统一性、唯一性决定的。为此，《企业国有资产法》第 3 条明确规定：“国有资产属于国家所有即全民所有。国务院代表国家行使国有资产所有权。”地方政府和其他团体和个人都不能成为国有资产所有权主体。

2. 分级代表。即在坚持国家所有的前提下，明确规定由中央和地方人民政府分别代表国家行使出资人职责。我国国有资产不仅数量庞大而且形成相当复杂，既有中央的直接投资，也有地方政府的直接投资。为有效提高国有资产监管的效率，就需要进一步明确出资人及其职责职权，明确中央和地方的权利划分。为此，我国现行立法在坚持国家所有的前提下，明确规定由中央和地方人民政府分别代表国家行使出资人职责，以切实调动地方政府国有资产监管的积极性，切实发挥出资人的职责。根据《企业国有资产法》第 4 条的规定，国务院确定的关系国民经济命脉和国家安全的大型国家出资企业，重要基础设施和重要自然资源等领域的国家出资企业，由国务院代表国家履行出资人职责。其他的国家出资企业，由地方人民政府代表国家履行出资人职责。

3. 由专门的国有资产管理机构行使国有资产出资人职责

政府成立国有资产监督管理委员会独立于其他政府机构，专职行使国有资产出资人职责，政府其他机构、部门只行使社会经济等公共管理职能，不再行使国有资产出资人职能。

为正确理解国有资产监管体制，特做如下补充说明：

（1）国有资产监管体制的构建缘何重要？

对于普通的私人财产而言，其所有人不成问题，故不存在专门监管的问题，但国有资产却并非如此。对于国有资产来说，其主人到底是谁，是看起来很简单却又非常复杂的问题。“国有资产”，顾名思义，应该就是国家所有及全民所有。从理论上说，每个公民都是国有资产的所有者，但13亿的国民人人都行使所有权，显然不可能也不现实。因此，作为社会的公民，我们只能是终极意义上的所有人，而不可能成为法律意义上的所有权主体。那么，谁能代表全体人民？最佳答案是全国人民代表大会。但作为一个非常设性机构由其来管理庞大的国有资产同样不现实，全国人大只能通过立法委托国务院代表国家行使国家所有权，所以国务院才是国有资产所有权的唯一主体。但面对庞大的国有资产，国务院也不可能亲自行使所有权的具体职能，其必须指定特定的部门或机构（财政部门或国资委）来具体行使出资人的权利，这样就形成了全体人民→全国人大→人民政府→国资委（或财政部等）→国有企业这一代理链条。由于国资委或财政部也无法直接经营成千上万的国有企业，实践中，更复杂的委托代理链条是：国资委→国有资产经营公司→国有企业集团→国有上市公司→上市公司的子孙公司。即使明确了具体的出资人，面对长长的代理链条，13亿之众的普通民众，也即终极意义上所有者难免会有一种与国有资产相隔甚远的感觉，作为对国家出资企业具体行使出资人职责的机构，其与终极意义上的所有者也没有直接的关系，如何使出资人真正担负起维护国有资产增值保值责任，就需要构建科学、合理的国有资产监管体制。

长期以来，我们有庞大的国有资产，但并没有真正意义上的“出资人”。全民所有，名义上人人都有，实际却人人都没有，很多部门和单位都在管理它，却谁也不对它真正负责，国有资产似乎成了“无主”财产，成了“唐僧肉”。鉴于此，党的十六大依据我国国情和国有资产管理的现状，提出了构建社会主义市场经济下新型国有资产管理体制的基本框架，即“在坚持国家所有的前提下，充分发挥中央和地方两个积极性。建立中央政府和地方政府分别代表国家履行出资人职责，享有所有者权益，权利、义务和责任相统一，管资产和管人、管事相结合的国有资产管理体制。”党的十六届三中全会进一步强调，建立健全国有资产管理和监督机制，要坚持政府公共管理职能与国有资产出资人职能分开，国有资产监督机构对授权监管的国有资本履行出资人职责；并提出要建立国有资本经营预算制度和企业经营业绩考核制度，积极探索国有资产监管和经营的有效形式，完善授权经营制度，确定了国有资产管理体制改革的总任务和主要内容。2008年全国人大常委会通过《企业国有资产法》便是通过法律手段推进国有资产管理体制改革的一项重要举措。

(2) 管理体制由“统一所有、分级管理”到“统一所有、分级代表”的变迁意味着什么?

近几年来，我国国有资产管理体制经历了从“统一所有，分级管理”到“统一所有，分级代表”的变迁。从“管理”到“代表”一词的转变，首先反映出的是国有资产监管理念的调整，即由国有资产的行政性管理向明确和规范资产权益主体的转变；其次，意味着地方政府地位的提升。国有资产在“统一所有”的前提下，“分级管理”是地方政府替国务院“管理”国有资产，而“分级代表”则不同，它意味着全国人大直接授权地方政府也可以像中央政府一样“代表”国家履行出资人职责，享有出资人权益，这与我国国有资产实际形成和构成状况也是相一致的，①能够更加充分地调动地方政府监管国有资产的积极性。

(二) 国有资产监管的基本原则

根据《企业国有资产法》第4条、第6条和第8条，国有资产监管应贯彻和遵循以下基本原则:②

---

① 长期以来，我国地方政府兴办了大量的国有企业。根据“谁投资，谁受益”的原则，地方政府作为投资者，事实上拥有对地方“国有”企业的全部权益，包括资产受益权和资产处置权，以及分税体制下的所得税权。为此，曾经有学者提出，我们不如承认现实，废止“统一所有”，实行“分级所有”，即地方政府也对其所属的“国有”企业拥有所有权，让地方政府享有完整的出资人权益。《企业国有资产法》在某种意义上说，既是对现实的确认，也是中央与地方博弈后折中的产物。“分级所有”虽然没有取代“统一所有”，但“分级管理”上升为“分级代表”。地方政府成为了“出资人代表”，享有出资者的权益，即享有资产收益、参与重大决策和选择管理者等出资人权利，这些权利与所有者的权利基本趋同，可以看做是“准分级所有”。中央政府名义上保留所有权，仅仅是为了“在发生战争、严重自然灾害或者其他重大、紧急情况时，可以依法统一调用、处置企业国有资产”。

② 《企业国有资产法》第4条规定:“国务院和地方人民政府依照法律、行政法规的规定，分别代表国家对国家出资企业履行出资人职责，享有出资人权益。”第6条:“国务院和地方人民政府应当按照政企分开、社会公共管理职能与国有资产出资人职能分开、不干预企业依法自主经营的原则，依法履行出资人职责。”第8条:国家建立健全与社会主义市场经济发展要求相适应的国有资产管理与监督体制，建立健全国有资产保值增值考核和责任追究制度，落实国有资产保值增值责任。

1. 政府的社会公共管理职能和国有资产出资人职能分开原则。即国有资产监督管理委员会的国有资产出资人职责与其他政府机构和部门的社会经管理事务职能彻底分离，不得互相兼任和混淆。社会公共管理职能与国有资产出资职能是两种不同的职能，其性质和行使原则及方式都不相同。前者是政府及其设立的公共部门依法处理社会公共事务、通过和分配公共产品和服务，以保证和增进社会公共利益的职权和职责，包括宏观调控经济和提供社会保障等经济和社会职能；后者是政府作为企业的出资人从国有资本管理和运营的角度对其资产进行监管，其行使的是出资人的权利，承担的是对国有资本保值增值的责任。社会公共管理职能与出资人职能分开，既是解决长期以来国有资产运营中存在的产权主体虚化及政企不分的需要，也是切实提高政府社会服务功能的客观需要。

2. 政企分开原则。政府的行政管理职能与企业的经营管理职能分开，国有资产的所有权与企业的法人财产权分离，政府不得干预企业依法自主经营，即便是国有资产监督管理机构也只是依法履行出资人的职责，拥有股东的权利和承担股东的义务，不得随意干预企业的经营事务。

3. 权利、义务、责任相统一原则。权利、义务、责任相统一是国有资产管理体制能够有效运行的根本性法则，也是国有资产管理体制改革、国有资产监管及其立法的重要原则。作为国有资产出资人代表的政府、政府国有资产监督管理机构既享有出资人的资产收益、重大决策和选择管理者的权利，又要履行出资人义务，维护企业的经营自主权，还要承担代表人民、代表国家履行出资人职责，监管好国有资产、实现国有资产保值增值、搞好国有企业、发展壮大国有经济的职责。

三、国有资产基本管理制度

（一）国有资产产权界定

国有资产产权界定是对国有资产的所有权和经营权、使用权等产权归属进行确认的一种法律行为。国有资产产权界定包括两层含义：一是国有资产所有权的界定，即通过产权界定，明确国有资产与非国有资产的归属，确保国有资产的权益不受侵害；二是与国有资产所有权相关的，由国有资产所有权权能分离产生的其他产权的界定，即界定国有资产各类经营、使用、管辖主体行使资产占有、使用和收益权及依法处分权的界限、范围和关系。目前关于国有资产界定的具体的法律文件有：1993 年《国有资产产权界定和产权纠纷处理暂行办法》、《集体企业产权界定办法》、1996 年《集体科技企业产权界定若干同题的暂行规定》、1997 年《劳动就业服务企业产权界定规定》等。

1. 产权界定的原则

国有资产产权界定遵循“谁投资、谁拥有产权”的基本原则，即从资产的来源入手，是哪一类产权主体投资的财产，就由该主体拥有财产权。为此，《国有资产产权界定和产权纠纷处理暂行办法》和《集体企业国有资产产权界定暂行办法》都明确“产权界定应遵循‘谁投资、谁拥有产权’的原则进行”。①

由于历史原因，在我国形成了企业注册性质与实际投资资金来源不符的现象，有的登记为集体企业但并未集体投入，而是国家或个人投资；有的注册国有企业或挂靠于国有企业之下，但实为个人或集体投资。如何界定产权成为颇为棘手的问题。下面这个案例较好地说明了这一问题。

1965 年间，为解决那大地区用水问题，原那大公社（现那大镇政府前身）、儋县县委先后向原海南行政区计委、广东省计委、原海南行政区党委请求兴建那大自来水厂。经批准，原那大公社于 1966 年间，投资兴建了那大自来水厂（后更名为儋州市自来水厂），该厂工商登记为集体经济性质，为那大镇政府所属企业。该厂创办的资金来源，一是那大公社投资 15 万多元；二是该厂向其他单位借了部分投资款，没有任何个人投资或集资。该厂创办后，一直由原那大公社后由那大镇政府领导管理，包括该厂领导的任免、工人的招聘及工厂运营等事项的管理。2004 年 5 月，根据企业改制的需要，国资办委托海南佳颐会计师事务所对自来水厂的资产进行了专项审计。2004 年 6 月 20 日，国资办根据审计结果作出儋国资办［2004］21 号《关于那大自来水厂资产产权归属的裁决》（以下简称《裁决》），该《裁决》认定，那大自来水厂自 1966 年成立以来，投资均为当时的那大公社，其他各单位借款支持水厂建设，后陆续在应收水费中抵减，没有个人投资，截至 1979 年 12 月 31 日，那大镇政府累计投资 227603.47 元。通过对自来水厂能提供的历年财务确认：自来水厂实收资

① 《国有资产产权界定和产权纠纷处理暂行办法》第 4 条规定：“产权界定应遵循‘谁投资、谁拥有产权’的原则进行。在界定过程中，既要维护国有资产所有者及经营使用者的合法权益，又不得侵犯其他财产所有者的合法权益”；《集体企业国有资产产权界定暂行办法》第 4 条规定：“产权界定应遵循‘谁投资、谁拥有产权’的原则进行，即从资产的原始来源入手，界定产权。”

本为那大镇政府（原那大公社）1827739.59元，国家资本金728001.70元（包括建委拨款、建行拨改贷及利息）。据此依照《集体企业国有资产产权界定暂行办法》第8条的规定，裁决自来水厂的资产产权属于国家所有，任何单位和个人都不得侵占，如有损害国有资产权益的行为，将依法追究责任。该《裁决》作出后，原告儋州市自来水厂不服，提起行政诉讼，请求撤销行政裁决。经法院两级审理，驳回了原告的诉讼请求。①

就本案而言，自来水厂创办时的资金来源，一是原那大公社的投资，二是该厂向其他单位的借款，没有任何个人投资或集资，其投资主体是原那大公社。原那大公社属于地方一级政府，作为投资主体投资所创办自来水厂形成的资产应属于国有。因此，两审法院的判决应该说是正确的。此案也提醒我们，在审理相关纠纷时不能单纯根据企业登记资料来确定产权归属，而应从资产的真实来源入手来界定产权。

2. 产权界定的主体

国有资产产权界定的程序是：第一，企业或单位自行清理和界定，即“自我界定”，必要时可由上级主管部门或国有资产管理部门直接进行清理和界定；第二，对清理、界定已属于国有资产的部分，报同级国有资产管理部门认定；第三，经认定的国有资产，按规定办理产权登记手续。

国有资产的界定工作，按照资产的分级分工管理关系，由各级国有资产监督管理机构负责。

尽管我国有关行政法规明确了国有产权的界定主体，但目前仍存在着企业上级主管部门自我界定产权的现象，对于上级行政主管部门自我界定行为的效力如何看待是值得关注的问题，在司法实践中也存在一些模糊的认识。

1994年，某村民委员会与某公司签订“创办烧结金刚石锯片基体厂（以下称未注册基体厂）的协议书”，约定由村委会负责改造和扩建厂房，提供水、电资源；项目采取集资的办法筹集资金，集资范围由村委会运筹，所缺部分流动资金暂由公司垫付，但务必在1994年底前偿还；主办单位为村委会，但暂不办理营业执照，先挂靠在公司名下，暂由公司代管。协议同时阐明，公司要求村委会尽快办理营业执照，彻底脱离公司。此后，村委会向工商部门申请办理营业执照，2000年1月25日，经工商

① 海南省高级人民法院行政判决书（2005）琼行终字第37号。

部门审核，基体厂（以下称注册基体厂）注册成立。2000年1月30日，某研究院作为公司的上级主管部门，以未注册基体厂的净资产来源于国家税收优惠政策所形成的扶持性免税基金，应属国有资产为由，向其上级主管部门原国家冶金工业局申请产权界定。2000年2月21日，原国家冶金工业局作出（2000）53号《国家冶金工业局关于烧结锯片基体厂产权问题的批复》（以下称53号批复），对未注册基体厂的资产认定为完全国有。为此，注册基体厂不服，2001年3月，以承接原国家冶金工业局职能的国家经贸委为被告（原冶金工业局被撤销），向某市第一中级人民法院起诉，请求撤销原国家冶金工业局作出的“53号批复”。

一审法院经审理认为，原国家冶金工业局的部分行政职能并入国家经贸委后，国家经贸委作为承接原国家冶金工业局的部门，应作为本案的适格被告。根据国办发（1998）59号文件的规定，原国家冶金工业局的主要职责不包括对国有资产进行产权界定的行政职权，因此，原国家冶金工业局作出的“53号批复”超越了行政职权，遂判决撤销了原国家冶金工业局作出的“53号批复”。国家经贸委等不服一审判决，向某市高院提起上诉。

二审法院经审理认为，根据有关国有资产管理法律、法规和规章的规定，国有资产管理机关是对国有资产产权进行界定的行政主管部门，有权依法对企业的国有资产进行界定并作出最终发生法律效力的行政决定。公民、法人或其他组织对国有资产产权界定提起行政诉讼，须与该行为存在有法律上的利害关系，否则，不具有起诉的主体资格。一审法院判决在认定“53号批复”的性质及注册基体厂诉讼主体资格上有误，属认定事实不清，适用法律、法规错误，据此裁定撤销一审判决，发回重审。①

在这里，两审法院做出了两种不同的认定和判决。我们认为，由于历史原因，目前仍存在企业上级主管部门属于行政部门的现象，尽管其具有行政机关的身份，但审判中我们不能被这种现象所迷惑，特别是在国有资产管理行政案件中，不能将属性为行政机关的主管部门的“自我界定”视为行政行为而予以撤销，这样将使国有资产界定因程序的“断节”而陷入无法操作的境地，破坏了国有资产界定的程序规定。在国有资产产权界定行政案件的立案中，应首先审查被告的主体资格，凡被诉主体不属于国有资产管理部门的诉讼，一律

① 资料来源：http://www.paper999.com/paper_ zmvq57/，2009年12月20日访问。

不予受理，以此支持和维护国有资产产权管理体制的正常运行。

3. 产权界定的范围

根据《国有资产产权界定和产权纠纷处理暂行办法》等法规的规定，国有企业中的国有资产主要包括：（1）有权代表国家投资的部门和机构以货币、实物和所有权属于国家的土地使用权、知识产权等向企业投资，形成的国家资本金；（2）国有企业运用国家资本金及在经营中借入的资金等所形成的税后利润经国家批准留给企业作为增加投资的部分以及从税后利润中提取的盈余公积金、公益金和分配利润等；（3）以国有企业和行政事业单位担保，完全用国内外借入资金投资创办的或完全由其他单位借款创办的全民所有制企业，其收益积累的净资产；（4）国有企业接受馈赠形成的资产；（5）在实行《企业财务通则》、《企业会计准则》以前，国有企业从留利中提取的职工福利基金、职工奖励基金和“两则”实行后用公益金购建的集体福利设施而相应增加的所有者权益；（6）国有企业中党、团、工会组织等占用企业的财产，不包括以个人缴纳党费、团费、会费以及按国家规定由企业拨付的活动经费等结余购建的资产。

集体所有制企业中下列资产界定为国有资产：（1）国有单位以货币、实物和所有权属于国家的土地使用权、知识产权等独资（包括几个全民单位合资，下同）创办的以集体所有制名义注册登记的企业单位的资产，但依国家法律、法规规定或协议约定并经国有资产管理部门认定的属于无偿资助的除外；（2）国有单位用国有资产在非全民单位独资创办的集体企业（以下简称集体企业）中的投资以及按照投资份额应取得的资产收益留给集体企业发展生产的资本金及其权益；（3）集体企业依据国家规定享受税前还贷形成的资产，其中属于国家税收应收未收的税款部分；集体企业依据国家规定享受减免税形成的资产，其中列为“国家扶持基金”等投资性的减免税部分；（4）集体企业改组为股份制企业时，改组前税前还贷形成的资产中国家税收应收未收的税款部分和各种减免税形成的资产中列为“国家扶持基金”等投资性的减免税部分界定为国家股份；（5）供销、手工业、信用等合作社中由国家拨入的资本金（含资金或者实物）；（6）集体企业和合作社改组为股份制企业时，国有土地折价部分，形成的国家股份或其他所有者权益。

中外合资经营企业和中外合作经营企业中的国有资产：（1）中方以国有资产出资投入的资本总额包括现金、厂房建筑物、机器设备、场地使用权、无形资产等形成的资产；（2）企业注册资本增加，按双方协议，中方以分得利润向企业再投资或优先购买另一方股份的投资活动中所形成的资产；（3）可分配利润及从税后利润中提取的各项基金中中方按投资比例所占的相应份额，不包括已提取用于职工奖励、福利等分配给个人消费的基金；(4) 中方职工的工资差额；(5) 企业根据中国法律和有关规定按中方工资总额一定比例提取的中方职工的住房补贴基金；(6) 企业清算或完全解散时，馈赠或无偿留给中方继续使用的各项资产。

股份制企业和联营企业中的国有资产：(1) 国家机关或其授权单位向股份制企业投资形成的股份，包括现有已投入企业的国有资产折成的股份，构成股份制企业中的国家股；(2) 国有企业向股份制企业投资形成的股份，构成国有法人股；(3) 股份制企业公积金、公益金中，国有单位按照投资应占有的份额；(4) 股份制企业未分配利润中，国有单位按照投资比例所占的相应份额。

（二）国有资产产权登记

国有资产产权登记是指有关产权登记主管部门代表国家和政府对行政事业资产和占有国有资产的企业进行登记，依法确认国家对国有资产的所有权和企业的经营权，行政事业单位的占有、使用权及其相关权利的法律行为。具体法律文件包括：1992 年《国有资产登记管理办法》、1996 年《企业国有资产登记管理办法》及 2006 年《行政单位国有资产管理暂行办法》和《事业单位国有资产管理暂行办法》。

1. 产权登记的范围

凡是占有、使用国有资产，并已经取得法人资格或申请取得法人资格的国有企业、国有独资公司、持有国有股权的单位以及以其他形式占有国有资产的企业和实行企业化管理的事业单位，必须依照法律规定，向国有资产管理部门申办国有资产的产权登记。

2. 产权登记机关

企业国有资产产权登记机关是国有资产管理部门。按照“统一所有、分级管理”的原则，由县级以上的国有资产管理部门按照企业产权归属组织实施。对极少数特殊类别的国有资产，国家国有资产管理部门可委托有关机关办理产权登记手续。行政事业单位的国有资产由财政部门负责登记。其中事业单位应向同级财政部门或者经同级财政部门授权的主管部门申报、办理产权登记，并由财政部门或者授权部门核发《事业单位国有资产产权登记证》。

我国国有资产管理体制对于经营性国有资产采用了“统一所有、分级管理”的体制，但除经营性资产外，还存在其他类型的国有资产，所以在我国不同时期的法律文件中还分别有“统一所有、分级管理”等表述，应该说，其侧重点并不相同。在实践中，我国原国家国有资产管理局曾对行政事业单位的国有资产开展过产权登记，并在1995年制定的《行政事业单位国有资产管理办法》中，利用一章的篇幅对产权登记的内容进行了规定。经过反复论证，从功能角度看，行政单位产权登记的作用将被资产清查和统计报告制度逐步代替。因此，2006年财政部发布的《行政单位国有资产管理暂行办法》未对产权登记做强制性规定，而是授权各地财政部门从本地区的实际情况和工作需要出发，考虑是否开展产权登记工作。

3. 产权登记的主要内容

企业国有资产产权登记的主要内容为：（1）单位名称；（2）地址；（3）负责人；（4）经济性质；（5）主管单位；（6）资产总额；（7）国有资本金总额；（8）国有资产总额。产权登记分为开办产权登记、变动产权登记和注销产权登记。

行政事业单位国有资产产权登记的内容主要包括单位基本情况和资产状况两个部分。前者包括；单位名称、地址、单位负责人，开户银行及账号，成立日期，编制人数，单位性质等；后者包括：资产总额、负债总额，国有资产总额，主要财产情况和非经营性资产转经营性资产情况等。行政事业单位国有资产产权登记分为设立产权登记、变更产权登记和注销产权登记。

（三）国有资产评估制度

国有资产评估是指国有资产占有单位在转移或处置其占有的国有资产过程中，经由国有资产管理机构确认的评估机构对该资产进行价值评定的法律行为。为了加强国有资产评估管理，1992年国家国有资产管理局制定了《国有资产评估管理办法》及其实施细则，2005年8月25日国务院国有资产监督管理委员会颁布了《企业国有资产评估管理暂行办法》。

1. 评估原则和范围

国有资产评估遵循独立性、真实性、科学性和可行性原则，依照国家规定的标准、程序和方法进行评定和估算。

《国有资产评估管理办法》规定，国有资产占有单位有下列情形之一的，应当进行资产评估：（1）资产拍卖、转让；（2）企业兼并、出售、联营、股份经营；（3）与外国公司、企业和其他经济组织或者个人开办中外合资经营企业或者中外合作经营企业；（4）企业清算；（5）依照国家有关规定需要进行资产评估的其他情形。占有单位有下列情形之一，当事人认为需要的，可以进行资产评估：(1) 资产抵押及其他担保；(2) 企业租赁；(3) 需要进行资产评估的其他情形。

2005 年制定的《企业国有资产评估管理暂行办法》，在原有规定的基础上，对企业国有资产须进行评估的事项作了进一步具体的明确，规定企业有下列行为之一的，应当对相关资产进行评估：(1) 整体或者部分改建为有限责任公司或者股份有限公司；(2) 以非货币资产对外投资；(3) 合并、分立、破产、解散；(4) 非上市公司国有股东股权比例变动；(5) 产权转让；(6) 资产转让、置换；(7) 整体资产或者部分资产租赁给非国有单位；(8) 以非货币资产偿还债务；(9) 资产涉讼；(10) 收购非国有单位的资产；(11) 接受非国有单位以非货币资产出资；(12) 接受非国有单位以非货币资产抵债；(13) 法律、行政法规规定的其他需要进行资产评估的事项。同时规定企业有下列行为之一的，可以不对相关国有资产进行评估：(1) 经各级人民政府或其国有资产监督管理机构批准，对企业整体或者部分资产实施无偿划转；(2) 国有独资企业与其下属独资企业（事业单位）之间、下属独资企业（事业单位）之间的合并、资产（产权）置换和无偿划转。

2. 评估组织工作管理

国有资产评估工作，按照国有资产管理权限，由国有资产管理行政主管部门负责管理和监督，评估组织工作，按照占有单位的隶属关系，由行业主管部门负责。国有资产管理行政主管部门和行业主管部门不直接从事国有资产评估业务。由持有国务院或省、自治区、直辖市人民政府国有资产管理行政主管部门颁发的国有资产评估资格证书的资产评估公司、会计师事务所、审计事务所、财务咨询公司等资产评估机构接受委托进行评估。

3. 评估程序和评估方法

国有资产评估按照下列程序进行：(1) 申请立项；(2) 资产清查；(3) 评定估算；(4) 验证确认。

国有资产重估价值，根据资产原值、净值、新旧程度、重置成本、获利能力等因素按以下资产评估方法评定。(1) 收益现值法；(2) 重置成本法；(3) 现行市价法；(4) 清算价格法；(5) 国务院国有资产管理行政主管部门规定的其他评估方法。

（四）国有资产清产核资制度

清产核资是国有资产监督管理机构根据国家专项工作要求或者企业特定经营行为需要，组织企业进行财务清理、财产清查，并依法认定企业的各项资产损益，从而真实反映企业的资产价值和重新核定企业国有资本金的活动。国有资产清产核资为评价和规范考核企业等国有资产占有单位的资产使用绩效及国有资产保值增值提供依据，是国有资产监督管理的基础性工作。为此，2003年国务院国有资产监督管理委员会制定了《企业国有资产清产核资办法》。

1. 清产核资的范围

各级国有资产监督管理机构对符合下列情形之一的，可以要求企业进行清产核资：(1) 企业资产损失和资金挂账超过所有者权益，或者企业会计信息严重失真、账实严重不符的；(2) 企业受重大自然灾害或者其他重大、紧急情况等不可抗力因素影响，造成严重资产损失的；(3) 企业账务出现严重异常情况，或者国有资产出现重大流失的；(4) 其他应当进行清产核资的情形。

符合下列情形之一，需要进行清产核资的，由企业提出申请，报同级国有资产监督管理机构批准：(1) 企业分立、合并、重组、改制、撤销等经济行为涉及资产或产权结构重大变动情况的；(2) 企业会计政策发生重大更改，涉及资产核算方法发生重要变化情况的；(3) 国家有关法律法规规定企业特定经济行为必须开展清产核资工作的。

2. 清产核资的内容

清产核资包括账务清理、资产清查、价值重估、损溢认定、资金核实和完善制度等内容。

账务清理是指对企业的各种银行账户、会计核算科目、各类库存现金和有价证券等基本财务情况进行全面核对和清理，以及对企业的各项内部资金往来进行全面核对和清理，以保证企业账账相符，账证相符，促进企业账务的全面、准确和真实。

资产清查是指对企业的各项资产进行全面的清理、核对和查实。在资产清查中把实物盘点同核实账务结合起来，把清理资产同核查负债和所有者权益结合起来，重点做好各类应收及预付账款、各项对外投资、账外资产的清理，以及做好企业有关抵押、担保等事项的清理。

价值重估是对企业账面价值和实际价值背离较大的主要固定资产和流动资产按照国家规定方法、标准进行重新估价。

损溢认定是指国有资产监督管理机构依据国家清产核资政策和有关财务会计制度规定，对企业申报的各项资产损溢和资金挂账进行认证。

资金核实是指国有资产监督管理机构根据企业上报的资产盘盈和资产损失、资金挂账等清产核资工作结果，依据国家清产核资政策和有关财务会计制度规定，组织进行审核并批复准予账务处理，重新核定企业实际占用的国有资本金数额。

3. 清产核资的程序

企业实施清产核资按下列步骤进行：（1）指定内设的财务管理机构、资产管理机构或者多个部门组成的清产核资临时办事机构，统称为清产核资机构，负责具体组织清产核资工作；（2）制定本企业的清产核资实施方案；（3）聘请符合资质条件的社会中介机构；（4）按照清产核资工作的内容和要求具体组织实施各项工作；（5）向同级国有资产监督管理机构报送由企业法人代表签字、加盖公章的清产核资工作结果申报材料。

4. 监督机构及责任人

国有资产监督管理机构是企业清产核资工作的监督管理部门。企业清产核资工作按照统一规范、分级管理的原则，由同级国有资产监督管理机构组织指导和监督检查。各级国有资产监督管理机构应当对企业清产核资情况及相关社会中介机构清产核资审计情况进行监督，对社会中介机构所出具专项财务审计报告的程序和内容进行检查。

企业负责人对申报的清产核资工作结果真实性、完整性承担责任；社会中介机构对企业清产核资审计报告的准确性、可靠性承担责任。

（五）资产统计和综合评价制度

资产统计是对国有资产运营等情况进行收集、汇总和分析的行为，是全面掌握国有资产分布状况的基础性工作，是推进国有经济布局和调整的依据。

综合评价即综合绩效评价，是以投入产出分析的方法，通过建立综合评价体系，对照相应行业评价标准，对企业等国有资产占用单位特定期间的盈利能力、资产质量、财务风险、经营增长以及管理状况等进行的综合评判。包括任期绩效评价和年度绩效评价。

第二节　企业国有资产管理法律制度

一、企业国有资产的概念和特点

企业国有资产是国家对企业各种形式出资所形成的权益。

企业国有资产具有以下三个特点：（1）国有性。其是国家以各种形式向企业投入而形成的财产权益，属于国有资产的一种特殊形态。（2）经营性。企业国有资产是直接投入生产经营过程中的国有资产，以保值为基础，以增值为目的，属经营性国有资产。（3）权益性。企业国有资产是所有人（出资人）

拥有的权益性资产，国家在其向企业出资后，不再对其出资的具体的财产拥有所有权，出资财产已转化为价值形态的权益，出资人依法享有资产收益、参与重大决策和选择管理者等权利。

《企业国有资产法》第2条规定，“本法所称企业国有资产（以下称国有资产），是指国家对企业各种形式的出资所形成的权益。”如前所述，国有资产是一个宏观、整体的概念，包括经营性国有资产、行政事业性国有资产和资源性国有资产三大类。这三类国有资产在权利形式、功能作用和监督管理上都有很大的不同。经营性国有资产在国家资本投入到企业后，国家就不再对具体的财产享有权利，而是对其出资的企业享有出资人权益；它的主要功能是盈利性，一般要求保值增值；国家对企业出资后，只能以出资人的身份对其出资企业进行监督，不能直接对企业的财产进行处分。行政事业性国有资产是行政和事业单位占有和使用的财产，是一种实物资产，它的功能是维护国家机关和事业单位的正常运转，对这类资产的监督管理是合理使用。资源性国有资产是国家所有的自然资源，也是实物资产；它的功能是满足整个社会发展需要；对这类资产的监管是合理开发、利用、节约和保护。企业国有资产属于经营性国有资产，其权利形态和对其监管的目标不同于其他两类国有资产。

二、国有资产出资人制度

（一）出资人及履行出资人职责的机构

“出资人”是与企业相对的概念，简单来讲就是对企业进行投资并行使所有者权益的人，在公司制企业中被称为“股东”，在独资企业被称为“出资人”，在合伙企业中为合伙人。对于民间资本而言，其投资主体和出资人十分明确，处于对投资利益的关切，出资人都能积极行使出资人的权益，维护其投资利益。国有资产同样需要具有明确的出资人代表，才能保证国有资产权益不受侵犯。但由于国有资产属于国家所有，而国家不能直接行使国有资产所有权，必须将其委托给政府代理，政府又是由各个部门组成的，不可能都来行使出资人的职责。由于履行出资人职责的主体不明确，结果在很长的一段时期内，国家投资主体缺位的问题比较突出，国有资产权益不能得到有效维护。《企业国有资产法》在总结实践经验的基础上，就出资人代表和具体履行出资人职责的机构分别作了明确规定。

《企业国有资产法》第3条规定："国有资产属于国家所有即全民所有。国务院代表国家行使国有资产所有权。"

该法第4条规定："国务院和地方人民政府依照法律、行政法规的规定，分别代表国家对国家出资企业履行出资人职责，享有出资人权益。"

该法第11条规定："国务院国有资产监督管理机构和地方人民政府按照国务院的规定设立的国有资产监督管理机构，根据本级人民政府的授权，代表本级人民政府对国家出资企业履行出资人职责。国务院和地方人民政府根据需要，可以授权其他部门、机构代表本级人民政府对国家出资企业履行出资人职责。代表本级人民政府履行出资人职责的机构、部门，以下统称履行出资人职责的机构。"

从以上三条规定的内容，我们可以看出，国有资产的所有权人是国家，由国务院代表行使，即国务院是国家所有权的代表人；"出资人代表"则由国务院和地方政府分别担任，分别对国家出资企业履行出资人职责、享有出资人权益；而出资人代表的具体工作是由各级国有资产监督管理机构及政府授权的部门、机构来履行的，它们被称作"履行出资人职责的机构"。

国有资产出资人制度首要解决是由谁来代表政府履行出资人职责的问题。事实上，国务院作为"所有权代表人"也多是形式意义上的，正如国有资产属于"全民所有"一样，没有太多的实际意义。真正有意义的是"出资人代表"，因为它能实实在在地"享有出资人权益"。根据《企业国有资产法》所作出的上述规定，国务院和地方人民政府代表分别代表国家履行出资人职责，享有出资人权益，所以各级政府才是真正意义上的出资人。但政府是由不同的机构和部门组成的，除了国有资产出资代表人的身份外，其更为重要的职责是承担社会公共管理职能。为了使出资人的职责落到实处，必须明确特定的机构或部门承担出资人的具体工作，为此，《企业国有资产法》规定各级国有资产管理机构具体履行出资人职责。此外，鉴于我国国有资产数量巨大、主要分布在关系国民经济命脉和国家安全的主要行业和关键领域，而建立适用社会主义市场经济体制要求的国有资产管理体制又是一个渐进的过程，不可能一步到位的客观现实，现行立法在确立国有资产监管部门履行出资人职责这一前提下，规定国务院和地方人民政府在授权国有资产监管机构履行出资人职责的同时还授权其他机构或部门对某些领域的国有出资企业履行出资人职责，如授权财政部对中国邮政集团公司、铁道部对铁路企业履行出资职责，以免出现监管真空。这也反映出我国《企业国有资产法》的过渡性特点。

解读国资委的“干净”出资人身份①

不少人将《企业国有资产法》的一大亮点视为将国有资产监督管理机构定为“干净出资人”身份，剥夺了其政府资产监管者的身份，应该说，这是一个很大的突破，但其角色转变到目前为止尚不彻底。对此理解须从国资委的设立目的及现实中遭遇的角色错位与尴尬谈起。

各级人民政府作为“出资人代表”，是国有企业的“大老板”，由于“大老板”公务繁忙，因此设立“履行出资人职责的机构”，代表“大老板”对国有企业履行出资人职责；政府的主要职能是公共管理，具有社会和政治等多重目标，为了实现政企分离，政府需要特设专门机构代表政府经营国有企业，实现国有资产的保值增值。这种特设的“履行出资人职责的机构”，就是各级国有资产监督管理委员会（《企业国有资产法》所称的国有资产监督管理机构）。

国务院国有资产管理监督委员会（以下简称“国资委”），在国务院序列中被明确为特设机构，于2003年4月挂牌成立。其最早的雏形是国有资产管理局。为了建立国有资产管理新模式，国务院于1988年成立了国有资产管理局。但当时中央政府并没有赋予它太多的权力，在实际运作中，相关的各个部委都没有放权，国有资产的资产权归财政部管，投资权归国家计委管，日常经营归经贸委管，人事权归企业工委管，从而形成了相互约束、相互监督的“五龙治水”局面。当时的国资局实际只能做一些辅助性的工作，如清产核资、研究国资管理政策、探讨国资改革的思路和方案等。此后国资局又归并到财政部，多年来，国资局一直都没发挥什么重要作用。党的十六大提出，由中央政府与地方政府分别代表国家履行出资人职责，建立管人、管事和管资产相结合，权利、职责和义务相统一的国资管理新体制。在此背景下，2003年4月6日国资委挂牌成立，作为国务院直属机构，其主体是原国家经贸委和中央企业工委，其他几个部委中与国企管理和改革相关的机构和人员也纳入其中。国资委最初直接监管196家国有大型企业，所属三级以上的企业总数为11598家，资产总额7万亿元。此后，各地的省、市两级政府也纷纷设了国资委。

---

① 根据吴刚梁：《国资之争》（电子版）第一章第三节整理，资料来源：http://www.tianya.cn/publicforum/content/develop/1/317098.shtml，2010年2月25日访问。

作为改革的“创举”，国资委从成立的第一天开始，就面临地位不清、职能模糊的尴尬。按照《企业国有资产监督管理暂行条例》，国务院国资委是代表国务院履行出资人职责、负责监督管理企业国有资产的直属特设机构。“履行出资人职责”就是当国有企业的“老板”，而“监督管理企业国有资产”则是“婆婆”职能。因此，该条例在一定程度上，赋予了国资委“老板+婆婆”的职能。然而，出资人是市场概念，监管者是政府行政管理概念，“老板”与“婆婆”容易出现角色冲突。多年来，国资委一直在企业出资人和行政监管者两种角色之间摇摆不定。

国资委成立的初衷是解决国有资产所有者缺位问题，因此，国资委首先承担的应该是国有企业的“老板”的职能，即行使“资产收益”、“参与重大决策”和“选择管理者”等出资人权利。具体来说，包括股权投资与转让、资产处置、企业改制，以及向企业委派董事、监事等工作，也就是行使《公司法》上公司股东的权利。然而，由于企业经营的好坏最终由股东承担，几乎所有企业的“老板”都会有当“婆婆”的冲动，这种情况在私营企业也很普遍，甚至更加突出，表现形式是“老板”越过股东的权力边界，直接干涉企业具体的经营管理活动，甚至直接占有、处分企业的财产。国资委在“与所出资企业共同完成国有资产保值增值的任务”的过程中，行政色彩逐渐浓厚，不断加大对企业的直接干预，工作的重心向行政性监管倾斜，例如，亲自为国有企业招聘高级管理人员，直接管控中央企业三级子公司的财务，国资委与所出资企业的关系逐步发展成上下级之间的行政领导关系。这显然与当时的改革初衷相背离。

2008 年 10 月，酝酿 15 年之久的《企业国有资产法》终于出台了，该部法律最大的亮点之一就是削减了国资委的权力，将国资委定位为做“干净”的出资人，只当“老板”，不再当“婆婆”。该法要求国资委不得干预出资企业的自主经营，“管资产与管人、管事相结合”被重新诠释，即国资委只能通过董事会间接行使这些职能。

不过，国资委作为“特设”机构，在对外定位方面，也存在着法律主体地位不明确的问题。在各级政府内部，国资委经常被当做一个行政部门来对待，列席政府常务会议，运行费用纳入本级政府预算，人员也按公务员来管理，并有相应的行政级别。但在法律上，作为履行出资人职责的机构，它不承担任何管理公共事务的职能，没有行政权力。由于国资牵涉到社会诸多利益，国资委自成立以来，全国各地起诉国资委的行政诉讼案件屡见不鲜，但是法院多因其法律主体地位不明确而不予受理。

2004年9月，股民张卫星向北京市第一中级法院对国资委提起行政诉讼，要求撤销国资委在电广传媒“以股抵债”事件中的“严重不当和非法的具体行政行为”。但10天之后，法院裁决“不予受理”，理由是，国资委只履行出资人的职责，负责监督管理企业国有资产，并不履行政府的社会公共管理职能，不具备行政主体资格，因此张卫星的诉讼请求不属于法院行政审判权限范围。2006年1月，黑龙江省哈尔滨市广丰汽车维修有限公司和广进汽车配件经销中心向北京市第一中级人民法院提起行政诉讼，要求撤销国资委办公厅所作的《关于哈尔滨市广来汽车配件公司和哈尔滨市丰田纯牌零件特约经销中心产权界定意见的函》，法院再次给了类似的答复。

既然国资委不是行政机关，也不是接受授权从事社会公共事务管理的事业单位，其只是企业的“出资人”，在法律上只是个“民事主体”。但作为出资人，其应该履行出资人的义务，包括出资义务，在出资不实等情况下，自然应该承担相应的责任。然而作为国企改革的产物，国资委出资不到位的行为具有一定的普遍性，其能否承担责任目前还不无疑问，2006年2月，中国长城资产管理公司济南办事处向山东省高级人民法院提起了民事诉讼，要求青岛市国资委在出资不到位的范围内承担赔偿责任。一审山东省高院驳回了原告对国资委的诉讼请求，原告不服，又向最高人民法院提起了上诉。二审过程中，原告主动提出了撤诉，一审判决生效。其中缘由颇令人深思。

“现在的国资委，不是企业法人，不是事业法人，也不是行政单位，既不承担民事责任，也不受《行政诉讼法》约束。改革竟然诞生了一个游离于法治之外的机构，令人吃惊。”某位政府官员在接受媒体采访时如此感叹，“如果不承担任何责任，国资委将什么事都能干，而且告都没法告”。

显然，这是一种极不正常的现象，这种状况必须尽快改变。

（二）履行出资人职责的机构的主要职责

履行出资人职责的机构的基本职责是防止国有资产流失，保障国有资产保值增值。为此，作为履行方出资人职责的机构必须正当、充分地行使出资人权利。详言之，包括以下几点：

1. 依法行使出资人权利，保障出资人权益

《企业国有资产法》第14条第1款规定，履行出资人职责的机构应当依

照法律、行政法规以及企业章程履行出资人职责，保障出资人权益，防止国有资产损失。履行出资人职责的机构及其委派的股东代表应依照法律、行政法规和企业章程对国家出资企业行使作为出资人所应享有的资产收益、参与重大决策和选择管理者等出资人权利，不得怠于履行，更不得玩忽职守、滥用职权、徇私舞弊。

2. 维护企业经营自主权和其他合法权益，不得干预企业经营活动

履行出资职责的机构与国家出资企业的关系是投资人与企业、股东与公司的关系。国家出资企业作为市场主体，依法享有法人财产权，出资人只能依照法律、行政法规和企业章程的规定行使出资人权利，除依法履行出资人职责外，不得干预企业经营活动。《企业国有资产法》第 14 条第 2 款，对此作了明确规定,① 这也是履行出资职责的机构作为出资人规范运作的必然要求。

3. 重大事项向政府报批，不得越权处置

履行出资人职责的机构，并非国有资产的所有权人，也不是真正意义上的国有资产代表人，仅是受各级政府委托代其具体履行出资职责，因此，对涉及国家出资企业中重大国有资产的处置须报请其委托人即本级政府批准。根据《企业国有资产法》第 14 条及其相关条款规定，重要的国有独资企业、国有独资公司、国有资本控股公司的合并、分立、改制、解散、申请破产以及法律、行政法规和本级人民政府规定应当由履行出资人职责的机构报经同级人民政府批准的重大事项，履行出资人职责的机构在作出决定或者向其委派的股东代表作出指示前，应当报经人民政府批准。履行出资人职责的机构决定转让全部国有资产的，或者转让部分国有资产致使国家对该企业不再具有控股地位的，应当报请本级人民政府批准。

（三）履行出资人职责的方式和途径

《企业国有资产法》确立了由履行出资人职责的机构履行出资人职责的方式实现对国有资产监管的新的监管体制。作为出资人对国有资产的监管，不同于行政监管。履行出资人职责的机构只能依据出资人的身份，依照法律、行政法规或者企业章程所规定的权限和程序，通过参与企业内部事务决策和管理的方式，而不能对出资企业进行直接的干预。

履行出资职责的机构履行职责的主要方式和途径包括：通过参与制定企业章程，保证章程充分体现出资人意志；通过出席股东会或股东大会，参与重大

① 《企业国有资产法》第 14 条第 2 款：履行出资人职责的机构应当维护企业作为市场主体依法享有的权利，除依法履行出资人职责外，不得干预企业经营活动。

决策，维护出资人利益；通过推选董事会等管理层成员，贯彻出资人的意图；通过监事会中的监事成员，发挥对国家出资企业的监督作用。①

（四）履职情况的监督和考核

履行出资人职责的机构是受本级人民政府委托，代表本级人民政府履行出资人职责，因此必须对本级人民政府负责，接受本级人民政府的监督和考核。为此，《企业国有资产法》第15条规定，履行出资人职责的机构应向本级人民政府报告其履行出资人职责的情况，主要是资产收益、参与重大决策和选择管理者的情况，并接受本级人民政府的监督和考核。同时为了维护国家基本经济制度，优化国有经济布局和结构，增加国有经济的控制力和影响力，发挥国有经济在国民经济中的主导作用，履行出资人职责的机构还应按照国家有关规定，定期向本级人民政府报告有关国有资产总量、结构、变动、收益等汇总分析的情况。

三、国家出资企业的治理结构

投资创办企业是国家投资的重要形式，国家在企业中投资所形成的权益属于国有资产，国家出资企业是国有资产的重要载体，对于经营性的国有资产，其资产的增值与保值须借助企业的经营得以实现。因此，《企业国有资产法》对国家出资企业的规范运作尤其是管理者的人选与考核做了专门规定。②

（一）国家出资企业的概念和种类

国家出资企业就是有国家投资在其中的各种性质的企业。国家出资企业主要是国有企业，但并未完全等同于国有企业。通常意义上的国有企业，是指资本全部或主要由国家投入，该资本或由该资本形成的股份归国家所有的企业。国家出资企业除上述意义上的国有企业外，还包括国有资本没有达到控股地位的国有资本参股企业。

国家出资企业包括国有独资企业、国有独资公司、国有资本控股公司和国

① 《企业国有资产法》第12条：履行出资人职责的机构代表本级人民政府对国家出资企业依法享有资产收益、参与重大决策和选择管理者等出资人权利。履行出资人职责的机构依照法律、行政法规的规定，制定或者参与制定国家出资企业的章程。

② 有关国家出资企业的组织形式、设立方式、内部组织机构及治理机构、企业的经营自主权等，主要适用公司法等专门的企业组织法律的规定，《企业国有资产法》一方面对有关问题作了与相关法律相衔接的规定，另一方面针对国家出资企业的特点对容易导致国有资产流失的重要事项从决定权和程序等方面作出了更为明确的规定，防止资产交易等过程中的“暗箱操作”，杜绝国有资产的流失。

有资本参股公司四种类型。国有独资企业，即依照全民所有制企业法设立的，企业全部注册资本均为国有资本的非公司制企业。国有独资公司，是指国家单独出资，由国务院或者地方人民政府授权本级人民政府国有资产监督管理机构履行出资人职责的有限责任公司。国有资本控股公司，简称国有控股公司，指依照公司成立的国有资本具有控股地位的有限责任公司和股份有限公司。依照公司法关于“控股股东”的界定，国有资本占公司资本总额50%以上或虽不足50%，但以国有资本所拥有的表决权已足以对股东会或股东大会的决议产生重大影响的公司，均为国有控股公司。国有资本参股公司，则指公司注册资本包含国有资本，且国有资本没有达到控股地位的公司。

企业国有无论其份额的高低，本质上都是国家的出资，对国家作为出资人的这几类企业，出资人权益都应受到法律保护。

（二）国家出资企业的法律地位

国家出资企业，不论采取何种组织形式，都是企业法人，有独立的财产，依法独立享有民事权利和承担民事义务。国家出资企业对其财产依法享有占有、使用、收益和处分的权利；其依法享有的经营自主权和其他合法权益受法律保护。

国家出资企业作为市场经济活动的主体，在享有权利的同时，也要承担相应的义务和社会责任。包括一般企业均应遵守的法律、行政法规，接受政府及其有关部门、机构依法实施的监管及社会监督，承担社会责任外，还应依法建立和完善治理结构，建立健全内部监督管理和风险控制制度，提高经济效益，对出资人负责，以体现和维护国有资本权益的要求。

（三）国家出资企业的治理结构

为了确保国家出资企业有效经营，提高国有资本运作效率，防止国有资产流失，《企业国有资产法》要求国家出资企业及国家出资企业所出资的企业，应当依法建立和完善法人治理结构，建立健全内部监督管理和风险控制制度，维护出资人的利益。

企业治理结构主要是为了实现治理目标而在企业的法律边界之内组建的一系列机构以及这些机构之间的相互关系。由于企业组织形式不同、规模乃至经济成分的不同，其治理结构和管理体制也不尽相同。国家出资的公司制企业（含国有独资公司、国有控股公司和国有参股公司）依照公司法的规定设置相应的权力机构、执行机构和监督机构。其中股东会和股东大会是公司的决策和权利机关，董事会是公司的业务执行机关，监事会是公司的监督机关，行使对经营者的监督权。国家独资企业的治理结构则与公司制企业有所不同：其按照全民所有制工业企业法的规定，实行厂长（经理）负责制。企业的高级管理人员由政府或者履行出资人职责的机构直接任命；政府通过向企业委派监事组成监事会，对企业的财务活动及企业负责人的经营行为进行监督。

（四）国家出资企业管理者的选任与考核

1. 选任方式

选择企业管理者，是履行出资人职责的机构参与企业治理的一条重要途径，它既是履行出资人职责的机构的一项重要权利，也是不可推卸的一项主要责任。国家出资企业组织形式不同，其管理者选任和产生的方式也不同。

（1）国有独资企业管理者的选任。国有独资企业属于非公司制企业，不设董事会，企业的经理、副经理、财务负责人和其他高级管理人员由出资人直接任免，即履行出资人职责的机构有权直接选任企业的管理者。

（2）国有独资公司管理者的选任。国有独资公司不同于国有独资企业，董事会、监事会是其法定机构，董事会和监事会成员由出资人委派产生，因此，履行出资人职责的机构可直接任命国有独资公司的董事长、副董事长、董事、监事会主席和监事，而公司的经理、副经理、财务负责人和其他高级管理人员则由董事会选任。

（3）国有控股参股公司管理者的选任。在国有控股与参股公司中，履行出资人职责的机构只能是其中的股东之一，公司董事会成员由股东会或股东大会选举产生，因此，履行出资人职责的机构只能向股东会、股东大会提出董事、监事人选，其推荐人选经股东会或股东大会确认后成为公司的董事、监事，公司的经理、副经理、财务负责人和其他高级管理人员则同样只能由董事会决定产生。

2. 任职条件

为保证国家出资企业的董事、监事、高级管理人员忠实、勤勉履行职责，维护国有资产出资人权益，《企业国有资产法》对履行出资人职责的董事、监事、高级管理人员的任职条件提出了明确要求：（1）有良好的品行；（2）有符合职位要求的专业知识和工作能力；（3）有能够正常履行职责的身体条件；（4）法律、行政法规规定的其他条件。依照《公司法》第147条规定，有下列情形之一的，不得担任公司的董事、监事、高级管理人员：（1）无民事行为能力或者限制民事行为能力；（2）因贪污、贿赂、侵占财产、挪用财产或者破坏社会主义市场经济秩序，被判处刑罚，执行期满未逾5年，或者因犯罪被剥夺政治权利，执行期满未逾5年；（3）担任破产清算的公司、企业的董事或者厂长、经理，对该公司、企业的破产负有个人责任的，自该公司、企业破产清算完结之日起未逾3年；（4）担任因违法被吊销营业执照、责令关闭的公司、企业的法定代表人，并负有个人责任的，自该公司、企业被吊销营业执照之日起未逾3年；（5）个人所负数额较大的债务到期未清偿。上述规定同样适用于国家出资企业的董事、监事和高级管理人员。

3. 竞业禁止与兼职限制

（1）国有独资企业与国有独资公司管理者的兼职限制。《企业国有资产法》第25条第1款规定：未经履行出资人职责的机构同意，国有独资企业、国有独资公司的董事、高级管理人员不得在其他企业兼职。

（2）国有控股与参股公司管理者的竞业禁止。《企业国有资产法》第25条与公司法相关规定相衔接，规定"未经股东会、股东大会同意，国有资本控股公司、国有资本参股公司的董事、高级管理人员不得在经营同类业务的其他企业兼职"。

（3）国有独资公司及国有控股公司董事长兼任经理的限制。为了实现董事会和管理层职权的有效分离，《企业国有资产法》第25条在《公司法》已有规定的基础上进一步规定："未经履行出资人职责的机构同意，国有独资公司的董事长不得兼任经理。未经股东会、股东大会同意，国有资本控股公司的董事长不得兼任经理。"

（4）董事、高级管理人员不得兼任监事。为了保持监事的独立性，管理者不得兼任公司监事，这是国家惯例，也是公司法的明确要求，《企业国有资产法》只不过对此予以重申和明确。

4. 管理者的义务

国家出资企业的管理者直接负责国家出资企业的财产管理和经营，对国家出资企业的资产增值保值具有重要意义。根据企业法和公司法理论，企业董事、监事、高级管理人员等企业管理者是基于信任关系，由企业的出资人任命，或者由股东会、股东大会选举、聘任，与任职企业形成委任关系，对任职企业负有信义义务，包括忠实义务和勤勉义务，不得损害企业利益。为此，《企业国有资产法》第26条规定：国家出资企业的董事、监事、高级管理人员，应当遵守法律、行政法规以及企业章程，对企业负有忠实义务和勤勉义务，不得利用职权收受贿赂或者取得其他非法收入和不当利益，不得侵占、挪用企业资产，不得超越职权或者违反程序决定企业重大事项，不得有其他侵害国有资产出资人权益的行为。对违反上述行为，造成国有资产损失的，该法第71条规定，国家出资企业的董事、监事、高级管理人员依法承担赔偿责任；属于国家工作人员的，并依法给予处分。国家出资企业的董事、监事、高级管理人员违法取得的收入，依法予以追缴或者归国家出资企业所有。

何为信义义务？

信义义务源于英美法概念，在英美法系国家，公司法学者多将董事与公司的关系视为一种代理或信托关系。但“无论代理关系还是信托关系，都是基于人身信任为基础而产生的。股东或公司有权期待受托人或代理人行使合理的注意与技巧。因此，董事应当承担忠实善意的主观义务和自身利益不得与公司利益相冲突的客观忠实义务”。① 由此，派生出尽职尽责的勤勉义务和不得与公司利益相冲突的忠实义务。大陆法系国家的公司法理论多将董事与公司的关系视为委任关系，要求董事对公司负有善良管理人的注意义务，而将忠实义务作为一种道德义务看待，随着公司董事会中心主义趋势的加强，董事侵犯公司利益现象频频发生，大陆法系国家的公司法也开始借鉴英美立法，将董事的忠实义务规定为公司法中一项基本义务。

所谓忠实义务，就是指国家出资企业的管理者应当忠实履行职责，当自身利益与企业利益发生冲突时，应当尽力维护企业利益，不得利用自身地位和职权牺牲企业利益为自己或者他人谋取利益。实践中，利用职权收取贿赂或者取得其他非法收入和不当利益的行为，侵占、挪用企业资产，利用职务便利为自己或他人谋取属于公司的商业机会及经营或为他人经营所任职公司同类的业务等属于对其忠实义务的违反，应承担相应的法律责任。

勤勉义务，是指国家出资企业的管理者履行职责，应当为企业最大利益，以善良管理者的谨慎，尽一个处于相同地位的人的合理注意义务，勤勉、尽责地履行职务。包括亲自出席会议、参与决策；对公司经营管理情况予以合理的、持续的关注；对重大事项进行尽职调查以及不超越职权和严格遵守决策程序等义务内涵。

5. 考核与奖惩

为保证履行出资人职责的机构任命的企业管理者能够勤勉尽责，履行出资人职责的机构须对其进行考核并建立相应的奖惩制度。根据《企业国有资产

① 参见张开平：《英美公司董事法律制度研究》，法律出版社 1998 年版，第 151 ~ 152 页。

法》第 27 ~ 29 条的有关规定，考核与奖惩制度包括经营业绩考核、任期经济责任审计和薪酬及奖惩制度等内容。

经营业绩考核，是指按照一定的指标对企业管理者的经营业绩进行考核评价，经营业绩考核的结果为企业管理者进行奖惩的依据。根据考核期间的不同，国家出资企业经营业绩考核分为年度考核和任期考核。考核的主要方式是对企业财务、会计数据及其他经营管理情况进行考核并作出评价。考核指标主要包括利润增长指标、资产收益指标等。

任期经济责任审计，是由审计机关对国有出资企业的负责人所在企业资产、负债、损益的真实性、合法性和效益性以及有关经济活动进行审计，以监督、评价该负责人经济责任履行情况的活动和制度。任期经济责任审计应当在企业负责人任期届满，或者在任期内发生调任、免职、辞职、退休等情形时进行。

国家出资企业管理者的薪酬是指企业管理者执行职务或者完成工作任务从企业获得的报酬。根据国家有关规定，国家出资企业管理者的报酬一般包括基本薪酬和绩效薪酬两部分。基本薪酬标准根据企业经营规模和经营基本情况、所在地区平均工资、所在地区行业平均工资、本企业平均工资等因素综合确定。绩效薪酬与经营业绩考核结果挂钩，根据考核结果，以基本薪酬的一定比例或倍数确定。

奖励与惩罚制度包括奖励和惩罚两方面的内容，其中奖励包括薪酬奖励和股权激励等。惩罚主要包括减扣薪金、减少或取消股权激励、免职、解聘等。

四、关系国有资产出资人权益的重大事项的决定权限与决策程序

（一）概述

国家出资企业合并、分立、改制、上市，增加或者减少注册资本，发行债券，进行重大投资，为他人提供大额担保，转让重大财产，进行大额捐赠，分配利润，以及解散、申请破产等重大事项，与出资人关系重大，也是国有资产流失的重要环节。为此，《企业国有资产法》要求，上述事项应当遵循法律、行政法规以及企业章程的规定，不得损害出资人和债权人的权益，并按照国家出资企业的不同类型，对关系出资人权益重大事项的决定权限和决策程序作出了详尽规定，既保障企业自主权的依法实现，又注意保证国有资产出资人代表

履行职责到位，依法行使出资人权利。

首先，国有独资企业和国有独资公司合并、分立，增加或者减少注册资本，发行债券，分配利润，以及解散、申请破产，由履行出资人职责的机构决定；法律、行政法规和企业章程规定由履行出资人职责的机构决定以外的重大事项，国有独资企业由企业负责人集体讨论决定，国有独资公司由董事会决定。

其次，国有资本控股、参股公司合并、分立、上市，增加或者减少注册资本，发行债券，进行重大投资，为他人提供大额担保，转让重大财产，进行大额捐赠，分配利润，以及解散、申请破产等重大事项由股东会、股东大会决定，履行出资人职责的机构委派的股东代表应当按照委派机构的指示提出提案、发表意见、行使表决权，并将其履行职责的情况和结果及时报告委托委派机构。

（二）企业改制的决定权与基本程序

企业改制是指企业法律形态或股权结构的改变。按照《企业国有资产法》第39条的规定，企业改制包括以下三种情形：（1）国有独资企业改为国有独资公司；（2）国有独资企业、国有独资公司改为国有资本控股公司或者非国有资本控股公司；（3）国有资本控股公司改为非国有资本控股公司。

《企业国有资产法》第40条规定："企业改制应当依照法定程序，由履行出资人职责的机构决定或者由公司股东会、股东大会决定。重要的国有独资企业、国有独资公司、国有资本控股公司的改制，履行出资人职责的机构在作出决定或者向其委派参加国有资本控股公司股东会会议、股东大会会议的股东代表作出指示前，应当将改制方案报请本级人民政府批准。"即企业改制的决定权应根据企业形态的不同而有所区别，国有独资企业和国有独资公司应当由履行出资人职责的机构决定，国有控股或参股的企业则由公司股东会、股东大会决定。但重要的国有企业、国有独资公司、国有资本控股公司的改制，履行出资人职责的机构在作出决定或者向其委派参加会议的股东代表作出指示前，依规定还须将改制方案报请本级政府批准。

《企业国有资产法》规定，企业改制应当制定改制方案，改制方案应当载明改制后的企业组织形式、企业资产和债权债务处理方案、股权变动方案、改制的操作程序、资产评估和财务审计等中介机构的选聘、企业职工安置方案等事项。企业改制涉及重新安置企业职工的，其中职工安置方案，应经职工代表大会或者职工大会审议通过。①

清产核资、财务审计、财产评估是企业改制必经程序。《企业国有资产法》第42条规定：企业改制应当按照规定进行清产核资、财务审计、资产评估，准确界定和核实资产，客观、公正地确定资产的价值；企业改制涉及以企业的实物、知识产权、土地使用权等非货币财产折算为国有资本出资或者股份的，应当按照规定对折价财产进行评估，以评估确认价格作为确定国有资本出资额或者股份数额的依据；不得将财产低价折股或者有其他损害出资人权益的行为。

（三）不公平关联交易的禁止

关联交易，亦称关联方交易、关联人交易，企业与股东、实际控制人、董事、监事、高管人员之间的业务、资金往来以及资产、权益转让、置换等交易，是发生在企业关联人之间的有关移转资源或义务的事项安排行为。从本质而言，关联交易是一种商事交易行为，只不过其交易双方的关系决定了它与一般的商事法律行为有所不同。在一般的商事法律行为中，交易主体之间的法律地位平等，双方遵循市场竞争原则，依据彼此真实的意思表示而为交易，基本上能达到双方认可的公平的结果；而关联交易中双方当事人地位不平等，一方对另一方的经营决策能够直接或间接控制或施加影响，关联交易中客观上孕育着不公平的巨大风险，即有可能造成对企业利益的侵害，因而也成为《企业国有资产法》规制的重要内容。

1. 关联方的界定

关联方是指与公司存在某种特殊关系，与公司在交易上存在利益冲突的法人与自然人。国家出资企业的关联方，是指与国家出资企业存在某种特殊关系，与企业在交易上存在利益冲突的自然人和法人，包括企业的董事、监事、高级管理人员及其近亲属，以及这些人员所有或者实际控制的企业。②

2. 不公平关联交易的禁止

国家出资企业的管理方不得利用与国家出资企业的交易，谋取不正当利益，损害企业利益，禁止国家出资企业无偿或者依不公平的价格与关联方进行交易。

3. 关联交易的程序性规定

国有资本控股和国有资本参股的公司与关联方的交易，依照法律和行政法

① 《企业国有资产法》第41条。

② 《企业国有资产法》第43条第2款。

规及公司章程规定，由股东会、股东大会或者董事会决定，由股东会、股东大会决定的，履行出资人职责的机构委派的股东代表应当按照委派机构的指示提出提案、发表意见、行使表决权，并将其履行职责的情况和结果及时报告委托委派机构。在公司董事会对关联方的交易作出决议时，涉及决议的董事不得行使表决权，也不得代理其他董事行使表决权。

未经履行出资人职责的机构同意，国有独资企业、国有独资公司不得有下列行为：（1）与关联方订立财产转让、借款的协议；（2）与关联方提供担保；（3）与关联方共同出资设立企业，或者向董事、监事、高级管理人员或者近亲属所有或者实际控制企业投资。

4. 违反规定的关联交易的效力

《企业国有资产法》第71条规定，在涉及关联方交易的活动中，当事人恶意串通，损害国有资产权益的，该交易行为无效。

关联交易本身是一个中性的经济现象，既可能存在公平的关联交易也可能存在不公平的关联交易。客观讲，关联交易并非绝对地有害于企业，相反关联交易在实现资源优化配置、提高公司集团经济效益方面有其积极作用。因此，立法并非一概反对和禁止关联交易。只不过由于关联交易的交易双方的特殊关系，使得关联交易中经常充斥着不公平的现象，导致受控制企业及其他投资者和债权人的利益受到损害，对法律的公平公正构成了冲击和挑战。所以，各国企业立法才从交易的必要性、价格的公允性及决策的程序性等方面作出规定，以防止不公平关联交易行为的发生。其中程序要件对确保关联交易行为的客观公正尤为重要。

为了制约关联交易中的违法行为，各国对关联交易的行为过程都规定了程序方面的条件，即关联交易的披露和批准制度。我国《公司法》对关联交易也有明确的程序性要求，其第16条规定，公司为股东或者实际控制人提供担保时应由股东（大）会进行决议，同时排除了利害关系股东或实际控制人的表决权。《公司法》第149条第4、5项亦规定了董事、高级管理人员从事自我交易和利用商业机会、进行竞业禁止的股东（大）会的同意程序。《公司法》第125条针对上市公司董事关联交易作出了更为严格的程序性要求，即“上市公司董事与董事会会议决议事项所涉及的企业有关联关系的，不得对该项决议行使表决权，也不得代理其他董事行使表决权。该董事会会议由过半数的无关联关系董事出席即可举行，董事会会议所作决议须经无关联关系董事过半数通过。出席董事会的无关联关系董事人数不足3人的，应将该事项提交上市公司股东大会审议”。即上市公司与董事之间的关联交易须经无关联董事决议。《企业国有资产法》的上述规定，是在《公司法》已有规定的基础上，针对不同组织形式的国家出资企业，对国家出资企业的关联交易的决定程序及其行为效力所作出的进一步的明确。

（四）企业国有资产转让

1. 企业国有资产转让的界定

企业国有资产转让，是指将国家对企业出资所形成的权益转移给其他单位或者个人的行为。这里所指的国有资产转让仅限于企业出资人权益的转让，不包括国家出资企业实物形态的转移，按照国家规定无偿划拨国有资产的行为也不包括在内。

2. 国有资产转让的指导思想和基本原则

国有资产转让遵循有利于国有经济布局、防止国有资产损失及不得损害交易各方利益的指导思想，贯彻等价有偿和公开、公平、公正的原则。

3. 国有资产转让的决定权

国有资产转让由履行出资人职责的机构决定，但转让全部国有资产的或者转让部分国有资产致使国家丧失对企业的控股地位的，须报请本级人民政府批准。

4. 国有资产转让的方式

《企业国有资产法》第54条第2款及第3款规定，除按照国家规定可以直接协议转让的以外，国有资产转让应当在依法设立的产权交易场所公开进行。转让方应当如实披露有关信息，征集受让方；征集产生的受让方为两个以上的，转让应当采用公开竞价的交易方式。转让上市交易的股份依照《中华人民共和国证券法》的规定进行。

国有资产转让是最容易导致国有资产流失的环节。资产转让的不透明、定价不合理、程序缺失是导致国有资产流失的重要原因。由于国有产权流转没有完全进入市场，难以发现国有产权的市场价格，很难判断国有资产是保值增值还是贬值流失，少数不法分子乘机暗箱操作、收受贿赂、低估贱卖国有资产。云南省下关某茶厂2003年拟以3000万元的资产评估价协议转让国有产权，对方不接受，2004年进入产权交易中心拍卖，成交价竟达8100万元。可见市场化操作的重要性。为了更加公正客观地规范国有产权交易，国资委曾要求国有产权转让必须在依法设立的产权交易所挂牌交易，产权价值的确定要以有资质的评估师出具的评估报告为依据。专业评估和公开竞价，能够形成更加公允的市场价格，这也是我们必须坚持的一项重要原则。

5. 国有资产向管理层转让的限制

为了实现国有经济结构和布局的战略调整，在推进我国国有企业改革的过程中，部分国有企业向管理层转让国有资产，管理层收购成为一种重要的国有企业改组形式。但管理层收购实践也暴露出市场化程度低、交易程序缺失、交易透明度差，没有市场竞价机制、国有资产流失严重等问题。为此，2003 年 3 月，财政部在发至原国家经贸委企业司关于《国有企业改革有关问题的复函》（财企便函［2003］9 号）文件中建议，在相关法规制度未完善之前，对采取管理层收购（包括上市和非上市公司）的行为予以暂停受理和审批，待有关部门研究提出相关措施后再作决定。虽然这不属于正式文件，但这个便函中所传递的态度与信号还是减缓了管理层收购的速度。2003 年 12 月，国务院国有资产监督管理委员会和财政部颁布了《企业国有资产转让管理暂行办法》，这个规定首次系统地阐述了国有产权转让的监督管理、批准程序，虽然没有专门针对国有企业管理层收购进行规范，但是其中的转让规定是一般概括，因此也适用于国有企业管理层收购交易。2005 年 4 月，国务院国有资产监督管理委员会专门制定了针对国有企业管理层收购问题的《企业国有资产向管理层转让暂行规定》。至此，国有企业管理层收购开始有了明确的法律规范指引。

《企业国有资产法》在总结实践经验和现有行政规章的基础上，对国有资产向管理层转让作出了进一步明确的规定，以防止国有资产的流失，其要点包括以下四点：第一，严格限定向管理层转让国有资产的范围，规定企业向管理层转让国有资产须有法律、行政法规或者国务院国有资产监督管理机构的规定才可实施；第二，明确管理层的范围，不仅包括企业的董事、监事、国家管理人员，还包括上述人员的近亲属及这些人员所有或者实际控制的企业；第三，要求国有资产向管理层转让应遵循平等竞买、公开透明的原则，保证交易的公开、公正，防止利益输送；第四，在国有资产向管理层转让时，当事人恶意串通，损害国有资产权益的，该交易行为无效，管理层因该行为取得的收入，依法予以追缴或者归国家出资企业所有。

《企业国有资产法》第 56 条：法律、行政法规或者国务院国有资产监督管理机构规定可以向本企业的董事、监事、高级管理人员或者其近亲属，或者这些人员所有或者实际控制的企业转让的国有资产，在转让时，上述人员或者企业参与受让的，应当与其他受让参与者平等竞买；转让方应当按照国家有关规定，如实披露有关信息；相关的董事、监事和高级管理人员不得参与转让方案的制定和组织实施的各项工作。

第72条：在涉及关联方交易、国有资产转让等交易活动中，当事人恶意串通，损害国有资产权益的，该交易行为无效。

6. 国有资产向境外转让

国有资产向境外投资者转让的，应当遵守国家有关规定，不得危害国家安全和社会公共利益。①

五、国有资本经营预算制度

（一）国有资本预算概念

国有资本预算，是指国家以所有者身份依法取得国有资本收益，并对所得收益进行分配而发生的各项收支预算，是对政府在一个财政年度内经营性国有资本收支活动进行价值管理和分配的工具，反映国有资本所有者与国有资本经营者之间的收益分配和再投资关系。国有资本经营预算就是要通过计划，反映和监督国有资产管理机构履行出资人职责的活动，以实现国有资本的保值增值，推动经济结构战略性调整与国有企业的根本性重组，确保国有资产的优化配置，并服务于政府的社会和经济管理的总体目标。

预算有复式预算和单式预算之分。复式预算兴起于20世纪20—30年代，是在单式预算的基础上发展演变而来的。它是指在预算年度内全部政府预算收支按经济性质归类，分别汇编成两个或两个以上的预算，以特定的预算收入来源保证特定的预算支出，并使两者具有相对稳定的对应关系。其中就有国有资本经营预算和政府公共预算之分。

政府公共预算和国有资本经营预算是两个相对独立的预算体系，其预算性质、功能、目的和分配手段都具有很大的不同。政府公共预算的编制和实施体现了政府的社会管理职能，其分配主体是作为社会管理者的政府，分配的目的是为了满足社会公共需要，分配的手段主要是凭借政治权力经由非市场的渠道进行分配，分配的形式主要是税收，并安排各项具有公共需要性质的支出，其

① 《企业国有资产法》第57条。

中包括经费性和公共投资性支出，其支出必须严格控制在税费收入的范围内，保持收支平衡，从性质上看，是供给型预算；而国有资本经营预算则体现政府的国有资本所有者职能，其分配主体是作为资本所有者代表的政府，它以国有资本的宏观经营并取得宏观经济效益为分配目的，以资本所有权为分配依据，并以竞争性市场为其活动范围，其收支内容基本上是围绕着对经营性国有资产进行价值管理和分配形成的，因而国有资本预算是经营型预算。

改革开放后，尤其进入21世纪90年代后，我国政府一直在不遗余力地推进预算体制的改革。1993年，十四届三中全会通过的《中共中央关于建立社会主义市场经济体制若干问题的决定》中就明确提出了“建立政府公共预算和国有资产经营预算”的要求。根据这一要求，1994年制定的《预算法》第26条第1款规定“中央和地方各级政府预算按照复式预算编制”。1995年制定的《预算法实施条例》第20条规定，各级政府预算按照复式预算编制，分为政府公共预算、国有资产（本）经营预算、社会保障预算和其他预算。但国有资本经营预算的推进工作一直不尽如人意，相当长的一段时期内，我国对国有资本经营收支没有单独编列预算和进行管理，而是与政府经常性预算收支一起，混收、混用、混管，这种做法无法体现出政府作为社会管理者与国有资产所有者两种职能及其两类收支活动的运行特征，有悖于政企分开、政资分开的国有资产管理体制改革目标，制约国有资产管理体制改革的深入。为此，根据党的十六大、十七大提出的建立健全国有资本经营预算制度的要求，国务院于2007年9月13日发布了《关于试行国有资本经营预算的意见》，决定开始试行国有资本经营预算，并对试行国有资本经营预算的指导思想和原则、国有资本经营预算的收支范围、国有资本经营预算的编制和审批、国有资本经营预算的执行以及各部门的职责分工等问题进行了规定。《企业国有资产法》也设专章对国有资本经营预算的收支范围、编制原则、编制和批准程序作了原则规定。目前国有资本经营预算制度正在积极探索和完善之中。

（二）国有资本经营预算的收支范围

根据《企业国有资产法》第59条的规定，国有资本预算收入的范围包括：（1）从国家出资企业分得的利润；（2）国有资产转让收入；（3）从国家出资企业取得的清算收入；（4）其他国有资本收入。

对全部国有资本经营预算所作的分配，即各项支出，都属于国有资本经营预算支出。《企业国有资产法》没有对国有资本经营预算的范围作出明确规定，2007 年 9 月 13 日国务院《关于试行国有资本经营预算的意见》指出，国有资本经营预算支出主要包括：（1）资本性支出。根据产业发展规划、国有经济布局和结构调整、国有企业发展要求，以及国家战略、安全等需要，安排的资本性支出。（2）费用性支出。用于弥补国有企业改革成本等方面的费用性支出。（3）其他支出。具体支出范围依据国家宏观经济政策以及不同时期国有企业改革和发展的任务，统筹安排确定。必要时，可部分用于社会保障等项支出。

（三）国有资本经营预算的编制和审批

《企业国有资产法》第 60 条和第 61 条对国有资本经营预算的编制和审批作了具体规定，明确了编制主体、编制方式、批准机构和编制原则。

1. 编制主体。国有资本经营预算的编制主体为各级财政部门。为发挥包括国有自查监督管理机构在内的履行出资人职责的机构在国有资产编制预算中的作用，履行出资人职责的机构向财政部门提出由其履行出资人职责的国有资本预算建议草案。

2. 编制方式。按年度单独编制并纳入本级政府预算。

3. 批准机构。预算的批准权属于各级人民代表大会。国有资本经营预算作为政府预算的组成部分，应当由本级人民政府批准。

4. 编制原则。量入为出、收支平衡原则。

六、企业国有资产监督体制

根据《企业国有资产法》第 63～66 条规定，除履行出资人职责的机构代表政府行使出资人职责对企业国有资产进行内部监督之外，国有资产监督还包括来自外部的监督，包括人大监督、行政监督、审计监督和社会公众监督。

1. 人大监督。国有资产的管理情况属于政府工作的重要组成部分，各级人大及其常委会对其进行监督属于宪法赋予的职权。各级人大常委会可以通过听取和审议本级政府履行出资人职责的情况和国有资产监督管理情况的专项报告，组织法律实施情况的专项检查、对政府国有资产管理情况进行询问和质询、就国有资产管理中的特定问题进行调研等，依法行使监督权。

2. 行政监督。国务院和地方人民政府有义务对其授权履行出资人职责的机构履行职责的情况进行监督，属于政府内部监督。各级政府应当对履行出资人职责的机构是否在法定职权内履行职责、是否按照法定程序履行职责、是否有效履行职责等情况进行监督检查。

3. 审计监督。审计监督是对国有资产监督的重要形式，其内容包括对国有资本预算情况进行审计监督和对国家出资企业进行的审计监督。

4. 社会监督。国有资产的总量、结构、变动、收益等情况以及国有资产监督管理工作情况作为政府的重要信息，应该向社会公布，接受社会监督。任何单位和个人有权对造成国有资产损失的行为进行检举和控告。

第三节　行政事业性国有资产管理法律制度

一、行政事业性国有资产管理制度概述

（一）行政事业性国有资产的概念和基本分类

行政事业性国有资产，指由行政事业单位占有、使用的，在法律上确认为国家所有、能以货币计量的各种经济资源的总和，包括一切用于行政、公益服务事业、福利设施和卫生保健设施等方面的国有资产，它是国家机器正常运转、政府履行公共管理和公益服务职能（政权建设、教育发展、科技进步以及各项社会事业发展）的基本物质条件，其管理的主要目标是安全、完整。

行政事业性国有资产包括行政单位依法占有、使用的行政性国有资产和事业单位依法占有、使用和管理的事业性国有资产两大类。过去，我国一直将行政单位国有资产和事业单位国有资产合在一起管理。由于行政单位和事业单位承担不同的职能，2006 年 5 月 30 日发布的《行政单位国有资产管理暂行办法》和《事业单位国有资产管理暂行办法》已将行政单位国有资产和事业单位国有资产分开管理。

经过多年的建设与积累，行政事业性国有资产已具备相当大的规模，在公共服务体系中发挥着重要作用。根据《中国统计年鉴》资料显示，2003 年底，全国国有净资产共 10.5 万亿元，其中行政事业性资产已达 3.4 万亿元，占 32%；截至 2004 年行政事业性国有资产达 38448.8 亿元。与 2003 年相比，2004 年行政事业性国有资产增长 13.1%，其增长速度比国有资产总量增长速度高出 2.2%，比经营性国有资产增长速度高出 3.2%。详见下图

行政事业性国有资产规模及其分类　　　　（单位：亿元）

国有资产分类 \ 年		2001	2002	2003	2004
行政事业性国有资产合计		26163.5	30406.1	34006.4	38448.8
其中	行政性资产		9334.7	12147.7	11188.6
	事业性资产		21071.4	21858.7	27260.2

（资料来源：陈建春：《行政与事业性国有资产管理与改革》，《高校后期研究》2007年第2期，以及财政部科教文司事业资产处课题组：《事业单位国有资产管理理论与实践问题研究》调研报告，http：//www.mof.gov.cn/jiaokewensi/zhengwuxinxi/jingyanjiaoliu/200806/t20080624_ 49440.html。）

（二）行政事业性国有资产的基本特点

行政事业性国有资产不同于经营性国有资产，具有公共服务性、无偿性、消费性和资金补偿与扩充的非直接性等特点。

1. 公共服务性。行政事业性国有资产主要分布在非生产领域的各种组织中，主要作用在于保证各项行政事业单位工作能顺利开展，保证整个社会正常运转，支持社会经营性资产的营运，其不以营利为目的，具有社会公共产品的性质。

2. 无偿性。由于行政事业单位国有资产主要配置在非生产领域，在使用的目的上具有广泛的服务性，因此，这部分国有资产在占有、使用过程中的重点是保证其实物形态的完好无损，以满足顺利、有效地开展行政事业工作的需要。所以，与经营国有资产不同，行政事业性国有资产在占有和使用上都是无偿的，国家不收取资产占用费。

3. 消费性。行政事业性国有资产没有折旧，资产的价值转移不要求补偿。由于行政事业性国有资产不直接从事生产经营活动，使用之后不创造新的财富，不具有增值和积累的功能，资产的补偿、扩充所需资金不可能通过自身资产循环加以解决，它的整个使用过程从社会再生产的角度看，是一个非生产性消费过程，不可能通过自身的使用实现资金的循环周转。

4. 资金补偿、扩充的非直接性。由于行政事业性国有资产是一个非生产性消费过程，行政事业性国有资产使用后形成的消耗资金的补偿来源，和为适应行政事业单位工作的发展而扩大非经营性国有资产规模的资金来源，不可能从行政事业性国有资产使用的结果中获得，而只能来源于经营性国有资产的收益转移和各种财政收入的行政、事业费预算支出。因此，行政事业性国有资产的规模及其扩张速度，只能以经营性国有资产的规模适度和不断发展为前提。

（三）行政事业性国有资产管理法律制度

长期以来，我国行政事业性国有资产存在存量不清、管理混乱、资源配置失衡、使用效率低下等问题。为加强对行政事业性国有资产的管理，1995年2月，财政部、国家国有资产管理局发布了《行政事业单位国有资产管理办法》；针对行政性国有资产与事业性国有资产的不同特点，2006年5月，财政部又分别制定了《行政单位国有资产管理暂行办法》和《事业单位国有资产管理暂行办法》；2009年10月22日，财政部又出台了《行政单位国有资产处置收入管理暂行办法》。上述行政规章涉及资产配置、资产使用、资产处置、资产评估、产权界定、产权纠纷调处、监督检查等内容，初步形成了行政事业性国有资产管理的基本制度框架。目前行政事业性国有资产管理体制改革及其立法进程正在不断推进之中。

二、行政事业性国有资产管理体制

根据财政部所发的两个资产管理暂行办法，目前我国行政事业性国有资产管理实行的是“国家统一所有，政府分级监管，单位占有、使用”的管理体制。

按照统一领导、分级管理的原则，根据我国政府行政管理体制、财政管理体制的级次划分，全国行政单位国有资产管理相应划分为中央、省、市、县、乡五个级次。为充分调动主管部门和行政单位的积极性，根据我国现行预算管理体制、财务会计管理体制，对各级政府所属行政单位国有资产实行三级管理：第一级是各级财政部门。其作为政府负责行政单位国有资产管理的职能部门，对行政单位的国有资产实行综合管理。同时，上级财政部门对下级财政部门负有监督、检查和指导工作的责任。第二级是主管部门或接受委托的各相关部门。财政部门根据工作需要，可以将国有资产管理的部分工作交由有关单位完成。有关单位根据受托管理范围，对行政单位国有资产实行监督管理，并对财政部门负责。第三级是行政单位，对本单位占有、使用的国有资产实施具体管理。

> 我国在国有资产管理方面比较重视与强化经营性国有资产，行政事业性国有资产管理没有提高到其应有的程度。在传统的管理体制下，产权分散于各使用单位，各使用单位各自为政。由于产权主体与责任主体不明，导致“所有者缺位、管理者失位、使用者越位”。尤其是在《企业国有资

产法》所确立的经营性国有资产管理体制不能涵盖和适用于行政事业性国有资产的情况下，如何构建科学合理的行政事业性国有资产监管体制，真正实现所有权和使用权的分离，强化产权约束，彻底解决所有权代表缺位的问题，是我们必须认真对待的问题。

我们认为，导致行政事业性国有资产管理混乱的一个根本原因在于因管理体制不顺而导致的所有者代表没有真正到位和国有资产多头管理，无人对国有资产真正负责。因此，行政事业性国有资产管理改革的核心同样是对产权管理方式进行改革，关键在于完善和落实所有权代表制度，明确监管的权力主体和责任主体，使产权代表人切实负起监管职责，改变现行的财政部门、国有资产监督机构以及主管部门多头、分散监管为产权代表集中统一管理。

三、行政性国有资产管理法律制度

行政性国有资产是指由各级行政单位占有、使用的，依法确认为国家所有，能以货币计量的各种经济资源的总称，即行政单位的国有（公共）财产。行政性国有资产包括行政单位用国家财政性资金形成的资产、国家调拨给行政单位的资产、行政单位按照国家规定组织收入形成的资产，以及接受捐赠和其他经法律确认为国家所有的资产。

（一）行政性国有资产管理的指导思想和原则

行政性国有资产管理遵循的指导思想是：（1）维护国有资产的安全和完整；（2）合理配置国有资产，提高国有使用效益；（3）保障行政单位履行职能。

《行政单位国有资产管理暂行办法》第6条规定，行政单位国有资产管理活动，应当遵循以下原则：

（1）资产管理与预算管理相结合。行政单位国有资产绝大部分是由财政预算资金形成的，资产管理与预算管理相结合既是加强资产管理、从源头上控制资产形成的客观需要，也是细化预算编制、提高预算编制科学性的有效手段。故需要将行政单位国有资产管理纳入预算管理的范畴之中，实现二者有机结合。在实践中，要坚持采取收支两条线管理，避免和减少行政性国有资产流失。

（2）资产管理与财务管理相结合。就资产管理而言，其本身就是财务管理的有机组成部分，与财务管理是不可分割的。加强财务管理工作一项非常重要的内容，就是加强资产管理。同时，加强资产管理，有效开展资产管理工作，也有利于推动财务管理工作，提高财务管理水平。因此，资产管理与财务管理相结合既是加强资产管理，促进资产合理配置、有效使用的客观需要，也是加强财务管理、规范财务行为的有效手段。

(3) 实物管理与价值管理相结合。实物管理与价值管理是资产管理工作的两个方面，实物管理主要侧重于保障实物资产的安全完整，价值管理主要侧重于账务管理。账务管理为实物管理提供了根据，实物管理是账务管理的基础。实物管理与价值管理相结合的基本要求，是账实相符、账账相符、账卡相符。因此，实物管理与价值管理相结合既是保障国有资产安全和完整的客观需要，也是加强资产的会计核算、保证账实相符的有效手段。

(二) 管理机构和职权

目前，我国行政性国有资产采取的是“财政部门—行政单位”二级管理模式。

各级财政部门是政府负责行政单位国有资产管理的职能部门，对行政单位国有资产实行综合管理。其主要职责是：(1) 贯彻执行国家有关国有资产管理的法律、法规和政策；(2) 根据国家国有资产管理的有关规定，制定行政单位国有资产管理的规章制度，并对执行情况进行监督检查；(3) 负责会同有关部门研究制定本级行政单位国有资产配置标准，负责资产配置事项的审批，按规定进行资产处置和产权变动事项的审批，负责组织产权界定、产权纠纷调处、资产统计报告、资产评估、资产清查等工作；(4) 负责本级行政单位出租、出借国有资产的审批，负责与行政单位尚未脱钩的经济实体的国有资产的监督管理；(5) 负责本级行政单位国有资产收益的监督、管理；(6) 对本级行政单位和下级财政部门的国有资产管理工作进行监督、检查；(7) 向本级政府和上级财政部门报告有关国有资产管理工作。

行政单位对本单位占有、使用的国有资产实施具体管理。其主要职责是：(1) 根据行政单位国有资产管理的规定，负责制定本单位国有资产管理具体办法并组织实施；(2) 负责本单位国有资产的账卡管理、清查登记、统计报告及日常监督检查等工作；(3) 负责本单位国有资产的采购、验收、维修和保养等日常管理工作，保障国有资产的安全完整；(4) 负责办理本单位国有资产的配置、处置、出租、出借等事项的报批手续；(5) 负责与行政单位尚未脱钩的经济实体的国有资产的具体监督管理工作并承担保值增值的责任；(6) 接受财政部门的指导和监督，报告本单位国有资产管理情况。

（三）行政性国有资产的配置、使用和处置

长期以来，行政单位国有资产管理弱化，行政性国有资产存在资产配置不公平、资产使用缺乏监督、资产使用效率较低及闲置浪费严重和资产处置不规范等问题。为此，《行政单位国有资产管理暂行办法》对行政单位国有资产的配置、使用和处置作出了较为详细的规定，以强化对行政性国有资产的管理。

在行政性国有资产配置方面，《行政单位国有资产管理暂行办法》明确了行政性国有资产的配置原则、方法和配置审批程序。根据规定，行政性国有资产配置应当遵循以下原则：（1）严格执行法律、法规和有关规章制度；（2）与行政单位履行职能需要相适应；（3）科学合理，优化资产结构；（4）勤俭节约，从严控制。《暂行办法》要求，对有规定配备标准的资产，应当按照标准进行配备；对没有规定配备标准的资产，应当从实际需要出发，从严控制，合理配备，能通过调剂解决的，原则上不重新购置。其中购置有规定配备标准的资产，除国家另有规定外，应当严格按规定程序报批，未经批准，不得列入部门预算，也不得列入单位经费支出。同时，按照政府采购制度要求，资产配置必须坚持公开、公正、公平的原则，实施政府采购。

在资产使用方面，《暂行办法》要求建立健全国有资产使用管理制度，对所占有、使用的国有资产定期清查盘点，做到家底清楚，账、卡、实相符，防止国有资产流失；禁止使用单位以任何形式用占有、使用的国有资产举办经济实体；不得用国有资产对外担保（法律另有规定除外）；未经批准，不得将其占有、使用的国有资产对外出租、出借；行政单位出租、出借的国有资产，其所有权性质不变，仍归国家所有，所形成的收入，按照政府非税收入管理的规定，实行“收支两条线”管理。国有资产对行政单位中超标配置、低效运转或者长期闲置的国有资产，同级财政部门有权调剂使用或者处置。

在资产处置方面，《暂行办法》明确了可处置资产的范围，要求行政单位处置国有资产应当严格履行审批手续，未经批准不得处置；规定行政单位国有资产处置应当按照公开、公正、公平的原则进行，资产的出售与置换应当采取拍卖、招投标、协议转让及国家法律、行政法规规定的其他方式进行；行政单位国有资产处置的变价收入和残值收入，按照政府非税收入管理的规定，实行“收支两条线”管理；行政单位分立、撤销、合并、改制及隶属关系发生改变时，应当对其占有、使用的国有资产进行清查登记，编制清册，报送财政部门审核、处置，并及时办理资产转移手续。

四、事业性国有资产管理制度

(一) 事业性国有资产的界定

事业单位国有资产，是指事业单位占有、使用的，依法确认为国家所有，能以货币计量的各种经济资源的总称，即事业单位的国有（公共）财产。事业单位国有资产包括国家拨给事业单位的资产，事业单位按照国家规定运用国有资产组织收入形成的资产，以及接受捐赠和其他经法律确认为国家所有的资产，其表现形式为流动资产、固定资产、无形资产和对外投资等。

事业单位作为一种具有“中国特色”的组织形式，在代表政府履行社会公益服务职能方面发挥着重要的作用。但事业单位的构成却非常复杂。有人说，“事业单位是个筐，什么都往里装”。我们看到，目前有履行行政职能的事业单位，有提供公共服务或准公共服务的事业单位，也有纯营利性的事业单位。也就是说，事业单位介于行政单位与企业之间，与两边的关系均理不清。这也直接导致了对事业单位国有资产管理定位的困难。处理好事业资产与行政资产、企业经营性资产之间的关系问题，将是对事业资产管理进行定位的关键。有人主张严格控制，视同行政资产一样管理；有人主张搞活放开，与企业一样进行市场化运作。事实上，事业单位在我国有其存在和发展的必然性，这也决定着事业单位国有资产不可取代的地位，既不能将其等同于行政资产，也不能将其混淆于企业经营性资产。国家分类推进事业单位改革，有助于理顺事业单位与其他单位之间的关系，但从事业单位近期改革和发展的趋势来看，其与行政单位和企业恐怕“难脱干系”：既有必要接受行政单位的行业管理、业务指导和监督，又不能完全禁止投资兴办企业以获取收益。因此，必须明确事业资产在国有资产中的一席之地，扎扎实实地研究探讨新形势下事业单位国有资产管理体制和具有针对性的管理方式，而不能试图套用现有的企业经营性国有资产管理思路，或是行政资产管理的一般做法。

(二) 事业性国有资产管理活动的原则

事业单位国有资产管理活动，应当坚持：（1）资产管理与预算管理相结合的原则，推行实物费用定额制度，促进事业资产整合与共享共用，实现资产管理和预算管理的紧密统一；（2）所有权和使用权相分离的原则；（3）资产管理与财务管理、实物管理与价值管理相结合的原则。

（三）事业性国有资产的管理机构及其职权

目前我国事业单位国有资产管理采取的是“财政部门—主管部门—事业单位”三级管理模式。

各级财政部门是政府负责事业单位国有资产管理的职能部门，对事业单位的国有资产实施综合管理。其主要职责是：（1）根据国家有关国有资产管理的规定，制定事业单位国有资产管理的规章制度，并组织实施和监督检查；（2）研究制定本级事业单位实物资产配置标准和相关的费用标准，组织本级事业单位国有资产的产权登记、产权界定、产权纠纷调处、资产评估监管、资产清查和统计报告等基础管理工作；（3）按规定权限审批本级事业单位有关资产购置、处置和利用国有资产对外投资、出租、出借和担保等事项，组织事业单位长期闲置、低效运转和超标准配置资产的调剂工作，建立事业单位国有资产整合、共享、共用机制；（4）推进本级有条件的事业单位实现国有资产的市场化、社会化，加强事业单位转企改制工作中国有资产的监督管理；（5）负责本级事业单位国有资产收益的监督管理；（6）建立和完善事业单位国有资产管理信息系统，对事业单位国有资产实行动态管理；（7）研究建立事业单位国有资产安全性、完整性和使用有效性的评价方法、评价标准和评价机制，对事业单位国有资产实行绩效管理；（8）监督、指导本级事业单位及其主管部门、下级财政部门的国有资产管理工作。

事业单位的主管部门负责对本部门所属事业单位的国有资产实施监督管理。其主要职责是：（1）根据本级和上级财政部门有关国有资产管理的规定，制定本部门事业单位国有资产管理的实施办法，并组织实施和监督检查；（2）组织本部门事业单位国有资产的清查、登记、统计汇总及日常监督检查工作；（3）审核本部门所属事业单位利用国有资产对外投资、出租、出借和担保等事项，按规定权限审核或者审批有关资产购置、处置事项；（4）负责本部门所属事业单位长期闲置、低效运转和超标准配置资产的调剂工作，优化事业单位国有资产配置，推动事业单位国有资产共享、共用；（5）督促本部门所属事业单位按规定缴纳国有资产收益；（6）组织实施对本部门所属事业单位国有资产管理和使用情况的评价考核；（7）接受同级财政部门的监督、指导并向其报告有关事业单位国有资产管理工作。

事业单位负责对本单位占有、使用的国有资产实施具体管理。其主要职责是：（1）根据事业单位国有资产管理的有关规定，制定本单位国有资产管理的具体办法并组织实施；（2）负责本单位资产购置、验收入库、维护保管等日常管理，负责本单位资产的账卡管理、清查登记、统计报告及日常监督检查工作；(3) 办理本单位国有资产配置、处置和对外投资、出租、出借和担保等事项的报批手续；(4) 负责本单位用于对外投资、出租、出借和担保的资产的保值增值，按照规定及时、足额缴纳国有资产收益；(5) 负责本单位存量资产的有效利用，参与大型仪器、设备等资产的共享、共用和公共研究平台建设工作；(6) 接受主管部门和同级财政部门的监督、指导并向其报告有关国有资产管理工作。

(四) 事业性国有资产的配置

事业单位国有资产的配置坚持严格条件、按程序报批、公开采购等原则。

事业单位国有资产配置应当符合以下条件：(1) 现有资产无法满足事业单位履行职能的需要；(2) 难以与其他单位共享、共用相关资产；(3) 难以通过市场购买产品或者服务的方式代替资产配置，或者采取市场购买方式的成本过高。事业单位国有资产配置应当符合规定的配置标准；没有规定配置标准的，应当从严控制，合理配置。对于事业单位长期闲置、低效运转或者超标准配置的资产，原则上由主管部门进行调剂，并报同级财政部门备案；跨部门、跨地区的资产调剂应当报同级或者共同上一级的财政部门批准（法律、行政法规另有规定的，依照其规定）。

事业单位向财政部门申请用财政性资金购置规定限额以上资产的（包括事业单位申请用财政性资金举办大型会议、活动需要进行的购置），除国家另有规定外，须按照规定程序报批。其审批程序为：(1) 年度部门预算编制前，事业单位资产管理部门会同财务部门审核资产存量，提出下一年度拟购置资产的品目、数量，测算经费额度，报主管部门审核；(2) 主管部门根据事业单位资产存量状况和有关资产配置标准，审核、汇总事业单位资产购置计划，报同级财政部门审批；(3) 同级财政部门根据主管部门的审核意见，对资产购置计划进行审批；(4) 经同级财政部门批准的资产购置计划，事业单位应当列入年度部门预算，并在上报年度部门预算时附送批复文件等相关材料，作为财政部门批复部门预算的依据。事业单位向主管部门或者其他部门申请项目经费的，有关部门在下达经费前，应当将所涉及的规定限额以上的资产购置事项报同级财政部门批准；事业单位用其他资金购置规定限额以上资产的，报主管部门审批；主管部门应当将审批结果定期报同级财政部门备案。

事业单位购置纳入政府采购范围的资产，应当按照国家有关政府采购的规定执行。

(五) 事业性国有资产的使用

事业单位国有资产的使用包括单位自用和对外投资、出租、出借、担保等方式。事业单位应当建立健全资产购置、验收、保管、使用等内部管理制度。

事业单位利用国有资产对外投资、出租、出借和担保等应当进行必要的可行性论证，并提出申请，经主管部门审核同意后，报同级财政部门审批（法律、行政法规另有规定的除外）。

事业单位应当对本单位用于对外投资、出租和出借的资产实行专项管理，并在单位财务会计报告中对相关信息进行充分披露。财政部门和主管部门应当加强对事业单位利用国有资产对外投资、出租、出借和担保等行为的风险控制。

事业单位对外投资收益以及利用国有资产出租、出借和担保等取得的收入应当纳入单位预算，统一核算，统一管理。

（六）事业性国有资产的处置

事业单位处置国有资产，应当严格履行审批手续，未经批准不得自行处置。其中，事业单位占有、使用的房屋建筑物、土地和车辆的处置，货币性资产损失的核销，以及单位价值或者批量价值在规定限额以上的资产的处置，经主管部门审核后报同级财政部门审批；规定限额以下的资产的处置报主管部门审批，主管部门将审批结果定期报同级财政部门备案。

事业单位国有资产处置应当遵循公开、公正、公平的原则。事业单位出售、出让、转让、变卖资产数量较多或者价值较高的，应当通过拍卖等市场竞价方式公开处置。

事业单位国有资产处置收入属于国家所有，应当按照政府非税收入管理的规定，实行“收支两条线”管理。

第四节　资源性国有资产管理法律制度

一、资源性国有资产法律制度概述

资源性国有资产，是指在人们现有的知识、科技水平条件下，通过开发使用能带来一定经济价值的国有自然资源。资源性国有资产包括国有土地资源、矿产资源、水资源、森林资源、草原资源、滩涂、海洋资源等。

我国《宪法》第9条第1款规定：“矿藏、水流、森林、山岭草原、荒地、滩涂等自然资源，都属于国家所有，即全民所有；由法律规定属于集体所有的森林、草地、荒山、滩涂除外。”宪法的这一规定，为土地管理法、矿产资源法、森林法、水法等确定国有土地所有权、国有矿产资源权、国有森林权、国有水权等奠定了基础。

资源性国有资产品种稀缺性、数量有限性及分布非均衡性等特点，要求我们必须切实注重国有资源的合理开发和有效利用。为此，我国颁布制定了《土地管理法》、《森林法》、《草原法》、《矿产资源法》、《渔业法》、《野生动物保护法》等一系列法律和行政法规，这些法律和行政立法成为资源性国有资产保护的重要法律依据和制度保障。

二、土地管理主要法律制度

土地是人类赖以生存的基本资料，我国人多地少、土地资源稀缺，土地资源保护的任务十分繁重，为加强对土地资源的管理和保护，我国先后制定了《土地管理法》、《水土保持法》等一系列法律、行政法规。

（一）土地权属制度

我国实行社会主义土地公有制，即全民所有制和集体所有制，其中城市市区的土地属于国家所有，农村和城市郊区的土地，除法律规定外，属于集体所有；宅基地和自留地、自留山属于集体所有。

《土地管理法》第2条：中华人民共和国实行土地的社会主义公有制，即全民所有制和劳动群众集体所有制。全民所有，即国家所有土地的所有权由国务院代表国家行使。

《土地管理法》第8条：城市市区的土地属于国家所有。农村和城市郊区的土地，除由法律规定属于国家所有的以外，属于农民集体所有；宅基地和自留地、自留山，属于农民集体所有。

（二）土地用途管理制度

土地用途管制制度是指国家为保证土地资源的合理利用和经济、社会及环境的协调发展，通过编制土地利用总体规划划定土地利用区，确定土地使用条件，并要求土地所有者和使用者严格按照国家确定的用途利用土地的制度。

我国现行法律将土地分为农用地、建设用地和未利用土地三类，严格限制农用地转为建设用地，控制建设用地总量，对耕地实行特殊保护。使用土地的单位和个人必须严格按照土地利用总体规划确定的用途使用土地。

《土地管理法》第4条　国家实行土地用途管制制度。国家编制土地利用总体规划，规定土地用途，将土地分为农用地、建设用地和未利用地。严格限制农用地转为建设用地，控制建设用地总量，对耕地实行特殊保护。

前款所称农用地是指直接用于农业生产的土地，包括耕地、林地、草地、农田水利用地、养殖水面等；建设用地是指建造建筑物、构筑物的土地，包括城乡住宅和公共设施用地、工矿用地、交通水利设施用地、旅游用地、军事设施用地等；未利用地是指农用地和建设用地以外的土地。

使用土地的单位和个人必须严格按照土地利用总体规划确定的用途使用土地。

（三）耕地保护制度

针对耕地资源有限的特殊国情，我国《土地管理法》等规定了保护耕地的一系列具体制度和措施，主要包括耕地占用补偿制度、耕地总量动态平衡制度、农用地转用审批制度等。

1. 耕地占用补偿制度。耕地占用补偿制度是我国实行的一项特殊耕地保护制度，凡是非农业建设经批准占用基本农田，占用者都必须开垦与所占用的耕地相当质量与数量的新耕地；没有条件开垦耕地或开垦的耕地不符合要求的，要缴纳或补足耕地开垦费，专款用于耕地开垦，保证占补平衡目标的实现。

2. 耕地总量动态平衡制度。耕地总量动态平衡，是指通过采取一系列行政、经济、法律的措施，保证我国现有耕地总面积在一定时间内只能增加，不能减少，并逐步提高耕地的质量。我国《土地管理法》第 33 条规定：“省、自治区、直辖市人民政府应当严格执行土地利用总体规划和土地利用年度计划，采取措施，确保本行政区域内耕地不减少；耕地总量减少的，由国务院责令在规定期限内组织开垦与所减少耕地的数量与质量相当的耕地，并由国务院土地行政主管部门会同农业行政主管部门验收。个别省、直辖市确因土地后备资源匮乏，新增建设用地后，新开垦耕地数量不足以补偿所占用耕地的数量的，必须报经国务院批准减免本行政区域内开垦耕地的数量，进行易地开垦。”

3. 农用地转用审批制度。建设占用土地，涉及农用地转为建设用地的，必须履行相应的审批制度。《土地管理法》第 44 条规定：“建设占用土地，涉及农用地转为建设用地的，应当办理农用地转用审批手续。省、自治区、直辖市人民政府批准的道路、管线工程和大型基础设施建设项目、国务院批准的建设项目占用土地，涉及农用地转为建设用地的，由国务院批准。在土地利用总体规划确定的城市和村庄、集镇建设用地规模范围内，为实施该规划而将农用地转为建设用地的，按土地利用年度计划分批次由原批准土地利用总体规划的机关批准。在已批准的农用地转用范围内，具体建设项目用地可以由市、县人民政府批准。本条第二款、第三款规定以外的建设项目占用土地，涉及农用地转为建设用地的，由省、自治区、直辖市人民政府批准。”

三、森林资源保护主要法律制度

森林，是指存在于一定区域内的以树木或其他木本植物为主体的植物群落。我国《森林法》和《森林法实施细则》指出，“森林包括防护林、用材林、经济林、薪炭林和特殊用途林五类”，而森林资源含义更广泛，“包括森林、林木、林地以及依托森林、林木、林地生存的野生动物、植物和微生物”。作为一种生物性的可再生自然资源，森林对人类的生存环境起着重要的作用。我国也十分重视森林资源保护的相关立法，制定和颁布了《森林法》、《森林法实施细则》、《森林防火条例》等一系列有关森林资源保护的法律和行政法规，确立了森林采伐限额制度、林木采伐许可证制度等森林资源保护制度。

（一）森林权属制度

根据《森林法》第3条，森林资源属于国家所有，由法律、行政法规规定的除外。国有企业事业单位、机关、团体、部队营造的林木，由营造单位经营并按照国家规定支配林木收益。集体所有制单位营造的林木归该单位所有。农村居民在房前屋后、自留地、自留山种植的林木，归个人所有。城镇居民和职工在自有房屋的庭院内种植的林木，归个人所有。集体或个人承包国家所有和集体所有的宜林荒山荒地造林的，承包后种植的林木归承包的集体或者个人所有；承包合同另有规定的按照承包合同的规定执行。

（二）森林采伐限额制度

森林采伐制度是我国《森林法》规定的一项法律制度，是森林采伐管理的重要内容，其目的是通过对森林采伐数量的控制来增加森林面积和森林蓄积量。森林采伐限额是指各种采伐消耗林木总蓄积量的最大限量，它是由林业主管部门根据用材林消耗量低于生长量和森林合理经营的原则，经过科学测算制定，并经国务院批准实施的。国务院批准的年采伐限额，每5年调整一次。森林采伐限额的范围除《森林法》规定的禁伐森林和林木外，包括所有林种的林分和林木的主伐、补充主伐、抚育伐、卫生伐、林分改造等各种采伐所消耗的资源总额。

（三）林木采伐许可证制度

林木采伐证制度，即国家审核发放林木采伐许可证的部门对林业采伐许可证的正常管理制度。所谓林木采伐许可证是指采伐林木的单位或个人依照法律的规定办理的准许采伐林木证明，它主要载明采伐的时间、地点、面积、数量、树种、方式以及完成更新造林的期限等内容。根据规定，采伐林木必须申请采伐许可证，按许可证的规定进行采伐。国有林业企业事业单位申请采伐许可证时，必须提出伐区调查设计文件，对采区作业不符合规定的单位，发放采伐许可证的部门有权收缴采伐许可证，终止其采伐，直到纠正为止。

四、水资源保护主要法律制度

我国保护水资源的基本法是 1988 年全国人大常委会通过的《水法》，此外还有《取水许可证制度实施办法》等行政法规或规章。

（一）水资源权属制度

《中华人民共和国水法》第 3 条明确规定，水资源属于国家所有。水资源的所有权由国务院代表国家行使。农村集体经济组织的水塘和由农村集体经济组织修建管理的水库中的水，归各该农村集体组织使用。

（二）取水许可证制度

取水许可证制度是国家为了加强水资源管理、促进节约用水和水资源合理开发利用而制定的政策。根据法律规定，直接从江河、湖泊或者地下取用水资源的单位和个人，应当按照规定向水行政主管部门或者流域管理机构申请领取取水许可证，并缴纳水资源费，取得取水权。但是，家庭生活和零星散养、圈养畜禽饮用等少量取水的除外。未经批准擅自取水的或者未依照批准的取水许可规定条件取水的。由县级以上人民政府水行政主管部门或者流域管理机构依据职权，责令停止违法行为，限期采取补救措施，处 2 万元以上 10 万元以下的罚款；情节严重的，吊销其取水许可证。

（三）水资源有偿使用制度

水资源有偿使用制度，是指国家以水资源所有者和管理者的双重身份，为实现所有者权益，保障水资源的可持续利用，向取用水资源的单位和个人收取水资源使用费的制度。在我国，取得取水许可证和缴纳水资源费作为取得取水权的前提条件。《中华人民共和国水法》第 48 条规定，直接从江河、湖泊或者地下取用水资淴的单位和个人，应当按照规定向水行政主管部门或者流域管理机构申请领取取水许可证，并缴纳水资源费，取得取水权。但是，家庭生活和零星散养、圈养畜禽饮用等少量取水的除外。

五、矿产资源保护主要法律制度

矿产资源，是指经过地质成矿作用，埋藏于地下或出露于地表，并具有开发利用价值的矿物或有用元素的集合体。矿产资源是重要的自然资源，是社会生产发展的重要物质基础，现我国在矿产资源保护方面的立法主要有《矿产资源法》、《煤炭法》、《能源法》等。

（一）矿产资源所有权

《矿产资源法》第3条第1款规定：矿产资源属于国有所有，由国务院行使国家对矿产资源的所有权。地表或者地下的矿产资源的国家所有权，不因其所依附的土地的所有权或者使用权的不同而改变。

（二）采矿许可证制度

为了保证矿产资源的充分开采和永续利用，实现可持续发展，国家实行采矿许可证制度。所谓采矿许可证制度，是指矿产资源主管部门根据当事人的申请，依法定程序对符合条件的申请人颁发许可证，允许其开采矿产资源的行政管理制度。国家实行采矿许可证分级审批制。非依法律规定，采矿权不得转让。①

（三）矿产资源有偿使用制度

开采矿产资源，必须按照规定缴纳资源税和矿产资源补偿费。矿产资源补偿费属于非税收入，全额纳入财政预算管理。②

复习思考题

1. 试述我国国有资产管理体制的主要特点。
2. 简述企业国有资产管理体制的主要内容。
3. 企业国有资产出资人制度及其内涵。
4. 简析国家出资企业与国有企业的关系。
5. 试述我国行政性国有资产管理体制及其改革。
6. 袁某为某一国有资本控股公司（简称甲公司）的总经理，其妻李某为

① 《矿产资源法》第3条第3款、第6条及《矿产资源法实施细则》第5条。

② 《矿产资源法》第5条：国家实行探矿权、采矿权有偿取得的制度；但是，国家对探矿权、采矿权有偿取得的费用，可以根据不同情况规定予以减缴、免缴。具体办法和实施步骤由国务院规定。开采矿产资源，必须按照国家有关规定缴纳资源税和资源补偿费。

该市某律师事务所的主要合伙人。袁某将其所任职的甲公司的法律服务业务委托给该律师事务所。请问：该法律委托业务是否属于关联交易？该行为效力如何？为什么？

第四编　国家宏观引导调控法

第十四章　国家宏观引导调控法概论

第一节　国家宏观引导调控法的性质和地位

一、宏观引导调控和宏观引导调控法的概念和特征

现代国家调节社会经济，除以强制干预方式排除市场障碍和以国家参与方式直接投资经营以外，还采用引导调控方式，即对社会经济活动给予指导、鼓励或者约束，促使其按照国家所希望的方向和途径运行。

早期国家在对社会经济进行管理时，就懂得运用某些引导方式。例如，为促进或抑制某些产业（农业、手工业、商业、海外贸易等）的发展，特别是在政权更替或社会变革时期为推进某种革新措施，统治者往往运用税收、奖励或其他手段引导民间经济活动。现代国家自其担负调节经济的职能以后，引导调控方式便是国家调节所运用的三种基本方式之一。20 世纪末叶，各国对于引导调控方式的运用更加重视，手段和做法更加多种多样，并综合加以运用，形成了互相关联、互相配合的宏观引导调控有机体系。

国家宏观引导调控体系，往往以“国家计划——经济政策——调节手段”为轴线。其中，国家计划规定经济发展的目标和任务；经济政策体现计划的各项基本要求，分解和落实计划的各项指标和任务；各种经济杠杆和政策工具是贯彻各项经济政策的手段。国家运用这种系统工程，从社会经济的宏观和总体上调节其结构和运行，以实现国家既定的目标和任务。因此，宏观引导调控就是国家综合运用计划、经济政策和有关调节工具，从宏观和总体上调节社会经济结构和运行的一种国家调节基本方式。

宏观引导调控同国家调节经济的其他方式比较，有以下特点：（1）它具有宏观性和总体性。国家宏观引导调控的着眼点和目的是社会经济的宏观结构和总体运行，所实行的措施影响到社会经济的全局，而不是仅仅触及某些局部和个体。国家需要在充分把握社会经济总体结构和运行状况的基础上，根据需

要和可能，遵循客观经济规律，确定国家调节的目标，通过实施某些重大和广泛适用的措施，使社会经济的结构和运行发生某种变化，产生宏观和总体性的效应。当然，宏观任务和措施需要通过其所涵盖的各微观和个体来落实。宏观引导调控不能忽视或排斥必要的微观管理。从这个意义上说，宏观引导调控应当包括为实现宏观调控所必需的微观管理。（2）宏观引导调控措施的指导性。它不同于国家在反垄断和反不正当竞争以排除市场障碍时所主要采用的强制干预方式，也不同于国家投资经营时所采取的国家参与方式，它所采用的方式重在对社会经济活动予以引导、促进或约束。国家往往并非针对个别经济活动主体发号施令，进行直接干预管理，各经济活动主体对于国家宏观引导调控措施可以根据自己情况作出自我调整，以适应国家政策要求。（3）它对于一般经济活动主体（基本经济活动主体）往往具有间接性。它往往不是直接对企业、个人等经济活动主体采取措施，企业等主体对国家的引导调控措施是一种间接反应。例如国家央行调整存款准备金率、贴现率等，对于各商业银行（这时它们乃属于一种“中层经济法主体”）来说，这些措施是直接的和强行性的，但对于其他企业和个人则是间接受其影响。

宏观引导调控既然影响社会经济的全局，其措施的适用又具有广泛性和普遍性，因此它必须由国家制定政策和法律。宏观引导调控法是调整国家对社会经济宏观引导调控中发生的各种社会关系的法律规范的总称。宏观引导调控法的调整对象，包括在国家宏观引导调控中发生的国家同它的各级和各部门机关之间，各级和各部门国家机关相互之间，各国家机关同企业、事业等社会组织或公民之间的社会关系。宏观引导调控法的功能和任务，是规范国家宏观引导调控中各有关主体的行为，规制国家宏观引导调控权力的恰当运用，维护宏观引导调控秩序，保障国家宏观引导调控目标的实现。

宏观引导调控法同经济法体系中其他两个方面的基本法律（即市场障碍排除法与国家投资经营法）比较，有以下特点：（1）法律规范适用的广泛性和普遍性。这是由法律所规制的宏观调控的宏观性、总体性及其措施适用的广泛性和普遍性决定的。它涉及社会经济的各个层面，适用对象十分广泛。（2）宏观引导调控法采用大量提倡性法律规范。虽然它也不可避免地存在某些强行性规范和任意性规范，但更加重视运用提倡性规范，引导和鼓励社会经济主体的行为；与此相适应，在法律后果方面往往有许多奖励性规定。这种情况是同宏观调控主要属于引导型的调节方式这一特点相关联的。（3）宏观引导调控法的体系较庞大，包括的内容和法律形式丰富而多样。因为国家宏观引导调控的措施和手段多种多样，并互相关联，形成一个系统工程，因此宏观引导调控法也是一个较为庞大的体系，它由多种内容和形式的法律规范构成。其内容包括国家计划、各种经济政策、各种调节手段运用的法律规范。其法律形式包括许多综合性或单项的立法，包括许多法律和许多行政法规。（4）宏观引导调控法的许多内容和规定具有较大的变动性。这是因为国家宏观引导调控的目标、任务和所采取的措施，需要根据不同时期、不同的国内和国际经济、政治、社会形势，市场的变化等，及时作出确定和调整，国家计划、经济政策和调节手段的运用不能一成不变。宏观引导调控法中有些主要是关于国家经济管理体制和程序方面的规定，而有些则主要是关于政策性的实体规定。这两方面都有一定的变动性，而后者变动性则更大。

在我国，人们对于“宏观调控”和“宏观调控法”这些概念的理解和使用，存在着许多混乱，需要澄清。

首先，目前无论是社会上或法学界都存在着把“宏观调控”范围理解扩大的倾向，使之几乎等同了“国家调节”全部国家经济职能。而如本书前面所言，现代国家的经济调节职能活动共有三种基本方式，宏观引导调控只是国家调节的三种基本方式之一，宏观调控法也只是经济法体系三个基本构成之一。国家对市场的规制和国家直接投资经营同国家宏观引导调控是并列关系，而不是从属关系；宏观引导调控法属于经济法体系三构成之一，而不等于经济法全部。人们在使用“宏观调控”一词时往往未能仔细研究“宏观调控”的内涵，这种经济调节方式同其他国家调节方式的特殊质的规定性，而是把凡是国家对经济的调节管理措施统统称之为宏观调控了。这种理解在我国现实生活中的弊端是不利于区分在市场经济条件下国家经济职能方式同过去国家对经济“统管”的方式。

其次，则是一种过于狭窄和片面的理解，特别是在经济学领域许多人往往把“宏观调控”等同于国家的紧缩和限制政策，例如当国家财政政策、货币政策收紧时，人们便说现在国家在宏观调控了。殊不知所谓宏观调控除了约束、限制之外更重要的还包括积极正面引导、鼓励及提供服务和其他帮助；宏观引导调控法除了也运用一些强行性规范外，更多地则是运用提倡性规范和任意性规范。

二、宏观引导调控法的部门法属性

宏观引导调控是现代国家调节经济重要的基本方式。宏观引导调控法调整在国家引导宏观调控中发生的社会关系，规范国家调节，以促进社会经济协调、稳定和发展。它的调整对象及功能和任务，同经济法体系中其他两个基本法律渊源是一致的。它所适用的调整原则和调整方法，也符合本书前面所论述的经济法的调整原则和调整方法。宏观引导调控法是经济法性质的法律规范，是经济法体系重要的基本构成。

认定宏观引导调控法的经济法属性，并不排除它同其他部门法的某些联系。国家在宏观引导调控中往往运用多种法律手段，需要行政法、民商法、刑法等部门法的配合，有时直接适用这些部门法的规定。宏观引导调控法同行政法的关系更为密切。国内外学者在经济法同行政法关系上存在的分歧和混乱，包括否认经济法的部门法属性而主张它最多只是行政法的一个分支的意见，其症结就主要在于对经济法体系中的宏观引导调控法性质的认识。

本书第一章已从国家经济调节同国家行政管理各自的目的和任务、方式手段、原则、涉及领域与深度、侧重角度、主体等方面，论述了经济法同行政法的区别和某些联系与交叉，其中很多内容说的就是宏观引导调控法同行政法的关系问题。这里有必要再就法律关系主体方面作些补充。人们发现，宏观引导调控的调节管理主体基本上是国家行政机关，特别是国家经济管理机关，如计划、财政、税务、金融、工商、物价、经济贸易等国家机关。应当承认这些机关是国家行政管理机关，它们一直在执行着行政管理职能。但同时它们又是国家宏观引导调控的管理主体，执行着国家经济调节职能，即执行着实施经济法的任务。这是在法律关系主体上的联系和交叉。但这毕竟不能证明宏观引导调控法即为行政法，因为同一机关可以同时担负几种法律的实施，分别参加不同法律关系而成为不同法律关系的主体。在这些机关设立时或设立以后，国家的宪法和法律赋予了它们同时担负实施几种法律的职责。这决定了它们的多重法律关系主体资格。当然，它们在具体执行职责时并不需要仔细区分其行为属于何种部门法性质，它们以何种法律关系主体身份出现在被管理者面前。国家宏观引导调控需要通过微观管理来实现。宏观引导调控法同行政法在这种微观管理领域的交叉或重合最为明显。

本节前面说过，国家宏观引导调控法，有些是关于国家计划和经济政策的实体性内容的立法，有些主要是关于国家管理体制和程序的立法。后面这类立法（如计划管理法、预算法、税收征收管理法、中央银行法、价格管理法、外汇管理法、外贸管理法等），具有较多的行政法性质的规范，但同时也具有经济法（宏观引导调控法）性质。行政法可以将它们纳入其法律体系，但它们也属于经济法体系范畴。这里，两个部门法发生明显的交叉。

这种情况出现的原因是现代国家职能的变化。过去的国家一直担负着行政管理职能。19 世纪末以后，由于国家肩负起经济调节任务，凡是可以用以调节经济的方式和手段，国家必然将它们纳入国家调节系统，综合运用。以财政税收为例，原来的国家财政主要是为了满足国家对内、对外职能的活动经费的需要，财政法属于行政法性质。由于财政同经济关系十分密切，在组织财政收入和安排财政支出过程中，强烈地影响着社会经济的结构和运行。这种影响最初是自发的，后来国家充分认识到并自觉地加以运用，使之用于对经济的调节，财政和财政法的功能、任务和性质便发生了变化，它们从此具有了国家调节和经济法的性质；但同时财政还仍然担负着原来传统的功能和任务，财政法也仍然还具有行政法性质。认识这一点，有助于我们在宏观引导调控立法和实施中恰当处理其同有关行政法的关系，综合运用多种法律实现国家宏观引导调控任务。

三、宏观引导调控法的地位

国家宏观引导调控法作为经济法体系的一个基本构成，其地位和重要性有个逐步发展的过程。国家自从担负调节经济的任务起，其调节方式中就包括引导和促进的做法。但过去这类调节方式不甚发达，手段不多，未形成体系，因此在经济法体系中的地位远不如反垄断法和国家投资经营法重要。反垄断法在西方资本主义国家长期居于经济法的核心地位，而国家投资经营法则在社会主义国家处于核心地位。“二战”后，特别是20世纪最后一二十年以来，各国的经济引导、促进方式迅速发达起来，综合运用国家计划、经济政策和各种调节手段，引导和促进经济发展，积累了丰富经验，并逐步形成宏观引导调控体系，这方面的立法也形成了比较完备的体系。宏观引导调控法在各国经济法体系中的地位越来越重要，出现了取代反垄断法或国家投资经营法而上升为各国经济法的核心地位的趋势。

当代各国越来越重视对社会经济实行宏观引导调控，其根本原因在于科学技术飞速发展引起生产进一步社会化，国民经济更加融为一个有机整体，并更加国际化、全球化。突破疆界的国际工商企业把广泛的区域联系起来，形成新的世界经济体系。国家对本国经济的调节比以往任何时候更加需要有广阔的视野，从全局和总体上把握经济运行的状况和特点，以进行必要和有效的调节。因此，制定和实施国家计划和各种经济政策，综合运用各种调节手段，并使之形成完善的国家宏观调控体系，就显得特别重要和迫切。

另一方面，企业特别是大企业和跨国公司，由于借助现代高科技，比以往任何时候都更加强大。资本、熟练劳动力和信息在世界范围内自由流动，跨国公司的资产和利润来源分布于许多国家和地区，任何一个国家，包括它名义上所属的那个国家，其政府已不能像过去那样对其行使权力。跨国公司的强大力量及其流动性正在削弱当地政府施政的效率，改变政府管理的方式。政府的作用仍是必需的，或者说在全球化趋势下，政府凭借它的权威，对全球资讯的了解和所拥有的政策工具及其他经济调节手段，甚至通过国际政治、外交活动，是能够和应当在经济上发挥重要作用的；但其作用方式应当改变，应当主要是对企业予以引导、促进、提供帮助和服务等。以上情况也促使国家加强和完善其宏观调控体系及其立法。

20 世纪 80 年代初从英国开始的全球私有化浪潮，使国家直接投资开办的国有企业急剧减少，国家投资经营这种国家调节经济的方式及这方面的立法，在国家调节三种基本方式及经济法体系三种构成中的比重和地位下降。原来的国有企业因私有化而脱离政府的控制。许多原国家垄断部门在私有化后即成为民间性质的大公司，政府实际上也不能再对它们发号施令。但对于它们的经营，特别是对它们开辟和争夺国际市场有帮助的适当的政府宏观调控却是必要的，企业乐于接受。

促使宏观引导调控法在西方国家经济法体系中地位提高的另一个原因，就是原居于核心地位的反垄断法本身也在发生变化。国家的垄断和竞争政策日益要求同国家经济发展总目标相协调，统一纳入国家宏观调节体系。反垄断法主要在于为自由竞争和市场机制的充分作用创造条件，作为国家调节经济的一种方式，其对于社会经济的作用具有某种间接性和被动性，作用面有一定局限性，远不如宏观引导调控这种作用方式积极主动，影响面大而效果显著。

宏观引导调控法在中国经济法体系中地位的提高，还有其他重要原因，这就是国家投资体制和国有企业改革的必然趋势，使国家投资经营这种调节方式和国家投资经营法在国家经济调节和经济法体系中的比重不断有所降低。随着改革进程不断推进，在我国的国家调节和经济法立法体系中，国家投资经营及其立法的核心地位将逐渐让位于国家宏观调控及宏观调控法。

此外，我国的反垄断法在经济法体系中曾长期缺位，虽然现在已经颁布和实施这种法律，但它也不会成为我国经济法的核心。这不仅是基于我国国情的推断，同时也是当今世界各国经济法体系发展变化的潮流使然。

综上所述，我们看到，当今世界各国经济法的核心正在发生两股相向的变化趋势：在西方资本主义国家，其经济法体系的核心正在由反垄断法移向宏观引导调控法；在中国，则由国家投资经营法逐渐让位于宏观引导调控法。宏观引导调控法正在成为各国经济法的核心。这是 20 世纪与 21 世纪之交世界范围内经济法体系发展变化最显著的特征之一。当然，不同国家的宏观引导调控及其立法的具体内容和特点有所不同，这正如各国所实行的市场经济模式各有其特点一样。

在将来各国宏观引导调控法进一步发达并稳居经济法核心地位以后，反垄断以及国家投资经营这两种现代国家调节经济的基本方式仍将存在，并继续发挥其特有的作用，这两个方面的立法仍将是经济法体系的基本构成之一。虽然它们同宏观引导调控和宏观引导调控法密切相关，但由于其作用的领域及方式的特定性，仍不失为国家调节和经济法体系中相对独立的构成部分。

第二节 国家宏观引导调控法的沿革和制度体系

一、宏观引导调控与宏观引导调控立法概况

如前所述，国家运用某些引导、促进方式管理经济的情形早已有之，只是20世纪特别是从其后期开始，逐渐形成了以“国家计划——经济政策——调节手段”为轴线的宏观引导调控体系。这方面的立法也逐渐完备起来。

现代资本主义国家大多制定有各种不同的国家计划。除法国、日本这些计划比较发达的典型国家外，西欧的荷兰、挪威和瑞典等国也是实行计划制度时间较长的国家。德国早在1936年就曾制定1936—1940年的“四年计划”，它可算是资本主义世界第一个较为正规的全国经济计划。“二战”后前联邦德国政府也重视运用经济计划调节经济，编制了短期行情计划和中期经济规划。英国于1965年公布了它的第一个国民计划（1964—1970年）。此前设立了国民经济发展委员会和经济事务部，负责经济计划工作。墨西哥政府通过1979—1982年全国工业发展计划调整和重组经济结构，合理开发和利用本国资源。法国是战后西方国家中推行国家计划调节的典型。自1947年开始实施第一个计划起，半个世纪中一直延续下来，并取得较好的效果。

法国的计划不是由国家统制一切经济活动的政府指令，不期望整个社会都接受计划；它是一种指导性（或指示性）的计划。它规定中期国家总体经济发展战略和目标，规划宏观经济总量增长指标，并注重运用经济政策和经济杠杆，诱导企业行为和经济发展。特别是20世纪70年代末，法国进行了计划改革，1982年通过一项《计划改革法案》，规定减少国家直接干预，使计划更加注重指明经济发展方向和对宏观经济的协调和平衡。

法国计划的范围由小到大。前三个计划重在部门规划；1962年开始的第

四个计划，越出部门范围，成为国家宏观计划；从1981年开始的第八个计划开始，计划超越经济领域而扩大到科研、文化教育和生态环境等其他社会领域，成为经济和社会发展计划。

日本经济受到政府较强的干预，计划发挥着重要作用。在资本主义国家中，日本经济是具有较强计划性的典型之一。

> 早在第二次世界大战前和战争期间，日本就曾制定过《扩充生产力计划》和《物资动员计划》。战后开始制定了《经济复兴计划》。其第一次由内阁会议通过，正式作为政府经济计划对待的是1955年计划（计划期为1956—1960年）。此后每届政府都分别制定中长期计划。1999年小渊内阁制定以2010年为目标的新经济计划，这是日本战后第14个经济计划。该计划适应由“现代工业化时代”向“知识时代”的“历史性大转变”。为使日本经济恢复活力，政府将努力创造一个自由的竞争社会，通过市场竞争培养个性和创造性，使新技术、新产业和新文化层出不穷。政府尽可能减少对企业活动和产业的干预，允许收入差距拉大，重视“机会平等”而不是“结果平等”。①
>
> 除中长期计划外，日本政府还制定短期计划（即《政府经济展望》），每年1月由内阁审定公布。短期计划具有“政府诺言”性质，其中心问题是经济增长率。为了指导短期计划的实施，政府还同时发布《经济工作基本态度》，该文件的内容是如何掌握政策。

日本的计划也不是有严格约束力的，而只是关于经济政策的意见汇编和经济发展前景的预测，以供私人企业和公共事业参考，并成为国家活动的根据。由于计划有各种经济政策和调节工具相配合，并且在相关的立法中对于计划作了规定（如在《确保粮食临时措施法》含有“农业计划”，在修改的《粮食管理法》中有“分配计划”，《果木农业振兴特别措施法》中有“果树农业振兴计划”等），使这些计划具有法律约束力，所以，日本计划的预期目标大多能得到较好实现。虽然在日本国内有些学者对日本计划的作用持怀疑态度，把它贬低为如同“长期天气预报”，但即使这些学者也肯定了计划同日本经济政策存在一定的关系，承认计划对于日本经济增长在情报收集、交换和传播方面

① 《日本经济新闻》1999年7月6日报道。

的导向作用。①

日本及其他西方国家的计划同其经济政策密切相关，各项经济政策分解计划所确定的任务，并运用经济杠杆和其他调节手段，促使计划实施。例如在日本，计划的编制往往是国家各部门和社会各界对于各项经济政策的意见的汇集；而其后各部门在制定经济政策时往往要考虑在计划中反映的政策优先次序和增长率等宏观的或部门的计划指标。在日本经济中有着十分重要地位的产业政策及这方面的立法，其形成过程及其对实施国家计划的作用，就大致如此。

在中国和其他实行或曾经实行社会主义的国家，计划在经济和社会发展中的地位和作用尤其重要。社会主义国家的经济管理职能十分发达，社会经济的结构和运行主要依靠国家调节。国家对于社会经济的调节和管理基本上是通过国家计划实施的。在这里，所谓国家调节主要就是计划调节，所以，其经济体制被称为计划经济。在过去高度集中的计划经济体制下，不仅计划范围包揽一切，而且计划指标多为指令性的，计划实施手段主要依靠行政命令。从国家对经济管理和调节的基本方式来分析，计划主要不是属于国家引导经济这种类型，而是包括了国家强制、国家参与和组织经济等各种方式在内的一种综合的、全面的管理和调节手段。但是，这些国家后来先后进行了经济体制改革，包括改革计划体制，逐渐注重发挥市场调节的作用，缩小了计划管理的范围，减少了指令性指标，逐渐过渡到以指导性为主。这样就使计划逐渐成为国家引导经济发展的中心环节。

社会主义国家的经济计划也是通过各项经济政策和各种调节手段实施的。不过，过去的经济政策主要是采取执政党和国家下达的政策性文件和指示的形式，计划实施手段更多采用行政手段；改革以后，在计划的编制和实施中加强了法制。中国自20世纪70年代末以来，国家在制定和调整产业政策、投资政策、货币金融政策、财政税收政策、国民收入分配政策和消费政策等的同时，颁布了大量法律、法规。在调节手段方面，更多运用税率、利率、汇率等经济杠杆和经济手段，并以相关的立法使这些经济杠杆和经济手段的运用法制化。

我国自1953年以来已连续实施了11个五年计划。1996年中共中央在《关于制定国民经济和社会发展“九五”计划和2010年远景目标的建议》中指出：国家计划要突出宏观性、战略性和政策性。计划指标总体上应该是预测性、指导性的。完善宏观调控体系的重点是，建立计划、金融、财政之间相互

① ［日］小宫隆太郎：《日本的计划工作》，载［美］莫里斯·博恩斯坦编：《东西方的经济计划》，商务印书馆1995年版，第231～274页。

配合和制约，能够综合协调宏观经济政策和正确运用经济杠杆的机制。计划要根据经济社会发展需要和社会财力、物力的可能，合理确定经济社会发展战略和宏观调控目标，并通过实施产业政策及投资政策，促进经济结构优化。2006年制定国民经济和社会发展“十一五”规划时，首次使用“规划”（替代“计划”）的提法。

计划法的概念有狭义、广义之分。狭义的计划法是指集中规定国家计划编制和实施的指导思想、原则、管理体制和程序的综合性法律规范性文件。广义的计划法则除前者以外，还包括其他法律、法规中有关计划的内容、编制和实施的法律规范。

计划本身不等于法律。将计划内容制定为法律的方式大致有两种：一是根据国家计划制定经济政策，又根据经济政策制定有关法律。例如日本为实现“生产扩充计划”而运用《炼钢事业法》和其他各种事业法；为实现“物资动员计划”而运用《进出口物品等临时措施法》和《国家总动员法》等。在这种情况下，“法律本身并未设立对计划的任何规定，而计划却在法律背后，成了根据这些法律制定的各种行政活动的实质性标准”。① 二是在立法中规定有关计划。例如日本在《确保粮食临时措施法》中规定“农业计划”；在《中小企业现代化促进法》中规定“中小企业现代化计划”和“中小企业结构改革计划”等。德国的《经济稳定增长法》第10条规定了长期投资计划和在这种计划基础上制定的联邦政府中期财政计划。在这种情况下，计划被直接纳入法律之中。以上这些都属于广义的计划法。

经济政策是连接国家计划与各种调节手段的中介，它分解计划所规定的经济发展总任务和各种宏观经济总量指标，形成各个方面的基本行为方针和准则，并使各种调节手段能直接发挥作用。经济政策也不等于法律，不需要将所有的经济政策都制定为法律。但对于各个时期国家的各项基本经济政策，通常制定相应的法律，使政策内容更加规范化，并赋予法律效力，以保障更好地实施。所谓经济政策法，就是指体现国家各项基本经济政策实体性内容的各种法律规范。它们是国家宏观引导调控法体系中的主体部分。

国家经济政策的种类很多。通常包括产业政策、投资政策、财政税收政策、货币金融政策、外贸外汇政策、国民收入分配政策、消费政策等；有时国家还制定内容更加全面的综合性的国民经济基本政策，因此经济政策法也通常包括产业政策法、投资政策法、财政税收政策法、货币金融政策法等。有些国

① ［日］金泽良雄：《经济法概论》，甘肃人民出版社1985年版，第67页。

家还制定了内容更加全面的综合性的国民经济基本政策法。例如德国 1967 年的《经济稳定增长法》、美国 1976 年颁布的《充分就业和国民经济平衡增长法》，即为该国的基本经济政策法。国家经济政策按照国民经济各行业部门，分为工业政策、农业政策、商业政策、外贸政策、交通运输业政策、邮电通讯业政策、建筑业政策、服务业政策等。国家宏观引导调控法因而包括以上国民经济各行业部门的政策法。

国家宏观引导调控所采用的调节手段，虽然也包括使用某些强制性手段，但主要是对社会各经济活动进行指导、鼓励，提供帮助和服务，属于引导型的。它们主要包括税率、利率、汇率等经济杠杆和其他财政、税收、金融、信贷、价格、工资等方面政策工具及其运用，特别是对它们的综合运用。这些调节手段及运用应当法制化，应由法律规定可以使用哪些调节手段，它们的使用机关、权限范围、使用程序和方法等，避免随意性。这些多规定于财政法、税法、金融法、外汇法、价格法等综合性法律之中，政府及其有关主管部门也颁布一些单项法规。

二、宏观引导调控法制度体系

宏观引导调控法从内容上分析，包括了计划法、各种经济政策法和关于各种调节工具和手段运用的法律规定。以上内容的法律规范互相关联、配合，共同组成有机的宏观引导调控法体系。

以上法律贯彻着共同的总的指导思想和基本原则，共同执行国家宏观引导调控任务。关于宏观调控总的指导思想和基本原则、基本任务等方面的法律规范，构成宏观引导调控法的“总纲”。宏观引导调控法应当有这种总纲性质的规定。它们通常散见于国家有关的政策文件和法律之中，特别是国家计划和计划法、有关经济政策及其立法之中；宪法中也有基本的原则性规定。国家如果认为有必要制定一部综合性的宏观引导调控法典或宏观引导调控法纲要，那么，就可以将以上内容集中加以规定，作为其总纲部分。

宏观引导调控法如果从法律表现形式上分析，则包括一系列各基本方面的综合性法律和许多单项法规。对于计划、财政、税收、金融、价格等国民经济各职能方面及工业、农业、商业、交通运输等各行业部门，国家往往以综合性法律形式分别加以规定。其内容一般说来主要是有关管理体制和程序的规定，此外还有管理原则和主要政策的实体性规定。但也有主要是规定政策的实体性内容的，除前面提到的德国、美国那样的基本经济政策法外，许多国家还分别就其产业政策、财税政策、金融政策、科技政策、就业政策等的实体性内容，颁布综合性法律。综合性法律无论对于程序性或实体性内容的规定，都难以全部包罗。特别是关于计划和各种经济政策的实体性内容既多且变动性大，国家需根据客观形势和情况随时予以调整，因此需要在各基本的综合性法律之外，再颁布许多单项法规，以同各有关综合性法律相补充和配套。宏观引导调控法中存在大量的单项法规和暂行规定，这是其立法体系的一个明显特点。

此外，宏观引导调控法如按照效力渊源，则包括宪法、法律、行政法规和地方性法规。

宏观引导调控法的制度体系主要包括下列几方面的规定：

（1）计划法律制度。含计划体系与指标体系、计划管理体制、计划体制与执行程序、计划法律责任等。

（2）经济政策法律制度。按经济政策种类，分别有综合性基本经济政策法和国民经济各职能方面和行业部门的经济政策法的规定。国民经济各职能方面的政策法一般包括产业政策法律制度、财政及税收政策法律制度、货币金融政策法律制度、价格政策法律制度等。国民经济各行业部门的政策法则包括诸如工业、农业、商业、交通运输等部门的政策法律制度。

此外，宏观引导调控法律制度还可区分为平常时期与特别（非常）时期或特定目标的宏观引导调控法律制度。后者是指对于如战争、经济危机、灾害等社会形势异常时期的国家引导调控法律制度，或针对如克服通货膨胀、经济停滞或过速增长、失业率增高等目标实行的国家引导调控法律制度。特别时期或特定目标的宏观引导调控法律制度同平常时期宏观引导调控法律制度，在措施的严厉性和法律规范类型等方面有着明显不同。

复习思考题

1. 试述宏观引导调控法的概念和特征。
2. 试述宏观引导调控法的部门法属性及其同行政法的联系和区别。
3. 试述宏观引导调控法在经济法体系中地位的演变。
4. 简述宏观引导调控法的制度体系。

第十五章　计划法及产业政策法

第一节　计划法概述

一、计划法的概念与特征

（一）计划法的概念

我国学术界对计划法概念的定义大致有两类方式：一是传统型，将计划法定义为调整在制定和实施国家计划的过程中发生的社会关系或称计划关系的法律规范的总称；然后通过对计划关系的阐述来进一步理解计划法的定义。另一类是二分法，即将计划关系分解为两方面来理解计划法的概念，其中又可以分为两种：第一种把计划关系分为间接计划关系与直接计划关系；第二种则将计划关系分为计划实体关系和计划程序关系，从而构成狭义计划法与广义计划法：狭义者，主要调整计划程序关系；广义者则还调整计划实体关系。

就整体来说，计划法的目的就是保证计划法的合理编织和有效实施，对计划内容、形式和计划主体的规定在一定意义上都是为了达到上述目的，所以计划法具有程序法的属性。从狭义的观点看，计划法主要包括主体及其权利义务、计划程序、计划法律责任三方面内容，其中对主体的界定是计划法运行的基础，计划程序规定主体的行为模式，计划责任则是主体按照行为模式从事活动所引起的法律后果。① 但是，计划法所规定或保障的，通过一定形式表现的计划内容依法是具有一定法律效力的；计划主体又依计划法的规定享有一定权利，有时还要承担一定的、不仅仅是程序法上的实体法律责任，由此，计划法又具有实体性的属性。

综上所述，我们主张广义的计划法说，认为计划法是体现国家计划内容，保障计划各项任务和总量指标实现的各有关法律，兼具实体性和程序性的双重

---

① 参见漆多俊主编：《经济法学》，武汉大学出版社 1998 年版，第 47 页。

属性。

（二）计划法的特征

从本质上看，计划法与经济法是一脉相承的，即规范和保障国家（计划）调节之法，因而计划法也具有经济法的一般特征。同时，计划法还具有一些不同于其他部门经济法的特征。需要说明的是，这些特征包括两部分，一部分是计划法固有的，还有一部分与其说是特征，不如说是现阶段我国计划法实践的缺陷与不足。我们试图结合经济法的某些特征分析我国计划法的具体特征：

1. 计划法典的程序性与其他计划法律法规中计划内容的实体性。我国目前并没有一部形式意义上的计划法典，有关计划的实体性内容大多体现在其他法律、法规中。一般来说，计划的实体性内容具有开放性的特征，虽然为一定时期的国民经济发展确定了目标，但仍可能随着实际情况的变化需要对计划目标作调整修改，在某些情况下甚至需要废除。而计划法典作为整个计划法律体系中的“母法”，主要对其他计划法律、法规起指导作用，不便直接将计划法的实体内容规定在计划法典当中。所以，我们可以合理设想将来我国的计划体系，应当是由一部形式意义上的计划法典作为统率，主要调整计划程序关系，而辅之以其他计划法律、法规以及其他法律、法规中有关计划的内容，主要调整计划实体关系。

2. 计划中提倡性规范的大量存在。所谓提倡性规范，是指鼓励、提倡人们为或不为一定行为的法律规范。它同强行性规范不同，它不是强行命令或禁止人们为或不为一定行为；它与任意性规范也不同，它不是一般地允许，而是鼓励和提倡人们为或不为一定行为，国家立法者的意志倾向十分明确。计划法的这一特征，首先是经济法的特征在计划法中的体现。经济法调整方法的特点之一就是实行提倡性规范与必要的强行性规范和任意性规范相结合。如果说这三种规范形式与经济法体系的三种构成之间存在联系的话，那么，我们可以大致地认为，市场规制法或称市场障碍排除法主要是强行性规范，国家投资经营法主要是任意性规范，而包括计划法在内的宏观调控法则主要是提倡性规范。

其次，计划法的这一特征，从根本上来说，是由市场经济条件下的计划以指导性为主决定的。在计划经济体制下，计划以指令性为主，所以相应的计划法中主要是强行性规范，人们必须按照计划为或不为一定的行为，从而保障计划任务的实现。而在市场经济条件下，计划主要是指导性的，国家通过各种经济政策和经济杠杆来促使、引导人们实现计划指标。当人们没有完成指导性计划任务时，并不一定承担具体的否定后果；但是当人们成绩显著地完成计划任务时，则可能导致“奖励”这种肯定式的法律后果。这就是计划法中的提倡

性规范的题中之义。

3. 计划法律责任的二元性与否定责任的虚化。所谓计划法律责任的二元性，主要是指计划法律责任应当包括肯定式（或积极）的法律后果和否定式（或消极）的法律后果。在我国目前的计划实践中，几乎没有规定计划主体的否定式责任，即使有，也形同虚设。

二、计划法的体系

（一）计划法的分类

最常见的分类方法是按照计划的法律渊源，将其分为宪法中有关计划的规范、计划法律、计划行政法规、地方计划法规等。另外，在计划法中具有实际意义的划分方式是将其分为计划实体法和计划程序法。

计划实体法主要包括经济与社会发展计划法、宏观经济协调法、产业结构法、经济稳定与增长促进法等。经济与社会发展计划法一般需要对国家在经济与社会发展方面计划实现的基本目标及其主要实现途径等加以规定。宏观经济协调法是为实现宏观经济目标，而对各种宏观经济政策及其经济手段进行协调的法律。经济稳定与增长促进法或称滞胀防止法是通过计划、财政等手段的综合运用，来保障充分就业和物价稳定，防止停滞和通货膨胀，维持国际收支平衡，从而为经济增长提供稳定的经济环境。从某种意义上来说，它可以认为是宏观经济协调法的具体化。产业结构法主要是产业结构合理化法，它是通过各种经济手段的综合运用来实现产业结构的调整和合理化，从而从供给方面来促进经济总量平衡的法。①

计划程序法主要规定计划的编制与调整、执行、监督检查等方面的内容，后文有具体阐述。

（二）我国计划法的立法体系

中华人民共和国成立以后，先后制定了《国民经济计划编制暂行办法》（1952 年 1 月）、《关于编制国民经济年度计划暂行办法》（草案）（1953 年 8 月）、《中华人民共和国国家计划委员会暂行组织通则》（1995 年 10 月）、《关于改进计划管理体制的规定》（1958 年 9 月）、《关于加强财政计划工作的决定》（1960 年 1 月）、《关于改进计划经济体制工作的若干暂行规定》（1984 年 10 月）和《关于大型工业联营企业在国家计划中实行单列的暂行规定》

① 参见张守文、于雷：《市场经济与新经济法》，北京大学出版社 1993 年版，第 295 ~ 296 页。

(1987 年 3 月) 等。这些规范性文件对加强当时的计划工作和完善计划法制起到一定的积极作用。但由于形势的发展变化，特别是八届人大一次会议明确了我国由计划经济体制转变为市场经济体制以后，我国计划立法现状已不符实际需要了。

然而，奇怪的是，即使是在计划经济体制、计划高度发达的条件下，我国也没有制定一部形式意义上的计划法典。这主要是因为当时盛行“法律虚无主义”，计划被作为行政手段的附庸，行政命令取代了法律、法规。虽然现在实行社会主义市场经济体制，但由于前文所述原因，人们又转向“计划虚无主义”，以至于计划法仍然被忽视。所以，当前我们一方面是要对原来的计划法规进行彻底清理；另一方面要将制定一部形式意义上的计划法典提上议事日程。

关于计划立法的模式，目前世界上主要有三种：(1) 集中式，即制定一部计划法典，规范所有的计划关系，例如罗马尼亚的《计划和社会发展计划》；(2) 分散式，即不制定一部统一的计划法典，而将计划关系分别规定在不同的经济法规或其他法律、法规中；(3) 结合式，即以一部形式意义的计划法典为主，同时辅之以单行的计划法规，并且可以在其他相关法律、法规中对计划问题作出规定。我们认为，第三种模式比较适合我国。

形式意义上的法典，作为我国计划法体系的统率，应当主要就计划法的基本问题作出规定，包括：计划法的立法宗旨、基本原则、计划的性质和形式、计划管理体制（又包括计划主体及其权利义务）、计划程序以及法律责任等。正如我们在“计划法的特征”中提到的，这部法典主要是程序意义上的。

三、计划法律关系

计划法的调整对象是在计划的编制和实施过程中发生的社会关系，简称计划关系。计划关系经计划法确认或调整后，便形成了计划法律关系。所谓计划法律关系，是指依据计划法而形成的计划主体之间的权力与义务关系，包括主体、客体与内容三个要素。

(一) 计划法律关系的主体

计划法律关系的主体，简称计划主体，是指依照计划法享有权利并承担义务的计划法律关系的参加者或当事人。按照计划程序的不同阶段，可以将计划主体大致分为计划管理主体、计划执行主体和计划监督主体。

1. 计划管理主体。亦可称为计划权力主体，是指在计划的制定和实施过程中，依照计划法享有的职权，履行计划管理职责的国家经济管理机关，可简称为计划机关。计划机关在计划主体体系中占有最重要地位，有学者从理论上对计划机关做了合理、科学的界定，即：（1）计划机关应为民主机关；（2）计划机关应为统一性机关；（3）计划机关应为智囊机关（4）计划机关应职能明确。①

按照等级的不同，计划机关可以分为中央计划机关和地方计划机关。相对来说，中央计划机关比地方计划机关更为重要，后者往往是在前者的授权范围内，根据前者制定的中央计划拟定地方计划。

在我国，全国性的国民经济和社会发展计划由国务院编制和管理，由国家发展计划委员会负责编制的具体工作；全国性的行业计划由国务院各个部门负责编制。地方性的国民经济和社会发展计划由地方人民政府编制管理，同级人民政府的计划委员会负责具体的编制工作。由于计划法主要规范中央综合性计划，所以中央计划机关是我国计划法律关系中最重要、最基本的主体。在以前的计划经济体制下，国家行政机关都在一定程度上执行着计划职能。随着向社会主义市场经济体制的过渡，计划机关的职能应由行政性转变为法定性。国务院 1998 年 6 月 23 日发布的《国家计划委员会职能配置、内设机构和人员编制规定》就较为详细地规定了国家发展计划委员会的主要职责。2003 年，国家发展计划委员会改组为国家发展与改革委员会，职能也有了相应的调整。

2. 计划执行主体。它是具体履行计划的有关组织，既包括国家机关也包括企业法人和非企业法人组织。这类主体的基本性质或业务内容不是从事计划工作，只是在计划机关从事计划业务工作过程中，依法与之发生计划关系，才得以成为计划主体。因此，这类计划主体具有普遍性和不确定性：普遍性，是指凡是一般的市场经济主体，在理论上都有可能成为计划主体；不确定性，则是指它们在实践中又不一定都是计划主体，而是要看它们是否参与到具体的计划法律关系当中。

3. 计划监督检查主体。它是指对计划从制定到实施的全过程进行监督、检查的计划主体。其范围要远远大于前两类主体。因为计划管理主体和计划执行主体除了管理计划和执行计划之外，还具有自我监督、检查的功能；同时计划管理主体之“管理”，本就含有监督检查之意，而且是计划监督检查主体中最重要的主体。因此，我们在这里说的计划监督检查主体是狭义上的，是指除了计划管理主体和计划执行主体之外的其他社会主体。

当然，上述划分就计划程序阶段而言的，并不是严格的、周密的，而是彼

---

① 参见漆多俊主编：《经济法学》，武汉大学出版社 1998 年版，第 451 ~ 454 页。

此相互交叉的。比如，计划管理主体并不只是在计划执行之前才从事决策、制定、审批等管理事项，在计划执行过程中和计划执行完毕后，也负有相当的管理职能，如对计划的调整和监督检查等。

（二）计划法律关系的内容

计划法律关系的内容，是指计划主体所享有的权利和承担的义务。与民事法律关系主体的权利义务相比较，计划主体权利义务的特征主要有：（1）计划主体在行使计划权利时负有不得滥用计划权利的义务；（2）各类计划主体的权利义务不均衡、不对等；（3）计划法主体权利义务有倾斜性。

计划法律关系的内容因计划主体的不同而有明显差异：

1. 对计划机关来说，其主要负有计划管理权利，包括计划的决策、制定、审批、修改和监督检查等内容。同时，这些权利又是依法由国家或上级机关交给它们的经济管理权利，它们负有积极、正确行使的义务，不得懈怠，更不得随意转让或放弃，因而具有法定性、不可转让性等特点；对于其被管理主体即计划执行主体来说，计划机关还负有依法管理、不得滥用职权的义务。

2. 对于计划执行主体来说，则因计划的直接性或间接性的不同而不同。在指令性计划或者说直接计划法律关系中，计划执行主体负有完成计划的义务，而计划机关同时也负有提供实施计划的条件的义务；主体双方的权利义务基本上是对应的，任何一方不履行义务，都要向对方承担相应的责任。而指导性计划中或者说间接计划法律关系的形成，则取决于潜在的计划执行主体是否参与。即使参与，其完成计划的义务的强制性也弱于指令性计划中义务的强制性，某些时候应当允许计划执行主体对指导性计划的内容提出修改要求，甚至完全退出间接计划关系。如果潜在的计划执行主体不参与指导性计划或者参与了但没有完全或完全没有执行，并不直接承担法律责任，而是受到经济政策或经济杠杆的“惩罚”；相应地，如果说指导性计划制定得不好，诱导、促进措施不得力，计划机关也要承担相应的计划目标无法达到的风险。总之，在间接计划关系中，主体双方的权利义务内容及其责任承担与在直接计划关系中有很大的差别。

3. 对于（狭义的）计划监督检查主体来说，其主要享有监督检查的权利而几乎不承担什么义务，所以权利义务的倾斜性并不只是体现在向计划机关的倾斜，在此，也体现为向计划监督检查主体的倾斜。从广义来说，监督检查的权利为所有计划主体普遍享有。

（三）计划法律关系的客体

计划法律关系的客体，可简称为计划客体，是指计划主体的权利和义务所共同指向的对象。目前我国学者对计划客体内容的观点比较一致，认为计划法律关系的客体都是一定的计划行为。所谓计划行为，是指计划编制、审批、下达、执行、调整、修改、监督、检查过程中计划主体所实施的行为。

例如，国家中央计划管理机关甲同省级计划管理机关乙发生计划管理法律关系，其客体是该省级机关对所属对象（如县级计划管理机关）丙的计划管理行为 A；由于该省级机关对县级计划管理机关实施计划管理行为，该行为又引起省级机关同县级机关之间的计划管理法律关系，这种法律关系的客体是县级机关的计划管理行为 B；该县级机关计划管理行为的实施，又引起县级机关同该县所属的单位丁的计划管理法律关系，这种法律关系的客体则是企业等计划执行主体的经济行为 C。简言之，甲与乙之间法律关系的客体是 A；A 引起乙与丙之间的法律关系，其客体为 B；B 又引起丙与丁之间的法律关系，其客体为 C。这就是特定计划行为既为引起计划法律关系的原因，又为计划法律关系的客体的实际情况，它们是互相转化和衔接的。其中，社会经济各基本活动主体为实现计划任务而从事的计划行为，是计划法律关系的最终客体。①

四、计划法的原则

所谓计划法的原则，是指贯穿于计划法的立法、执法、司法、守法和法律监督的全过程的指导思想和根本准则，包括遵循市场经济规律原则、综合平衡与协调原则以及兼顾国家、集体、个人三方利益原则。其中，第一项和第三项为公理性原则，即世界各国计划法普遍具有的原则；第二项兼具公理性原则与政策性原则的属性，之所以具有公理性原则的属性是由计划与计划法本身作为一种更高层次的宏观调控（法）、势必要对其他国家宏观调控措施加以协调的特性所决定的，而政策性原则的属性则是因为计划据以平衡协调的基础乃是一国一定时期内的某些重大的、全局性经济政策的法律化内容，亦即体现实体内容的计划法规范。

（一）遵循市场经济规律原则

在市场经济体制下，遵循客观经济规律的内涵之一就是要以市场为配置资源的基础性方式，注重自觉运用价值规律，充分发挥市场调节的作用。对于计划法来说，只有在市场缺陷导致市场无法自我调节的时候，包括计划在内的宏观调控等经济手段才可以起补位的调节作用。换言之，在市场自我调节正常作用的时候，计划法应当限制计划超越市场配置资源的基础性地位的“越位”

① 参见漆多俊：《经济法基础理论》，武汉大学出版社 2000 年版，第 231、237 页。

行为；而在市场调节失灵时，计划法又应当保障计划调控对市场调节失灵之补救作用的发挥——不论是哪种情况，都应始终以遵循客观经济规律为原则。以市场为主导的计划调控和计划（宏观）调控下的市场是不同的，这是两种截然相反的态度，其中计划与市场的主次关系是大相径庭的。

“以市场为主导的计划调控”说明，国家调节只是在正常的市场运转出现问题时的一种纠正手段，国家调节始终是以市场是否需要或者说市场运转是否正常为促发因素的；市场是主，国家调节是辅——这符合市场经济的一般规律。但是“计划调控下的市场”则正好相反，市场成为国家意志的附属，其自我调节功能被抑制以至于丧失；同时，政府职能和目标的多元化，使其无法完全以市场为中心制定经济政策，导致所谓的“国家调节”的效果无法超越市场调节本身。况且，目前我国的许多经济政策和做法，并不是源自于理论上的“市场失灵”，而是根源于计划经济的惯性和本能；但计划经济从一开始就是立足于取消市场，消灭竞争的。当前我国的经济现状，不是市场高度发达，而是市场发育不充分；阻碍经济发展的不是市场的内在缺陷，而是政府的过度存在；经济体制改革的目标之一是，政府的淡出和市场的渐入，所以必须限制和减少政府的经济权力。但“国家调节下的市场”却意味着加强经济建设必须要强化政府的干预调控权，结果是经济法与经济体制改革背道而驰，南辕北辙——这已经成为我国经济法基础理论研究中存在的一个浅显的逻辑悖论，而其根本原因是忽视了对经济法的价值问题的研究。① 当然，这一问题不是计划法所能解决的。

而且，计划调控虽然是在市场调节失灵时才发挥作用，但调控之计划的制定并非可以任意为之，仍然必须以市场规律为依托；换言之，计划调控的目的在于使市场调节恢复正常，并不是在市场调节之外再创造或实行另一套调控体制，即“一元调节”而非“二元调节”。所以，计划调控不仅以市场经济规律的扭曲为促发的前提，而且以市场经济规律恢复正常为最终目的之一——这才是计划法的“遵循市场经济规律”原则的全部含义，后者更应是中国当前计划实践尤需强调的方面。

（二）综合平衡与协调原则

所谓综合平衡与协调原则，是指计划法要从整个国民经济的协调发展和社会经济总体效益出发，来调整国民经济结构和经济政策关系，以促进社会经济

---

① 参见徐士英、魏琼、瞿向前：《经济法的价值问题》，载漆多俊主编：《经济法论丛》（第1卷），中国方正出版社1999年版，第28～29页。

的协调、稳定和发展。这也是经济法的“社会总体经济效益优先，兼顾社会各方利益公平”原则在计划法中的具体体现。

相对于国家其他宏观调控手段来看，计划是更具有综合性、更高层次的调控手段。因为，一国经济的整体性决定了各种宏观调控手段不可能自行其是，只有作为一个整体相互配合、协调，才能真正对国民经济起到切实有效的调节作用，这就需要一个能够起协调作用并解决冲突的“统帅”，此即计划。计划法的功用则在于确保计划的这种综合平衡与协调作用在国家整个宏观调控体系中居于主导地位和决定地位，使其他各种宏观调控手段及其法律服从计划及计划法的统一安排，共同发挥作用。

计划法的综合平衡与协调的对象，首先是计划体系本身，计划体系中各种类、各层次的计划彼此之间应当保持一致性与协调性，因为“许多分别的计划没有形成一个有计划的整体——实际上，计划者应该首先承认——它们或许比没有计划还要糟糕”。① 其次是作为全国整体计划的中央计划与财政、产业、金融、税收和价格等宏观调控政策，由于政府的各职能部门、各个地区因部门利益、地区利益的差异而导致的部门保护主义和地区保护主义的存在，各部门、各地区分别制定的经济政策往往彼此不相协调甚至冲突，这时需要计划法从一个更高的层次上进行平衡和协调；而且，目前看来，计划法在这方面的平衡协调功能尤需加强。再次，是具体的计划，与财政、价格等其他宏观调控措施之间也有协调的必要。

（三）兼顾国家、集体、个人三方利益原则

计划法中的兼顾国家、集体和个人三方利益原则是前述经济法的“兼顾社会各方经济利益原则”在计划法中的具体体现。它意味着，一方面，我们要强调和保证中央计划的统一性。因为，国家中央计划从根本上是代表全国人民的共同利益的，对公共利益的损害，归根到底也是对个人利益的损害。另一方面，也不能借口保护国家利益，而忽视集体和个人的利益；反映在计划法中，就是要适当界定地方的计划权限，注重由于地区各方面条件的差异而赋予计划以一定的灵活性。

兼顾国家、集体和个人三方利益，同时也意味着三者利益的先后顺序问题。由于计划法的宏观性，个人的经济利益难以在其中得到直接体现，所以主要是国家利益与集体（或地方）利益的优先或劣后。在一般情况下，当以国家利益为重，而以集体利益为次重。但是，在某些特定情况下，还应当允许集

① 哈耶克著，王明毅等译：《通往奴役之路》，中国社会科学出版社1997年版，第68页。

体或地方的利益优先于国家利益。比如当地方政府作为社区所有权的代表时，地方政府的角色首先是社区意志和利益的代表，其次才是国家政权之基层或地方组织，遇有社区利益与国家利益发生矛盾时，当可在法律允许的范围内以社区利益为重而忽视国家利益。①

五、计划法的地位

（一）计划法在经济法中的地位

计划法曾在我国一度被公认为是经济法的核心，被冠之以“龙头法”的称号。这一方面是由当时实行计划经济体制决定的；另一方面也可以看出计划法在经济法中至关重要的地位。但是当我国转向市场经济体制之后，计划法的地位一落千丈，不仅在实践中，而且在理论研究中也似乎被忽视或遗忘了。

然而，正如我们在前面提到的那样，计划本身是蕴含在市场当中的，也正是在健全的、正常有序运行的市场基础之中，计划和计划法才能真正发挥作用。当今，人们之所以有意或无意地回避计划法，一方面是因为受计划经济体制影响太深，以至于使“计划”成为“计划经济体制”的代名词；但显然，计划不等于“计划经济体制”，计划体制下的“计划”也不等于市场体制下的计划。另一方面则是因为我国政府的职能还没有彻底转变，许多政府及其职能部门仍然是按照计划体制的惯性和本能来从事“市场经济体制”下的工作，如果理论界再强调计划法的作用，似乎会为政府因循守旧提供更好的“理论支持”和借口。所以，我们要尽快转变观念，不能用在计划体制下计划被过分运用以至于“谈计划色变”的思想来对待市场体制之下的计划法实践和理论研究，应当在市场经济的前提下来重新认识计划法，科学地界定并赋予其在经济法中的正确位置，理性地开展计划法的理论研究和实践操作。

应当认为，计划法在经济法当中仍然具有“龙头法”的地位，但这一“龙头法”并不是指计划法依旧可以对国民经济的方方面面统筹通管，而要从计划和计划法的合理的作用和功能上去认识。计划法作为经济法的“龙头法”，主要是为国家调节经济确定一个大致的总体框架，使其结构合理、内容搭配适当，同时对国民经济各部门在实践中产生的冲突与矛盾确立一个协调解决的机制。因此，从理论上看，国家运用经济法调节经济的各种动作，其实都是在计划法所确立的预定框架内，并随着情况的变化而作出相应变化，从而最终完成的。

① 史际春、邓峰：《经济法总论》，法律出版社1998年版，第198页。

计划法在经济法中的地位，还可以从计划法与经济法中的其他构成即市场规制法和国家投资经营法之间的关系来考察。

首先，计划法与市场规制法存在着密切的联系。一方面，计划法所确定的国民经济结构比例关系，为市场主体的经济行为提供了一个可供预测的前提，可以引导其通过从事国家设置了优惠政策的行为而获得经济利益，减少和降低市场主体从事不正当竞争甚至垄断而获得超额利润的机会，为反垄断法和反不正当竞争法的实施提供一个良好的社会经济环境。另一方面，计划法的有效实施及其良好效果的取得，要求一个正常有序的市场环境，而反垄断法和反不正当竞争法在规制市场秩序、促使市场主体正当开展市场活动方面，具有极为重要的作用。因此，计划法与市场规制法是相辅相成、共同促进的。

其次，即使是在市场经济体制下，一定的指令性计划也仍然存在，特别是在关系国计民生的行业和国防军工企业，甚至某些国有企业就是按照计划而建立起来的；同时，在是否依据指导性计划方面，某些国有企业由于其功能的多元化，也比非国有企业具有更大的可能性或积极性。由此，我们可以看出计划法与国有投资经营法之间的内在联系。

（二）计划法在宏观调控法中的地位

计划法本身是一种宏观调控的方式，而且它同时还可以对其他的宏观调控方式加以协调，因而是一种更具有综合性的、更高层次的宏观调控法。它综合运用各种法律化的经济政策和经济手段来对经济进行调控，以使市场主体的行为符合计划目标。所以，计划法同各种与宏观调控相关的法律部门均密切相关，协调好它们之间的关系对实现整个宏观调控法的综合调控作用十分重要。①

第二节　计划法基本制度

一、计划法实体制度

计划法的实体性内容，主要包括以下两点：

1. 计划任务。计划任务是计划所要实现的目标的具体化。对国家计划任务的法律规定，是计划法的核心之所在。从根本上来说，国家计划的任务，在于对经济发展规律的尊重和适应，并能进行有效的恰如其分的积极干预，具体

① 参见漆多俊主编：《经济法学》，武汉大学出版社 1998 年版，第 464 ~ 465 页。

又表现为对国家实行的一定的经济体制下经济规律运作的适应与促进。这是衡量具体的经济计划优劣的基本标志。

2. 计划指标。它是计划任务的数量和质量的具体表现形式。完整的计划指标由指标名称和指标数值两部分组成。指标名称指经济和社会发展现象的总体特征。指标数值指指标名称的数量表现，有绝对数和相对数之分。计划指标用来规定计划期内经济、社会和科技发展的方向、目标、规模、速度、比例和效益。建立科学的计划指标体系，对有效地定量地组织和管理国民经济和社会发展，具有十分重要的意义。

计划指标体系是由一系列相互联系、相互衔接的计划指标组成的有机整体。计划指标可从不同的角度进行分类：按表现形式可分为实物指标和价值指标；按反映内容可分为数量指标和质量指标；按所起作用可分为考核指标和核算指标；按反映问题的繁简程度可分为单项指标和综合指标；按管理性质可分为指令性计划指标和指导性计划指标。

指令性计划指标是由国家行政权力保证实施的计划指标。指令性计划指标是对关系国计民生的全局性的、重大的活动规定的指标，具有强制约束力，有关单位必须完成，不经原计划机关批准，不得擅自变更或撤销。指令性计划指标分为必成指标和限额指标两种。

指导性计划指标是国家或主管部门下达的指导经济发展方向的、没有强制性的参考性指标。指导性计划指标只具有指示性、号召性、引导性、期成性。它是国家按照宏观调控的要求，给有关单位和企业确定方向，同时通过价格、税收、信贷等经济政策和经济杠杆来引导其实现，有关单位和企业可以根据社会利益和需要等实际条件，对其进行适当调整。指导性计划指标适用于大量一般的经济活动，并随着市场体制的发展逐渐扩大。①

二、计划法程序制度

计划程序是指计划过程中按序进行的各个阶段的工作程式和行为准则。有关计划程序的法律规定即为计划程序法。计划法所确立的计划程序应当具有民主性、科学性、公开性和公正性等特点，可以说，计划的程序是计划的生命，计划必须高度重视程序，只有严格、健全的程序才能保证计划制定的科学性。计划法程序性内容主要包括：

1. 计划的编制、审批和下达

① 参见周林彬主编：《市场经济法》，兰州大学出版社 1994 年版，第 406 ~ 409 页。

计划法应当规定，我国国民经济和社会发展计划的编制、审批、下达程序，特别是编制程序分为以下几个阶段：（1）提出初步设想方案阶段；（2）编制计划草案阶段；（3）审议批准计划草案阶段；（4）下达计划阶段。

2. 计划的执行和调整

计划的执行是继计划的编制、审批和下达之后的又一个基本环节，它是计划在国民经济和社会发展中发挥指导、组织和管理作用的必经程序和决定性阶段。计划的执行因指令性和指导性计划指标要求的不同而有所区别：对指令性计划，计划执行主体必须按计划要求执行，否则，要承担法律责任；对指导性计划，有关部门、地方和单位，应按照国家计划的总体要求和指导方向，根据原材料、能源、资金的可能和市场需要，自行安排生产和销售，国家则主要通过运用各种经济杠杆和经济法规手段，促进计划的实现。

计划的调整是在计划执行过程中，因情况的变化，依法定事由时，才得变更修改。这些事由有：（1）国际环境发生重大变化，严重影响国内经济发展；（2）遭受重大自然灾害或发生未能预料的重大事件；（3）国家重大决策发生变化；（4）市场供需情况有重大变化；（5）因其他重大特殊原因必须修改变更计划。

因为国民经济和发展计划是一个有机联系的整体，某一计划的修改可能影响到其他机关计划的执行，所以计划的调整要严肃慎重，必须事先与有关单位协商。调整计划的审批权限和审批程序，应由计划法明确规定，按原计划的审批权限和程序，由原审批计划的机关审批。

3. 计划的监督和检查

计划的监督检查是在国民经济和社会发展计划的执行过程中，对执行单位完成计划的情况进行察看和督促，并指明存在的问题。计划的监督检查是职能部门和被检查单位对国家应尽的法定义务，是计划程序的重要组成部分，也是增强计划的严肃性、提高计划水平的重要环节。

计划监督检查的主要内容是：计划的制定和实施是否符合法定程序；计划的内容是否切合实际；保证计划执行的政策和措施是否落实及落实的情况；计划执行过程中是否有违法行为等。计划的监督和检查可采取多种多样的方法，除大量运用统计资料，进行经济定量分析外，还要深入实际，调查研究，利用抽样调查、典型调查、现场考察、举行小型座谈会、听取和研究下级的计划检查报告等，使检查工作既深入又全面，切忌流于形式。

三、计划的法律救济责任

实施法律救济，并配置相应的法律责任，是实现计划法对计划进行“第二次限制”不可或缺的必要措施：实施法律救济，是为了使有关市场主体在其因计划而生利益遭受损害时存在寻求救济、获得赔偿或补偿的可能性；配置法律责任、尤其是计划权力主体的责任，则是为了使上述可能性能够最终得以落实。①

所谓法律救济，是指在法律关系主体的权利和义务不能正常实现的情况下，依照法律规范对其加以补救和保护。法之设权、控权的目的在于规范权力或权利，并且保证在权利不能正常享有或权力不当行使时存在补救或纠正的可能，计划的法律救济，正是计划法领域中这种可能性的体现。尤其是在计划法领域，计划权力的缺席已为普遍现象，其对市场经济主体之权利的超越，往往是出于计划权力者自身谋取不当利益的需求（当然，也包括因合理因素导致的计划不当而损害市场经济主体的利益），所以，一方面需要从立法上规范权力，另一方面必须为权利主体配置相应的法律救济制度，双管齐下，控制计划权力，维护权利主体之利益。

在计划法律关系当中，计划管理主体往往处于支配地位，尽管在计划制定过程中要求广泛吸取社会主体之意见，但实际操作中往往是仅凭其“一己之力”，以单方意思表示作出，且计划的内容之概括性与宽泛性，往往使计划管理主体享有较大的自由裁量权，如果没有相应的法律救济，则易使计划的执行偏离其既定方向，而且，更严重的是会因计划管理主体的计划自由裁量权之滥用得不到纠正与补救，而助长其进一步滥用之可能。因此，从控制计划权力的角度出发，从保障市场主体计划权益的角度出发，应当也必须在依计划行事的市场主体的合法权益受到不当计划侵害时给予充分的法律救济。

按照实施法律救济的机关进行分类，可以将计划的法律救济分为以下几种：②

1. 权力机关救济。权力机关的计划救济分为权力机关对其自身制定的计划的法律救济和权力机关对行政机关制定的计划的法律救济两种。前者主要是

① 参见李刚：《市场和计划法：对计划的两次限制——试论计划法若干基本问题》，载漆多俊主编《经济法论丛》第六卷，中国方正出版社2002年版，第248~249页。

② 参见陈睿：《论行政计划及其法律控制》，武汉大学法学院2000年硕士学位论文，第39~41、43~44页。

一种内部的救济，通过权力机关内部的有关专门机构实施；后者是一种对行政机关的外部救济，而且由于当前我国行政机关行政权力扩张的现实因素，显得尤为重要。比如在英国，议会（权力机关）救济是其独有的一项制度。政府向议会负责是英国不成文宪法的基本原则之一，公民由于行政活动受到侵害时，可以通过本选区议员促使部长注意，也可由议员在议会中提出质问或提议进行辩论；对于重大问题，议会可以通过决议成立调查庭。① 英国的这一经验可供我国借鉴。

2. 行政机关救济。行政机关的计划救济是指行政机关因其制定的计划损害利害关系人权益而给予补救和赔偿，主要是行政机关系统内部，上级行政机关对下级行政机关的计划进行的救济。我国宪法第 89 条规定，国务院有权改变或撤销各部、各委员会发布的不适当的命令、指示和规章，改变或撤销地方各级国家行政机关的不适当的决定和命令。宪法第 108 条又规定，县级以上的地方各级人民政府领导下属各部门和下级人民政府的工作，有权改变或者撤销各工作部门和下级人民政府的不适当决定。国务院组织法第 10 条规定，各部、各委员会工作中的方针、政策、计划和重大行政措施，应向国务院请示报告，由国务院决定。以上规定均表明，我国事实上已建立起行政机关系统内部的法律救济制度，只不过需要将其进一步规范化、体系化。

具体来说，上级行政机关对下级行政机关的计划法律救济，主要可以通过以下制度来进行：（1）行政复议制度。行政机关在行使职权过程中，相对人认为其制定的计划已构成具体行政行为，并侵犯其合法权益的，可以向上一级行政机关提出复议，由有复议权的行政机关对引起争议的计划行为进行审查，并视审查结果作出维持、变更或撤销具体行政行为的决定。（2）报告工作制度。我国宪法第 110 条规定，地方各级人民政府对上一级国家行政机关负责并报告工作。通过下级行政机关向上级行政机关的报告工作制度，实现上级行政机关对下级行政机关的决策活动和其他管理活动的监督，并对其不当之处加以纠正和补救。（3）监督检查制度。这主要是上级行政机关对下级行政机关执行法律、政策和计划的行为的监督和检查。如果说报告工作制度需要依靠下级行政机关的主动的话，那么监督检查制度则由上级行政机关控制主动权，其目的在于保证法律、法规的严肃性，防止在计划行为当中出现的违法、违规行为。

① 参见杨解君、温晋锋：《行政救济法——基本内容及评析》，南京大学出版社 1997 年版，第 49 页以下。

3. 司法机关救济。司法机关的救济是指计划的利害关系人认为计划侵害其合法权益而提起诉讼，由司法机关通过司法审查为当事人提供补救的救济方法。由于前两种救济方法的起因都有部分或全部自我监督的因素，而司法机关因其对于权力机关和行政机关相对的独立性，对二者的计划行为是一种外部的监督，所以对计划的利害关系人而言，司法机关的计划法律救济在三种救济方式当中具有最重要的地位，也是利害关系人寻求法律救济的最终途径。

但是，我国目前的司法机关救济显然并不完善。

首先，由于我们尚未建立“违宪审查”制度，所以司法机关无权对权力机关的立法行为进行审查，当然也就无权对其颁布的相当于法律的计划提出质疑，只能依赖于权力机关的自我发现和自我纠正，又回到了权力机关自我救济的途径上。而自我监督和自我救济，如果不和外部监督和外部救济联系起来，就只能是片面的，对计划的利害关系人的保护也不可能是全面的。

其次，司法机关对行政机关制定的计划是否有权通过诉讼的方式加以审查，即行政计划的可诉性问题，也存在着争议。对于行政计划的纠纷，可以分为对计划的具体内容的不服和对计划的制定本身不服两种情况，其解决的方法不能一概而论。对于前者，一般认为不是对特定个人的具体处分，因而欠缺诉讼的成熟性。对于后者，不少国家在司法实践中已予肯定。

一般认为，计划的制定属于行政行为，利害关系人对计划制定行为不服的，可以提起行政诉讼。对此，某些国家的法律也作出了明文规定，例如，德国《行政法院法》第40条规定，利害关系人对行政计划制定行为不服的，可以提起撤销之诉。①

计划法律责任是从计划决策、编制到执行全过程中，计划主体因模范遵守计划法，或违反计划法规定的义务而应承担的法律后果。有的学者认为，计划法律责任具有责任主体多重性、责任内容综合性和责任方式多样性等特征。②除此之外，我们认为，现阶段我国计划法中计划法律责任最突出的特征是其二元化及否定式责任的虚化。

1. 计划法律责任的二元化。所谓计划法律责任的二元化，是指计划法律责任的后果形式不仅包括否定性的，还包括肯定性的。其中，否定性的后果又包括责任人所承担的民事上的、行政上的和刑事上的不利益；肯定性的后果主要是指“奖励”这种形式，即当行为人模范地、成绩显著地遵守提倡性规范

---

① 参见应松年主编：《比较行政程序法》，中国法制出版社1999年版，第293页。

② 漆多俊主编：《经济法学》，武汉大学出版社1998年版，第456页。

时所承担的对行为人有利的法律后果，具体又可分为物质奖励和精神奖励两种方式。

2. 计划法律责任中否定式责任的虚化。所谓计划法律责任中否定式责任的虚化，一是指在计划法当中，对违反计划法或没有遵守计划法时应承担的法律制裁后果没有明确规定，尤其是欠缺对于计划管理主体的否定式后果；二是指即使有一些规定，也没有实际执行。

实际上，这不只计划法中如此，整个经济法当中都存在这个问题。经济法立法对经济法责任规定的不完善和不全面，直接表现为经济法规范中欠缺主体行为的否定性后果的规定，而且主要是国家经济管理主体行为的否定性后果的规定。我们认为，其原因主要有以下三方面：

第一，在计划经济体制下，经济法否定式法律后果缺位的延续。而这种缺位则是因权力非规范化导致的权力与责任失衡的直接后果。在权力非规范化的情形下，实践中的权力往往是推定的或意定的，这势必产生权力的放任。现代社会的权力放任，与集权主义思潮相伴随，凡集权主义盛行的地方，必有权力放任现象存在。当代中国的权力放任现象则有其时代特征：即变革社会中权威政治的相对削弱和法治政治的尚未确立这一矛盾。而权力放任又意味着责任的萎缩，是指责任对权力任意的一种无能状态，实践中的权力与责任之间不是一种正比关系，而是一种明显的非对应关系，责任无法成为权力的制约力量。①

第二，经济法立法的“非规范化”或称非“法”化。其突出表现是，经济法方面的法律、法规，不像传统的民事、刑事等方面的法律那样，特别是有关对调控主体或规制主体如何追究责任的规定，往往“尚付阙如”。② 这一方面是由于，与民商法、行政法或刑法相比，经济法好像是与市场经济主体发生实际的、直接的联系最少或最不明显的法律领域，所以经济法似乎也就不必对市场主体的法律责任作出规定；另一方面，经济法规范的非“法”化也造成了经济法“可诉性”不强的问题，即使是从法院原来设立的经济审判庭的受案范围来看，多数所谓的“经济案件”，如经济合同纠纷等，也属于传统的民商法调整的范围，并不是学理上所认为的经济法意义上的经济案件。

第三，实践中计划法律责任的确定难度也给立法中对否定式法律责任的规

---

① 参见谢晖：《权力缺席与权力失约——当代中国的公法漏洞及其救济》，载《求是学刊》2001 年第 1 期，第 63 页。

② 参见张守文：《经济法的发展与经济审判的变易》，载漆多俊主编：《经济法论丛》（第 3 卷），中国方正出版社 2000 年版，第 7 ~ 8 页。

定造成了障碍。首先，引起政府计划失灵的原因往往是多方面的。在向市场经济转轨时期，任何政府的宏观调控计划都带有一定的风险性，由于信息的完全真实充分在现实中是不可能的，使得计划之决策失误或多或少不可避免。在计划（指令性计划）的执行过程中，市场的变化会使计划执行主体暂时改变或放弃执行计划以适应现实之需。这种情况下的计划失灵严格来说并非由当事人的主观过错所引起，故无法对其追究责任。即便当事人主观有过错，也往往很难将计划过程中的政府失灵完全归咎于此，其责任范围和份额的确认亦比较困难。其次，计划法律责任因计划的性质及作用不同而有所殊异。对于指导性计划，因其约束力较小，计划主体因过错所承担的法律责任要较指令性计划小一些。

综上所述，对于计划法律责任中否定式责任的虚化问题，首先必须依赖于经济法相关制度的改进与完善，包括立法技术水平的提高和责任制度的健全，才能带动计划法等经济法的下级部门法制度随之得以改进。其次要进一步改革司法体制，增强法官的素质，以使其能够在情况复杂多变的情况下，运用自由裁量权对有关计划法案件作出准确的定性和定量分析。

第三节　产业政策法概述

一、产业政策法概念及特点

产业政策法是调整产业政策制定和实施过程中发生的社会关系的法律规范的总称。它具有以下特点：

（一）针对性。并非所有的产业都要制定产业政策法，产业政策法往往是针对特定的产业而制定的，体现了国家的政策意图，目的是为了扶持或调整某个产业。

（二）阶段性。产业政策法的阶段性与针对性有着密切的联系。当它所针对的特定产业被成功扶持或调整时，该产业政策法的历史任务也将完成，从而被废止。许多产业政策法被冠以“临时法”的称呼就是这个道理。

（三）综合性。产业政策法的综合性主要表现在两个方面：一方面，产业政策法调整的对象具有综合性，它包括了产业结构政策、产业组织政策等；另一方面，产业政策法的实施手段具有综合性，它由财政手段、金融手段、直接规制手段及行政指导手段等构成。

二、产业政策法的立法模式

当今世界，产业政策法的立法模式主要有两种：一为倾斜型产业政策立法模式，二为竞争型产业政策立法模式。前者以日本为代表，后者以美国为代表。

倾斜型产业政策立法模式重视产业结构的法律调整，多见于一些后发国家。它往往在法律中规定，国家要集中必要的资源、资金和技术力量，实行倾斜性投入和扶持，以加快本国主导产业的超常发展，力求以最小的成本、最快的速度，达到缩短同发达国家差距或增强国际竞争优势的目的。

竞争型产业政策立法模式倾向于产业组织的法律调整，集中于调整竞争关系与防止垄断方面，多见于一些先行国家。它强调要充分发挥市场的作用，为各类产业创造一种公平竞争的政策环境，使产业结构的调整顺应市场需求结构发展的趋势，让企业在市场机制作用下自觉地进行生产要素的优化组合和更新换代，尽可能不采取强制性的行政手段。①

中国的国情与上述两国均有所不同：一方面，产业结构存在下列严重问题：农业基础薄弱；一般加工能力严重过剩；主导产业不明显，“夕阳产业”问题突出；重复建设和地区布局同构化严重；产业融合度低，高度化层次低，出口贸易初级化等。同时，产业结构出现了三个制约的“瓶颈”现象：一是农业对工业的制约；二是基础工业和基础设施对加工工业的制约；三是上游工业对下游工业的制约。② 另一方面，在产业组织上存在集中度低、企业规模小、规模不经济等严重现象。因此，中国的产业政策立法模式应不同于美、日等国的立法模式，我们既要重视产业结构立法，也要重视产业组织立法，双管齐下。只有这样，才能优化我国的产业结构，提升我国的产业竞争力。

三、产业政策法体系的基本构成

产业政策法涉及面宽，调整对象广泛，是宏观调控法中规模最大的一组法规群。虽然它规模庞大，但并非杂乱无章，有着自己相对独立的体系。关于产业政策体系的基本构成，目前的通说认为产业政策法由产业结构法、产业组织

① 李寿生：《关于21世纪前10年产业政策若干问题的思考》，载《国民经济管理》2000年第11期，第130页。

② 祝宝江：《科技是产业结构升级的驱动力》，载《国民经济管理》2000年第6期，第86页。

法、产业技术法、产业布局法四部分构成。① 这些学者的立论基础实际上是源于对产业政策的理解，即产业政策由产业结构政策、产业组织政策、产业技术政策和产业布局政策所组成。这种论证的思路总体上是可行的，是根据产业政策法的调整对象所作的划分，但是，这种划分方法也有其不够科学和严谨之处。产业政策是否一定由上述四方面的政策所构成，目前理论界尚有争论。我们认为，产业布局政策实际上是国家社会发展政策的重要组成部分，它不能完全包容在产业政策中，而产业技术政策虽也是产业政策中的重要内容之一，但产业间的技术结构是供给结构的一个因素，是产业结构的一个侧面，因此，产业技术政策应在产业结构政策的框架内予以讨论。② 综上，我们认为，产业政策主要由产业结构政策和产业组织政策所构成；相应地，产业政策法体系的基本构成应是产业结构政策法和产业组织政策法。

四、产业政策法的保障措施

产业政策法的保障措施，是指保障产业政策法所规定的产业政策实施的手段。历史经验表明，产业政策的最大难点就在于政策手段的选择与配合，它比确立产业政策目标更复杂。因此，要想取得较好的产业政策效果，必须根据产业政策目标的要求，适当地选择和组合各种产业政策手段变量。③ 一般而言，产业政策的实施手段随着时间的推移及经济的发展水平的提高而有所变动。我们以日本为例。“二战”后初期及20世纪50年代，产业政策的实施手段主要有分配生产资料、价格补贴、价格管制、外汇管制、政府的复兴金融公库贷款等；60年代高度增长时期，产业政策的实施手段主要有行政指导、财政和金融诱导等；自70年代开始，主要政策手段从利用税收、贷款、政策补助等“硬性”手段调整为提供信息指导的“软性”手段，这种信息指导的具体形式主要是定期发布的“长期经济展望”；80年代中、后期以后，日本政府进一步加强了对企业的信息指导，连续不断地发表“经济展望”等综合资料，同时实行了一系列旨在缓和国际贸易摩擦、保持持续增长势头的出口自我限制、扩

① 参见杨紫煊主编：《经济法》，北京大学出版社、高等教育出版社1999年版，第286页；卢炯星主编：《宏观经济法》，厦门大学出版社2000年版，第402～403页。

② 杨治：《产业政策与结构优化》，新华出版社1999年版，第37页。

③ 周振华：《产业政策的经济理论系统分析》，中国人民大学出版社1991年版，第112页。

大内需等方面的行政性规定。①

从总体上而言，产业政策法的保障措施有三大类：一是间接诱导手段，它包括财政、税收、金融、价格、外贸、政府采购等；二是直接管制手段，它包括了鼓励、允许、限制、禁止等方面，有时还配有配额制、许可制、对工资与价格的直接控制等；三是行政、信息指导手段，它以经济展望、劝告及提供其他信息为表现形式。由此也可见，产业政策实施手段有些是其政策所特有的手段，有些是借用其他政策手段，尤其是财政手段和金融手段，而且这两个手段又是产业政策目标得以实现的重要手段。但是，我们不能由此误认为应把财政政策与金融政策隶属于产业政策之下。

五、我国的产业政策与产业政策法

我国第一次明确提出和规定产业政策是在1986年开始实施的《国民经济和社会发展第七个五年计划》中。当时产业政策的制定是针对经济发展中加工工业盲目发展，基础工业明显落后，以及机电工业技术进步缓慢等产业结构矛盾制定的。产业政策的重点是调整产业结构。我国正式制定和实施产业政策是1989年3月国务院发布的《关于当前产业政策要点的决定》。该决定标志着中国有了独立的产业政策，确定了产业政策作为宏观调控手段之一，在我国经济发展中开始独立地发挥作用。1993年11月党的十四届三中全会通过《中共中央关于建立社会主义市场经济体制若干问题的决定》，又进一步明确提出“制定和实施产业政策作为政府管理国民经济的重要职能和调控手段”。1994年4月，国务院颁布了《90年代国家产业政策纲要》，这是我国第一个长期的产业政策。

根据上述国家产业政策总的规定，国家还制定了《90年代农业发展纲要》和《农业法》、《农业技术推广法》（1993年）、《基本农田保护条例》（1994年）、《关于当前调整农业产业结构的若干意见》（1999年）；制定了《全国第三产业发展规划基本思路》（1993年）、《指导外商投资方向暂行规定》（1995年）、《汽车工业产业政策》（1994年）、《水利产业政策》（1997年）、《关于调整缫丝绢纺加工能力的意见》（1997年）、《国务院关于纺织工业深化改革调整结构、解困扭亏工作有关问题的通知》（1998年）、《中共中央、国务院关于加强技术创新，发展高科技，实现产业化的决定》（1999年）、《关于促进科技成果转化的若干规定》（1999年）、《关于鼓励和促进中小企业发展的

① 陈淮编著：《日本产业政策研究》，中国人民大学出版社1991年版，第22页。

若干政策意见》(2000 年)、《鼓励软件业和集成电路产业发展的若干政策》(2000 年)、《指导外商投资方向规定》、《国家产业技术政策》(2002 年),等等。

中共中央在《关于制定国民经济和社会发展第十个五年计划的建议》(2000 年)中规定,制定“十五”计划,要把发展作为主题,把结构调整作为主线,把改革开放和科技进步作为动力,把提高人民生活水平作为根本出发点。为此,必须着重研究和解决重大的战略性、宏观性和政策性问题:(1)巩固和加强农业的基础地位;(2)加快工业改组改造和结构优化升级;(3)大力发展服务业;(4)加快国民经济和社会信息化;(5)进一步加强水利、交通、能源等基础设施建设;(6)实现西部大开发,促进地区协调发展。上述指导思想将会影响我国今后的产业政策立法。

评价中国的产业政策和产业政策法,我们认为存在以下几个比较突出的问题:

1. 产业政策法律化程度不够。这导致现实中出现诸多弊端,产业政策在具体实施中出现诸多变数,达不到预期的效果。

2. 已有的产业政策法效力层次太低。我国现有的产业政策法除了《中华人民共和国中小企业促进法》是法律以外,其他的均是行政法规和部门规章。

3. 产业组织政策法十分稀缺。上述产业政策及其法律主要集中于产业结构方面,产业组织方面的规定凤毛麟角。实际上,产业组织问题在中国是一个十分严重的问题,必须加大力度(包括制定一些基本的产业组织政策法)才能得到改善。

4. 产业政策涉及面太广。产业政策的有效领域主要是国家需要加快发展和企业不愿自觉进入的基础设施、支柱产业、高新技术和公共产品领域。如果政府在每个产业、每个领域都制定产业政策,产业政策涉及的面太宽、太多、太滥,政策就会失去重点,就可能导致一个总体上失效的产业政策。①

第四节 产业结构政策法

产业结构政策法是产业结构政策法律化的产物。所谓产业结构政策,是指关于社会生产各部门、各行业之间的结构比例关系的政策。从静态的角度看,

---

① 李寿生:《关于 21 世纪前 10 年产业政策若干问题的思考》,载《国民经济管理》2000 年第 4 期,第 127 页。

我国把产业分为三个层次，即第一产业为农业，包括林业、畜牧业和渔业等；第二产业为工业和建筑业，其中的工业包括了采掘业、制造业、自来水、电力、蒸汽、煤气的制造业和供给业；第三产业是指除上述第一、二产业以外的其他各业。这三个层次的产业，我国均有许多法律规定，如农业法、电力法、保险法、房地产法、建筑法等。但是，我们不能把上述立法简单地称做产业政策法，因为这些法律包括了大量的有关产业内部管理的规定及平等民事主体之间的关系的规定。产业结构政策法实际上是从动态的角度调整产业之间的结构关系的法律，它有强烈的国家调节意图和鲜明的政策导向，它能在较短的时间内扶持、保护、调整某个产业的发展进程。由于产业结构经常处于变动之中，因此，产业结构政策法往往以“临时法”为其表现形式，体现了其调整的灵活性。如果从这一角度考虑，那么，目前我国可以说只有产业结构政策而几乎没有产业结构政策法。

按照产业结构政策法的目标和功能进行划分，产业结构政策法大致上包括了产业扶持政策法、产业调整政策法及产业技术政策法三个方面。

一、产业扶持政策法

产业扶持政策法是产业结构政策法的核心内容，它主要规定需要扶持的产业的种类及扶持的手段等方面的内容。

一般而言，国家需要扶持的产业主要是支柱产业、先导产业、瓶颈产业及幼稚产业。所谓支柱产业，是指在国民经济中占据重要比重，前、后方关联效果最大的产业。支柱产业的选择依据主要是结构比重和产业关联效果系数。按照经济学的观点，为了充分发挥支柱产业在国民经济中的拉动力量，一般支柱产业都应占到国内生产总值的5%左右。如果一个支柱产业占GDP的比重太小，则很难发挥支柱产业应有的拉动作用。① 按照《九十年代国家产业政策纲要》的规定，我国的支柱产业是机械电子、石油化工、汽车制造和建筑业。所谓先导产业，是指为实现一定的长期战略目标需要超前发展的产业。先导产业代表产业发展的未来趋势，是产业结构演变的突破口和切入点。从产业结构演变的历史来看，大多数支柱产业是由过去的先导产业演进而来的。先导产业依战略目标的不同，一般可分为出口先导和技术先导。日本在20世纪60年代中、后期努力追求出口增长和70年代后期以来努力追求向技术密集型结构率

① 李寿生：《关于21世纪前10年产业政策若干问题的思考》，载《国民经济管理》2000年第11期，第131页。

先转换过程中，曾先后选择汽车、家电、电子计算机等产业作为先导产业加以扶持。① 所谓瓶颈产业，是指在产业结构中由于其供给能力不足对其他产业的发展形成严重制约的那些产业。历史经验表明，瓶颈产业常常与基础产业相重合。翻开任何一个国家的经济发展史，都有政府对这些易形成瓶颈的基础产业进行政策支持的记录，只是支持的方式和强度不同而已。对农业的保护和补贴是全世界通行的产业政策，对基础设施的政府支持与对农业的支持几乎相同，甚至支持强度更大。能源政策是任何一个国家都不可回避的政策之一，尤其是对不可能依靠直接进口的交通运输、邮电通信及其他基础设施，各国都采取相应政策进行扶持，包括国家财政直接投资这样的强支持政策。② 所谓幼稚产业，是指工业后发国家相对于工业先行国家成熟产业而言、新建立起来的，但仍处于幼小稚嫩阶段的产业。例如，中国的汽车、电子等行业，与世界发达国家相比，就是中国的幼稚产业。要使这些幼稚产业发展为国内的支柱、先导产业，并在国际上具有竞争力，就必须实行保护和扶持政策。纵观世界经济史，各国在历史上都曾对自己的幼稚产业实行过这类政策。保护幼稚产业，也符合WTO的有关规定。

关于支柱产业、先导产业、瓶颈产业及幼稚产业的扶持手段，主要有间接诱导手段、直接管制手段及行政、信息指导手段三种。

产业扶持政策法的针对性很强，且往往表现为一个个单项立法，是产业结构政策法中数量最为庞大的一种。例如，日本就曾制定过《机械工业临时措施法》、《电子工业振兴临时措施法》、《石油工业法》、《农业现代化资金促进法》、《沿海渔业等振兴法》、《果农振兴特别措施法》等产业扶持政策法；韩国曾制定过《钢铁工业发展法》、《机械工业发展法》、《电子工业发展法》、《造船工业发展法》等产业扶持政策法，它们均对所在国产业的振兴作出了重大的贡献。

二、产业调整政策法

产业调整政策法专指对衰退产业（日本法中也称不景气产业）进行调整的法律。衰退产业的缩小不像成长产业的发展那样引人注目，而且人们一般直

---

① 陈淮编著：《日本产业政策研究》，中国人民大学出版社 1991 年版，第 113～114 页。

② 汪同三、齐建国主编：《产业政策与经济增长》，社会科学文献出版社 1996 年版，第 39～40 页。

觉地认为经济活动过程中的主要困难在于发展和成长，而不是衰退和缩减，因此，产业调整政策常为人们所忽视。事实上，在产业结构的转换过程中，衰退产业不能顺利缩减比成长产业不能顺利发展更加严重。因此，与成长产业相比，衰退产业可能更需要政府的干预，需要用一套援助政策来推动产业的调整过程，以避免可能引起的社会和政治问题。①

三、产业技术政策法

产业技术政策法是产业技术政策在法律上的表现。产业技术政策是指政府所制定的用以引导和干预产业技术进步的政策。由于产业技术进步可以推动产业结构的优化和进化，而且技术结构是供给结构的一个因素，是产业结构的一个侧面，因此，我们把产业技术政策法纳入产业结构政策法的范畴加以讨论。

当今世界，科学技术日新月异，以信息技术、生物技术为代表的高新技术及其产业迅猛发展，深刻影响着各国的政治、经济、军事、文化等各个方面。在以经济实力、国防实力和民族凝聚力为主要内容的日趋激烈的综合国力竞争中，能否在高新技术及其产业领域占据一席之地已成为竞争的焦点。我们既面临着严峻的挑战，又拥有难得的机遇。中华人民共和国成立50多年来特别是改革开放以来，我国科技事业取得了举世瞩目的巨大成就，科技体制改革取得了明显进展。但是，科技与经济脱节的问题还没有从根本上得到解决。科技向现实生产力转化能力薄弱、高新技术产业化程度低，依然是制约我国经济发展的一大障碍。同发达国家相比，我国科技竞争力水平的差距是十分明显的。因此，我们必须通过深化改革，从根本上形成有利于科技成果转化的体制和机制，加强技术创新，发展高科技，实现产业化。

产业技术政策法的主要内容包括技术创新制度、技术成果转化制度、技术引进制度、高新技术鼓励制度及技术设备的更新、改造制度。

技术创新是指企业应用创新的知识和新技术、新工艺，采用新的生产方式和经营管理模式，提高产品质量，开发生产新的产品，提供新的服务，占据市场并实现市场价值。企业是技术创新的主体，技术创新是发展高科技、实现产业化的重要前提。国家应通过经济援助和非经济援助两种方式鼓励技术创新。经济援助政策包括财政补助、税收优惠、金融扶持等政策措施；非经济援助政

① 张延军、张学军：《日本的产业调整援助政策及其对我国的启示》，载《外国经济与管理》1996年第3期，第3页。

策包括对研究和开发活动的组织协调、人才培养、国际合作以及有关技术发展战略的制定和实施等。中国现有的鼓励技术创新的政策与法规主要有:《关于加速实施技术创新工程形成以企业为中心的技术创新体系的意见》、《中共中央、国务院关于加强技术创新,发展高科技,实现产业化的决定》、《关于科技型中小企业技术创新基金的暂行规定》,等等。今后,国家还将制定《技术创新条例》。

技术成果转化指的是为提高生产力水平而对科学研究与技术开发所生产的具有实用价值的科技成果所进行的后续试验、开发、应用、推广直至形成新产品、新工艺、新材料、发展新产业等活动。长期以来,我国的科技成果转化率偏低,这直接制约了我国的科技产业化进程。国家为了鼓励科技成果转化,曾颁布了《关于依靠科技进步振兴农业加强农业科技成果推广工作的决定》、《农业技术推广法》、《科技成果转化法》、《关于促进科技成果转化若干规定的通知》等法律、法规,但效果并不显著。

技术引进对发展中国家的经济发展和技术进步具有特殊价值。有效的技术引进是有史以来一切后发国赶超先行国的出发点和捷径。一般认为,东亚(包括日本在内)的经济起飞和经济奇迹是技术引进获得成功的范例。其实,当初德国超越英国、美国超越欧洲都是技术引进获得成功的直接结果,① 因此,技术引进制度在产业技术政策法中具有重要地位。我国对技术引进向来持积极态度,而且颁布了一些法律、法规进行规范。这类法律、法规主要是《技术引进合同管理条例》及其实施细则。

高新技术鼓励政策是建立在研究与开发政策基础上的一种产业技术政策,其主要政策目标是实现本国高新产业技术研究与开发成果的产业化、商品化和国际化。当前,所有的发达国家都把经济发展的重点放在高新技术产业上,把发展高新技术、实现产业结构升级作为发展战略核心。例如,美国重点发展的高新技术产业项目有机器人、计算机芯片、信息高速公路、现代生物技术、磁悬浮列车、数字成像、新材料技术、人工智能等。其主要政策措施包括:由总统科技顾问兼白宫科技政策办公室主任,制订高新技术发展计划,增加对高新技术的经费投入、财政补助,政府采购,提供税收优惠,重点做好军转民工作,设立高新技术开发区等。

① 杨治:《产业政策与结构优化》,新华出版社 1999 年版,第 198 页。

第五节　产业组织政策法

产业组织政策法以产业组织理论为指导，是产业组织政策的法律化。它的一个核心问题是解决产业组织过程中所包含的“马歇尔冲突”，即处理好规模经济与竞争活力之间的矛盾。它既要享受规模经济的效益，又要维护市场有效竞争，并通过协调市场经济规模和市场竞争效率，建立起正常的市场秩序，取得现实的利益。

从制度构成角度来看，产业组织政策法包括了反垄断政策法、中小企业政策法、企业兼并联合政策法和直接管制政策法四个部分。其中，反垄断政策法和中小企业政策法的主要目的在于抑制垄断以增强竞争活力，企业兼并联合政策法和直接管制政策法的主要目的在于抑制过度竞争以实现规模经济。

一、反垄断政策法

在产业组织政策中，防止垄断、促进有效竞争主要是通过制定和实施反垄断法来实现的。反垄断法是最早也是最重要的产业组织政策法。由于反垄断法具有很强的政策性并且与反垄断政策有着密切的联系，因此，反垄断法也称为反垄断政策法。纵观工业发达国家的反垄断政策，可以发现，绝大多数是通过反垄断法的形式表现出来的。① 与其他经济政策相比，反垄断政策的一个重要特点是以有关具体的法律为基础的，或者说这些法律本身就属于反垄断政策的内容。与此同时，在许多方面，反垄断法是经济和社会政策的具体指导方针。

世界上大多数发达的市场经济国家制定了反垄断政策法，一些发展中国家也相继制定了有关的法律。反垄断政策法的主要内容包括卡特尔规制、企业合并控制及垄断力滥用规制这三个方面。就反垄断政策法的规范形式而言，它主要是一些禁止性或限制性规范，但也包含了大量的许可性规范。这些许可性规范大多以适用除外的形式存在。例如，在《德国反限制竞争法》中，豁免了合理化卡特尔、专业化卡特尔、出口卡特尔、进口卡特尔、采购协作卡特尔、中小企业合作卡特尔、结构危机卡特尔和部长批准卡特尔这 8 种形式的卡特尔协议；美国的反垄断法对农业、银行、保险、运输以及公用事业就实行垄断豁免；日本的禁止垄断法对铁路、电力和天然气等自然垄断行业也规定了适用除

① 戴旭、张洋：《工业化过程中的竞争与垄断》，高等教育出版社 1994 年版，第 280 页。

外。这些适用除外的主要情形是为维护社会公益，适应产业法的要求而在特定行业、特定时期、对特定主体允许垄断存在。因此，有人认为反垄断法具有宏观性是有道理的。①

反垄断政策法的宏观性源于其规制对象——垄断和限制竞争行为危害后果的宏观性。垄断和限制竞争行为的危害后果从其开始就显露出宏观性，直接妨害社会经济的总体结构和运行，因此，反垄断政策法的立法任务和宗旨也主要在于排除市场障碍，从宏观和总体上保障市场机制充分有效地发挥对社会经济的调节作用。② 另外，不管是反垄断立法还是反垄断法的实施都往往受到经济政策的影响，为其所左右，而经济政策是宏观调控体系的有机组成部分，因此，我们说，反垄断政策法和宏观调控法有着密切的联系，反垄断政策法有融合于宏观调控法的趋势。③

二、中小企业政策法

所谓中小企业，是就其规模而言不如大型企业，主要标准是看企业职工人数、固定资产或年产值等。

《中华人民共和国中小企业促进法》第 2 条规定，本法所称中小企业，是指在中华人民共和国境内依法设立的有利于满足社会需要，增加就业，符合国家产业政策，生产经营规模属于中小型的各种所有制和各种形式的企业。

由于中小企业在各国企业总数中都占绝大比重（一般占 95% 以上），对促进经济社会的发展具有举足轻重的作用，因而各国政府都十分重视制定中小企业政策。就产业结构看，中小企业对有效竞争的影响表现在两方面：一是大量中小企业的存在有利于保持较低的市场集中率，使市场充满竞争活力，因而具有抑制垄断的作用；二是中小企业若与大企业形成专业化分工协作关系，则有利于促进生产集中，抑制过度竞争，实现各层次企业的规模经济。这就决定了政策制定中小企业政策的基本目标也具有两重性，即以保持市场竞争活力为基本导向和以实现规模经济为基本导向。

关于中小企业的立法有两类性质的法律：一是关于中小企业的组织与活动

---

① 刘文华等：《论产业法的地位》，载《经济法学·劳动法学》2002 年第 3 期，第 55～56页。

② 参见漆多俊：《经济法基础理论》，武汉大学出版社 2000 年版，第 288 页。

③ 参见王健：《论经济法体系的基本构成与核心》，载《法律科学》1996 年第 6 期。

法（简称组织法）；二是主要规定国家对中小企业扶持政策的法律（简称政策法）。① 由于中小企业的组织和活动一般已有专门的法律加以规定，因此，一般意义上的中小企业法指的是中小企业政策法。中小企业与大企业相比，在劳动力、资金、技术、信息等市场条件上均处于不利地位，而且还常常受到大企业的打击和排挤。当市场外部环境发生变化时，对中小企业的损害也尤为明显。因此，中小企业的发展离不开政府的扶持。各国都制定了比较完备的中小企业法，规范中小企业的组织和活动，特别是保障政府各种扶持政策和措施的落实。从表面上看，中小企业法似乎属于市场主体法意义上的企业法范畴，但是，从其实质和内容来看，它们则属于宏观调控法意义上的产业政策法范畴，是现代经济法的典型和重要的组成部分之一。②

三、企业兼并联合政策法

企业的兼并、联合是防止过度竞争、实现规模经济的最有效途径之一。企业兼并可以是实力相当的企业之间的合并，即建立起一个新的企业或公司；也可以是吸收式兼并或吞并，通常是大企业吞并一个或多个小企业。③ 其结果是减少了产业内企业的数量，扩大了现存企业的规模。因而，它是政府用来抑制企业间过度竞争，形成大规模企业，提高市场集中度以实现规模经济的重要手段。企业兼并最早出现在欧、美等先进的工业化国家，现已发展为全世界范围内的兼并浪潮。一般而言，那些规模经济不明显的国家对于企业兼并是持鼓励态度的，并通过一系列的法律和政策手段加以扶持。至于规模经济已经较为显著的国家，则通过反垄断法限制有损市场结构的垄断性兼并行为，但对任何有利于市场结构完善的竞争性兼并行为是予以鼓励的。

根据联合的紧密程度，企业联合可分为建立企业间的专业化分工协作关系和组织企业集团两种类型。前者主要是以业务为纽带，一般不涉及资产关系的企业联合；而后者是以资产和业务两重纽带所形成的企业联合。无论哪一种企业联合，都有利于把企业竞争从无序引向有序，把分散引向集中，把过度竞争

---

① 漆多俊：《个体、私营经济与中小企业的发展和立法问题》，载漆多俊主编：《经济法论丛》（第3卷），中国方正出版社2000年版，第65页。

② 史际春、王先林：《论我国建立中小企业法的若干基本问题》，载漆多俊主编：《经济法论丛》（第3卷），中国方正出版社2000年版，第39页。

③ 于立、王询：《当代西方产业组织学》，东北财经大学出版社1996年版，第123页。

变为适度竞争，从而实现规模经济。①

由于反垄断政策法也规制企业的兼并和联合行为，因此，企业兼并联合政策法与反垄断政策法有着密切的联系。两者之间的主要区别在于企业兼并联合政策法往往鼓励企业的兼并和联合，而反垄断政策法则认为，企业的兼并和联合虽然可增进企业的规模经济和竞争能力，但也可能产生一些垄断弊端，因此要对企业的兼并和联合行为实施严格的控制。

四、直接管制政策法

直接管制政策法针对的对象是自然垄断产业。自然垄断是指由于存在着资源稀缺和规模经济效益、范围经济效益等技术理由或特别的经济理由而成立的垄断或寡头垄断。② 在反垄断法中，自然垄断通常属于适用除外内容。

自然垄断产业具有下列三方面的特征：第一，规模经济非常明显，平均成本和边际成本总是随产量增加而下降，规模愈大，生产成本就愈低，因此，一般要求由一家企业垄断性经营；第二，有大量的“沉淀资本”，资金一旦投入就很难收回，也难以为其他用途，如果各个行业之间进行竞争，其结果很可能是两败俱伤；第三，这些行业中的多数是公众所需要的基本服务，需要保证所提供服务的稳定性、质量的可靠性和可信赖性等。一个国家供水、电力、煤气、热力供应、电信、邮政、铁路和航空等产业都是典型的自然垄断产业。③由此可见，自然垄断产业大多属于公用事业。

国家为了保障自然垄断产业具有垄断地位及为了防止自然垄断产业因垄断所带来的弊害，往往要对其进行管制。一方面，政府采取限制新企业进入的政策，以保证自然垄断行业的独家垄断地位，使生产成本最低和保证服务；另一方面，政府对企业的定价进行管制，以防止垄断企业利用其垄断地位谋取高额利润，损害公众利益。④

【本章总结】

计划法和产业政策法作为经济法重要的组成部分，是国家进行宏观调控的

---

① 参见王俊豪等：《现代产业组织理论与政策》，中国经济出版社 2000 年版，第 260 页。

② 王晓晔：《我国反垄断立法的框架》，载《法学研究》第 18 卷第 4 期。

③ 参见门建辉：《自然垄断行业放松管制：经验与借鉴》，载《中国经济问题》1999 年第 2 期。

④ 参见门建辉：《自然垄断行业放松管制：经验与借鉴》，载《中国经济问题》1999 年第 2 期。

重要依据。但是我国计划法和产业政策法法律制度存在很多缺陷。在市场经济条件下，计划法的地位与作用被严重忽视，社会公众以及执法机关对计划法的认识尚未完全转变。这些限制都严重阻碍了计划法发挥其应有的作用。因此，除了总结我国计划工作的经验，借鉴国外先进制度，消除公众的误解，让公众正确认识和对待市场经济条件下的计划是完善计划法的一项重要课题。同样，我国产业政策法的法律化程度低、效率层次低等弊端非常突出，协调政策与法的作用，使二者有效配合共同调节社会经济将是我国立法机关和执法机关面临的一大挑战。

复习思考题

1. 如何理解“绝对的计划经济不需要经济法，绝对的市场经济容不得经济法”？

2. 我国计划法的立法宗旨及计划的内容都具有政策性，那么计划的政策性与产业政策是否存在矛盾？如何协调？

3. 举例说明2008—2010年国际金融危机背景下，我国产业政策的变化以及这些变化是怎样发挥宏观调控作用的。

第十六章 财 政 法

第一节 财政法概述

一、财政与财政法

简而言之，财政就是政府的理财之道。正如一个家庭维持正常生活需要挣钱和花钱一样，政府每天有各种各样的开销，为维持自身的运转，就需要取得一定的收入，也需要把这些收入有计划地合理开支。财政是伴随国家的产生而产生的，财政活动是一种历史悠久的经济现象。综观我国几千年留存下来的古籍，可以看到“国用”、“国计”、“度支”、“理财”等一类用词，都是关于当时财政的记载。

当财政活动发展到一定程度，由于其收支数额不断扩大，门类愈加复杂，原始的、具有很大不确定性的财政管理制度已不能适应财政活动发展的需要，用明确的法律对财政行为加以规范，并对政府的财政权力有所约束，也就成为了历史发展的必然。从形式上看，财政法就是调整财政关系之法。财政法在法律体系中占有重要的地位。

二、财政法的基本原则

财政法基本原则，是指财政法中体现法的根本精神，对财政行为具有一般指导意义和普遍约束力的基础性法律规范。从财政法调整对象的自身特点出发，我们认为财政法拥有以下几项基本原则：

1. 财政民主主义

财政民主主义所要求的是人民通过一定的方式行使对重大财政事项的决定权。在现代社会，由于人民行使权力的机构大多是由人民代表所组成的议会，因此财政民主主义又被称之为财政议会主义，其直接的要求是，一国的重大财政事项必须经过议会的同意才能付诸实施，否则即属于违法。

财政法之所以如此强调民主，与财政在社会生活中发挥的作用密不可分。就财富的占有量来看，现代国家财政收入占国民生产总值的比重一般维持在35%左右，北欧的高福利国家甚至超过60%。如此大量的资金集中在国家之手，通过财政收入和财政支出的形式不断循环，使得现代财政在国家生活中的地位远非过去所能比拟。由于财政收入实际上来源于人民，理论上又是用之于人民，因此，对于如何收取和支配这些资金，人民应该拥有最后的决定权。

财政民主主义是与现代预算相伴而生的，很大程度上是通过预算制度来实现的。我国的预算法要求，各级人大审查各级政府的预算及其执行情况，在法律形式上已经具有财政民主主义的基础。但是在实际运行中，财政民主主义还有待进一步落实。首先，由于我国的人大并不能完全摆脱政府的影响，加之人民代表选举机制还需要进一步完善，即便有人大能够审查和批准预算，一定程度上也会流于形式。其二，我国预算并没有覆盖全部财政收支范围，还有大量的预算外资金存在。如果进入预算的资金只是全部财政资金的一部分，预算制度在实现财政民主方面的功效也会在一定程度上被抵销。但随着人大财政监督功能的加强，已经出现了一些可喜的变化。

2. 财政法定主义

财政法定主义是财政民主主义的具体体现，它以财政民主作为基础，同时也是财政民主非常重要的实现途径。财政法定主义要求财政行为必须合法，必须得到法律的明确许可或立法机关的专门授权，财政基本制度只能由法律来规定。只有在法律允许的范围内，政府才享有财政方面的自由裁量权。

我国《立法法》第8条规定："财政税收基本制度只能由全国人民代表大会立法。"所谓财政税收基本制度，我们认为包括有关财政活动的基本原则、各有关国家机关的财政权、税收种类及中央和地方税收的划分、预算的编制与执行、税收基本制度、重要税种的征收标准和程序等。

我国现行的财政法大多数由国务院的行政法规、财政部和国税总局的规章以及相关的通知解释构成，上升到人大制定的法律层面的只有《预算法》、《税收征收管理法》、《个人所得税法》、《企业所得税法》、《政府采购法》等少数几部法律，离真正的财政法定主义还有一定的距离。这并非说财政法定主义排斥政府对财政的立法，而是说财政基本制度方面的法律只能由人大来制定，其他的法规可以由政府来制定，但不能超越法律并且需要保持一定的稳定性。我国目前的现状是，一些应该属于财政基本制度的内容却由国务院的行政法规甚至财政部和国税总局的部门规章规定，其他由政府制定的法规、规章经常对人大所制定的法律进行扩张解释甚至是修改，特别是由部门制定的规章，改动频繁，随意性极大，破坏了财政法定主义原则。

3. 财政健全主义

所谓财政健全主义就是要求财政运行安全稳健。简而言之，就是政府借钱要综合考虑各方面因素，保证借了能够还；政府花钱量入为出，要保证花钱的额度和政府收入相适应。现代国家，发行公债筹集财政资金已经成为常态，财政健全主义已不再要求财政的年度平衡。其重点就放在要求发行公债的数额要适当，还款期限设计要合理，不能超出财政的承受能力，避免出现由于财政能力的不足而不能按时偿还到期公债的情形。

财政，顾名思义，“财”和“政”紧密相连。如果财政健全主义被破坏，出现财政危机，“财”不足以应付开支的话，“政”也会受到牵连，甚至导致政府的破产，美国加州政府的财政危机是一个典型的案例。2009财年（截至2009年6月）前11个月，① 美国加州政府支出为935.2亿美元，赤字183.4亿美元，同比增长80%以上。如果预算赤字久拖不决，加州将成为美国第一个财政破产的州政府。对此加州政府积极采取降低福利标准、打白条等措施应对破产危机。但由于金融危机、党派之争、民众压力等因素，加州政府的措施效果不容乐观。“收入大，开销也大”是加州的传统。加州执行类似于欧洲标准的福利政策，其教育和福利支出常年居高不下，明显高于美国平均水平。由于高科技产业泡沫的破灭，加州的财政收入锐减，而财政开支依然巨大，政府职能大幅举债以维持运行。2003年，加州出现预计为380亿美元的赤字，选民罢免了州长戴维斯。施瓦辛格以财政改革的承诺赢得选举、接任州长时，便面临120亿美元的预算空缺。此后几乎每年，加州政府预算方案都是在拉锯战中勉强通过，2008年更是创下了延期2个半月的历史纪录。加州的财政困境可用两句话来概括：一是财政结构抗危机能力弱，二是政府财政管理长期实行赤字预算，未及时求变。

4. 财政平等主义

① 加州的财政年度是由头一年的7月1日到下一年的6月30日。

财政公平包含着对正义的价值追求，财政平等主义要求从制度上体现一种平等的对待。从财政收入上来说，富者多收，贫者少收，同样的条件下，收取的数额应当相等。从财政支出上来说，要用财政资金保障社会中的每个成员最基本的生存发展的需要，为社会弱者提供力所能及的帮助和救济。如，最低生活保障制度的实施范围不仅限于城市，农村同样也应该普遍推行。要使每一个社会群体有同等的机会和待遇。我国目前的城乡差距很大程度上即与财政支出的不平衡有关，因此应该通过一定的财政法律措施予以反向调节，以促进城乡的机会均等。财政平等主义要求公共财政的阳光普照到每一个公民。

在我国目前城乡差距、地区差距、贫富差距越来越大的社会背景下，财政平等主义的确立和有效发挥作用，有助于将社会的矛盾控制在人们的心理承受能力以内，有助于创造一种平等和谐的竞争环境，有助于最低人权的法律保障，因而具有非常重要的现实意义。

2000—2006 年中央财政对地方民族地区转移支付由 25.5 亿元增加到 155.6 亿元，年均增长 44.2%。民族地区转移支付的实施，对促进民族地区经济社会各项事业发展发挥了重要作用。民族地区的转移支付，支持了不发达的民族地区的发展，促进了地区之间的财政平衡，正是财政平等主义的一种体现。

三、财政法的功能

财政法的功能就是财政法在促进财政职能的实现，规范财政行为方面所起的作用。具体表现在如下三个方面的功能：

1. 财政权力授予功能

权力的行使和人民的利益息息相关，所以权力的来源必须具有合法性。根据我国宪法，一切权力来源于人民，任何公共权力的存在必须经过人民的授权。“授权”不是简单的政治口号，而是要通过法律程序来实现的。

财政法的授权功能在财政组织法中可以得到明显佐证。财政组织法的存在，不仅仅限于规范相关财政主体的组织机构，更重要的在于依法授予该主体相应的职权。只有具备财政组织法上的依据，财政机关才能合法拥有财政权力。拥有财政权力的部门有很多，比如说人大、政府、政府的财政部门、政府的税务部门等等。税务部门收取税收，政府编制并向人大提交预算，人大审查并批准预算，财政部门执行预算，这些财政权力都来自于法律的授权。可以说，现代法治社会中，财政法的授权功能是财政活动的前提和基础。如果没有财政权力的存在作为前提，财政法的权力规范功能和监督功能都将失去意义。

2. 财政权力规范功能

财政权力一旦产生，就必须按照法治社会的要求进行规范。财政法的规范功能主要通过财政行为法、财政程序法及财政责任法表现出来。它们规定各种财政行为的前置条件、实体标准、程序要求及法律后果。

除此之外，财政法还可以通过为权力划定边界而起到规范作用。例如，尽管一般性授权在财政法中越来越普遍，但并不意味着财政法对此完全放任不管。最起码的要求是，财政法应当为这种概括性权力设置上限。如果权力本身也是一种职责，那么下限的存在也必不可少。否则，权力就会真正成为不受约束的“利维旦”，对人民的基本权利构成现实的威胁。

3. 财政权力监督功能

财政法的规范功能和监督功能在目标上是完全一致的，都是为了防止财政权力的滥用和失范。但在具体方式上，前者主要通过制定行为准则而实现，后者则有意设置一种外在的强制，督促财政机关切实履行职责。

以财政监督法为例，其制定和实施的目的就在于监督财政权力的合法有效运行。按照财政监督法的要求，财政监督机关应当依法监督财政机关正确履行职责。如果发现违法行为，可以进行相应的处理甚至制裁。我国《审计法》的主要功能就在于此。

第二节　财政支出法

一、财政支出法概述

财政支出法是规范财政支出的各种法律规范的总称，通俗地讲就是规定政府怎么花钱的法律。大家往往对政府怎么收钱很关注，因为事关自身财产利益，而对政府怎么花钱很漠然，其实，政府所花的钱是纳税人所缴的税款，政府乱花钱就是在侵害纳税人的利益，所以对财政支出进行法律规范十分必要。目前我国财政支出法整体上尚不完善，除了《政府采购法》外，其余领域都明显缺乏较为系统的法律规定。

1994 年我国就已经开始了预算体制改革，到目前已取得了较大成绩，初步建立了分税制财政体制，迈出了向公共财政转变的第一步。但整个财政体制的改革是一个宏大而系统的工程，已经进行了的改革主要完成了财政“收”

的部分，而同等重要的“支”的改革尚待进行。完善我国财政支出法律制度，当务之急是要推广收支分离制度，完善国库集中支付制度和政府采购制度，促进公共财政建设。

二、收支分离管理制度

（一）收支分离管理制度概述

收支分离，即我国实践中通常称呼的“收支两条线”，是我国专门针对行政事业性收费和罚没收入而设计的一种支出制度。所谓“收支两条线”就是说执行收费和罚款的政府部门要把收费和罚款全部上交给财政部门，不能用来作为本部门的开支使用，其开支由财政部门另行拨款，收入和开支两条线运行，彼此不混同和交叉。

为什么要实行收支分离制度？直接把收费和罚没收入作为执收执罚部门的经费岂不省去了很多程序和成本，何必设计这么复杂？大家试想一下，如果允许执收执罚部门把收费和罚款作为本部门自己的收入的话，收费和罚款的数额就和执收执罚部门自身的利益紧密相关了。执收执罚部门为解决经费不足问题，可能利用职权和工作便利采取各种手段去“创收”，“乱收费”、“乱罚款”就随之而来了。这样势必影响公正执行公务，甚至执法犯法，导致司法和行政执法的腐败。

（二）收支分离管理制度内容

我国收支分离制度的依据主要是财政部下发的《关于加强中央部门和单位行政事业性收费等收入“收支两条线”管理的通知》，其主要内容如下：

（1）执收执罚部门取得的罚款和收费都要上缴国库或者是财政的专门账户，不能截留归自己使用。中央部门和单位不得擅自对政府非税收入实行中央与地方收入分成。（2）执收执罚部门应当将行政事业性收费和罚没收入及时、足额缴入国库或预算外资金财政专户，执收执罚部门正常的经费开支，统一由财政部门按照预算内外资金结合使用的原则审核拨付。（3）实行收支分离管理的资金，部分被纳入预算管理，成为预算内收入。而没有被纳入预算管理的部分，则被纳入政府财政专户。（4）取消现行各执收单位开设的各类预算外资金账户，改由财政部门按执收单位分别开设预算外资金财政汇缴专户。（5）对预算外资金汇缴专户实行零余额管理。预算外资金财政汇缴专户的收缴清算业务，由财政部门按规定程序委托代理银行办理。

收支分离最开始只是一种预算外资金的管理方式，是为了防止司法和行政机关从自己所收取的行政事业性收费和罚没收入中坐支，冲击正常的财政管理秩序。而对于预算内资金而言，收支分立是最基本的要求。例如，税务机关所收取的税款，必须限期缴入相对应的国库。税务机关正常的经费开支，则必须通过财政预算，从国库所管理的资金中支付。随着财政管理改革的深入，收支分离开始与预算管理对接。实行收支分离管理的资金，部分被纳入预算管理，成为预算内收入。而没有被纳入预算管理的部分，则被纳入政府财政专户。这样，司法机关和行政机关的收费或罚没收入，无论是在资金管理还是在资金使用，最少必须受到财政部门的监督，受到政府资金使用计划的限制。如果能够纳入预算管理，则还必须受到预算的约束。随着改革的深入，如果所有财政收入都能纳入预算，预算外支出就不复存在。从这个角度而言，收支分离管理的内容尽管不属先进，但的确是我国财政法制进步的基石。如果不能做到最起码的收支分离，财政规范化的任何努力都是枉然。

（三）收支分离制度有待解决的问题

财政收支分离是财政资金管理从自收自支向预算管理转变的必要环节。随着收支分离制度的推进，越来越多的公共资金将进入财政监管的范畴。现实所存在的问题是，收支分离制度目前并不彻底，财政部门只是做到财政资金汇总，从信息归并的角度进行管理，并不能真正做到资金统一调度，使政府部门的收入和支出完全分离。在实践中，执收执罚部门上缴财政的资金，仍然能够全额返还或者按比例返还。这种将支出与收入相结合的制度，只是形式上做到了"收支两条线"，事实上违反了收支分离的本意。按照这种制度安排，政府部门乱收费、乱罚款的冲动并不会减少。相反，经过"收支两条线"的洗礼后，违法收费或罚款似乎合法化，执收执罚部门更加有恃无恐，毫不顾及自己行为的合法性。从这个角度而言，"收支两条线"有待进一步改革，使之真正做到收入和支出分离，才有可能与预算制度的精神保持一致。

三、国库集中支付制度

（一）国库的概念

通常而言，国库是指国家金库，是一个存放具体实物、货币和黄金的库房。但现代意义上的国库，已经不单单是国家金库。国库往往担负着保管、管理财政资产和负债，反映预算执行情况的职能。国库的职能已由传统的"库藏"管理发展成全面的财政管理，即控制政府预算内、外资金，管理政府现金和债务等。传统的"财产"国库逐步发展为"财政"国库。国库分为中央国库和地方国库。国家的全部预算收入必须按规定期限全部缴入国库；国家的一切预算支出必须按规定通过国库拨付。我国实行委托国库制，由中国人民银行经理国库。

《预算法》第48条规定，县级以上各级预算必须设立国库。具备条件的乡、民族乡、镇也应当设立国库。中央国库业务由中国人民银行经理，地方国库业务依照国务院的有关规定办理。各级国库必须按照国家有关规定，及时准确地办理预算收入的收纳、划分、留解和预算支出的拨付。各级国库库款的支配权属于本级政府财政部门。除法律、行政法规另有规定外，未经本级政府财政部门同意，任何部门、单位和个人都无权动用国库库款或者以其他方式支配已入国库的库款。各级政府应当加强对本级国库的管理和监督。

（二）国库集中支付的内容

试想，一个家庭要是有好几个存款账户，存钱和花钱有时用这个账户，有时用那个账户，如果存取款很频繁的话，户主就不能随时对家庭的存款状况有特别清晰的了解，太多的账户还会导致户主的遗忘，推迟了存取款的时间；要是家里只有一个银行账户的话，上面的问题就迎刃而解了。国库的收支和家庭的小账本是一个道理，国库集中支付，就是将政府所有的财政收入都集中到国库指定的账户，所有的财政支出都通过这一账户进行拨付，目的是进一步增强财政资金支出的透明度，提高财政资金使用效益。

在2001年之前，我国财政资金是各单位设立多个账户，汇总后再向国库缴纳，拨付时再通过这些账户逐层下拨。这样做容易导致财政资金不透明；财政信息反馈慢，不能准确及时地编制预算；财政资金入库速度慢，大量财政资金长期滞留在预算单位；财政资金被截留、挤占、挪用等问题时有发生，甚至出现腐败现象。针对这些情况，2001年3月16日，财政部发布《财政国库管理制度改革试点方案》进行国库集中支付制度改革。

国库集中支付的主要内容包括：（1）财政部门在国库建立单一账户，并在商业银行建立零余额账户，各预算单位也在商业银行建立零余额账户。所谓零余额账户，就是这个账户没有资金存储的用途，而只作为财政资金周转的途径。每天结账清算以后，账户的余额均为零。（2）国库单一账户把资金划拨到财政零余额账户，财政零余额账户又负责财政的直接支付。各预算单位的零余额账户负责财政的授权支付。（3）划分收入类型，并将财政收入的收缴分为直接缴库和集中汇缴两种方式。（4）把财政支出类型分为购买性支出和转移性支出。支付方式按照不同的支付主体，对不同类型的支出，分别实行财政直接支付和财政授权支付。

四、政府采购法

（一）政府采购法的概念

正如每个家庭需要经常采购来保证家庭的正常生活一样，政府为维持自身运转，提供公共服务，也需要到市场上采购。不过政府采购的物品和一般家庭不尽相同，不仅会买货物和服务，还会购买工程，如政府需要修公路，进行招标，也是一种政府采购。但政府采购所用的资金都是政府财政性资金。一定程度上可以说，政府的大部分支出都用于了政府采购，政府采购的规模巨大，所以必须有相关的法律、法规进行规范，政府采购法就是规范政府采购行为的法律。我国的《政府采购法》于 2002 年 6 月 29 日颁布，自 2003 年 1 月 1 日起实施。

（二）政府采购法的原则

政府采购区别于一般商业采购，它所使用的是政府财政资金，是为了公共利益服务。《政府采购法》规定了政府采购的四条原则：公开透明、公平竞争、公正和诚实信用原则。

1. 公开透明原则

阳光是最好的防腐剂，政府采购涉及大量的财政资金，只有贯彻公开透明原则，把政府采购的过程置于有关供应商和公众的监督之下，才能保证财政资金的有效利用，防止政府采购中出现腐败。公开透明原则要求采购的法律和程序要公开；采购的要求、采购活动的条件、采购的过程、采购的结果都要公开。我国的政府采购法除确立公开透明原则外，还增加了对采购和采购代理机构妥善保管采购文件至少 15 年的义务，对采购活动记录内容也提出了具体的要求。为了保障该原则的实现，还在第六章专章规定了供应商质疑和投诉制度。

2. 公平竞争原则

公平竞争是市场经济的法则，政府采购使用的是财政性资金，是纳税人的钱，更加不能例外。只有通过公平竞争，才能使政府采购得到最优的效益，也只有公平竞争才能让参与政府采购的供应商信服，维护政府采购在市场上的声誉，有利于引导整个市场形成良性竞争的环境。公平竞争要求所有参加竞争的供应商机会均等并受到同等待遇，不得有任何歧视行为，不管其是国企还是民企，也不管其和政府之间的关系是亲还是疏。根据我国的特殊情况，《政府采购法》还专门规定，反对用行政首长的指令，依靠行政命令来决定相关事项。

《政府采购法》第19条第2款："采购人有权自行选择采购代理机构，任何单位和个人不得以任何方式为采购人指定采购代理机构"；第22条第2款："采购人不得以不合理的条件对供应商实行差别待遇或者歧视待遇"；第25条第1款：政府采购当事人"不得以任何手段排斥其他供应商参与竞争"；第64条第2款："任何单位和个人不得违反本法规定，要求采购人或者采购工作人员向其指定的供应商进行采购。"

3. 公正原则

公正是法律的基本原则，公正原则在政府采购法中更多地体现在确定供应商上，如评标标准明确严格、评标程序的公正、利害关系人的回避制度等。和一般的行政法律关系中政府和行政相对人地位不平等不同，政府采购当事人在采购活动中地位平等，任何一方不得向另一方提出不合理的要求，不得将自己的意志强加给对方。公正原则建立在公开透明和公平的基础上，只有公开透明和公平，才能实现公正。

4. 诚实信用原则

诚实信用原则本是民事活动的基本原则，政府采购既是一种行政行为又可以说是一种民事行为，也应遵守民事活动的基本原则。

（三）政府采购法的适用范围

政府采购法的适用范围就是指哪些政府采购行为被政府采购法所规范。并不是所有的"政府采购"都属于政府采购法所调整的范围，我国的政府采购法的适用范围主要从采购人、采购对象和采购法适用除外三个方面进行界定。

1. 政府采购的采购人

我国政府采购法对采购人采取综合界定的方法。首先，采购人从主体上必须是国家机关、事业单位和团体组织。其次，进行采购的资金必须是财政性资金。

2. 政府采购对象

政府采购的范围包罗万象，国际上通行的做法是，按其性质将采购对象分为货物、工程和服务三大类。我国《政府采购法》在第2条中也将采购对象规定为货物、工程和服务。

政府采购中还存在一个问题，那就是如果政府采购的对象特别小，是否也适用政府采购法呢？如政府就买几颗螺丝钉、几张纸，也要适用政府采购法进行招标投标吗？显然这样做是失去采购效率的，所以是不应适用政府采购法。

这就引出了政府采购法中的一个重要概念——“门槛金额”，门槛金额就是指政府采购如果超过了这个金额，政府采购项目才适用政府采购法的采购模式。那么大家可能会想，如果政府采购的负责人为了私利，把一笔大的政府采购项目分解，分解后的小项目都不到门槛金额，以此来规避政府采购法的情况出现怎么办呢？其实政府采购法里早有对策，我国《政府采购法》第28条规定：“采购人不得将应当以公开招标方式采购的货物或者服务化整为零或者以其他任何方式规避公开招标采购。”

3.《政府采购法》的适用除外

政府采购法不适用于所有的政府采购之中，军事采购因为其特殊性不适用于采购法；另外，如果采购资金是利用外国或者国际组织的贷款，而对方对采购另有要求的不适用；发生自然灾害和不可抗力采取的紧急采购以及涉及国家秘密的采购不适用。

（四）政府采购的当事人

政府采购的当事人是指在政府采购活动中的权利义务主体，包括采购人、供应商和采购代理机构，不包括政府采购的监督管理部门。

1. 采购人

采购人是指依法进行政府采购的国家机关、事业单位、团体组织。在我国的政府采购法中军事机关是排除在采购人之外的。

2. 采购代理机构

采购代理机构就是代理政府进行采购的机构，分为集中采购代理机构和一般采购代理机构。集中采购代理机构有半官方的性质，是政府设立的非营利性事业法人。

3. 供应商

供应商是指向采购人提供货物、工程或者服务的法人、其他组织或者自然人。

（五）政府采购的方式和政府采购合同

政府采购的方式在政府采购法里规定了五种，分别为：公开招标、邀请招标、竞争性谈判、单一来源采购、询价。

政府采购行为既是一种行政行为，又是一种民事行为，政府和供应商之间应该签订合同。根据《政府采购法》的规定，政府采购合同适用合同法。政府采购合同有以下几个特点：（1）政府采购合同应当采用书面形式。（2）经采购人同意，中标、成交供应商可以依法采取分包方式履行合同。（3）政府采购合同是要式合同。国务院政府采购监督管理部门应当会同国务院有关部门，规定政府采购合同必须具备的条款。

（六）政府采购救济机制

我国《政府采购法》规定的救济机制为：（1）询问。供应商对政府采购活动事项有疑问的，可以向采购人提出询问，采购人应当及时作出答复，但答复的内容不得涉及商业秘密。（2）质疑。供应商认为采购文件、采购过程和中标、成交结果使自己的权益受到损害的，可以书面形式向采购人提出质疑。（3）投诉。提出质疑的供应商对采购人、采购代理机构的答复不满意或者采购人、采购代理机构未在规定的时间内作出答复的，可以向同级政府采购监督管理部门投诉。政府采购监督管理部门应当在收到投诉后，对投诉事项作出处理决定。（4）行政复议或行政诉讼。投诉人对政府采购监督管理部门的投诉处理决定不服或者政府采购监督管理部门逾期未作处理的，可以依法申请行政复议或者向人民法院提起行政诉讼。

2004 年 10 月，发改委、卫生部对国家医疗救治体系项目进行公开招标。2004 年底，沃尔公司发现中标者为投标价格最高的公司。2004 年 12 月 21 日和 2005 年 1 月 7 日，沃尔公司先后向国家财政部递交了书面投诉意见。2005 年 3 月，沃尔公司投诉财政部在政府采购中的违法行为行政不作为。2006 年 12 月 8 日，北京市一中院对这起案件作出一审判决，财政部败诉。2007 年 1 月 5 日，财政部向北京市高级人民法院提起上诉，二审尚无结果。此案同时涉及国家发改委、卫生部等国家部委，采购项目总额高达 114 亿元，其诉讼当事人的级别和规格之高，标的额之大，在我国行政诉讼史上属于“空前”，因此被称作“政府采购第一案”。

第三节　财政收入法

一、财政收入法概述

国家为了维持自身运行，必须取得收入，收入的来源是人民，人民为什么要把自己的钱拿给国家用呢？因为人民消费的很多产品是市场不能提供的，如国防、公安、公路等。所以人民要把自己收入的一部分交给国家这样一个公共管理机构，让其提供公共产品，满足人民需要。政府取得收入的途径有很多，收税、收费、发行公债、发行彩票、征收国有资产收益，等等。这些都需要从法律上加以规制，一方面是为了解决政府行为的合法性，为财政收入的获取提供法律依据；另一方面，也是为了约束政府的行为，防止其滥用行政权力，随意侵犯公民财产权。

由于本书有专门的章节介绍税法，而资产收益的法律规则还不稳定和系统，本节仅对公债法、费用征收法和彩票法进行介绍。

二、费用征收法

所谓“费”，就是国家向私人提供了服务，私人付给国家的报酬，比如说上高速公路需要交车辆通行费，就是车主使用了高速公路、享受了国家服务所应向国家缴纳的报酬。费和税的不同之处在于，国家收了税以后，除了极个别的特定目的税以外，不存在国家收了谁的钱，就要把这笔钱花给谁的问题，收钱和花钱没有对应的关系；而费则不然，正是由于相对人享受了国家相应的服务，国家付出了成本，才向其收费。我国的费主要包括行政事业性收费和政府性基金两大类。

三、规费法

规费就是基于对待给付的政府收费。我国的大部分行政性收费和事业性收费都可以纳入到规费的范畴。

我国关于规费征收的法律性文件主要为国务院发布的《国务院关于加强预算外资金管理的决定》，其主要内容如下：

(1) 把批准开征收费的权力赋予较高一级的政府。按照隶属关系，收费项目分别报国务院和省级政府的财政部门审批，确定和调整收费标准分别报国务院和省级政府的财政部门审批计划（物价）部门会同财政部门批准。行政性收费中的管理性收费、资源性收费、全国性的证照收费和公共事业收费，以及涉及中央和其他地区的地方性收费，实行中央一级审批。

(2) 行政许可不收费。除法律、行政法规另有规定外，凡是行政机关实施行政许可、对行政许可事项进行监督检查以及提供行政许可申请书格式文本的，一律不得批准收费。

(3) 对执收部门减免收费的限制。未经财政部和省级财政部门批准，执收单位不得减免行政事业性收费。

(4) 对规费的预算管理。各级财政部门继续深化“收支两条线”管理改革，将政府非税收入分步纳入预算管理。

2001年11月，因不满“律师年检注册费”的征收，李苏滨律师将洛阳市司法局和洛阳市律师协会一齐告上了法庭。2002年5月末，洛阳市西工区法院以市中院已有生效裁定书为由，动员原告撤诉，李苏滨于2002年5月10日撤诉。

律师“年审注册费”的由来：各地的律师事务所在建所之初，是从属于司法行政部门的一个科，那时每年要向司法局上交一部分费用，叫“管理费”。自从律师事务所改制以后，律师科从司法行政部门分离出来，律师不再享受国家的财政拨款，成为了名符其实的个体劳动者。因此，财政部和国家计委《财综字［1999］195号》文件规定：自2000年1月1日起取消对各地律师事务所收取的管理费。几乎是在管理费被取消的同时，在司法部没制定规章，国家没有政策支持的情况下，许多省、市司法厅向同级财政厅、物价局报送了申请文件，基本内容是向辖区的律师事务所收取“年检费（含公告费）”，向律师收取“注册费（含公告费）”。这一文件很快就获得了物价局和财政厅的批准，值得探讨的是：批准文书不是以正式文件下达，而是以“函”或“通知”的形式回复给司法厅的。

虽然此案以原告撤诉告终。但作为中国律师界的一个“首例公益诉讼”，其意义和价值都早已远远超过了案件本身。这起诉讼至少向人们提出了以下几个问题：

一、省、市各政府主管部门的“函”、“批复”算不算“法规”、“规章“？它能否作为收费的法律依据？

二、如果认可这样的文件可以作为征用收费的法律依据，那么它的制定过程是否要增加一些透明度？是否要经过听证、异议、讨论、通过、签署这样的程序？是否要听听利害关系人的意见？

三、注册费应该用在何处？它的支出是否应该透明？作为提供这笔费用的律师有没有知情权和监督权？

四、应该如何规范收费行为？律师年审注册费本来应该由司法行政部门收取，可是有些地方却交由律协“代收”，又没有规范的授权文件，律协将这笔费用和律协的会费合起来一起收，既造成了收费主体的混乱，又造成了收费内容的混乱。行政收费是一项严肃的政府行为，应该有一套明确规范的操作程序。

四、政府性基金法

（一）政府性基金概述

我国所谓的政府性基金，相当于德国法上的“特别公课”，是政府基于特定的政策目的，或为弥补财政收入的不足，针对特定或不特定人征收，并设定特定用途的一种费用。其和规费的不同之处在于，虽然政府性基金的用途和收费有极大的关联性，但是其用途针对特定人群或项目，而非特定的个人，不存在一对一的对待给付关系。

（二）政府性基金的法律规制

政府性基金的法律规制主要体现在两个方面。首先，法律应当规定政府性基金的设定权，即谁可以决定设立政府性基金。中央政府应当拥有全国性基金的设定权，地方政府如有权决定开征基金，其决定权应该保留在较高级别的地方政府，或者经过中央政府主管部门的审批。其次，对于具体的基金项目，谁是征收人、谁是义务人，缴纳标准如何确定，缴纳的期限、地点等，也应该有专门的文件加以规定。

我国关于政府性基金的法律规制的规范性文件主要为《国务院关于加强预算外资金管理的决定》和《关于加强中央部门和单位行政事业性收费等收入“收支两条线”管理的通知》，其主要内容如下：

(1) 中央部门和单位征收政府性基金，必须具有相关法律法规依据，并报财政部会同有关部门审批；重要的政府性基金，由财政部报国务院审批。严禁越权设立行政事业性收费和政府性基金项目、扩大征收范围、提高征收标准。

(2) 将养路费、车辆购置附加费、铁路建设基金、电力建设基金、三峡工程建设基金、新菜地开发基金、公路建设基金、民航机场管理建设费等13项数额较大的政府性基金（收费）纳入预算管理。

(3) 2004年后按照国家规定审批权限新设立的行政事业性收费、政府性基金以及新取得的其他政府非税收入一律上缴国库，纳入财政预算，不得作为预算外资金管理。

(4) 建立政府性基金等财政预算资金绩效评价制度，加强对政府性基金等财政预算资金使用情况的监督，切实提高资金使用效益。

五、公债法

（一）公债的概念与职能

所谓公债，就是政府向社会筹集资金所形成的债务。现代国家，公债已经成为政府财政收入的主要形式之一。为什么政府要借债？有多少钱花多少钱不好吗？回答这个问题就需要了解公债，特别是公债中的国债的职能。

弥补财政赤字是国债的最基本功能，所谓财政赤字就是国家开支大于收入的那部分，为什么会产生赤字呢？就一般情况而言，造成政府财政赤字的原因大体上有以下两点：一是经济衰退，二是自然灾害。在经济衰退的情况下，政府的财政收入减小，而支出在短时间内不可能大幅缩小，就产生了赤字。自然灾害的时候，国家为救灾会投入大量资金，加之灾害对经济的损害，也会导致入不敷出。政府财政赤字一旦发生，就必须想办法予以弥补。在市场经济体制下，其弥补的方式主要有三种措施：增加税收、增发货币和举借国债。第一种方式不仅不能迅速筹集大量资金，而且重税会影响生产者的生产积极性，进而会使国民经济趋于收缩，税基减少，赤字有可能会更大。第二种方式则会大幅增加社会的货币供应量，因而会导致无度的通货膨胀并打乱整个国民经济的运行秩序。第三种方式则是最可行的办法，因为发行国债筹资仅是社会资金使用权的暂时转移，在正常情况下，一般不会招致无度的通货膨胀，同时还可迅速、灵活和有效地弥补财政赤字，所以举借国债是当今世界各国政府作为弥补财政赤字的一种最基本也是最通用的方式。

利用国债，政府还可以灵活调剂财政收支过程中所发生的季节性资金余缺。政府财政收入在一年中往往不是以均衡的速率流入国库的，不同税种所形成的税收收入会受到不同因素影响，如农业税有着明显的季节性特征，流转税则会受到商品季节性的影响。而财政支出则往往以较为均衡的速率进行。这就意味着即使从全年来说政府财政预算是平衡的，在个别月份也会发生相当的赤字。为保证政府职能的履行，许多国家都会把发行期限在 1 年之内的短期国债，作为一种季节性的资金调剂手段，以求解决暂时的资金不平衡。

国债还有国民经济运行进行宏观调控的职能。一国的经济运行不可能都永远处在稳定和不断增长的状态下。相反，由于种种因素的影响如宏观政策的失误、国际经济的影响等，经济运行常常会偏离人们期望的理想轨道，从而出现经济膨胀和经济萎缩现象。这时政府必须采取相应的政策措施进行经济干预，以使经济运行重新回到较理想或预期的轨道。自凯恩斯宏观经济理论建立以来，运用经济政策对宏观经济运行调控已成为普遍现象。其中国债扮演着十分重要的角色，这也使得国债的宏观调控功能逐渐成为国债的主要功能。

（二）国债与地方债

公债虽然可以根据不同的标准作多种分类，但在目前中国的特定背景下，将其分为国债和地方性债务更具现实意义。国债是财政部代表中央政府举借的债务。地方性债务是地方政府所举借的债务。

> 《预算法》第27条规定：中央政府公共预算不列赤字。中央预算中必需的建设投资的部分资金，可以通过举借国内和国外债务等方式筹措，但是借债应当有合理的规模和结构。中央预算中对已经举借的债务还本付息所需的资金，依照前款办理。《预算法》第28条规定：地方各级预算按照量入为出、收支平衡的原则编制，不列赤字。除法律和国务院另有规定外，地方政府不得发行地方政府债券。

从以上规定来看，地方政府债券没有被禁止。就法律程序而言，只要有特别立法，或者由国务院特别许可，地方政府是可以发行地方债券的。相对于发行地方债券，地方政府通过种种途径举借债务，早已是公开的事实。据专家保守估算，截至2004年年底，全国县乡债务超过1万亿元，平均每县超过200亿元。债务的来源包括拖欠工程款、政府担保商业银行贷款。2009年，经国务院批准同意，多个省（市）发行了地方政府债券。

> 2009年，多个省（市）经国务院批准发行了地方政府债券，这是自1993年以来地方政府债券被国务院叫停后的首次发行。此次地方政府债券以省、自治区、直辖市和计划单列市政府为发行和偿还主体，由财政部代理发行并代办还本付息和支付发行费的可流通记账式债券。债券期限为3年，利息按年支付，利率通过市场化招标确定，发行的总规模为2000亿元。此次地方政府债券由财政部代发，并由财政部代办还本付息，实际上中央政府承担了担保人的责任。在债券规模的分配上，各地方政府申请发债规模，经国务院批准，财政部下达各地的债券规模。虽然此次地方政府债券的发行主体名义上为各地方政府，但按照目前的财政体制，地方政府并不是独立的财政主体，缺乏独立的收入来源，在法律责任的承担上，也没有独立的身份。虽然这次地方债的发行中央有额度限制，但一旦地方政府不能按时还本付息，最后承担责任的仍然是中央政府。

（三）国债法律制度

1. 国债法律制度概述

国债法律制度就是调整国债法律关系的法律规范，它主要规范国家（中央政府）、国债中介机构和国债投资者涉及国债时的行为。

国债法律制度和其他财政法律制度相比更具有平等性，更强调国债的发行者国家和国债的投资者之间相互权利义务关系的平等。国债法和民法联系较为紧密，特别是与民法中的债法有密切关系，民法中有关债的理论及其具体规定常常也可适用于国债法。国债法律制度总体上可以分为国家内债法律制度和国家外债法律制度，因为有关外债的法律制度较少，又很不系统，所以在本章中不做讨论，只介绍内债法律制度。

2. 国家内债法律制度

（1）国债的发行对象

目前中国国债的持有者主要是个人投资者。但是过多的个人投资者参与国债交易市场，会使国债市场的投机性趋强。因此，发达的国债市场不应以个人投资者为主要发行对象和交易对象，而应该重点考虑商业银行、保险公司、养老基金、医疗基金以及投资基金等机构投资者。

（2）国债的发行价格与利率

国债发行的价格，是指国债发行时的出售价格或购买价格。国债发行的价格不一定就是国债的票面值，它可以是低于票面值发行，即减价发行，也可以是按照票面值发行，即平价发行，少数情况下也可以高于票面值发行，即增价发行。

国债的利率就是政府因举债所应支付的利息额与借入本金额之间的比率。利率的确定，主要参照以下三种因素：金融市场利率水平，政府信用状况和社会资金供给量。我国的国债利率通常比银行同期存款利率高 0.5 ~ 2.0 个百分点，随着银行商业化、银行存款利率市场化改革的深入，国债市场的扩大和统一，以及国债流通性的日益增强，国债的偿付安全度远比银行高，因此，国债发行的利率最终会调到银行存款利率以下。

（3）国债的偿还

税收、举借新债以及国债投资项目的收益是国债偿还的主要资金来源。国债的偿还方式主要有四种：①直接偿还法：是指由政府或其委托的金融机构按照发行国债时所规定的偿还条件进行偿还，可以是一次性全部偿还，也可以是分期分批偿还。②买销偿还法：是指在国债的最终偿还期以前，政府在证券市场是收购国债，当国债到期时，已全部为政府所持有。以此方法来偿还国债，一般偿还成本低，并能体现国家的经济政策。③抽签偿还法：是指政府通过定期抽签以确定应偿还的国债的方法，一般以国债的号码为抽签依据，一旦公开抽签确定应偿还国债的号码后，所有相同号码的国债都同时予以偿还。④轮次偿还法：是指政府按照债券号码的一定顺序分次偿还的方法。

六、彩票法

我国的彩票业诞生于1987年，十几年来，我国彩票业从无到有，彩票发行量逐年飚升。现在彩票已经深入我们的生活，大街小巷随处可见彩票投注站，经常会听到彩民谈论着“彩经”。彩票丰富了人们的业余生活，也为国家筹集了大量的资金，促进了公益事业的发展，随着2009年国务院《彩票管理条例》的颁布施行，我国彩票业的发展进入了一个新的阶段。

（一）彩票的概念和特征

西方人有种说法，博彩乃是一种受上帝之手操纵的另类经济游戏，是“无痛的税收”和“微笑的纳税女神”。彩票的魔力何在？为什么让人们自愿地把钱给了政府换回一张小纸片？这就要从彩票的概念说起。彩票是政府发行的一种有价证券，印有号码、图形或文字，按照大家公认的游戏规则决定中奖的范围，彩票的价值在于其中蕴含的中奖机会。在世界范围内，彩票的发行非常普遍，大多数国家和地区集资目标主要锁定在社会福利、公共卫生、教育、体育文化等方面。

彩票和其他有价证券不同，有自己的特征：其一，彩票由政府统一安排并实施监管。其二，彩票是政府筹措公益资金的渠道。其三，彩票是以抽签给奖方式筹措资金的融资手段。其四，彩票是风险与收益相伴生的机会性游戏。

（二）彩票法律关系

彩票法律关系是一种多重的法律关系。它主要包括发行人与购彩人之间形成的权利义务关系；发行人与中彩人之间形成的权利义务关系；发行人与彩票承销人之间形成的权利义务关系。

1. 发行人与购彩人之间的法律关系。该法律关系是有关彩票法律关系中的核心部分。在这层法律关系中，发行人以自己的名义向社会公开发布了有关彩票发行的对世要约，法律关系的另一方购彩人，根据自愿原则支付了价款，获得彩票所有权和中奖机会。

2. 发行人与中彩人之间的法律关系。他们之间的法律关系是建立在发行人与购彩人之间的法律关系基础上的一层关系。在这层法律关系中，中彩人具有双重法律身份，既是购彩人又是中彩人。正因为他是购彩人，他才有可能成为中彩人。因此，他除了拥有购彩人的权利义务外，还拥有获取奖金、奖品的权利。

3. 发行人与承销人之间的法律关系。这是一种特别授权代理关系。承销人以发行人名义向社会公开发行彩票，对外所产生的权利义务仍然由发行人承担。承销人通过为发行人销售彩票，从中获取手续费和佣金。由于彩票发行面很广，往往是在全国范围内发行的，所以由彩票销售地的机构承销是比较普遍的情况，如中国福利彩票的发行就是由中国福利彩票发行中心授权各省福利彩票发行中心承销。

（三）我国彩票法律制度的主要内容

我国现行的关于彩票业的主要法律性文件为2009年4月22日国务院通过的《彩票管理条例》，已于2009年7月1日起施行。该条例主要内容包括：

1. 规定了国家对彩票发行的垄断

国务院特许发行福利彩票、体育彩票。未经国务院特许，禁止发行其他彩票。禁止在中华人民共和国境内发行、销售境外彩票。

2. 彩票监督管理的职责部门

国务院财政部门负责全国的彩票监督管理工作。国务院民政部门、体育行政部门按照各自的职责分别负责全国的福利彩票、体育彩票管理工作。

3. 彩票发行和销售管理

（1）彩票发行和组织销售工作的主体。国务院民政部门、体育行政部门依法设立的福利彩票发行机构、体育彩票发行机构，分别负责全国的福利彩票、体育彩票发行和组织销售工作。（2）审批主体和审批程序。国务院财政部门负责对彩票发行机构开设、停止彩票品种或者变更彩票品种申请的审批。（3）彩票发行、销售机构的行业规范。彩票发行机构、彩票销售机构应当建立风险管理体系和可疑资金报告制度，保障彩票发行、销售的安全。彩票发行机构、彩票销售机构负责彩票销售系统的数据管理、开奖兑奖管理以及彩票资金的归集管理，不得委托他人管理。彩票发行机构、彩票销售机构可以委托单位、个人代理销售彩票。（4）彩票发行机构、彩票销售机构、彩票代销者的行为禁止。彩票发行机构、彩票销售机构、彩票代销者不得有下列行为：①进行虚假性、误导性宣传；②以诋毁同业者等手段进行不正当竞争；③向未成年人销售彩票；④以赊销或者信用方式销售彩票。

4. 彩票开奖和兑奖管理

（1）彩票的开奖管理。彩票发行机构、彩票销售机构应当按照批准的彩票品种的规则和开奖操作规程开奖。当期彩票销售数据封存后至开奖活动结束前，不得查阅、变更或者删除销售数据。彩票发行机构、彩票销售机构应当在每期彩票销售结束后，及时向社会公布当期彩票的销售情况和开奖结果。（2）彩票的兑奖管理。彩票中奖者应当自开奖之日起60个自然日内，持中奖彩票到指定的地点兑奖，彩票中奖奖金应当以人民币现金或者现金支票形式一次性兑付。不得向未成年人兑奖。彩票发行、销售机构和彩票代销者应当对彩票中奖者个人信息予以保密。

5. 彩票的资金管理

（1）彩票资金的类型。彩票资金包括彩票奖金、彩票发行费和彩票公益金。彩票资金构成比例由国务院决定。（2）彩票资金的账户及信息系统管理。彩票发行机构、彩票销售机构应当按照国务院财政部门的规定开设彩票资金账户和彩票发行、销售和资金管理信息系统。（3）彩票发行费的管理。彩票发行费专项用于彩票发行机构、彩票销售机构的业务费用支出以及彩票代销者的销售费用支出。（4）彩票公益金的管理。彩票公益金专项用于社会福利、体育等社会公益事业，不用于平衡财政一般预算。彩票公益金按照政府性基金管理办法纳入预算，实行收支两条线管理。

6. 法律责任

（1）彩票发行机构、彩票销售机构的法律责任。彩票发行机构、彩票销售机构违反《彩票管理条例》有关规定的，由财政部门责令停业整顿；有违法所得的，没收违法所得，并处违法所得3倍的罚款；对直接负责的主管人员和其他直接责任人员，依法给予处分；构成犯罪的，依法追究刑事责任。（2）彩票代销者的法律责任。彩票代销者违反《彩票管理条例》有关规定的，由民政部门、体育行政部门责令改正，处2000元以上1万元以下罚款；有违法所得的，没收违法所得。（3）兑奖人的法律责任。兑奖人伪造、变造彩票或使用伪造、变造的彩票兑奖的，依法给予治安管理处罚；构成犯罪的，依法追究刑事责任。（4）彩票公益金管理、使用单位的法律责任。彩票公益金管理、使用单位违反彩票公益金管理、使用规定的，由财政部门责令限期改正；有违法所得的，没收违法所得；在规定期限内不改正的，没收已使用彩票公益金形成的资产，取消其彩票公益金使用资格。（5）财政部门、民政部门、体育行政部门的工作人员的法律责任。财政部门、民政部门、体育行政部门的工作人员，在彩票监督管理活动中滥用职权、玩忽职守、徇私舞弊，构成犯罪的，依法追究刑事责任；尚不构成犯罪的，依法给予处分。

2004年3月23日，刘亮在西安市东新街即开型中国体育彩票发售现场，幸运地摸得一张图案为草花K的特等奖彩票，在随后的“二次抽奖”中，他再次中得头奖“一辆宝马轿车+12万元人民币”。然而还没等刘亮从喜得大奖的兴奋中回过神来，就被西安市体彩中心告之其所持中奖彩票是张假票。3月25日，在得知自己的大奖彩票被指为假彩票后，刘亮爬到抽奖现场一个6米高的大幅体彩广告牌上，以死相威胁，要求还自己一个公道。这起造成重大社会影响的案件很快引起各方高度重视。随后，公安机关介入，进行立案侦查。不久，西安市公安机关查明，2月17日、3月18日，犯罪嫌疑人杨永明分别与陕西省和西安市体彩管理中心签订了即开型彩票的承销合同，后于3月20日至25日，在西安市东新街十字东北角举行了6000万元即开型体育彩票实物返奖销售。杨永明伙同其聘用人员孙承贵，采用在公证处封大奖时给信封上画痕做记号和用强光照射信封等手段，掌握了特A奖的信封编号，然后安排岳斌（化名杨小兵）等人使用他人已使用过的中奖彩票再次抽奖，从而骗取特A奖。此次彩票销售的四个宝马彩票大奖得主中前三个得主都是杨永明请的“托儿”，他所聘请的孙承贵也是其作案同伙，负责中奖彩票的兑奖和保管。在“二次抽奖”前，他会把装有宝马车大奖的信封拿出来，只有他的同伙才能抽到宝马车。但在刘亮抽奖的那次，他在调包时拿错了信封，才使刘亮幸运地摸得宝马车，最终使彩票造假事件浮出水面。

西安宝马彩票案对全国2.87亿彩民的信心无疑是沉重打击，对当时中国年收入超过500亿元的彩票事业也是一场灾难。此案反映了当时彩票发行立法不规范，公证制度不完善等问题。此案和其他几件彩票重大案件一定程度上促使了国家尽快出台彩票法，《彩票管理条例》于2009年正式颁布生效。

第四节 财政平衡法

一、财政平衡法概述

财政平衡法是促进一国之内中央和地方、地方与地方之间财力均衡的法律规范。在整体财政收入一定的情况下，中央和地方的财力取决于两个因素：一是收入如何划分；二是中央和地方之间的财力转移，也就是所谓的转移支付。为什么要财政均衡呢？从财政平等主义的角度看，各级政府都能够保证最基本的财政开支，各地方的民众在基本公共服务方面能够有均等的待遇，是财政为民的基本体现，也是财政法所追求的重要目标。

所谓地方之间的财力均衡，仅仅是指各地之间的相对均衡。由于经济发展的起点不一，机会不等，不同地域之间的差距客观存在。财政平衡法的作用，不在于在规定时期内消除这种差距，而在于通过积极的努力，不断缩小这种差距，使各个地方提供公共服务的能力大致相当。

我国目前没有专门的财政平衡法，但国务院和财政部所发布的规范性文件中，有一些涉及财政收支划分和转移支付，事实上构成我国财政平衡法的主要内容。例如，1993 年国务院发布了《关于实行分税制财政管理体制的决定》；2001 年国务院印发了《所得税收入分享改革方案》；2003 年国务院又发布了《关于明确中央与地方所得税收入分享比例的通知》。再如，1994 年财政部发布了《过渡期转移支付办法（1995）》，并经历若干次修正。从 2002 年起，财政部开始发布《一般性转移支付办法》，并针对民族地区、农村税费改革等，制定了一些专项转移支付办法。

二、财政收支划分法

财政收支划分法是国家划分中央与地方、地方各级政府之间财政收入和财政支出范围的法律规范。现代国家大多是由多层次政府所组成的，不同层次的政府担负着不同的职能，为完成其所担负的职能，各级政府必须具备一定的财政收入。合理确定各层次政府的职能，并相应划分各层次政府的财政收入范围，是现代财政管理体制所要解决的核心问题，也是充分发挥现代财政职能的基础性环节。

为了进一步理顺中央与地方的财政分配关系，更好地发挥国家财政的职能和作用，增强中央的宏观调控能力，国务院决定，从 1994 年 1 月 1 日起，改革地方财政承包体制，对各省、自治区、直辖市及计划单列市实行分税制。为此，1993 年 12 月 15 日，国务院发布了《关于实行分税制财政管理体制的决定》，这是我国财政收支划分法的主要法律文件。此外，《预算法》中关于预算级次的划分、预算收支的范围以及预算管理的职权分割等内容事实上构成财政收支划分法的重要内容。分税制的主要内容包括：

（一）划分财政级次

《预算法》第 2 条规定，国家实行一级政府一级预算，设立五级预算，分别为：（1）中央；（2）省、自治区、直辖市；（3）设区的市、自治州；（4）县、自治县、不设区的市、市辖区；（5）乡、民族乡、镇。不具备设立预算条件的乡、民族乡、镇，经省、自治区、直辖市政府确定，可以暂不设立预算。

（二）中央和地方财政支出范围的划分

根据《预算法》规定，预算支出划分为中央预算支出和地方预算支出。

1. 中央预算支出，是指按照分税制财政管理体制的规定，由中央财政承担并列入中央预算的支出，包括中央本级支出和中央返还或者补助地方的支出。主要是有关国家安全、外交和中央国家机关运转所需经费及调整国民经济结构、协调地区发展、实施宏观调控所需支出及中央直接管理的事业发展支出。中央本级的预算支出主要包括：国防费、武警经费、外交和援外支出、中央级行政管理费、中央统管的基本建设投资、中央直属企业的技术改造和新产品试制费、地质勘探费、由中央财政安排的支农支出、由中央负担的国内外债务的还本付息支出，以及中央本级负担的公检法支出和文化、教育、卫生、科学等各项事业费支出。

2. 地方预算支出，是指按照分税制财政管理体制的规定，由地方财政承担并列入地方预算的支出，包括地方本级支出和地方规定上解中央的支出。包括本地区政权机关运转所需支出及本地区经济、事业发展支出。地方本级支出主要包括：地方行政管理费，公检法支出，部分武警经费，民兵事业费，地方统筹的基本建设投资，地方企业的技术改造和新产品试制经费，支农支出，城市维护和建设经费，地方文化、教育、卫生等各项事业费，价格补贴支出以及其他支出。

（三）中央与地方收入的划分

根据事权与财权相结合的原则，按税种划分中央与地方的收入。将维护国家权益、实施宏观调控所必需的税种划为中央税；将同经济发展直接相关的主要税种划为中央与地方共享税；将适合地方征管的税种划为地方税，并充实地方税税种，增加地方税收入。具体划分如下：

中央固定收入包括：关税，海关代征消费税和增值税，消费税，中央企业所得税，地方银行和外资银行及非银行金融企业所得税，铁道部门、各银行总行、各保险总公司等集中交纳的收入（包括营业税、所得税、利润和城市维护建设税），中央企业上交利润等。

地方固定收入包括：营业税（不含铁道部门、各银行总行、各保险总公司集中交纳的营业税），地方企业所得税（不含上述地方银行和外资银行及非银行金融企业所得税），地方企业上交利润，个人所得税，城镇土地使用税，固定资产投资方向调节税，城市维护建设税（不含铁道部门、各银行总行、各保险总公司集中交纳的部分），房产税，车船使用税，印花税，屠宰税，农牧业税，对农业特产收入征收的农业税（简称农业特产税），耕地占用税，契税，遗产和赠与税，土地增值税，国有土地有偿使用收入等。

中央与地方共享收入包括：增值税、资源税、证券交易税。增值税中央分享75%，地方分享25%。资源税按不同的资源品种划分，大部分资源税作为地方收入，海洋石油资源税作为中央收入。

分税制的推行，增加了国家的财政汲取能力，也增加了中央的可支配财力。1994年之后，财政收入占国内生产总值的比重逐渐上升，中央财政收入占全国财政收入的比重稳步提高，基本上达到了推行分税制的最初目的。相比财政承包制，分税制的规范性也明显增强。随后，2002年所得税收入分享改革，进一步解决了企业所得税按归属关系划分，混淆税收与利润的界限的问题。

为了进一步规范中央和地方政府之间的分配关系，建立合理的分配机制，国务院决定从2002年1月1日起实施所得税收入分享改革。改革的主要内容是除少数特殊行业或企业外，对其他企业所得税和个人所得税收入实行中央与地方按比例分享。中央保证各地区2001年地方实际的所得税收入基数，实施增量分成。（1）分享范围。除铁路运输、国家邮政、中国工商银行、中国农业银行、中国银行、中国建设银行、国家开发银行、中国农业发展银行、中国进出口银行以及海洋石油天然气企业缴纳的所得税继续作为中央收入外，其他企业所得税和个人所得税收入由中央与地方按比例分享。（2）分享比例。2002年所得税收入中央分享50%，地方分享50%；2003年之后所得税收入中央分享60%，地方分享40%。（3）基数计算。以2001年为基期，按改革方案确定的分享范围和比例计算，地方分享的所得税收入，如果小于地方实际所得税收入，差额部分由中央作为基数返还地方；如果大于地方实际所得税收入，差额部分由地方作为基数上解中央。（4）跨地区经营、集中缴库的中央企业所得税等收入，按相关因素在有关地区之间进行分配。

三、财政转移支付法

（一）财政转移支付法概述

本节讨论的转移支付是指政府间转移支付。所谓政府间转移支付，就是上级政府把自己财政收入的一部分拿出来给下级政府，或者一个地方政府把自己的财政收入拿出来一部分给另一个地方政府。为什么要进行财政转移支付，各级政府都自己收钱自己花不可以吗？回答这个问题要从财政分级谈起。任何一个国家，无论面积大小和人口多少，都无一例外对政府进行了分级，包括中央政府和多层次的地方政府。但是任何一个国家都无法设计出这样一种税制结构——对税权进行最为合理的划分，让中央和地方每一级政府都能够从自己的税收中得到充足的收入以用于各自的支出，所以，需要用财政转移支付的方式来调节各级政府的财力，以达到财政平衡的目的。

由于财政转移支付的重要性，各国大都通过法律对其加以规范。财政转移支付法就是调整财政转移支付行为的法律规范，是财政法律制度的重要组成部分。财政转移支付法律制度的内容一般包括：（1）转移支付的目标和原则；（2）转移支付的形式；（3）转移支付的资金来源、核算标准、分配方法、支付规模和程序；（4）转移支付的管理和分配机构；（5）转移支付的监督及法律责任。

我国没有专门的转移支付法。就中央与地方之间的关系而言，国务院和财政部曾经制定过一些有关转移支付的规则。例如，在《国务院关于实行分税制财政管理体制的决定》中，就有一些内容涉及中央与地方的税收返还、地方对中央的上缴、中央对地方的补助等，这是目前我国关于转移支付最基本的法律依据。此外，为了弥补1994年分税制改革的不足，财政部1995年制定了《1995年过渡期转移支付办法》，在以后的年份中，该方案经过多次调整。到2002年，财政部发布《2002年一般性转移支付办法》，将过渡期转移支付更名为一般性转移支付，并逐年延续下来。

（二）我国财政转移支付法的主要内容

在我国现行财政体制下，中央与地方政府之间的转移支付形式主要有三大类，包括：一般性转移支付、专项转移支付、税收返还。

1. 一般性转移支付

一般性转移支付不规定具体用途，由接受拨款的政府自主使用，其目标是基本公共服务均等化。目前，一般性转移支付主要包括：

（1）均衡性转移支付。均衡性转移支付是基于现行财政体制中各级各地政府固有的财政收支状况而存在的常规性纵向和横向财政失衡，而发生的上级财政向下级财政转移支付。现行的均衡性转移支付资金按照公平、公正、循序渐进的原则，根据客观因素计算确定各地区的标准财政收入和标准财政支出，以各地标准财政收支的差额作为分配依据，财政越困难的地区，中央财政补助程度越高。均衡性转移支付实现政府间纵向和横向财力均衡与基本公共服务均等化的有效手段。

国际上通用的均衡性转移支付数额的计算方法称为“因素法”。因素法的基本特点是，选取一些不易受到人为控制的、能够反映各地收入能力和支出需要的客观性因素测算转移支付额。我国在标准支出测算方面，主要选择了人口、可居住面积、冬天平均气温、平均海拔、行政区划个数、都市化程度、学校个数、学生人数、门诊人次及住院天数等因素；在标准收入测算方面，主要选择了国内生产总值、产业结构状况、企业规模状况、企业营业盈余、职工平均工资水平及分组情况等因素。“因素法”有利于提高转移支付的透明度和公正性，提高财政转移支付的科学化程度。

(2) 民族地区转移支付。民族地区转移支付是指中央政府对民族地区安排的一种财力性转移支付。为配合西部大开发战略的实施，国务院决定，从2000年起实施民族地区转移支付。民族地区转移支付的资金来源包括中央财政安排的资金和民族地区增值税环比增量的80%。据统计，2008年民族地区转移支付达到275.79亿元，对支持民族地区发展起了重要的作用。

(3) 缓解县乡财政困难转移支付。针对县乡财政困难状况，2005年起，中央财政建立“三奖一补”激励约束机制，即对财政困难县政府增加税收收入和省市级政府增加对财政困难县财力性转移支付给予奖励，对县乡政府精简机构和人员给予奖励，对产粮大县给予奖励。

2. 专项转移支付

专项拨款是指附加条件的政府间财政转移支付，拨款提供者在某种程度上指定了资金的用途，拨款接受者必须按照规定的方式使用这些资金，专款专用是其最基本的特征。按照有无配套要求，专项拨款可区分为非配套拨款和配套拨款两种形式，前者不要求接受方提供配套资金，后者要求接受方提供一定比例的配套资金。按照用途划分，我国的专项转移支付主要有六个使用方向，包括教育、科学技术、社会保障和就业、医疗卫生、环境保护、农林水事务。目前，多数专项转移支付资金都已采用客观因素分配，有专门的管理办法。但是，不可否认的是，在专项转移支付管理方面仍然存在着挤占和挪用现象严重，由于缺乏有效约束和效益评估，资金使用效率不高，分配办法不尽完善等问题。

3. 税收返还

在实行分税制财政体制的同时，中央对地方实行了税收返还制度。即以按照1993年地方实际收入以及税制改革后中央和地方收入划分情况，合理确定1993年中央从地方净上划的收入数额，并以此作为中央对地方的税收返还基数，保证地方既得财力。1994年以后，税收返还额在1993年基础上逐年递增，递增率按全国增值税和消费税增长率的1∶0.3系数确定，即全国增值税和消费税每增长1%，中央财政对地方的税收返还增长0.3%（后改按各地“两税”增长情况1∶0.3挂钩）。税收返还制度在以后的体制完善中又增加中央对地方的所得税基数返还。

税收返还的核算公式为：R=C+75%V-S。其中：R为1994年中央对地方税收返还的核定基数；C为消费税收入；V为增值税收入；S为1993年中央对地方的下划收入。式中右边的两项之和（C+75%V）是新体制下分税种划分后把原来的共享收入份额转化为中央收入的数量；S是原体制地方已得的份额。两者的差额R，就是按照新税制规定中央从地方净上划的收入数额，这个数额全部返还给地方。

第五节　财政预算法

一、财政预算法概述

财政预算，又称政府预算，简单而言就是政府的财政收支计划。“预则立，不预则废”，大凡重要的事情，都需要先有一个计划，然后再按照计划办事。财政这样的国之大事，当然也要有个计划，规划一下财政收入取得的办法和额度以及财政支出的方向，这样一个计划在议会里得到批准通过，就形成了具有约束力的预算，然后由政府来具体执行。预算是政府组织分配财政资金的重要工具，也是宏观调控的重要经济杠杆，预算能够反映政府活动的范围、方向和政策。

财政预算法，是调整财政预算关系的法律规范的总称。财政预算法所调整的预算关系，主要包括国家预算收入的分配关系和国家预算支出的分配关系以及预算收入与支出的管理关系。

我国形式上很重视预算立法。1951年，我国政务院就颁布了《预决算暂行条例》，这个条例一直沿用40年。1991年10月，国务院发布《国家预算管理条例》。1994年3月，第八届全国人大通过《预算法》，自1995年1月1日起施行。1995年11月，国务院发布施行《预算法实施条例》。《预算法》的颁布施行，对加强财政资金的管理，具有十分重要的意义。不过，由于预算外资金仍然大量存在、预算审批机关的权威不足，缺乏相关的法律责任追究机制、财政预算的编制及审批和执行不透明，财政预算在国家政治生活中的作用有限。目前，全国人大正在考虑修改《预算法》，但是各种权力博弈不止，相持不下，进展并不顺利。

二、财政预算体系

财政预算体系是指一国财政预算的结构。财政预算体系是划分预算管理权限和预算收支范围的前提条件，也是预算管理的组织保证。

我国的财政预算体系，按照“一级政府一级预算”的原则建立。预算结构与政权结构相适应，具体分为五级预算。这五级预算也可划分为中央预算和地方预算两大类。

《预算法》第2条规定：“国家实行一级政府一级预算，设立中央，省、自治区、直辖市，设区的市、自治州，县、自治县、不设区的市、市辖区，乡、民族乡、镇五级预算。不具备设立预算条件的乡、民族乡、镇，经省、自治区、直辖市政府确定，可以暂不设立预算。

三、财政预算管理职权

（一）各级权力机关的预算管理职权

1. 各级人大的预算管理职权

县级以上各级人大的预算管理职权主要有：（1）审查权。即有权审查本级（全国人大可以审查本级及地方各级）预算草案及本级预算执行情况的报告。（2）批准权。批准本级预算执行情况的报告。（3）变更撤销权。改变或者撤销本级人大常委会关于预算、决算的不适当的决议。

此外，设立预算的乡、民族乡、镇，由于不设人大常委会，因而其人大的预算管理职权不仅包括上述的审查权、批准权和撤销权，而且还包括一般由人大常委会行使的监督权，即有权监督本级预算的执行。

2. 各级人大常委会的预算管理职权

县级以上地方各级人大常委会对预算管理职权主要有：（1）监督权。监督本级（全国人大常委会监督本级和地方各级）总预算的执行。（2）审批权。审查和批准本级预算的调整方案，审查和批准本级政府决算。（3）撤销权。撤销本级政府和下一级人大及其常委会关于预算、决算的不适当的决定、命令和决议。

（二）各级行政机关的预算管理职权

县级以上地方各级政府的预算管理职权主要有：（1）编制权。编制本级预算、决算草案，编制本级预算的调整方案。（2）报告权。向本级人大作关于本级（国务院作关于中央和地方）总预算草案的报告，将下一级政府报送备案的预算汇总后向本级人大常委会报告并备案，向本级人大、本级人大常委会报告本级总预算的执行情况。（3）执行权。组织本级总预算的执行。（4）决定权。决定本级预算预备费的动用。（5）监督权。监督本级政府各部门和下级政府的预算执行。（6）变更撤销权。改变或者撤销本级各部门和下级政府关于预算、决算的不适当的决定、命令。

（三）各级财政部门的预算管理职权

各级政府财政部门代表政府具体行使财政管理职能，其预算管理职权主要有：（1）编制权。具体负责本级预算、决算草案的编制，具体编制本级预算的调整方案。（2）执行权。具体组织本级总预算的执行。（3）提案权。提出本级预算费动用方案。（4）报告权。定期向本级政府和上一级政府财政部门报告本级总预算的执行情况。

（四）各部门、各单位的预算管理职权

各部门负责编制本部门预算、决算草案；组织和监督本部门预算的执行；定期向本级财政部门报告预算的执行情况。各单位负责编制本单位的预算、决算草案；按照国家规定及时足额地上缴预算收入，合理安排支出，并接受国家有关部门的监督检查。

四、财政预算管理程序

（一）财政预算的编制

财政预算的编制，就是制定预算年度内预算收入和预算支出的计划。预算编制是预算管理工作的重要环节。各级政府、各部门、各单位都应当按照国务院规定的时间编制和报送预算草案。

预算年度，又称财政年度或会计年度，是国家预算收支的起止期限，通常为1年。世界各国采取的预算年度有历年制和跨年制两种。我国和大多数国家都采用历年制，即预算年度始于公历1月1日止于12月31日。有些国家采用跨年制，如日本的预算年度是从当年4月1日起至次年3月31日止。

1. 预算编制的形式

《预算法》规定，中央预算和地方各级政府预算，应当参考上一年度预算执行情况和本年度收支预测，按照复式预算编制。复式预算通常分为政府公共预算、国有资产经营预算、社会保障基金预算和其他预算各个部分。

2. 预算的编制内容

中央预算的编制内容具体如下：（1）本级预算收入和支出；（2）上一年度结余用于本年度安排的支出；（3）返还或者补助地方的支出；（4）地方上解的收入。地方各级政府预算的编制内容具体如下：（1）本级预算收入和支出；（2）上一年度结余用于本年度安排的支出；（3）上级返还或者补助的收入；（4）返还或者补助下级的支出；（5）上解上级的支出；（6）下级上解的收入。

3. 预算编制程序

（1）国务院于每年 11 月 10 日前向省级政府和中央各部门下达编制下一年度预算草案的指示，提出编制预算草案的原则和要求。财政部据此部署编制的具体事项。

（2）中央各部门具体布置所属各单位编制预算草案，审核本部门所属各单位的预算草案后，汇总编制本部门的预算草案，于每年 12 月 10 日前报财政部审核。

（3）省级政府提出本行政区域编制预算草案的要求。县级以上地方各级政府财政部门审核本级其他部门的预算草案，编制本级政府预算草案，汇编本级总预算草案，经本级政府审定后，按照规定期限报上一级政府。省级政府财政部门汇总的本级总预算草案，应当于下一年 1 月 10 日前报财政部。

（4）财政部审核中央各部门的预算草案，编制中央预算草案；汇总地方预算草案，汇编中央和地方预算草案。

（二）财政预算审查和批准

预算的审批，是指国家各级权力机关对同级政府所提出的预算草案进行审查和批准的活动。中央预算由全国人大审批，国务院在全国人大举行会议时，向大会作关于中央和地方预算草案的报告；地方各级政府预算由本级人大审批，地方各级政府在本级人大举行会议时，向大会作关于本级总预算草案的报告。原来我国的预算审查经常流于形式，人大的预算监督职能被虚置。但近些年来，由于人民民主意识的提高和人大监督功能的加强，各地方人大已经出现了修改政府提交的预算的案例。

2009年承德市人大提出了预算审查原则，有钱先满足民生需要。这个原则公布后，产生了立竿见影的效果。2009年承德市预算报告第一次审议，有的市人大代表反映，百姓收入与财政收入不匹配；还有人提出，不要单纯追求GDP增长。因此，预算报告首次未通过。预算报告修改后第二次审议，人大代表们反映，修改后的预算报告在教育、医疗、社会保障上投入、调整得还不够。随后，预算报告再次修改后进行第三次审议。原来对社保领域的投入为2000万元，现在改为4000万元；原来对教师领域的投入为1000多万元，现在改为2000多万元。同时，对政府采购费用也作了大幅修改，仅这部分费用在预算报告修改后就减少了7000多万元。

（三）财政预算的备案

预算的备案，是指各级政府预算批准后，必须依法向相应的国家机关备案，以加强预算的监督。预算备案是与预算的审批密切相关的一种制度。

乡、民族乡、镇政府应当及时将经本级人大批准的本级预算报上一级政府备案。县级以上地方各级政府应当及时将经本级人大批准的本级预算及下一级政府报送备案的预算汇总，报上一级政府备案。县级以上地方各级政府应当将下一级政府依照规定报送备案的预算汇总后，报本级人大常委会备案。

（四）财政预算的批复

各级政府预算经本级人大批准后，本级政府财政部门应当及时向本级政府各部门批复预算。

各级政府预算草案经本级人大批准后，为当年本级政府预算。各级政府财政部门应当自本级人大批准本级政府预算之日起30日内，批复本级各部门预算。各部门应当自本级财政部门批复本部门预算之日起15日内，批复所属各单位预算。

地方各级政府预算草案经本级人大批准后，为当年本级政府预算。县级以上地方各级政府财政部门应当自本级人大批准本级政府预算之日起30日内，批复本级各部门预算。地方各部门应当自本级财政部门批复本部门预算之日起15日内，批复所属各单位预算。

（五）财政预算的执行

预算执行是指经法定程序批准的预算进入具体实施阶段。预算一经批准，就要由具体的执行机构来组织实施。各级预算由本级政府组织执行，具体工作由本级政府财政部门负责。

在组织预算收入方面，各级预算收入征收部门，必须按照有关规定，及时足额地征收应征的预算收入，不得违法擅自减免或者缓征，不得截留占用预算收入。地方政府依据法定权限制定的规章、规定或行政措施，不得涉及减免中央预算收入、中央和地方预算共享收入；违反规定的，有关预算收入征收部门有权拒绝执行。

在预算支出方面，各级政府财政部门必须按照有关规定，及时、足额地拨付预算支出资金，加强对预算支出的管理和监督。合理调度拨付预算资金，按预算保证重点建设和各项事业发展的资金供应。上述预算收入、预算支出必须通过国库来进行。国库是预算执行的中介环节，是国家进行预算收支活动的出纳机关。国库按预算管理体制设立，原则上一级财政设立一级国库。各级国库应当依照有关规定，加强对国库业务的管理，及时准确地办理预算收入的收纳、划分、留解和预算支出的拨付。各级国库和有关银行必须遵守国家有关预算收入缴库的规定，不得延解、占压应当缴入国库的预算收入和国库库款。各级国库库款的支配权属于本级政府财政部门。

五、财政预算的调整

（一）预算调整的概念

预算调整是指经全国人大批准的中央预算和经地方各级人大批准的地方本级预算，在执行中因特殊情况增加支出或者减少收入，使原批准的收支平衡的预算的总支出超过总收入，或者使原批准的预算中举借国内、国外债务的数额增加的部分变更。在预算执行过程中，组织预算平衡是预算管理的一项重要内容。而预算调整又是实现预算平衡的一种重要手段。

（二）预算调整方案的审批

各级政府对于必须进行的预算调整，应当编制预算调整方案。预算调整方案由政府财政部门负责具体编制，经本级政府审定后，按法定程序提请审查和批准。中央预算的调整方案提请全国人大常委会审查和批准。县级以上地方各级政府预算的调整方案提请本级人大审查和批准。未经批准，不得调整预算。地方各级政府预算的调整方案经批准后，由本级政府报上一级政府备案。

（三）预算调整未经批准的处理

《预算法》规定，未经批准调整预算，各级政府不得作出任何使原批准的收支平衡的预算的总支出超过总收入，或者使原批准的预算中举借债务的数额增加的决定。违反规定作出的决定，本级人大、本级人大常委会或者上级政府应当责令其改变或者撤销。

六、财政决算

财政决算是指各级政府、各部门、各单位编制的经法定程序审查和批准的预算收支的年度执行结果。决算包括决算报表和文字说明两个部分，它通常按照我国统一的决算体系逐级汇编而成。决算的构成和收支项目同预算是一致的。中央决算由中央各部门决算组成，并包括地方向中央上解的收入数额和中央对地方返还或者给予补助的数额；地方决算由各省、自治区、直辖市总决算组成；地方各级总决算由本级政府决算和汇总的下一级总决算组成。编制决算草案，必须做到收支数额准确、内容完整、报送及时。

县级以上各级政府决算经本级人大常委会批准后，本级政府财政部门应当自批准之日起20日内向本级各部门批复决算。各部门应当自本级政府财政部门批复本部门决算之日起15日内向所属各单位批复决算。

地方各级政府应当将经批准的决算，报上一级政府备案。

复习思考题

1. 如何理解财政法的功能？
2. “收支分离”制度的作用和意义。
3. 简述国库的地位和功能。
4. 财政转移支付分为几种类型？其划分的标准是什么？

第十七章　税　法

第一节　税法基本理论

【例 1】张某与王某大学毕业后，联合其余几名股东，注册了伟佳建材有限公司（以下简称伟佳公司），2007 年 10 月先后进行了工商和税务登记。在 2008 年 2 月销售建材获得收入 100 万元，其应纳增值税销项税额为 17 万元。同时，公司还可能需要交纳企业所得税、城市维护建设税、印花税、车船税等税种。

税收之重要性，可以用三句话来描述："税收是政府的奶娘"，政府的运转不能没有税；"税收是文明的对价"，社会的进步不能没有税；"税收和死亡是人生无法避免的两件大事"，人的一生都与税相关联。在例 1 中，涉及的就是关于税收的两个重要问题。什么是税收？纳税人何时会产生纳税义务？

一、税收

在法学意义上，税收是国家或其他公法团体为财政收入或其他附带目的，对满足法定构成要件的人强制课予的无对价金钱给付义务。税收具有强制性、无偿性和固定性等特征。

一个公司不可能只缴纳一种税。我国目前开征的税种有 19 个之多，依据不同的标准有不同的分类。根据征税对象的不同，可以分为所得税、流转税、财产税。所得税针对所得额征税；流转税针对交易额征税，例 1 中缴纳的增值税就属于流转税；财产税是针对财产征收的税。在我国税收理论中还存在一类税，它们是针对经济生活中纳税人的特定行为而开征，因而被称为行为税。这也是目前我国最主要的一种分类方式。此外，按照各级政府对税收管理权限不同，税收可以分为中央税与地方税；以税负是否转嫁为标准，税收还可以分为直接税与间接税。

二、税收法律关系

税法是调整税收关系的法律规范的总称，既包括税收实体法，也包括税收程序法。

税收法律关系实质上是税收债权债务关系。税收实体法是税收之债产生、变更和消灭的实体依据，税收程序法是政府实现税收债权、纳税人依法履行纳税义务的程序依据。

税收之债与私法之债之间既存在相通之处，也存在明显的差异。相异之处在于：第一，税收债务是法定债务，不像私法债务那样依当事人的意志而确定债务内容。第二，在现行法的结构中，税收法律关系是公法上的法律关系，因它而产生的法律诉讼，主要作为行政案件，适用行政诉讼法。第三，税收作为满足公共需求的手段具有很强的公益性。这一特征的反映，就是作为税收债权人的国家，拥有私法债权人所没有的一些特权，但税收的课赋和征收也必须受到程序限制。

二者的相通之处有：税收之债和私法之债都符合债的形式属性，都属于特定主体之间请求为特定行为的法律关系。和私法之债一样，税收之债同样存在发生、变更和消灭，形成一条完整而清晰的脉络。

（一）税收之债的发生

税收之债的发生是指税收之债关系在当事人之间的成立。在早期，传统行政法一直主张，税收法律关系是依靠财政权力而产生的关系，国家或地方公共团体享有优越于人民的权力，而人民则必须服从此种权力。即认为税收法律关系是以行政行为为中心所构成的权力服从关系。以 1919 年德国《帝国税收通则》的制定为开端，越来越多的学者主张税收法律关系在性质上属于一种公法的债权债务关系，认为税收债务的成立不以行政权介入为必要条件，当税法规定的构成要件实现时，税收债务即自动成立，税务机关的行政行为只不过是对税收债务的具体确认。税收之债成立的构成要素包括：

1. 纳税人

纳税人是指税法规定的负有纳税义务的单位和个人。有了纳税人，就知道了对谁征税或由谁来承担税收债务。在例 1 中，伟佳公司进行营业，依法产生纳税义务，就成为了一个纳税人。纳税人并不以工商或税务登记为前提，无论是否登记，只要产生纳税义务，便成为纳税人。

2. 征税对象

征税对象是税法规定的对什么征税，即征税的客体。它是各个税种间相互区别的根本标志。在例 1 中，征税对象是伟佳公司 2008 年 2 月的销售建材行为。销售行为是增值税征税对象的一种，也因此决定了伟佳公司需要交纳的是增值税。

3. 税基

税基是课税基础的简称，是计算交纳税额的依据或标准，即计税依据或计税标准。在例 1 中，伟佳公司计算 2008 年 2 月份应纳税额的依据就是这个月 100 万元的销售收入。

4. 税率

要计算应纳税额，除了需要知道税基以外，还要知道税率。一般情况下税基乘以税率得到税额。因此，税率是纳税额与征税对象或计税依据之间的比例。税率是税法的核心要素，是衡量国家税收负担是否适当的标志。税率的基本形式有以下三种：（1）比例税率，是指对同一征税对象或同一税目，不论数额大小均采取同一比例的税率。比例税率又包括单一比例税率、差别比例税率、幅度比例税率。在例 1 中，张某缴纳增值税时适用的税率，就是比例税率。（2）累进税率，是指随征收对象数额的增多而相应逐级递增的税率。按照累进的具体方式不同，累进税率又分为全额累进税率、超额累进税率、全率累进税率和超率累进税率等四种形式。（3）定额税率，又称固定税额，是指按征税对象的一定计算单位直接规定的应纳税额。

当税收构成要素满足时，税收之债便自然成立。在例 1 中，2007 年 10 月，伟佳建材有限公司成为法律上的纳税人，但由于没有经营，因此并没有产生实际的纳税义务。2009 年 2 月，其销售建材，成为增值税的征税对象，获得的 100 万元收入便是计算增值税销项税额的基础，税法也明确规定了其计算增值税的税率。此时税收之债自然成立，无需税务机关的核定，也无需税务机关的通知。

（二）税收之债的变更

【例 2】伟佳公司虽然效益不错，但因张某与王某在管理理念上不一致，于是在 2008 年 6 月底公司决定，把伟佳建材有限公司分立成伟业建材有限公司和佳业建材有限公司（以下分别简称伟业公司和佳业公司），由张某和王某分别经营管理，并同时在工商和税务部门进行了变更登记。

税收之债成立以后，在被清偿之前，也会有变更和消灭的动态发展过程，例2中就是税收债务变更的情形。纳税义务成立之后，由于纳税人的分立，导致了纳税主体的变更。

税收之债的变更，是指税收之债要素发生的变化，即税收之债的主体、客体和内容发生的变化。

1. 主体的变更

税收之债主体的变更包括税收债权人的变更和税收债务人的变更。虽然税收债权人总体上是国家，但如果对税收债权人做具体划分，还是可能在中央政府和地方政府之间发生变更，如从国税变更为地税；或者由于行政区划的调整而在代表国家征税的各税务机关之间发生变更。

不过，税收之债主体的变更主要是税收债务人的变更。受税收性质的影响，税收债务人的变更必须基于法律规定。主要有两种方式：第一，纳税人死亡。当纳税人死亡时，其继承人在继承纳税人的财产时，必须在所继承的遗产范围内承担税款清偿义务。第二，纳税人的合并与分立。我国《税收征收管理法》规定：纳税人合并时未缴清税款的，应当由合并后的纳税人继续履行未履行的纳税义务；纳税人分立时未缴清税款的，分立后的纳税人对未履行的纳税义务应当承担连带责任。在例2中，伟佳公司因分立成伟业公司和佳业公司，而导致的税收债务人的变更。原伟佳公司6月份发生的未付税款，就变更由伟业公司和佳业公司连带清偿。

2. 内容的变更

税收债务内容的变更也非常普遍。有因税收减免等因素使得税收债务的数额发生变更，也有因提前或延期清偿而使得清偿期发生变更。

税收减免是指税法对某些特定的纳税人或征税对象给予的一种税收优惠。如果税收减免的标准事先已经确立，税收债务不存在变更的问题。但是，纳税义务发生后所得到的减免，无论是基于困难照顾还是基于奖励优惠，都是一种债的变更。

税收债务的提前清偿，是指纳税人在纳税期之前缴纳税款，如我国《税收征收管理法》规定：纳税人或者其法定代表人需要出境的，应当在出境前向税务机关结清应纳税款、滞纳金或者提供担保。这就是税收债务提前清偿的一种情况。

与此相反的是延期清偿，一般是纳税人因有特殊困难，不能按期缴纳税款，经省、自治区、直辖市国家税务局、地方税务局批准，准许其延期缴纳税款，但是最长不得超过3个月。

【例3】伟佳公司分立成伟业公司和佳业公司后，佳业公司2008年10月发生欠税30万元。伟业公司向税务机关为佳业公司做了税收保证。担保期届满后，佳业公司依然无法缴纳税款。税务机关责令伟业公司履行担保义务，代佳业公司缴纳被担保的税款。佳业公司在2008年11月和12月依然有欠税。为了躲避税款追缴，对于已到期的赊销建材的应收款，它也一直不积极追讨。于是，税务机关向法院申请行使税收代位权，通过这种方式追回了部分税款。

例3中涉及税收债务的担保、消灭和税收代位权等概念。纳税担保，是指经税务机关同意或确认，纳税人或其他自然人、法人、经济组织以保证、抵押、质押的方式，为纳税人应当缴纳的税款及滞纳金提供担保的行为。伟业公司为佳业公司应纳税额提供的保证，就是税收担保的一种情形。税收之债和私法之债一样，享有代位权与撤销权。当欠缴税款的纳税人因怠于行使到期债权，或者放弃到期债权，或者无偿转让财产，或者以明显不合理的低价转让财产而受让人知道该情形，对国家税收造成损害的，税务机关可以依照《合同法》第73条、第74条的规定行使代位权、撤销权。

（三）税收之债的消灭

税收之债的消灭包括履行、抵销、免除和消灭时效等几种情形。在大多数情况下，纳税人都会按照税法的要求如期缴纳税款，因此，履行是消灭税收债务的主要途径。但在税法中，纳税人之外的第三人代为履行税收债务也不在少数。例3中伟业公司代佳业公司缴纳其10月份30万元的欠税就属于这种情况。代履行也能导致税收债务的消灭。

债务免除是指债权人对债务的事后解除。债务免除后，债权不复存在，债务人不再承担任何给付义务。税收之债的抵销，一般发生在纳税人既有欠税、又有退税时的情形，纳税人可以申请用应退税款抵销其应纳税款。

消灭时效是指一定期间不行使权利，而使其请求权归于消灭的法律制度。在税法领域同样有必要采用消灭时效的制度，目的是为了促使税收债权人及时行使税收债权，使税收债务人及时从债务关系中解脱出来。我国《税收征收管理法》第52条规定，因税务机关的责任，致使纳税人、扣缴义务人未缴或者少缴税款的，税务机关在3年内可以要求纳税人、扣缴义务人补缴税款，但是不得加收滞纳金。因纳税人、扣缴义务人计算错误等失误，未缴或者少缴税款的，税务机关在3年内可以追征税款、滞纳金；有特殊情况的，追征期可以延长到5年。对偷税、抗税、骗税的，税务机关追征其未缴或者少缴的税款、滞纳金或者所骗取的税款，不受前款规定期限的限制。从这一条的规定来看，尽管没有明确规定消灭时效，但可以看出，其中的“3 年”、“5 年”的期限，表示税收债权人行使权利的期限，超过这个期限，则不再享有税收债权，从功能来看，与民法上的消灭时效是一致的。

三、税法的基本原则

【例 4】佳业公司的负责人王某因税务机关追缴欠税而心存不满，希望通过自学了解一些税法的知识。在翻阅税法著作后，他得知税法有两个基本原则，一是税收法定原则，二是量能课税原则。据此，他认为税务机关依据《增值税暂行条例》对他的公司征收增值税违反税收法定的原则，因为《增值税暂行条例》只是国务院制定的行政法规，而不是立法机关制定的法律，因此，佳业公司可以拒绝缴纳上述增值税款。税法两个基本原则的具体含义是什么？王某的判断是否正确呢？

何谓税法的基本原则？税法有哪些基本原则，有多少一般性原则？这些本来就是有争议的问题。目前比较有共识的是，税法的基本原则包括税收法定原则和量能课税原则。

1. 税收法定原则

税收法定原则又称税收法定主义，是指税的课赋和征收必须基于法律进行。换言之，没有法律的根据，国家就无权课赋和征税，国民也不得被要求缴纳税款。税收法定主义包括税收要件法定原则和税务合法性原则。前者要求有关纳税主体、课税对象、归属关系、课税标准、缴纳程序等，应尽可能在法律中作明确详细的规定；后者则要求税务机关严格依法征税，不允许随意减征、停征或免征，更不能超出税法的规定加征。具体包括：（1）税的开征必须由法律、行政法规明文规定，没有法律依据国家不得征税；（2）课税要素法定、课税要素明确，行政机关尤其是税务机关没有征税自由裁量权；（3）符合征税条件的事项，税务机关就应该征税，法无明文规定，不得随意减免；（4）税务机关应按照法定程序征税，纳税人有获得行政救济和司法救济的权利。税收法定主义的功能主要有：第一，限制政府行政权的行使；第二，使公民的经济生活具有法律的稳定性和可预测性。

单从税收法定主义的字面意义考量，王某的观点有一定的道理。西方国家普遍遵循“无代表不纳税”的理念，税法大都是由代表公民意志的最高立法机关制定。但在我国，税收法定主义发展得并不是很好，我国目前的实体税法中，只有《企业所得税法》和《个人所得税法》是由全国人大制定的，其他的都是由国务院以行政法规的形式规定。不过，近年来无论是学者还是政府都越来越认识到，要建立法治国家，税收应该由全国人大制定法律予以规定。目前，不少税收实体法草案正在全国人大的审议之中。预计不久的将来，我国的大部分税法都将由全国人大制定，上升到法律的高度。

例 4 中王某的想法在法理上可以理解，但现实中并不能实际主张。全国人大常委会曾在 1984 年授权国务院就工商税制改革拟定税收条例草案试行，1985 年全国人大授权国务院在经济体制改革和对外开放方面可以制定暂行规定或者条例（后一授权决定已将前一授权决定覆盖）。所以，至少就目前而言，国务院制定《增值税暂行条例》开征增值税具有合法性基础。

虽然《立法法》第 8 条规定，有关财政税收的基本制度只能由全国人大及其常委会制定法律，但是，何谓基本制度，何谓非基本制度，本身并没有清晰的界定，仍然为国务院制定税收行政法规预留了空间。更何况，根据该法第 9 条，上述事项尚未制定法律的，全国人大及其常委会有权作出决定，授权国务院可以根据实际需要，对其中的部分事项先制定行政法规。

结合全国人大常委会的上述授权，1993 年之后国务院制定的税收条例的效力仍应维持。

2. 量能课税原则

量能课税原则的基本要求是，根据纳税人的税收负担能力课征税收。税收负担能力强的纳税人，应该多负担税收；税收负担能力弱的纳税人，可以少负担税收；没有税收负担能力的纳税人，则不应该负担税收。量能课税原则是法的公平原则在税收领域的体现，具有两方面的含义：一是指纳税人的地位平等；二是指税收负担须在纳税人之间公平分配。税收负担公平分配包括两个方面：横向公平是指经济情况相同、纳税能力相当的纳税人，其税收负担应当相同；纵向公平亦称根据负担能力课税，是指经济情况不同、能力不等的纳税人，在税收负担上应当区别对待。

在实然的层面，我国法律并没有直接确认量能课税原则。但是，通过宪法解释不难发现，量能课税其实是宪法平等原则的要求。我国《宪法》第 33 条规定，中华人民共和国公民在法律面前一律平等。国家尊重和保障人权。这里所谓的平等，既包括横向的平等，又包括纵向的平等，是一种有差异的平等。而人权条款的入宪，对政府课税更是一种限制。不具有税收负担能力的财产、所得或收入，不能对其征税。将这三个方面结合起来，并适用到税法领域，就是量能课税的基本要求。

在我国现行税法中，不符合量能课税原则的内容并不少见。例如，在个人所得税中，工资薪金的最高边际税率达45%，但股息、利息的税率却只有20%，证券交易所得目前甚至完全免税，这与量能课税的精神是背道而驰的。不过，国家为发展经济或应对危机而采取的税收特别措施并不属于量能课税原则适用的对象。在很大程度上，这些措施超出了税法的范畴，成为了经济管制的手段，它们应当受到经济法的规范。

第二节 流转税法

流转税，国际上通称“商品与劳务税”，是以纳税人的商品或劳务的交易额为征税对象而设计的一类税收。流转税是间接税，具有税源稳定、征收及时、征收便利、税负隐蔽的优点，在大多数发展中国家和少数发达国家构成主体税种。流转税的主要特点是：（1）它以商品的流转或以劳务的提供为前提，只要有商品或非商品的流转，不问有无利润，一律按规定的税率征税。（2）征税在销售商品或提供服务后进行。（3）税率一般为比例税率，计税依据为销售收入或营业收入，从价定率或从量定额计征，计算简单，征收便利。同时，流转税的纳税人较为固定，管理方便，征收成本较低。（4）流转税的纳税人不是流转税的负税人，流转税的税款通常包含在价金内或随同价金由商品或劳务的最终消费者负担。（5）流转税可以从多方面对经济加以调节。例如，对不同商品课征负担不同的流转税，可以鼓励或抑制某种商品生产流通。我国流转税法包括增值税法、消费税法和营业税法。

一、增值税法

（一）增值税概述

增值税，是指以商品生产和流通中各环节的新增价值或商品附加值为课税对象的税种。在具体的计税方法上，由于新增价值或商品附加值在商品流通过程中难以准确计算，因此，增值税实际上采用间接计算办法，即：从事货物销售以及提供应税劳务的纳税人，根据货物或应税劳务销售额，按照规定的税率计算出税款，然后从中扣除上一道环节的已纳增值税款，其余额即为纳税人当期应缴纳的增值税税款。

增值税在20世纪50年代最先由法国正式开征，其后世界各国纷纷仿效。我国于80年代初期试行增值税，1994年1月1日起全面推行。为促进增值税从生产型向消费型的转变，2008年11月5日，国务院修订通过了《增值税暂行条例》，自2009年1月1日起施行；2008年12月15日，财政部和国家税务总局发布新的《增值税暂行条例实施细则》，也自2009年1月1日起施行。增值税是目前我国的第一大税种，国内环节的增值税由国税部门征收，海关代征进口环节增值税。

增值税可分为生产型增值税、收入型增值税和消费型增值税三种类型。

生产型增值税是指在征收增值税时，只允许扣除非固定资产的已纳税额，而不允许扣除固定资产的已纳税额。这种类型的增值税可以保证财政收入，但不利于鼓励投资，也会引起重复征税。我国在2009年前实施的《增值税暂行条例》采取的就是这种类型。

收入型增值税是指在征收增值税时，在扣除非固定资产已纳税额的同时，只允许扣除固定资产当期折旧部分的已纳税额。这种类型的增值税虽然最后能全额扣除固定资产的已纳税额，避免重复征税，但会给以票控税造成困难，不便于征管。

消费型增值税是指在征收增值税时，不仅允许扣除非固定资产的已纳税额，而且允许将当期外购的用于生产的固定资产的进项税额一次性全部扣除。这种类型的增值税体现了增值税的优越性，有利于鼓励投资，也便于征管。这是目前我国采取的增值税类型。

（二）增值税法的主要内容

1. 纳税人

我国采用属地原则确定增值税的纳税人。凡在中华人民共和国境内销售货物或者提供加工、修理修配劳务，以及进口货物的单位和个人，为增值税的纳税人。我国增值税实行凭增值税专用发票抵扣税款的制度，要求增值税纳税人会计核算健全，并能够准确核算销项税额、进行税额和应纳税额。目前，我国众多纳税人的会计核算水平参差不齐，加上某些经营规模小的纳税人直接面向最终消费者销售货物或提供应税劳务，无须开具增值税专用发票，这给增值税的征收管理带来了很大困难。为了严格增值税的征收管理，《增值税暂行条例》将纳税人按其经营规模大小及会计核算健全与否划分为一般纳税人和小规模纳税人。

一般纳税人是指年应税销售额超过《增值税暂行条例实施细则》规定的小规模纳税人标准的企业和企业性单位。纳税人一经认定为增值税一般纳税人，不得再转为小规模纳税人。

小规模纳税人是指年应税销售额在规定标准以下，并且会计核算不健全，不能按规定报送有关税务资料的增值税纳税人。小规模纳税人实行简易征税办法。

2. 征税范围

增值税的征税范围包括：（1）销售或者进口的货物。货物是指有形动产，包括电力、热力、气体在内。（2）提供的加工、修理修配劳务。加工是指受托加工货物，即委托方提供原料及主要材料，受托方按照委托方要求制造货物并收取加工费的业务；修理修配是指受托对损伤和丧失功能的货物进行修复，使其恢复原状和功能的业务。除此以外，我国税法还规定了很多是否征收增值税的需要确定的特殊情况，例如，视同销售货物行为，混合销售行为和兼营非应税劳务等。

3. 税率。

增值税一般纳税人销售或者进口货物，提供加工、修理修配劳务，除适用低税率和个别项目适用征收率外，税率一律为17%。对于部分国家鼓励的行业按13%的税率计征增值税，对出口货物实行零税率。同时，小规模纳税人经营规模小，会计核算不健全，难以按上述两档税率计税和使用增值税专用发票抵扣进项税款，因此实行按销售额与征收率计算应纳税额的简易办法。自2009年1月1日起小规模纳税人适用的征收率统一为3%。

4. 计税方法

《增值税暂行条例》对一般纳税人和小规模纳税人实行不同的计税方法。进口货物的增值税由海关代征，其计税方法与国内环节有所不同。

（1）一般纳税人的计税方法。我国目前对一般纳税人采取的计税方法是税额扣除法，即以工商企业一定时期内商品和劳务的销售额乘以适用税率，计算出本环节全部销项税额，然后将同期外购项目所负担的增值税额（即增值税进项税额）从销项税额中扣除，从而计算出本期应纳增值税额。应纳税额计算公式为：

应纳税额=（销售额×适用税率）-（购进额×适用税率）=销项税额-进项税额

销售额是指纳税人销售货物或者提供应税劳务向购买方（承受应税劳务也视为购买方）收取的全部价款和价外费用，但是不包括收取的销项税额。增值税之所以被称为价外税，正是从这个角度而言的。当期进项税额不足抵扣销项税额的部分，可以结转下期继续抵扣。

（2）小规模纳税人的计税方法。对于小规模纳税人，针对其会计核算不健全，不能准确核算销项税额和进项税额，不使用凭发票抵扣进项税款的方法，而是无论其购进生产资料时是否取得增值税专用发票，均直接对销售额适用3%的征收率。应纳税额计算公式为：

应纳税额=销售额×征收率

小规模纳税人在销售货物或应税劳务时，只能开具增值税普通发票，其所取得的销售收入均为含税销售额。为了满足增值税作为价外税的要求，小规模纳税人在计算应纳税额时，必须将含税销售额换算为不含税的销售额。小规模纳税人不含税销售额的换算公式为：

不含税销售额=含税销售额÷（1+征收率）

（3）进口货物的计税方法。纳税人进口货物，按照组成计税价格和《增值税暂行条例》规定的税率计算应纳税额，不得抵扣任何税额。组成计税价格和应纳税额的计算公式是：

组成计税价格=关税完税价格+关税+消费税

应纳税额=组成计税价格×税率

【例5】某玩具厂为增值税的一般纳税人，某月从甲公司购进制作玩具的材料，发票注明销售额300 000元，从乙公司购进制作玩具的材料100 000元，发票注明进项税金17 000元，当月销售玩具500 000元，计算该厂当月应纳增值税额。

计算步骤如下：

①销项税额=500 000×17%=85 000元

②进项税额=300 000×17%+17 000=68 000元

③应纳税额=85 000-68 000=17 000元

二、消费税法

（一）消费税概述

消费税，是对在中国境内从事生产、委托加工和进口应税特定消费品的单位和个人，就其销售额或销售数量，在特定环节征收的一种税。消费税的特点是：（1）它只选择一部分消费品和消费行为作为征税对象；只在消费品的生产、流通和消费的某一环节征收；（2）税率和税额有较大的差别性，这是根据消费品的种类、档次、结构、功能及消费品中的某一成分的含量、供求关系和价格等确定的，并且在消费税的征收中，从价定率和从量定额计税并存；（3）消费税税负具有转移性，最终都要转移到消费者身上。

消费税的作用在于其独特的调节功能。由于各国的消费税都是针对特定的高档、奢侈消费商品或行为征税，而对国民日常生活、生产免税，一方面使消费者日常必需的消费行为免于税收负担，另一方面对奢侈消费、不环保消费征税，加重这些消费者的税收负担，提高消费门槛，从而减少特定消费品的消费和生产，引导绿色、科学的消费观，达到寓禁于征的目的。

1993 年 12 月 13 日，国务院颁布《消费税暂行条例》，在对货物普遍征收增值税的基础上，选择少数消费品再征收一道消费税。1993 年 12 月 25 日，财政部和国家税务总局发布《消费税暂行条例实施细则》，对消费税制度的具体内容有所补充和细化。2008 年新修订的《消费税暂行条例》和《消费税暂行条例实施细则》于 2009 年 1 月 1 日起开始实施。国内环节的消费税由国税部门征收，进口环节的消费税由海关代征。从收入归属来看，消费税是中央税，全部收入归中央政府所有。

（二）消费税法的主要内容

1. 纳税人

凡在中华人民共和国境内生产、委托加工和进口《消费税暂行条例》规定的消费品的单位和个人，均为消费税的纳税人。其中，生产者在生产销售环节、进口者在进口环节缴纳消费税，委托加工应税消费品的，由受托方在委托方提货环节代征代缴，但对委托个体经营者加工应税消费品的，一律于委托方收回应税消费品后在委托方所在地缴纳消费税。同时规定，凡从事金银首饰、钻石及其饰品生产经营业务的，以零售单位或个人为纳税人，生产、进口和批发上述消费品的不征收消费税。

2. 征税范围

征收消费税的产品主要分两种情况。一种是 1994 年由征收产品税改征增值税后税负大幅度下降的产品，一种是需要进行特殊税收调节的消费品。需要进行税收调节的消费品主要有：（1）过度消费对人类健康、社会秩序和生态环境造成危害的；（2）奢侈品；（3）高能耗及高能耗消费品；（4）不可再生和替代的消费品；（5）非生活必需品；（6）具有一定财政意义的消费品。

《消费税暂行条例》规定了征收消费税的 14 个税目，有的税目还进一步划分若干子目，以便分别适用不同的税率。具体为：烟，酒及酒精，化妆品，贵重首饰及珠宝玉石，鞭炮、焰火，成品油，汽车轮胎，摩托车，小汽车，高尔夫球及球具，高档手表，游艇，木质一次性筷子和实木地板。

3. 税率

消费税的征收不采用单一税率行使，而是根据各自的不同情况，选择不同的税率。主要有比例税率和定额税率两种形式。

4. 计税方法

按照现行消费税法的基本规定，销售应税消费品应纳税额的计算分为从价定率、从量定额、从价定率和从量定额混合计算三类计算方法。同时，对自产自用应税消费品和委托加工应税消费品应纳税额的计算方法也做了规定。

（1）从价定率计算方法。在从价定率计算方法下，应纳税额的计算取决于应税消费品的销售额和适用税率两个因素。其基本计算公式为：

应纳税额=应税消费品的销售额×适用税率

应税消费品在缴纳消费税的同时，与一般货物一样，还应缴纳增值税。按照《消费税暂行条例实施细则》的规定，应税消费品的销售额，不包括应向购货方收取的增值税税款。若销售额含有增值税，在计算消费税时，应将含增值税的销售额换算为不含增值税税款的销售额。其换算公式为：

应税消费品的销售额=含增值税的销售额÷（1+增值税税率或征收率）

（2）从量定额计算方法。目前采用从量定额方式计算消费税的消费品有成品油、黄酒和啤酒三种。在从量定额计算方法下，应纳税额的计算取决于应税消费品的销售数量和单位税额两个因素。其基本计算公式为：

应纳税额=应税消费品的销售数量×单位税额

（3）从价定率和从量定额复合计算方法。现行消费税的征税范围中，只有卷烟、粮食白酒、薯类白酒采用混合计算方法，其基本计算公式为：

应纳税额=（应税销售数量×定额税率）+（应税销售额×比例税率）

（4）进口货物计税方法。纳税人进口的应税消费品采用从价定率计算应纳税额部分，应按照组成计税价格和规定的税率计算应纳税额。

组成计税价格=（关税完税价格+关税）÷（1-消费税税率）

应纳税额=组成计税价格×消费税税率

（5）自产自用应税消费品应纳税额的计算。纳税人自产自用的应税消费品，除用于连续生产应税消费品外，凡用于其他方面的，于移送使用时纳税。如果当月同类消费品各期销售价格高低不同，应按照销售数量加权平均计算。但销售的应税消费品的销售价格明显偏低又无正当理由的，不得列入加权平均价格。如果当月无销售，应按照同类消费品上月或最近月份的销售价格计算纳税，或者按组成计税价格计算。组成计税价格的计算公式如下：

组成计税价格=（成本+利润）÷（1-消费税税率）

上述公式中所说的“利润”，是指根据应税消费品的全国平均成本利润率计算的利润。应税消费品全国平均成本利润率由国家税务总局确定。

（6）委托加工应税消费品应纳税额的计算。委托加工的应税消费品是指由委托方提供原料和主要材料，受托方只收取加工费和代垫部分辅助材料而加工的应税消费品。

委托加工应税消费品，按照受托方的同类消费品的销售价格计算纳税；没有同类消费品销售价格的，按照组成计税价格计算纳税。组成计税价格的计算公式如下：

组成计税价格=（材料成本+加工费）÷（1-消费税税率）

【例6】某化妆品生产企业为增值税一般纳税人，10月份向某大型商场销售化妆品一批，开具增值税专用发票，取得不含增值税销售额30万元，增值税额5.1万元；向某单位销售化妆品一批，开具普通发票，取得含增值税销售额4.68万元。该化妆品生产企业10月应缴纳的消费税额为：

（1）化妆品的适用消费税率为30%

（2）化妆品的应税销售额=30+［4.68÷（1+17%）］=34万元

（3）应纳税额=34×30%=10.2万元

三、营业税法

（一）营业税概述

营业税是对在我国境内提供应税劳务、转让无形资产和销售不动产的营业额为课税对象所征收的一种税。营业税与增值税存在非此即彼的关系，从事生产经营活动的单位和个人取得的销售额或营业收入，不是缴纳增值税就是缴纳营业税，两者必居其一。营业税的主要特点有：（1）计税依据一般为营业额全额。（2）税目、税率按行业设计。（3）计算简便，便于征管。

现行营业税的基本规范，是2008年新修订并于2009年1月1日施行的《营业税暂行条例》，以及财政部和国家税务总局发布的《营业税暂行条例实施细则》。现行营业税法涵盖9个税目，采用3档9种的弹性税率，适用于所有从事应税行为的单位和个人。营业税是我国地方税中的重要税种，大部分税收收入归地方享有，由地税部门征收。

（二）营业税法的主要内容

1. 纳税人

在中华人民共和国境内提供应税劳务、转让无形资产或者销售不动产的单位和个人，为营业税的纳税人。营业税一般由纳税人申报缴纳。在特定情下，税法直接规定了扣缴义务人，要求特定的主体代扣代缴应纳税款，如建筑业实行分包或转包的，以总承包人为扣缴义务人。

2. 征税范围

营业税的征税对象是应税劳务、转让无形资产和销售不动产。应纳营业税的劳务包括交通运输、建筑、金融保险、邮电通信、文化体育、娱乐和其他服务。其中应税劳务不包括加工和修理修配劳务，加工修理修配劳务属于增值税的征税范围。单位或个体经营者聘用的员工为本单位或雇主提供的劳务，不属于营业税的应税劳务。

营业税与增值税的征收范围在两种情况下容易混淆。一是混合销售行为。混合销售是指一项销售行为既涉及营业税应税劳务又涉及货物。对从事货物的生产、批发和零售，或以货物的生产、批发、零售为主，兼营营业税应税劳务的企业、企业性单位及个体经营者的混合销售行为，视为销售货物，不征收营业税；其他单位和个人的混合销售行为，视为提供营业税应税劳务，应当征收营业税。二是兼营行为。兼营行为是指纳税人兼营应税劳务与货物，或加工、修理修配等非应税劳务。这种情况下纳税人应分别核算应税劳务的营业额与货物或非应税劳务的销售额。未分别核算的，由主管税务机关核定其应税行为营业额。

3. 税率

营业税按照行业、类别的不同分别采用不同的比例税率，具体规定为：

（1）交通运输业、建筑业、邮电通信业、文化体育业，税率为3%。

（2）金融保险业、服务业、销售不动产、转让无形资产，税率为5%。

（3）娱乐业执行5%～20%的幅度税率，具体适用的税率，由各省、自治区、直辖市人民政府根据当地的实际情况在税法规定的幅度内决定。

4. 计税方法

要计算营业税的应纳税额，首先要确定营业收入额，一般情况下为纳税人提供应税劳务、转让无形资产或者销售不动产过程中所发生的营业收入全额，即全额计税。同时也存在差额计税的特殊规定，比如，金融业中的外汇、证券期货转让，运输业中的联运业务等。

营业税的计税公式为：

$$应纳税额=营业额\times税率$$

对于纳税人提供劳务、转让无形资产或销售不动产价格明显偏低而无正当理由的，税务机关按下列顺序核定其营业额：（1）按纳税人当月提供的同类应税劳务或者销售的同类不动产的平均价格核定。（2）按纳税人最近时期提

供的同类应税劳务或者销售的同类不动产的平均价格核定。(3) 按公式核定计税价格:

组成计税价格=计税营业成本或工程成本×(1+成本利润率)÷(1-营业税税率)

其中成本利润率由省、自治区、直辖市人民政府所属地方税务机关确定。

【例 7】某运输公司某月运营售票收入总额为 1000 万元，从中支付联运业务的金额为 200 万元。计算该运输公司应缴纳的营业税税额。

应纳税额=(1000-200)×3%=24 万元

四、城市维护建设税法

城市维护建设税虽然不是流转税，但其征税依据是流转税额，所以把它放人流转税一节。城市维护建设税是对从事工商经营，缴纳增值税、消费税、营业税的单位和个人征收的一种税。城市维护建设税的主要特点有：(1) 税款专款专用。城市维护建设税必须用于城市公共事业和公共设施的维护和建设。(2) 属于一种附加税。城市维护建设税是以纳税人实际缴纳的增值税、消费税、营业税税额为计税依据，随“三税”同时征收。其本身没有特定的课税对象。(3) 根据城镇规模设置不同的比例税率。税率不依纳税人获取的利润水平或经营特点而定，而是根据纳税人所在城镇的规模及其资金需要设计的。(4) 征税范围广。城市维护建设税对所有征收增值税、消费税和营业税的纳税人征收，比其他任何税种的征税范围都广。

我国城市维护建设税的基本依据是，1985 年 2 月 8 日国务院颁布，并于 1985 年 1 月 1 日全国范围内施行的《城市维护建设税暂行条例》。主要内容有:

1. 纳税人

负有缴纳增值税、消费税和营业税“三税”义务的单位和个人都是城市维护建设税的纳税人。

2. 税率

实际上是指应纳税额与纳税人实际缴纳的“三税”之间的比率。根据纳税人所在地区的不同，设置了三档地区差别的比例税率:

(1) 纳税人所在地为市区的，税率为 7%;

(2) 纳税人所在地为县城、镇，税率为 5%;

(3) 纳税人所在地不在市区、县城或者镇的，税率为 1%。

3. 应纳税额的计算

应纳税额=（纳税人实际缴纳的增值税+消费税+营业税）×适用税率

五、印花税法

印花税是对在经济活动和经济交往中书立、领受的具有法律效力的商务、产权凭证所征收的一种税。因其在应税凭证上粘贴印花税票作为完税标志而得名。印花税的特点有：（1）征收范围广；（2）税负非常轻；（3）采取自行贴花纳税；（4）多缴的税额不退不抵。

现行印花税的基本法律依据是国务院 1988 年颁布的《中华人民共和国印花税暂行条例》。其主要内容有：

1. 纳税人

印花税的纳税人就是在我国境内书立、领受《印花税暂行条例》列举凭证的单位和个人。具体包括（1）立合同人；（2）立账簿人；（3）立据人；（4）领受人。

2. 印花税的税目

《印花税暂行条例》列举的应税凭证具体包括：（1）应税合同或具有合同性质的凭证；（2）产权转移书据；（3）营业账簿；（4）权利、许可证照；（5）财政部确定的其他凭证。具体又分为 13 个税目，即购销合同、加工承揽合同、建设工程勘察设计合同、建筑安装工程承包合同、财产租赁合同、货物运输合同、仓储保管合同、借款合同、财产保险合同、技术合同、产权转移书据、营业账簿，以及权利、许可证照。

3. 税率

印花税采取比例税率和定额税率两种税率形式。一般载有金额的凭证，采用比例税率，没有记载金额或不属于资金账的凭证，采用定额税率，按件贴花，税额是 5 元。

4. 计税方法

印花税应以凭证所载的金额、费用、收入或者凭证的件数为计税依据。

（1）按比例税率计算，应纳税额的计算公式为：

应纳税额=计税金额×税率

（2）按定额税率计算，应纳税额的计算公式为：

应纳税额=凭证数量×税率

第三节 所得税法

所得税是以法人、自然人和其他经济组织在一定期间内的纯所得（净收入）为征税对象的税。所得税1799年创始于英国，由于它以所得作为衡量负担能力的标准，比较符合社会公平原则，具有一定普遍性，而且具有经济调节功能，所以为世界各国普遍采用，不少国家都采纳了以所得税为主体的税制目标模式。我国税制虽然是以流转税为主体，但所得税收入在国家税收收入中所占的比例正逐年提高，地位日益重要。

所得税的特点主要是：第一，所得税以纯所得或净收入为征税对象；第二，当对资本课税时，所得税分享的是资本的收益，而不扩及到资本本身；第三，所得税必须遵守量能课税原则。所得税的征收与纳税人的税收负担能力具有内在联系。所得多、负担能力大的多征，所得少、负担能力小的少征，无所得、没有负担能力的不征，以体现税收公平的原则。第四，所得税属于直接税，纳税人和实际负担人通常一致，纳税人很难将税收负担转嫁给他人。

一、企业所得税法

（一）企业所得税概述

企业所得税是对我国境内的企业和其他组织的生产经营所得和其他所得征收的一种税。

在2008年之前，我国企业所得税按内资、外资企业分别立法。随着改革开放进程的深入，特别是加入世贸组织后，内外有别的企业所得税政策事实上使内资企业处于不平等竞争地位，影响统一、规范、公平竞争的市场环境的建立。正因为这种差异的存在，一些内资企业将资金转到境外再投资境内，从而享受外资企业所得税优惠。这种做法扭曲了企业经营行为，造成国家税款的流失。为有效解决上述问题，2007年3月16日，全国人大审议通过了《企业所得税法》，统一适用于内资企业和外资企业，并自2008年1月1日起开始实施。企业所得税“两法合并”改革，有利于促进我国经济结构优化和产业升级，有利于为各类企业创造一个公平竞争的税收法制环境。和《外商投资企业与外国企业所得税法》、《企业所得税暂行条例》相比，《企业所得税法》的制定，在内容上体现了“四个统一”：内资、外资企业统一适用企业所得税法；统一并适当降低企业所得税税率；统一和规范收入确认和税前扣除办法；统一税收优惠政策，实行“产业优惠为主、区域优惠为辅”的新税收优惠体系。

（二）企业所得税法的主要内容

1. 纳税人

《企业所得税法》第1条规定，在中华人民共和国境内，企业和其他取得收入的组织为企业所得税的纳税人，依照该法的规定缴纳企业所得税。依照中国法律成立的个人独资企业、合伙企业不适用该法。明确规定个人独资企业和合伙企业不适用该法，使得我国企业所得税的性质，事实上主要成为一种法人所得税。

企业分为居民企业和非居民企业。居民企业是指依法在中国境内成立，或者依照外国（地区）法律成立但实际管理机构在中国境内的企业。非居民企业是依照外国（地区）法律成立且实际管理机构不在中国境内，但在中国境内设立机构、场所的，或者在中国境内未设立机构、场所，但有来源于中国境内所得的企业。

2. 征税对象

企业所得税的征税对象包括企业的生产经营所得、其他所得和清算所得。

（1）居民企业的征税对象。居民企业应当就其来源于中国境内、境外的所得缴纳企业所得税。

（2）非居民企业的征税对象。非居民企业在中国境内设立机构、场所的，应当就其所涉机构、场所取得的来源于中国境内的所得，以及发生在中国境外但与其所涉机构、场所有实际联系的所得，缴纳企业所得税。非居民企业在中国境内未设立机构、场所的，或者虽设立机构、场所，但取得的所得与该机构场所没有实际联系的，应当仅仅就其来源于中国境内的所得缴纳企业所得税。

3. 税率

（1）企业所得税的基本税率为25%。适用于居民企业和在中国境内设有机构、场所且所得与机构、场所有关联的非居民企业。

（2）低税率为20%。适用于在中国境内未设立机构、场所的，或者虽设立机构、场所但取得的所得与其所设机构、场所没有实际联系的非居民企业。但实际征收时适用10%的税率。

除此以外，《企业所得税法》还设置了两档优惠税率。对符合条件的小型微利企业，根据量能课税原则的要求，实行照顾性税率，减按20%的税率征收企业所得税。对国家需要重点扶持的高新技术企业，减按15%的税率征收企业所得税。

4. 计税方法。

（1）应纳税额计算的一般方法。企业每一纳税年度的收入总额，减除不征税收入、免税收入、各项扣除以及允许弥补的以前年度亏损后的余额，为应纳税所得额。企业的应纳税所得额乘以适用税率，减除税收减免和税收抵免后的余额，即为应纳税额。具体的计算公式是：

应纳税所得额＝收入总额－不征收收入－免税收入－准予扣除项目－以前年度的亏损

应纳税额＝应纳税所得额×适用税率－税收减免额－税收抵免额

企业应纳税所得额的计算以权责发生制为原则。收入总额为企业以货币形式和非货币形式从各种来源取得的收入。具体的收入类型包括：销售货物收入，提供劳务收入，转让财产收入，股息、红利等权益性投资收益，利息收入，租金收入，特许权使用费收入，接受捐赠收入和其他收入。

不征税收入包括财政拨款；依法收取并纳入财政管理的行政事业性收费、政府性基金；国务院规定的其他不征税收入等。

免税收入包括国债利息收入；符合条件的居民企业之间的股息、红利等权益性投资收益；在中国境内设立机构、场所的非居民企业从居民企业取得的与该机构、场所有实际联系的股息、红利等权益性投资收益；符合条件的非营利组织的收入等。

准予扣除项目是指纳税人取得收入有关的成本、费用、税金和损失。纳税人的财务会计对这些项目的处理与税法规定不一致的，应按照税法规定予以调整。

《企业所得税法》还规定，某一年度发生的亏损可以用下一年度的所得弥补，下一年度的所得不足以弥补的，可以逐年延续弥补，但最长不得超过5年。但企业在汇总缴纳企业所得税时，其境外营业机构的亏损不得抵扣境内营业机构的赢利。

（2）非居民企业应纳税额的计算。对于在中国境内未设立机构、场所的，或者虽设立机构、场所但取得的所得与其所设机构、场所没有实际联系的非居民企业，计算其应纳税所得额的方法是：股息、红利等权益性投资收益和利息、租金、特许权使用费所得，以收入全额为应纳税所得额；转让财产所得，以收入全额减除财产净值后的余额为应纳税所得额；其他所得，参照前两项规定的方法计算应纳税所得额。

（3）企业所得税境外所得抵免的计算。税收抵免是解决跨国所得重复征税的方法之一。对于纳税人的境外所得，只要没有超过抵免限额，其在境外所缴纳的税款，可以从纳税人的应纳税额中予以扣除。我国《企业所得税法》

既规定了直接税收抵免，又规定了间接税收抵免。

直接抵免。针对居民企业来源于中国境外的应税所得和非居民企业在中国境内设立机构、场所，取得发生在中国境外但与该机构、场所有实际联系的应税所得，可以从其当期应纳税额中抵免企业已在境外缴纳的所得税税额。抵免限额为该项所得依照我国企业所得税法规定计算的应纳税额；超过抵免限额的部分，可以在以后5个年度内，用每年度抵免限额抵免当年应抵税额后的余额进行抵补。根据上述规定，抵免限额的计算公式是：

抵免限额=境外所得×本国税率

间接抵免，指的是居民企业从其直接或者间接控制的外国企业分得的来源于中国境外的股息、红利等权益性投资收益，外国企业在境外实际缴纳的所得税税额中属于该项所得负担的部分，可以作为该居民企业的可抵免境外所得税税额，在规定的抵免限额内抵免。

二、个人所得税法

（一）个人所得税概述

个人所得税是对个人取得的超过一定标准收入征收的一种税。英国在1799年首创个人所得税制度，现已成为西方国家税制结构中的主体税种之一，其在国家财政收入、公平分配以及宏观经济调控中发挥着举足轻重的作用。我国在上世纪80年代初实施个人所得税制度。

个人所得税法律制度通常可分为三种类型：

(1) 分类所得税制，是指把所得依其来源的不同分为若干类别，对不同类别的所得适用不同的税率分别计税的所得税制度。我国目前就是实行这种个人所得税制。

(2) 综合所得税制，是对纳税人全年各种不同来源的所得综合起来，减除法定宽免额和扣除额之后的净所得，依据统一的税率计征应纳税额的一种所得税制度。目前大多数国家实行综合所得税制。

我国《个人所得税法》于1980年制定后，为适应形势的变化，先后于1993年、1999年、2005年、2007年6月、2007年12月经历了五次修订。个人所得税属于中央与地方共享税，60%归中央，40%归地方。个人所得税由地税部门负责征收。

（二）个人所得税法的主要内容

1. 纳税人

个人所得税的纳税人是在中国境内居住并取得所得的个人，以及虽然不在中国境内居住但从中国境内取得所得的个人，包括中国国内公民，在华取得所得的外籍人员（包括无国籍人员）和香港、澳门、台湾人士。个人所得税纳税人根据住所和居住时间两个标准，区分为居民纳税人和非居民纳税人，分别承担不同的纳税义务。

居民纳税人，是指在中国境内有住所，或者无住所但在我国境内居住满1年的个人。居民纳税人应就其来源于我国境内和境外的所得，依法缴纳个人所得税。我国政府对居民行使的管辖权是居民管辖权。

非居民的纳税人，是指在中国境内无住所又不居住，或者无住所而在境内居住不满1年的个人。非居民纳税人只就其来源于中国境内的所得向我国政府履行有限纳税义务，依法缴纳个人所得税。我国政府对这类纳税人行使的税收管辖权为收入来源地管辖权。

2. 征税对象

个人所得税的征税对象，是指纳税人从中国境内和境外取得的应税所得。我国《个人所得税法》采用分类所得税制，明确列举了11项应纳税个人所得。

（1）工资、薪金所得，是指个人因任职或受聘而取得的工资、奖金、劳动分红、津贴、补贴以及与任职或者受雇有关的其他所得。

（2）个体工商户的生产、经营所得，是指个体工商户从事生产、经营活动而取得的所得。个人独资企业和合伙企业比照此税目税率征税。

（3）对企事业单位的承包经营、承租经营所得，包括个人承包经营、承租经营以及转包、转租取得的所得，还包括个人按月或者按次取得的工资、薪金性质的所得。

（4）劳务报酬所得。劳务报酬所得的特征是，个人独立从事自由职业取得的所得或属于独立个人劳动所得。是否存在雇佣与被雇佣关系，是判断一种收入是属于劳务报酬所得还是属于工资、薪金所得的重要标准。

（5）稿酬所得，是指个人因其作品以图书、报刊形式出版、发表作品而取得的所得。

（6）特许权使用费所得，是指个人提供专利权、商标权、著作权、非专利技术以及其他特许权的使用权而取得的所得。提供著作权使用权而取得的所得不包括稿酬所得。

（7）利息、股息、红利所得，是指个人拥有债权、股权而取得的利息、股息、红利所得。

（8）财产租赁所得，是指个人出租建筑物、土地使用权、机器设备、车船以及其他财产取得的所得。

(9) 财产转让所得，是指个人转让有价证券、股权、建筑物、土地使用权、机器设备、车船以及其他财产取得的所得。

(10) 偶然所得。是指个人得奖、中奖、中彩以及其他偶然性质的所得。

(11) 经国务院财政部门确定征税的其他所得。对于今后可能出现需要征税的新项目，以及个人取得的难以界定应税项目的个人所得，由国务院财政部门确定征收个人所得税。

3. 税率

我国个人所得税法规定了超额累进税率和比例税率两种形式，对不同类型的所得适用不同的税率。

(1) 工资薪金所得适用5% ~45%的九级超额累进税率，

(2) 个体工商户的生产、经营所得，个人对企事业单位的承包经营、承租经营所得，以及个人独资企业和合伙企业的生产经营所得，适用5% ~35%的五级超额累进税率。

(3) 除了上述两类所得之外的其他所得，适用20%的单一比例税率。

4. 计税方法

(1) 工资、薪金所得按月计算应纳税额，个体工商户的生产、经营所得，承包、承租经营所得按年计算应纳税额：

$$应纳税额=应纳税所得额\times适用税率-速算扣除数$$

其中工资、薪金所得应纳税所得额为每月收入额减去每月定额扣除数。个体工商户的生产、经营所得应纳税所得额为收入总额减去成本、费用、损失和准予扣除的税金。承包、承租经营所得应纳税所得额为全年收入总额减去生计费和上缴的费用等必要的费用。

(2) 劳务报酬所得按次计算应纳税额的：

$$应纳税额=应纳税所得额\times适用税率$$

对劳务报酬所得一次收入畸高的，在适用20%税率征税的基础上，实行加成征税，采取超额累进办法。对应纳税所得额超过2万元至5万元的部分，依照税法规定计算应纳税额后再按照应纳税额加征五成；超过5万元的部分，加征十成。

(3) 稿酬所得与劳务报酬计算应纳税额的方法相同，但按规定对应纳税额减征30%，即实际缴纳税额是应纳税额的70%，其计算公式为：

$$应纳税额=应纳税所得额\times适用税率$$

$$实际缴纳税额=应纳税额\times(1-30\%)$$

(4) 特许权使用费所得，利息、股息、红利所得，财产租赁所得，财产转让所得，偶然所得和其他所得都是按此计算应纳税额。

应纳税额=应纳税所得额×适用税率

【例8】甲市A小卖部系个体工商户，账证健全，某年12月取得营业额为266 000元，进货费用为150 000元，缴纳房租、电费、水费等20 000元，其他税费合计为59 600。当月支付给3位雇员薪金共4 000元，业主个人费用扣除额为2 000元。1—11月累计应纳税所得额为55 600元，1—11月已预缴个人所得税为14 397.5元。

根据我国税法规定，个体工商户属于个人所得税的纳税主体。

该个体户12月份应纳税所得额=266 000-150 000-20 000-59 600-4 000-2 000=30 400元

全年累计应纳税所得额=30 400+55 600=86 000元

全年应补缴的个人所得税=[86 000×35%-6 750]-14 397.5=8 952.5元

第四节　财产税法

财产税是以纳税人所拥有或支配的某些财产为征税对象的一类税。与其他税种相比，财产税具有以下特点：(1) 财产税的税源充足，收入稳定。(2) 财产税属于直接税，税收负担较难转嫁。(3) 财产税在功能上与所得税相辅相成。(4) 财产税大多属于地方税，在税制体系中处于辅助地位。财产税的种类包括土地增值税、房产税、车船税和契税。

一、土地增值税法

土地增值税是对转让国有土地使用权、地上建筑物及其附着物并取得收益的单位和个人，就其转让房地产所取得的增值额征收的一种税。现行土地增值税的基本规范是1993年12月13日国务院颁布、1994年1月1日起实施的《土地增值税暂行条例》，以及1995年1月27日财政部颁布的《土地增值税暂行条例实施细则》。其主要内容有：

(1) 纳税人。凡转让国有土地使用权、地上建筑物及其附着物并取得收入的单位和个人，为土地增值税的纳税人。

（2）征税对象。土地增值税的征税对象是转让国有土地使用权及其地上建筑物和附着物所取得的增值额，即纳税人转让房地产取得的收入减去法定扣除项目金额后的余额。

（3）税率。土地增值税实行四级超率累进税率：①增值额未超过扣除项目金额50%的部分，税率为30%；②增值额超过扣除项目金额50%、未超过扣除项目金额100%的部分，税率为40%；③增值额超过扣除项目100%、未超过扣除项目金额200%的部分，税率为60%。

（4）计税方法。土地增值税按照纳税人转让房地产所取得的增值额和规定的税率计算征收。增值额是土地增值税的本质所在，也是计算土地增值税的关键。土地增值税的计算一般有以下几个步骤：

①确定转让房地产所取得的收入。包括货币收入、实物收入和其他收入。

②确定扣除项目。法定扣除项目应包括：取得土地使用权所支付的金额；开发土地成本、费用；新建房地产有关的税金；财政部规定的其他扣除项目。

③计算土地增值额，确定增值率和税率。

④计算应纳税额。具体计算公式是：

增值额=收入额-准予扣除项目费用

增值率=增值额÷扣除项目金额×100%

应纳税额=［增值额×适用税率］-［扣除项目金额×速算扣除系数］

二、房产税法

房产税是以房屋为征税对象，按房屋的余值或租金收入向房产所有人征收的一种税。现行房产税的基本规范是1986年9月15日国务院颁布的《房产税暂行条例》。自2009年1月1日起，外商投资企业、外国企业和组织以及外籍个人依照《房产税暂行条例》缴纳房产税。

（1）纳税人。房产税以征税范围内的房屋产权所有人为纳税人，产权属国家所有的，以经营和管理单位为纳税人，产权属集体所有和个人所有的，以集体和个人为纳税人。

（2）征税对象。包括在城市、县城、建制镇和工矿区的用于生产经营的房屋。城乡居民用于居住的房屋免征。农村的房屋也未被纳入房产税征税范围。

（3）税率。房产税实行比例税率，按房产余值计算缴纳的，税率为1.2%；按租金收入计算缴纳的，税率为12%。

（4）计税方法。房产税的计税依据是房产的计税价值或房产的租金收入。

按照房产计税价值征税的，称为从价计征；按照房产租金收入计征的，称为从租计征。

①从价计征《房产税暂行条例》规定，房产税依照房产原值一次减除10% ~30%后的余值计算缴纳。各地扣除的比例由省、自治区、直辖市人民政府确定。具体的计算公式是：

应纳税额=应税房产原值×（1-扣除比例）×1.2%

②从租计征。房产出租的，以房产租金收入为房产税的计税依据。从2001年1月1日起对个人按市场价格出租的居民住房，用于居住的，可暂减按4%的税率征收房产税。因此，房产税应纳税额具体的计算公式是：

应纳税额=租金收入×12%（或4%）

三、契税法

契税是一个古老的税种，最早起源于东晋的“古税”，是指国家对房屋所有权转移进行立契时征收的一种税，以所有权发生转移、变动的不动产为征税对象，并且是向产权承受人征收。其作用是保护产权人对房产的合法权益，避免房产纠纷，适当增加财政收入。1997年7月7日国务院重新颁布的《契税暂行条例》，于1997年10月1日起施行，成为现行契税的基本法律依据。其主要内容有：

（1）纳税人。在中国境内转移土地、房屋权属时，承受产权的单位和个人是契税的纳税人，具体包括土地使用权出让或转让中的受让人、房屋的买主、房屋的受赠人、土地使用权的受赠人以及房屋或土地使用权交换的双方。

（2）征税对象。根据《契税暂行条例》的规定，契税的征税对象包括以下五项内容：

①国有土地使用权出让。②土地使用权的转让。③房屋买卖。包括以房产抵债或实物交换房屋，以房产作投资或作股权转让，买房拆料或翻新建房。④房屋赠与。⑤房屋交换。交换价格相等的，免征契税；交换价格不等的，按超出部分由支付差价方缴纳契税。

（3）税率。契税实行3% ~5%的幅度税率。各省、自治区、直辖市人民政府可以在规定范围内，按照本地区的实际情况决定。

（4）计税方法。契税的计税依据为不动产的价格。契税应纳税额的计算公式为：

应纳税额=计税依据×税率

四、车船税法

车船税是对在我国境内拥有车船的单位和个人征收的一种财产税。国务院2006年12月29日颁布的《车船税暂行条例》于2007年1月1日起施行，取代了原车船使用牌照税和车船使用税。车船税的主要内容有：

（1）纳税人。车船税的纳税人是车辆、船舶的所有人或管理人，即在我国境内拥有车船的单位和个人。通常，拥有并使用车船的单位和个人是同一个人，纳税人既是车船的使用人又是车船的拥有人。如有租赁关系，拥有人与使用人不一致时，则应有租赁双方商妥由何方为纳税人；租赁双方未商定的，由使用人纳税。

（2）征税对象。车船税的征税对象是依法应在公安、交通、农业等车船管理部门登记的车船，具体可分为车辆和船舶两大类

（3）税率。车船税采用定额税率，即对征税的车船规定单位固定税额。

（4）计税方法。车船税按年计算，根据征税对象的不同分为两种不同的计税方式：

①机动车（载重汽车除外）和非机动车：

应纳税额=应税车辆税率×单位税额

②载重汽车、机动船和非机动船：

应纳税额=车船的载重或净吨位数量×单位税额

五、车辆购置税法

车辆购置税是对在我国境内购置应税车辆的单位和个人，按其所购置的车辆价格的一定比例征收的一种税。2000年10月22日，国务院颁布了《车辆购置税暂行条例》，用车辆购置税取代了原车辆购置附加费，并自2001年1月1日起实施。主要内容有：

（1）纳税人。凡在中华人民共和国境内购置应税车辆的单位和个人，都是车辆购置税的纳税人。

（2）征税对象。车辆购置税以列举的车辆为征税对象，未列举的车辆不纳税。其征税范围的应税车辆，包括汽车、摩托车、电车、挂车、农用运输车。

（3）税率。车辆购置税采取统一比例税率，税率为10%。

（4）计税方法。车辆购置税以纳税人所购置的车辆的价格为计税依据，应纳税额的计算公式为：

$$应纳税额=计税价格\times税率$$

车辆购置税的计税价格根据不同情况，分别确定：

①纳税人购买自用的应税车辆的计税价格，为纳税人购买应税车辆而支付给销售者的全部价款和价外费用，不包括增值税税款。

②纳税人进口自用的应税车辆的计税价格的计算公式为：

$$计税价格=关税完税价格+关税+消费税$$

③国家税务总局参照应税车辆市场平均交易价格，规定不同类型应税车辆的最低计税价格。

纳税人自产、受赠、获奖或者以其他方式取得并自用的应税车辆的计税价格，由主管税务机关参照最低计税价格核定；纳税人购买自用或者进口自用应税车辆，申报的计税价格低于同类型应税车辆的最低计税价格，且无正当理由的，按照最低计税价格征收车辆购置税。

车辆购置税实行一次征收制度。已征收车辆购置税的车辆，再被其他单位或者个人购置时，不再征收车辆购置税。

六、资源税法

资源税是国家对开发、利用其境内资源的单位和个人，就其所开发、利用资源的数量或价值征收的一种税。资源税的征税范围非常有限，它并不是对所有资源征税，而是仅仅选择某些特殊的资源作为征税对象，并通过列举的方式加以规定。

资源税按其性质，可以分为一般资源税和级差资源税两人类。一般资源税对使用某种自然资源的单位和个人就其资源的数量或价值而征收，不考虑其所使用资源的贫富状况和开采条件，也不考虑其因开发利用资源所取得收入的多少。级差资源税按资源的级差收入分别征税，纳税人应纳税额的多少同其所使用资源的贫富状况和开采利用条件有关。我国现行资源税，是对在中华人民共和国境内开采应税矿产品和生产盐的单位和个人，就其因资源形成和开发条件的差异而形成的级差收入所征收的一种税。

1993 年 12 月，国务院重新颁布了《资源税暂行条例》，财政部发布了《资源税暂行条例实施细则》，自 1994 年 1 月 1 日起实施，其主要内容有：

（1）纳税人。资源税的纳税人是在中华人民共和国境内开采应税矿产品或者生产盐的单位和个人。中外合作开采石油、天然气，按现行规定只征收矿区使用费，暂不征收资源税。《资源税暂行条例》还规定，收购未税矿产品的单位为资源税的扣缴义务人。收购未税矿产品的单位是指独立矿山、联合企业和其他单位。

(2) 征税对象和税率。资源税采取从量定额的办法征收，实施“普遍征收，级差调节”的原则。普遍征收是指对在我国境内开发的一切应税资源产品征收资源税；级差调节是指运用资源税对因资源贮存状况、开采条件、资源优劣、地理位置等客观存在的差别而产生的资源级差收入，通过实施差别税额标准进行调节。资源条件好的，单位税额高一些；资源条件差的，单位税额低一些。

资源税包括7个税目，每个税目下又设有若干子目，其所对应的单位税额也各不相同：

①原油。开采的天然原油征税；人造石油不征税。单位税额为8～30元/吨。

②天然气。专门开采的天然气和与原油同时开采的天然气征税；煤矿生产的天然气暂不征税。单位税额为2～15元/千立方米。

③煤炭。原煤征税；洗煤、选煤和其他煤炭制品不征税。税额为0.3～5元/吨。

④原油、天然气、煤炭和井矿盐以外的非金属矿原矿，单位税额为0.5～20元/吨、克拉或者立方米。

⑤黑色金属矿原矿，单位税额为2～30元/吨。

⑥有色金属矿原矿，单位税额为0.4～30元/吨或立方米挖出量。

(3) 计税方法。资源税以应税资源产品的课税数量为计税依据，其应纳税额按应税产品的课税数量和规定的单位税额计算。纳税人开采或者生产不同税目应税产品的，应当分别核算；不能准确提供不同科目应税产品的课税数量的，从高适用税额。

资源税应纳税额具体的计算公式是：

应纳税额=课税数量×单位税额

代扣代缴应纳税额=收购未税矿产品的数量×适用的单位税额

第五节　税收程序法

税收程序主要包括税务管理、税款征收、税务稽查、税务复议等行政程序。全国人大常委会通过的《中华人民共和国税收征收管理法》和国务院颁布的《税收征收管理法实施细则》是目前我国最重要的税收程序法。全国人大常委会分别于1995年、2001年对《税收征收管理法》进行了两次修订。本节基于《税收征收管理法》，简单介绍我国的税收程序法。

一、税收管理程序

（一）税务登记

税务登记，又称纳税登记，是指纳税人在开业、歇业前以及生产经营期间发生有关变动时，在法定时间内就其经营情况依法向主管税务机关办理书面登记的一项制度。税务登记包括开业税务登记、变更税务登记、注销税务登记以及停业、复业登记四种。从事生产、经营的纳税人应当自领取营业执照之日起30日内，持有关证件向生产经营地或者纳税义务发生地的主管税务机关申报办理税务登记。

（二）账簿、票证管理

从事生产、经营的纳税人应当自领取营业执照或者发生纳税义务之日起15日内，按照国家有关规定设置账簿，根据合法、有效凭证记账，进行核算。账簿、凭证不仅是纳税人记录生产经营活动，进行经济核算的重要工具，而且也是税务机关确定应纳税额，进行财务监督和税务检查的主要依据。

（三）发票管理

发票管理，是指税务机关对发票的印制、领购、开具、保管、检查、处罚等各个环节进行的组织、协调和监督。单位和个人在购销商品、提供或者接受经营服务以及从事其他经营活动中，应当按照规定开具、使用、取得发票。

二、税收确认程序

应纳税额的确定方式有两种：一是纳税申报，即根据纳税人的申报确定应纳税额；二是行政核定，即纳税人的应纳税额由征税机关通过行政处分加以确定。目前，我国税法对纳税义务的确定，以纳税申报为主，辅之以税收核定。纳税人对于已经发生的税收，首先有义务进行申报。如果纳税人没有及时申报，或者申报不准确，税务机关会通过行政途径进行核定。

（一）纳税申报

纳税申报是指纳税人、扣缴义务人发生纳税义务后，按照规定期限就纳税事项向税务机关提出书面申报的征管制度。纳税人、扣缴义务人可以直接到税务机关办理纳税申报，也可以按照规定采取邮寄、数据电文或者其他方式办理纳税申报。纳税人、扣缴义务人因客观原因不能按期纳税申报或者报送代扣代缴、代收代缴税款报表的，经税务机关核准，可以延期申报。经核准延期的，应当在纳税期内按照上期实际缴纳的税额或者税务机关核定的税额预缴税款，并在核定的延期内办理税款结算。

（二）税收核定

税收核定是指税务机关依照税法的规定，确定纳税义务的具体内容。只有在纳税人申报不实或者未申报时，税务机关才会启动税收核定程序，确认已发生税收的具体数额、缴纳期限和地点等。《税收征收管理法》对需要税收核定的情形和核定的方式、程序作出了明确的规定。

三、税收征收程序

税款征收是税务机关依照法律、法规的规定，按一定的征收方式将纳税人应纳税款收缴入库的管理活动。

1. 税款征收方式

税款的征收方式是指税务机关具体组织税款入库的方法。依据现行法律、法规的规定，以及税收实务中的做法，我国的税款征收方式有以下几种：查账征收、查定征收、查验征收、定期定额征收、代扣代缴、代收代缴、委托征收以及其他方式。

2. 税收保全制度

税法中的保全制度既借鉴了民事诉讼法的财产保全，又吸收了民法中的债权保全，同时还创设了对特定主体的人身限制。

(1) 查封、扣押、冻结纳税人的财产。税务机关有根据认为从事生产、经营的纳税人有逃避纳税义务行为的，可以在规定的纳税期之前，责令限期缴纳应纳税款；在限期内发现纳税人有明显的转移、隐匿其应纳税的商品、货物以及其他财产或者应纳税的收入的迹象的，税务机关可以责成纳税人提供纳税担保。如果纳税人不能提供纳税担保，经县以上税务局（分局）局长批准，税务机关可以采取下列税收保全措施：(1) 书面通知纳税人开户银行或者其他金融机构冻结纳税人相当于应纳税款的存款。(2) 扣押、查封纳税人的价值相当于应纳税款的商品、货物或者其他财产。

(2) 限制出境。指欠缴税款的纳税人或者其法定代表人在离开国境前必须缴清应纳税款、滞纳金或者提供担保，才准许出境的税收征管制度。未结清税款、滞纳金，又不提供担保的，税务机关可以通知出境管理机关阻止其出境。

3. 税收强制执行措施

《税收征收管理法》规定了两类税收强制执行措施：间接强制执行和直接强制执行。

（1）间接强制执行制度。间接强制执行，即加收滞纳金。这一强制执行的主要目的在于促使纳税主体尽早履行纳税义务。纳税人未按照规定期限缴纳税款，扣缴义务人未按照规定期限解缴税款的，税务机关除责令限期缴纳外，从滞纳税款之日起，按日加收滞纳税款万分之五的滞纳金。

（2）直接强制执行制度。直接强制执行，从事生产、经营的纳税人、扣缴义务人未按照规定的期限缴纳或者解缴税款，纳税担保人未按照规定的期限缴纳所担保的税款，由税务机关发出限期缴纳税款通知书，责令缴纳或者解缴税款的最长期限不得超过 15 日。逾期仍未缴纳的，经县以上税务局（分局）局长批准，税务机关可以采取下列强制执行措施：（1）书面通知其开户银行或者其他金融机构从其存款中扣缴税款；（2）扣押、查封、依法拍卖或者变卖其价值相当于应纳税款的商品、货物或者其他财产，以拍卖或者变卖所得抵缴税款。

4. 税款的追征与退还

（1）税款的追征。根据《税收征收管理法》第 52 条规定，因税务机关的责任，致使纳税人、扣缴义务人未缴或者少缴税款的，税务机关在 3 年内可以要求纳税人、扣缴义务人补缴税款，但是不得加收滞纳金。因纳税人、扣缴义务人计算错误等失误，未缴或者少缴税款的，税务机关在 3 年内可以追征税款、滞纳金；有特殊情况的，追征期可以延长到 5 年。对偷税、抗税、骗税的，税务机关追征其未缴或者少缴的税款、滞纳金或者所骗取的税款，不受前款规定期限的限制。

（2）税款的退还。《税收征收管理法》第 51 条规定，纳税人超过应纳税额缴纳的税款，税务机关发现后应当立即退还；纳税人自结算缴纳税款之日起 3 年内发现的，可以向税务机关要求退还多缴的税款并加算银行同期存款利息，税务机关及时查实后应当立即退还；涉及从国库中退库的，依照法律、行政法规有关国库管理的规定退还。

四、税务救济程序

税务救济程序又叫税收争讼程序，是指税务机关与纳税人、扣缴义务人、纳税担保人之间因征税纳税而产生的争议。

我国税务争议可以分为两类：一类是纳税人对税务机关的征税决定不服而引起的争议；另一类是税务行政管理相对人对税务机关的处罚决定和强制执行措施、税收保全措施不服而引起的争议。对于前一类税务争议实行“复议前置”，即纳税人对税务机关的征税决定不服、发生争议时，必须先经行政复议再提起行政诉讼。而对于后一类税务争议，则实行“自由选择”，即税务行政相对人对税务机关的处罚决定和强制执行措施、税收保全措施不服的，既可以选择税务行政复议，也可以选择税务行政诉讼。选择了行政复议的，如果对复议决定不服，还可以向法院起诉。

复习思考题

1. 根据《个人所得税法》规定，某大学教授在2007年6月份的下列哪些收入应缴纳个人所得税？

A. 工资5 000元

B. 在外兼课取得报酬6 000元

C. 出版教材一部，获稿酬1.2万元

D. 被评为优秀教师，获奖金5 000元

2. 李某是个人独资企业的业主。该企业因资金周转困难，到期不能缴纳税款。经申请，税务局批准其延期3个月缴纳。在此期间，税务局得知李某申请出国探亲，办理了签证并预定了机票。对此，税务局应采取下列哪一种处理方式？

A. 责令李某在出境前提供担保；

B. 李某是在延期期间出境，无须采取任何措施；

C. 告知李某：欠税人在延期期间一律不得出境；

D. 直接通知出境管理机关阻止其出境。

3. 试分析税法的基本原则。

4. 所得税的基本特点是什么，试评析我国企业所得税的变革。

第十八章　金融法律制度

改革开放以来，我国经济建设取得辉煌成就，金融业亦取得长足发展，其活跃度越发高涨，在国民经济中的战略地位越发凸显。尤其是现阶段，我国金融市场日益繁荣，金融产品日趋丰富，金融消费方式呈现多样化特征，金融业已渗透到商品经济生产、交换、分配和消费的各个领域，金融已成为现代经济的核心。与此同时，金融业在国民经济中的核心地位也极大推动了我国金融法治建设，金融法律体系日臻完善，法律制度日益健全。本章以我国相关立法为主体，结合各国立法精神、立法技术与立法例，拟从金融及金融法律制度的基本原理入手描述金融法治概况，并着力介绍对宏观调控经济运行有着决定意义的两大基本金融法律制度：中央银行法律制度和商业银行法律制度，最后特别阐释了金融调控法律制度（即货币政策法）的运行原理及基本内容，以期对金融法律制度在国民经济宏观调控中的地位和作用做全景式扫描。

第一节　金融及金融法律制度概述

一、金融

（一）金融的涵义

金融是资金融通的简称，是各种社会经济成分之间以货币为对象进行的信用交易活动。

把握金融的涵义，需要注意以下三个要点：

（1）金融是信用交易。信用交易是与即时清结交易（一手交钱一手交货）相对的一种商品交易形式。构成信用交易必须满足三个条件：①交易的一方向对方先行移转商品的所有权或者所有权的一项或多项权能；②一方的先行移转与对方的相对给付之间存在一定的时间差；③一方之所以愿意实施先行移转行为，表明他在一定程度上信任对方的诚意和能力。在现实生活中，信用交易十分普遍，如资金存贷、证券投资、设备租赁以及商品的赊销、赊购等，都是典型的信用交易。

(2) 金融是以货币为对象的信用交易。信用交易的对象既可以是实物（赊购和赊销）也可以是货币，只有货币信用才属于金融的范畴。今天，鉴于实物信用在信用交易总量中所占的比重已经微乎其微，人们在许多场合将“金融”与“信用”视为同义词，彼此替代使用。

提示：第一，所谓“以货币为对象的信用交易”，仅指交易各方以货币为种类物、以让渡货币购买力为目的的交易。如果将货币作为特定物进行买卖，例如为了收藏的目的，则即使采取了信用交易的方式，也只是实物信用而非金融交易。第二，金融租赁虽然并非直接以货币为交易对象，但通说认为，它表面上为融物，实际上是融资，是出租人帮助承租人解决购置租赁物存在的资金困难，因而被作为特例划入到金融的范畴。

(3) 在法律允许的范围内，金融交易可以发生在各种社会经济成分之间，既可以是个人、企业、事业单位、社会团体，也可以是国家、特定的国家机关乃至国际组织。但任何社会经济成分参与金融交易都必须以不违反法律为前提。鉴于金融的特殊性，法律通常会对各种金融交易在交易主体、交易方式、交易条件上作出具体限定。①

上面对金融亦即资金融通的涵义作了界定。应当注意的是，在实际使用上，金融一词往往在其基本涵义之外被添加了其他内容，如货币的发行与回笼，黄金、白银等货币贵金属的买卖，外汇交易以及国际国内结算等。当然，这种添加都是基于一定的联结因素，并非没有根据，它们要么与货币有关，要么与资金融通有关，要么与金融机构有关。我们在理解金融的涵义时，除了把握其基本涵义外，还应当考虑特定的语境。

需说明的是，迄今为止，学术界并没有关于金融的精确定义。台湾地

---

① 提醒注意的两种情况：某一社会经济成分从事此种金融交易为合法，但从事另一种金融交易则为非法；以此种方式从事交易为非法，换一种方式交易则为合法。比如，直到目前我国仍禁止企业相互之间直接借贷，这就意味着，同一家企业，可以向银行借款，可以提供资金委托银行向另一家企业发放贷款，可以接受银行应另一家企业的委托向自己发放的贷款，但不得直接向另一家企业借款或者直接贷款给另一家企业。

区出版的《货币银行术语辞典》① 给金融下的定义为：所谓金融，可释作资金的融通，亦即货币的移转，以现在的货币，换取将来同额的货币（本金），外加"忍欲"或"放弃流动性偏好"所获得的报酬，换言之，便是利息。其实，任何一类社会经济现象，从不同的角度去认知，都会形成一种新意。法学学者通常将社会生活剖析为各种社会关系，其中一些重要的社会关系，须以国家强制力为后盾，通过法律进行调整，成为所谓"法律关系"。法学学者习惯于以此来认知社会生活。而经济学学者，则倾向于从相关事物的流变、循环及其相互关联中去认知经济生活，即所谓"流"。如物质流、信息流、货币流。金融就源于"货币流"。所谓货币流主要包括：(1) 因商品和劳务的交换而形成的货币收支；(2) 政府为了提供公共服务而形成的税收和财政支出；(3) 资金的融通。包括各种形式的存、贷、间接投资等。但无论从何而解，以货币为单位的信用交易当为金融的基本要旨。

（二）金融的分类

金融的最基本分类，是根据是否有金融机构作为信用中介参与，分为直接金融与间接金融。资金的供求双方直接交易的，为直接金融，典型的如证券市场上的股票、债券融资以及民间借贷。金融机构以吸收存款和发行金融债券等方式筹集社会闲散资金，转而对需要资金的社会经济成分发放贷款或进行投资的，则为间接金融。当然，在直接金融中并非一定没有金融机构的参与，但它们在其中不是起信用中介的作用，而只是提供相关的金融服务。

直接金融与间接金融在融资结构中所占的比重，国与国之间有所不同。一般来说，发达国家较发展中国家有更为发达的直接金融市场。东南亚金融危机之后，许多国家和国际组织意识到，金融体系中间接金融的比重过大，企业的外部融资过于依赖银行，会导致金融风险向少量金融中介集中，加剧金融体系的脆弱性，因而极力推行或倡导发展资本市场、扩大直接金融比重的战略。2004 年 1 月 31 日，我国国务院发布《关于推进资本市场改革开放和稳定发展的若干意见》，明确指出：大力发展资本市场"是一项重要的战略任务"；它"有利于提高直接融资比例，完善金融市场结构，提高金融市场效率，维护金融安全"。

---

① 杨志希编著：《货币银行术语辞典》，台北联合图书公司 1961 年版，第 189 页。

此外，在现代市场经济条件下，根据货币资金的来源与用途不同，金融亦有广义和狭义之分：

(1) 广义的金融。广义的金融是指全社会的货币资金的筹集、分配、借贷、使用和管理活动的总和。从根据资金流通的条件和方式的不同，广义的金融又分为无偿融通和有偿融通，即资金的财政融通与信用融通。财政融通是指国家以其政治权力为基础，将部分社会资源以税费的名义征收上来用于社会公共需要，具有无偿性、强制性和固定性的特点。信用融通是指社会经济活动的各类主体，以市场为基础，以信用为条件，将部分社会资源以货币资金为载体在其相互间流转，以调剂余缺，满足私人物品和服务的生产经营的需要，具有有偿性、自愿性和任意性的特点。

(2) 狭义的金融。狭义的金融是指货币资金的信用融通活动的总和。从主体上看，金融活动发生在各种经济主体之间，包括企业、银行、个人以及国家等。从行为上看，其包括货币的发行、流通和回笼；存款的吸收与支付；贷款的发放与收回；票据的承兑与贴现；银行同业拆借；金银和外汇的买卖，国内、国际的货币收付与结算；股票、债券的发行与交易；财产的信托、融资租赁、保险等活动。

(三) 金融存在的基础与功能

1. 金融存在的基础

金融的产生与发展，根源于商品经济条件下货币资金运动的内在矛盾——收支失衡（平衡短期，失衡常态）。在商品经济的运行过程中，在任何一个时点上，必然有一部分社会经济成分拥有闲置货币，而另一部分社会经济成分入不敷出。于是就产生了一种必要和可能，即以信用方式平衡资金的供求，实现资金的融通。

但是不能错误地认为，社会经济成分只在资金闲置或短缺时才被动地参与金融交易，否则我们无从解释纷纭复杂、纵横交错的金融现象。调剂资金余缺，解决收支的不平衡矛盾，固然是金融原始和基本的动机，而规避风险、降低成本、促销商品、方便结算、投机牟利、宏观调控等，也常常是社会经济成分参与金融交易的直接目的。比如中央银行参与金融交易，即主要出于金融调控的需要。对此，我们应该有一个清晰的认识。

2. 金融的功能

(1) 货币供应功能。货币作为交换媒介，其适量供应对于商品的正常流转显然是一个关键因素。在现代经济条件下，货币供应量在很大程度上还能够影响甚至左右物价、消费、投资、就业、汇率、外贸等的基本走势以及经济发展的结构、规模和速度，无疑已是国民经济运行中最能动、最重要的变量之一。

> 货币包括通货（钞票、铸币）和存款货币。通货由中央银行垄断发行，构成中央银行的负债。存款货币是商业银行账户中可由存户以支票或电子指令直接进行支付的存款余额，构成商业银行的负债，由原始存款和商业银行在原始存款基础上创造的派生存款构成；而商业银行创造派生存款的能力，由中央银行运用货币政策工具进行调控。

（2）资本形成功能。在简单的自给经济情况下，资本形成是直接的，即主要通过自身的积累。而在发达的经济社会，资本形成主要通过间接的方式。作为资本形成的平台，金融市场有许多特性能够促进储蓄（消费资金）向投资（生产建设资金）转化，如丰富的交易工具、准确的信息传递等。特别重要的一点是，在间接金融中，银行等金融中介机构以负债业务吸纳金额不等、期限不一的各种资金，形成“资金池”；在正常情况下，由于存取相抵，资金池一般能够始终保持相对稳定的余额，借此，银行便可以转而向资金的需求方发放大额的、长期的贷款或进行投资。

（3）支付服务功能。时下，商品和劳务交换的资金结算，绝大部分是通过银行划拨实现的。除了面对面的零星交易以外，通过银行支付较之于现金支付，无疑更方便、更快捷、更安全、成本更低。在交易规模、市场半径急剧扩大和交易频率不断提高的情况下，没有金融体系提供的高效率支付服务，是无法想象的。随着计算机技术和网络技术在金融领域得到广泛运用，支付领域已经出现革命性的变化。在小额支付领域，继银行卡、自动柜员机（Automated Teller Machine，ATM）、销售点终端（Point of Sale，POS）之后，出现了基于硬件、网络、软件的电子货币，极大地改变了人们的消费方式；在银行间大额支付领域，电子资金划拨（Electronic Fund Transfer，EFT）也在逐步取代传统的手工操作。不过，支付的电子化在提高支付效率的同时，也加大了操作风险。

（4）风险转移功能。金融市场充斥着各种风险。从某种意义上讲，金融市场实际上是一个交易风险的市场，几乎所有的金融交易都会导致风险在当事人之间的重新分配，而有些金融交易甚至直接以转移风险为目的，如期货交易、期权交易、信用衍生工具交易。单就风险而言，当然无人愿意承受，但高风险往往意味着可能的高收益，加之不同的市场参与者具有不同的抗风险能力和风险偏好，这就决定了风险具有可交易性。将风险以适当的代价转移出来，让抗风险能力更强、控制风险技术更高的人来承受，或者让多人来分担，可以使金融市场更加安全，使经济运行更为平稳。

(5) 市场约束功能。所谓市场约束，是指金融市场能够对筹资者和金融机构起到强有力的约束和规范作用。事实上，并非所有的金融市场筹资者都能够如愿以偿；在市场机制完善的情况下，相对优质的筹资者无疑有更大的筹资成功机会。进而言之，即使同为成功的筹资者，它们在资信上存在的差异也会在筹资成本上得到直接反映。通常，资信相对较低的筹资者需要承担更高的筹资成本，因为他所加于投资者的风险更大，需要为此向投资者提供额外的风险补偿（Risk Premium）。

20世纪80年代中期日本陷入金融危机后，国际金融市场曾出现一专有名词“日本溢价”（Japan Premium），就是用来特指资信下降以后日本政府和日本企业在国际金融市场筹资需要在正常利率之上多付的成本。显然，在激烈的市场竞争中，筹资者和金融机构要想为市场所选择，就必须变外在的市场压力为内在的自我约束动力，规范其行为，强化其管理，控制其风险，改善其业绩。

(6) 资源配置功能。在各种生产要素中，货币资金是唯一抽象的价值形态，它代表着所有者（持有者）对各种具体生产要素的获取权和获取能力。因此在很大程度上，资金配置实际上决定着资源配置，资源配置格局不过是资金配置格局的一种映射。由于金融是国民经济最重要的资金再分配形式，它必然对资源配置，进而对国家的生产力布局以及产业、产品结构产生深刻影响，甚至成为决定性的因素。从企业、部门、行业、地区，直到一个国家，如果能够得到充分的融资，就可能发展、繁荣；反之，则可能萎缩、衰退。

(7) 宏观调控功能。虽然市场经济以市场为基础配置资源，但市场也有缺陷，也会失灵，这就要求政府对宏观经济进行适当的调控。在计划经济体制下，政府主要通过实物分配来管理经济；而在市场经济体制下，政府则主要透过价值调控来干预经济。金融市场上有许多重要的经济变量，如利率、汇率、货币供应量等，政府以及特定的政府部门通过各种政策工具来影响这些变量，即能控制资源分配，调整经济发展的速度、规模和结构，促使国民经济持续、健康、稳定与协调发展。

以上从七个方面概括了金融的功能。尽管这种概括远非全面，但已足以帮助我们认识金融在现代经济中的核心地位：金融作为社会资金再分配的基本形式，全面而深刻地影响着国家的经济生活，在某种意义上甚至能够左右国民经济的发展态势。但是，任何事物都有两面性，金融也不例外。高效、有序、稳定的金融市场，固然给经济发展以积极的推动，而它的低效、混乱、动荡与危机，也必将严重妨碍经济的进步，甚至导致经济崩溃的极端后果。关于这一点，中外金融史已经提供了充分的证明。

（四）金融体系

金融体系是国民经济体系内围绕资金融通、由相关要素有机构成的子系统。关于金融体系的基本要素，国内外经济学者多认为仅包括金融工具、金融机构和金融市场三部分。然而，任何金融体系都只能在一定的制度框架中运行，相对完备的制度是一切金融体系高效有序运行的基石。金融工具的形式、内容及其流转，金融机构的设立、营运与监控，金融市场的组织、管理与交易等，须臾离不开金融制度的规范与制约。事实证明，任何发达的金融体系，都必定内含一整套完善的金融制度。因此，金融体系的基本要素，除金融工具、金融机构和金融市场外，还必须包括金融制度。金融制度的主体或者说核心，便是金融法。

1. 金融工具

金融工具又称信用工具，通常指依一定格式做成、用以证明或创设金融交易各方权利义务的书面凭证。存折（存单）、借款合同、股票、债券、商业票据等，均为常见的金融工具。20 世纪 70 年代以来，为了适应社会对金融商品多元化的需求，提高市场竞争能力，有效规避风险，世界各国特别是发达国家的金融机构，有意识地运用金融工程技术，在传统金融工具之外或者在其基础上，创造了众多的新型金融工具，如期货合约、期权合约、货币互换合约、利率互换合约、信用衍生工具等，即是所谓“金融衍生产品”，其为金融工具创新的产物。

经济合作与发展组织（OECD）对金融衍生产品所下的定义是：金融衍生产品是一份双边合约或支付协议，它们的价值是从基本的资产或某种基础性的利率或指数上衍生出来的。美国财务会计准则公告定义为：价值由名义规定的，衍生于所依据的资产或指数的业务或合约。这里所依据的是指货币、债券、股票等基本金融工具。所以，金融衍生产品是指以货币、外汇、股票、债券等传统金融产品为基础衍生出来作为买卖对象的，旨在为交易者提供转移风险、增加收益的金融工具。由此可见，金融衍生产品依赖的基础主要是指利率、汇率、商品、股票及其指数。

金融工具一般具有以下共性：（1）偿还性。又称期限性。即利用金融工具筹资通常设置一个期限，金融工具的购买者有权在金融工具到期时要求凭借金融工具筹资的一方偿还融资。当然，这个期限有两个极端：零期限和无限期。活期存款可视为零期限。股票等投资性金融工具可视为无限期的金融工具。（2）收益性。金融工具可能给持有人带来定期或不定期的收益，包括约定的各种利息，如存贷款利息、债券利息、股息等，也包括持有人转让金融工具所得差价。一般以收益率表示。收益率是指收益与本金的比率。（3）可转让性。也称“流动性”、“变现性”。指绝大多数金融工具可以在金融市场依法转让，迅速变为货币而不遭受损失。当然，不同的金融工具的流动性差异巨大。一般而言，证券或证券化的金融工具比非证券化的金融工具转让能力强，有集中交易市场的金融工具比没有集中交易市场的金融工具转让能力强，有的金融工具法律限制转让或者一定条件下禁止转让。（4）风险性。是指购买金融工具的本金有遭受损失的风险。一方面，筹资者可能于金融工具到期时不愿或无力履行偿付义务，此为信用风险；另一方面，金融工具可能因市场变化出现价格的下跌，此为市场风险。

金融工具的上述四大特性之间往往相互制约，一般来说，流动性强的金融工具风险小，安全性大，但是收益率较低；而流动性差的金融工具风险大，但是收益率较高。

2. 金融机构

凡依法设立、专门经营各种金融业务的组织，均为金融机构。金融机构的职能，概括言之，就是组织社会资金的运动，建立或疏通资金融通的渠道。具体表现在：（1）在间接金融中充当信用中介。（2）为直接金融提供服务。（3）为社会提供有效率的支付机制。

各类金融机构在业务范围、职能分工上是有所不同的。对金融机构可以根据多种标准进行分类。最常见的是分为银行和非银行金融机构。银行又包括中央银行、商业银行、政策性银行；非银行金融机构种类十分繁多，主要有信托投资公司、金融租赁公司、财务公司、信用合作社、证券公司、保险公司、资产管理公司、信用担保公司等。根据金融机构的性质和目的，可以分为中央银行、政策性金融机构、商业性金融机构。按金融机构的组织形式，可分为有限

责任金融机构（含国有独资金融机构）、股份有限责任金融机构、股份合作制金融机构、合作制金融机构。按投资来源，可分为中资金融机构、中外合资金融机构、外资独资金融机构。按金融机构的业务范围，可分为综合性金融机构和专业性金融机构。按金融机构的经营区域，可分为跨国金融机构、全国性金融机构、地方性金融机构、社区性金融机构。

结构合理的金融机构体系，对国家金融事业以及经济的发展是至关重要的。对市场经济国家而言，至少应有三个大类的金融机构。第一类是中央银行，它作为国家机关，负责制定和执行国家的货币信用政策，依法实施金融监督与管理，在金融机构体系中处于核心和主导地位。第二类是商业性金融机构，包括商业银行和商业性非银行金融机构，它们是金融机构体系的主体，受市场规律的引导与制约，以营利为目的从事金融业务。第三类是政策性金融机构，包括政策性银行和政策性非银行金融机构，它们由政府设立，以实现政府经济和社会政策为目标，开展信用活动，对商业性金融进行必要的补充。

3. 金融市场

金融市场是资金融通及相关服务的交易场所或空间，它是经济生活中与商品市场、劳务市场和技术市场并列的一种市场。通过金融市场，资金的供求双方，直接或借助于信用中介进行资金的融通，并基于资金供求的对比，形成相应的市场“价格”，即利率。

金融市场是一个大系统，包罗许多具体的、相互独立但又有紧密关联的市场，可以用不同的划分标准进行分类。（1）最常见的是把金融市场划分为货币市场和资本市场。货币市场是交易期限在1年以内的短期金融交易市场，包括短期存贷市场、同业拆借市场、票据贴现市场、短期债券市场以及大额存单等短期融资工具市场，其功能在于满足交易者的资金流动性需求。资本市场是交易期限在1年以上的中长期金融交易市场，主要满足工商企业的中长期投资需求和政府弥补财政赤字的资金需要，包括长期存贷市场和证券市场。（2）按金融交易的交割期限可以把金融市场划分为现货市场与期货市场。现货市场上，一般在成交日后的1至3日内立即付款交割；而期货市场上，交割则是在成交日后合约所规定的日期如几周、几月之后进行。（3）按交易主体和市场范围，金融市场可划分为国内金融市场和国际金融市场。国内金融市场是一国领土内本国居民从事金融交易的市场，而国际金融市场则是跨国界的不同国家居民间的金融交易市场。此外，金融市场可以是由金融机构营业场所构成的有形市场，也可以是由现代通讯网络构成的无形市场。

4. 金融制度

金融制度是有关金融交易、金融调控和金融监管的相对稳定的运行框架和办事规程。在我国，金融制度主要以金融立法、我国参加的相关国际条约、相关司法解释为其基础。

在理解金融制度的构建特别是金融立法的时候，对国家基本金融政策的地位应当予以高度重视，否则将难以了解金融立法的背景，把握金融立法的精神。国家基本金融政策本身虽然不是金融立法，但它们通常是政府对金融体制及其改革作出部署的核心文件，表明政府在金融领域的长远政策取向，对金融立法起着直接的导向作用。国务院 1983 年《关于中国人民银行专门行使中央银行职能的决定》、1993 年《关于金融体制改革的决定》、1996 年《关于农村金融体制改革的决定》、2003 年《深化农村信用社改革试点方案》、2004 年《关于推进资本市场改革开放和稳定发展的若干意见》、2006 年《关于保险业改革发展的若干意见》等，都属于国家基本金融政策的范畴。不过，政府以及特定的政府部门针对特定、具体的金融形势所采取的临时性政策，如紧缩或者放松银根等，则不属于基本金融政策。

二、金融法概说

（一）金融法的定义与地位

金融法是调整金融关系的各种法律规范的集合。所谓金融关系，是指金融领域内有关主体之间发生的社会关系。金融关系极为错综复杂，大致说来，可分为以下三类：（1）金融交易关系。即社会经济成分之间因资金融通和相关服务而发生的关系。此类关系具有平等、自愿、等价有偿的基本性质。（2）金融监管关系。即国家以及有关的国家机关对金融市场、金融市场主体以及金融市场主体之间的交易活动实施监督管理而产生的关系。此类关系中具有单方法律行为的特征，体现为一种隶属关系。（3）金融调控关系。即国家以及有关的国家机关，以稳定金融市场、引导资金流向、控制信用规模为目的，对有关的金融变量实行调节和控制而产生的关系。金融调控有直接控制与间接调控之分。直接控制在性质上与金融监管关系一致；间接调控则具有与前述金融交易关系同一的性质。

日本著名经济法学家金泽良雄认为：中央银行操纵金融市场，即使应按照一国的金融政策来实施，但就金融市场操纵的本身而言，它是以金融市场自由为前提而进行的。必须指出，在现实的金融生活中，上述三种关系是互相渗透、交织在一起的。

综上所述，金融法是以金融关系，即金融交易关系、金融监管关系和金融调控关系为调整对象的各种法律规范的集合。调整对象的非单一性，决定了调整方法的多样性，也决定了这个集合中元素的复杂性——既有民法规范、经济法规范，也有行政法规范、刑法规范，甚至还有其他性质的法律规范。我国颁布的绝大多数单行金融法律、法规，都同时包含了多种性质的法律规范，注重从多种角度、用多种方法来对金融关系进行调整，亦足以证明这一点。客观地讲，如果忽视各种性质法律规范的综合调整作用，金融秩序将难以建立。

金融法作为调整金融关系的法律规范的集合，虽然不是独立的法律部门，但也不应当是有关法律规范的无序堆积。一方面，它不是独立的部门法，是法群，在调整方法上具有综合性；另一方面，它具有内在有序性。

（二）金融法的立法体系和渊源

1. 金融法的立法体系

金融法的立法体系，是指一个国家调整不同领域的金融关系的法律规范所组成的有机联系的统一整体。纵观各国金融立法体例，金融法主要由以下几个法律部门组成：

（1）银行法。银行法是调整银行和非银行金融机构的主体组织和业务行为的法律规范的总称。由于有关货币流通和信用活动主要是通过银行和非银行金融机构的各项业务活动实现的，所以货币法和支付结算法（票据法）也属于广义的银行法范畴，但由于其固有的内在特性，往往单章专列。银行法是金融法的基本法。

（2）证券法。证券法是指调整证券发行和交易的法律规范的总称。证券法意义上的证券仅指有价证券中的资本证券，即狭义的证券。广义证券还包括商品证券和货币证券。

（3）保险法。保险法是以保险关系为调整对象的法律规范的总称。

（4）信托法。信托法是调整金融信托关系的法律规范的总称。金融信托是金融机构作为受托人，按照委托人的要求或指明的特定目的，收受、经理或运用资金或其他财产的金融活动。信托法主要包括信托业务的种类、范围、信托机构的设立、变更、终止及其监管等方面的规定。

金融法立法体系构成简表

<table>
<tr><th>金融立法</th><th colspan="2">组织法</th><th colspan="2">行为法</th><th colspan="2">监管法</th></tr>
<tr><td>银行业法
（基本法）</td><td>中央银行法
商业银行法
政策性银行法
非银行金融机构法</td><td rowspan="4">种类
性质
地位
职能
组织形式
组织机构
管理体制
设立
变更
终止
……</td><td>货币法
信贷法
支付结算法
金融担保法</td><td rowspan="4">具体
金融
行为</td><td>银行业
监管法</td><td rowspan="4">监管组织
监管职责
监管对象
监管内容
监管措施
监管责任</td></tr>
<tr><td>证券业法</td><td>证券交易所法
证券公司法
（投资银行法）
证券登记结算机构法
证券服务机构法</td><td>证券发行法
证券交易法</td><td>证券业
监管法</td></tr>
<tr><td>保险业法</td><td>保险公司法
保险代理人法
保险经纪人法
保险公估人法</td><td>保险合同法
保险企业投资法</td><td>保险业
监管法</td></tr>
<tr><td>信托业法</td><td>信托公司法</td><td>营业信托法
公益信托法</td><td>信托业
监管法</td></tr>
</table>

2. 金融法的渊源

所谓金融法的渊源，是指金融法律规范借以表现的形式。金融法的渊源，主要有如下几个方面：

（1）宪法。宪法是由全国人民代表大会制定的国家根本大法，具有最高的法律效力。宪法关于社会主义经济制度的规定，是对金融关系进行法律调整的基本依据。

（2）法律。全国人民代表大会及其常务委员会依法制定的有关金融活动的规范性法律文件。如：《中国人民银行法》；《商业银行法》、《保险法》、《票据法》、《证券法》、《信托法》、《证券投资基金法》、《银行业监督管理法》。作为金融法渊源的，并不以上述的专门法律为限，如《中华人民共和国刑法》关于金融犯罪及其刑事处罚的规定，当然也是金融法的渊源。①

① 本章所有法律规定的表述均为简称。

(3) 行政法规。由国家最高行政机关（国务院）根据并且为了实施金融法律而依法制定的各种有关金融活动的规范性文件。如《储蓄管理条例》、《企业债券管理条例》、《外汇管理条例》、《非法金融机构和非法金融业务活动取缔办法》、《金融违法行为处罚办法》、《期货交易管理暂行条例》、《人民币管理条例》、《国有重点金融机构监事会暂行条例》、《个人存款账户实名制规定》、《金融资产管理公司条例》、《金融机构撤销条例》、《外资保险公司管理条例》、《外资金融机构管理条例》等。同样，除专门调整金融关系的行政法规外，其他行政法规中调整金融关系的法律规范，也是金融法的渊源。

(4) 部门规章。部门规章是指国务院各金融监管机构（中国银行业监督管理委员会、中国证券监督管理委员会、中国保险监督管理委员会）、中国人民银行、国家外汇管理局以及其他相关政府部门，根据本行政区的具体情况和实际需要，在法定权限内制定、发布并在本辖区内实施的规范性文件。其主要功能是细化法律、行政法规的内容，保证法律、行政法规的贯彻落实。目前在我国，金融方面的部门规章数量十分庞大。

(5) 地方性法规和地方政府规章。地方性法规是指省、自治区、直辖市以及较大的市的人民代表大会及其常务委员会根据本行政区域或者本市的具体情况和实际需要，制定的地方性金融法规。地方政府规章是指省、自治区、直辖市以及较大的市的人民政府制定的地方政府金融规章。地方性法规和地方政府规章仅在制定机关所辖区域内有效。

(6) 司法解释。司法解释是最高人民法院和最高人民检察院分别就法院审判工作、检察院检察工作具体应用法律、法令的问题所作的法律解释。相对而言，最高人民法院涉及金融问题的司法解释较多，其中，大部分是以批复或者通知的形式解释具体的法律适用问题，但也有一些是对某类金融案件的审理进行系统性解释和规定，如:《关于人民法院审理借贷案件的若干意见》、《关于审理融资租赁合同纠纷案件若干问题的规定》、《关于审理存单纠纷案件的若干规定》、《关于审理票据纠纷案件若干问题的规定》、《关于审理证券市场因虚假陈述引发的民事赔偿案件的若干规定》、《关于审理期货纠纷案件若干问题的规定》、《关于审理信用证纠纷案件若干问题的规定》。

(7) 国际条约。我国缔结或者参加的与金融有关的国际条约，除我国声明保留的条款外，构成我国金融法的重要渊源。我国缔结或者参加的国际条约与我国法律有不同规定的，适用该国际条约的规定，即国际条约具有优先于国内法的效力。

（三）金融法的基本原则

金融法的基本原则，是一国金融立法体系贯穿始终的主线和纲领，它通过对若干重大基本问题的定性和定位，对国家金融法制建设起基础性的导向作用。

1. 以稳定货币为前提促进经济发展的原则

金融促进经济的发展，必须受客观规律的制约，其中最重要的一条就是必须保持货币价值的稳定。经济的发展是指经济持续、稳定、健康、协调的发展，而非单纯指经济的增长速度。一味追求经济的高增长而非经济地增发货币，固然可能在短期内刺激投资和生产，增加就业，但充其量不过是表面的、虚假的、暂时的和病态的经济繁荣。在这一点上，无论发达国家还是发展中国家，都不乏深刻的教训。不少西方发达国家曾奉行凯恩斯以低通货膨胀刺激有效需求的经济政策，最终误入“滞胀”的泥淖和怪圈；很多拉美国家牺牲物价稳定，以图经济的超快攀升，却欲速不达，反使经济良性发展的机制遭到破坏。相反，那些重视货币稳定的国家，最终更快地实现了经济的高增长。因此，货币稳定是经济持续、稳定、健康、协调发展的一个必要条件。

我国现行金融立法特别是中央银行立法，以经济建设中曾经出现的失误为鉴，吸取别国成功的立法经验，全面、充分地贯彻了稳定货币的立法精神。其突出表现为：(1) 将“保持货币币值的稳定，并以此促进经济的增长”法定为中央银行的货币政策目标(《中国人民银行法》第 3 条)。(2) 确立了中央银行执行货币政策的相对独立性(《中国人民银行法》第 7 条、第 13 条、第 29 条、第 30 条)。(3) 规定了中央银行执行货币政策的问责义务(《中国人民银行法》第 6 条)。(4) 规定了中央银行可以采用的货币政策工具，为中国人民银行灵活、有效地调控货币供应量提供了法律基础；在严格规范人民币发行和流通管理的同时，依法严厉打击了各种危害货币、扰乱货币流通的违法犯罪行为(《中国人民银行法》第 16 条、第 23 条、第 42 条、第 43 条)。

2. 兼顾金融效率与金融安全的原则

所谓金融效率，微观上是指金融机构经营上的低投入和高产出，宏观上是指金融体系能够有效与合理地分配金融资源，充分地满足国民经济对资金融通和金融服务的需求。而所谓金融安全，微观上是指各个金融机构能够审慎、稳健经营，宏观上是指整个金融体系能够保持基本稳定，不出现系统性金融危机。显然，金融效率与金融安全，无论是微观层面，抑或是宏观层面均为彼此联动、密不可分的。但一般认为，要实现宏观层面的金融安全，亦即系统性安全，并不以确保金融机构“零倒闭”为前提；相反，如果金融市场完全丧失了淘汰机制，系统性安全反而会受到威胁。

金融安全与金融效率既对立，又统一。没有安全的效率是不能持久的，没有效率的安全则没有意义，这是二者相互统一的一面。但是，为了保障金融安全而对金融机构施加的许多法律限制和监管措施，如市场准入控制、利率管理、业务范围管理等，客观上会削弱金融竞争，严重者甚至会导致金融抑制；反之，如果为了金融效率而不适当地降低金融监管的力度，则可能使金融市场严重失控，陷入危机和混乱。因此，金融法必须在金融安全与金融效率之间谋求适当的平衡，因金融安全而偏废金融效率，或者因金融效率而偏废金融安全，都是不可取的。

危及金融安全的“头号杀手”是系统性金融危机。金融危机又称金融风暴，是指一国或多国与地区重要金融指标（如：短期利率、货币币值、证券市值、房地产价格、土地价格、商业破产数和金融机构倒闭数）的急剧、短暂和超周期的恶化。其特征表现为市场信心的崩溃，经济预期悲观，整个区域内货币币值出现大幅贬值，国民经济遭受重大损失。往往伴随着企业大量倒闭，失业率高涨，社会经济长期萧条，国家破产，甚至引发大规模社会冲突与社会动荡。

金融危机可以分为货币危机、债务危机、银行危机等类型。以往的金融危机等同于挤提，现在则多以货币危机形式出现，并越发呈现出某种混合形式的危机。随着经济全球化程度加深，金融市场的活跃，尤其是近年来金融衍生品市场的蓬勃发展，系统性金融危机发生的频率加剧，破坏性加强。

3. 保护投资者利益的原则

投资者指金融交易中购入金融工具融出资金的所有个人和机构，不仅包括证券投资者，而且包括存款人和保单持有人。加重对投资者利益的保护，意义异常深远：（1）投资者乃一切金融交易的资金来源。（2）投资者中，大部分为小额个人投资者，其力量单薄，欠缺信息渠道及准确研判市场变化和化解金融风险的能力，权益易受侵害。（3）金融工具的流通性决定了投资者的不特定性和广泛性，投资者利益得以保护的程度，不仅事关金融秩序的稳定，而且会影响到社会安定。(4) 投资者是金融市场不可忽视的社会监督力量，保护投资者利益有助于提高金融市场透明度及其规范运作的程度。

立法对投资者利益的保护，大体有普通法保护与特别法保护两个层面。前者指投资者作为普通权利主体（金融资产的所有权人和金融交易中的债权人）依民法、刑法等所享有的保护，后者则是以前者为基础，由金融立法及其他相关立法针对投资者所提供的专门保护。各国金融立法中，最常见、最核心亦最能体现该原则的制度有：(1) 信息披露制度；(2) 金融机构的保密义务；(3) 投资者损失补偿机制。

进入新千年后，“保护投资者利益原则”正逐渐被“保护金融消费者利益原则”所取代。尤其在次级房屋信贷危机①爆发后，这一原则得以被学术界和实务界普遍关注，大量相关论文与著作问世。② 自20世纪60年代始，随着经济发展和信用消费等消费形式的普及、消费者保护运动和法律观念的发展，保护存款人、中小投资者、投保人等金融消费者的利益日益成为各国金融立法关注的重点。20世纪90年代后半期以来，对金融消费者进行保护深入到金融监管的体制设计和改造之中。英国经济学家Michael Taylor提出了著名的“双峰”（Twin-peaks）理论，认为金融监管存在两个并行目标，一是审慎监管；二是保护消费者权利。应根据监管目标的不同设立两个监管机构，分别作为审慎监管者和金融消费者权利的保护者，行使专业化监管职能。

① 次级房屋信贷危机（简称次贷危机），是一个目前还在进行中、因次级抵押贷款机构破产、投资基金被迫关闭、股市剧烈震荡引起的金融风暴。它致使全球主要金融市场出现流动性不足危机，对全球各地银行与金融市场产生了重大的不良后果。美国“次贷危机”以2007年4月美国第二大次级房贷公司新世纪金融公司破产事件为标志，是年8月开始席卷美国、欧盟和日本等世界主要金融市场，由房地产市场蔓延到信贷市场，进而演变为全球性金融危机。它也暴露了金融业监管与全球金融体系根深蒂固的弱点。

② 基于现有的中文文献，我们发现国内探讨金融消费者权利保护问题历经三个阶段：最早是作为新知识点对金融消费者概念作简要介绍，其后出现了探讨金融消费者权利保护的论文。其次，伴随金融监管制度研究的风起，有学者开始探索金融消费者权利保护与金融监管的关系问题。此时，海外有关金融消费者保护与监管问题的文章不断问世，英国、欧盟和美国等金融制度发达国家的立法与实践被介绍到国内。目前，随着次贷危机爆发及各国经济刺激计划的实施，有关金融消费者保护与监管问题研究再掀高潮，学者们一再呼吁国内实施金融消费者保护的立法。

近年来，随着消费信贷的高速发展、个人理财业务的日益丰富、金融机构营销方式的日趋多元，我国的金融消费者受害现象日益凸显。鉴于金融商品和金融消费者的特殊性，立法者在放松金融管制的同时，有必要在金融立法中贯彻对消费者的倾料保护、全面保护和适度保护原则，并将保护消费者权益的理念落实到具体的规范当中去。可喜的是，2006年颁布施行的《商业银行金融创新指引》首次使用了“金融消费者”概念，该“指引”第4条指出商业银行的金融创新应“满足金融消费者和投资者日益增长的需求、充分维护金融消费者和投资者利益”，反映出银行监管当局的监管理念转向。证监会与保监会都强调要保护投资者利益但“消费者”概念均未被《证券法》、《保险法》所采用。因此，金融消费者的概念及其权利保护的立法仍有待进一步研究与实践。

4. 与国际惯例接轨的原则

这里所称的国际惯例，取其广义，包括：（1）为众多国家广泛采用并确属科学合理的立法例，如在中央银行独立性、投资者利益保护、金融风险的预防与控制等方面各国通行的立法措施。（2）在国际金融监管合作层面上产生的、对中国不具有条约约束力但具有广泛国际影响的法律文件，如巴塞尔银行监管委员会制定的《统一国际银行资本衡量和资本标准协议》。（3）任意性的国际成文惯例，如国际商会所制定的《跟单信用证统一惯例》、《托收统一规则》等。（4）国际公认并通行的不成文习惯和惯常做法。

在当今各国经济加深相互依赖，世界经济加速一体化，我国加紧社会主义市场经济建设的历史条件下，必须重视并厉行国内金融立法与国际惯例的接轨。中国金融法与国际惯例接轨，不仅能够推动我国金融市场的国际化，也将使中国在营造新的国际金融秩序方面有所作为与贡献。总之，市场经济是开放型经济，封闭型立法不可能适应经济对外开放的需要，中国金融立法应当而且必须与国际惯例接轨。当然，与国际惯例接轨，绝不是要片面、机械、简单地将国际惯例移植于中国，因为中国有自己的国情，处于自身特定的发展阶段。

随着气候变化引发的全球思考以及大众环境保护意识的增强，绿色金融、碳金融、① 低碳银行等概念被提出且被人们所广泛重视。其中绿色金

---

① 碳金融目前没有一个统一的概念。一般而言，泛指所有服务于限制温室气体排放的金融活动，包括直接投融资、碳指标交易和银行贷款等。“碳金融”的兴起源于国际气候政策的变化以及两个具有重大意义的国际公约——《联合国气候变化框架公约》和《京都议定书》。

融，是指金融部门在投融资决策中要考虑潜在的环境影响，银行的日常业务应充分考虑与环境生态相关的潜在回报、风险和成本等因素，通过对社会经济资源的引导，促进社会的可持续发展。其有两层含义：一是金融业通过引导资金流向节约资源技术开发和生态环境保护产业，引导企业生产注重绿色环保，引导消费者形成绿色消费理念来实现促进环保和经济社会的可持续发展；另一个是指金融业明确自身要保持可持续发展，避免注重短期利益的过度投机行为。

伴随着这一股绿色金融热潮，生态化的金融法与绿色金融法等概念也应运而生。随着《联合国气候变化框架公约》和《京都议定书》的签订，“兼顾生态利益，实现促进可持续发展原则”未来有望逐步成为各国金融立法的一项原则。该原则强调将环境保护理念贯穿于金融法始终。①

第二节　中央银行法律制度

一、中央银行的概念和职能

（一）中央银行的概念

中央银行（Central Bank）是在一国金融体系中居于主导地位，负责制定和执行国家货币政策，调节和控制全国的货币流通和信用活动，依法实施金融监管的特殊的金融机构。由于各国中央银行制度存在差异，关于中央银行的这

① 经济学、金融学学者也提到了“金融生态”，但却无权威定义。主要观点包括金融外部环境（法律、信用体系、会计与审计准则、中介服务体系和银企关系等）；金融组织与其生存环境之间及内部金融组织间在相互联系与作用过程中通过分工、合作所形成的具有一定结构特征，执行一定功能作用的动态平衡系统；各类金融活动主体之间，主体与外部生存环境之间通过相互影响、相互作用而形成的相互依赖的动态平衡系统。研究内容：金融生态主体存在问题；金融生态环境存在问题；金融生态系统各要素间关系；法律制度是金融生态环境的核心。法学学者就本命题的代表性论文，可参阅夏少敏：《论金融法的“生态化”》，载《探索·创新·发展·收获——2001 年环境资源法学国际研讨会论文集》2001 年，资料来源：http://cpfd.cnki.com.cn/Article/CPFDTOTAL-FXHJ200111002026.htm；罗亚海：《金融法的“生态化”和“生态化”的金融法》，资料来源：http://www.law-lib.com/lw/lw_view.asp?no=7609（2006-9-29）；崔军林：《绿色金融法及其价值取向》，载《河南金融管理干部学院学报》2005 年第 4 期。

一表述，仅仅概括了大多数国家中央银行的一般特征。在有些国家，中央银行只有货币政策的执行权，并无决策权；在有的国家，金融监管不由或主要不是由中央银行负责。关于中央银行的法律性质，各国规定也不尽一致，有的将其定性为公法人，有的将其定性为国家机关，有的却将其定性为股份公司。最早的中央银行的原型，或认为是1656年由私人创办的瑞典国家银行以及1694年成立的股份制的英格兰银行。

> 从世界范围看，各国中央银行的名称极不统一。有的直接定名为中央银行，如爱尔兰、智利、菲律宾、刚果等国；有的是在“银行”前面冠以国名或地名，如日本、意大利、法国等国；有的称为国家银行（State Bank or National Bank），如丹麦、瑞士等国；有的叫做储备银行（Reserve Bank），如美国、印度、新西兰等国；有的称做人民银行，如我国和朝鲜人民民主共和国。

（二）中央银行的职能

关于中央银行的职能，主要有两种归纳方法。一种是传统意义上的表述，将中央银行的职能归纳为：发行的银行，政府的银行，银行的银行三大职能；另一种是现代管理学意义上的表述，将中央银行的职能归纳为调控、管理、服务三大职能。从现代中央银行的设立宗旨、业务范围及法律规定看，我们认为，现代中央银行应是发行的银行、政府的银行、银行的银行、金融调控的银行、金融监管的银行。

（1）发行的银行。所谓发行的银行，是指中央银行垄断通货的发行权，是国家唯一的通货发行机构。中央银行垄断通货发行权，有利于稳定币值，建立良好的通货发行与流通秩序，保通货的投入量与商品流转的需求相适应。世界各国几乎都以立法明确授予中央银行发行通货的垄断权，只有美国、日本等少数国家，由中央银行发行钞票，由财政部发行铸币。

（2）政府的银行。中央银行被称为政府的银行，并非指它由政府投资设立，而是指中央银行与本国政府有密切关系，服务于政府，代表政府处理有关的金融事务。即使是资本部分甚至全部为私人所有的中央银行，也仍然是政府的银行。中央银行的这一职能具体表现在：①受托经理国库，担任国库出纳；②以法律允许的条件、额度和方式对政府提供信用；③代理政府公债的发行和还本付息事宜；④代表政府参与有关的国际金融活动；⑤代理政府买卖黄金、外汇，管理国家的黄金、外汇储备；⑥担任政府的金融事务顾问。

(3) 银行的银行。中央银行作为银行的银行主要体现在三个方面：①依法集中保管金融机构交存的存款准备金，并通过调整存款准备金率，对货币与信用进行调节和控制。此外，存款准备金还是中央银行重要的信贷资金来源。②对全国金融机构承担最后贷款人责任。当金融机构出现临时资金头寸短缺或遭遇流动性困难时，中央银行通过再贴现和再贷款提供短期融资，维护金融市场稳定。③主持全国金融机构之间的清算事宜。各金融机构可通过设在中央银行的存款账户，办理划拨清算，以结清彼此之间的债权债务。

(4) 金融调控的银行。中央银行掌控货币供应量，其运用自己所拥有的金融手段，对货币与信用进行调节和控制，进而对国民经济实施质量控制与结构调整，影响和干预整个社会经济发展进程，实现预期的货币政策目标。它通过货币供应量的调控，影响国民经济的发展规模与增速，谋求社会总供给与社会总需求之间的基本平衡；它通过引导信贷资金的流向，促进生产力布局和产业、产品结构合理化调整，为国民经济持续、健康、稳定、协调及可持续发展创造条件。

《中国人民银行法》① 第2条规定：中国人民银行在国务院领导下，制定和执行货币政策，防范和化解金融风险，维护金融稳定。

(5) 金融监管的银行。中央银行作为一国最高金融管理当局，对银行及其他金融机构的设置、业务活动及经营情况进行检查、监督，对金融市场实施监督管理。在有些国家，中央银行单独或与其他政府部门一道，承担对所有或部分金融机构的日常监管职责。在另外一些国家，中央银行虽不直接负责对金融机构的日常监管，但法律仍赋予其必要的功能性监管职责和权限，以保障中央银行职能的有效发挥，维护金融秩序，确保金融安全。

改革开放以后，我国一度对金融业实行混业监管，即由中国人民银行统一监管银行业、证券业和保险业。其后，中国人民银行的证券监管和保险监管职责被先后剥离，分别划归中国证券监督管理委员会和中国保险业监督管理委员会行使。2003年4月，中国银行业监督管理委员会成立，履行原由中国人民银行履行的对银行、金融资产管理公司、信托投资公司

① 《中国人民银行法》于1995年3月18日第八届全国人民代表大会第三次会议通过，并于2003年12月27日第十届全国人民代表大会常务委员会第六次会议上修订通过。

及其他存款类金融机构的监管职责。但是，2003 年 12 月修改后的《中国人民银行法》仍然保留了“金融监督管理”一章，为中国人民银行保留了甚至新增了必要的金融监管职责。这些金融监管职责，不再是对银行业金融机构的日常性监管，而是以强化宏观调控、防范和化解金融风险、维护宏观金融稳定为目的的、以市场为主要对象的功能性监管。

二、中央银行的体制

中央银行的体制是指中央银行的存在形式或组成方式。由于各国家经济发展水平和信用发达程度不同，国体、政体不同，银行业发展的历史文化不同等原因，各个国家的中央银行存在形式也不尽相同。

按机构设置不同划分：（1）单一中央银行体制。也称总分行制。指国家只设一家中央银行，其下设立众多的分支机构作为总行的派出机构，不得独立制定货币政策，而是执行总行的货币政策。80% 以上国家采用这种体制。我国也是。(2) 复合中央银行体制。是指一国之内在中央和地方两级设立相对独立的中央银行机构。地方的中央银行机构不是隶属于总行的分支机构，而是有自己的权力机构，除执行总行统一的货币政策外，在业务经营管理上具有较大的独立性，主要适用于联邦政体国家，如美国、德国。（3）区域性国际中央银行体制。是指货币联盟内的所有成员国家共同建立一家中央银行，统一执行中央银行的职能。如西非国家中央银行、东加勒比海货币管理局及 1998 年 7 月成立的欧洲中央银行等。（4）准中央银行体制。是指没有真正专业化的、具备完全职能的中央银行，而是由几个履行部分中央银行职能的机构组成一个准中央银行体系的体制。如新加坡由货币管理局发行货币，金融管理局负责银行之发照、收取存款准备金等。

按资本结构不同划分：（1）纯国有资本的中央银行。全部资本由国家所有，由国家拨款建立或政府收购股份将某一私营商业银行改组为国有化的中央银行。世界多数国家如此。我国亦然。（2）国家和私人混合持有股份的中央银行。一般国家持有的股份占 50% 以上，其余由民间持有。如日本银行的 55% 资本由政府持有，墨西哥银行国家持有 51% 股份。而且这种股权结构的中央银行的私人股东的股东权有较大限制（如日本银行的私人持股者除固定的 5% 的股息外别无其他权利），目的是为了保障中央银行的公法主体和公益性质。(3) 私人股份银行。全部资本由私人股东持有，而由法律授权该银行执行中央银行的职能。如意大利银行。（4）会员集资的中央银行。全部资本由参加中央银行体系的商业银行出资认缴。如美国联邦储备银行。(5) 资本为多国共有的中央银行。前述区域性国际中央银行体制的中央银行的股本由所有成员国认缴。如欧洲中央银行，各成员国按人口和国内生产总值大小认缴。(6) 无资本的中央银行。韩国银行法规定“韩国银行为无资本之特殊法人”。

三、中央银行的法律地位

中央银行的法律地位，是中央银行赖以正常履行职能的法律基础，它受国家经济状况、政治体制的制约，并非可以由人们主观任意设定。

(一) 中央银行的法律性质

各国对中央银行法律性质的规定不尽一致。但深入研究各国的中央银行立法，具体剖析各国中央银行的实际运作，我们可以将中央银行的法律性质，概括为以下三个方面：

(1) 中央银行是法人。在现代经济条件下，无论是社会主义国家还是资本主义国家，其中央银行都是法人。对中央银行的法人资格，几乎所有国家都做了明确规定。

(2) 中央银行是国家机关法人。① 关于中央银行的国家机关性质，只有少数国家作了明确规定。

瑞典宪法第九章第12条第(2)项规定，瑞典国家银行是直属国会的官方机构。大多数国家仅规定中央银行为法人至于为何种法人，却未进一步明确。甚至有部分国家，直接规定中央银行为股份公司。如《奥地利国家银行法》第2条第(1)项规定，奥地利国家银行是股份有限

---

① 研究中央银行的法律性质，不应受制于表象，而应深入事物的本质，全面考察相关的法律制度，考察中央银行的实际运作。我们认为，无论各国对中央银行如何定性，其中央银行实质上都是国家机关法人。首先，一切中央银行都是站在“公”的立场履行职能，都是国家管理金融和调控信用的工具，股份公司形式的中央银行也不例外。其次，各国中央银行都经营业务，这表面看来与国家机关的性质格格不入，但中央银行经营业务与商业银行不同，并不具有自身的营利目的，而纯粹是出于职能的需要。因此，经营业务与其国家机关的性质并不矛盾，完全能够融为一体，并构成中央银行的一大特色。最后，所有中央银行都依法拥有相应的金融行政管理权，这是它们作为国家机关的重要标志。在大多数国家，中央银行都或多或少负有金融监管职责，而金融行政管理权无疑是金融监管的基础。有些中央银行虽然不直接参与金融监管，但在发行货币和调控信用上，也不能完全排除行政性强制措施的使用。

公司。

(3) 中央银行是特殊的金融机构。中央银行为了履行职能，必须经营特定的银行业务，作为发行的银行，投放和回笼通货；作为政府的银行，经理国库，管理和经营国家的黄金、外汇储备，代理发行政府债券；作为银行的银行，承担最后贷款人的责任和主持金融机构之间的清算；作为金融调控的银行，借助市场运作调节和控制商业银行的超额准备。这是中央银行作为国家机关法人，与其他国家机关的重要区别。

中央银行虽然经营业务，但与普通金融机构有根本的不同。首先，在为绝大多数国家所采用的单一中央银行制下，中央银行只对普通金融机构和政府经办业务，不直接对工商企业和个人，不与普通金融机构竞争。其次，中央银行经营业务，以信用调控、服务政府和普通金融机构为宗旨，不以营利为目的。最后，中央银行经营业务，不是根据普通银行法，而是根据宪法或中央银行法。由上述三点看来，中央银行并不因经营业务而具有企业法人的性质，认为中央银行既是国家机关又是经济实体的观点，是完全错误的。

(二) 中央银行的独立性

确立并维护中央银行对于政府的相对独立性，是20世纪初特别是第二次世界大战结束以来，世界各国中央银行制度发展的一大主流。中央银行在向国家机关演变的同时，却又朝着相对独立于政府的方向发展，表面看似矛盾，其实意味深长。

国民经济的持续、健康、稳定和协调发展，必须以货币的稳定为前提，这是由世界各国经济建设的成功经验与失败教训得出的一条基本规律。要保持货币的稳定，就必须使中央银行相对独立于政府。理由有二：第一，货币的稳定，要求中央银行制定和执行货币信用政策，严格根据客观经济规律和国民经济的长远利益。而政府在行政过程中，因其肩负着多重经济目标，而有些经济目标的实现，要以牺牲货币的稳定为代价，其追逐短期经济效益的行为时常会与国民经济长远利益相左。第二，货币有其特殊的运动规律，客观经济形势也在不断变化。从技术上讲，中央银行对货币供应量的调控，要做到准确、及时、细致并富有弹性，就必须深入金融市场。这无疑需要摆脱政府繁琐的行政程序。

综观世界各国立法，对中央银行独立性的保护，主要落实在以下几个方面：(1) 明确中央银行不隶属于政府或财政部。(2) 限制或排除政府对中央银行决策的干扰和影响。(3) 限制政府向中央银行借款。

美国、德国、瑞典、瑞士等国的中央银行不隶属于政府或财政部。另外有一些国家，中央银行虽然名义上隶属于政府或财政部，但独立决策权颇受政府或财政部的尊重，因而事实上也具有较高的独立性。《瑞典国家银行法》第32条规定："银行董事只接受来自国会，不接受其他人有关国家银行经营管理的指示。"《德意志联邦银行法》第12条也规定：联邦银行"在执行本法授予的权力时，不受政府指示的干涉"。在德国，政府与中央银行意见不一致时，只能请求中央银行将其决定延缓两周执行。

应当指出，中央银行对于政府的独立性只能是相对的。即使那些与政府或政府部门没有隶属关系的中央银行，也要承担与政府总体经济政策保持一致的义务。如《德意志联邦银行法》就规定：在其职责的执行不受侵犯的条件下，德意志联邦银行必须支持联邦政府的一般经济政策。

四、中央银行的货币管理

(一) 货币概述

货币是充当一般等价物的特殊商品，具有价值尺度、流通手段、贮藏手段、支付手段和世界货币五种功能。其中，价值尺度和流通手段是货币的基本功能。在现代社会，货币不仅包括纸币和铸币，① 而且包括存款货币，即商业银行（以及其他特定的金融机构，下同）的支票活期存款。《中国人民银行法》第16条规定，我国的法定货币为人民币。

通货与存款货币虽然都是货币，但彼此有许多不同之处：(1) 通货为法偿货币，而存款货币不是法偿货币；(2) 通货具备货币的各项职能，而存款货币只执行货币的部分职能；(3) 通货是中央银行的负债，而存款货币是商业银行的负债；(4) 通货是有形货币，而存款货币是无形货币；(5) 通货可以直接使用，而存款货币必须借助支票和银行支付系统；(6) 虽然大额交易人们习惯上不以通货支付，但从原理上讲，通货有多

---

① 流通中的纸币和铸币，统称通货，又称为现金货币。

种面额和多种组合，可以满足各种金额的支付要求，而存款货币一般不能用于日常的小额支付。

随着计算机技术特别是网络技术在金融领域的应用，在小额支付领域已出现电子货币。就目前而言，电子货币还不是独立的货币形态，仅是代替现金货币行使支付职能。

（二）中央银行货币发行制度

货币发行，此处专指中央银行向流通中投放通货（现金货币）的行为。从本质而言，货币是一种债务凭证，是中央银行进而也是国家对货币持有人的一种“公债务”。

1. 货币发行原则

世界各国货币的发行，一般都奉行以下两条原则：其一，垄断发行原则。即由中央银行统一发行全国的货币。其二，经济发行原则。一方面，货币发行要以商品生产和商品流通的正常需要为依据，既不能过多，也不能过少；另一方面，要反对货币的非经济发行，包括财政发行。

所谓非经济发行，就是超过商品生产和商品流通的正常需要而进行的货币发行，其主要形式是财政发行，即为了弥补财政赤字而增加的货币发行。

2. 货币发行制度。为了保持货币的稳定和适量，西方国家都通过立法规定了货币发行准备制度和最高限额制度

（1）货币发行准备制度。几乎所有西方国家都规定中央银行发行货币要有充足的准备金，不过各国在准备金的具体内容上相差很大。

英国规定，在最高发行限额以内，以100%的政府或其他证券为保证；超过限额发行则须100%的黄金保证。在美国，联邦储备银行发行纸币必须有黄金或金证券作为发行准备，且发行准备率一般不得低于流通中货币量的40%。

（2）货币发行最高限额制度。不少国家以法律规定了发行的最高限额，但为了使货币发行具有必要的弹性，以能适应经济的变化，很多国家又规定在一定条件下可以超额发行。

英国规定，最高发行限额为15.5亿英镑，超额发行要有100%的黄金储备；日本规定，最高发行限额由内阁讨论确定，日本银行认为必须超额发行时，须在15天内报大藏大臣批准，超额发行16天以上要按年率3%交纳发行税。

我国的《中国人民银行法》和《人民币管理条例》对人民币的发行制度做了规定。为维护人民币币值稳定，促进经济协调、可持续发展，我国人民币发行历来坚持以下三条发行原则：集中统一发行；经济发行；计划发行。

《中国人民银行法》第18条规定，中国人民银行是我国唯一的货币发行机关。

第三节 商业银行法律制度

一、商业银行的概念与法律地位

商业银行在其发展的初期，主要业务是吸收短期存款，发放短期的自偿性商业贷款，故称为商业银行（Commercial Bank）。今天看来，商业银行的业务已远远超出了传统的范围。

商业银行因为具有一定的特质而与其他金融机构相区别。其特质可概括为以下四点：（1）以营利为目的的法人企业。这一点使它区别于中央银行和政策性银行。（2）依照银行法成立的金融组织，能够在名称中使用“银行”字样。这使它区别于非银行金融机构。（3）以吸收存款、发放贷款为主体业务。这使它区别于主要从事投资业务的投资银行。（4）具有创造派生存款，亦即参与货币供应的功能。这使它区别于绝大多数的其他金融机构。

我国《商业银行法》① 第2条明确规定：“本法所称的商业银行是指

① 1995年5月10日第八届全国人民代表大会常务委员会第十三次会议通过。根据2003年12月27日第十届全国人民代表大会常务委员会第六次会议《关于修改〈中华人民共和国商业银行法〉的决定》修正。

依照本法和《中华人民共和国公司法》设立的吸收公众存款、发放贷款、办理结算等业务的企业法人。”对这一条的理解，应着重把握三点：(1) 商业银行是企业法人，其从事经营活动以营利为目的。(2) 商业银行是吸收公众存款、发放贷款、办理结算等金融业务的企业法人，具备商业银行创造派生存款的特殊功能。(3) 商业银行依据《商业银行法》和《中华人民共和国公司法》设立。

二、商业银行的职能

(1) 信用中介职能。商业银行以负债业务集中社会闲散资金，转而以资产业务加以运用，沟通了资金供求，促进了资金的融通。信用中介职能是商业银行最基本和最主要的职能。

(2) 支付中介职能。商业银行基于支票活期存款账户，以转账方式为客户提供的收付服务，减少了现金使用，节约了流通费用，加速了资金周转，保障了交易安全，促进了商品流转。支付中介职能是商业银行独有的职能。

(3) 信用创造职能。商业银行对所吸收的存款，在交存法定准备金和留足备付金之后，可将其余部分用于贷款和投资。贷款与投资在转账结算和票据流通的基础上，又会转化为银行系统新的存款。这个过程周而复始，即在整个银行系统创造出若干倍于原始存款的派生存款。信用创造是商业银行独有的职能，商业银行也因此而成为中央银行信用调控的重点。

(4) 金融服务职能。随着金融市场竞争的加剧，表外业务日益受到商业银行的重视，并已成为其新的利润增长点。所谓表外业务，是指金融机构不动用资金，不计入资产负债表，凭借其机构网络、卓越信用、信息优势、专业技能等，以收取佣金或手续费为目的，向客户提供金融服务的业务，如代收代付款项、提供信用证服务、发行信用卡、出租保管箱、提供信息咨询和投资策划等。

三、商业银行的组织体制

商业银行在组织体制上，主要有分支银行制、单元银行制、银行控股公司制、连锁银行制四种形式。

(1) 分支银行制。分支银行制是在总行或总管理处之外，广设国内外分支机构的银行体制。分支银行制起源于英国，现为世界多数国家所采行。在我国，按照《商业银行法》的规定，也是实行分支银行制。

(2) 单元银行制。单元银行制又称独家银行制，是只能以单个机构从事经营，不准设立分支机构的银行体制。

美国从19世纪末开始实行严格的单元银行制，但1994年9月，美国国会通过了《1994年里格—尼尔银行跨州经营及设立分行效率法》，允许银行在其注册地以外的州直接开设一家分行。

(3) 银行控股公司制。银行控股公司，又称银行持股公司，一般是指专为控制或收购两家或两家以上银行的股份而成立的公司。银行控股公司制流行于美国，旨在规避对银行设立分支机构的种种限制。

1999年，美国国会通过《金融服务现代化法》，将"银行控股公司"改为"金融控股公司"，允许其拥有非银行性质的子公司，从而实现了金融机构的混业经营。目前，金融控股公司已成为实现金融混业经营的一种重要模式，在许多国家得到法律的认可。

(4) 连锁银行制。连锁银行制，是某个人或某个集团，通过购买若干银行一定数量的股份，将它们置于自己控制之下的一种银行体制。与银行控股公司制不同，连锁银行制无需成立股权公司，各家银行在法律上保持独立，但实际上受控于同一个人或集团。连锁银行制在美国中西部较为发达，但重要性远不及银行控股公司制。

我国《商业银行法》第17条规定："商业银行的组织形式、组织机构适用《中华人民共和国公司法》的规定。"我国《公司法》允许的公司形式，限于有限责任公司和股份有限公司。在有限责任公司中，《公司法》对一人有限责任公司和国有独资公司作了特别规定。虽然《公司法》和《商业银行法》并未明确禁止商业银行采取一人有限责任公司的组织形式，但基于存款人利益保护和商业银行稳健经营的考虑，此种可能性理当予以排除。因此，商业银行按组织形式的不同，可以细分为有限责任商业银行、国有独资商业银行以及股份有限商业银行。

四、商业银行的设立

为了保证新设商业银行的质量，杜绝产生劣质的商业银行，维护金融业的稳健，保护存款人的利益，各国大都对商业银行的设立实施严格的控制和管理。

我国《公司法》第 6 条规定：“法律、行政法规对设立公司规定必须报经批准的，在公司登记前依法办理审批手续。”《商业银行法》第 19 条规定：设立商业银行，应当经国务院银行业监督管理机构审查批准；未经国务院银行业监督管理机构批准，任何单位和个人不得从事吸收公众存款等商业银行业务，任何单位不得在名称中使用“银行”字样；未经国务院银行业监督管理机构批准，擅自设立商业银行，或者非法吸收公众存款、变相吸收公众存款的，依法追究刑事责任，并由国务院银行业监督管理机构予以取缔。

1. 设立商业银行的条件

根据《商业银行法》的规定，设立商业银行应当具备下列条件：

(1) 有符合《商业银行法》和《公司法》规定的章程。商业银行的章程，在有限责任商业银行，由股东共同制定；在股份有限商业银行，由发起人制订并经创立大会通过。国有独资商业银行的章程，由国有资产监督管理机构制定，或者由董事会制订报国有资产监督管理机构批准。

(2) 有符合《商业银行法》规定的最低限额以上的注册资本。国民经济中的特殊地位，各国对商业银行规定了比普通公司高得多的资本要求。我国《商业银行法》明确规定商业银行的“注册资本应当是实缴资本”，因而商业银行的股东仍应一次性缴纳所认缴的注册资本。

我国《商业银行法》规定：设立商业银行的注册资本最低限额为 10 亿元人民币；城市合作商业银行的注册资本最低限额为 1 亿元人民币，农村合作商业银行的注册资本最低限额为 5000 万元人民币；注册资本应当是实缴资本；国务院银行业监督管理机构根据审慎监管的要求可以调整注册资本最低限额，但不得少于前述规定的限额。

(3) 有具备任职专业知识和业务工作经验的董事、高级管理人员。商业银行董事、高级管理人员的任职资格，由国务院银行业监督管理机构负责审查、认定。

> 我国《商业银行法》第27条就此作了排除性规定。在具体操作上，目前仍适用中国人民银行2000年3月发布的《金融机构高级管理人员任职资格管理办法》。

（4）有健全的组织机构和管理制度。健全的组织机构，应包括决策机构、执行机构和监督机构，即股东大会（股东会）、董事会和监事会，但国有独资商业银行按规定不设股东会，只设董事会和监事会。商业银行应建立各项管理制度，包括人事管理制度、风险管理制度（如授权授信制度、资产负债比例管理制度）、内部控制制度、结算管理制度、财务管理制度等。

（5）有符合要求的营业场所、安全防范措施和与业务有关的其他设施。商业银行的营业场所、安全防范措施和与业务有关的其他设施，应符合国务院银行业监督管理机构、公安部门、消防部门的有关规定。

《商业银行法》在具体列举了上述五项条件之后，规定："设立商业银行，还应当符合其他审慎性条件。"必须指出，以上条件只是设立商业银行的必要条件，而不是充分条件。例如，国务院银行业监督管理机构在审查设立外资独资商业银行、中外合资商业银行、外国商业银行分行的申请时，如查实申请人或外方合资者所在国家在此方面歧视中国国民，可以适用国际法上的对等原则驳回其申请。以前，设立商业银行的申请还可能因为不能通过"经济需求测试"而遭到否决，但《商业银行法》修订时，基于我国的入世承诺，已删除了相关内容。

2. 设立商业银行的程序

设立商业银行，必须依照法定程序报经国务院银行业监督管理机构批准，并依法办理公司设立登记手续。设立程序分为以下5个步骤：筹建申请、正式申请、审批、登记和公告。经批准设立的商业银行，由国务院银行业监督管理机构颁发经营许可证，并凭该许可证向工商行政管理部门办理登记，领取营业执照。商业银行自取得营业执照之日起无正当理由超过6个月未开业的，或者开业后自行停业连续6个月以上的，由国务院银行业监督管理机构吊销其经营许可证，并予以公告。

商业银行根据业务需要可以在境内外设立分支机构。关于商业银行分支机构的法律地位，《商业银行法》第22条作了明确规定，即：商业银行的分支机构不具有法人资格，在总行授权的范围内依法开展业务，其民事责任由总行承担；商业银行对其分支机构实行全行统一核算、统一调度资金、分级管理的财务制度。商业银行分支机构的设立程序与商业银行设立程序一致，但在具体指标要求上有差异。

五、商业银行的分立、合并及终止

1. 商业银行的分立

商业银行的分立，是指一个商业银行依照法定程序分开设立为两个或两个以上的商业银行。商业银行分立，可以有两种方式，一种方式是商业银行将其部分财产分离出去另设一个或数个商业银行，原商业银行继续存在——派生分立；另一种方式是将一个商业银行的财产进行分割，分别归入两个或两个以上新设的商业银行，原商业银行解散——新设分立。需要注意的是，商业银行拨付一定的营运资金，设立不具有法人资格的分支机构，就不是这里所说的分立了。

商业银行分立，其财产作相应的分割。商业银行分立时，应当编制资产负债表及财产清单。不清偿债务或者不提供担保的，商业银行不得分立。商业银行分立前的债务按所达成的协议由分立后的商业银行承担。因分立而解散的商业银行，应当依法向工商行政管理部门办理注销登记；新设的商业银行，应当办理设立登记；继续存在的商业银行，应当办理变更登记。

2. 商业银行的合并

商业银行的合并是指两个或两个以上的商业银行依照法定程序组成一个商业银行。商业银行合并有吸收合并与新设合并两种。吸收合并又称兼并，即由一个商业银行吸收其他商业银行，前者变更，后者解散。新设合并是指两个以上的商业银行合并设立一个新的商业银行，合并各方解散。商业银行的合并，应当报经国务院银行业监督管理机构审查批准。

商业银行合并，应当由合并各方签订合并协议，并编制资产负债表及财产清单。不清偿债务或者不提供担保的，不得合并。商业银行合并时，合并各方的债权、债务，应当由合并后存续的商业银行或者新设的商业银行承继。因合并而解散的商业银行，应当依法向工商行政管理部门办理注销登记；新设的商业银行，应当办理设立登记；继续存在的商业银行，应当办理变更登记。

3. 商业银行的终止

商业银行的终止，是指商业银行法人人格的消灭以及权利能力和行为能力的丧失。近些年内，我国已经出现了金融机构被宣告破产和被依法撤销（俗称行政性关闭）的案例，如 1998 年海南发展银行被依法撤销，1999 年广东国际信托投资公司被依法宣告破产还债。

我国《商业银行法》第72条规定:“商业银行因解散、被撤销和被宣告破产而终止。”

(1)商业银行因解散而终止。依法设立的商业银行因出现合并、分立或章程规定的解散事由需要解散的，应当向国务院银行业监督管理机构提出申请，并附解散的理由和支付存款本金和利息等债务的清偿计划，经国务院银行业监督管理机构批准后解散。商业银行解散的，除因分立、合并而解散者外，应当依法成立清算组，进行清算，按照清偿计划及时偿还存款本金和利息等债务。国务院银行业监督管理机构对清算过程进行监督。

(2)商业银行因被撤销而终止。对于违反法律、行政法规的商业银行，拥有撤销权的国家机关可以依法予以撤销。商业银行因吊销经营许可证被撤销的，应当由国务院银行业监督管理机构依法及时组织成立清算组，进行清算，按照清偿计划及时偿还存款本金和利息等债务。

(3)商业银行因破产宣告而终止。商业银行不能支付到期债务，经国务院银行业监督管理机构同意，由人民法院依法宣告破产。商业银行被宣告破产的，由人民法院组织国务院、银行业监督管理机构等部门和有关人员成立清算组，进行清算。为保护存款人利益，商业银行破产清算时，在支付清算费用、所欠职工工资和劳动保险费用后，应优先支付个人储蓄存款的本金和利息。

六、商业银行的经营原则

商业银行的经营原则，是《商业银行法》所规定的、商业银行从事经营活动必须遵循的基本准则。

(1)守法经营的原则。商业银行开展一切经营活动，必须遵守法律、行政法规和国务院银行业监督管理机构等监管部门发布的行政规章，不得损害国家利益、社会公共利益。

(2)安全性、流动性、效益性原则。一般而言，安全性高、流动性强的金融资产，其收益性相对较差；但是，如果商业银行一味追求高收益而忽视风险的控制，而忽视资产与负债在流动性上的合理匹配，可能遭致重大损失。因此，商业银行在经营过程中，应当努力实现安全性、流动性、效益性三者之间的平衡与统一。

(3)自主经营、自担风险、自负盈亏、自我约束的原则。商业银行依法开展业务，不受任何单位和个人的干涉，其作为独立的法律实体，在合法的范围内，有权处理其一切经营管理事务，自主参与民事活动，享受权利和承担义务，并以其全部法人财产独立承担民事责任。但是，商业银行也应当严格遵守法律、行政法规和国务院银行业监督管理机构制定的各项规章，充分尊重客观经济规律，建立和健全有效的内部管理和约束机制，做到合法、稳健经营。

(4) 保护存款人合法权益的原则。商业银行作为债务人，是否充分尊重存款人利益，严格履行自己的债务，切实承担保护存款人利益的责任，不仅关系到银行自身的经营，而且直接关系到社会公众对银行体系的信任程度，并进而关系到资金的正常融通甚至社会的稳定。

(5) 平等、自愿、公平和诚实信用的原则。商业银行与客户之间的业务往来，应以平等自愿为基础，建立公平的法律关系，相互不得有所强迫，不得附加不合理的业务条件，应当善意、全面地履行各自的义务。

(6) 公平竞争的原则。公平竞争是提高市场效率的前提。商业银行在处理与其他商业银行以及非银行金融机构的关系上，应当坚持公平竞争的原则，不得从事不正当竞争行为，如不得违反规定提高或者降低利率以及采取其他不正当手段，吸收存款，发放贷款。

七、商业银行的业务范围

1. 金融业经营体制与商业银行业务范围

在世界各国，商业银行的法定业务范围极不一致。按金融机构能否兼营各类金融业务，世界各国的金融体制，可大体划分为分业经营体制和混业经营体制。在分业经营体制下，银行业与证券业、保险业、信托业分离，商业银行与投资银行分离，法律禁止或限制各类金融机构之间的业务交叉。这种体制下的商业银行，不得从事证券业务、信托业务、投资银行业务、保险业务，或者从事这些业务受到严格的限制。美国、日本等国家曾采用这种体制。而在混业经营的体制下，商业银行不仅可以经营一般意义上的商业银行业务，而且可以经营投资银行业务、信托业务、证券业务甚至保险业务。采行混业经营体制的，以德国、奥地利和瑞士为代表。两种体制孰优孰劣，历来存在争论。

在方兴未艾的金融自由化运动中，正不断打破或降低各类金融机构之间的“隔离墙”，则是不争的事实，如日本即已允许银行、证券公司、保险公司以设立子公司的形式，相互涉足对方的业务领域，美国也于1999年11月通过《金融服务现代化法》，打破了由1933年《格拉斯·斯蒂格尔法》所确立的严格分业体制。

在我国，改革开放后，曾有一个时期实行混业经营政策，银行可以经营证券业务、信托业务，甚至可以投资兴办经济实体。但实践证明，在金融市场尚不成熟，金融法制尚不完备，金融机构自我约束机制尚未有效建立的情况下，实行混业经营，利少弊多。有鉴于此，我国及时对原有政策进行了调整，改行分业经营体制，并对遗留问题进行了必要的清理，包括要求银行与所办信托机构、证券经营机构、经济实体脱钩。这种分业经营的体制，在《商业银行法》关于商业银行经营范围的规定中，得到了进一步的体现。当前，随着我国经济的进一步发展、监管水平的提升和外资商业银行经营范围的全面开放，境内限制商业银行混业经营的政策将会有所改变。

2. 商业银行的业务类型

按照商业银行的传统业务和发展情况，商业银行的业务类型按是否在资产负债表上得到反映，大都分为表内业务与表外业务，广义的表外业务包括中间业务。

（1）表内业务。表内业务是指资产负债表中，资产和负债栏目可以揭示的业务；例如银行存款、贷款、贸易融资、票据融资、融资租赁、透支、各项垫款等。表内业务又可分为筹集资金的负债业务和运用资金的资产业务。

（2）表外业务。表外业务是指商业银行从事的，按通行会计准则不列入资产负债表内，不影响其资产负债总额，但能影响银行当期损益，能增加银行收益的业务。表外业务是有风险的经营活动，形成银行的或有资产和或有负债，其中一部分还有可能转变为银行的实有资产和实有负债，故通常要求在会计报表的附注中予以揭示。

表外业务分成两大类：狭义的表外业务和广义的表外业务。狭义的表外业务包括或有债权/债务类表外业务和金融服务类表外业务。前者在一定条件下可转化为表内资产或负债业务，这类业务主要包括贷款承诺、担保和金融衍生工具类表外业务。① 后者指的是银行提供金融服务收取手续费，满足客户多方

① 表外业务一般包括以下三种类型：（1）担保类业务，是指商业银行接受客户的委托对第三方承担责任的业务，包括担保（保函）、备用信用证、跟单信用证、承兑等。（2）承诺业务，是指商业银行在未来某一日期按照事先约定的条件向客户提供约定的信用业务，包括贷款承诺等。（3）金融衍生交易类业务，是指商业银行为满足客户保值或自身头寸管理等需要而进行的货币（包括外汇）和利率的远期、掉期、期权等衍生交易业务。

面的需求。① 广义的表外业务则除了包括狭义的表外业务，还包括结算、代理、咨询等无风险的经营活动。通常我们所说的表外业务主要指的是狭义的表外业务。

(3) 中间业务。商业银行中间业务广义上讲“是指不构成商业银行表内资产、表内负债，形成银行非利息收入的业务”。② 它包括两大类：不形成或有资产、或有负债的中间业务（即一般意义上的金融服务类业务）和形成或有资产、或有负债的中间业务（即一般意义上的表外业务）。

由于银行信用中介职能的发挥，单位与个人等经济主体都和商业银行建立了信用关系，因而商业银行可以为单位和个人的各项资金清算办理技术性的金融服务，利用其联系面广、信息灵通、电子化程度高和员工整体素质较好的优势和特殊地位，为广大客户提供全方位的理财服务。如信息服务、咨询服务、代发工资、代理支付各项费用、代保管贵重物品，为企业和个人提供多种信托服务和理财业务，从而形成了商业银行的中间业务。

3. 我国商业银行的法定业务范围

我国《商业银行法》从两个方面对商业银行的业务范围作了规定，一是商业银行可以经营的业务，二是禁止商业银行经营的业务。

(1) 商业银行可以经营的业务。根据《商业银行法》第 3 条的规定，商业银行可以经营下列部分或全部业务：吸收公众存款；发放短期、中期、长期贷款；办理国内外结算；办理票据承兑与贴现；发行金融债券；代理发行、代理兑付、承销政府债券；买卖政府债券、金融债券；从事同业拆借；买卖、代理买卖外汇；从事银行卡业务；提供信用证服务及担保；代理收付款项及代理保险业务；提供保管箱服务；经国务院银行业监督管理机构批准的其他业务。以上 14 项业务只是法定的允许商业银行经营的业务种类，具体到特定的商业银行，其经营范围由章程规定，并须报国务院银行业监督管理机构批准。此外，商业银行经中国人民银行批准，可以经营结汇、售汇业务。

---

① 金融服务类表外业务主要包括信托与咨询服务、支付与结算、代理服务、与贷款有关的服务如贷款组织、贷款审批、辛迪加贷款代理等及进出口服务如代理行服务、贸易报单、代理保险业务等。

② 2001 年 7 月 4 日中国人民银行颁布的《商业银行中间业务暂行规定》第 3 条。

（2）禁止商业银行经营的业务。为了进一步理顺分业经营的体制，规范商业银行的经营行为，《商业银行法》第43条明确规定了商业银行不得经营的几种业务：信托投资业务；证券经营业务；向非自用不动产投资；向非银行金融机构投资；向企业投资。

必须注意的是，商业银行仅在中华人民共和国境内不得从事上述业务，至于在境外从事则未予禁止。而且，如果国家另有规定，即使在境内，亦可从事。

八、商业银行的基本业务规则

《商业银行法》并未试图对商业银行的各项业务作出详尽规定，而是有针对性地提出了商业银行经营有关业务应当遵循的基本规则。

1. 存款业务的基本规则

在这一方面，《商业银行法》着重强调了对存款人利益的保护：（1）商业银行应当保障存款人的合法权益不受任何单位和个人的侵犯。（2）商业银行办理个人储蓄存款业务，应当遵循存款自愿、取款自由、存款有息、为存款人保密的原则。（3）商业银行应当保证存款本金和利息的支付，不得拖延、拒绝支付存款本金和利息。（4）商业银行应当按照中国人民银行规定的存款利率上下限，确定存款利率，并予以公告。（5）商业银行应当按照中国人民银行的规定，向中国人民银行交存存款准备金，留足备付金。（6）对个人储蓄存款，商业银行有权拒绝任何单位或者个人查询、冻结、扣划，但法律另有规定的除外。对单位存款，商业银行有权拒绝任何单位或者个人查询，但法律、行政法规另有规定的除外；有权拒绝任何单位或者个人冻结、扣划，但法律另有规定的除外。

商业银行经营存款业务不得采取不正当竞争手段。必须严格执行中国人民银行规定的存款利率，不得擅自提高利率，或以手续费、协储代办费、吸储奖、有奖储蓄、介绍费、赠送实物等名目变相提高存款利率；必须废除存款单项考核和奖励办法，不得对非存款部门下达存款考核指标，不得把存款考核指标分解下达给职工个人，不得将存款考核指标与职工个人工资、奖励、福利、行政职务安排等挂钩；商业银行对企业发放贷款时，要根据企业的用款进度合理安排贷款，不得以贷款虚增存款等不正当手段扩大存款。

2. 贷款业务的基本规则

贷款是商业银行主要的资产业务和利润来源，商业银行贷款业务的经营情况，贷款资产的质量高低，直接影响到商业银行的经营业绩和安全。有鉴于此，《商业银行法》从八个方面对商业银行经营贷款业务作了原则性规定：(1) 贷款的指导思想。商业银行应当根据国民经济和社会发展的需要，在国家产业政策的指导下，开展贷款业务。(2) 贷款自主权。任何单位和个人不得强令商业银行发放贷款或者提供担保，对此商业银行有拒绝的权利。(3) 贷款的审查。商业银行贷款，应当对借款人的借款用途、偿还能力、还款方式等情况进行严格审查。商业银行应当实行审贷分离、分级审批的制度。(4) 有担保原则。商业银行贷款，借款人应当提供担保。(5) 借款合同管理。商业银行贷款，应当与借款人订立书面合同。合同应当约定贷款种类、借款用途、金额、利率、还款期限、还款方式、违约责任和双方认为需要约定的其他事项。(6) 利率管理。商业银行应当按照中国人民银行规定的贷款利率的上下限，确定贷款利率。(7) 资产负债比例管理。① (8) 对关系人贷款的限制。商业银行不得向关系人发放信用贷款；向关系人发放担保贷款的条件不得优于其他借款人同类贷款的条件。②

3. 同业拆借的基本规则

针对金融机构违章拆借一度比较严重的情况，《商业银行法》在以前行政法规的基础上，对商业银行从事同业拆借活动作了原则性规定：商业银行参加同业拆借，应当遵守中国人民银行的规定；禁止利用拆入资金发放固定资产贷款或者用于投资；拆出资金限于交足存款准备金、留足备付金和归还中国人民银行到期贷款之后的闲置资金；拆入资金只能用于弥补票据清算、联行清算头寸的不足和解决临时性周转资金的需要。

4. 其他业务规则

商业银行办理票据承兑、汇兑、委托收款等结算业务，应当按照规定的期限兑现，收付入账，不得压单、压票或者违反规定退票。商业银行发行金融债券或者到境外借款，应当依照法律、行政法规的规定报经批准。商业银行的营业时间应当方便客户，并予以公告；商业银行应当在公告的营业时间内营业，不得擅自停止营业或者缩短营业时间。商业银行办理业务，提供服务，按照规

① 商业银行贷款，应当遵守下列资产负债比例管理的规定：资本充足率不得低于8%；贷款余额与存款余额的比例不得超过75%；流动性资产余额与流动性负债余额的比例不得低于25%；对同一借款人的贷款余额与商业银行资本余额的比例不得超过10%；国务院银行业监督管理机构对资产负债比例管理的其他规定。

② 关系人是指：商业银行的董事、监事、管理人员、信贷业务人员及其近亲属；前列人员投资或者担任高级管理职务的公司、企业和其他经济组织。

定收取手续费；收费项目和标准由国务院银行业监督管理机构、中国人民银行根据职责分工，分别会同国务院价格主管部门制定。商业银行应当按照国家有关规定保存财务会计报表、业务合同以及其他资料。

九、商业银行的持续性监管

1. 商业银行的监督管理概述

为了督促商业银行合法稳健经营，保护存款人的合法权益，构建金融市场的公平竞争秩序，确保中央银行货币信用政策的贯彻落实，必须对商业银行实施有效的监督管理。就机构网络、业务规模而言，商业银行无疑是资金融通的主渠道，是金融服务的基本供给者；就资金筹集而言，商业银行直接面对社会公众吸收存款，与广大存款人利益攸关；就职能的特殊性而言，商业银行创造派生存款，直接参与货币供应，它们向社会提供的支付服务，事关商品流通的秩序和效率。因此，健全和完善对商业银行的监督管理制度，有着异乎寻常的重要意义。

银行业监督管理机构对商业银行的监督管理，涉及内容十分广泛。就监督管理的时间和主要目的而言，大体可划分为事前的预防性监管和事后的保护性监管；就监督管理的基本环节而论，则主要包括设立审批管理、业务范围管理、利率管理、资产负债比例管理、风险管理以及对各种具体业务合法、合规性的管理等。

我国《商业银行法》第 10 条规定：“商业银行依法接受国务院银行业监督管理机构的监督管理，但法律规定其有关业务接受其他监督管理部门或者机构监督管理的，依照其规定。”因此，尽管国务院银行业监督管理机构承担监管商业银行的主要职责，但其他国家机关，如审计部门、财政部门、国有资产管理部门、税收管理部门、工商行政管理部门等，也分别从不同的角度依法对商业银行实施监督管理。《商业银行法》第 63 条即明确规定：“商业银行应当依法接受审计机关的审计监督。”

我国自《商业银行法》颁行以来，商业银行监管制度不断完善，科学化程度日益提高。1997 年 9 月，巴塞尔银行监管委员会发布《银行业有效监管的核心原则》，对我国健全商业银行监管制度，发挥了并将继续发挥积极的指导作用。

要真正实现商业银行的稳健经营，单纯依靠国务院银行业监督管理机构等政府部门的外部监管是远远不够的，还必须强化市场的约束力量，健全商业银行的公司治理结构，督促其建立有效的内部控制系统，并充分发挥行业组织的自律作用。为了强化对商业银行的市场约束，2002年5月，中国人民银行发布了《商业银行信息披露暂行办法》；为了督促和帮助商业银行建立良好的公司治理结构，2002年6月，中国人民银行发布了《股份制商业银行公司治理指引》，其后中国银监会又于2006年4月发布了《国有商业银行公司治理及相关监管指引》；为了督促和帮助商业银行构建严密的内部控制机制，2002年9月，中国人民银行发布了《商业银行内部控制指引》，其后中国银监会又于2004年12月发布了《商业银行内部控制评价试行办法》。2000年5月，中国银行业协会获准成立，作为银行业自律组织发挥作用。

2. 持续性监管

持续性监管是监管主体对已设金融机构经营的合规性与风险性进行的监管。市场准入控制固然重要，但持续性监管同样重要甚至更为重要。实践证明，重金融机构的设立审批，轻对金融机构的持续性监管，是非常有害的。

持续性监管涉及非常之广，内容极其丰富，但归纳起来，无非包括三个方面：(1) 监管标准体系。监管标准可以形成于法律、行政法规，也可以形成于监管主体在职权范围内依法制定的规章，它们既是金融机构经营中必须遵守的准则和达到的指标，也是监管主体考核和监管金融机构的依据。监管标准通常涉及金融机构的资本水平、治理结构、内部控制、风险管理、财务指标等方面。(2) 监管信息渠道。通过监管信息渠道，监管主体收集、整理有关监管对象的各种信息，以判断其是否遵守或达到了监管标准。如前所述，监管主体主要依靠金融机构提供报表和派员现场检查来获取信息。监管实践中，一般先进行报表分析，然后才会有选择、有重点地组织现场检查。(3) 监管矫正措施。如果信息显示金融机构违反了相关准则，或者未达到相关指标，或者存在严重的风险隐患，监管主体应当在职权范围内，依法采取对应的矫正措施。对于监管矫正措施的采用，各国立法取向不同，有的赋予监管主体以充分的自由裁量权，有的则更加强调制度的刚性，法律直接规定的比重相对较大。

持续性监管的具体内容在这里无法一一涉及。以下仅选择其中的两个重要方面，即资本充足性监管和风险监管，作简要介绍。

(1) 资本充足性监管

资本充足性监管的目的，是让金融机构随时持有足以支撑其资产风险的资本。与最低资本额要求不同，资本充足性监管是相对的、动态的资本管理，其特点是在资本与资产风险之间建立比例关系，要求二者保持动态平衡。用以衡量金融机构资本充足性的技术指标，称作“资本充足率”（Capital Adequacy Ratio，CAR）。

1988年7月，巴塞尔银行监管委员会发布《巴塞尔资本协定》，针对积极从事国际业务的银行提出了8%的最低资本充足率标准，其内容可表述为如下公式：

资本充足率=资本总额/风险资产总额≥8%

理解这一公式，理解资本充足性监管的基本原理，主要把握以下几点：（1）分子为资本总额，由核心资本（又称一级资本）与附属资本（又称二级资本）构成。其中核心资本包括实收股本和公开储备，它们是各国金融会计制度公认的部分，具有可靠的损失吸收能力，因此在资本总额中的比重按规定不得低于50%；附属资本所包括的项目因国而异，由各国立法或监管当局具体决定，通常有不公开储备、呆账准备、资产重估价值、次级债务、混合资本债券等，它们在计入资本时须进行折扣，且总额不得超过资本总额的50%。由于资本充足性监管主要关注损失吸收，因此，它对资本的界定更为宽泛，不仅包括我们通常所说的资本，而且纳入了其他一些可以用于抵补损失的资财。（2）分母为风险资产总额，即金融机构各项资产分别乘以各自风险权数所得之积的和。尤其关键的一点是，风险资产额不同于资产账面金额，它是资产账面金额与对应风险权数的乘积。形式不同的资产，交易条件、交易对手身份和资信不同的资产，风险程度不一，适用的风险权数也不等，低的可以低至0%，高的可高达100%。假设现有两笔账面金额同为100万美元的资产，风险权数分别为0%和50%，那么折算出来的风险资产额，一个为零，一个却为50万美元。在资本充足性监管中，以风险资产总额而非资产账面总额为分母，可以说切中了事物的要害。（3）资本充足率8%的最低标准意味着什么呢？如果金融机构有8元资本，它能够拥有的风险资产不得超过100元；反过来说，如果金融机构拥有100元的风险资产，它至少要有8元的资本为风险提供支撑。如果金融机构要增加风险资产的持有量，它必须相应地增加资本；在资本一定的情况下，如果金融机构想扩大资产规模，它就必须调整资产结构，降低风险权数的综合水平。

《巴塞尔资本协定》出台以后，被世界各国广泛采用。2004年6月，巴塞尔银行监管委员会完成对《巴塞尔资本协定》的修订，发布了《巴塞尔资本协定Ⅱ》。我国于20世纪90年代中期开始引入资本充足性监管，目前已是对各类银行、信用合作社、财务公司实施监管的一项重要内容。

近年来政府及其金融监管机构采取了一系列举措。为了进一步加强对商业银行的资本充足性监管，2004年2月，中国银监会发布了《商业银行资本充足率管理办法》。为了扩大商业银行附属资本来源，2004年6月，中国人民银行与中国银监会联合发布了《商业银行次级债券发行管理办法》，允许商业银行经批准后发行次级债券并计入附属资本；2005年12月，中国银监会又发出通知，允许商业银行经批准后发行混合资本债券，并按规定计入附属资本。

（2）风险监管

金融业本质上是风险经营业，没有金融机构能够回避风险管理问题。任何金融机构的经营失败，都或多或少与其风险管理不当直接相关。由于不同类型的金融机构在经营方式、资产种类等方面存在差异，各自面临的风险在结构和特性上必然有所不同。例如，相对于非银行金融机构，银行的流动性风险问题通常会更加突出，而国家和转移风险主要存在于从事国际信贷业务的金融机构。

1997年，巴塞尔银行监管委员会发布《银行业有效监管的核心原则》，其中列举了银行面临的8种主要风险：（1）信用风险（Credit Risk）。（2）国家和转移风险（Country and Transfer Risk）。（3）市场风险（Market Risk）。（4）利率风险（Interest Rate Risk）。（5）流动性风险（Liquidity Risk）。（6）操作风险（Operational Risk）。（7）法律风险（Legal Risk）。（8）声誉风险（Reputational Risk）。

商业银行的风险管理的主要责任必须由银行及其高级管理层承担，其风险管理失败的后果也应当主要由银行及其股东承受，而不能由政府、监管当局取而代之。在国际上，越来越多的金融机构意识到，它们能否在激烈的竞争中取胜，很大程度上取决于它们控制风险的能力，因而往往不惜巨资开发或升级其风险控制与管理系统，甚至利用计算机和数学模型来对风险进行定量、实时的监视与控制。目前看来，我国金融机构在风险管理上虽然有所进步，但无论是风险管理意识还是风险管理能力，与国际水平在总体上仍有很大差距。

至于监管层面的风险监管，主要表现在两个方面：（1）考核和提升金融机构自身的风险控制能力。即对金融机构风险管理系统的有效性进行监测，为金融机构提供风险管理指南，敦促金融机构不断完善风险管理系统并提供必要的技术支持，对出现重大风险管理事故的金融机构采取矫正措施并对责任人进行制裁。（2）针对若干关键的风险因素制定量化控制指标，将金融机构的风险控制在安全限度以内。

为了控制商业银行的流动性风险和大额风险暴露，我国《商业银行法》第39条规定：商业银行流动性资产余额与流动性负债余额的比例不得低于25%；对同一借款人的贷款余额与商业银行资本余额的比例不得超过10%。

第四节　金融调控法律制度

金融调控法律制度也称为货币政策法律制度。① 党的十七大明确提出："发挥国家发展规划、计划、产业政策在宏观调控中的导向作用，综合应用财政、金融政策，提高宏观调控水平。"② 由此可见，货币政策法在宏观调控法律制度框架中的重要作用。

一、货币政策概述

（1）货币政策的定义。货币政策是中央银行为实现其特定的经济目标，而采用的各种控制和调节货币供应量或信用量的方针和措施的总称，是宏观经济政策的一种，它与国家财政政策共同构成了国家调节宏观经济的重要手段。

① 鉴于现代金融体系中，金融调控为主是通过中央银行的货币政策实现的，故本节中，金融调控法等同于货币政策法。

② 参见2007年10月15日胡锦涛同志作的：《高举中国特色社会主义伟大旗帜 为夺取全面建设小康社会新胜利而奋斗——在中国共产党第十七次全国代表大会上的报告》第五部分。

货币政策具有三大特点：宏观性、调控性和长期性。①

货币政策通过调节流通货币总量，来调节社会的总需求，从而间接地影响社会总供给的变化，维持社会总需求和总供给的平衡。在信用货币制度下，稳定有序的金融秩序，主要依赖于中央银行正确制定和实施货币政策。整个社会经济的正常运转，既不能出现货币供应不足，导致支付上的肠梗阻，也不能出现货币量供应过多，造成通货膨胀。

(2) 货币政策的功能。货币政策具有两方面的功能：一是防御性功能，即保护货币和金融体系免遭意外的冲击、破坏和损失，保持整个经济和社会生活的稳定；二是主动性功能，通过对货币、信用的控制，使社会总需求与总供给达到平衡。

(3) 货币政策的构成要素。中央银行货币政策的构成要素，包括三方面：一是货币政策目标；二是实现货币政策的工具；三是货币政策的传导与监控机制。

(4) 货币政策的分类。按照不同的标准，货币政策可以分为许多不同的类型。①按照货币政策实施的时间性，可以分为长期性货币政策、中期性货币政策、短期性货币政策。②按照货币政策的内容和调控措施，可以分为信贷政策、利率政策、外汇政策。③按照货币政策在宏观经济中发挥的作用，可以分为紧缩性货币政策、扩张性货币政策、中性货币政策。

二、货币政策目标

1. 货币政策目标的涵义

货币政策目标，是一国货币当局（一般为中央银行）采取调节货币和信用的措施所要达到的目的。

《中国人民银行法》第3条明确规定："货币政策目标是保持币值的稳定，并以此促进经济增长"。可见我国将货币币值的稳定和经济增长作为货币政策目标，二者不可分割，稳定货币是基础，是前提，促进经济增长是稳定货币追求的结果。

---

① 沈木珠等编著：《经济法要论》，中国检察出版社2008年版，第506页。

2. 货币政策目标的内容

各国中央银行的货币政策的目标通常分为最终目标、中介目标和操作目标。

(1) 最终目标，是指一国中央银行采取货币政策所要达到的总目标。其是中央银行实施货币政策所预定要对宏观经济产生的明确效果，是中央银行制定和实施货币政策的出发点和归属点。稳定币值、充分就业、促进经济增长和平衡国际收支，是西方主要发达国家中央银行的货币政策目标，一般以币值稳定为首要目标。具体内容如下：①币值稳定，是指在经济运行中保持社会商品与劳务价格的总体稳定，在短时间内没有显著而剧烈的波动。从历史实践来看，币值稳定主要是解决物价上涨问题。但近几年来全球性通货紧缩的出现，使得许多国家也将反对通货紧缩列为和反对通货膨胀同等重要的货币政策目标。②充分就业，是指有工作能力并自愿参加工作的人都可以在较为合理的条件下随时找到适当的工作。判断中央银行就业目标是否实现，可通过失业率指标。由于各国存在社会经济、文化传统等方面的差异，失业率并没有一个统一的标准，因此充分就业的目标的实质就是努力使失业率降低到一个社会所能容忍的水平。③经济增长，指国民生产总值的增长保持在一个较高的水平上。关于经济增长目标的测度问题存在一些分歧，大多数经济学家主张用国民生产总值增长率衡量，也有人主张用国民收入增长率。④国际收支平衡，是指一国对其他国家的全部货币收入和货币支出相抵，略有顺差或略有逆差。该目标确立于20世纪70年代。在经济发展迅速的今天，要使一个国家每年的国际收入都平衡几乎不可能，只能要求在一个较长的时期内，使国际收支基本平衡。

自1997年7月起，爆发了一场始于泰国、后迅速扩散到整个东南亚并波及世界的东南亚金融危机，使许多东南亚国家和地区的汇市、股市轮番暴跌，金融系统乃至整个社会经济受到严重创伤。据估算，在这次金融危机中，仅汇市、股市下跌给东南亚同家和地区造成的经济损失就达1000亿美元以上。受汇市、股市暴跌影响，这些国家和地区出现了严重的经济衰退。1997年发生的东南亚金融危机告诉我们，如果不关注国内经济基本面情况，而一味以本国货币的贬值换取贸易顺差，终究将接受经济崩溃的惩罚性结果。

由于以上四个目标之间存在一些冲突，因此在货币政策最终目标的选择上也存在不少争议。主要意见有：单目标，主张只兼顾一个目标，以免顾此失彼，有的认为物价稳定最重要，有的认为经济增长是唯一目标；双目标，主张同时兼顾物价稳定和经济增长两大目标；多目标，认为多个目标对经济稳定都很重要，应在总体上兼顾多个目标，而在不同时期以不同的目标作为相对重点。

我国是采用单一目标的货币政策，即“保持货币币值的稳定，并以此促进经济增长”。

（2）中介目标。中介目标又称中间目标、中期目标，是指货币政策在执行过程中短期内所能达到的目标。战略目标的实现须经过中间过程，通过若干个短期内可实现的目标，最终达到战略目标。这个短期目标就是中介目标，主要有货币供应量、利率、汇率三个指标。中央银行通过制定不同的利率、汇率政策，调节控制经济运行中的货币供应量，来实现中间目标，并以此达到稳定货币，促进经济增长的最终目标。影响各种生产经营活动。中介目标选择的基本准则为相关性、可测性、独立性、敏感性和适应性。①

《中国人民银行法》第5条第1款规定：“中国人民银行就年度货币供应量、利率、汇率和国务院规定的其他重要事项作出的决定，报国务院批准后执行。”这一规定，赋予了中国人民银行在制定和实施我国货币政策中间目标中的相应职权和职责。

（3）操作目标。操作目标，是指金融调控机构在实际操作中用来影响中介目标的经济变量。通常使用到的变量是基础货币、存款准备金和短期利率等。我国选择基础货币、存款准备金和短期利率为操作目标，因此三者对应的中介目标为货币供应量、贷款量和长期利率。

三、货币政策工具

货币政策工具，是指中央银行实现其货币政策目标的政策手段。根据货币政策工具的职能和效果，可以将货币政策工具分为一般性、特殊性货币及其他的政策工具三类。

《中国人民银行法》第23条，对中国人民银行执行货币政策可以运用的货币政策工具做了相关规定。

① 刘少军著：《金融法原理》，知识产权出版社2006年版，第450页。

1. 一般性货币政策工具

一般性货币政策工具是指该种工具主要是对信用总量的调节，以控制全社会的货币供应量为目的，属于一般性的总量调节。其中的法定存款准备金率、再贴现政策和公开市场操作等三大工具，被俗称为中央银行的“三大法宝”。

(1) 存款准备金制度，是指中央银行通过对存款准备金率的调整，控制商业银行创造存款货币的基础和能力，实现对货币供应量的调节和控制。中央银行依法享有决定、变更和终止存款准备金率的权力，是存款准备金制度的核心所在。

(2) 再贴现政策，是指中央银行以再贴现业务为基础，以调节货币供应量为目的而进行的一系列政策性操作。中央银行通过调整再贴现率，影响商业银行在中央银行借款或贴现票据的成本，调控其超额准备金头寸，并间接带动市场利率的升降，进而实现对货币供应量的调控。

为了保证再贴现政策的有效运用，各国中央银行法都规定中央银行有灵活调整再贷款利率和再贴现率的权力。如《德意志联邦银行法》第15条规定：“为了影响货币流通和信贷，德意志联邦银行在业务中可随时调整利率和贴现率。”

(3) 公开市场业务，公开市场是指价格完全由供求关系决定的市场，公开市场业务则是指中央银行在金融市场买卖有价证券或者其他金融资产，以此影响货币供应量和市场利率的行为。它是中央银行经常使用的、十分灵活的货币政策工具。

从其他国家中央银行的公开市场业务来看，交易对象主要为期限短、价格稳定、品质良好的政府债券和银行承兑汇票。《中国人民银行法》第23条规定：中国人民银行为执行货币政策，可在公开市场上买卖国债、其他政府债券和金融债券及外汇。

(4) 再贷款政策，是指中央银行对商业银行提供的短期贷款。从各国中央银行的实践来看，它通常以借款人提供合格的抵押为条件。中央银行对商业银行的再贷款，一是基于其最后贷款人的责任；二是为了调节货币供应量。同时，中央银行通过对再贷款结构的调整，引导商业银行的贷款投向。

《中国人民银行法》第30条规定，再贷款对象仅限于商业银行，中国人民银行只能根据国务院的决定，向特定的非银行金融机构提供贷款。

（5）基准利率政策。基准利率是指中央银行对商业银行的存、贷款利率，其中最重要的是贷款利率。基准利率是利率的核心，当中央银行提高或降低基准利率时，就会增加或降低商业银行的筹资成本，进而影响商业银行的再贷款利率，引起资金市场利率的相应上升或下降，对信贷资金的需求产生抑制或刺激作用，最终导致信贷资金总量和货币供应量的收缩或扩张。

2. 特殊性货币政策工具

中央银行为了实现货币政策目标，除了使用一般性货币政策工具外，还要根据执行货币政策的特殊需要，采用特殊性货币政策工具。主要有两类：一类是信用直接控制工具；另一类是选择性的控制工具。

（1）信用直接控制工具。信用直接控制工具，是指中央银行依据法律或行政法规的授权，对商业银行创造信用的业务进行直接的干预而实行的各种措施。主要有四方面的内容：第一，信用分配，是指中央银行根据金融市场状况以及宏观经济的需要，权衡轻重缓急，对商业银行的信用规模加以合理分配，以控制其信用规模和信用活动。第二，直接干预，即中央银行对商业银行的业务活动进行直接的干预。如对业务经营不当的商业银行，拒绝再贴现，或采取高于一般利率的惩罚性利率，或直接干预商业银行对存款的吸收等。第三，流动性比率，是指中央银行为了限制商业银行的信用扩张，规定其流动性资产对存款的比率，为了保持中央银行规定的流动性比率，商业银行必须采取缩减长期放款，扩大短期放款和增加应付提现的资产等措施。第四，利率限制，是指中央银行依法直接对商业银行的存、贷款利率水平进行限制，以防止商业银行之间通过提高存款利率或降低贷款利率进行不正当竞争，扰乱金融秩序。

（2）选择性的控制工具。选择性的信用控制工具，是指中央银行针对某些有特殊影响的经济领域或特殊市场、特殊信贷而采取的各种控制措施的总称。主要有三项：第一，不动产信用控制。它是指中央银行对商业银行等金融机构办理不动产抵押贷款业务采取的管理措施。主要是规定贷款的最长期限、最高限额、首次付款和分期付款的最低金额等。其目的在于抑制房地产的过度投机，降低商业银行等金融机构的资产风险。第二，证券市场信用控制。它是指中央银行为防止证券市场过度投机，限制使用贷款购买证券的比重，规定凭信用购买有价证券的交易必须支付法定数额的保证金，以控制证券的信用交易。这是对证券市场的贷款量实施控制的一项特殊措施，其目的在于抑制过度的证券投机。第三，消费信用控制。是指中央银行对商业银行等金融机构办理的不动产以外的各种耐用消费品的消费信贷予以控制的管理措施。主要是规定购买各种耐用消费品首次付款的最低限额，贷款购买该耐用消费品的最长期限等，以此控制信用消费。

3. 其他货币政策工具。根据《中国人民银行法》的规定，中国人民银行除运用一般性货币政策工具外，还可以运用国务院决定的其他货币政策工具。目前中国人民银行的所谓“其他货币政策工具”主要有：信贷计划、利率管理、优惠利率。此外，还有窗口指导或道义劝告，即中国人民银行可以凭借在金融体系中的特殊地位和威信，通过与金融机构之间的磋商，指导其信用活动，以达到控制信用的目的。

四、货币政策的传导与监控机制

货币政策的传导与监控机制，是指中央银行实施货币政策的具体操作方式、程序以及监控方式和手段。中央银行货币政策的传导机制，一般为运用货币政策工具——操作目标——中介目标——最终目标，即中央银行一般通过货币政策工具的运作，影响商业银行和其他金融机构的活动，进而影响货币供应量，最终影响国民经济宏观经济指标。在我国以往的货币政策研究与决策中，对于货币政策的传导与监控机制，无论是研究，还是决策都不够重视，以致难以达到货币政策实施的理想效果。

复习思考题

1. 试述金融法的基本原则。
2. 简述中国人民银行的独立性。
3. 设立商业银行应具备什么条件？
4. 商业银行发放贷款应遵循什么原则？
5. 简述货币政策目标的构成及内容。
6. 试论货币政策工具的分类及实施。

第十九章 价 格 法

第一节 价格法概述

价格反映商品或服务价值，传递市场信息，引导人们的生产和消费，因而成为市场的中枢神经和调控市场的重要工具。当产生商品或服务供求不平衡的现象，而又通过市场自我调节仍不能恢复物价平衡时，则不得不以国家物价规制求得物价稳定平衡。物价规制就是在这种情况下，国家为控制物价暴涨或暴跌所采取的一种稳定措施。① 规范物价规制行为的法律即价格法。我国关于价格法的归属，人们尚未达成共识，有的学者主张价格法属于宏观调控法，有的学者则认为价格法应当归属于市场规制法，还有学者主张在学理上可以对相关价格规范进行“一分为二”的解析——价格法既有宏观调控法属性又有市场规制法属性，② 这个观点具有相对的合理性。为了便于阐释和教学，本书把价格法归入宏观调控法的范畴。

一、价格与价格体系

（一）价格与价格机制

价格是商品价值的货币表现，价值是价格的基础。关于价格的定义，有狭义上的价格和广义上的价格之分。狭义上的价格是指商品的价格和经营性服务的价格；广义上的价格则除上述之外还包括各种生产要素的价格，如劳动力价格——工资，资金价格——利率、汇率等。我国《价格法》调整的是狭义的价格。

所谓价格机制，是指在竞争过程中与供求相互联系、相互制约的市场价格

---

① 参见［日］金泽良雄著：《经济法概论》，满达人译，中国法制出版社 2005 年版，第 394 页。

② 参见张守文著：《经济法理论的重构》，人民出版社 2004 年版，第 278～279 页。

的形成和运行机制。它包括价格形成机制和价格调节机制这两个方面。价格形成机制是指商品或服务的价格通过市场竞争、供求状况而形成。价格调节机制是指价格通过价值规律调节资源配置的功能。

我国于1997年12月颁布并于1998年5月1日实施的《价格法》第2条规定，在中华人民共和国境内发生的价格行为，适用本法。本法所称价格包括商品价格和服务价格。商品价格是指各类有形产品和无形资产的价格。服务价格是指各类有偿服务的收费。

（二）价格在市场经济中的作用

价格是一种经济杠杆，通过价格机制发挥其在市场经济中的作用，主要体现在以下两个方面：

(1) 价格是国家宏观经济调控的重要手段。在市场经济条件下，价格的作用范围，遍及经济关系的各个方面。国民经济各部门之间，产品的生产、分配、交换、消费各个环节之间，都要借助价格这个桥梁来实现相互间的经济联系。同时，价格也反映和体现了国家或政府与生产者、经营者之间的宏观经济调控关系。

(2) 价格具有灵敏反映市场供求信息的职能。市场中各种价格的起伏变化，不断向生产者、经营者、消费者提供各种信息，直接关系到生产者、经营者、消费者等市场主体的经济利益。正确运用这些信息，可以发展生产，促进流通，指导消费。

（三）价格体系及其构成

价格体系是指价格的种类及不同种类价格之间相互关系的总和。按照不同的标准，可以对价格体系作不同的分类。按照国民经济的不同部门，可以把价格体系区分为农产品价格、轻工业价格、重工业价格、交通运输价格、建筑产品价格、饮食业价格、劳务价格等；按照商品流通过程或流通环节可将价格体系区分为农产品收购价格、工业品出厂价格、商品调拨价格、商品批发价格、商品零售价格及商品的地区差价和季节差价等；按照生产要素的构成区分，价格体系包括资金价格、土地价格、劳动力价格、科技信息产品价格；按照价格形成的形式划分，价格体系包括市场调节价、政府指导价和政府定价。最后一种区分方法是我国《价格法》对价格体系的法定分类，也是在价格管理中最常用最具实际意义的一种分类。

价格影响着社会生活的方方面面，某一产品的价格不仅影响到消费者的利益，还会影响到经营者、生产者以及相关产业的生产者的利益。同样，某一行业产品的价格也会影响到相关行业产品的价格。

二、价格法的概念

（一）价格法的定义

价格秩序需要国家法律予以维护，健全的价格调控体制有利于资源优化配置。价格法是调整价格关系的法律规范的总称，它包括国家立法机关制定的价格基本法及国家行政机关及价格主管部门制定的价格法规和规章。价格法有狭义、广义之分，狭义的价格法专指我国全国人大常委会通过的《中华人民共和国价格法》；广义的价格法除包括《中华人民共和国价格法》外，还包括其他有关价格管理方面的法律、法规。本书中采用的观点是狭义的价格法。

（二）价格法的调整对象

价格法的调整对象是价格关系。价格关系是指在价格制定、调控、执行和监督过程中所发生的各种价格社会经济关系，包括国家、生产者、经营者和消费者之间的各种经济关系。主要包括以下几个方面的内容：

（1）各级人民政府价格主管部门及其他有关部门在制定、调整和执行商品价格和服务价格中所发生的价格关系；

（2）经营者在自主定价过程中与政府价格主管部门及其他有关部门、行业组织在价格指导、监督和检查过程中所发生的价格关系；

（3）各种商品的生产者和经营者、服务的提供者相互之间以及他们与消费者之间因提供商品和服务而发生的价格关系。

中华人民共和国成立以后，国家长期采用行政手段对价格实行集中控制和管理，价格立法未受到重视。1982 年，国务院颁布了《物价管理暂行条例》，该条例以法规形式赋予企业一定定价权，初步建立了价格监督检查制度，正式肯定了“价格双轨制”。与之前的计划价格体制相比，是我国价格制度上的一个重大进步。1987 年，国务院在总结物价管理条例的经验上，制定了《中华人民共和国价格管理条例》，初步把市场机制引入价格管理体制，确定了直接管理与间接管理相结合的价格管理模式。此后国务院及价格管理部门颁布了一系列价格方面的相关规定。1997 年 12 月 19 日第八届全国人大常委会通过的《中华人民共和国价格法》，分七章 48 条，确定了价格立法的宗旨、适用范围以及价格工作的基本原则，全面系统地规范了经营者的价格行为和政府的定价行为，并对价格总水平调控、价格监督检查以及各种价格违法行为的处罚给予了明确的规定，是中华人民共和国成立以来的第一部价格法。

三、价格法的作用

价格法作为规范价格关系的法律，对于规范各种价格行为，创造公平有序的竞争环境，保护经营者和消费者的合法权益，促进经济的健康发展，均具有重要的作用。具体来说，主要体现在三个方面：

（1）有利于改善宏观经济调控，稳定市场价格总水平。市场调节具有自发性、盲目性、滞后性等缺陷，往往造成经济的起伏波动和不稳定状态。因此，为保持市场价格总水平的稳定，需要由《价格法》来对市场经济进行规范。此外，稳定市场价格总水平作为国家宏观调控的重要目标，对保证国民经济持续、稳定、健康发展也具有重大意义。

（2）有利于规范市场主体与政府价格主管部门的价格行为，维护市场经济秩序。在现代市场经济中，除少数重要商品和服务的价格由政府价格主管部门直接制定外，大多数价格均由企业自主制定并在竞争中形成，这样就需要有统一的规则来规范各市场主体的价格行为，使之有法可依。另外，也利于政府价格主管部门依法进行价格制定或监查。《价格法》通过规定定价主体的定价行为规则和违反《价格法》的法律责任，将价格行为纳入了法制轨道，使价格形成方式更加规范化、合理化。

（3）有利于保护经营者与消费者的合法权益。对于经营者来说，依法赋予其自主定价的权利，使经营者的正当权益得到保障，有利于促进各行业建立起一个良好的、有活力的经营机制；另一方面，相对于经营者而言，消费者处于弱势地位，只有限制、禁止非法价格行为，使价格公平、合理化，才能使消费者的利益得到保障。《价格法》不仅可以稳定价格总水平，而且也能有效地保护经营者和消费者的合法权益。

在现行规定方面，我国《价格法》第 1 条规定，为了规范价格行为，发挥价格合理配置资源的作用，稳定市场价格总水平，保护消费者和经营者的合法权益，促进社会主义市场经济健康发展，制定本法。

第二节　经营者价格行为

《价格法》第 3 条明确规定了我国大多数商品和服务价格实行市场调节价，极少数商品和服务实行政府指导价或政府定价，可见市场调节价是我国市场经济最主要的价格形式。市场调节价又称经营者定价，为了便于读者更好地理解市场调节价，我们一律采用经营者定价这一概念。

一、经营者定价

经营者定价是指由经营者自主制定，通过市场竞争形成的价格。经营者是指从事生产、经营商品或者提供有偿服务的自然人、法人和其他组织。《价格法》中所称的经营者，即流通过程中经营销售的经营者，也包括生产者。① 我国确定了经营者自主定价在价格形成中的主要地位，使生产经营者能够直接根据市场价格和供求的变化，决定生产经营活动。

经营者是经营者定价的主体，其定价的原则、依据和范围关系到市场合理价格的形成，也会影响健全的市场价格秩序的形成。我们将在下面分别作介绍。

1. 经营者定价的原则

经营者定价，应当遵循公平、合法、诚实信用的原则。在社会主义市场经济体制中，经营者享有广泛的价格决策权，但要遵循一定的行为准则。经营者定价原则既体现了我国社会主义市场经济发展内在规律的要求，又是我国民法的基本原则在价格领域的具体体现。

公平原则是指经营应当遵循等价交换原则，制定合理的商品、服务价格，既不损害竞争者的利益也不损害消费者的利益。合法原则是指经营者价格行为要符合法律、法规的规定，不得与现行立法相违背或冲突。诚实信用原则是指导经营者从事价格活动时必须恪守信用、诚实不欺，这是道德要求在法律原则中的具体体现。

我国《价格法》第 7 条规定，经营者定价，应当遵循公平、合法和诚实信用的原则。

2. 经营者定价的依据

价值规律表明，价格作为价值的货币表现，受供求关系等因素的影响，价格并不总是与价值一致，而是趋向于价值、围绕着价值上下波动。这一规律揭示了经营者定价的基本依据是生产商品或提供服务的生产经营成本和市场供求状况。在市场形成价格时，决定价格水平高低的诸多因素中，生产经营成本是基本因素，供求关系是最终的决定因素。

(1) 生产经营成本，是经营者在生产商品和提供服务过程中发生的各种活劳动和物化劳动耗费的总和，类似于《企业会计准则》中"费用"概念，既包括直接材料、直接人工和制造费用，又包括财务费用、管理费用和销售

---

① 参见漆多俊主编：《经济法学》，高等教育出版社 2003 年版，第 493 页。

费用。只有将生产经营成本核定准确，才能制定出合理的商品差价和价格。

（2）在市场经济中，价格的形成受供求关系的制约。供大于求，则价格下降；供不应求，则价格上升。这种供求规律是客观存在的，如果供求关系变化以后，价格没有及时调整，供求关系就会通过各种形式表现自己。经营者制定价格必须遵循供求规律，主动适应供求变化，及时调整价格，并相应地调整自己的生产经营活动。

我国《价格法》第8条规定，经营者定价的基本依据是生产经营成本和市场供求状况。

3. 经营者定价的范围

经营者定价的范围是指未列入政府定价范围内并适应市场竞争形成的商品和服务价格，列入政府指导价的，经营者可以在国家规定的价格浮动范围内，制定销售价格。界定实行经营者定价的范围有一个总的客观标准，即是否适宜于市场竞争中形成价格。在实际工作中有三个判断依据：

（1）垄断程度。凡宜于也能够形成竞争的商品和服务，应放开价格，实行经营者定价；凡不宜或难以形成竞争的商品和服务，即垄断性强的商品和服务，应由政府制定价格，实行政府指导价或政府定价。

（2）资源约束程度。凡资源约束相对较小，供给的价格弹性相对较大的产品，宜放开价格，实行经营者定价；凡资源稀缺，供给的价格弹性较小的产品，宜由政府制定价格，实行政府指导价或政府定价。

（3）重要程度。凡与国民经济发展和人民生活关系重大的极少数商品价格、重要的公用事业价格、重要的公益性服务价格，政府在必要时可以实行政府指导价或者政府定价；反之，其他价格可以放开，让其在市场竞争中形成。

为了便于准确划定经营者定价的具体范围，考虑到绝大多数商品和服务价格实行经营者定价，根据上述三个判断依据，我国《价格法》采取了排除法，除了按本法第18条规定适用政府指导价或政府定价以外的商品和服务项目，均实行经营者定价，由经营者自主制定。

我国《价格法》第18条规定，下列商品和服务价格，政府在必要时可以实行政府指导价或者政府定价：

（1）与国民经济发展和人民生活关系重大的极少数商品价格；

（2）资源稀缺的少数商品价格；

（3）自然垄断经营的商品价格；

（4）重要的公用事业价格；

(5) 重要的公益性服务价格。

同时，该法第 6 条规定，商品价格和服务价格，除依照本法第 18 条规定适用政府指导价或者政府定价外，实行市场调节价，由经营者依照本法自主制定。

二、经营者的价格权利与义务

在我国社会主义市场经济体制中，绝大多数商品和服务价格实行经营者定价，经营者在市场经济中享有法律规定的定价权利，并履行法律规定的价格义务。

(一) 经营者的价格权利

在现代市场经济条件下，经营者的价格行为在价格体系中占有十分重要的地位，直接决定着大部分商品和服务的最终价格。经营者的定价权利受到法律的保护，可以在合法的限度内进行价格行为。根据《价格法》的规定，经营者享有下列价格权利：

1. 自主定价权

自主定价权是指经营者有权按照《价格法》的规定自主确定商品和服务的价格。这是经营者作为社会主义市场经济条件下的独立市场主体所享有的最基本权利。该权利包括以下几个方面：

(1) 经营者有权制定属于市场调节的商品或服务的价格。这种价格形式能够及时反映市场的供求变化和竞争状况，自由灵活。赋予广大经营者自主制定市场调节价的权利，有助于形成以市场为主要导向的价格体系。

(2) 在国家规定的基准价或浮动幅度内，经营者享有自主制定商品和服务价格的权利。这种价格形式，要求经营者必须在国家规定的基准价或者浮动幅度内，根据市场供求关系和竞争状况进行定价。

(3) 一定新产品的试销定价权。实行政府定价和政府指导价的商品价格主要由政府行使定价权，但在某些特殊情况下，仍有必要将定价权赋予经营者。如新产品上市之初，该产品的市场供求状况尚未明朗化，此时由该新产品的经营者根据该产品的生产成本及对市场需求状况的预测，自由制定市场价格是较为切实可行的。

2. 建议权

建议权是指经营者有权对政府指导价和政府定价提出意见和建议。这是实行政府价格决策、价格管理民主化、科学化的必要条件。该权利包括两个方面的内容：

(1) 经营者有权对政府价格主管部门和其他有关部门在制定政府指导价、政府定价时提出意见，经营者提出意见的途径有三个：一是参加政府举办的价格听证会；二是在政府进行价格、成本调查时提出意见；三是直接向政府价格主管部门和其他有关部门反映意见。

(2) 经营者有权对政府指导价及政府定价提出调整建议。经营者认为政府定价及政府指导价不合理，可以向政府价格部门提出调整的建议，政府价格部门应该听取经营者的意见，做出相应处理。

3. 检举、控告权

经营者享有自主定价权，对确立以市场调节价为主体的市场经济价格体系具有重要意义，经营者定价权能否得到切实保障，直接关系到市场经济体制的建立，因此，确保经营者法定定价权的实现尤为重要。当经营者的自主定价权受到他人的侵犯，导致这一法定权利难以实现或遇到障碍时，法律赋予经营者向有关主管部门或司法机关进行检举或控告的权利，通过对侵害行为人的制裁来消除权利行使的妨碍，以保障自主定价权的最终实现。

我国《价格法》第11条规定，经营者进行价格活动，享有下列权利：

(1) 自主制定属于市场调节的价格；

(2) 在政府指导价规定的幅度内制定价格；

(3) 制定属于政府指导价、政府定价产品范围内的新产品的试销价格，特定产品除外；

(4) 检举、控告侵犯其依法自主定价权利的行为。

《价格法》第25条规定，政府指导价、政府定价的具体适用范围、价格水平，应当根据经济运行情况，按照规定的定价权限和程序适时调整。消费者、经营者可以对政府指导价、政府定价提出调整建议。

(二) 经营者的价格义务

经营者自主制定的价格比较灵活，可以及时反映市场的供求变化与竞争状况，但在经营者自主定价的过程中，一些经营者可能实行不正当手段排斥竞争对手、操纵市场，损害竞争者与消费者的合法权益。因此，根据《价格法》的规定，经营者在享有价格权利的同时，必须承担下列价格义务：

1. 依法定价的义务

依法定价有两层含义：一是经营者的价格行为要合乎现行法律、法规的规定，这里所说的法律、法规既包括价格管理方面的法律、法规，如《价格法》以及与其配套的行政法规、地方性价格管理法规，也包括其他与价格管理有关的法律、法规，如《中华人民共和国消费者权益保护法》等。二是要执行依法制定的政府定价、政府指导价以及法定的价格干预措施、紧急措施等。

2. 合理诚实定价的义务

合理诚实定价的义务表现在：一是经营者在定价权限内制定的价格要有合理的依据，这就是商品或服务的生产经营成本及市场供求状况。经营者的经营行为可以对生产经营成本产生明显的影响，经营者应当努力改进生产经营管理，降低生产经营成本，同时也必须考虑市场的供求状况，合理地确定商品或服务的价格。二是经营者应当根据其经营条件建立、健全内部价格管理制度，准确记录与核定商品和服务的生产经营成本，不得弄虚作假。这是合理定价的基础和前提，同时也便于价格监督部门对商品与服务的价格进行及时的监控和管理。

3. 明码标价的义务①

价格行为应当公开，经营者对法律规定的应当公布的项目必须如实公布。经营者的这一义务直接关系到消费者的知悉权的实现，即消费者有知悉其购买、适用的商品或接受的服务的真实情况的权利，作为经营者有义务保证消费者知悉权的实现。经营者应按照诚实信用原则，如实标明法律要求公布的商品或服务项目，与消费者公平交易，不得牟取未予标明的额外利益。

4. 不得从事不正当价格行为的义务②

不正当价格行为，是指经营者违背价格立法的原则或规则，出于非正当目

① 我国《价格法》第 13 条规定，经营者销售、收购商品和提供服务，应当按照政府价格主管部门的规定明码标价，注明商品的品名、产地、规格、等级、计价单位、价格或者服务的项目、收费标准等有关情况。经营者不得在标价之外加价出售商品，不得收取任何未予标明的费用。

② 我国《价格法》第 14 条规定，经营者不得有下列不正当价格行为：

(1) 相互串通，操纵市场价格，损害其他经营者或者消费者的合法权益；

(2) 在依法降价处理鲜活商品、季节性商品、积压商品等商品外，为了排挤竞争对手或者独占市场，以低于成本的价格倾销，扰乱正常的生产经营秩序，损害国家利益或者其他经营者的合法权益；

(3) 捏造、散布涨价信息，哄抬价格，推动商品价格过高上涨的；

(4) 利用虚假的或者使人误解的价格手段，诱骗消费者或者其他经营者与其进行交易；

(5) 提供相同商品或者服务，对具有同等交易条件的其他经营者实行价格歧视；

(6) 采取抬高等级或者压低等级等手段收购、销售商品或者提供服务，变相提高或者压低价格；

(7) 违反法律、法规的规定牟取暴利。

的而为的各种行为。《价格法》对经营者不正当的价格行为做了具体规定。

5. 不得从事价格垄断行为

价格垄断行为是指经营者通过相互串通或者滥用市场支配地位、操纵市场调节价，扰乱正常的生产秩序，损害其他经营者或者消费者合法权益，或者危害社会公共利益的行为。价格垄断行为包括价格垄断协议与滥用市场支配地位进行价格垄断。

(1) 价格垄断协议。价格垄断协议，是指两个以上经营者以书面或者口头形式达成的，在价格方面排除、限制竞争的协议、决定，或者其他协同行为。各国反垄断法一般规定，经营者之间不得通过协议、决议或者协调等串通方式实行下列价格垄断行为：①统一确定、维持或变更价格；②通过限制产量或者供应量，操纵价格；③在招投标或者拍卖活动中操纵价格；④其他操纵价格的行为。

(2) 滥用市场支配地位进行价格垄断。经营者不得滥用市场支配地位进行价格垄断，滥用市场支配地位的价格垄断行为包括：①以不公平的高价销售商品或者以不公平的低价购买商品；②没有正当理由，以低于成本的价格销售商品；③没有正当理由，以过高或者过低的价格，变相拒绝与交易相对人进行交易；④没有正当理由，对条件相同的交易相对人在交易价格上实行差别待遇；⑤国务院价格主管部门认定的其他滥用市场支配地位的价格垄断行为。经营者如果实行了以上任何一种行为，都要负相应的法律责任，本书将在本章最后一节中详细介绍。

第三节　政府的定价行为

在市场经济条件下，经营者定价已成为价格体系的主体，为了保障国计民生，仍需对部分商品和服务实行政府定价和政府指导价，以规范政府的定价行为。本节我们将主要介绍《价格法》对政府定价、政府指导价的相关规定以及价格听证制度的具体内容。

一、政府定价

政府定价，是指由政府主管部门及其他相关部门依照《价格法》的规定制定价格。它的特点是生产经营者没有自主确定价格的权利。鉴于这一特点，政府定价的适用必须严格限制。这主要涉及两方面原因，一是只有极少数涉及国计民生的重要商品或服务的价格才应使用国家定价；二是定价机关要尽可能地了解市场状况，遵循价值规律，制定出合理的价格，并随时根据新形势调整价格标准。

1. 政府定价的主体

政府定价行为要求定价主体必须由法律授权。对此我国价格法规定了两级主体：一是国务院价格主管部门及其他相关部门；二是省级人民政府价格主管部门及其他相关部门。① 以法律形式确定政府定价的主体和权限，有利于价格的统一管理，避免“价出多门”和因部门和地区利益而扭曲价格机制的定价行为。

2. 政府定价的依据

政府在依法实施价格行为时，必须遵照科学的定价依据。根据《价格法》的规定，政府定价必须依据以下三个客观情况：

(1) 社会平均成本。成本是指生产活动中所使用的生产要素的价格。社会平均成本是指部门内的不同企业生产同种商品或者提供同种服务的平均成本。以社会平均成本为基础制定价格，可以避免政府定价脱离市场实际情况，有利于整个经济的发展。

(2) 市场供求状况。商品的价格是在竞争中形成的，市场供求状况不仅是经营者制定市场调节价的重要依据，也是政府指导价和政府定价的重要依据。

(3) 国民经济和社会发展的要求。政府定价行为只有符合国民经济和社会发展的总体要求，才能更好地抑制通货膨胀，保持价格总水平的稳定。

我国《价格法》第1条规定，制定政府指导价、政府定价，应当依据有关商品或者服务的社会平均成本和市场供求状况、国民经济与社会发展要求以及社会承受能力，实行合理的购销差价、批零差价、地区差价和季节差价。

---

① 其中国务院价格主管部门和其他有关部门的权限是依照列入中央定价目录的商品和服务及适用范围来制定政府指导价和政府定价，重要的要报国务院批准；省级人民政府价格主管部门和其他有关部门的定价权限是依照列入省级政府价格目录的商品和服务及适用范围来制定政府指导价和政府定价，且只能在本地区执行。除此以外，市、县人民政府无权制定定价目录，但可以根据省级人民政府的授权，按照升级定价目录规定的定价权限和具体范围在本地区执行政府指导价和政府定价。

3. 政府定价范围①

为规范政府的价格行为，建立科学的市场价格体系，保证政府定价权的正确行使，需要对政府定价的范围进行明确的规定，即明确哪些种类的商品和服务需要实行政府定价。

在我国传统计划经济体制下，90%以上的商品价格由政府直接制定和调整，其结果是商品价格与价值严重背离、市场缺乏竞争，导致经济结构不合理、生产力低下。因此，应当将政府定价行为控制在一个合理范围之内，以不损害价格机制的作用为原则，以创造价格机制正常运行的条件和弥补价格机制缺陷为目的，确定价格范围。

4. 政府定价的程序

为有效规范政府的定价行为，减少政府定价的盲目性和随意性，除明确政府定价的主体、依据与范围之外，还须通过立法对政府的定价行为进行程序上的规定，以保障政府的定价行为有序运行，对社会经济起到适时、正确的调控作用。

（1）调查。价格和成本调查是指对商品和服务生产经营过程中价格和成本构成因素情况的了解、审核，是定价的一项基础工作，是提高政府制定价格科学性的重要保证。

（2）听证。② 对于关系到群众切身利益的公用事业价格、公益事业价格、自然垄断经营的商品价格等政府指导价、政府定价，应实行价格听证制度，保证这些商品、服务的价格合理。

（3）公布及调整。政府指导价和政府定价制定之后，由制定价格的部门

---

① 我国《价格法》第18条规定，下列商品和服务价格，政府在必要时可以实行政府指导价或者政府定价：

（1）与国民经济发展和人民生活关系重大的极少数商品价格；

（2）资源稀缺的少数商品价格；

（3）自然垄断经营的商品价格；

（4）重要的公用事业价格；

（5）重要的公益性服务价格。

② 我国《价格法》第23条规定，制定关系群众切身利益的公用事业价格、公益性服务价格、自然垄断经营的商品价格等政府指导价、政府定价，应当建立听证会制度，由政府价格主管部门主持，征求消费者、经营者和有关方面的意见，论证其必要性、可行性。

向经营者、消费者公布。① 实行价格公布制度可以规范政府的定价行为，提高定价的透明度，便于经营者执行，也便于消费者监督。

此外，由于社会经济生活处于不断变化之中，政府对政府定价的具体适用范围、价格标准也应该根据经济运行情况，按照规定的定价权限和程序适时进行调整；消费者、经营者也可对政府定价提出调整建议。

二、政府指导价

政府指导价，是指由政府主管部门及其他相关部门依照《价格法》的规定，制定一个基准价及浮动幅度，经营者在这一基准价及其浮动内自主制定价格。经营者可以根据自身生产状况以及市场情况在规定的浮动内自主定价，但不能超过浮动幅度。政府指导价主要适用于极少数关系国计民生的重要商品的价格和服务价格。它是一种兼具计划调节性与市场调节性的价格，在执行过程中，经营者既要遵从政府指导价格的有关规定，不得突破，同时在一定范围内又有充分的价格权利。

这种价格就其实质来讲，属于国家控制的价格形式，因为生产经营者所享有的价格自主权是有限的。然而，比起政府定价来讲，政府指导价灵活性要大。这一特点使它能够在一定程度上满足国家和企业的要求，适应价值规律和市场供求关系的变化，起到协调国家和企业关系，缓和双方矛盾的作用。

政府指导价的形式有浮动价格、最高限价、最低保护价三种，有关政府指导价的主体、依据、范围、程序，基本上与政府定价相同，这里不再赘述。

> 以机票价格为例。我们很多人都买过不同折扣的机票，但机票价格是如何确定的？折扣是怎么来的？从 2004 年 4 月 20 日起，我国开始实施《民航国内航空运输价格改革方案》，规定：民航国内航空旅客运输票价以现行航空运输企业在境内销售执行的各航线公布票价为基准价（平均每客公里 0.75 元）。国内航空旅客运输，将以现行航空运输企业在境内销售执行的国内各航线票价水平（不含燃油加价）作为基准价，允许航空运输企业在上浮幅度不超过基准价的 25%、下浮幅度不超过基准价的 45% 的范围内，自行制定具体票价种类、水平、适用条件，提前报民航总

① 价格公布直至公开发布：从时间上划分，有书面和口头方式，包括文件、报刊、杂志、广播、电视等；从时间上划分，有事前公布和事后公布。对于不易造成抢购的，可事前公布；对于事前公布容易引起抢购的，可事后公布。

局、国家发改委备案，并向社会公布后执行。另外，该方案还明确规定：部分以旅游客源为主的航线票价下浮幅度不限，具体航线目录由民航总局商国家发改委规定，并通过航空价格信息系统对外公布。航空运输企业独家经营的航线票价下浮幅度不限。

政府指导价规定了一定的浮动范围，经营者只要不超过政府规定的幅度，均可按照实际运营情况进行自主定价。

三、价格听证制度

价格听证制度是指政府在制定和调整公用事业价格、公益性服务价格、自然垄断经营的商品价格时，由政府价格主管部门支持，请社会有关方面对其必要性、可行性、科学性进行论证，以形成合理价格制度。

（一）价格听证制度适用范围

根据《价格法》规定，实行价格听证制度的商品和服务的范围如下：

（1）重要的公用事业。公用事业是指为适应生产和生活需要而经营的具有公共用途的服务行业，如公共交通、邮政、电信、城市给排水、热力、供气等。

（2）重要的公益性服务。公益性服务是指涉及公众利益的服务行业，如教育、医疗、防疫、环卫、绿化、博物馆、公园、有线电视、公益广告等。

（3）自然垄断经营的商品。自然垄断经营主要是指由于自然条件、技术条件以及规模经济的要求而无法竞争或不适宜竞争形成的垄断经营，如自来水、燃气、集中供热、电网等。

（二）价格听证制度应遵循的原则

价格听证制度是为了实现政府定价行为的民主性、公正性，以便更好地保护经营者、消费者的权益，因而价格听证应当遵循以下两个原则：

（1）保护经营者、消费者权益的原则。建立价格听证制度的根本目的就是要维护经营者和消费者的合法权益。

（2）公正与公开的原则。公正首先要求在价格决策听证过程中，政府应当站在客观公正的立场上，既要维护国家的整体利益，又不能忽视经营者和消费者的权益。其次要求听证会的程序公正。程序公正是实体公正的基础。价格决策听证可以借助各种媒体加强宣传，增加其透明度，保证听证的高效与规范。

（三）价格听证会的程序

听证会由价格主管部门组织，邀请人大代表、政协委员、群众团体代表、经济技术专家、学者、政府有关经济管理部门代表、经营者、消费者等方面代表参加。听证会的主要程序是：

（1）申请调定价格的经营者及其主管部门，必须依照法律规定，如实向价格主管部门先行提交调定价格的申请书。①

（2）听证会公开审核调定价格的经营者和主管部门所上报的生产经营成本；讨论调价对社会的影响程度；按照国家政策的规定，公开确定作价原则和作价办法；论证申报调定的价格水平与实施时间；确定调定价格的方案或进一步审议听证的工作安排；其他有关需审议和建议的事项。

据报道，2009年11月19日，为理顺电价关系，促进节能减排，进一步推进电价改革，国家发改委经商国家电监会、国家能源局，出台了电价调整方案，决定自2009年11月20日起，将全国销售电价每千瓦时平均提高2.8分钱。各地区、各行业电价调整标准有所差异。这次电价调整的主要内容，一是对上网电价做了有升有降的调整。陕西等10个省（区、市）燃煤机组标杆上网电价适当提高；浙江等7个省（区、市）适当下调。二是统筹解决去年8月20日火电企业上网电价上调对电网企业的影响。三是提高可再生能源电价附加标准。四是适当疏导脱硫电价矛盾。在调整电价同时，对销售电价结构做了进一步优化和完善。加快了城乡各类用电同价、工商业用电同价步伐，并按照公平负担的原则，适当调整了电压等级之间的差价。此次电价调整暂不调整居民电价，国家发改委已要求各地研究对居民用电推行阶梯式电价改革方案，将居民用电分档定价，对基本电量，保持较低的电价水平，用电越多，电价越高，以促进节约用电。居民用电实行阶梯式电价具体何时实施，如何实施，将由各地结合当地实际情况，充分论证后，提出可操作的方案，并严格履行听证程序后实施。

① “调定价格的申请书一般应包括以下内容：企业概况及其生产经营状况，目前存在的困难与问题；上年度及当年财务成本资料及财务审计或检查结论；经权威技术部门认可的关于调定价格项目的批准文件；调定价格的理由；所在地区内外和国内外同类项目的现行价格水平；申报调定价格的水平以及调价后对各方面的影响程度；本企业成本增支消化程度；有必要介绍的其他情况。

为保证政府定价、政府指导价的合理制定，应该越来越多地运用价格听证制度。价格听证的内容包括自来水、电、天然气和煤气、汽车、教育等关系人民日常生活的收费。

第四节　价格总水平调控

一、价格总水平的涵义

（一）价格总水平的涵义

价格总水平是国民经济的综合反映，是指一个国家或地区在一定的时期内，各种商品和服务价格动态的综合反映，是社会各类商品价格指数的加权平均。

对价格总水平实施调节和控制，防止其剧烈波动，是国家进行宏观经济引导调控的重要目标，也是价格管理的核心内容。在市场经济条件下，由于市场价格机制在确保价格总水平稳定方面存在不足，需由国家宏观引导调控来弥补。因此现代市场经济国家纷纷把价格总水平的相对稳定作为国家宏观引导调控的主要目标之一。

（二）价格总水平调控的目标

价格总水平调控的目标是稳定市场价格总水平，即价格总水平的相对稳定或基本稳定，或者说价格不发生大幅度的波动，特别是关系国计民生的重要商品和服务的价格更不应暴涨暴跌。保持价格总水平稳定，主要包括三个方面内容：

（1）价格总水平不是固定不变的，允许相邻时期有较小的变动。由社会总供给与总需求的矛盾引起的价格总水平一定幅度的波动是正常的，也是必需的，这正是市场价格机制在发挥作用。稳定价格不等于始终冻结价格。

（2）不排除某些具体商品价格有较大幅度的变动，具体商品价格的变动应以不严重推动总水平的上升为限。

（3）稳定最终产品中人民基本生活消费品的价格及重要的资源价格。由此价格总水平基本稳定应有三个数量界限——即价格上涨的幅度不超过经济增长率，不超过人们工资收入增长的幅度，不超过银行存款的利率。

我国《价格法》第 26 条规定，稳定市场价格总水平是国家重要的宏观经济政策目标。国家根据国民经济发展的需要和社会承受能力，确定市场价格总水平调控目标，列入国民经济和社会发展计划（规划），并综合运用货币、财政、投资、进出口等方面的政策和措施，予以实现。

二、价格总水平调控的具体措施

调控价格总水平的手段是多种多样的，按其性质的不同可分为经济手段、法律手段和行政手段。我国《价格法》第四章对价格总水平调控的基本制度作出了具体规定。这些制度包括价格监测制度、重要商品储备制度、保护重要农产品价格制度、价格干预措施与紧急干预措施等。

(一) 价格监测制度

价格监测制度是一项依据价格运行的规律，对构成和影响价格变动的各种因素进行监测、分析、研究，用科学的方法和手段对未来一定时期内商品市场价格和价格总水平的变化及其趋势进行判断和推测的制度。① 价格监测有利于政府价格部门对重要商品、服务价格进行监督、管理，也有利于经营者及时了解市场动态、做出正确决策。

我国《价格法》第28条规定，为适应价格调控和管理的需要，政府价格主管部门应当建立价格监测制度，对重要商品、服务价格的变动进行监测。

2003年4月国家发改委颁布《价格监测规定》，其中第2条规定，价格监测是指政府价格主管部门对重要商品和服务的变动情况进行跟踪、采集、分析、预测、公布的活动。价格监测的基本任务是调查和分析重要商品、服务价格，以及相关成本与市场供求的变动情况；跟踪反馈国家重要经济政策在价格领域的反映；实施价格预测、预警，并及时提出政策建议。

(二) 重要商品储备制度与价格调节基金

对于一些关系国计民生的重要产品，如石油产品、钢材、肉类等，其价格波动起伏如果超过消费者和生产者的承受能力，就会影响市场经济的健康发展和社会的安定。因此，我国《价格法》第27条规定，政府可以建立重要商品储备制度，设立价格调节基金，调控价格，稳定市场。通过储备商品的吞吐来调节供给和需求。当某种重要商品价格上涨过高时，可以抛售储备商品，抑制价格上涨；当某种重要商品价格过低，影响生产者的合理收益时，即收购这种商品，以支持价格。设立重要商品储备制度与价格调节基金可以平抑物价，也可以避免或减缓商品价格出现反常和较大波动带来的冲击。

---

① 参见李昌麒主编：《经济法学》，法律出版社2007年版，第475页。

（三）保护重要农产品价格制度①

农业是国家自立、社会安定、经济发展的基础。为防止谷贱伤农，稳定和保障农产品市场供给，我国《价格法》规定了对重要农产品实行保护价格。当重要农产品价格过低时，为保护农民的生产积极性，动用粮食风险基金等财政性基金，以高于市场价格收购农民粮食。

（四）价格干预措施与紧急干预措施②

价格干预措施是指当重要商品和服务价格显著上涨或者可能显著上涨时，国家基于稳定市场、稳定物价的特殊需要而采取的临时性行政干预措施。紧急干预措施是指在市场价格总水平出现剧烈波动时，国务院决定在全国范围内或者部分区域内实行临时集中定价权限、部分或全面冻结价格的制度。

2009年11月份以来，我国部分地区出现大范围雨雪低温天气，居民采暖用气等需求量大幅攀升，一些地区供需矛盾比较突出，武汉、重庆、西安、南京、杭州等地相继出现用气供应紧张的情况。按照中央部署，国家发改委会同有关部门认真贯彻落实《国务院办公厅关于做好强降雪防范应对工作的通知》精神，积极组织协调中石油集团、中石化集团、中国海洋石油总公司等企业和有关地方，迅速采取措施，增加资源供应，加强运行调节，强化需求管理，稳定市场供应。一是天然气生产企业在安全生产的前提下，保持高负荷生产，千方百计挖掘潜力，合理安排检修，科学调用储气资源，积极组织进口，努力增加天然气资源供应。11月1–20日，中石油日均供气1.82亿立方米，同比增长22%。二是统筹资源平衡，做好产销衔接和调运，搞好科学调度，优化管网运行，针对薄弱环节强化安全管理，确保天然气产销运储设施平稳运行。三是加强监测协调，及时掌握供应状况，特别是对“西气东输”、“忠武线”、“陕京系统”等沿线重点地区予以高度关注，加强组织协调，完善应急预案，搞好应急调

① 我国《价格法》第29条规定，政府在粮食等重要农产品的市场购买价格过低时，可以在收购中实行保护价格，并采取相应的经济措施保证其实现。

② 我国《价格法》第30条规定，当重要商品和服务价格显著上涨或者有可能显著上涨，国务院和省、自治区、直辖市人民政府可以对部分价格采取限定差价率或者利润率、规定限价、实行提价申报制度和调价备案制度等干预措施。省、自治区、直辖市人民政府采取前款规定的干预措施，应当报国务院备案。第31条规定，当市场价格总水平出现剧烈波动等异常状态时，国务院可以在全国范围内或者部分区域内采取临时集中定价权限、部分或者全面冻结价格的紧急措施。

度，及时发现问题和隐患，采取积极措施予以协调解决。四是进一步加强需求管理，制定保供序列，始终把确保居民生活用气摆放在第一位。在此前提下，妥善安排好公共设施等重点领域用气。通过采取以上措施，使各地天然气供应紧张局面逐步缓解。

像天然气这种关系国民日常生活的重要物资的供求出现大的波动并影响人民正常生活时，国家就会用其宏观调控之手来对它的价格进行调节，如果不稳定它的价格，很可能导致社会价格总水平的重大波动。

第五节 价格监督检查与违法责任

一、价格监督检查

价格监督检查是指政府价格主管部门及相关的业务管理部门，社会团体和人民群众对各种价格违法行为所进行的监督检查、处理和处置等活动的总称。① 我国价格法规定了对经营者价格行为的监督检查，确定了专门机构的监督检查与民间社会性监督检查相结合的形式。

（一）专门机构的监督检查

专门机构的监督检查是指县级以上各级人民政府价格主管部门，依法对经营者价格活动进行的监督检查。政府对违法行为进行监督检查的权利来自于法律的授权。

依据我国《价格法》第 34 条，政府价格主管部门进行价格监督检查时，可以行使下列职权：

（1）询问当事人或者有关人员，并要求其提供证明材料和与价格违法行为有关的其他资料；

（2）查询、复制与价格违法行为有关的账簿、单据、凭证、文件及其他资料，核对与价格违法行为有关的银行资料；

（3）检查与价格违法行为有关的财物，必要时可以责令当事人暂停相关营业；

（4）在证据可能灭失或者以后难以取得的情况下，可以依法先行登记保存，当事人或者有关人员不得转移、隐匿或者销毁。

---

① 参见朱崇实、卢炯星：《经济法》，厦门大学出版社 2007 年版，第 298 页。

为保证价格主管部门顺利行使监督检查职权，经营者在接受政府价格主管部门的监督检查时，应当如实提供价格监督检查所必须的账簿、单据、凭证、文件以及其他资料。政府部门价格工作人员在行使上述职权时，应遵守以下义务：不得将依法取得的资料或者了解的情况用于依法进行价格管理以外的任何其他目的；不得泄露当事人的商业秘密。

（二）社会的监督

我国《价格法》规定的民间社会监督包括群众社会监督、新闻媒体监督以及违反价格法的举报制度。群众社会性的监督检查是指消费者组织、职工价格监督组织、居民委员会、村民委员会等组织和消费者，对经营者价格行为进行的社会监督。由于目前新闻媒介对现实生活的巨大影响力，价格法明确赋予了新闻单位进行价格舆论监督的权利。另外，我国还实行价格违法行为的举报制度，任何单位和个人均有权对经营者价格违法行为进行举报。

依据《价格法》第 37 条，消费者组织、职工价格监督组织、居民委员会、村民委员会等组织以及消费者，有权对价格行为进行社会监督。政府价格主管部门应当充分发挥群众的价格监督作用。

新闻单位有权进行价格舆论监督。

另外，根据《价格法》第 38 条规定，任何单位和个人均有权对价格违法行为进行举报。政府价格主管部门应当对举报者给予鼓励，并负责为举报者保密。

二、违反价格法的责任

为有效防范和惩治违反价格法律、法规的行为，维护社会主义市场经济价格秩序的稳定，促进经济的健康发展，我国《价格法》专门规定了对违反价格法行为的处罚措施。以下分别介绍经营者、政府管理部门及工作人员、行业协会的违法责任。

（一）经营者的违法责任

《价格法》对经营者违反价格法的行为作了一系列的规定：

1. 不执行政府定价和政府价格干预政策

我国《价格法》第 39 条规定，经营者不执行政府指导价、政府定价以及法定的价格干预措施、紧急措施的，责令改正，没收违法所得，可以并处违法所得 5 倍以下的罚款；没有违法所得的，可以处以罚款；情节严重的，责令停业整顿。

《价格违法行为行政处罚规定》对《价格法》第 39 条中规定的没收违法

所得的，处5万元以上50万元以下的罚款。

2. 从事不正当价格行为的责任

依据《价格违法行为行政处罚规定》第4条规定，经营者违反价格法第14条的规定，有下列行为之一的，责令改正，没收违法所得，并处违法所得5倍以下的罚款；没有违法所得的，处10万元以上100万元以下的罚款；情节严重的，责令停业整顿，或者由工商行政管理机关吊销营业执照：

①相互串通，操纵市场价格，损害其他经营者或者消费者的合法权益的。

多家串通绿豆涨价企业　若拒缴罚款将强制执行①

2010年7月1日，国家发改委、商务部、国家工商总局联合宣布，吉林玉米中心批发市场有限公司等多家企业因去年10月召集国内16个省区市上百家绿豆经销企业开会，串通涨价、哄抬绿豆价格，被物价部门依法处以50万元至100万元不等的处罚。近日国家发改委公布了吉林玉米中心批发市场有限公司等企业召集国内上百家绿豆经销企业开会，串通涨价、哄抬绿豆价格的录音。国家发改委价格监督检查司副司长张光远表示，国家发改委正按照法律规定履行处罚程序，已将处罚决定书送达相关企业。如果企业拒不执行，价格主管部门可以依照《价格违法行为行政处罚规定》第50条，对到期不缴纳罚款的企业，每日按罚款数额的3%加处罚款。张光远还说，行业协会应该遵守相应法律法规，加强价格自律，接受价格主管部门的指导，不得组织本行业的经营者相互串通，操纵市场价格，不得捏造散布涨价信息，哄抬物价。做到知法依法，严格依照法律办事。张光远说，价格主管部门在价格监管方面准备采取下面几项措施：第一，进一步完善反映市场波动的价格监测制度，建立更加灵敏的价格预警体系，扩大监测覆盖面，增加监测深度。第二，制定完善价格异常波动的应急预案，完善现有价格监管法律法规。第三，发改委网站公布了《关于市场价格异常波动时期价格违法行为处罚的特别规定》（征求意见稿），在征求意见。第四，强化价格监管力量。2010年以来，为了在市场价格异常波动时期快速而严厉打击哄抬物价、囤积居奇、牟取暴利的行为，稳定通胀预期，发改委拟订了《关于市场价格异常波动时期价格违法行为处罚的特别规定》（征求意见稿）。根据这份规定，经营者捏造、

① 参见：《北京青年报》，2010年7月20日。

散布涨价信息，扰乱市场价格秩序的，有关部门将责令其改正，没收违法所得，并处违法所得5倍以下的罚款；没有违法所得的，处20万元以上，200万元以下的罚款，罚款最高限额比现有法规允许的最高额增加了一倍。这份征求意见稿规定，因情况紧急，需要立即制止和查处价格违法行为的，有关部门可采取下列措施：当场决定立案；责令暂停相关营业，查封扣押相关财物；以口头方式履行行政处罚事先告知程序、听证告知程序；先行收缴违法所得，并按有关规定处理。

②除依法降价处理鲜活商品、季节性商品、积压商品等商品外，为了排挤竞争对手或者独占市场，以低于成本的价格倾销，扰乱正常的生产经营秩序，损害国家利益或者其他经营者的合法权益的。

③提供相同商品或者服务，对具有同等交易条件的其他经营者实行价格歧视的。

3. 损害消费者的行为

依据《价格法》第41条，经营者因价格违法行为致使消费者或者其他经营者多付价款的，应当退还多付部分；造成损害的，应当依法承担赔偿责任。

4. 违反明码标价的行为

我国《价格法》第42条规定，经营者违反明码标价规定的，责令改正，没收违法所得，可以并处5000元以下的罚款。

5. 转移、隐匿财产的行为

依据《价格法》第43条，经营者被责令暂停相关营业而不停止的，或者转移、隐匿、销毁依法登记保存的财物的，处以相关营业所得或者转移、隐匿、销毁的财物价值1倍以上3倍以下的罚款。

6. 拒绝接受价格监督检查行为

我国《价格法》第44条规定，拒绝按照规定提供监督检查所需资料或者提供虚假资料的，责令改正，予以警告；逾期不改正的，可以处以罚款。

7. 违反《反垄断法》的规定

经营者在价格制定过程中，不得实行价格垄断行为，我国《反垄断法》规定了经营者违反反垄断法的责任。其第46条规定，经营者违反本法规定，达成并实施垄断协议（包括垄断价格协议）的，由反垄断执法机构责令停止违法行为，没收违法所得，并处上一年度销售额1%以上10%以下的罚款；尚未实施所达成的垄断协议的，可以处50万元以下的罚款。

经营者主动向反垄断执法机构报告达成垄断协议的有关情况并提供重要证

据的，反垄断执法机构可以酌情减轻或者免除对该经营者的处罚。

行业协会违反《反垄断法》规定，组织本行业的经营者达成垄断协议的，反垄断执法机构可以处50万元以下的罚款；情节严重的，社会团体登记管理机关可以依法撤销登记。

《反垄断法》第47条规定，经营者滥用市场支配地位（包括滥用市场支配地位实施价格垄断）的，由反垄断执法机构责令停止违法行为，没收违法所得，并处上一年度销售额1%以上10%以下的罚款。

（二）政府有关部门及其工作人员的法律责任

（1）政府部门在进行价格工作管理的过程中，负有依法履行职责的义务。对于政府部门违反法律责任的，《价格法》规定了政府部门及其责任人员双重的责任。其中价格工作人员不仅要承担行政责任还可能承担刑事责任。

我国《价格法》第45条规定，地方各级人民政府或者各级人民政府有关部门违反本法规定，超越定价权限和范围擅自制定、调整价格或者不执行法定的价格干预措施、紧急措施的，责令改正，并可以通报批评；对直接负责的主管人员和其他直接责任人员，依法给予行政处分。

《价格法》第46条规定，价格工作人员泄露国家秘密、商业秘密以及滥用职权、徇私舞弊、玩忽职守、索贿受贿，构成犯罪的，依法追究刑事责任；尚不构成犯罪的，依法给予处分。

（2）《反垄断法》对行政机关违法实施价格垄断行为做出规定。行政机关和法律、法规授权的具有管理公共事务职能的组织不得滥用行政权力，强制经营者从事本规定禁止的各类价格垄断行为。行政机关不得滥用行政权力，制定含有排除、限制价格竞争内容的规定。

依据《反垄断法》第51条，行政机关和法律、法规授权的具有管理公共事务职能的组织滥用行政权力，实施排除、限制竞争行为的，由上级机关责令改正；对直接负责的主管人员和其他直接责任人员依法给予处分。反垄断执法机构可以向有关上级机关提出依法处理的建议。

法律、行政法规对行政机关和法律、法规授权的具有管理公共事务职能的组织滥用行政权力实施排除、限制竞争行为的处理另有规定的，依照其规定。

（三）行业协会的法律责任

《价格法》第17条规定：行业组织应当遵守价格法法律、法规，加强价格自律，接受政府价格主管部门的工作指导。随着市场经济的发展，行业协会在市场经济中发挥的作用日益重要，某些行业协会出于保护本行业企业的目的，可能做出有损消费者或者是社会大众的行为，因此，对行业协会违法责任的规定是价格法律制度不可缺少的部分。

我国《价格违法行为行政处罚规定》第5条规定，行业协会组织本行业的经营者相互串通，操纵市场价格的，对经营者依照前款的规定处罚；对行业协会可以处50万元以下的罚款，情节严重的，社会团体登记管理机关可以依法撤销登记。

方便面协会串通涨价　发改委责令改正错误①

国家发改委16号公布称，世界方便面协会中国分会串通市场上的主要方便面企业联合涨价。发改委责令其立即改正错误。国家发改委初步查明，2006年底到2007年7月初，世界方便面协会中国分会先后三次召集有关方便面企业参加会议，商量涨价幅度、时间和步骤。有关企业按照会议安排，从2007年6月起相继调高了方便面价格。2007年7月中旬，这个协会组织中国20多家方便面厂商在郑州开会，讨论涨价时间和涨价幅度，参会企业的方便面产品全国市场覆盖率达95%。国家发改委价格监督检查司李青处长表示：这些行为违反了《价格法》规定，已经构成了价格法明令禁止的第14条第1项：相互串通市场价格，损害其他经营者和消费者合法利益行为。国家发改委责令方便面中国分会立即改正错误、消除不良影响；撤销三次会议纪要中有关集体涨价的内容。国家发改委还将对这一案件深入调查，并依法作出进一步处理。

复习思考题

1. 简述价格法的主要作用。

2. 辨析：经营者定价、政府指导价与政府定价。

3. 列入荆门市临时价格干预措施的某商场白壳鸡蛋元月24日前销售价格为3.88元/斤，元月24日调至4.28元/斤，上调幅度为10.3%；另一家商场销售的伊利牌250ml纯牛奶2008年2月19日销售价格为2.5元/盒，2008年2月20日上调至2.7元/盒，上调幅度为8%。两家超市在24小时之内没有将该商品调价的报告按规定程序报荆门市物价局备案。根据所给案例分析两商场的行为违反了价格法的哪些规定，并论述经营者的价格权利、义务和相关法律责任。

① 资料来源：www.cctv.com，2007年8月17日。

2003年以来，三峡大坝观光门票由最初的32元暴涨至105元，三峡旅游有限公司应该办理哪些法定手续？

4. 简述政府定价应遵守的法定程序。

5. 简述价格总水平调控的含义和主要手段。

6. 政府为稳定价格总水平可以采取哪些措施？

7. 简述价格监督检查的主体以及政府部门在监督检查中享有的权利。